U0601667

中国律师实训经典

美国法律判例故事系列

刑事程序故事

Criminal Procedure Stories

[美] 卡罗尔·S·斯泰克 编

（Carol S. Steiker）

吴宏耀 陈 芳 李 博 罗静波 译

中国人民大学出版社

译者介绍与分工

吴宏耀　法学博士，中国政法大学诉讼法学研究院副教授。2008 年耶鲁大学法学院中国法学研究中心访问学者。（导言、第一、二、三、五、七章）

陈　芳　法学硕士，上海市高级人民法院法官。（第四、六章）

李　博　法学硕士，曾多次代表中国政法大学参加国际模拟法庭辩论大赛〔Philip C. Jessup International Law Moot Court Competition（2008/2010）；14th/15th International Environmental Moot Court Competition（2010/2011）〕。（第八、九、十、十一章）

罗静波　法学硕士，法国巴黎第一大学硕士生（中法欧洲法项目）。（第十二、十三、十四章）

致谢

在此特别感谢中国政法大学诉讼法学专业硕士研究生周媛媛同学帮助翻译了第二章部分英文注释；感谢中国政法大学证据法学博士研究生石岩同学、中国政法大学诉讼法学专业硕士研究生周媛媛、李轩同学对部分章节的初稿进行了逐行校对。同时，感谢中国政法大学诉讼法学专业硕士研究生林科浑、陈德品、程飞、刘卓立同学，中国政法大学法律硕士研究生周莉同学，以及云翀同学帮助通读了本书的最终定稿。

译者

目 录

1

导　言

卡罗尔·S·斯泰克（Carol S. Steiker）

就刑事诉讼进程——无论是警察实践还是审判活动——受联邦宪法调整的程度而言，美国可谓是世界上独树一帜的国家。宪法诉讼时不时会出人意料地重塑全国的刑事司法制度——这与其他刑事司法改革方式（如立法、专门委员会或行政监督等方式）形成了鲜明的对比。这种对宪法调整的强调，究竟是提供了一种重要的保障，还是一种疯狂之举（很简单，你无法在铁路上奔跑），或者二者兼而有之，是一个十分有趣的问题；随后的章节将会从不同的角度帮助你回答这一问题。但是，最起码可以说，这一制度安排使得美国刑事程序从形形色色的故事、美国联邦最高法院的具体判例中获得了发展的动力——这些判例给那些旨在调整公民与执法官员之间交往活动的规则和审判活动结构的规则烙上了持久的印记。

与其他法律领域的判例相比，刑事程序方面的判例或许更容易演绎出一段伟大的故事。这也是为什么会有那么多关于刑事程序问题的内容改编成电影或电视剧的原因所在。本书奉献给读者的将是一组异常丰富多彩的演员名单：从戴蒙·鲁恩尼式*的人物查理·卡兹①到托尼·瑟普拉诺式**的人物"胖托尼"萨莱诺②，再到霍法式人物与肯尼迪式人物的原型吉米·霍法与鲍勃·肯尼迪——二者因肯尼迪领导的司法部指控霍法曾向陪审团行贿而陷入诉讼困局。③ 这些判例所涉及的犯罪既有诸如谋杀、强奸之类的严重暴力犯罪——在这些判例中，人们可能会期待着它能够推动宪法规则发生重大的变化——也有令人倍感震惊的、稀奇古怪的罪行。谁会想到，警方从多尔瑞·马普家里扣押的那些色情铅笔画会导致联邦最高法院将联邦宪法第四修正案意义上的非法证据排除规则合并到联邦宪法第十四修正案的正当程序条款并由此适用于各州呢？④ 又有谁会料到，保罗·海耶斯对皮克·派克日用品商店签发的假支票将引发成千上万的有罪答辩呢？⑤

我为本书挑选的这些故事，大体上一半是关于警察实践的，另一半是关于审判活动的；其中，不少判例是刑事程序授课大纲中一般都会列入的判例

---

　* 阿尔弗雷德·戴蒙·鲁恩尼（1880 年 10 月 4 日—1946 年 12 月 10 日）是一名新闻记者和作家。他撰写了一系列颂扬禁酒令时代纽约百老汇世界的短篇小说，并因此闻名于世。在这些小说中，他以幽默的笔触刻画了赌徒、男妓、演员、黑帮成员等角色。对于当时的纽约人而言，"戴蒙·鲁恩尼式的角色"意味着一群生活在布鲁克林或曼哈顿中城地区风月场所的小人物。——译者注

　** 托尼·瑟普拉诺式（Anthony John "Tony" Soprano, Sr. ）是 HBO 播放的系列电视剧《黑道家族（The Sopranos)》中的一个虚拟人物。《黑道家族》是一部描写美国新泽西州北部黑手党的虚拟故事。该剧以开创性的写实手法，通过大量的血腥暴力、正面裸露、毒品及衰渎性语言等镜头，栩栩如生地呈现了黑手党生活、美国家庭、意大利裔美国人社群、暴力支配的世界与道德的灰色地带等主题。该片于 1999 年 1 月 10 日在北美 HBO 第一季首播。开播后，取得极大成功，甚至成为一种文化现象。——译者注

　① See Katz v. United States，389 U. S. 347 (1967) .
　② See Salerno v. United States，479 U. S. 1026 (1987) .
　③ See Hoffa v. United States，385 U. S. 293 (1966) .
　④ See Mapp v. Ohio，367 V. 8. 643, 668 (1961) (Douglas, d. , concurring) .
　⑤ See Bordenkircher v. Hayes，434 U. S. 357 (1978) . （该案涉及一张 88.30 美元假支票的兑换行为；最高法院认为该案中的辩诉交易具有合宪性。）

（例如，与警察实践相关的马普案⑥、米兰达案⑦；与审判活动相关的布雷迪案⑧、巴特森案⑨）。同时，我也收录了一些较少引人关注的判例（例如，鲍威尔案⑩、布里格诺尼—庞赛案⑪、米斯特雷塔案⑫）。通过这些判例，我们可以借机考察以下对于理解美国刑事程序发展至关重要的主题：美国南部刑事司法活动中一度存在的种族歧视历史、对于将种族画像作为执法手段所施加的种种限制以及联邦量刑指南的宪法地位等。

近距离考察这些判例背后的故事——那些具体的个人；致使提起刑事指控的社会、政治背景；提出的那些法律主张的源流；联邦最高法院为解决这些诉讼主张而展开的内部斗争；联邦最高法院判决引发的社会反应以及规则变动——将会让我们受益良多。当然，这也是一件引人入胜、妙趣横生的事情。长期以来，刑事程序的授课教师一直仰仗于警察与强盗的较量以及法庭戏剧所带来的那种固有的、窥探他人隐私的兴奋。因此，本书关于这些故事背后栩栩如生的细节内容的挖掘——如，约翰·布雷迪从死刑犯到释放后变成一位奉公守法公民的人生历程；某检察官在赢得一生中最为著名的案件之后，用该案当事人的名字将其爱犬命名为"巴特森"——肯定不会让他们感到失望。但是，如果将这些故事作为一个有机整体来考察，那么，还会获得一种超越单纯详细描述之外的深邃洞见。这一洞见或许会令你大吃一惊。

通过这些判例背后的故事而彰显出来的、最为引人注目的主题是——其程度远远超过了那些观点本身所产生的影响——刑事程序革命与努力实现种族平等之间的相互作用。在美国南部各州尤其如此。因此，将"斯科茨伯勒男孩案"（the "Scottsboro boys"）作为本书的第一章并将其图片作为本书的封面绝非偶然之举。这是因为斯科茨伯勒一案代表了联邦最高法院早期为实现州刑事程序宪法化所做的第一次尝试：其目的是有意识地控制因种族主义盛行而导致的滥用刑事司法程序的现象。斯科茨伯勒一案几乎构成了一幅关于南部各州司法程序的、杀气腾腾的讽刺漫画：根据白人女性对黑人男子提起的、缺乏有力证据的强奸指控，只需经过最低限度的法律程序，就可以迅速认定黑人有罪并判处其死刑。不过，即使是那些通常不会被人视为"种族案件"

⑥ Mapp v. Ohio, 367 U. S. 643 (1961).（该案将第四修正案的非法证据排除规则合并于第十四修正案的正当程序条款。）

⑦ Miranda v. Arizona, 384 U. S. 436 (1966).（该案要求，只有履行警告程序，执法人员在羁押询问期间所取得的陈述才可以作为法庭证据使用。）

⑧ Brady v. Maryland, 373 U. S. 83 (1963).（该案要求，检察官应当将向辩方开示有利于被告人的所有材料（all material exculpatory evidence）。）

⑨ Batson v. Kentucky, 476 U. S. 79 (1986).（该案改变了陪审团遴选程序中强制回避是否出于种族歧视目的的证明规则。）

⑩ Powell v. Alabama, 287 U. S. 4G (1932).（该案以侵犯第六修正案赋予被告人的律师帮助权为由，撤销了"斯科茨伯勒男孩案"的死刑判决。）

⑪ United States v. Brignoni-Ponce, 422 U. S. 873 (1975).（该案允许边境巡逻人员在决定是否对来往机动车辆上的人进行截停——询问时，将"墨西哥族裔"作为判断因素之一；但不能将其作为唯一的判断标准。）

⑫ Mistretta v. United States, 488 U. S. 361 (1989).（该案维持了1984年量刑改革法的合宪性——根据该法令，组建了联邦量刑委员会并由其负责制定联邦量刑指南。）

的判例，其自身也将证明：它们同样也是包含着类似挣扎过程的大熔炉。

邓肯案（Duncan v. Louisiana）⑬可能是最好的例证——通过该案，联邦最高法院将陪审团审判的权利合并到联邦宪法第十四修正案的正当程序条款之中。人们常常被教导说，该案件是一则关于陪审团抽象价值的判例；而且，人们常常摘录或引用其中的文字以说明在刑事案件中由普通公民担任事实裁判者的积极价值和不利影响。但是，邓肯案（以及邓肯的律师也因此受到了刑事指控）背后的故事，则展示了以下事实：在20世纪五六十年代的民权运动中，将刑事司法制度作为对抗民权运动组织者的武器是多么的普遍。在当时的美国南部，地方警察在其辖区内可以像大独裁者调派军队一样任意地使用刑事司法制度；他们会动用法律授予的暴力或者以类似合法的暴力作为威胁的手段，对持不同政见者实施胁迫。尽管在邓肯案中，联邦最高法院几乎没有提及种族问题和南部各州刑事司法的风格，但是，在具有导火索意义的1968年，联邦最高法院不可能对本案的背景视而不见。尽管在20世纪60年代的许多刑事程序标杆判例中，联邦最高法院不愿讨论种族问题可能会让人感到意外，但是，联邦最高法院却一再强调刑事被告人的平等问题。例如，在米兰达案中，联邦最高法院关注的核心问题是：应当给贫穷的或者未受过教育的被告人提供与富有的或更练达的被告人一模一样的平等保护；同样，在布雷迪案中，联邦最高法院考虑的主要问题是：一般意义上被告人与控方的平等问题。

思考以下问题是一件非常有趣的事情：在20世纪60年代的刑事程序革命中，联邦最高法院的正式判决为什么没有将刑事程序作为推进种族平等的工具？对此，可能的原因之一是：联邦最高法院的判决旨在通过将权利法案中的刑事程序规定合并到联邦宪法第十四修正案的正当程序条款之中，并以此对刑事程序进行调整；这一目的阻碍了联邦最高法院对种族正义问题展开公开讨论，相反，联邦最高法院倾向于将这一问题置于平等保护的标题之下。也或许是因为，考虑到当时居主导地位的政治导向，与公开以种族问题作为判决根据相比，合并问题会让人觉得更具普适性且"不涉及肤色问题"，或者不会引发什么争论和"政治色彩"。但是，在通读邓肯案故事之后，得出以下结论几乎是不可能的：在联邦最高法院考虑的种种表象因素背后，根本无法找到种族正义问题的身影。

邓肯案的故事还清楚地暴露了另外一个隐蔽性问题，虽然联邦最高法院从来没有直接触及过这一问题，但是，该问题却从未逃脱联邦最高法院的注意：就这些案件所涉及的犯罪行为而言，许多犯罪行为的刑罚相当严厉。加利·邓肯本人面临的法定刑是两年有期徒刑，而实际判处的宣告刑仅仅是两个月的监禁刑和定额罚款——对于其他十几岁的青年人来说，这一刑罚最多相当于朝他们胳膊上打了一巴掌。保罗·海斯因为在日用品商店使用总额88美元的假支票而面临终身监禁的惩罚。总体而言，联邦量刑指南因为过于严厉且严格限制了从轻量刑的司法裁量权，受到了普遍的指责。但是，恰如本

---

⑬ 391 U. S. 145 (1968)．

4

书的书名所示，邓肯案、博登基尔舍案、米斯特雷塔案都属于刑事程序方面的判例，而非刑事实体法方面的判例。那些引领所谓刑事诉讼宪法化"革命"的联邦最高法院大法官们，极其不愿意对刑事司法结果施加任何潜在的宪法规制——尽管根据宪法第八修正案关于禁止"高额罚款"以及"残酷且异常的刑罚"的规定，联邦最高法院享有这种潜在的权力。受此影响，当时联邦最高法院的一些判决看上去会很奇怪且与当时民众关注的利益格格不入。对此，米斯特雷塔案是一个很好的例子：当时是否有谁真的思考过以下问题呢？——量刑指南的首要缺陷在于它侵犯了宪法的三权分立原则。（据此，司法机关的权力真的太大了?）

但是，对时代之声充耳不闻并非联邦最高法院对刑事司法活动施以宪法调整过程中重程序、轻实体的最大缺陷。恰如比尔·斯顿茨在第十一章关于博登基尔舍案与辩诉交易的详细描述中所展示的那样，联邦最高法院因忽视刑事司法结果而付出的最具实质意义的代价是：美国监狱里的人数在毫无节制地激增，并因此强化了种族隔离的影响。极具讽刺意味的是，在20世纪的最后25年里，以关注种族正义、平等以及刑事被告人权利而誉满天下的沃伦法院，在防止大量民众被羁押的汹涌浪潮方面竟然一败涂地。

事实上，重读沃伦法院所作的那些因"对犯罪打击不力"而声名狼藉的标志性判例，尤其是当将这些判例置于随后几十年法律制度发展的大视野之下时，我们将会发现：沃伦法院不应受它的诋毁者所谓的"束缚了警察手脚"的责难；在1968年大选中，这些诋毁者在汽车保险杠上贴上"打倒厄尔·沃伦"的口号，帮助理查德·尼克松赢得了大选、当上了总统。或者，从反对者的政治立场出发，三四十年后再回过头来看的话，沃伦法院的刑事程序革命在保障刑事被告人权利方面也缺乏某种革命精神。具体而言，根据特瑞案中（Terry v. Ohio）[14] 首席大法官沃伦谨慎的，甚至可以说有点自我折磨的判决意见，在该案中，联邦最高法院准许根据低于合理根据的证据对公民实施短暂的无证干预；一大批诸如此类的干预活动将因此最终取得了合法地位。——大法官道格拉斯在特瑞案中已经预言到了这一点。近十年之后，在联邦最高法院审理的第一起种族画像案（racial profiling case）中，面对令人如坐针毡的责难，道格拉斯再次重申了这一立场。[15] 同样，在吉米·霍法案中，联邦最高法院认可了秘密线人（undercover informant）的做法；该判例很大程度上依赖的就是大法官布伦南首倡的"风险推定理论"（an assumption of risk theory）。恰如特雷西·麦克林在第六章有关霍法案的详细描述中所揭示的那样，该判例产生的深远影响是：一大批具有干预性质的执法策略由此具有了合法地位。

---

[14] 392 U. S. 11 (1968).

[15] See United States v. Brignoni-Ponce, 422 U. S. 873, 888 (1975) (Douglas, J., concurring)（"我在特瑞案中所表达的、关于联邦宪法第四修正案将受到削弱的种种担心，在随后的事件中令人遗憾地得到变成了现实。"）在本书约翰·巴雷特撰写的特瑞案以及伯纳德·哈科特关于布里格诺尼—庞赛案以及种族画像的论述中，都有对大法官道格拉斯的这一观点所作的讨论。

即使是沃伦法院正当程序革命的主要财富（或者说，主要攻击对象——怎么说也是取决于读者的立场），如马普案、吉迪恩案、布雷迪案以及米兰达案，在贯彻其斩钉截铁的承诺方面，基本上也都归于失败。导致失败的原因不仅仅在于：多年以来，联邦最高法院大法官人员的更易，致使联邦最高法院有意放弃了沃伦法院的承诺（人事方面的变化当然是重要的因素之一）。在某种程度上，可能像大卫·科尔在第三章关于吉迪恩案、斯特法诺斯·比巴斯在第四章关于布雷迪案的详细论述所展示的那样，由于缺少有效的救济手段，所以这些权利——无论主张这些权利的方式有多么宽泛——受到了不断的侵蚀。然而，与此相反的观点认为，恰恰是联邦最高法院创设了过于强有力的、激进的救济手段，才引发了对这些可能受到侵害的宪法权利加以限制的自然倾向——耶鲁·卡米萨在第二章关于马普案的论述、帕姆·卡尔兰在第十二章关于巴特森案的论述即坚持这一立场。受此影响，刑事诉讼宪法化运动中所宣示的许多伟大权利便具有了更多的象征意义，而非具体影响——迈克尔·克拉曼在第一章关于斯科茨伯勒男孩案、斯蒂芬·舒尔霍夫在第五章关于米兰达案的历史细节的描绘，相当明确地探讨了这一主题。

　　但是，在我们通过上述过分渲染的论述将刑事程序"革命"的成果一笔勾销之前，在本书中，我们将会重点强调一点：那些长期以来几乎已经毫无生命力的规则，在不同的语境或时代，为何又重新绽放出勃勃的生机。例如，以获得陪审团审判的权利而言，该权利因邓肯案而合并到了正当程序条款之中，但是，由于伯顿科歇尔案认可了辩诉交易制度，这一权利基本上成了一纸空文。然而，在阿普瑞恩蒂案（Apprendi v. New Jersey）[16] 及其嗣后的判例中，这一权利带着复仇的态势重新杀了回来。——通过一系列判例，联邦最高法院最终宣布联邦量刑指南以及各州的量刑方案无效。凯特·斯蒂思在第十四章有关米斯特雷塔案的讨论中将会论述这一点。还有更为令人震惊的180度大转弯；这方面的例子是，联邦最高法院关于是否向刑事被告人提供了"无效的法律帮助"的评价标准。[17] 对此，联邦最高法院已经开始特别强调应当尊重下级法院判断的新标准（the extremely deferential standard），并在过去5年时间内推翻了三个死刑判决。在大卫·科尔撰写的吉迪恩案与斯特里克兰案中，这一最新发展为关于律师帮助权的令人沮丧的评价注入了一丝希望之光。在帕姆·卡尔兰关于巴特森案的论述中，其结论同样也考虑到了以下事实：最近，因控方以种族为由对陪审员提出无因回避（peremptory strikes），联邦最高法院宣布得克萨斯州判处某人死刑的判决无效。

　　此外，即便某些判例没有给旧的规则注入新的生机并导致令人惊讶的判决结果，联邦最高法院依然会不断地重温先前的判例，以期从中找到解决新问题的新方法。作为普通法发展的古典传统之一，没有哪个先例是毫无价值的；即便是联邦最高法院在为未来寻找出发点的时候，他们也总是会留一只眼睛回头看看来时的路。大卫·斯克兰斯盖论述说，面对以下挑战，即为限

---

⑯　530 U. S. 466（2000）．

⑰　See Strickland v. Washington，466 U. S. 668（1984）．

6

制"强大的现代科技缩小了宪法保护的隐私空间"⑱ 的影响，大法官斯卡利亚重新回到三十多年前所作的卡兹案，并对卡兹案所确立的方法——该方法曾经受到诸多恶毒的攻击——作出了让步。丹·里奇曼则具体展示了以下内容：针对犯罪集团成员安东尼·萨莱诺的审前羁押问题，联邦最高法院在为论证预防性羁押的有效性而进行的努力中，甚至已经为讨论以下更为宽泛、也更为烦人的问题进行了铺垫：即911事件后，在"对恐怖主义开战"中，对犯罪嫌疑人实施非刑事性质的预防性羁押。

在众多尚未解决，但在不久的将来将会变得亟待解决的问题中，第四修正案对新兴科技手段应施以何种限制，以及在对恐怖主义开战中，对于执法技术手段应施以什么样的宪法限制，只不过是其中的两个具体问题。联邦以及部分州的量刑指南被宣布无效以后，无疑会导致新的立法并因此要求联邦最高法院作进一步的合宪性审查。对于形形色色种族画像是否应予准许，上级法院早就应当进行审查了。例如，马普案、米兰达案的未来走向或者当前存在的种种争论，迄今依然悬而未决；罗伯茨担任首席大法官以来，尤其如此。无论针对这些问题将来还会撰写哪些新的章节，本书收录的这些故事都将成为整个故事的起点，这一点是毫无疑问的。

我刚接受这个项目时，面临的最大挑战是：如何将判例的数量限制在可控制的范围之内。在这一领域，值得讲述的判例故事太多太多，值得收录的法律发展也异常丰富，塑造这些争点问题的讨论又是如此富有真知灼见。不过，现如今，当我们再回头看这个项目时，令我感到吃惊的是，这一领域竟然只有这么少的法律规则，太多的领域还没有规则可循，太多的问题我们还不知所往。无疑，存在如此之多的未决问题，是我们依靠宪法裁判调整刑事程序活动所造成的巨大挫败之一。但是，对于法学院学生、律师、法官和学者而言，这同时是我们这一制度最伟大、最令人激动的挑战。我希望，通过忠实地保留这些故事的真相并思考其自身的意义，本书可以以某种方式为这一共同任务贡献绵薄之力。

---

⑱ Kyllo v. United States, 533 U. S. 27, 34 (2001) .

第一章

鲍威尔案：最高法院直面"以法律名义进行的私刑"

迈克尔·J·克拉曼（Michael J. Klarman）*

＊ 我非常感谢卡罗尔·斯泰克（Carol Steiker）、比尔·斯顿茨（Bill Stuntz）对本文初稿的评论，以及我的研究助手杰西卡·金（Jessica King）、詹姆斯·麦金利（James McKinley）、盖布·孟德尔（Gabe Mendel）、阿西·奈瑞曼（Asieh Narriman）、雪瑞·谢波德（Sheri Shepherd）以及莎拉·泰奇（Sarah Teich）。弗吉尼亚大学法学院才华出众的文献图书馆馆员为本文的研究提供了无法估量的帮助；其中，尤其要感谢卡西·帕姆罗比（Cathy Palombi）。任何一个关于斯科茨伯勒案的研究者都会承认，丹·卡特（Dan Carter）和詹姆斯·戈德曼（James Goodman）为我们理解这一事件作出了极大的贡献。

一、火车上的死亡之旅

　　1931 年 3 月 25 日上午 10 点 20 分，一辆发往田纳西州孟菲斯市的货运列车驶出了田纳西州查塔努加市。该列车途经亚拉巴马州史蒂文森市；当列车驶出史蒂文森火车站 30 分钟后，该火车站站长注意到，一群全都是白人的无业游民沿着火车轨道朝车站方向走过来。这群人告诉站长说，他们和几个年轻黑人打了一架，被他们从火车上扔了下来。火车站站长给该列车的下一站斯科茨伯勒市打了电话，但是，对方说火车已经开过去了。最终，在亚拉巴马州佩恩特罗克火车站，地方警察找到了这九名年轻的黑人。令人吃惊的是，与他们同行的还有两名穿着男人衣服的白人女性。①

　　这九名黑人即后来历史上著名的"斯科茨伯勒男孩"。他们的年龄介于 13 周岁到 20 周岁之间。其中，有五个人来自佐治亚州，但他们声称彼此并不认识；另外四个来自田纳西州的查塔努加，相互之间都认识。他们九个人都是无业游民，而且，绝大多数目不识丁。

　　列车在佩恩特洛克火车站停车 20 分钟后，那两位白人女性中一个名叫鲁比·贝茨的女孩把一名执法队员叫过去，对他说，她和她的伙伴——名叫维多利亚·普莱斯——被这伙黑人轮奸了。执法队员立即逮捕了这群黑人男孩并把他们关进了斯科茨伯勒看守所。当地方执法长官将这两名女性送往当地两位大夫那里进行医疗检查的时候，她们受到性侵犯的消息已经不胫而走。当天晚上，已经有几百名民众聚集在斯科茨伯勒看守所外面，要求看守所将"这些黑鬼"交出来接受私刑（lynching）。地方执法长官 M. L. 沃恩恩请这些民众允许他将这些黑人交由司法程序来处理，并威胁他们说，如果有人胆敢冲击看守所的话，他肯定会开枪的。与此同时，他给州长打电话请求支援；晚上 11 点的时候，25 名荷枪实弹的卫兵已经开始出发赶往斯科茨伯勒市。为了保障这些黑人男孩的安全，他们被转移到了一处与埃托瓦市毗邻的更为坚固的看守所。该地区的巡回法官艾尔弗雷德·E·霍金斯召集了一个特殊的大陪审团以决定是否对这些黑人男孩提起刑事指控；但是，当地居民却抱怨说，这么做致使这起案件 5 天了还迟迟没有结果。一家当地报纸评论说，"对于本县而言，快速处置这件事情是最好的选择；因此，那些将法律牢牢握在自己手里的人没有任何借口不这么做"②。

　　十年或二十年以前，在类似情形下，如果一名黑人男性被指控强奸白人女性的话，该黑人男性根本无须经过审判，早就被执行死刑了。在美国南部地区，在 19 世纪 80 年代后期和 90 年代初期私刑鼎盛一时；当时，每年通报的私刑数量超过一百多起，有些年份甚至会超过二百多起。绝大多数私刑与犯罪指控有关；通常情况下，这些犯罪是杀人或者强奸行为；但是，有时

---

　　① Dan T. Carter, Scottsboro: A Tragedy of the American South (rev. ed. 1979), 3-5; James Goodman, Stories of Scottsboro (1994), 1-4.

　　② Carter, 6-17 (quotation at 17); Goodman, 21-22; New York Times (hereafter, NYT), 25 March 1931, p. 21.

候，这些所谓的"犯罪行为"仅仅是违反了种族礼仪或者宽泛意义上的桀骜不驯等轻微违法而已。在第一次世界大战以前，私刑的做法特别受地方社区的欢迎；即使是那些众所周知的私刑执行人，也几乎不会受到刑事指控；而且，即使提起刑事指控，也从来没有谁被判有罪。[③]

但是，到了1930年，年度通报的私刑数字开始迅猛减少。也即，19世纪90年代平均每年的私刑数是187.5人，到了20世纪20年代最后五年，平均每年只有16.8人。导致私刑数减少的原因有很多，其中包括联邦反私刑法律的颁布实施、美国南部地区自我封闭状况逐渐被打破、执法人员的职业化水平以及教育水平的提高。但是，私刑的衰微可能还取决于其替代物——快速审判，同样能够可靠地获得有罪判决、死刑量刑以及立即交付执行。一些司法辖区，为了防止案件被诉诸私刑，事实上曾经颁布过一些法律，以保证当提出强奸罪和其他易于激起民愤的犯罪指控后，在短短几日内就可以召集一个特别的法庭进行审理。在许多案件中，执法官员会明确向可能诉诸私刑的民众保证说，如果他们停止骚动，这些黑人被告人很快就会受到审判并被交付执行；而且，检察官也会恳请陪审团作出有罪判决，以回报民众的良好表现并以此鼓励民众在以后的案件里保持类似的节制。[④]

在此类案件中，被告人究竟是有罪还是无辜往往并不重要。恰如1933年一位南方白人坦率评论的那样，"如果有白人女性愿意宣誓后说，某黑鬼强奸了她或者试图强奸她，那么，我们就可以看到这个黑鬼被执行死刑的结果。"根据当时盛行的种族规范，由白人组成的陪审团不会相信一个黑人男性的话，而不相信一名白人女性的证言。根据当时盛行的性别规范，辩护律师不能就与性犯罪有关的指控对白人女性进行深度询问。恰如当时一家南方报纸评论的那样，白人女性的名誉比黑人男性的生命更重要。而且，由于绝大多数南部白人男性认为，黑人男性私下里都向往着与"他们的"女人发生关系，所以，他们通常都会认定此类强奸指控是可信的。来自伯明翰市的众议院议员乔治·赫德尔斯顿——全美有色人种协会最先与该议员接触，希望他能够代理斯科茨伯勒男孩提起上诉，但他断然拒绝了这一请求——曾经评论说，执法官员发现他们时，"他们与两名白人女性待在同一节货车车厢里；对我来说，这就足够啦！"斯科茨伯勒地区的白人曾经对美国公民自由协会雇用的一名调查员讲，"我们白人就是不能容忍将这些黑鬼无罪释放，因为这样将会对其他黑鬼产生一种示范效应。"[⑤]

斯科茨伯勒男孩们所得到的那种"正义"，恰恰就是当时盛行的那种、通常作为私刑替代物而存在的法庭审判。而且，甚至在开庭审判之前，当地的两家地方报纸就已经将这些被告人作为当然有罪之人来对待了！汉斯维尔

---

③ Carter, 105; Michael J. Klarman, From Jim Crow to Civil Rights: The Supreme Court and the Struggle for Racial Equality (2004), 118-19.

④ Klarman, 119.

⑤ Klarman, 118 ("white woman"); "Excerpts from a Confidential Report on the Scottsboro Cases", 7 May 1931, Papers of the National Association for the Advancement of Colored People (August Meier, ed., University Publications of America, 1982, microfilm edition) (hereafter, "NAACP"), part 6, reel 2, frames 893-94 (Huddleston); H. Ransdell, "Report on the Scottsboro Case" (27 May 1931) (hereafter, "Ransdell Deport"), ibid., reel 3, frames 150-80, p.26/frame 175 ("white people"); Carter, 133-35.

地区的《每日时报》是本案被害人家乡的一家报纸；该报纸关于本案强奸行为的措辞是："本地区有史以来最骇人听闻的犯罪，彻底败坏了这里的社会风气。"霍金斯法官曾试图指派斯科茨伯勒律协的 7 名律师为被告人进行辩护，但是，除了其中一名律师以外，其他律师都婉言谢绝了这一指定。这位唯一没有拒绝指定的律师名叫米罗·姆迪（Milo Moody），他是一名年近七旬的老人；后来，有一位调查员曾经这样描述他：他是"一位步履蹒跚、极不可靠且年事已高的律师，他已经失去了他曾经拥有的各种能力"⑥。

关于斯科茨伯勒男孩们的审判活动始于 1931 年 4 月 6 日，也即该强奸指控事发后的第 12 天。当时，法院外面聚集了大约五千到一万名民众；国家卫兵荷枪实弹地担任着警卫工作。霍金斯法官指定一位名叫史蒂芬·R·罗迪的田纳西州律师担任本案的辩护人，罗迪律师是那些来自田纳西州的被告人的家人派来维护他们的利益的。罗迪是一名酒鬼，有评论者曾经报道说，在开庭的那天早上，"他醉得几乎走不成直线啦。"罗迪试图拒绝法庭的这一指定，其理由是他没有做任何准备，而且他也不熟悉亚拉巴马州的法律。但是，霍金斯法官说，他会指定姆迪——那位年近古稀的当地律师——来协助他。在开庭审理以前，法庭准许罗迪与他的当事人们会见了不到半个小时。以当地报纸对本案曾经进行了煽动性报道以及当地人试图对被告人施以私刑为由，辩护律师提出了变更管辖法院的动议。但是，这时候地方执法长官沃恩却矢口否认本案的被告人曾经受到过私刑的威胁；于是，霍金斯法官拒绝了律师的这一动议。⑦

控方请求对九名被告人中的八个人判处死刑——其中有一名被告人经查明只有 13 岁。这九名被告人被分成了四组，分别接受了审判。第一组接受审判的是克莱瑞斯·诺里斯（Clarence Norris）、查利·威姆斯（Charley Weems）。维多利亚·普莱斯是控方的主要证人。她作证说，这帮黑人年轻人把那些白人男孩扔下火车，然后对她和贝茨实施了轮奸。根据一份二手资料的记录，普莱斯作证时"表现得津津乐道、声色俱厉且机智幽默，以至于法庭时常激起一片笑声"。辩护律师试图让证人承认，她们是妓女，而且，在本案案发的头一天晚上，她们曾经和她们的男朋友发生过性行为——这将足以解释在本案医疗检查过程中为什么会在她们的阴道里发现有精子存在；然而，霍金斯法官驳回了辩护律师的上述请求。根据负责身体检查的大夫提供的证言，这两个女孩是否受到强奸存在重重疑点：在接受检查时，她们并非处于歇斯底里的精神状态，而且，在她们身上也找不到任何可能因遭受强奸而造成的严重身体伤害。此外，在普莱斯阴道里几乎没有发现什么精子，因此，所谓遭受六人轮奸的指控基本上不可能是真的。在这两位女性体内发现的精子已经失去了活力，据此，基本上也可以排除在此前数小时内发生过性行为的可能性。在相关事实的一些细节上，两位女性的证言也不尽一致。例如，在火车上她们是否曾经与那群白人男孩说过话；这两群人之间的种族冲突持续了多长时间。火车停下来时，在场的一位男性作证说，他根本没有

⑥　Carter, 13, 17-18, 20 (Huntsville Daily Times); "Memorandum on Visit to National Office, May 18, 1931, of Mrs. Hollace Ransdall [sic]," 19 May 1931, NAACP, part 6, reel 3, frame 27 ("doddering"); Goodman, 26.

⑦　Carter, 19-24 (quotation at 22).

听普莱斯说过她们被强奸。但是，在交叉询问中，诺里斯承认，其他八名被告人对这两位女性实施了轮奸，但他自己并没有参与；诺里斯的这一承认严重削弱了辩方的主张。（事后表明，地方司法长官沃恩曾经警告过诺里斯说，如果他不承认那两位女孩受到了强奸，他就别想活了。）辩护律师试图让这位目不识丁且思维混乱的家伙改变他的叙述，但是，诺里斯拒绝改变证言。辩方没有传唤一个证人，最后也没有作总结陈词。⑧

当陪审团休庭评议并决定诺里斯和威姆斯命运的时候，针对海伍德·帕特森（Haywood Patterson）的审判已经开始了。负责第一组审判的陪审团回到法庭宣布诺里斯和威姆斯有罪并判处死刑，此时，法庭内外的民众一下子变得兴奋起来。据辩护律师罗迪称，判决结果公布后，"立即从旁听席和法院庭院里——有几千名民众正在那里进行游行示威——传来一阵疯狂的、惊雷般的喧闹声，而且，前后持续了 15 到 20 分钟之久。"尽管负责帕特森审判的陪审团听到了这一骚乱，霍金斯法官却拒绝宣布审判无效（mistrial）。⑨

由于控方不再传唤前一次审判中证明毫无帮助的证人，同时，两名被害人经过一次演练后故事也讲得越来越好，所以，在随后的审判中，控方的指控开始变得越来越凌厉。站到证人席上不到 5 分钟，帕特森就开始变得自相矛盾起来：他究竟是亲眼目睹了那两位女孩被强奸的事实，还是事实上根本就没有见过那两位女孩？其他被告中，有几位的证言也相互矛盾：有一个承认说他们强奸了那两个女孩；而其他被告人则矢口否认在火车上见过这两个女孩。经过不到 25 分钟的休庭评议，陪审团判处帕特森有罪并判处死刑。⑩

在第三组审判中，有五名被告人一起接受了审判。基于以下原因，控方针对他们的指控显得尤其苍白无力：在交叉询问中，这些被告人没有提供自我归罪的证言；那两位女性在对他们进行辨认时也显得不是那么肯定；其中一名被告人的视力非常弱，几近瞎子；而另一名被告人则患有严重的性功能疾病，所以让他去实施强奸无疑是一件相当困难的事情。尽管如此，陪审团对他们五人还是作出了死刑判决。在针对最后一名被告人罗伊·莱特（Roy Wright）的审判中，由于陪审团无法就判处这名 13 岁的孩子死刑还是终身监禁达成一致意见——其实，控方根本没有提出要判处其死刑——霍金斯法官宣布该审判无效。这四组审判的庭审时间前后不到几个小时。⑪

■ 二、上诉代理权 _____

美国共产党迅速意识到了斯科茨伯勒案件对于宣传和募捐所具有的巨大潜力——他们将该案视为像 20 世纪 30 年代发生的萨科与万泽提（Sacco

⑧ Carter, 24 - 35; Ransdell Report, supra note 5, at p. 7 (Price quotation).

⑨ Carter, 35 - 38; "To the Friends and Relatives of the Nine Negro Boys Charged with Rape, in Jackson County, Alabama," 11 Apr. 1931, NAACP, part 6, reel 2, frames 624 - 27 (quotation at p. 4/frame 627).

⑩ Carter, 38 - 43; Goodman, 14 - 15.

⑪ Carter, 42 - 48.

and Vanzetti)* 案一样的错案。美国共产党人公开将这些审判活动斥为"以法律名义进行的私刑"（Legal lynchings），并对"美国南部地区地主和资产阶级的寄生生活"进行了斥责。一些不怎么激进的声音也对这八名黑人青年所承受的"野蛮刑罚"提出了抗议。与此形成鲜明对比的是，全美有色人种协会（National Association for the Advancement of Colored People，简称NAACP）——除非可以合理地确认被告人确属无辜，该组织一般情况下不愿意介入刑事案件——却迟迟没有采取任何行动。这使得国际劳动辩护组织（the International Labor Defense，简称LLD）——美国共产党的法律分支——有机会取得这些被告人的同意，授权由他们代为提起上诉。[12]

本案的支持者对全美有色人种协会的拖延提出了批评；在这些批评的刺激下，加之全美有色人种协会发现"本案所涉及的公共利益如此之大，以至于我们不得不介入"，全美有色人种协会的领导人对国际劳动辩护组织掌控这些被告人的上诉权利提出了带有攻击性的质疑。全美有色人种协会对查塔努加地区的一些黑人领袖进行了游说并使他们相信，共产党的介入将会给这些被告人的脖子套上沉重的磨盘；最终，他们说服这些被告人撤回了他们给予国际劳动辩护组织的授权。在国际劳动辩护组织的回应中，他们公开宣称全美有色人种协会是"资产阶级的改良分子"、"私刑实施者的秘密同盟"，全美有色人种协会的"援手"将会"把这些孩子引向电椅"。美国共产党人认为，只有通过群众性抗议活动才能拯救这些孩子的生命，而不是依靠统治阶级。他们嘲笑全美有色人种协会竟然愿意"亲吻绞死其兄弟姐妹的绳索，只要这绳索是作为统治阶级的法官恩准的"；而且，他们还指责全美有色人种协会基本上忽视了黑人群众的利益。[13]

作为回应，全美有色人种协会警告民众说，美国共产党正在利用这起案件谋求自身的利益，美国共产党带有煽动性的言论将会降低这些孩子们在上诉审中赢得撤销原判或获得州长宽宥处理（gubernatorial commutation）的几率。作为全美有色人种协会的秘书长，沃尔特·怀特（Walter White）对其中一个被告人的母亲尤金·威廉姆斯说，"好而言之，对她儿子不利的几率依然相当大——如果她继续与美国共产党搅在一起的话，在黑人因素之外再加上社会对于赤共的偏见，她事实上等于要把她儿子推上断头台。"怀特甚至指责美国共产党说，他们的小算盘是"如果这些孩子被执行死刑将会比

---

* 费迪南多·尼古拉·萨科（Ferdinando Nicola Sacco，1891年4月22日—1927年8月23日）与巴托洛梅奥·万泽提（Bartolomeo Vanzetti，1888年6月11日—1927年8月23日）的案件是美国历史上最具争议、最臭名昭著的刑事案件之一。因为1920年马萨诸塞州发生的一起持枪抢劫案，无政府主义者萨科与万泽提受到谋杀罪指控并被判有罪。经过备受争议的审判和一系列上诉之后，这两名意大利移民最终于1927年8月23日被执行死刑。在政治层面，就他们是否无辜、针对他们的审判活动是否公正等存在着广泛争议。这些争论集中于事实细节和证据间的自相矛盾，以至于直到现在，历史学家还对此聚讼纷纭。由于该案件，这两位原本默默无闻的意大利下层移民一下子变成了当时轰动全世界的人物，并以他们的生命为代价被历史学家列入了意大利历史上最具影响力的百名人物。该故事后被拍成电影：意大利著名导演朱里亚诺·孟塔多（Giuliano Montaldo）拍摄的《死刑台的旋律》（Sacco e Vanzetti (1971)）；彼得·米勒导演的《死刑台的旋律》（Sacco and Vanzetti (2006)）。——译者注

[12] Carter, 48 - 60 (quotations at 49 - 50); Goodman, 7 - 8, 25 - 29.

[13] Walter White to Bob & Herbert, 3 May 1931, NAACP, part 6, reel 2, frames 825 - 31 ("so deep" at p. 5/frame 829); Carter, 61 - 68 (other quotations). See also Roy Wilkins to White, 7 May 1931, NAACP, part 6, reel 2, frames 889 - 90; William Patterson to NAACP, 30 June 1933, ibid., frames 459 - 72.

他们活着具有更大的宣传价值"。相比之下，全美有色人种协会的策略是，他们准备聘请美国南部地区最优秀的但同意不公开亮相的白人律师作为这些被告人的代理人，并由他们根据为数不多的法律理由努力争取让上诉法院撤销原判或者由州长作出宽宥处理。⑭

全美有色人种协会的领导人面临着两方面的压力：他们既不想损害这些被告人赢得南部地区温和派白人支持的机会，也不想得罪那些更具激进色彩的会员——这些会员主张，应当公开谴责南部地区的白人，因为他们竟然根据如此充满疑问的证据对这些孩子实施死刑。由于拒绝与国际劳动辩护组织合作，全美有色人种协会得罪了许多黑人——这些人认为，美国共产党是"真诚且全心全意的"，而且，没有理由要拒绝美国共产党的帮助。其中某家黑人报纸的编辑曾经评论说，全美有色人种协会"如果现在还觉得，与社会主义的传播进行斗争，比与那些愿意实施私刑、大屠杀、杀戮等行为并期待这种状态可以继续下去的南部白人进行斗争还要重要的话，那么他们就无异于忘记了他们成立这个组织的初衷"。还有一位黑人编辑指责全美有色人种协会"在本案中，采取的是一种汤姆大叔的态度"。然而，有人说服沃尔特·怀特并使之相信，全美有色人种协会"如果以任何方式与极端组织（即共产主义者）搅和在一起的话"，则会"自取灭亡"。绝大多数黑人报纸的编辑认为，全美有色人种协会与国际劳动辩护组织的这场争斗是"可悲的"，是"一场令人伤心的愚蠢之举"。其中，有编辑评论说，"我们的朋友太少了，以至于我们无法争辩；在任何情形下，我们都应当伸出援助之手。"⑮

几个月时间里，对于究竟授权谁来代理上诉，这些被告人一直摇摆不定；1931 年年底，他们最终决定由国际劳动辩护组织代理其进行上诉。之所以如此，部分原因在于全美有色人种协会时常对他们和他们的父母表现出一副居高临下的面孔。例如，曾有一个名叫威廉·皮肯斯的全美有色人种协会的官员把某些被告人的父母描述为"他们是我工作中所遇到的最笨、最木讷的动物"——在国际劳动辩护组织的努力下，这一言论最终传到了这些父母的耳朵里。相反，共产主义者不仅给这些孩子的家庭每月寄一张小额的支票，而且以友好、尊重的方式对待他们的父母。⑯

作为赢得案件上诉代理权的最后一次努力，全美有色人种协会试图说服克拉伦斯·达罗（Clarence Darrow）参与该案的上诉工作。国际劳动辩护组织不希望给民众留下拒绝全美最杰出的刑事辩护律师参与的印象，于是，他们公开表达了需要达罗律师帮助的迫切愿望。但是，该组织坚持说，达罗应

---

⑭ White to Bob & Herbert, supra note 13, at p. 2/frame 826 （"red prejudice"）; "Murder from Afar," Philadelphia Tribune, 27 Aug. 1931, NAACP, part 6, reel 8, frame 351; Carter, 69 - 72. See also Walter White to "Lud"（Ludwell Denny）, 29 Apr. 1931, NAACP, part 6, reel 2, frames 748 - 49; White to Roy Williins, 13 May 1931, ibid. , frames 973 - 75 .

⑮ Carter, 69 （"sincere and whole hearted," quoting Florida Sentinel）; White to Bob & Herbert, supra note 13, at p. 4/frame 828 （"1unatics"）; "The Conservative NAACP," Black Dispatch, 14 May 1931, NAACP, part 6, reel 8, frame 118 （"Uncle Tom"）; "This We Regret," California News, 7 Jan. 1932, ibid. , frame 469 （"deplorable"）; "An Offensive Defense," Carolina Times, 9 Jan. 1932, ibid. , frame 507 （"sad spectacle"）; "The Reds at Scottsboro," Baltimore Afro-American, 9 Jan. 1932, ibid. , frame 489 （"too few friends"）; Carter, 85 - 90.

⑯ William Pickens to White, 6 June 1931, NAACP, Part 6, reel 3, frames 355 - 57; Carter, 90 - 96.

当断绝与全美有色人种协会的联系，并服从国际劳动辩护组织的命令。这促使达罗和全美有色人种协会迅速作出回应并决定退出该案的竞争。有一家黑人报纸预言说，达罗退出该案的影响是："几乎等于肯定了斯科茨伯勒地区的谋杀活动"，这些孩子们"无辜的鲜血将会成为国际劳动辩护组织历史上的一块猩红的污渍"[17]。

由于共产主义者原则上将法院系统简单地视为"阶级压迫……的工具"，所以，他们并没有对上诉活动抱有多大的期望。相反，他们热衷于"在法院系统以及资产阶级立法机构之外展开革命性的群众运动"。共产主义者相信，斯科茨伯勒地区的这起案件可以教育大众，吸收更多的党员；在黑人群体中，尤其如此。1931 年春夏时节，共产主义者在北部地区组织了多次大规模的游行示威活动——这些被告人的母亲常常会应邀参加这些活动——以抗议这些孩子们所遭受的不公待遇，并恳请亚拉巴马州的州长本杰明·米克斯·米勒和当时的美国总统赫伯特·胡佛对此表态。在德国萨克森州的德雷斯顿地区，共产主义者朝美国领事馆的窗户扔石头，谴责美国"对我们的黑人阶级兄弟实施血淋淋的私刑"。那年夏天，欧洲其他地区也曾经多次上演类似的场景。在亚拉巴马州的塔拉普萨地区，共产主义者利用"斯科茨伯勒法院的私刑判决"的影响，组织黑人佃农（share-croppers）成立了工会，要求提高工资并释放在押的被告人；当地的白人则以暴力和谋杀作为回应[18]。

到了 1931 年夏天，米勒州长已经收到了几千份从世界各地寄来的、带有攻击性言辞的信函。其中一封典型的抗议信谴责说，"亚拉巴马州野蛮的奴隶制拥护者，借助三 K 党法官和受到种族仇恨煽动的陪审团……将九名无辜的孩子送上了电椅。"国际劳动辩护组织将亚拉巴马州的白人称为"私刑刽子手"；这一攻击性言论在当地报纸上发表以后，进一步强化了当地民众对于斯科茨伯勒男孩的仇恨。当地的白人变得更具防范意识，他们坚持说，这些孩子已经获得了"他们在世界其他地方的法院所能得到的公正审判"。多种族合作委员会（the Commission on Interracial Cooperation）通常会对那些因受到明显不公正审判而被定罪的南部黑人的上诉活动提供支持；但是，由于公众舆论对本案充满敌意，该组织拒绝为斯科茨伯勒男孩提供帮助。州长的秘书解释说，对于米勒州长而言，斯科茨伯勒已经变成了"一头白色的大象"，国际劳动辩护组织富有煽动性的言论已经"自缚手脚"。一个白人选民警告州长说，不要让"来自世界各地和美国北部的、肮脏的北部佬或该死的共产主义者施加的威胁或要求……影响你的决定"。霍金斯法官向辩护律师罗迪透露自己的心里话说，他"并非真的认为这些孩子应当被判死刑，但是……共产主义者带来的问题比本案事实更为严重"。一位亚拉巴马州籍的白人的以下言论道出了许多人的心声："在第一审审判中，我可能会判他们

⑰ "Murder in Scottsboro," Philadelphia Tribune, 7 Jan. 1932, NAACP, part 6, reel 8, frame 464；Carter, 97 - 103；Goodman, 37 - 38.

⑱ Carter, 121 - 30, 138 - 146（quotations）, 167；NYT, 1 July 1931, p. 9；NYT, 18 July 1931, p. 30. See also Daily Worker, 20 Jan. 1932, NAACP, part 6, reel 8, frame 532.

无罪；但是现在，既然丑闻已经张扬出去了，我们必须绞死他们才行。"[19]

三、亚拉巴马州最高法院

在这样一种氛围下，该案上诉到了亚拉巴马州最高法院。在当时，经过几十年的发展，美国南部各州最高法院已经开始逐渐关注黑人刑事被告人的程序权利。根据以下理由，他们常常撤销定罪判决，甚至包括一些谋杀或强奸案：例如，检察官发表了包含种族偏见内容的言论；初审法官拒绝改变管辖法院或者拒绝给辩护律师充足的准备时间；将通过强制手段获取的自白作为证据使用。不容否认的是，南部地区针对黑人的刑事司法活动依然充满了不平等现象：在美国南部地区，黑人依然不能担任陪审员；在南部地区的法庭上，黑人律师难以得到公正的听证机会；认为黑人证人的可信程度要低于白人证人的；对于白人强奸犯或者对于强奸黑人女性的人，几乎从来不会判处死刑。当然，相比以前而言，南部地区也已经发生了一些变化。然而，对于那些引起南部各州以外地区批评的轰动性案件，或者对于那些不这么做将会威胁到白人统治地位的案件，南部地区的法院系统在对待黑人被告人的态度上却会走回头路。[20]

关于斯科茨伯勒男孩案的批评声音尤其让亚拉巴马州的白人感到恼火；因为他们觉得，由于避免了对这些人施以私刑，他们原本应当受到表扬才是。斯科茨伯勒地区的《进步时代》恭维当地居民在强奸案发生后表现出来的"耐心和骑士精神"；查塔努加地区的《每日时报》表扬当地居民说，他们的"自我节制，为南部其他地区的居民树立了令人印象深刻的榜样"。佐治亚州的一家报纸警告说，就黑人强奸白人女性的定罪判决提起上诉是"玩火自焚"；仓促的审判活动比对他们实施私刑更可取，而且，事实上，这是"迈出的第一步，而且是非常重要的一步"。南部地区的许多报纸预言说，如果其他地区的人连斯科茨伯勒男孩这样的案件都要提出批评的话，私刑现象有可能会死灰复燃。[21]

当斯科茨伯勒男孩案上诉到州最高法院时，据说州最高法院的大法官们对于那些直指他们的抗议和威胁已经怒火中烧。共产党的报纸《工人日报》将该法院称作"华尔街帝国主义的工具"，因此，他们毫无疑问会维持这些男孩的定罪判决。首席大法官约翰·C·安德森（John C. Anderson）对上述

⑲ Carter, 112 ("as fair a trial"), 119 (Hawkins), 136 ("acquittin"), 136 note 90 ("dirty Yankees"), 145 ("slave drivers"), 153；Pickens to White, 1 June 1931, NAACP, part 6, reel 3, frame 252 ("white elephant")；Pickens to White, supra note 16, p. 1/frame 355 (Pickens noting what Roddy reported Hawkins as saying).

⑳ Klarman, 130 - 31.

㉑ Carter, 105 - 16 ("chivalry" at 105, "impressive example" at 106)；Washington (Georgia) Forum, 25 June 1931, quoted in Anne S. Emanuel, "Lynching and the Law in Georgia, circa 1931：A Chapter in the Legal Career of Judge Elbert Tattle," 5 William & Mary Bill of Rights Journal (winter 1996)：215, 246 note 161 ("first step"). See also "The Steffens-Dreiser Nonsense," unidentified newspaper (probably the Montgomery Advertiser), 22 May 1931, NAICP, part 6, reel 8, frame 134.

言论提出了公开批评；他认为，此类言论是在"明目张胆地威胁本法院"，而且，他坚持说，最高法院的大法官"不会被吓倒"[22]。

在上诉程序中，国际劳动辩护组织提出了以下争点：在陪审团遴选方面存在着种族歧视现象；辩护律师不适格。但是，他们更多强调的是这些审判活动自身的不公正性，尤其是民众对陪审员造成的影响。在答辩中，州司法部部长否认"好奇的民众"对这些审判活动的结果施加了影响。《蒙哥马利先驱报》关于该案口头辩论的报道使用了以下标题："黑鬼的同党向高等法院'发号施令'"[23]。

此前，对于民众进行游行示威的类似案件，亚拉巴马州最高法院曾经作出过撤销定罪的判决。在其他一些不太引人注目的案件中，如果辩护律师是在开庭日一两天前才指定的，南部地区的其他最高法院也曾经撤销过定罪判决。然而，1932 年 3 月 24 日，亚拉巴马州最高法院以 6：1 的投票结果，维持了七名被告人的死刑判决（该法院要求对尤金·威廉姆斯重新进行审判，因为在定罪的时候他只有 13 岁，还属于未成年人）。该法院强调说，快速审判是"极其必要的"，因为这样做将会让公众更加尊重法律；而且，为保卫法院安全而到场的国家卫兵，则"提醒我们每一个人，该州的武装力量到场就是为了确保被告人获得一个依法进行的审判"。该法院还裁判说，直至开庭当天上午才为被告人指定辩护人，是符合法律要求的。在给全美有色人种协会秘书长沃尔特·怀特的信中，首席大法官安德森——该案中唯一投反对票的法官——解释说，共产主义者"表现得非常草率，而且在法庭辩论中引入了一大堆不相关的空话；这么做不仅不会提供帮助，反而有可能会对他们的被告人造成伤害"。尽管大法官安德森更乐意"让这些被告人在不同的氛围下接受审判"，但是，由于他的同僚并不反对"法庭外的活动对这些被告人造成的偏见"，他也只能表示遗憾。（作为这一努力的奖赏，大法官安德森收到了一封来自国际劳动辩护组织所属部门的电报，由于他情愿服从本案的多数意见，该电报将他斥为"群众的叛徒"。）[24]

《蒙哥马利先驱报》认为，州最高法院的判决"会令任何有理性的人相信"，斯科茨伯勒男孩已经获得了公正的审判。然而，亚拉巴马州的其他几家报纸则对州最高法院没有将案件发回重审以便澄清被告人是否有罪方面的疑问深表遗憾。《伯明翰时代：赫勒尔德地方报》评论说，"事实依然如此，空气中弥漫着民众的骚动情绪。"《伯明翰新闻》则坚持认为，"对于这些案件，当然会存在分歧。"亚拉巴马地区的温和派白人群体则对最高法院针对共产主义者的威胁行为所作的裁决表示不满，他们怀疑这些大法官们"下意识地退缩了"。一家黑人报纸也得出了类似的结论："亚拉巴马州的最高审判机关维持了这些死刑判决，可能是因为他们不想让人觉得他们受到了激进团体威胁、恐吓的影响。"共产主义者则认为，该判决表明"这些最高法院只

㉒ Carter，156（first two quotations）；"Defers New Action in Scottsboro Case," NYT, 8 Nov. 1932, p. 13（third quotations）；Goodman，49.

㉓ Carter，156 - 68.

㉔ Powell v. State, 141 So. 201, 211, 213（1932）；Chief Justice John C. Anderson to Walter White, 25 Apr. 1932, NAACP, part 6, reel 5, frame 792；Carter，159 - 60，170 note 98（"traitor"）；Barman，131 - 32.

不过是美国工人阶级的敌对者戴着手套的工具罢了"㉕。

《工人日报》预言说，美国联邦最高法院只不过是又一家"资本主义法院"，它对本案的审查只不过是"一种姿态，目的是使其方便对其他孩子也施加这种法律意义上的私刑。"美国北部的一家黑人报纸则公开表达了对联邦最高法院的信任，其理由是："美国，作为世界的道德领袖，不应该为实施法律意义上的私刑树立榜样。"带有自由主义色彩的杂志《国家》也持同样的立场；它认为，这些孩子的前途"非常光明"，因为如果联邦最高法院维持了他们的判决，将会由此"鼓励美国南部地区的法律私刑"，这么做将会"让世界的良心受到极大的震惊"㉖。

■ 四、联邦最高法院

1932 年的美国联邦最高法院还根本算不上——就像后来大众神化描述的那样——种族平等的捍卫者。在 1900 年前后，联邦最高法院维持了以下法律的合宪性：强令种族隔离的法律以及剥夺黑人选民资格的法律；据此，羽翼未丰的全美有色人种协会于 1915 年得出了以下结论，即联邦最高法院"事实上等于宣布说，有色人种不享有宪法赋予的民权"。值得注意的是，在 20 世纪 20 年代，联邦最高法院已经推翻了以下立法：种族居住区彼此隔离的法令、某些有助于助长劳役偿债现象的立法（为了偿还债务而接受强制性劳动），以及祖父条款（一种为保护目不识丁的白人在文化测试中不会被剥夺选民资格的手段）。但是，1927 年，联邦最高法院强有力地暗示说，州在公立学校中强制推行种族隔离的做法是合乎宪法的；1935 年，联邦最高法院又以一致判决维持了将黑人排除在民主党初选（Democratic primaries）之外的做法——在只有一个党派的美国南部地区，这是唯一具有实质意义的选举活动。因此，在 1932 年，几乎没有人会把联邦最高法院看作是捍卫少数族裔权利的英雄。㉗

而且，在保护州法院系统中刑事被告人程序权利方面，联邦最高法院也还没有迈出实质性步伐。在 1932 年莫尔案（Moore v. Dempsey）以前，只有在少数几例案件中，因陪审团遴选程序具有种族歧视色彩，联邦最高法院以联邦宪法为根据撤销了州法院所作的刑事定罪判决。㉘ 在其他一些案件中，

㉕ Carter, 159 ("all reasonable persons"; "in the air"; "unconsciously backward"); "The Affirmation of the Scottsboro Cases," Birmingham News, 25 March 1932, NAACP, part 6, reel 8, frame 586; "The Scottsboro Appeal," San Antonio Inquirer, 8 Apr. 1932, ibid. , frame 631 ("cowed," excerpting editorial from the Houston Defender, 2 Apr. 1932); "Backs Conviction of Seven Negroes," NYT, 25 March, 1932, p. 6 ("Hand in glove") . See also "Scottsboro Boys Doomed," Sauonnah Tribune, 14 Apr, 1932, NAACP, part 6, reel S, frame 651.

㉖ Carter, 160 (Daily Worker); Iowa Bystander, undated (but probably around 30 Jan, 1932), NAACP, part 6, reel 8, frame 562 ("legal lynching"); "The Scottsboro Case," Nation, 12 Oct. 1932, p. 820.

㉗ Crisis, 9 (Apr. 1915); 293; Barman, chapters 1 - 3.

㉘ See Rogers v. Alabama, 192 U. S. 226 (1904); Carter v. Texas, 177 U. S. 442 (1900); Neal v. Delaware, 108 U. S. 370, 897 (1881); Strauder v. West Virginia, 100 U. S. 303 (1880) .

联邦最高法院拒绝根据第十四修正案的规定，将联邦权利法案提供的程序保护推广适用到各州；而且，联邦最高法院还对明显适用于各州的第十四修正案正当程序条款作出了狭义的解释。[29]

莫尔案是现代美国刑事程序的发轫判例。该案肇因于 1919 年阿肯色州菲利普斯县发生的、臭名昭著的种族大屠杀事件。当时，黑人农场承租人和佃农试图联合起来成立工会，并准备雇佣白人律师起诉种植园主逼迫黑人为了偿债而身陷为奴。当地的白人则以报复的方式对此实施了镇压活动。白人朝黑人工会主义者聚会的教堂开枪射击，黑人开枪还击。在枪战过程中，一名白人男子被击毙，并由此迅速引发了大规模的骚乱。在以平定骚乱为名而来的联邦军队的支持下，白人四处劫掠、横冲直撞，在全县范围内追杀黑人，前后杀死了几十名黑人。还有许多黑人因受到刑讯逼供而被迫作出了自我归罪的陈述。79 个黑人（却没有一个白人）因为此次"种族骚乱"中的行为受到了刑事指控并最终被定罪；其中有 12 人被判处死刑。就这 12 个人的审判而言，针对每个人的审判活动只有一两个小时，陪审团——黑人被制度化地排除在陪审员之外——的评议活动只有几分钟时间。在审判期间，为数甚巨的白人，群情激昂地包围了法院，威胁着被告人与陪审员的人身安全，而且，他们威胁说，要对被告人施以私刑。其中，有 6 名被告人就其死刑判决上诉到联邦最高法院；他们的理由是，因受到骚动民众的支配性影响，针对他们的审判活动违反了第十四修正案正当程序条款的要求。以 7∶2 的投票结果，联邦最高法院同意了上诉请求，裁定撤销原定罪判决，并指令一名联邦地区法院法官举行听证，以确定对于这些被告人的审判活动是否受到了骚动民众的影响。[30]

莫尔案为斯科茨伯勒案的被告人提供了一丝希望，即他们可能会在联邦最高法院那里伸张正义。在他们的上诉中，他们的律师提出了三项宪法请求：因受到骚动民众的支配性影响，针对他们的审判活动违反了正当程序条款的要求；有意将黑人排除在大陪审团和小陪审团之外，违反了平等保护条款；剥夺了被告人的律师帮助权，违反了正当程序条款。在口头辩论那天，负责联邦最高法院办公大楼以及地下一层巡逻任务的警察增加了人手；对国会山的广场进行了清场；经过周密的准备，驱散了原本准备举行游行示威的大批共产主义者。因 1916 年旧金山备战日爆炸案（the Preparedness Day Bombing）* 被错误定罪并被判入狱的加利福尼亚工人领袖汤姆·穆尼的母亲，玛丽·穆尼出席了联邦最高法院的审判，其目的旨在亲眼目睹其他母亲

---

* 备战日爆炸案（The Preparedness Day Bombing），是指 1916 年 7 月 22 日加州旧金山市备战节游行中发生的一起爆炸案。该爆炸行为造成 10 人死亡，40 人受伤。两位工人运动领袖——汤姆·穆尼（Thomas Joseph Mooney）和沃伦·比林斯（Warren Billings）——被指控对此负责，后被定罪并处以极刑。——译者注

㉙ Twining v. New Jersey, 211 U. S. 78 (1908)（本案拒绝将第五修正案规定的反对强迫自证其罪特权扩张适用于各州，同时，否定了以下主张：第十四修正案的正当程序条款应当禁止检察官就刑事被告人拒绝作证发表评论）；Maxwell v. Pow, 176 U. S. 581 (1900)（本案判决认为，在非死刑案件中，陪审团只有 8 个人并不违反正当程序条款）；Hurtado v. California, 110 U. S. 516 (1884)（本案判决认为，第五修正案的正当程序条款并不要求各州的刑事指控必须采取大陪审团起诉的方式）.

㉚ Richard C. Cortner, A Mob Intent on Death: The NAACP and the Arkansas Riot Cases (1988)，7 - 23；Klarman, 98, 120 - 23.

的孩子可以得到公正的审判。几位亚拉巴马州的国会议员也列席了口头辩论；旁听该案的黑人人数也异乎寻常地多。[31]

几周之后，联邦最高法院撤销了对于这些被告人的定罪判决，理由是初审法院剥夺了他们获得律师帮助的权利；但是，联邦最高法院拒绝就其他两个问题发表意见。或许，大法官之所以选择上述理由作为判决的根据是因为他们认为这一理由的争议性最小。如果将受到骚动民众的支配性影响作为撤销定罪判决的根据，则需要对莫尔案进行扩张解释。因为斯科茨伯勒案的那些审判活动并不像审判菲利普斯县那些被告人一样荒诞可笑：斯科茨伯勒男孩获得了真正的辩护；他们的审判活动持续了好几个小时（而不是 45 分钟）；负责审理他们的陪审团进行评议的时间远远多于莫尔案的 5 分钟时间；他们的案件也不具有像菲利普斯县种族骚乱一样有着深远的影响；而且，他们的自白并非因受刑讯而作出的。对于联邦最高法院而言，要想以莫尔案为根据撤销斯科茨伯勒男孩的定罪判决，需要对吉姆·克罗式的司法制度（Jim Crow Justice）* 进行彻底修正。同样，如果以陪审团遴选程序享有种族歧视色彩为由宣告这些判决无效，则会极大地刺激南部的白人群体。这是因为，排除黑人担任陪审员是确保白人法庭主权的必然要求。与此相比，以剥夺被告人律师帮助权为由推翻原审定罪判决，既不会影响到重新审判的结果，也不会对吉姆·克罗式的司法制度产生一般性影响。[32]

在鲍威尔案以前，联邦最高法院从未判决说，根据正当程序的要求，各州应当为死刑案件的贫穷被告人提供辩护律师。但是，联邦最高法院也从来没有拒绝过这种立场。在上述情形下，各州法院系统都会要求政府为被告人指定一名辩护律师。诚然，在鲍威尔案中，法庭也为被告人指定了辩护律师。但是，为了说明为什么这一指定不能满足联邦宪法标准的要求，它提出了两个理由：第一，州政府没有给被告人自行选择辩护律师的充分机会。第二，法庭指定的律师没有充分发挥作用。因为，该律师是在开庭日上午才指定的，辩护律师没有充分的时间与他的当事人进行协商，没有时间询问相关的证人，没有时间进行开庭前的准备。[33]

亚拉巴马州最高法院认为，这种临时指定辩护人的做法合乎州宪法关于

---

* 吉姆·克罗式制度是指 1877 年至 20 世纪 60 年代中叶，美国南部边陲各州盛行的种族歧视制度。该制度不仅仅意味着一系列僵化的、歧视黑人的法律制度，而且已经成为美国南部各州当时的一种生活方式（a way of life）。一般而言，1964 年《民权法案》（the Civil Rights Act of 1964）与 1965 年《投票权法》（the Voting Rights Act of 1965）正式推翻了吉姆·克罗式法律。

在 "Jim Crow Laws/黑人歧视法" 词条下，《元照英美法词典》解释如下："Jim Crow 一词来源于 1928 年一位黑人喜剧作家托马斯·德·赖斯（Thomas D. Rice）创作的剧目 'Jumping Jim Crow'。后来，'Jim Crow' 就演变成为对黑人的蔑称。自 19 世纪 70 年代开始，南部立法机关通过了在公共交通运输中实行种族隔离的法律，以后种族隔离的范围又渐渐扩至学校、公园、剧院、饭店等。这类种族隔离法逐渐被称为'黑人歧视法'。这类法律的目的在于反对'有色人种'（person of color），即任何有或被怀疑有黑人祖先的人。随着 20 世纪 50 年代民权运动的兴起，这类法律开始衰落，直至最高法院宣布在学校和其他公共场合实行种族隔离为违宪，从而使这类法律彻底终结。"《元照英美法词典》，738 页，北京，法律出版社，2003。——译者注

㉛ Brief of Petitioners, Powell v. Alabama, 3-4, 34-62; "Guarded High Court Hears the Negro Pleas," NYT, 11 Oct, 1932, p. 19.

㉜ Klarman, 123-24.

㉝ Brief for Petitioners, Powell v. Alabama, at 36-62; Klarman, 124-25.

死刑案件中法庭应当为被告人指定辩护人的要求。一般而言，联邦最高法院无权审查州法院关于州法律的解释。因此，联邦最高法院要想撤销鲍威尔案的定罪判决，就不得不对联邦宪法第十四修正案的正当程序条款进行解释，从而得出该条款要求死刑案件的被告人必须享有辩护律师的协助。但是，美国宪法历史表明，如果扩张某项宪法权利只是为了让少数州遵循某一法律规范，而绝大多数的州事实上早已经这么做了，大法官们基本上不愿意为此对某项宪法权利作扩张解释。1932年的情形是，没有一个州否认死刑案件的贫穷被告人享有获得指定辩护的权利。事实上，州法院系统之所以一直没有考虑过联邦宪法第十四修正案的正当程序条款是否包含此项权利，其原因之一是：当面对这一问题时，他们都会根据本州的宪法作出这样的解读。

一旦联邦最高法院的大法官确定，根据正当程序条款的要求，必须为死刑案件的贫穷被告人指定辩护律师，那么，撤销鲍威尔案的定罪判决就变得易如反掌了。首先，鲍威尔被剥夺了自行聘请律师的机会。其次，对于公正无私的评论者来说，初审法官指定的辩护律师明显没有充分发挥作用。在该案初审过程中，尽管辩护律师的确对控方证人进行了交叉质证，但是，就改变案件的审判管辖而言，他们只进行了一次软弱无力的尝试；而且，他们既没有做开庭陈述也没有做总结陈词；除了这些被告人本人外——为了避免被判死刑，他们中的某些人在绝望中提供了对于彼此不利的证言——他们也没有传唤任何人为被告人作证。与莫尔案相比，关于斯科茨伯勒男孩的审判活动可能算不上极端伪善，但是，绝大多数律师都认为，这些被告人获得的辩护明显是不充分的。㉞

此外，审判记录表明，这些男孩极有可能是无辜的。尽管从法律技术的角度来看，这与上诉请求之间不具有相关性，但是，对于联邦最高法院审查该案的定罪判决而言，却可能别有深意。由于刑事程序方面的制度保障往往会让有罪的人逃脱惩罚，所以，这些制度保障往往会引起争议。受此影响，大法官可能更倾向于在被告人极有可能是无辜者的案件中确立新的程序权利。如前所述，根据斯科茨伯勒案出示的人身检查记录，究竟是否有强奸行为发生存在着重重疑点；对此，各被告人的证言也前后不一。而且，那两位女孩具有捏造事实的明显动机：即避免可能根据麦恩法（Mann Act*）提起的刑事指控——根据麦恩法，基于不道德目的（卖淫）进行州际旅行，将受到刑事追诉。

许多新闻报纸，甚至包括美国南部某些地区的报纸，称赞联邦最高法院对鲍威尔案的判决。《里奇满时报：号外》走得更远，该报纸认为，该案判决"将会受到全国上下的欢迎，亚拉巴马州可能是唯一的例外"。《纽约时报》也为该案判决欢呼；该报认为"应当减少极端激进分子之间的积怨，同

---

* 《麦恩法》(the Mann Act)，即1910年《禁止贩卖妇女为娼法》(The White-Slave Traffic Act of 1910 (ch. 395, 36 Stat. 825；codified as amended at 18 U. S. C. § 2421－2424))。该法因由伊利诺伊州议员詹姆斯·罗伯特·麦恩(James Robert Mann)所倡，故习惯上称为《麦恩法》。该法属联邦法，其中规定，"禁止在州际或国际为了卖淫等不道德的目的运送妇女的行为或者明知他人实施上述行为而为其提供帮助。"《元照英美法词典》，1418页，北京，法律出版社，2003。

㉞ Brief for Petitioners, Powell v. Alabama, 9－14, 51－59；Klarman, 125.

时，强化了美国人民对于本国制度的合理性，尤其是对于美国法院系统的廉正性（the integrity of their courts）的信心"。哈佛法学院教授费利克斯·弗兰克福特（Felix Frankfurter）将该案判决称为"自由史上引人注目的一章"；他评论说，最近一直致力于维护有产阶级利益的那所联邦最高法院，现如今也开始保护"目不识丁"、"四处流浪"的黑人不被迫害。一家黑人报纸宣称，该案判决"是以正义名义进行的伟大还击"；全美有色人种协会则将该案判决视为该协会以下观点的"证明"："只有诉诸法律手段，才能最好地赢得"种族正义的胜利。与此相比，《劳动日报》则谴责鲍威尔案说，它在教导亚拉巴马州的权力当局"如何实施此类私刑才是'适当的'"。具有自由主义精神的律师莫里斯·厄恩斯特也攻击该案判决意见"内容空洞、毫无实质意义"、"精巧地掩饰了他们的懦弱"；因为该判决忽视了那些"具有深层社会意义"的问题，并将这些"情形糟糕透顶的"被告人置于重新接受审判的境地——重新审判时，他们可能会碰上一个三心二意的律师，"当他在白人组成的陪审团面前……漫步时，骚动的民众正在法庭外高唱圣歌并嚷嚷着要绞死这些被告"㉟。

■ 五、发回重审

联邦最高法院的判决似乎让亚拉巴马州的白人变得更具防范意识。第一次审判结束时，还有一些白人会对这些被告人是否受到了公正的对待表示异议。但是，当《伯明翰邮报》所称的联邦最高法院对州最高法院进行了"狠狠训斥"之后，有谁敢再对这些被告人是否有罪或者其审判活动是否公正、公开表示怀疑的话，必然会招致一顿痛揍。北方报纸将亚拉巴马州的白人描绘成一群光着脚、嘴里嚼着烟草的文盲；对此，亚拉巴马州的白人心存极大的怨恨。对于重新审判，霍金斯法官认为，"现如今，派军队到场比上一次审判更有必要啦。"㊱

国际劳动辩护组织请求塞缪尔·莱博维茨——犹太人，在纽约执业，美国顶尖级的刑事辩护律师之一——在重新审判时担任这些被告人的辩护律师。莱博维茨答应免费进行辩护，但条件是：要保证他可以独立地精心策划

㉟ "The Scottsboro Case," Richmond Times-Dispatch, 9 Nov, 1932, p. 10; "The Scottsboro Case," NYT, 8 Nov. 1932, p. 13 ("rancor"); NYT, 13 Nov. 1932, sect. 8, pp. 1 - 2 (Frankfurter quote); "The Scottsboro Mob Justice," Indianapolis Recorder, 12 Nov. 1932, NAACP, part 6, reel 8, frame 784 ("great stroke"); Baltimore Afro-American, 19 Nov. 1932, ibid. , frame 794 (NAACP quote); Carter, 163 - 65 (quating New York Daily Worker, 8 Nov. 1932, at p. 163); Morris Ernst, "Dissenting Opinion," Nation, vol. 135 (1932), p. 559. See also "The Scottsboro Case," New York Emerald-Tribune, 8 Nov. 1932, p. 20; "The Scottsboro Case," Baltimore Sun, 9 Nov, 1932, p. 10 (本文强调说，该案判决"合乎公平对待原则的要求，而且，将会受到全国各地的普遍支持"); "Righteously Remanded," Richmond News Leader, 8 Nov. 1932, p. 8 (本文强调说，"歇斯底里的氛围是该案定罪判决的罪魁祸首"，同时，该文明确表达支持本案的最终结果).

㊱ Carter, 113, 179 - 81 ("presence of troops" at 181), 189 - 90 ("stinging rebuke" at 190); Birmingham News, 25 March 1932; NYT, 12 March 1933, p. 27.

该案的辩护策略；国际劳动辩护组织必须承诺在公开场合对斯科茨伯勒案作低调处理。抵达亚拉巴马州之后，莱博维茨试图厘清该案与共产主义问题之间的联系，同时，他公开表示，他不会对亚拉巴马人如何处理他们自己的事务指手画脚。[37]

在重新开庭审理以前，国际劳动辩护组织的一名律师提出了变更审判管辖法院的动议；法院同意了这一动议，并将案件移交亚拉巴马州的迪凯特市进行审理——该市位于斯科茨伯勒的西部，距离斯科茨伯勒有 50 英里的距离。然而，即便在迪凯特市，几乎所有的白人也都相信这些被告人有罪。在第一次重新开庭审理时，有大批民众到庭旁听；不过，在斯科茨伯勒初次审判时所弥漫的那种暴力威胁情绪已经逐渐消退了。此时，斯科茨伯勒案已经引起了全美的高度关注，以至于纽约的几家报纸以及有线广播都派员亲临现场，对该案进行跟踪报道。[38]

莱博维茨提出了撤销原审起诉书的动议。其理由是：自从南部重建以来，尽管黑人占杰克逊县人口总数的 10％左右，但是，在该县，从来没有黑人参与过大陪审团审判。法庭传唤该县的陪审团事务专员出庭作证；他们否认排除黑人参与审判是出于种族方面的原因。莱博维茨传唤了一些杰克逊县的黑人出庭作证，以证明他们完全符合制定法规定的"为人正直、人格高尚、能够作出合理判断"的陪审员遴选标准。检察官试图对这些黑人证人进行羞辱和威胁。但是，这些黑人在交叉询问中很好地坚持了下来。莱博维茨认为，这些人像许多白人一样完全具备担任陪审员的资格。然而，法官詹姆斯·埃德文·霍顿驳回了撤销原起诉书的动议。[39]

于是，莱博维茨转而对重新审判所在地摩根县的陪审员遴选制度提出了质疑。他从该县传唤了十名杰出的黑人作为证人，以证明他们完全具备担任陪审员的资格。这些受过教育、举止优雅的黑人——他们中的绝大多数人都拥有本科学位——给人留下了深刻的印象。[40]

当莱博维茨要求检察官用礼貌用语称呼这些黑人证人时，法庭的旁听人员还仅仅是感到迷惑；但是，随着他对该县陪审团事务专员的诚实性提出质疑，旁听人员的愤怒情绪已经显而易见并不断高涨了。二百多名青年男子在城里聚会，"对莱博维茨交叉询问控方证人的行为举止表示抗议"。霍顿法官驳回了辩方对陪审团遴选活动的质疑；之后，针对迪凯特市街头流传的、要杀死莱博维茨的威胁，他又对法庭的旁听人员进行了训诫，同时，他还是警告说，如果有人胆敢对这些被告人实施任何伤害行为，他会命令国家卫兵开枪射击。[41]

在针对帕特森进行的重新审判时，控方的策略是让维多利亚·普莱斯在作证时尽可能栩栩如生地描述强奸过程。莱博维茨的交叉询问显得相当粗

[37]　Carter, 181 – 85; Goodman, 118 – 19.

[38]　Carter, 183 – 84, 190 – 92; Goodman, 118; "Eight for Negroes Opens in Alabama," NYT, 28 March 1933, p. 6.

[39]　Carter, 194 – 99; Goodman, 120 – 23.

[40]　Carter, 199 – 201; Goodman, 123 – 24.

[41]　Carter, 198, 201 – 08; "Warning by Judge at Alabama Trial," NYT, 6 Apr. 1933, p. 13 (quotation); "Negro Defense Gets Test of Juror List," NYT, 31 March 1932, p. 9.

暴：他试图证明普莱斯是一位妓女，而且，关于车上所发生事情的叙述充满了自相矛盾的内容。尽管莱博维茨可以从普莱斯那里获得自相矛盾的陈述，但是，事实证明，普莱斯是一个生性好斗的女性，她不会轻易屈服。然而，莱博维茨对普莱斯的可信性进行的任何贬损都是有代价的：法庭上的白人开始显得不友好起来；他们对这种攻击南部白人女性贞洁与诚实的做法表现出极大的愤怒。一个旁听人员对另一个旁听者悄声说："如果他能活着走出法庭，那就奇怪啦！"二百多名愤怒的当地居民聚集在一起，抗议莱博维茨对普莱斯进行交叉询问时的言行举止。霍顿法官以坚决捍卫法治的姿态作出了回应，他对这种"暴民精神"（Mob spirit）进行了公开谴责，并坚持说，他将会对这些被告人以及本案所有参与人的人身安全负责。[42]

R. R. 布里奇斯大夫作证说，在普莱斯阴道里发现的那些精子已经失去了活力。如果考虑到涉嫌指控的强奸行为是在进行身体检查以前 90 分钟内发生的，这一证据原本可以成为终局性的无罪证据。第二位作证的大夫叫马文·林奇；他私下里对霍顿法官坦白说，他根本不相信这两位年轻女性遭受了强奸行为。但是，尽管霍顿法官进行了极力劝说，林奇却拒绝公开表达这样的观点。他解释说，"如果我这么作证的话，我就再也不能回杰克逊县啦！"被告方的医疗专家爱德华·A·莱斯曼作证说，如果这位女性真的被六个男人轮奸的话，在随后的身体检查中，在她的阴道里不可能只发现那么少的精液。莱斯曼还宣称，刚刚遭受过强奸的女性不可能像普莱斯和贝茨那样表现得如此平静和镇定。对于这一证言，当地的一位居民表示异议说："如果专家证人是一位黑鬼，那么，我们有权利问问他收了谁的钱？"[43]

辩方的最主要证人是鲁比·贝茨。她进入法庭的方式极其夸张；她作证说，根本没有发生强奸行为。然而，她的可信性必然会因为其证言与初次审判的证言截然对立而大打折扣。检察官暗示说，她这么说是因为她已经被人收买了。很显然，绝大多数当地人相信这一指责，并据此对她的可信性表示怀疑。在做总结陈词的时候，一位检察官指出，贝茨身上穿的是"花哨的纽约服饰"，而且，他还把矛头指向了犹太籍辩护律师（即莱博维茨和国际劳动辩护组织的约瑟夫·布罗德斯凯），并恳请陪审团以自己的行动来证明，亚拉巴马州的司法是不会被"来自纽约的犹太人的钱"收买的。另外一名检察官则对陪审团说，"如果你们宣告这个黑鬼无罪，无异于是给他的脖子戴上玫瑰花环、为他前往纽约举行欢送晚宴"，而且，在那里，"哈里·福斯迪柯博士（他是纽约市一位具有自由主义精神的新教牧师，而且曾经向贝茨提供过援助）将会给他戴上礼帽，穿上正式的礼服、灰色的条纹裤和靴子"[44]。

即使这只是一件普通的黑人与白人之间的强奸案，对于由南部白人组成的陪审团而言，要想宣告帕特森无罪也是一件非常困难的事情。更何况斯科茨伯勒案并不是一件普通的案件。由于共产主义者攻击亚拉巴马州的白人是

㊷ Carter, 204 - 13, 223 - 24 (quotations)；Goodman, 125 - 27.

㊸ Carter, 213 - 16 (first quotation at 215), 227 - 28 （ "nigger" at 228）；Goodman, 127 - 28, 175 - 76.

㊹ Carter, 231 - 40 （ "New York clothes" and "Jew money" at 235；Fosdick quote at 237）；Goodman, 181 - 34；"New York Attacked in Scottsboro Trial," NYT, 8 Apr. 1933, p. 30.

实施私刑的刽子手，由于莱博维茨将那些身为白人的陪审团事务专员斥为骗子，本案根本不可能作出无罪判决。法院休庭后，陪审团对帕特森有罪还是无罪进行评议——这已经变成了挑战南部白人主权地位的时刻。由于罪与非罪的问题已经变成了事关南部白人主权地位的问题，陪审团只用了5分钟时间就作出了有罪裁决（一名陪审员不同意判处死刑，致使评议活动拖了几个小时，才最终就死刑问题达成了一致意见）。莱博维茨将这一判决结果视为"冥顽不化者的胜利"。《芝加哥辩护人》——这是美国最主要的黑人报纸之一——将这次审判斥为"一次冒牌的、伪装的正义，是一次针对我们国家荣誉实施的犯罪"。纽约的各家报纸公开表示，对于这一判决结果"感到震惊"；同时，一些南方报纸也指责说，法庭外面群情骚动的氛围损坏了本案的公正性。对此，亚拉巴马州的白人则表现出本能的怨恨。⑮

帕特森被定罪当天，纽约市区有两万多名黑人签署了请愿书，承诺将会参加春天在华盛顿特区举行的示威游行。有大批民众聚集在纽约街头，聆听鲁比·贝茨公开声明她本人只不过是斯科茨伯勒地区统治阶层压迫的对象，聆听莱博维茨将亚拉巴马州的白人贬损为"一群冥顽不化的人——他们的嘴巴宽过了脸颊，眼睛鼓鼓的像只大青蛙，下巴滴着烟草汁，留着长胡须，肮脏不堪"。纽约的新闻界忠实地报道了这些评论；之后，这些评论又在亚拉巴马州的各家报纸被广泛转载。这一切让南部白人对莱博维茨深恶痛绝。一家亚拉巴马的杂志回应说，"那位纽约犹太人宣称，亚拉巴马州根本就没有公正审判可言。在本报看来，就好像是……刚刚从苏联招募来的那个可怜家伙，试图要败坏亚拉巴马州的良好声誉。"⑯

宣布对帕特森的量刑之后，霍顿法官推迟了其他人的审理时间。原因是，莱博维茨对新闻界所讲的那些言论等于"给这些被告人的脖子套上了沉重的磨盘"。此时，亚拉巴马州以外的一些南方报纸第一次承认，这些男孩是无辜的。《里奇满新闻导报》的编辑道格拉斯·索撒尔·弗里曼（Douglas Southall Free-man）评论说："这些人之所以被判处死刑，主要因为他们是黑人"；根据"白人女性指控……一名黑鬼的'不成文法律'，他必须证明他自己是无辜的"。《罗利新闻观察》的编辑约瑟夫斯·丹尼尔（Josephus Daniels）认为这一判决"令人感到震惊"、"难以容忍"。《查塔努加新闻》声明说，人们无法把"这种将此类悲惨事件强加于人类生活的社会视为一个文明社会"。与此相对，原南方地区的新闻报纸则倾向于为这些审判活动的公正性进行辩护。⑰

⑮ Carter, 289—42; Chicago Defender, 15 Apr. 1933, p. 14（quoting Leibowitz）; Editorial, "The Decatur Ver-dict," NYT, 10 Apr. 1933, p. 12; "A Blow to Justice," New York Herald Tribune, 10 Apr. 1933, p. 14. See also "Sor-ry," Meridian (Mississippi) Star, 11 Apr. 1933, p. 4（本文认为，该案的审判活动是"绝对公正的"，并斥责莱博维茨说南方人顽固是"没有一丝事实根据的"）.

⑯ Carter, 243 – 50（"bigots" at 244; "Jew" at 245）; "Negro Protest Paraders Battle Police for Hour," New York Herald Tribune, 11 Apr. 1933, p. 32.

⑰ Carter, 246 – 47（"millstone" at 246）, 252 – 54; "South Split over the Scottsboro Verdict," Literary Digest, 115（Apr. 22, 1933）, p. 4（newspaper quotes）; "A Shocking Verdict," Raleigh News & Observer, 10 Apr. 1933, p. 4; "A Suggestion to the South," Raleigh News & Observer, 11 Apr. 1933, p. 4（"outrageous"）; Goodman, 153. See also " 'Justice' in Alabama," Richmond Times-Dispatch, 12 Apr. 1933, p. 6（本文认为，"陪审团原本应当作出有罪判决的说法是令人匪夷所思的"，并认为帕特森可能是无辜的）.

在亚拉巴马州，继续持怀疑态度的少数白人受到了强烈的打压。伯明翰南部大学的一位社会学教授因对这些男孩表示同情，被校方拒绝延聘。作为这些男孩的另外一位支持者，犹太教教士本杰明·戈德斯坦则被迫辞去了蒙哥马利教堂的教职并离开了亚拉巴马州；即便如此，他的教友们依然担心，这位教士就斯科茨伯勒案持有的、富有争议的立场将会诱发一场反犹太狂潮。有评论人指出，有许多白人承认，这些被告人可能是无辜的。但是，他们却坚信"如果我们在这起案件里放过这些黑鬼的话，南部地区的白人女性就再没有安全可言了"。许多温和派白人明确表示，希望州政府愿意将这些人的刑罚宥赦为无期徒刑，而且，他们明显认为，在白人女性对黑人提起虚假强奸指控的情形下，这是一种可以接受的折中处理方案。[48]

1933 年 6 月，霍顿法官——莱博维茨曾经称赞他是"我所遇到的最优秀的法律人士之一"——同意了辩方要求重新对帕特森进行审判的动议。他解释说，他发现不利于帕特森的那些证据并不具有说服力。霍顿私下里期待着，这一举动会阻止控方对这些被告人继续展开追诉。[49]

《伯明翰邮报》对霍顿法官的裁决表示赞赏，并声明说，这些被告人可能是无辜的。但是，在亚拉巴马州，只有一家当地报纸赞成这种立场。亚拉巴马州的一些杰出白人，包括该州的律协主席，也支持霍顿法官的裁决。但是，该州的主流反应是一种敌对的态度。汤姆·赫弗林——来自亚拉巴马州的前联邦参议员——宣称，霍顿法官的这一裁决，等于"在那些无法无天的黑鬼脑袋里植入了一些邪恶的观念，亚拉巴马州的白人女性将面临更大的危险。"曾经协助该案起诉工作的州司法部部长托马斯·E·奈特（Thomas E. Knight, Jr.）试图阻止霍顿法官继续参与本案的审理活动。有批评人士嘲笑霍顿法官说，他"甚至还没有那些只有一只角的虫更有骨气"。后来，尽管霍顿法官六年前竞选法官时一帆风顺，在继续连任时却惨遭败局。与此相反，奈特却当选为该州的副州长。[50]

1933 年 11 月，斯科茨伯勒案再次对帕特森进行了审判。局势的最新发展让人们担心，是否能够有效地保护这些被告人及其律师不会受到骚动民众的暴力威胁。同年，在塔斯卡卢萨县，有三名黑人被指控强奸并杀害一名白人女性；尽管本案的保卫工作已经由地方警察移交给防暴大队负责，但是，为他们进行辩护的国际劳动辩护组织律师依然有两人惨遭杀害。同年 9 月，一个老龄黑人因受到了对一个智障的白人女性实施强奸行为的指控——甚至连警方都认为这一指控令人难以置信——被民众处以私刑。当地报纸谴责国际劳动辩护组织在"感到心满意足的黑人中"散布共产主义言论。《蒙哥马利先驱报》将这一私刑归咎于"那些因为担心外部

---

⑱　Carter，253－62（quotation at 261）. Cf. Sandra Day O'Connor, Thurgood Marshall: The influence of a Raconteur, 44 Stan. L. Rev. 1217, 1220（1992）（该文追忆了瑟古德·马歇尔就 20 世纪 30 年代弗吉尼亚发生的一起谋杀案子发表的评论——在该案中，一名黑人男性因涉嫌谋杀灵位白人女性而被判有罪——"说黑人男性谋杀一位白人女性仅仅是为了剥夺她的生命，你就知道，控方的指控肯定存在某种问题"）.

⑲　Carter，239，264－70；Goodman，178－82.

⑳　Carter，270－73（quotation at 271－72）.

干预将会阻碍正义之路的……头脑发热分子"。然而，尽管伯明翰的多家新闻报纸指出，重审该案"极有可能"引发大规模的屠杀行为，但主持该案审判工作的法官 W. W. 卡拉汉（W. W. Callahan）却拒绝请求军队保卫法庭的审理活动，州政府也没有派任何军事力量到场。尽管国际劳动辩护组织调查人员提交的附誓陈述表明确实存在以下事实，卡拉汉法官最终还是拒绝了辩方提出的改变管辖法院的动议：有一名国家卫兵承认说，如果民众对被告人实施私刑，他和他的同伴只会采取象征性的制止措施；而且，当地的白人也承认，他们将会隐藏应当判处这些被告人死刑的想法，以便可以作为陪审员参与本案的审判活动。⑤

在进行再次审理以前，杰克逊县的陪审团事务专员在陪审员名单中新增了一些黑人的名字。在预审中，辩方的笔迹专家作证说，这些黑人的名字绝大部分——甚至有可能是全部——是在这份名单最初编辑完成之后，以伪造的方式添加进去的。尽管这一证言本身不存在任何争议，卡拉汉法官却依据"陪审团事务专员依法行事"的推定，拒绝了辩方关于撤销该案起诉书的动议。⑤

在针对帕特森的再次审理中，法官卡拉汉不允许莱博维茨就维多利亚·普莱斯乘火车旅行的前天晚上是否发生过性行为发问，而且，当莱博维茨坚持要把这方面的证据展示给陪审团时，法官卡拉汉差点裁判莱博维茨的行为构成藐视法庭罪。当普莱斯开始陷入自相矛盾的泥潭时，法官卡拉汉一再伸手救援；而另一方面，法官卡拉汉却一再拒绝为莱博维茨提供削弱控方证人可信性的机会。鲁比·贝茨因受到会被杀害的威胁而胆战心惊，因此，在纽约一家医院进行手术康复之后，她拒绝再回到亚拉巴马州出庭作证。控方运用帕特森曾经看见某几个年轻的黑人强奸这两个女孩的先前自认，对帕特森的可信性提出了质疑。然而，控方最富有成效的论点可能还要数其在总结陈词中向陪审团提出的以下问题：难道你们真的会相信被告人的描述吗？该描述基本上等于在指控你们的斯科茨伯勒邻居"实施了一大堆骇人听闻的行为"。法官卡拉汉向陪审团指示说，"根据法律，存在以下强有力的推定，即［控诉自己被人强奸的白人女性］不会也不可能心甘情愿地……与黑鬼发生性行为"；而且，"不管她是社区里最卑贱、最无知、最放荡的女人，还是洁白无瑕、出身名门、知书达理的处女"，都应当适用这样的推定。他一边怒视着莱博维茨，一边指示陪审团说，他们可以不理睬辩护律师关于普莱斯先前性交史的种种暗示。幸亏有莱博维茨提醒，否则，法官卡拉汉甚至忘了给陪审团分发用以作出无罪裁决的书面表格——陪审团不可能不明白这一疏忽的意义何在。陪审团裁判帕特森有罪并处以死刑；之后，在针对克莱瑞斯·诺里斯的重新审判中，陪审团作出了同样的判决。由于受到围观民众要打死

⑤ Carter, 276－80 (newspaper quotations at 277); NYT, 20 Nov. 1983, p. 1（"extremely grave"）; "Lynchings Feared in Scottsboro Case," NYT, 10 Nov. 1933, p. 7; "Plans to Lynch the Scottsboro Boy Exposed by Detectives," Washington Sentinel, 25 Nov. 1933, NAACP, part 6, reel 9, frame 262. See also Coy Wilkins, Memorandum on the Scottbboro Case, 3 Nov. 1933, ibid., reel 2, frames 516－17.

⑤ Carter, 281－84; "Jury Roll Upheld in Alabama Case," NYT, 26 Nov. 1933, p. 1.

他的威胁，莱博维茨最终在多名保安人员的护卫下离开了法院。[53]

在上诉程序中，两名被告人都以陪审团遴选程序具有种族歧视色彩为由，对他们的定罪判决提出了质疑。然而，美国联邦最高法院1900年左右的先例，使得被告人要想证明存在此类种族歧视现象成为一件非常困难的事情。根据这些先例，亚拉巴马州最高法院驳回了诺里斯的上诉申请。该法院拒绝推定当地的陪审团事务专员存在种族歧视行为，并否认这些专员负有保证黑人能够通过遴选并参与陪审团审判的积极责任。而且，他们表示，要尊重这些专员否定存在种族歧视现象的言论。就申请人的以下请求，即法官卡拉汉在控制法庭审理进程方面存在可撤销的错误，亚拉巴马州最高法院的大法官仅仅认为，“只有一两个场合，他表现得稍微有点儿缺乏耐心”。至于帕特森的上诉请求，由于其上诉不符合亚拉巴马州的上诉程序——对此存有不同的看法——州最高法院甚至根本没有进行实质性审查就直接裁定驳回了他的上诉请求。这一错误基本上是一种技术性错误：法律规定应当在90日内递交适用例外规定的申请（to fill a bill of exceptions）；只有当这一期间的起算点是判决之日而非量刑之日，而且只有当其申请重新审理的动议——该动议应当在上述期限内提起——错过了法院的开庭期而归于无效时，帕特森的上诉才算得上逾期。（而且，即便这样，本案中，适用例外规定的申请之所以有所迟误，是因为发生了飞机坠毁事件。）尽管这一错误属于技术性错误，这一程序失误却将危及帕特森的性命。亚拉巴马州最高法院拒绝就帕特森提出的、陪审团遴选程序具有种族歧视色彩的主张进行实质性审查；这样一来，显而易见的后果是，尽管帕特森的上诉理由与诺里斯的一模一样，联邦最高法院却无权对帕特森的请求进行审查了。[54]

六、重返联邦最高法院

1934年下半年，两名国际劳动辩护组织的律师试图以贿赂的方式促使维多利亚·普莱斯改变证言；这一行为被揭发出来了。莱博维茨勃然大怒，他声明说，国际劳动辩护组织“通过这种勾当，暗杀了那些斯科茨伯勒男孩”；而且，他威胁说，如果共产主义者再这么做的话，他就不再参与本案了。《工人日报》在回应中指责莱博维茨已经与“亚拉巴马州的私刑统治者”串通一气，而且，国际劳动辩护组织正准备以莱博维茨不具有宪法诉讼的经验为由解雇他。但是，莱博维茨最终说服了帕特森、诺里斯以及他们的父母继续由他代理本案的上诉工作。然而，就像1931年那时的情形一样，国际

[53] 53 Carter, 285 - 303 ("awful things" at 294, Callahan charge at 297); Goodman, 227 - 29; California Eagle, 24 Nov. 1983, NAACP, part 6, reel 9, frame 253; "Accuser Renames Scottsboro Negro," NYT, 28 Nov. 1983, p. 11; "Scottsboro Case Given to the Jury Which is Locked Up," NYT, 1 Dec. 1933, p. 1; "Judge Tells Alabama Jury How to Find Negro Guilty," New York Herald Tribune, 1 Dec, 1933, p. 1; "Scottsboro Negro is Convicted Again," NYT, 7 Dec. 1933, p. 16.

[54] Carter, 303 - 19; Klarman, 127 - 28; Goodman, 238; Patterson v. State, 229 Ala. 273, 156 So. 567 (1934); Norris v. State, 156 So. 556, 564 (Ala. 1934).

劳动辩护组织的律师随后的造访，让这两个男孩和他们的家人迅速改变了主意。于是，紧接着，为获取本案的上诉权，再次爆发了一场不适宜的争斗——这一次，争斗的双方换成了莱博维茨与国际劳动辩护组织。在这些男孩翻来覆去多次改变主意之后，最终双方达成了这样一种折中方案：莱博维茨代理诺里斯向美国联邦最高法院上诉，帕特森的上诉活动则由国际劳动辩护组织雇用的律师负责。⑤

诺里斯的上诉理由主要着眼于陪审团遴选程序的种族歧视现象。亚拉巴马州援引托马斯案（Thomas v. Texas（1909））予以反击，该案判决认为，联邦法院系统必须尊重州法院关于这一问题的事实认定。在莱博维茨进行口头辩论的过程中，首席大法官查尔斯·埃文斯·休斯（Charles Evans Hughes）打断了莱博维茨并问他是否能够证明他所指控的陪审员名录上的黑人名字是伪造的。莱博维茨说他可以证明。于是，法庭上出现了极具戏剧性的一幕：大法官们手拿放大镜对杰克逊县的陪审员名录进行了审查——显然，这是联邦最高法院有史以来第一次亲自从事证据的收集活动。⑥

六个星期后，大法官们推翻了诺里斯的定罪判决——这是几十年以来，联邦最高法院第一次以陪审团遴选程序具有种族歧视色彩为由撤销定罪判决。值得注意的是，诺里斯案并没有创设新的实体性宪法规则。自1880年斯劳德案（Strauder v. West Virginia）以来，联邦最高法院一直通过对平等保护条款的解释来破解陪审团遴选程序中的种族歧视问题。但是，诺里斯案确确实实改变了以下重要规则：即对于此类诉讼请求应当采取何种证明方式。几十年以来，正是因为证明规则方面的限制，此类诉讼请求几乎一直难以得到支持。但是，在诺里斯案中，大法官给尼尔案（Neal v. Delaware（1881））所确立的、长期以来一直居于主导地位的戒律注入了新的活力——根据尼尔案，只能根据黑人长时间没有参与陪审团的实际情况来推断是否存在故意为之的种族歧视现象。对此，如果各州只需矢口否认存在种族歧视现象即可，而无须承担就此提供进一步证明的责任，那么，这方面的宪法保障"就只能是一项空洞、虚幻的要求"。此外，诺里斯案判决还认为，如果一项所谓的违宪行为取决于特定争点事实，那么联邦最高法院必须自行认定这些事实，而不是简单地听从州法院系统的事实认定。⑦

就联邦最高法院的大法官而言，诺里斯案是重新思考以下规则的良机：即有关陪审团遴选程序是否存在种族歧视现象的证明规则。其原因有二：首先，在亚拉巴马州的这些县，几十年以来，黑人从来没有参与过陪审团审判；而且，地方法院的职员令人尴尬的谎言也昭然若揭——对此，唯一合理

⑤ Carter, 308 - 19 (quotations at 311, 312); Goodman, 238 - 48; "Held as 'Bribers' in Scottsboro Case," NYT, 2 Oct. 1934, p. 7. "Leibowitz Ousts Communists in Scottsboro Case," New York Herald Tribune, 11 Oct. 1984, NAACP, part 6, reel 9, frames 468 - 69; "Negroes Pick Leibowitz," NYT, 21 Oct. 1934, p. 28; "Norris Picks Leibowitz in Final Action," (New York) Amsterdam News, 11 Feb. 1935, NAACP, part 6, ree19, frame 532.

⑥ Carter, 319 - 20; NYT, 16 Feb. 1935, p. 2; NYT, 19 Feb. 1935, p. 42; Thomas v. Texas, 212 U. S. 278 (1909); Norris v. State, 294 U. S. 587, 593 note 1 (1935).

⑦ Norris, 294 U. S. at 598 (quotation); Neal v. Delaware, 103 U . S. 370, 391, 397 (1881); Benno C. Schmidt, Jr., "Juries, Jurisdiction, and Race Discrimination: The Lost Promise of Strainer v. West Virginia," 61 Texas Law Review (May 1983): 1401, 1476 - 83; Klarman, 39 - 43, 125 - 28; Carter, 322 - 24.

的解释只能是，他们试图掩盖有意在陪审团审判中排除黑人参与的事实。其次，时值 1935 年，就这些斯科茨伯勒男孩确属无辜这一问题——用北方一家杂志的话说——"律师界的公共舆论已经早有定论了。"很显然，许多美国人认为，与摩根县陪审团听取的那些证据相比，鲁比·贝茨改口之后的那些话才是更具说服力的证据，并足以证明这些被告人是无辜的。甚至有许多南方报纸也为联邦最高法院推翻诺里斯的定罪判决"欢欣鼓舞"；恰如其中一家报纸所说言，因为"整个世界和美国的良知都深信：就他们受到指控的犯罪行为而言，这七个黑人是无罪的"⑧。

然而，由于所谓州上诉程序中的程序瑕疵，联邦最高法院撤销诺里斯定罪判决的事实并不必然有助于帕特森的上诉。然而，联邦最高法院的大法官一方面承认，亚拉巴马州有权要求联邦最高法院驳回那些因不合乎州上诉规则被驳回以后又在联邦上诉中提出的诉讼请求；另一方面又将帕特森案发回重审，并要求亚拉巴马州法院根据联邦最高法院关于诺里斯案的判决对该案进行重新审查。关于这一前无先例的做法的正当理由，联邦最高法院大法官们公开解释说，他们不相信，亚拉巴马州的法官们在预见到联邦最高法院很快就会宣布帕特森案所适用的陪审团遴选程序无效的情形下，还会因为上诉程序方面的瑕疵，判处帕特森死刑。⑨

■ 七、随后的历史

国际劳动辩护组织将他们在联邦最高法院取得的这一胜利视为"群众力量与群众抗议活动卓有成效的又一例证"。与此相反，莱博维茨则将这一胜利看作是"美国司法的巨大成就……是对那些试图制造怨恨并以此对抗我们的政府组织形式的颠覆性力量的回击。"《纽约时报》也宣称，这一判决"表明，本国度的最高法院迫切希望能够保障并保护最底层公民的权利"⑩。

亚拉巴马州州长 D·比布·格拉夫（D. Bibb Graves）声明说，联邦最

---

⑧ "Scottsboro—What Now?," New Republic, 82 (17 Apr. 1935), pp. 270 - 71 (first quotation); "Where the Stars Fell," Raleigh New & Observer, 3 Apr. 1935, p. 4 ("conscience of the nation"); "The South and Scottsboro Ruling," Literary Digest, 13 Apr. 1935, p. 10 ("rejoiced" in Norfolk Virginia-Pilot and Richmond Times Dispatch); Carter, 326; Goodman, 148 - 49; "Justice for Negroes," NYT, 2 Apr. 1935, p. 20 (本文强调说，该案 "已经成为伤害的公共标志" (a public symbol of the mischief) ——当允许偏见在原本致力于中立司法的领域泛滥时，就可能造成这样的伤害); "The Scottsboro Decision," New York Herald Tribune, 2 Apr. 1935, p. 18 (本文预言说，"又一次成功避免了造成巨大的司法不公结果，令人感到宽慰"); "The Scottsboro Decision," Washington Post, 3 Apr. 1935, p. 8 (该文评论说，"自始至终，这些案件的氛围就是一种司法不公的氛围"); id., "Comment on the Scottsboro Ruling"; New Scottsboro Opinion," Baltimore Sun, 3 Apr. 1935, p. 12.

⑨ "Comment," 35 Columbia Law Review (1936), 941 - 2; "Justice for Negroes," NYT, 2 Apr. 1985, p. 20; "Scottsboro-What Now?," New Republic, 82 (17 Apr. 1935), 271; Patterson v. Alabama, 294 U. S. 600 (1935).

⑩ Carter, 324 - 25 (quotations); "Justice for Negroes," NYT, p. 20 ("humblest citizens"). See also NYT, 2 Apr. 1935, p. 15; "The Scottsboro Ruling," Washington Post, 7 Apr. 1935, p. B7 (该文转引了《费城调查报》(philadelphia inquirer) 以下评论：该报认为，诺里斯案 "最终证明了一点，即该国度的最高法院决定，实体正义应当赋予每一个公民")．

高法院的判决是"本国度的最高法律","我们每一个县都必须将黑人的名字列入陪审团名录。"他甚至给本州巡回法院的每一位法官寄了一份联邦最高法院的判决书,并希望他们能够予以遵照执行。南部以外地区的报纸对亚拉巴马州州长的立场表示赞赏。但是,在远南地区,对该判决的反应却截然不同。查尔斯顿的《新闻与通讯》发表声明说,由黑人担任陪审员是"根本不可能的事情",因为这"是针对南部司法辖区采取的革命行动,这么做会让南部文明社会礼崩乐坏"。因此,联邦最高法院的判决"应当而且可能会予以规避"。因为联邦宪法第十四修正案"只有当州法律束缚了公民的手脚、钳制了公民言论时,才会适用于南部地区……对于南部地区的荣誉或道德,它并不具有拘束力"[51]。

联邦最高法院第二次撤销斯科茨伯勒案的判决,并没有像有些人期待的那样阻止亚拉巴马州对本案进行再次审理。莱博维茨试图说服州长格拉夫出面阻止进一步的追诉活动,但是,联邦最高法院实施干预的唯一效果只是进一步强化了亚拉巴马州的公共舆论。该州最高法院忠实地撤销了原审起诉书,但是,同时它明确表示,这并不意味着排斥对这些案件进行重新审判。于是,副州长奈特立即宣布说,对于这些案件,"他们会继续追诉,直到有明确结论为止"[52]。

与此同时,支持斯科茨伯勒案辩护活动的各家组织也开始消除彼此的内部分歧。1935 年,共产主义国际(The Communist International)决定加入当时的时代潮流,与各种自由主义组织携手对抗"法西斯主义的极大威胁"。之后,国际劳动辩护组织不再将全美有色人种协会的领导人视为"资本家的走狗",并同意在斯科茨伯勒案进行重新审判时与其共享案件的控制权。于是,国际劳动辩护组织(ILD)、全美有色人种协会(NAACP)、美国公民自由联盟(ACLU)以及其他组织共同成立了斯科茨伯勒案辩护委员会(SDC),并由该委员会在新一轮的重新审判期间统一协调这些案件的辩护活动。该委员会将莱博维茨排挤到了幕后,并从美国南部遴选了一名受人尊敬的白人律师来完成绝大多数的法庭辩护活动。这时候,亚拉巴马州白人中的一些温和派第一次自愿成立了一个州斯科茨伯勒案辩护委员会。但是,他们希望能够让国际劳动辩护组织保持缄默,并坚决反对与莱博维茨进行合作——由于曾经与国际劳动辩护组织具有密切的联系以及此前肆无忌惮的评论,莱博维茨彻底失去了亚拉巴马州白人的支持。即使满足了上述所有条件,绝大多数温和派人士依然拒绝在公开场合讨论这些被告人是否有罪的问题;其中,有些温和派人士坚持认为,对于这些男孩,处以监禁刑不失为一种折中方案。就此,由这些温和派人士构成的亚拉巴马州斯科茨伯勒案公正审判委员会(the Alabama Scottsboro Fair Trial Committee),在争取重新审

⑤　Carter, 325 - 29 (Graves at 325); "A 'One Big State' Decision," Charleston News & Courier, 3 April 1935, p. 4 ("revolutionize"); "The Realities," Charleston News & Courier, 5 Apr. 1935, p. 4 - A ("honor and morals"); "The South and Scottsboro Ruling," Literary Digest, 13 Apr. 1935, p. 10; "Graves Orders Negro Jurors for Alabama," New York Herald Tribune, 6 Apr. 1985, p. 30; "Negroes in the Courts," NYT, 7 Apr. 1935, p. E8 (declaring that the governor "deserves the approbation of the country") . See also "The Greater Menace," Charleston New & Courier, 11 Apr. 1935, p. 4 (本文预言说,"他们不可能'在实质意义上'遵守法院的判决"或者遵守州长的命令).

⑤　Carter, 328 - 29; "Scottsboro Case to be Reopened," NYT, 3 Apr. 1935, p. 7 (quotation) .

判的法官与检察官支持方面所作的努力，差一点就成功了——这是多么值得瞩目的努力啊![63]

1935 年下半年，杰克逊县重新组成了一个由 13 名白人和 1 名黑人组成的大陪审团；经审理，该大陪审团批准了针对 9 名被告人的刑事指控。（根据亚拉巴马州的法律，大陪审团批准一项公诉指控只需 2/3 多数通过即可；因此，那个具有象征意义的黑人陪审员只具有无足轻重的作用。）1936 年年初，帕特森第三次接受了审判。在 100 名陪审团候选人名单中，有 12 名黑人，但是，这些黑人要想真正成为参与审判活动的陪审员就另当别论了。其中，有 7 名黑人陪审员候选人，基于他们自己的请求被法庭免除了陪审义务——据一家报纸报道，当他们离开法院时，"看上去是一副不无遗憾的样子"。控方运用强制回避权，排除了其他 5 名黑人陪审员候选人。被列入陪审团候选人名单的许多白人明确地承认，他们相信黑人低人一等；但是，法官卡拉汉拒绝以此为由排除这些候选人。[64]

庭审过程中，控方捏造了一些不利于帕特森的新证据，并传唤了一名监狱看守人员作证说，帕特森曾经向他进行过自白。尽管辩方有证据证明这一证言基本上是编造出来的，但法官卡拉汉仍准许将这些自白作为证据使用。法官卡拉汉还处处限制辩护律师行使辩护权，而且，一点也不掩饰他对辩护律师们的怒火。在对强奸罪进行界定时，卡拉汉的双眼一直瞪着帕特森。其中，有一名检察官对陪审团说，他们的职责在于"保护伟大的亚拉巴马州的纯洁女性"，并提醒他们，作出判决后，他们将各回各家，要直面他们的邻里。[65]

对于陪审团只判处帕特森 75 年有期徒刑的量刑，评论人感到极大的震惊。一家伯明翰的报纸认为，这"可能是南部历史上，第一次对受到白人女性强奸指控的黑人判决有罪却没有判处死刑，而是处以更轻的刑罚"。陪审团团长报告说，他本人相信帕特森是无辜的，但是，他的伙伴们觉得，如果宣告其无罪，将会使他们在社区里被孤立；因此，一个较长的监禁刑成了一种折中选择。[66]

帕特森被定罪以后，其他 3 名斯科茨伯勒被告人——诺里斯、鲍威尔和罗伊·莱特——也很快被汽车运回到伯明翰监狱；在运输期间，鲍威尔用小刀刺伤了一名地方警察。尽管鲍威尔是否受到了对方的挑衅尚且存在争议，但是，鲍威尔刺伤对方却是不争的事实。之后，鲍威尔头上挨了一枪，但并无大碍。一些北部报纸倾向于怀疑以下说法的真实性：这位地方警察说，他开枪射击纯属自卫。[67]

1936 年，考虑到民众对于斯科茨伯勒事件不断增长的厌烦情绪，亚拉

---

  [63] Carter，330 - 38（quotations at 331），352 - 59.

  [64] Carter，338 - 41（quotation at 341）；Goodman，253 - 55；"Scottsboro Jury Includes Negro，" New York Post，13 Nov. 1935，NAACP，part 6，reel 9，frame 588.

  [65] Carter，341 - 46（quotation at 345）；Goodman，255 - 57；"Scottsboro Case Goes to Bury，" NYT，23 Jan. 1936，p. 1.

  [66] Carter，347 - 48；Goodman，257 - 58.

  [67] Carter，348 - 51；Goodman，258 - 61；"Scottsboro Negro Shot Trying Break As He Stabs Guard，" NYT，25 Jan. 1936，p. 1；"Alabama Must Answer，" New York Post，25 Jan. 1936，NAACP，part 6，reel 9，frame 608.

巴马州的官员暗示说，可以对被告人采取一种死刑以外的折中方案。斯科茨伯勒辩护委员会不愿意让这些孩子就他们根本没有实施的犯罪行为作有罪答辩。但是，有些委员却担心，由于已经不再具有联邦上诉的法律理由，拒绝这种折中方案可能会导致更多的死刑判决。经过协商，双方以部分被告人应当立即释放、部分被告人只能以攻击罪予以起诉并判处 5 年以下有期徒刑为条件，达成了最终协议。1937 年夏天，亚拉巴马州的社论均支持并预言了这种折中式的处理方案。但是，法官卡拉汉却从中作梗，坚决要求由法院对这些被告人进行重新审判。⑧

1937 年夏，诺里斯在迪凯特市再次接受了审判。经审判，陪审团又一次作出了死刑判决。已经受到启蒙的公众舆论——就像呼吁折中方案的报纸社论所反映的那样——明显不支持摩根县陪审团的判决。此时，检察官暗示说，随着两名"犯罪首要分子"——帕特森和诺里斯——已经被定罪，控方准备妥协了。安迪·莱特是紧接着受到重新审判的被告人；对于莱特，控方甚至根本没有提出死刑的量刑请求。检察官对纽约市发表了慷慨激昂的攻击性言论，陪审团对莱特判处了 99 年的有期徒刑。之后，查利·威姆斯受到新一轮的指控并被判有罪，处以 75 年有期徒刑。随后，控方放弃了针对鲍威尔的强奸罪指控，而仅就其攻击警察副队长的行为提起了指控。鲍威尔做有罪答辩并被判处 20 年有期徒刑。控方放弃了对其他 4 名被告人的指控——其中包括这些被告人中年纪最小的两个人和另外两个在所谓的强奸行为发生时就已经患有严重生理疾病的被告人。有评论人不无嘲讽地指出，这种处理方式将亚拉巴马州置于以下"反常的地位：对于'花一样的南方女性'，只能提供 50％ 的保护"⑨。

亚拉巴马州以外的报纸认为，对这 4 名被告人放弃指控的举动，事实上等于承认说，这些被告人都是无辜的。1937 年年底，由于已经穷尽了根据联邦宪法撤销斯科茨伯勒案定罪判决的可能理由，联邦最高法院拒绝了对帕特森 75 年有期徒刑的判决进行审查的请求。联邦最高法院的大法官们或许相信这些孩子们是无辜的，但是，不幸的是，已经没有足够的法律根据可以撤销他们的定罪判决了。⑩

由于司法救济手段已经穷尽，斯科茨伯勒辩护委员会开始致力于争取州长的宽宥（a gubernatorial pardon）。州长格拉夫同意，根据那些不足以监禁其他几名被告人的证据，亚拉巴马州没有正当理由再继续关押这几名被判刑的孩子。1937 年年底，他告诉这些孩子的代理人说，在他任期届满以前，他会释放这些孩子。1938 年夏天，亚拉巴马州最高法院维持了诺里斯的死刑判决以及其他几个人的有期徒刑；之后，州长格拉夫将诺里斯的刑罚减为终身监禁。这时候，亚拉巴马州的主要报纸开始支持对其他被告人也采取宽

⑧　Carter, 362－66; Goodman, 291－93.

⑨　Carter, 369－77（"ringleaders" at 371; "anomalous position" at 376）; Goodman, 302－08; "Scottsboro Case Ends as 4 Go Free; 2 More Get Prison," NYT, 25 July 1937, p. 1.

⑩　To Carter, 377－79. See also "New Scottsboro Opinion," Baltimore Sun, 3 Apr. 1935, p. 12（本文强调说，诺里斯案以后，"可以毫无疑问地说……这些博学的大法官之所以那么做，是因为他们根本不相信斯科茨伯格案中的那些男孩是有罪的"）.

恕的态度，但是，州长格拉夫却在最后一刻改变了主意，自食其言，拒绝释放这些孩子。[71]

于是，沃尔特·怀特来到白宫请求第一夫人埃莉诺·罗斯福（Eleanor Roosevelt）出面，敦促总统对此实施干预。罗斯福总统给格拉夫——格拉夫是罗斯福政治上的支持者之一——修书一封，敦促他赦免这些在押的斯科茨伯勒男孩。但是，州长格拉夫特试探了一下政治反应，并得出结论说，如果释放这些人无异于结束他的政治生命。在接下来的 11 年时间里，这种折中式的政治协商反反复复了多次，但最后都以失败告终。州假释委员会委员担心，如果他们建议释放这些孩子，"一些候选人可能会抓住这一点制造事端，并借此诋毁整个假释和缓刑制度"。最终，在 1943 年至 1944 年期间，又有 3 个斯科茨伯勒的被判刑人获得了自由；但是，其中有两个人很快就违反了假释义务——为了寻找更好的就业机会，他们试图跑到美国北部去。于是，监狱委员会又把他们关进了监狱。斯科茨伯勒案另外一名被判刑人安迪·莱特，直到 1950 年才被从监狱里释放出来。这 9 个斯科茨伯勒男孩在监狱里度过的时间加起来超过 100 年。直到 1976 年，由于亚拉巴马州白人的种族主义氛围已经发生了足够的改善，州长乔治·华莱士才对诺里斯签署了附条件的赦免令——这事实上等于承认他是无辜的。[72]

八、未卜的长期影响

联邦最高法院的干预可能避免了斯科茨伯勒男孩被执行死刑，但是，却无法防止他们被错误关押那么多年。那么，对于南部地区的黑人刑事被告人而言，联邦最高法院这些判决是否具有更广泛的意义呢？

在鲍威尔案中，大法官乔治·萨瑟兰（George Sutherland）撰写的判决意见适用范围很小。它仅仅适用于死刑案件；而且，显而易见，仅限于斯科茨伯勒案的特定情形："这些被告人愚昧无知且目不识丁，他们都很年轻、处于充满敌意的公共氛围之下、受到军队的监管和严密监视……" 1942 年，在贝茨案中（Betts v. Brady），联邦最高法院拒绝将鲍威尔案扩张适用于所有贫穷的重罪被告人。但是，在随后的几起判例中，最高法院认为，在特定情形下（如被告人年龄不大且智商不高），在重罪案件中，为被告人指定律师是一项宪法性要求。在这些判例中，涉及的绝大多数被告人都是北部各州的白人。而且，一般而言，与鲍威尔案相比，其案件事实也并不是很极端；在作出判决时，联邦最高法院的大法官通常都存在着严重分歧。[73]

尽管鲍威尔案出现了上述扩张性解释，联邦最高法院的大法官们却几乎

[71] Carter，379 - 91；Goodman，313 - 17；Charmers to Gov. Graves，19 Dec. 1938，NAACP，part 6，reel 2，frames 283 - 88.

[72] Carter，391 - 426（quotation at 406）；Eleanor Roosevelt to Walter White，10 Dec. 1938，NAACP，part 6，reel 2，frame 277.

[73] Powell，287 U. S. at 71；Betts v. Brady，516 U. S. 455（1942）；Klarman，230（citing and discussing other cases）.

从来没有讨论过宪法所要求的辩护应当达到何种质量标准。在某种意义上，1940 年的埃弗里案（Avery v. Alabama）或许是唯一的例外：在该案中，联邦最高法院判决认为，在因涉嫌谋杀而可能判处死刑的案件中，开庭审理 3 日前才指定辩护律师是合宪的，除非被告人能够证明因为准备时间太短对其辩护活动造成了不利影响。所以，尽管存在鲍威尔案及其嗣后判例，但是，即使南部地区黑人获得的辩护质量糟糕透顶，也不违反联邦宪法的要求。事实上，他们所获得的辩护质量就是这么一种状况。由于绝大多数宪法权利的价值依赖于称职的律师及时加以主张，所以，南部地区的黑人几乎无法从宪法赋予他们的这些权利中受益。[74]

在南部地区，绝大多数的黑人被告人没有能力自行聘请律师，因此，他们的命运也就掌握在指定律师的手里。全美有色人种协会对于其律师认为可能胜诉的少数案件会提供一定的经济资助。但是，该协会几乎不会介入刑事案件的初审程序。一方面是因为资金有限，无法涵盖此类案件；另一方面是因为，该协会认为自己并非一家法律援助机构。因此，全美有色人种协会介入的案件仅限于"因为种族或肤色而受到不公正对待并可能由此确立一项先例以维护黑人普遍利益的案件"。由于受到这些基本规则的限制，该协会拒绝向许多明显存在种族不公正现象的案件伸出援助之手。[75]

即使有极少数黑人被告人能够请得起律师，也很难保证他们所花的钱会物有所值。在 20 世纪三四十年代，美国南部地区只有极少数的黑人执业律师。而且，在密西西比州，1910 年黑人律师的人数是 21 人，到了 1940 年已锐减到了 3 人；在南卡罗来纳州，则从 17 人减少到了 5 人。在大城市以外的地区，基本上不会有黑人律师存在。更重要的是，在绝大多数吉姆·克罗式法院里，这些为数不多的黑人律师也被视为截然不同的累赘之物。这一方面是出于白人法官、陪审员的种族偏见；另一方面则是因为这些黑人律师绝大多数只受过较低层次的法律训练（基于制度的因素，黑人被排除在了南部法院之外）。[76]

然而，至少绝大多数黑人律师——就像人们所能想到的那样——会忠实地为黑人当事人争取最大化的利益。而黑人被告人根本无法预见他们会从白人律师那里得到什么。诚然，事实证明，一些白人律师也会真诚地服务于黑人委托人的利益，而且会在没有足额报酬的情况下从事辩护，并冒着遭受打击报复的危险提出一些不受白人欢迎的法律请求。但是，绝大多数的白人律师同样具有当地白人的偏见，而且，他们认为，对于他们的黑人当事人，无论判处什么样的刑罚都是应该的；他们提出法律动议的目的仅仅是赚当事人的钱。[77]

威利·弗朗西斯（Willie Francis）是一名 16 岁的黑人，因涉嫌谋杀一位白人在路易斯安那州被判死刑。——他就是这种不称职律师的受害者之一。1946 年至 1947 年期间，在对弗朗西斯第一次执行死刑时，因电椅出现

[74] 74 Avery v. Alabama, 308 U. S. 444 (1940)；Klarman, 230 - 31, 271.
[75] 75 Thurgood Marshall to John Henry Joseph, 10 July 1941, NAACP, part 8, series B, reel 7, frame 426.
[76] Klarman, 156, 271.
[77] Klarman, 271 - 72.

故障未能将其电死；之后，路易斯安那州试图以"分期付款"的方式再次对弗朗西斯执行死刑，这让弗朗西斯成了全国关注的焦点。此前，在针对弗朗西斯的审判过程中，他的两名指定律师既没有对全部由白人组成的陪审团提出质疑，也没有提出改变审判管辖法院的动议——当时，为了保护弗朗西斯，使其避免受到骚动民众的暴力，不得不将其转移到其他县的看守所关押。尽管弗朗西斯的自白有可能是被强迫的结果，辩护律师也没有对此提出异议——该自白是将弗朗西斯与犯罪行为联系在一起的唯一直接证据。弗朗西斯的律师既没有做开庭陈述，也没有传唤任何证人，而且，还忘了告诉陪审团警方竟然"遗失"了所谓的犯罪凶器。之后，他们甚至没有对弗朗西斯的定罪判决提起上诉，并由此剥夺了弗朗西斯根据宪法事由提起上诉的可能性。就所指控的杀人罪而言，弗朗西斯可能是无辜的；但是，上诉法院无权对该案的审判记录进行审查。然而，该案件之所以特殊，还不是因为律师不称职——这在南部地区针对贫穷黑人的审判中，是司空见惯的现象——而是因为那次未能成功的死刑执行活动。1947 年，联邦最高法院以 5：4 的投票结果，拒绝了弗朗西斯的以下诉讼请求：第二次对其执行死刑属于"残酷且异常的刑罚"或者违反了正当程序。联邦最高法院的大法官们甚至根本没有考虑过该案辩护活动是否充分的问题。[78]

如果当地的社会公众渴望判处被告人死刑，那么白人律师过于积极地为黑人当事人辩护将招致更为严厉的社会制裁。绝大多说律师根本不会这么做。桑尼·多布斯是一名黑人，1946 年因涉嫌谋杀一名白人在密西西比州的阿塔拉县受到审判。审判过程中，法庭为他指定了一名白人律师；全美有色人种协会认为，在当时情况下，该律师出色地完成了其辩护工作。尽管如此，他们"生活在密西西比，而且他们希望继续生活在那里"，因此，他们不敢采取富有成效的辩护策略。例如，要求改变审判地，或者对陪审团遴选程序的种族歧视现象提出质疑。拒绝向这种社会压力低头的白人律师，其执业状况会变得非常糟糕，有时候甚至会危及他本人的人身安全。1939 年至 1940 年期间，约瑟芬·默里曾经为南卡罗来纳州麦克密克县的两名黑人被告人进行了出色的辩护——这两名黑人涉嫌的谋杀罪指控有可能是伪造的——但是，据他所言，这一辩护活动招致了许多当地人的怨恨，以至于他后来没有任何案源；看起来，他似乎不得不搬到其他地方去，以便重新开始他的辩护事业。斯坦利·柏登是美国公民自由协会的一名白人律师；1941 年，他曾经为俄克拉何马州雨果县的一名面临谋杀罪指控的黑人——该指控有可能是捏造出来的——进行了富有成效的辩护；之后，他的执业生涯便一败涂地，最终不得不离开俄克拉何马州。[79]

南部各州的法院系统拒绝对鲍威尔案进行扩张解释，以保证贫穷的被告人能够获得有效的辩护。联邦最高法院的大法官曾经判决说，开庭日上午才为被告人指定律师是不够的；于是，南部各州的法官们会在开庭审理几天之前为被告人指定律师。身陷囹圄的黑人被告人通常只能在快要开庭时才能得

---

⑱　18 Arthur S. Miller di Jeffrey H. Bowman, Death by Instcilments: The Ordeal of Willie Francis. (1988), 23 - 27; Barman, 272.

⑲　Klarman, 272 - 73.

到一名指定的律师，因此，这些律师不可能对案件事实进行认真的调查或者精心策划其辩护策略。此外，在绝大多数轰动性案件中，面对要求对黑人被告人实施私刑的持续不断的威胁，法庭指定的律师会备受打击。即使律师敢于面对这种压力，通常情况下，他们的动议也会被法庭一再驳回，或者，法官批准延期审理的时间要比他们所要求的时间短得多。⑩

对黑人被告人而言，仰赖南部地区的法官，或许比保障他们享有辩护律师的充分辩护更有价值。因此，当代的观察人士认为，斯科茨伯勒被告人提出的陪审团遴选程序存在种族歧视现象，比他们有权获得律师帮助的主张具有更重要的意义。然而，从司法实践来看，诺里斯案对于推动南部各州黑人参与陪审团审判几乎没有产生任何影响。

南部地区的一些报纸预言说，诺里斯案很容易被规避。密西西比州杰克逊县的《每日新闻》认为，该案判决只不过是一个小小的麻烦，因为律师们不得不花时间去规避它。在一些州，如密西西比州和南卡罗来纳州，陪审团事务与选民登记制度紧密相连，因此，即使诺里斯案能够发挥一定的作用，其作用也微乎其微。因为在20世纪30年代，黑人不享有公民权还是普遍的现象。而且，诺里斯案也为以下陪审团遴选方案保留了继续存在的空间：即该遴选方案赋予了（由白人组成的）陪审团事务专员巨大的自由裁量权。要想证明此类遴选方案在执行中存在种族歧视现象，是一件极其困难的事情；尤其是，由于州法院系统依然是该问题的最初认定机关，其困难程度就可想而知了。⑪

南部的白人得出以下结论无疑是正确的：即只需将少数黑人的名字写入陪审团名录，就可以将诺里斯案规避掉。写入陪审团名录的黑人通常是一些退休的、已经过世的、残疾的或者原来在这里居住过的黑人；而且，就其人数而言，也根本达不到所在郡县黑人人口所占的比例。这些黑人的名字尽管写进了陪审团名录，却几乎不会要求他们出庭履行陪审义务；即使要求他们履行陪审义务，他们也往往会受到各种威胁。1938年，得克萨斯某大学的黑人校长因拒绝免除其陪审义务，被一群白人暴徒从陪审员休息的房间里拉了出去，头朝下扔到了达拉斯法院的台阶上。此外，偶尔会有一些黑人参与大陪审团审判；但是，由于法律规定大陪审团批准刑事指控无须一致同意，该黑人陪审员的作用很容易就被湮没掉了。在极其罕见的情形下，黑人也会成为陪审员候选人，但是，根据有因回避制度（对此，主审法官享有极大的裁量权）或者控方的无因回避权（诺里斯案以后，一些州增加了控方提出无因回避的次数），也能把他排除掉。⑫

诺里斯案取得的最大成就似乎在于：在美国南部边远地区的大城市里，偶尔会有一名黑人参与陪审团的审判活动。在远南地区以及美国南部的乡

⑩　Klarman, 273.

⑪　Carter, 326－28; Klarman, 154; Survey, 71 (May 1935) 144; Birmingham News, 5 Apr. 1935, p. 8; Charleston News and Courier, 13 Apr. 1935, p. 4. See also Birmingham News, 30 Apr. 1935, p. 1, reproduced in Rayford W. Logan, ed., The Attitude of the Southern White Press Toward Negro Suffrage, 1932－1940 (1940), 2（本文指出说，诺里斯案以后，亚拉巴马州参议院曾经收到过一份立法草案；该草案建议，应当将陪审员的人选限定在注册登记的选民范围内）; "Alabama Undeterred," Pittsburgh Courier, 27 Apr. 1935, p. 12 (same).

⑫　Klarman, 154.

下，排除黑人参与陪审团审判依然是一种制度化的行为。在路易斯安那州的一起案件中——该案于1939年上诉到了联邦最高法院——某乡村地区的黑人人口比例几乎占到了50%，但是，为了"遵守"诺里斯案的要求，在300人的陪审员名录上却只有三个黑人的名字；其中，有一个还已经过世了。1940年实施的一项调查表明，大多数远南地区的乡村郡县"连装装样子，将黑人写入陪审员名录都懒得去做，更不用说让黑人履行陪审义务或者参与法庭审判了"[83]。

诺里斯案以后，由于南部各州几乎没有对陪审员遴选程序进行任何改革，联邦最高法院的大法官继续通过适宜的案件，以陪审团遴选程序具有种族歧视色彩为由撤销它们的定罪判决。20世纪40年代末，因其判决难以有效执行，这些大法官们的挫折感也在与日俱增，但是，他们依然拒绝采取必要的措施，以保证南部的黑人能够真正参与陪审团审判。联邦最高法院拒绝谴责将提供陪审服务的人限定在注册登记的选民范围内的做法，而且，在陪审团遴选问题上，赋予陪审团事务专员几乎不受任何限制的自由裁量权。此外，联邦最高法院甚至没有果断地禁止以下潜规则：即陪审团事务专员将陪审团候选人限定在他自己的熟人圈子——白人。1945年，在埃金斯案中（Akins v. Texas），联邦最高法院令人难以理解地接受了州法院的以下事实认定：尽管陪审团事务委员会的三名专员都作证说，他们最多只允许一个黑人参与埃金斯案的大陪审团审判，但是，这样的陪审团遴选程序却并不存在种族歧视现象。联邦最高法院的大法官们甚至拒绝审查就检察官基于种族原因通过无因回避排除黑人参与陪审团审判是否合宪而申请上诉的案件。受此影响，南部地区的陪审团几乎清一色是白人的现象又持续了一代人的时间。1940年至1962年期间，在肯塔基周边各州*被执行死刑的黑人中，每15个人中就有一人是因为涉嫌针对白人的犯罪指控而被全部由白人组成的陪审团判决有罪的。[84]

通过著名的马丁斯维尔七人案，可以展示这种排除黑人参与陪审团审判的做法是如何有助于不公正种族司法的。这七名黑人男青年受到1949年在弗吉尼亚州南部地区强奸了一名白人女性的指控。该女性被抢劫的事实是无可争议的；这七名被告人强行与该女子发生性行为或者作为共犯当时在场也是无可置疑的。没有骚动的民众试图要对他们实施私刑；整个审判活动是在没有民众干扰的氛围下进行的。而且，这些被告人的自白也不是通过刑讯逼供的方式获得的。法庭审判是在犯罪行为发生五个月后进行的，法院在开庭四个月前就为被告人指定了辩护律师。在审判过程中，法官和检察官都避免谈论这些被告人的种族身份。在批准提起刑事指控的大陪审团中，有三名陪审员是黑人；为了六次审判而传唤的陪审团候选人中都包含有一定数量的黑

---

　* 肯塔基州周边共有七个州：印第安纳州、俄亥俄州、西弗吉尼亚州、弗吉尼亚州、田纳西州、密苏里州、伊利诺伊州。——译者注

　㊸ Pierre v. Louisiana, 306 U. S. 354 (1939); Klarman, 154-5.

　㊹ Akins v. Texas, 325 U. S. 398 (1945); People v. Roxborough, 12 N. W. 2d 466 (Mich. 1943), cert. denied, 323 U. S. 749 (1944); George C. Wright, "By the Book: The Legal Executions of Kentucky Blacks," in W. Fitzhugh Brundage, ed., Under Sentence of Death: Lynchings in the South (1997), 266.

人。尽管一些黑人报纸和一些激进的杂志将这些审判活动与 20 年前的斯科茨伯勒案相提并论，但是，事实上，这两起案件之间的差异是非常明显的：马丁斯维尔七人案中，这是一场真正的审判，而且，律师在公正的法官面前相对客观公正地进行了真正意义上的辩护。⑧

然而，在根本意义上，关于马丁斯维尔七人的审判、定罪与执行却是不公正的；而且，这种不公正基于两方面原因且都与种族问题有关。首先，尽管在针对这些被告人的审判中，每次审判活动的陪审团候选人中都有黑人，但是，负责审理这些案件并裁判他们有罪的 72 名陪审员却全部都是白人。那些黑人陪审团候选人因反对判处死刑或者基于检察官的无因回避全都被排除在外。其次，1908 年至 1950 年期间，弗吉尼亚州因强奸或强奸未遂罪而判处死刑的 45 个人中，所涉嫌的犯罪都发生在黑人男性与白人女性之间。（与此类似，1925 年至 1950 年期间，佛罗里达州因强奸罪被执行死刑的被告人中，有 33 个黑人，只有一个是白人；在密西西比州的整个历史上，因强奸罪被执行死刑的被告人中没有一个是白人。）⑧

因此，尽管马丁斯维尔案的七名被告人享受了表面上的公正审判，但是，他们的最终命运却取决于他们的种族。在弗吉尼亚的强奸案中，被判死刑的被告人都是对白人实施性攻击的黑人。奥立弗·希尔是一名来自里奇满的黑人律师；在为马丁斯维尔案的七名被告人进行辩护后，他的结论是，弗尼吉亚的白人知道，"我们不需要对这些黑鬼实施私刑。我们可以审判他们，然后绞死他们。"1951 年 2 月，弗吉尼亚州对马丁斯维尔案的七名被告人执行了死刑——这是美国历史上因强奸罪被依法执行死刑或被处以私刑人数最多的一次。⑧

在其他类型的案件中，如果能够保障黑人陪审员作出独立判断的话（在当时的美国南部地区，这极有可能是一项难以成立的假设），黑人陪审员的参与或许会改善黑人被告人的审判处境。奥德尔·沃特是另外一位因被执行死刑而引起全国关注的弗吉尼亚黑人。他原本是一名佃农，因涉嫌谋杀白人农场主奥斯卡·戴维斯于 1940 年在皮茨尔瓦尼亚县被判有罪。沃特并不否认自己杀了戴维斯，但是他的正当防卫抗辩是合乎情理的。两人之间素有恩怨，而且，戴维斯曾经肢解过沃特的爱犬。就在戴维斯被杀死之前，两人之间就农作物收成的分配方案发生了口角。沃特声称，他知道戴维斯身上带着枪，而且，就在戴维斯伸手摸枪的时候，他先开枪打死了对方。全部由白人组成的陪审团拒绝接受沃特正当防卫的抗辩。如果由黑人组成的陪审团来审判该案，结果会不会有所不同呢？——皮茨尔瓦尼亚县（Pittsylvania County, Virginia）＊的人口中，有 1/3 是黑人。差不多同一时期，在该县发生的另外一起佃农谋杀案中，被告人与死者的种族角色刚好相反；全部由白

　＊　该县是美国弗吉尼亚州南部的一个县，南邻北卡罗来纳州，面积 2 533 平方公里，是该州面积最大的县。——译者注

　⑧　Eric W. Rise, The Martinsville Seven: Race, Rape, and Capital Punishment (1995), chapters 1－2, especially pp. 53－54; Klarman, 278.

　⑧　Rise, 85, 102, 126, 156－57; Klarman, 279.

　⑧　Rise, 3, 93.

人组成的陪审团只用了 15 分钟的评议时间，就将被告人无罪释放了——很明显，其原因在于陪审团相信被告人正当防卫的主张。然而，当时的州长高露洁·达登断然拒绝了宽宥沃特死刑的恳求；1942 年沃特被执行死刑。⑧

由于美国南部绝大多数的白人都认为，黑人男性与白人女性之间的性行为应推定为强奸，所以，当黑人被告人涉嫌强奸白人女性时，以双方自愿实施性行为作为抗辩理由基本上不会得到全部由白人组成的陪审团的支持。如果有黑人参与陪审团审判，黑人被告人提出辨认错误的抗辩或许会有利于他的案件。1935 年，有人引用一名伯明翰白人内科大夫的话说，如果黑人男性强奸了一名白人女性，"带有警示意义的、场面壮观的制裁"是非常必要的。"如果有可能，就要抓住那个黑人真凶并绞死他。同时，还要绞死一两个他的至亲。如果抓不到真凶，就由其他黑鬼来做牺牲品。"对此，可以稳妥地推断，所有的黑人陪审员都不会同意这种带有情绪化的言论。⑧

▊ 九、为什么鲍威尔案和诺里斯案会如此软弱无力？

诸如鲍威尔案与诺里斯案之类的联邦最高法院判例影响如此之小，原因之一在于：一般情况下，南部地区的黑人被告人不能就量刑问题提起上诉。与州初审法官相比，州上诉法院和联邦法院的法官们更有可能维护南部黑人的宪法权利，因为他们受过更好的教育、职业化程度也更高一些，而且，面对往往对这些权利充满敌意的地方舆论时，他们也具有更大的独立性。然而，黑人刑事被告人的案件通常在初审法院就审结了，其主要原因在于：各州关于为贫穷被告人提供法律援助的规定一般不包括上诉活动；而且，程序性迟误往往保护初审法院的错误根本不会受到上诉法院的审查。⑩

只有在获得外部经济援助的情形下，刑事案件才可能上诉到最高法院。一些事件，如阿肯色州菲利浦县发生的种族骚乱、斯科茨伯勒地区关于强奸罪的指控及由此引发的审判，引起了全国范围的关注。由于这些事件引发的刑事审判彰显了吉姆·克罗式司法最坏的一面，所以，借助这些案件，全美有色人种协会和国际劳动辩护组织都获得了募集资金的绝佳机会。然而，全美有色人种协会参与的刑事案件相对较少，对于绝大多数南部乡村地区发生的刑事案件而言，该协会根本不会参与，并因此无法在它原本可以发挥更好作用的时候——初审记录形成的时候——介入到这些案件中来。在常规刑事案件中，为贫穷的黑人被告人进行辩护的不是这些组织聘请的、具有良好法律素养的精英，而是法庭指定的援助律师——由于那些敢于挑战"这一受人

---

⑧　Richard B. Sherman, The Case of Odell Waller and Virginia Justice 1940 - 1942 (1992), 1 - 14, 25 - 31, 99 - 115，123 - 28, 155 - 65；Waller v. Virginia, 16 S. E. Ed 808 Q1941), cert. denied, 316 U. S. 679 C1942)；Klarman, 379 - 80.

⑧　Virginius Dabney, Below the Potomac: A Book about the New South (1942), 189 - 90.

⑩　For this and the following paragraphs, see Klarman, 155 - 58. See also "When Negro Convicts Ki11," Charleston News & Courier, 9 Apr. 1935, p. 4 (本文强调说，"除非某些机构或社会团体掏钱为他们聘请律师……并支付上诉费，否则，黑人根本不可能将他们的案件提请到联邦最高法院审查").

尊敬的司法制度"的人会"令人憎恨",所以,根本无法指望这些律师会积极地捍卫黑人被告人的权利。[91]

而且,对于黑人被告人而言,优秀的辩护律师加盟案件的上诉活动,往往会因为为时已晚而发挥不了太大的帮助作用。因为,在初审程序中,不称职或粗心大意的辩护活动所造成的程序性迟误,会让那些违宪行为无法进入上诉法院的审查视野。在莫尔案和鲍威尔案中,陪审团遴选程序中的种族歧视问题,就是因为程序性迟误而丧失了获得救济的机会;在帕特森案中,也差点就导致了同样的后果。布朗案(Brown v. Mississippi(1936))是一起标志性判例;在该案中,联邦最高法院判决认为,根据基于强迫而获得的自白裁判被告人有罪违反了正当程序。然而,由于初审程序中,辩护律师在质疑这些自白的任意性时找错了法律依据,使得这一问题差点丧失获得联邦最高法院听证的机会。在20世纪60年代,联邦最高法院修改了关于联邦法院应当尊重州法律程序延误方面的规则;在此之前,许多有效的宪法请求仅仅因为程序性的延误而丧失了获得上诉法院听证的机会。[92]

吉姆·克罗式司法制度冷酷无情的一面,使得律师为收集支持上诉所必需的审判记录等材料变得十分困难。因为害怕受到经济和人身安全方面的打击报复,除了那些极其勇敢的黑人之外,绝大多数黑人都不敢签署支持律师提出改变审判管辖动议的附誓陈述。全美有色人种协会的沃尔特·怀特在前往菲利浦县就莫尔案的事实展开调查时,也险些被处以私刑。在针对摩根县陪审团遴选程序存在种族歧视现象举行的听证中,莱博维茨传唤了一些黑人出庭作证;其中,有一名黑人家的大门上被人烙上了一个十字架,旨在警告他"不要多管闲事"。对白人证人进行严厉的交叉询问,尤其是强奸案中的女性被害人,不仅会失去白人陪审员的支持,而且,可能会使辩护律师的人身安全被置于危险境地。[93]

最后,由于基本上不存在相应的民事和刑事制裁手段,南部地区的公职人员基本上没有维护黑人被告人宪法权利的直接动机。即使在1945年斯科茹思案(Screws v. United States)之后,联邦最高法院的大法官们究竟是否允许追究为逼取口供而殴打被告人的地方警察的联邦刑事责任,依然是一件不确定的事情。在20世纪40年代,以下问题的处理也不是很明朗:根据联邦民权法律(federal civil right statutes),对于既违反州法律又违反联邦宪法的公职人员——如果州法律规定,应当为死刑案件中贫穷的被告人指定律师;禁止陪审团遴选程序受到种族歧视因素的影响——联邦法院系统是否有权追究其经济责任?[94]

基于一些原因,例如,南部地区的绝大多数黑人被告人没有能力自行聘请律师,相对缺乏诸如全美有色人种协会之类的替代性法律援助组织,州程序性延误规则带来的困难,获取有利法庭笔录方面的重重障碍,以及对于侵犯黑人被告人的宪法权利缺乏有效的制裁手段,很少有刑事案件能够像鲍威

---

[91] Klarman, 459(quotation).

[92] Brown v. Mississippi, 297 U. S. 278 (1986); Powell v. State, 141 So. 201, 210 (Ala. 1932).

[93] Carter, 201 note 21 (quotation).

[94] Screws v. United States, 325 U. S. 91 L1945); Klarman, 270 - 71.

尔案和诺里斯案那样上诉到联邦最高法院。恰如一家黑人报纸在联邦最高法院作出鲍威尔案判决之后所评论的那样，"在成千上万名未经公正审判而被判有罪的黑人当中，只有少数人能够上诉到联邦最高法院；即使他们能够上诉到联邦最高法院，也几乎无法改变案件的判决结果……我们担心，还需要更多的联邦最高法院判决才能够纠正我们司法制度中公然实施的罪恶。"[95]

■ 十、诉讼活动的无形利益

通过诉讼的方式捍卫南部地区黑人的权利或许具有更为重要的无形作用：可以让黑人们相信，种族歧视的现状是可以改变的；让他们知道他们享有哪些权利；有助于动员黑人展开抗议活动；让北部白人了解吉姆·克罗式司法的真相。在美国南部，有关民权的社会运动面临着令人气馁的重重障碍。其中，最难克服的障碍在于：如何让黑人相信，种族不平等的现实仅仅是一种偶然现象，而非不可避免的。恰如沃尔特·怀特所言，全美有色人种协会面临的最大困难是，"将这些抗争的意义传达给我们的广大民众"[96]。

理论上讲，黑人可以采取多种抗议方式：迁徙他地；暴力革命；政治动员；经济制裁；上街游行示威；诉诸诉讼。但是，在实践层面上，可供选择的方式却相当有限。如果考虑到白人拥有绝对优势的暴力手段且乐于动用这些手段，暴力抗议无异于自取灭亡。在南部地区，由于几乎所有的黑人还不享有公民权，所以，其也不可能进行政治抗议。南部地区也没有多少黑人拥有足够多的经济资源，以至于可以通过对社会施加经济压力以引发社会变革。在20世纪60年代，上街游行示威被证明是一种行之有效的方式，但是在南部地区却并非切实可行的选择；因为在南部地区，还存在着强烈的暴力倾向，种族隔离的现象也相当严重，黑人不享有公民权的观念更是根深蒂固；举国干预的可能性也相当渺茫。一些黑人领袖认为，在美国南部地区推行甘地式的非暴力不合作策略，将会让"手无寸铁的黑人男女承受史无前例的大屠杀"，这一观点无疑是正确的。对于南部地区的黑人而言，只有两种抗议手段是切实可行的：移居他地和诉诸诉讼。数百万的黑人选择了前者，但也有不少黑人选择了诉讼。[97]

绝大多数民权运动的领导人都承认，在当时的主流道德观念与现实条件下，诉讼活动对于改变种族关系具有有限但意义深远的影响。20世纪30年代，全美有色人种协会的主要法律策划人是查尔斯·休斯顿；他承认，法律"对于改变社区的道德观念，具有显而易见的局限性"。这是因为，"根本不要期望法院会和既有的、固化的社会习俗对着干"。尽管诉讼活动不可能"引发社会革命"，但是，恰如拉尔夫·邦奇所言，它却有助于长期目标的实现。诉讼活动让黑人了解他们的权利，并激发他们对既有的种族状态提出质

⑨⑤ "The Scottsboro Case," Chicago Bee, 20 Nov. 1982, NAACP, part 6, reel 8, frame 797.

⑨⑥ For this and the following paragraphs, see Klarman, 162 – 67 (quotation at 163), 284 – 86.

⑨⑦ Klarman, 163.

疑。全美有色人种协会的中央办公室曾经多次致信给南部地区的黑人，向他们解释他们的权利以及白人负有尊重黑人的义务。南部地区的一些黑人社区显得毫无希望、孤立无援；因此，全美有色人种协会中央办公室代表这些黑人所进行的单纯调查活动"具有巨大的积极作用"。休斯顿的一份备忘录宣布，诉讼的主要目的应该是"唤醒并强化当地社区要求权利并为权利而奋斗的意识"⑱。

休斯顿和瑟古德·马歇尔认为，组织当地社区支持诉讼活动几乎与胜诉具有同等的重要意义。当他们为了出庭而造访南部黑人社区时，他们会在群众集会上发表演讲。最近，一位传记作家写道，"有一次"马歇尔"名义上是为了即将开庭的诉讼案件到访某座城市，其实际目的却是组织民众集会"。由于需要"发动公众与社会力量来支持我们的法律活动"，休斯顿称自己"不仅仅是一名律师，还是一位福音传道士、一位巡回政治演讲家"。由于诸如斯科茨伯勒案之类的案件向黑人展示了在自卫中团结起来的重要意义，所以，这些案件为全美有色人种协会提供了绝佳的募捐和发展基层组织的良机。恰如一位黑人社论评论员所言，"无论斯科茨伯勒案在其他方面产生了什么样的影响……它为我们提供了一次自废奴运动以来最伟大的、统一行动的良机。"⑲

诉讼活动还为南部黑人社区提供了一些有关美国黑人成就与勇气的有益例证。看着一位老练的黑人律师对白人警察进行激烈的交叉询问，将会让那些几乎从未见过黑人敢于同白人进行平等对质的南部黑人受到教育并给他们以启发。黑人律师在法庭上大胆且出色的辩论，似乎是对白人至上地位的挑战。在1941年俄克拉何马州雨果地区审理的一起刑事案件中——此前，根本没有黑人律师参与过法庭审理活动——马歇尔亲自对这一强有力的机制进行了演示。马歇尔和全美有色人种协会聘请的另外一名白人辩护人斯坦利·柏登均认为，应当由马歇尔对所有警察进行交叉询问："我们猜测，承受一名黑人的交叉询问会招致他们的怨恨并让他们感到愤怒，这将有助于我们的辩护活动。这一招果然非常奏效。所有这些警察因一名黑人律师将他们逼进死胡同并让他们的谎言变得昭然若揭而怒气冲天。"马歇尔接着说，"我真的喜欢这一局面——而且，法庭上的所有黑人也都喜欢这样……你难以想象，这对于那些多年来一直受人摆布的黑人意味着什么；这让他们知道有一个组织愿意帮助他们。现如今，他们已经真的准备好去做他们该做的事情。他们已经准备停当了。"⑳

⑱ Charles H. Houson & Leon A, Ransom, "The Crawford Case," Nation, 139 (4 July 1984): 18 - 19 ("certain definite limitations"); Genna Rae McNeil, Groundwork: Charles Hamilton Houston and the Struggle for Civil Rights (1983), 135 ("crystallized social customs"); Ralph J. Bunche, The Political Status of the Negro in the Age of FDR (Dewey W. Grantham, ed. 1973), 108 ("social revolution"); J. Rice Perkins to Walter White, 7 May 1935, NAACP, part 3, series A, reel 4, frame 367 ("do a lot of good"); Charles H. Houston, memorandum, 26 Oct. 1934, ibid. , reel 1, frames 859 - 60 ("arouse and strengthen") .

⑲ Mark V. Tushnet, Making Civil Rights Law: Thurgood Marshall and the Supreme court, 1936 - 1961 (1994), 30; McNeil, 145 ("evangelist"); William N. Jones, "Day by Day," Baltimore Afro-American, 22 Apr. 1933, p. 6 ("greatest chances") .

⑳ Klarman, 285 (quotations) .

诉讼活动还可能让白人意识到隐而不彰的种族问题。休斯顿评论说，"事实上，成千上万的白人对于黑人问题一无所知，而且从来没有认真思考过黑人问题。"拜奇曾经指出，"与其他方式相比，法院判决——无论是否对黑人有利——都会更富有成效地将种族问题的困境戏剧化地展现给大家；法院判决具有巨大的宣传价值和教育价值。"刑事案件可能提供了最好的教育机会，因为这些案件展示了吉姆·克罗式司法最坏的一面：根据荒诞可笑的审判活动，南部地区受到犯罪指控的黑人——他们或许具有无辜的可能性，或许是百分之百的无辜之人——将被成批成批地执行死刑。恰如一家黑人报纸评论的那样，"在这个国家，没有哪一起触及黑人问题的事件能够像斯科茨伯勒案那样强有力地震动美国人的良心、生活和公共舆论"[⑪]。

最后，第二次世界大战以前，如果胜诉的话，诉讼活动还会为黑人提供一些坚持乐观主义立场的理由。恰如一位黑人领袖在 1935 年指出的那样，即使法院判决的胜利几乎不会改变什么，至少这些判决可以"让黑人继续心存希望"。作为全美有色人种协会在俄克拉何马州的首席执行官，罗斯科·丹基在一起案件赢得胜诉后指出，"正是因为这一线撕裂种族偏见黑云的亮光，让黑人们意识到美好的生活正在慢慢向他们靠拢"[⑫]。

▉ 十一、胜诉的无形负面作用

诸如鲍威尔案、诺里斯案之类的判决既有积极作用，同时也可能产生某些无形的负面影响。在 20 世纪 50 年代前后的美国南部地区，私刑已经几近绝迹；法律意义上的私刑也在不断减少，而且，主要发生在区域不大的某些远南地区。然而，在南部地区发生的黑人对白人实施犯罪的轰动性案件中，根本不会允许黑人担任陪审员。根据不成文的实体责任规则，全部由白人组成的陪审团将宣布：只有黑人才会因为强奸白人女性而被执行死刑；只有白人才允许出于正当防卫杀死其他白人。20 世纪 40 年代，除远南乡村地区外，其他南部地区的刑事司法制度已经披上了正当性外衣。在诸如马丁斯维尔七人案、奥德尔·沃特案之类的案件中，由于这些审判活动表面上是公正的，联邦最高法院的大法官们不能找到违宪的迹象。然而，在一些如果是白人犯罪几乎肯定不会被判处死刑的情形下，黑人却依然会被执行死刑[⑬]。

考虑到以上事实，有人可能会问，联邦最高法院对刑事程序实施的干预是否会产生某种潜在的危害呢？在保护南部黑人被告人权利的标志性判例中，联邦最高法院的大法官们会用一些大无畏的修辞，谈论上级法院在保护不受欢迎的少数族裔不受多数人迫害方面应当发挥什么样的作用。例如，在钱伯斯案中（Chambers v. Florida（1940））——该案将布朗案（Brown

---

⑪　Klarman，166（Houston and Bunehe quotes）；"Group of National Negro Leaders Will Attack All Segregation and Injustice," Richmond Planet, 4 March 1933, NAACP, part 6, reel 8, frame 810.

⑫　Klarman，167（quotations）.

⑬　For this and the following paragraphs, see Klarman, 282 - 84.

v. Mississippi）关于禁止使用以强制方式获取的自白的规则扩张适用于身体折磨以外的其他讯问方式——最高法院自豪地宣布说，法官们负有以下责任，即"作为那些否则将会受苦受难之人的避风港，为他们遮风避雨——这些人或者因为无助、孱弱或人口过多，或者因为属于社会偏见的受害人或激愤舆论攻击的对象而处于不利的地位"。一些报纸以醒目的标题对这些案件的判决进行了报道。例如，有报纸的标题是"大法官们再次宣称，他们是社会偏见攻击对象的受害人的避风港"。《国家》杂志中，一篇热情洋溢的社论引用了不少联邦最高法院的华丽语句，并为钱伯斯案可喜的结局欣喜若狂：美国人民应当"感到骄傲"才是，因为联邦最高法院最终释放了那些既没有政治地位也没有经济利益的、"名不见经传且卑微低下的"黑人。[104]

然而，显而易见的是，钱伯斯案对南部地区的警察几乎没有产生任何影响；他们继续以强制手段获取黑人嫌疑人的自白。如前文所述，诸如鲍威尔案、诺里斯案之类的判决也并没有对吉姆·克罗式司法产生什么实质性影响。那么，因为这些案件的判决——这些判决尽管对于南部刑事司法实践几乎没有产生什么影响，但是却可以让联邦最高法院鼓吹法官们对于法律中的种族偏见提供了机敏的防御措施——黑人的状况是不是会明显有所改善呢？在联邦最高法院进行干预以前，人们至少可以看得到受到暴民影响的审判活动的真相——荒唐可笑的庭审取代了私刑。然而，在这些判决之后，走马观花的观察者可能会被错觉误导并由此相信——包括《纽约时报》在内——"联邦最高法院手持燃烧着烈火的宝剑，守护着我们每一个人的权利。"[105]

如果基于上述情绪人们放弃了对黑人的关注，黑人将会被交付执行死刑。在一些州，如弗吉尼亚州，人们对正当程序的正式要求进行了更为认真的观察并发现，在涉及种族问题的轰动性案件中，黑人从来没有担任过陪审员；全部由白人组成的陪审团适用的是非正式的、对黑人充满歧视的责任规则。第二次世界大战以后，联邦最高法院的大法官们才有机会纠正这些问题。被告人曾经向联邦最高法院提起上诉，质疑检察官在种族偏见的驱使下运用其无因回避权，以及在死刑适用中存在种族不平等现象。但是，大法官们甚至拒绝就此签发调卷令。直到20世纪70年代，联邦最高法院才宣布具有种族歧视色彩的死刑判决无效；20世纪80年代，联邦最高法院才开始禁止基于种族偏见而行使无因回避权。然而，钱伯斯案的华丽语句暗示，这些大法官们相信，他们已经朝着消除南方刑事司法实践中的种族歧视因素迈出了重要的一步。但事实却并非如此。公正地说，他们的成就微乎其微——更多是一种形式性改变而非实质性变革。就这些大法官们及其崇拜者被假象欺骗并信以为真而言，这些有关刑事程序的判决反而给南部黑人的利益带来了现实的不利影响。

联邦最高法院基于技术原因拒绝对案件进行审查，并不意味着它赞成下级法院的判决（但是，如果考虑到这些大法官曾经宣称自己是少数族裔法律权利的捍卫者，这种做法也可能会产生这种暗示效果）。但是，联邦最高法院的做法不仅意味着它对于南部地区刑事司法制度中的某些种族不平等因素

[104]　Chambers v. Florida，309 U. S. 227，241 (1940)；Klarman，282 (other quotations) .

[105]　"Due Process," NYT, 12 March 1940, p. 22.

没有实施干预，而且，事实上它维持了这些不公正的定罪判决。在 1945 年埃金斯案中（Akins v. Texas），所有的陪审团事务委员会委员均承认，他们有意将每个大陪审团的黑人陪审员人数限定为一人。然而，不知基于何种原因，大法官们却宣布说，对于这一问题法庭记录缺乏明确的证据。此外，如果埃金斯是白人的话，其正当防卫的主张几乎肯定会得到法庭支持；因此，在埃金斯案中，联邦最高法院尤其有理由撤销其杀人罪的定罪判决。然而，大法官们却维持了该案的死刑判决。1944 年的里昂案（Lyons v. Oklahoma）是自布朗案（Brown v. Mississippi）以来最令人确信的强制自白案；该案的审判记录中，有几个白人的证言令人确信：为了获取里昂——他是一名黑人男性——的自白，警察用包有软皮的木棍残忍地毒打了他好几个小时。而且，有强有力的证据证明，里昂极有可能是无辜的。然而，大法官们认为应当尊重陪审团的以下事实认定：即里昂的第二次自白——该自白是里昂在刚刚遭受野蛮毒打后 12 小时内作出的——是自愿作出的。对于那些相信钱伯斯案华丽语句的人而言，里昂和埃金斯所主张的他们曾经遭受不公正对待的说法，必然只能产生较小的影响。如果这些被告人的主张是有理由的，作为"无助、孱弱……或者……受到社会偏见攻击的被害人……避风港"的联邦最高法院，肯定会代表这些被告人的利益实施一定的干预。但是，尽管他们的主张确实有理由，联邦最高法院却维持了他们的定罪判决。通过维持这些定罪判决，联邦最高法院对于将这些黑人刑事被告人受到的不公正待遇予以正当化，可能助其一臂之力了。⑩

■ 十二、结论

现代美国刑事程序诞生于与美国南部黑人被告人有关的刑事判例并非偶然。对于联邦最高法院而言，对州的刑事诉讼活动进行监控需要偏离已经有 150 年历史的传统和判例——这些判例以联邦制为根基。因此，大法官们不愿意在那些不公正程度较小的案件里采取行动；相反，只有当整个审判活动让人感到羞辱时，他们才会实施干预。在美国南部地区，当黑人被告人涉嫌实施针对白人的强奸罪或谋杀罪时，往往会发生此类法律闹剧。

在此类案件中，州法院系统判处的死刑与程式化的私刑活动相差无几。受到暴民影响的审判活动，其目的仅仅在于避免对被告人实施私刑，而实施私刑的目的则完全是强化黑人的从属性地位、惩处黑人的罪行。因此，南部地区的上诉法院与美国联邦最高法院在审查这些案件时，适用的是截然不同的范式。南部地区的法院系统认为，仅仅为了避免对被告人实施私刑就是一件值得称道的事情；而与此不同，联邦最高法院的大法官们则希望，刑事审判是为了裁决被告人有罪还是无罪，而不仅仅是为了取代私刑。

这些案件的审判活动存在着极不公正的现象，以至于举国上下的公共舆论可能会支持联邦最高法院的干预。即使在南部地区，这些判决也拥有许多

---

⑩　Lyons v. Oklahoma，822 U. S. 596（1944）.

支持者；因为这些判决仅仅要求南部各州遵守一些他们自己也拥护的行为规范。因此，这些早期的刑事程序判决可能尚不足以代表那些对抗大多数人意愿的司法判决——这些判决因为有悖大多数人的意愿，往往成了联邦最高法院的标志性判决，如马普案（Mapp v. Ohio）、米兰达案（Miranda v. Arizona）。相反，更准确地说，它们只是联邦最高法院要求那些顽固的边缘人士遵守举国一致的规则。事实上，如果当时的氛围稍有不同的话，南部各州的法院系统可能会自行纠正那些明显的不公正现象。在 20 世纪最初的几十年里，南部法院系统已经开始变得更愿意维护程序的公正性；即使在涉及黑人被指控严重的跨种族犯罪中，亦是如此。然而，在那些南部地区遭受批评的案件以及可能对白人主权地位形成挑战的案件里，南方地区的上诉法院却会退缩。这些案件因为在州司法体系内得不到纠正，才有可能上诉到联邦最高法院，从而为联邦最高法院提供了作出标志性刑事程序判决的时机。⑩

如果结合联邦最高法院当时有关种族问题的其他判例来看，这些有关刑事程序的早期判例表明，吉姆·克罗式司法现象也并非铁板一块。在当时，联邦最高法院以一致意见维持了公立学校的种族隔离政策、白人主权、人头税等制度的合宪性。很明显，大法官们认为，种族隔离与剥夺黑人的公民权是相同的，但与根据荒唐可笑的审判活动对可能无辜的黑人执行死刑却是截然不同的两码事。⑱

最后，对诸如鲍威尔案、诺里斯案的影响作出评价，是一件复杂的工作。联邦最高法院可能挽救了斯科茨伯勒男孩的生命，却无法保护他们不会受到不公正的监禁。亚拉巴马州的白人似乎更愿意惩罚他们。因此，尽管这两个案件都在联邦最高法院取得了胜利，但是，这些斯科茨伯勒男孩却因为他们根本没有实施的犯罪行为被因禁了 5 年～20 年的时间。

就其深远影响而言，这些判决的作用令人感到沮丧。鲍威尔案之后，南部地区贫穷黑人的辩护代理质量并没有显著提高；诺里斯案之后，如果有的话，也只是极少数黑人才能参与南部地区的陪审团审判。当然，这两起案件以及其他案件的诉讼活动可能对于民权运动产生了无形的积极作用：让黑人知道他们的权利，让他们相信改变既有的种族状况是可能的，帮助他们成立了组织，让白人知道吉姆·克罗式制度的暴行。但是，联邦最高法院试图推动南部刑事司法体制发生实质性变革而实际上却难以如愿的事实，似乎暗示了，这些案件在联邦最高法院的胜利也可能给南部黑人带来了不利的影响。

---

⑩　Miranda v. Arizona, 884 U. S. 436 (1966)；Mapp v. Ohio, 367 U. S. 643 (1961) .

⑱　Breedlove v. Suttles, 302 U. S. 277 (1937) (poll tax)；Grovey v. Townsend, 295 U. S. 45 (1985) (white primary)；Gong Lum v. Rice, 275 U. S. 78 (1927) (public school segregation) .

马普案：沃伦法院刑事程序"革命"的第一枪

耶鲁·卡米萨（Yale Kamisar）[*]

---

[*] 本章内容交付出版不久，我收到了卡罗琳·朗（Carolyn Long）所著的《马普案：排除规则的起源与发展》（Mapp v. Ohio：The Origin and Development of the Exclusionary Rule，University Press of Kansas，2006）一书的手稿。该书就马普案及其余波进行了生动、资料翔实且富有洞见的叙述——这也是我曾经读过的最全面的描述。如果在撰写本章内容时我能有幸阅读该书的话，我原本可以在许多地方引述该书的内容。

尽管厄尔·沃伦 1953 年就已经进入了联邦最高法院，但是，当我们谈到沃伦法院的美国刑事程序"革命"时，我们真正的意思是指沃伦在担任首席大法官的 16 年间推行的、未能如愿以偿的改革运动。1961 年的马普案（Mapp v. Ohio）① 推翻了沃尔夫案（Wolf v. Colorado）② 并判决说，根据联邦宪法的要求，州法院系统必须排除以非法方法扣押的证据；一般而言，马普案被视为所谓的刑事程序革命的发端。③

■ 一、原本不属于淫秽物品罪的淫秽物品案件

如果读过马普案的案件摘要或听过该案在联邦最高法院的口头辩论，人们或许会认为，这只不过是一起涉及淫秽物品的案件。该案的主要争点似乎在于，俄亥俄州制定法将仅仅持有或控制淫秽物品的行为规定为犯罪行为——据此，多尔瑞·马普（Dollree Mapp）被定罪并判刑入狱——违反了联邦宪法第一修正案和第十四修正案。④ 然而，在美国历史上，马普案不仅仅是最著名的搜查和扣押判例，而且可能还是一起被称为偷偷摸摸作出的搜查和扣押判例。

当联邦最高法院就吉迪恩案（Gideon）⑤ 批准签发调卷令时——这是一起有关律师帮助权的著名判例——它要求双方律师就以下问题展开辩论，即联邦最高法院是否应当重新审视其关于贝茨案（Betts v. Brady）⑥ 的判决。⑦ 因此，许多人认为，联邦最高法院可能会推翻这一历时 20 年之久的前例。事实上也的确如此。⑧ 当联邦最高法院就米兰达案（Miranda）及其三姊妹案签发调卷令时⑨，绝大多数联邦最高法院的评论员都期待着它澄清埃斯科韦

① 367 U. S. 643 (1961).

② 338 U. S. 25 (1949).

③ See, e. g., Stephen J. Schulhofer, The Constitution and the Police: Individual Rights and Law Enforcement, 66 Wash. U. L. Q. 11, 12 (1988). 该文认为，在刑事程序领域，"真正意义上的沃伦法院"始于马普案。有人可能会争辩说，沃伦法院在刑事程序方面的革命始于格里芬案（Griffin v. Illinois, 351 U. S. 12 (1956)）——该案确立了以下权利：至少在特定情形下，贫穷的刑事被告人上诉时有权免费获得一套卷宗副本。格里芬案的确预示了沃伦法院之后某些判例的方向，但是，"却是在该案判决几年后，联邦最高法院的多数派法官才呈现出一种一以贯之的、我们现在仍将其视为沃伦法院典型特征的法律立场"。Francis A. Allen, The Judicial Quest for Penal Justice: The Warren Court and the Criminal Cases, 1975 U. Ill. L. F. 518, 519 note 4.

④ See text at notes 16 - 32, 47 - 50 infra.

⑤ Gideon v. Wainwright, 372 U. S. 335 (1963). 吉迪恩案是本书第三章讨论的主题。

⑥ 316 U. S. 455 (1942). 根据贝茨规则或者说根据"特殊情形"规则，除非符合特定的情形（如被告人具有智力缺陷或者案情极其复杂），否则，在被指控严重犯罪但不会判死刑的案件里（如持枪抢劫），贫穷的被告人无权获得指定辩护。

⑦ See Gideon, 372 U. S. at 338.

⑧ 吉迪恩案为重罪案件确立了一项指定辩护律师的"一般权利"，或者说"自动享有的权利"。阿杰辛格案（Argersinger v. Hamlin, 407 U. S. 25 (1972)）判决认为，除非被告人有效放弃了该项权利，否则，没有辩护律师的协助，不得以任何罪名——无论是轻微犯罪、轻罪还是重罪——判处被告人监禁刑。

⑨ "米兰达案的判决意见"（384 U. S. 436 (1966)）事实上是关于四个案件的判决意见。这四个案件是：Miranda v. Arizona, California v. Stewart, Vignera v. New York and Westover v. United States. 米兰达案是本书第五章讨论的主题。

多案（Escobedo v. Illinois）[10]——这是联邦最高法院两年前判决的一起案件——所带来的不确定因素和令人迷惑的地方，并就警察询问与自白问题作出一项具有里程碑意义的判决。事实上也的确如此。然而，就马普案而言，该案事先并没有引起公众的关注和讨论。因此，该案的判决几乎把包括马普女士的律师在内的所有人都吓了一跳。

恰如联邦最高法院在该案口头辩论中指出的那样[11]，马普女士的案件摘要甚至根本没有援引沃尔夫案（Wolf v. Colorado）——这是一起注定要被马普案推翻的判例。[12] 而且，当其中一名大法官问律师"你是否在请求我们推翻沃尔夫案"[13] 时，那位律师还回答说，"不，我们并没有这么想。"[14]

马普案的事发经过如下[15]：

多尔瑞·马普是一位 28 岁的黑人女性，她带着一名与前夫所生的女儿住在一处两户型住宅楼的顶层。一天，三名克利夫兰地区的警察根据以下线报找到了该住宅楼：第一，新近发生的一起爆炸案的犯罪嫌疑人就藏在这栋住宅楼里；第二，住宅里藏有大量的"违禁品"（policy paraphernalia）。警察敲了敲门，要求进屋看看。马普电话咨询律师后，拒绝了这些警察在没有搜查证的情况下进入住宅的请求。

这些警察请求警力支持。几个小时以后，至少又有四个警察赶到了现场并再次要求进入住宅。由于马普没有立即作出回应，这些警察从住宅的后门

---

[10]　378 U. S. 478 (1964). 关于埃斯科韦多案（Escobedo）的意义存在着广泛争论；关于该争论的概述以及该案意义究竟何在的论述，请参见以下文献：Yale Kmisar, Police Interrogations and Confessions: Essays in Law and Policy 161 – 62 (1980).

[11]　See 55 Landmark Briefs and Arguments of the United States: Constitutional Law 1164 (Philip Kurland & Gerhard Casper eds. 1975) (hereinafter Landmark Briefs & Arguments). 值得注意的是，在该案中，美国公民自由协会（ACLU）确实递交过一份法庭之友的意见，请求联邦最高法院"重新审查"沃尔夫案。但是，在长达 21 页的摘要中，只有一段内容论述到了这一问题（see id. at 1154），因此，有评论人恰如其分地将其称为"某种'噢，顺便说一下'式的段落"。Lucas A. Powe, JR., The Warren Court and American Politics 196 (2000).

[12]　根据马普女士律师递交的案件摘要，可以看出，他确实试图努力把该案归于那件不大受欢迎的"洗胃案"的适用范围（Rochin v. California, 342 U. S. 165 (1952)）；他坚持认为，马普案中警察的行为，就像罗钦中的警察行为一样，都是"令人良心感到不安的行为"（See Landmark Briefs & Arguments 1103）。但是，他在案件摘要中并没有试图解决这一问题，甚至根本没有援引欧文案（Irvine v. California, 347 U. S. 128, 133 (1954)）。欧文案认为，罗钦案并不是一起真正的搜查和扣押案件，而是关于警察"强制行为"的判例——"为了强行以洗胃的方式提取证据而对（被告人的）人身实施身体暴力时，可以适用该案"。该律师没有提到欧文案，确实令人感到吃惊。因为用最高法院的话说就是"（俄州最高法院）认为以下事实是具有决定性意义的，即通过对被告身体采取残忍的或侵犯性的强制手段而获得的证据，不具有可采性。"（367 U. S. at 645）在口头辩论中，当面对直接询问时，马普女士的律师的确回答说，他认为这起案件"属于罗钦案的理论"。但是，当被详细问及"哪些具体事实"让本案适用罗钦规则时，他却只是回答说："我无法给出确定的答案……很抱歉！我并未掌握本案的所有事实，我只是得出了这样的结论。"（Landmark Briefs & Arguments 1200）

[13]　Id. at 1165. 尽管无法确定究竟是哪位大法官提出了这一问题，但极有可能是弗兰克福特大法官——他是沃尔夫案中多数意见的作者。因为律师提到了他的名字，而且我们知道，不久前他也问过同样的问题，但并没有得到律师的正面回答。（See id. at 1164）

[14]　在马普女士的律师发言之后，美国公民自由协会（ACLU）的律师伯纳德·伯克曼（Bernard Berkman）进行了发言。毫无疑问，由于在问及是否要求推翻沃尔夫案时他的搭档作出了错误的回答，或者说根本没有作出回答而陷入窘境，他一开始就应该要求法院"重新审查"沃尔夫案。（See id. at 1170）但是，他事实上把所有时间都花在了关于俄亥俄州淫秽物品法的讨论上。

[15]　本文关于该案案件事实的描述主要来自马普案的判决意见（367 U. S. at 644 – 45）. See also the discussion in Francis A. Allen, Federalism and the Fourth Amendment: A Requiem for Wolf, 1961 Sup. Ct. Rev. 20 – 21.

破门而入，进到了屋里。马普女士的律师很快也赶到了现场，但是，这些警察既不允许律师进入住宅，也不允许他和马普见面。

与此同时，在住宅里面，马普女士要求警察出示搜查令。其中一名警察拿出一张纸，声称那就是搜查令状。马普女士抢过那张纸，把它塞进了自己前胸的上衣里。经过一番撕扯，这些警察最终把那张纸抢了回来。这些警察声称马普动手抢搜查令并试图抓住不放的行为表明她"生性好斗"，于是给马普戴上了手铐。

（在该案的审判过程中，控方没有提出任何搜查令。而且，对于为什么没有提出这方面的证据也没有做任何解释。俄亥俄州最高法院认为，就"警察是否有搜查被告人住宅的搜查令"，存在着"相当的怀疑"。）

警察把马普铐起来后，强行把她带到了楼上的卧室，并对卧室里的梳妆台、壁橱以及一些行李箱进行了搜查。很快，搜查的范围延伸到了二楼（包括起居室以及马普女儿的卧室），继而是地下室（在那里，警察找到了一个行李箱并对行李箱进行了搜查）。通过大范围的搜查，警察找到了几本"淫秽"小册子（这些东西远远够不上我们今天所谓的色情读物）。根据这些淫秽小册子，马普最终被定罪并被判入狱。（马普辩称，她仅仅是为以前的室友代为保管这些东西的。）

马普案判决二十多年以后，已经退休的联邦最高法院大法官波特·斯图尔特（Potter Stewart）披露了以下事实：

> ［马普案口头辩论结束以后］在大法官评议过程中，多数大法官认为，俄亥俄州这方面的制定法违反了联邦宪法第一修正案和第十四修正案，并指定大法官汤姆·克拉克（Tom Clark）代表联邦最高法院撰写本案的判决意见。在此次会议后的一个月时间里，关于该案究竟发生了什么事情，对我而言，只能是一种猜测。但是，我一直怀疑，马普案中很快达成多数意见的几名大法官肯定又聚在一起为他们的判决讨论形成了一个截然不同的根据——我亲切地将这种私下聚会称为"同党密谈"（"rump caucus"）。无论他们是怎么进行讨论的，联邦最高法院的这五名大法官得出了以下结论：根据第四修正案和第十四修正案的规定，州法院系统应当像联邦法院系统那样排除通过非法搜查扣押获得的证据。沃尔夫案就这样被推翻了。[16]

就"同党密谈"而言，事实上确有其事。但是，不清楚的是，究竟哪些大法官参与了密谈，以及有多少大法官参与其中。

一种说法认为，在马普案从一起淫秽物品案转变成搜查和扣押判例这一

---

[16] Potter Stewart, The Road to Mapp v. Ohio and Beyond: The Origins, Development and Future of the Exclusionary Rule in Search-and-Seizure Cases, 83 Colum. L. Rev. 1365, 1368 (1983) (second emphasis added). According to Bernard Schwartz, Super Chief 392 (1983) (hereinafter Schwartz). 该书认为，"在写给克拉克的一封信中，哈兰归纳总结了会议讨论的内容和投票结果。"哈兰大法官写道（id. at 392-93）：我本应想到，法院会很顺利地通过以下判决意见（事实上我认为法院应当一致同意该意见才是），即，如果一个州的法律禁止明知是淫秽物品而持有的行为本身，而不要求持有人必须具有传播的目的，那么，该法律即使尚未达到意图实现"思想控制"的程度，也已经因为侵犯了信仰与言论自由而违反了联邦宪法第十四修正案的规定。

过程中，大法官汤姆·克拉克发挥了决定性作用。⑰尽管一般认为克拉克是一名倾向于警察—检察官的大法官⑱，但是，年轻时，他作为一名律师所了解的那些关于公然违反联邦宪法第四修正案的所见所闻，让他变成了一名认真学习搜查和扣押制度的"好学生"⑲。克拉克从联邦最高法院退休了10年后，曾经评论说：

> 我自认为，联邦宪法第四修正案是所有修正案中最珍贵的部分。因为，无论你拥有什么——即使你拥有全世界的财富——都毫无意义；除非你的住宅安全、你头脑和心里的隐私安全受到保护，否则，你将一无所有。**一无所有！**无论你拥有什么，都会被人拿走。⑳

此外，大法官克拉克曾经就沃尔夫案中联邦最高法院在保护个人不受不合理搜查和扣押方面所采取的"空洞姿态"表示极大的不满。㉑尽管克拉克对欧文案（Irvine）发表了协同意见——在该案中，虽然已经证实相关证据是州警察通过违反联邦宪法第四修正案的恶劣行径获得的，联邦最高法院却维持了证据的可采性㉒——但是，在该协同意见的开头部分，他曾经指出，"如果在审理沃尔夫案时，我就已经是联邦最高法院大法官的话"，他将同意把非法证据排除规则适用于各州。㉓而且，在该案协同意见的结尾部分，他还表达了以下观点："恪守［沃尔夫案的］精神或许将产生废止它的判令。"㉔

另一种说法是，克拉克离开会议室不久——这时，他已经答应代表联邦最高法院以联邦宪法第一修正案为根据撰写判决意见并推翻马普案的定罪判决——很快又折回来，找到了大法官布莱克和布伦南；在电梯里，克拉克问他们："这起案件难道不是一起将非法证据排除规则适用于各州，以完成沃尔夫案未竟遗愿的很好机会么？"㉕据该说法所言，"在布莱克与布伦南、克拉克交谈过程中，［大法官布莱克］表示，他愿意支持推翻沃尔夫案……但是，他表示，仅仅以第四修正案为根据推翻沃尔夫案，他觉得依然有点勉为其难。"㉖

但是，首席大法官沃伦的一位传记作家讲述了一个截然不同的故事版本。据他所言，首席大法官沃伦和大法官布伦南均支持大法官道格拉斯要求

---

⑰ See Schwartz, supra note 16, at 393.

⑱ 这在很大程度上归咎于克拉克在詹克斯案（Jencks v. United States, 353 U. S. 657 (1957)）与米兰达案（Miranda v. Arizona, 384 U. S. 436 1996)）中发表了尖锐的反对意见。See generally Note, Justice Tom C. Clark's Unconditional Approach to Individual Rights in the Courtroom, 64 Tex. L. Rev. 421 (1985).

⑲ See Paul R. Baier, Justice Clark, the Voice of the Past, and the Exclusionary Rule, 64 Tex. L. Rev. 415, 417, 419 (1985).

⑳ Tom C. Clark, Some Notes on the Continuing Life of the Fourth Amendment, 5 Am. J. Crim. L. 275, 276 (1977) (based on an April, 1977 lecture delivered at the University of Texas Law School).

㉑ See Baier, supra note 19, at 419.

㉒ See the discussion of Irvine v. California, 347 U. S. 128 (1954), in the text at notes 126–48.

㉓ 347 U. S. at 138.

㉔ Id. at 139.

㉕ See Schwartz, supra note 16, at 393.

㉖ Id. 布莱克大法官在沃尔夫案中发表了协同意见；他同样支持以下立场，即联邦证据排除规则不是联邦宪法第四修正案的要求，而是一项国会可以否决的、司法创设的证据规则。该观点明显暗示了法院后来的判决走向。

推翻沃尔夫案的立场——当时，他是就沃尔夫案发表反对意见的大法官中唯一仍在联邦最高法院工作的人——而且，他们早在马普案以前就已经开始采取秘密行动了。但是，由于当时其他大法官们并不支持这一立场，所以，在大法官投票时才出现了以联邦宪法第一修正案为根据推翻马普案定罪判决的多数意见。[27]

因此，虽然克拉克离开会议室后迅即改变了判决思路，但是，他们四个还需要一个大法官的支持才能推翻沃尔夫案。大法官雨果·布莱克无疑是最佳人选。根据这一说法，首席大法官沃伦、大法官道格拉斯和布伦南（而不是克拉克）来到大法官布莱克的办公室，说服他加入他们的阵营。[28]

就本人阅读范围而言，在一本新近出版的雨果·布莱克传记中，该作者是唯一一位对上述两种事实都进行了专门描述的人：克拉克的确在电梯里与布莱克、布伦南进行了商谈；不过，沃伦、道格拉斯和布伦南也确实去布莱克办公室进行了面谈。[29] 无论如何，似乎有一点是无可争议的：大法官道格拉斯是第一个建议"应当推翻沃尔夫案"的大法官[30]，而布莱克则是最后一个加盟反沃尔夫案阵营的。

在知悉大法官克拉克改变想法并准备以搜查和扣押为依据撰写马普案判决意见之前，大法官道格拉斯已经起草了一份判决意见草案；在草案中，他认为应当"将第四修正案全面适用于各州，将排除规则作为宪法保障的重要组成部分"[31]。（但是，由于克拉克在会议后迅速改变了立场，道格拉斯的判决意见草案根本没有发给其他大法官传阅。）[32]

说服大法官布莱克加盟绝非无足轻重的战果。恰如前文所述[33]，在沃尔夫案中，布莱克发表了协同意见，其立场是：排除规则并非联邦宪法第四修正案自身的要求，而纯粹是司法创制的证据规则。12 年后，"依然没有人能够让他相信，仅仅根据第四修正案的规定，就足以［排除］以违反第四修正案方式从［被告人那里］获取的证据"[34]。但是，这一次他找到了他所能认可的排除规则的真正根据：

> 深入思考这一问题……让我得出了以下结论：如果把联邦宪法第四修正案关于禁止不合理搜查和扣押的规定与联邦宪法第五修正案关于禁止强迫自证其罪的规定结合起来考虑的话，我们就会找到一项宪法根据；据此，排除规则不仅是正当的，而且事实上也是必要的。[35]

在大法官克拉克撰写的马普案判决意见中，有一段话似乎旨在支持

---

[27] See Ed Cray, Chief Justice：A Biography of Earl Warren 374 (1997).

[28] See id. at 375.

[29] See Roger K. Newman, Hugo Black：A Biography 555－56 (1994).

[30] See id. at 555；Powe, supra note 11, at 196；Schwartz, supra note 16, at 393.

[31] See Schwartz, supra note 16, at 393.

[32] Id.

[33] See note 26 supra.

[34] 367 U. S. at 661 (Black, J. concurring in Mapp).

[35] Id. at 662.

大法官布莱克关于搜查和扣押排除规则的立场。这段话论及联邦宪法第四修正案与第五修正案的"亲密关系"，以及这两个修正案如何"'用相互补充的措辞'表述了'同样的宪法目的——在更大范围内保护个人隐私不会受到侵犯'"[36]。大法官克拉克是真的相信这种说法，还是因为急于拉拢布莱克并为了迎合他才这么说的呢？多年以后，大法官克拉克回忆说：

> 最终，在 1961 年的时候，我们以五票的多数推翻了沃尔夫案……我不得不说服大法官布莱克。他不想囫囵吞枣地吃下第四修正案。他希望捎带上第五修正案。于是，我们坐下来研究第四修正案，并确保同时论及第四修正案和第五修正案。如果你至今依然不能理解这二者之间的关系，我也同样无法理解！但是，我们联手推翻了沃尔夫案……[37]

卢卡斯·鲍教授是一个几乎从来不使用具有强烈感情色彩词语的评论者；但是，他将大法官布莱克关于搜查和扣押排除规则的理论称为"荒诞不经之论"[38]。布莱克的理论确实乏善可陈，不过，鲍教授的评论却有点言过其实。

著名的博伊德案（Boyd）[39] 认为，强制提交自我归罪的文件相当于不合理的搜查和扣押；使用以违反联邦宪法第四修正案的方法获取的证据，也是强迫自证其罪的一种。[40] 此外，在奥姆斯特德案中（Olmstead）[41]，大法官刘易斯·布兰代斯（Louis Brandeis）在备受赞誉的反对意见中坚持认为，在刑事案件中，使用以违反联邦宪法第四修正案方式查明的事实"必须被视为对第五修正案的违反"[42]。

然而，大法官布莱克关于排除规则的理论存在致命的缺陷；就我所知，现在已经没有人支持这种观点了。

首先，在联邦最高法院审理马普案时，长期以来的主流观点认为，通常依据搜查和扣押判例予以排除的实物类证据（the physical evidence），如毒品、凶器等，不属于反对强迫自证其罪条款保护的范围。[43] 反对强迫自证其

㊱　See 367 U. S. at 656 – 57.

㊲　See Clark, supra note 20, at 279.

㊳　See Powe, supra note 11, at 196 – 97.

㊴　Boyd v. United States, 116 U. S. 616 (1886),

㊵　See id. at 630 – 35. See also Agnello v. United States, 269 U. S. 20, 33 – 34 (1925).

㊶　Olmstead v. United States,　277 U. S. 438 (1928).

㊷　See id. at 478 – 79.

㊸　See Fred E. Inbau, Self-incrimination: What Can An Accused Person Be Compelled to Do, 3 – 8, 87 (1950); Charles T. Mccormick, Evidence 263 – 66 (1st ed. 1954); Edmond Morgan, Basic Problems of Evidence 140 – 42 (1957); 8 John Henry Wigmore, Evidence § § 2263, 2265 (3d ed. 1940). 此外，恰如艾伦（Allen, supra note 15, at 25 – 26）指出的那样，"第五修正案的排除规则理论可能既无法从历史方面也无法从分析论证中找到其正当化理由。" See also Yale Kamisar, Wolf and Lustig Ten Years Later: Illegal State Evidence in State and Federal Courts, 43 Minn. L. Rev. 1083, 1088 – 90 (1959); Jack B. Weinstein, Local Responsibility for Improvement of Search and Seizure Practices, 34 Rocky Mt. L. Rev. 150, 160 – 61 (1962).

罪条款仅禁止"强迫获取言词类证据"（testimonial compulsion）[44]。

其次，尽管大法官布莱克可能相信反对强迫自证其罪特权已经合并到联邦宪法第十四修正案的正当程序条款中，并由此对各州具有拘束力，但是，联邦最高法院的多数大法官对此并不认同。[45] 而且，直到1964年，联邦最高法院才判决说，联邦宪法第五修正案的反对强迫自证其罪特权"根据第十四修正案适用于各州，并与保护个人权利不受联邦侵害一样适用统一的标准"[46]。如果联邦最高法院命令就马普案重新进行口头辩论并要求律师就是否推翻沃尔夫案发表意见的话——而不是"径行将推翻沃尔夫案'纳入裁判范围'"[47]，大法官克拉克或许原本可以不需要大法官布莱克那一票，也就没有必要接受布莱克关于排除规则的联邦宪法第五修正案理论。如果重新辩论的话，在第二轮讨论中，大法官斯图尔特极有可能会投票支持推翻沃尔夫案——对于联邦最高法院将马普案转变成搜查和扣押判例[48]，他曾经表示"感到震惊"。从联邦最高法院退休几年后，他曾经在公开演讲中指出：

> 当时［在审判马普案时］，我认为，而且，我现在依然这么认为，排除规则是宪法的要求；它并非第四修正案禁止性规定明确包含的一项"权利"，而是为了确保事实上恪守这些禁止性规定的必要救济手段。因此，在马普案中，尽管我并没有加入联邦最高法院的多数意见——因为该案判决的是一个未经法庭辩论的事项——但是，我赞同该案的以下结论，即，排除规则是保证第四修正案所保护的隐私权"不再是一项空洞承诺"的必然要求。[49]

在该案中，持反对意见的大法官们认为，推翻沃尔夫案的问题并未依法纳入联邦最高法院的裁决范围；对此，大法官克拉克的回应并不能令人信服："尽管申请人……并没有坚持说应当推翻沃尔夫案［——这过分低估了申请人的立场］，但是，法庭之友……的确敦请本法院推翻沃尔夫案［——这种说法则夸大了本案法庭之友自身的作用］。"[50]

㊹　继马普案之后，法院更清晰地阐明了这点。在施曼伯案中（Schmerber v. California, 383 U. S. 757（1966）），联邦最高法院维持了对在当事人明确表示反对的情形下对一名醉酒司机采集血样的行为。法院认为，这一特权仅仅"保护被指控人不被强迫作出对自己不利的证言，或是将证言性的或交流性的证据提交给控方，采集血样并使用其分析结果的行为并不包含在此处所指的强制中。"（Id. at 761）韦德案（United States v. Wade, 388 U. S. 2218（1967））判决认为，要求被告人参加辨认并说"把钱放进袋子里"的话，也不违反这一特权。See generally 2 Wayne R. Lafave, Jerold H. Israel & Nancy J. King, Criminal Procedure §7.2（2d ed. 1999）.

㊺　See Twining v. New Jersey, 211 U. S. 78（1908）; Adamson v. California, 332 U. S. 46（1947）. 这两个案件都被后文讨论的马洛依案（Malloy v. Hogan）推翻了。

㊻　Malloy v. Hogan, 378 U. S. 1, 10（1964）.

㊼　367 U. S. at 674（Harlan, J., dissenting）.

㊽　See Stewart, supra note 16, at 1368；读到克拉克大法官撰写的法庭意见时，我感到非常震惊。我马上给他写了封信以表达我的惊讶，并对于在这样一个未经州法院审理、未经双方律师辩论，口头辩论后也未经我们会议讨论的案件中，推翻一个重要的先例是否是明智之举提出了质疑。从震惊中平静下来以后，我写了一份简短的备忘录，根据联邦宪法第一修正案和第十四修正案发表了协同意见，并表示赞同哈兰大法官的以下立场：多数大法官裁决的那个问题没有在法庭上经过适当的辩论（the issue which the majority decided was not properly before the Court）.

㊾　Id. at 1389.

㊿　367 U. S. at 646 note 3.

大法官道格拉斯曾试图以“每一位大法官都了解支持或反对排除规则的各种论证”为由，轻描淡写地回应持反对意见的大法官们的抗议——有评论者(51)将这一回应称为“轻松的断言”(52)。我赞成以下观点，即命令就本案重新进行口头辩论并要求集中就沃尔夫案问题发表意见，原本是一种更好的处理方案。(53) 然而，道格拉斯的说法也有一定可取之处。终究，恰如法官本杰明·卡多佐（后来曾任联邦最高法院大法官）在联邦最高法院作出马普案判决三十多年以前所言的那样（他这段话出现在著名的迪弗案（Defore）判决意见之中，但几乎没有几个法学教授真正对此予以重视）：“［关于排除规则的］［既有］研究成果，几乎已经全面到了无以复加的程度。”(54)

现在，就让我们回顾一下马普案之前关于排除规则的研究状况。

二、历史视角：马普案以前调整非法证据可采性问题的规则

（一）威克斯案与适用于联邦系统的排除规则

1914 年的威克斯案(55)确立了联邦系统的排除规则。尽管会让阅读伯格法院和伦奎斯特法院有关搜查和扣押判决意见的许多读者感到意外，但是，威克斯案从未将排除规则称为“救济手段”，也从来没有讨论过（甚至根本没有提到过）排除规则与其他诸如侵权救济或是内部纪律惩戒等替代手段哪一种更有效的问题。(56) 恰如弗朗西斯·艾伦指出的那样，在威克斯案的判决意见中，“根本找不到借助所谓威慑警察违法来论证［排除］规则正当性的文字”(57)。

---

(51) Allen, supra note 15, at 22 - 23.

(52) See 367 U. S. at 671 (Douglas, J., concurring)：由于法院享有最终的决定权，所有的争论最终都必须平息下来。尤其是对于法院所说的“这一争论已经被它的反对者和支持者们无数次地重述，以至于在此无须再多做解释”的那种争论，更应该如此。Elkins v. United States, [364 U. S. 206, 216 (1960)].

(53) Allen, supra note 15, at 22.

(54) People v. Defore, 242 N. Y. 13, 21, 150 N. E. 585, 587 (1926). 当然，就是在这份判决中，卡多佐法官针对这一问题写下了最著名的言论。如果不得不将反对排除规则的判例概括提炼成一两句话，引用卡多佐法官的判决意见当然是再好不过的办法了。Id. at 587, 588:

> ［根据搜查和扣押的排除规则，］因为警察的疏忽，犯罪人将逍遥法外。
>
> …………
>
> ［如果法院采纳了排除规则，］那些基层的治安法官将会基于过度的热情或者基于轻率而将这一规则纳入自己的权限范围，并据此豁免那些最恶劣的罪犯。

(55) Weeks v. United States, 232 U. S. 383 (1914).

(56) 事实上，威克斯规则，或者说联邦证据排除规则，是在威克斯案判决几十年之后才被叫做“排除规则”的。See Yale Kamisar, Does (Did) (Should) the Exclusionary Rule Rest on a “Principled Basis” Rather than an Empirical Proposition?, 16 Creighton L. Rev. 561, 590 & note 162 (1983).

(57) Allen, supra note 3, at 536 note 90. 作为排除规则最激烈的批评者之一，首席大法官伯格在进入联邦最高法院之前曾承认说，威克斯案“立足于联邦最高法院的以下立场，即不愿意因允许使用那些以违宪手段取得的证据而默认政府的违宪行为。威慑力的观念可能隐含在判决的字里行间，但是并没有得到明确的表达。”Warren E. Burger, Who Will Watch the Watchman?, 14 Am. U. L. Rev. 1, 5 (1964).

在威克斯案之后的35年时间里——自威克斯案至沃尔夫案这一大段时间里——联邦最高法院的判决意见中也根本不存在威慑警察违法的概念。毫无疑问，威克斯案时的联邦最高法院以及之后几十年来一直坚持威克斯案规则的联邦最高法院，期待——至少是希望——执法官员不能无视或不重视法院系统的搜查和扣押规则而让这些规则归于无效。但是，在威克斯案以及之后的35年间所作出的搜查和扣押判例中，联邦最高法院从来没有说过，排除规则的存废应取决于它是否能够对警察的行为产生实质意义的影响。

在排除通过非法搜查被告人住宅所获得的私人文件问题上，联邦最高法院以一致意见作出了威克斯案判决；在大法官戴撰写的判决意见中，联邦最高法院的立场是：如果联邦执法官员实施搜查的行为“未经法律授权”，法院不应事后——以采纳执法官员所得证据的方式——“支持”或“认可”此类搜查或扣押行为：

> 联邦执法官员……未经法律授权……而根据其执法官员的身份，以直接违反宪法关于此类行为的禁止性规定的方式搜查私人文件……认可这些行为无异于以司法判决的方式，支持一种明显忽视（如果说不是公然藐视的话）宪法禁止性规定的行为——这些规定旨在保护个人不会受到此类未经授权行为的侵害。(58)

此外，恰如大法官布伦南70年后评论的那样，威克斯案时的联邦最高法院“明确承认，第四修正案的要求既适用于法院系统也适用于执法部门”(59)：

> 第四修正案的作用在于，在联邦法院系统和联邦执法官员行使其权力和授权的时候，将其置于关于如何行使这些权力或授权的种种限制或约束之下……［第四修正案所提供的］保护适用于诸如此类的所有情形，而无论其是否受到刑事指控；而且，就根据联邦法律而享有执法职责的人而言，赋予其行为强制力与有效性的职责也是一种义不容辞的义务（the duty of giving to it force and effect is obligatory upon all entrusted under our federal system with the enforcement of the laws）。本国刑事执法人员所具有的……以非法扣押的方式赢得定罪判决的倾向……不应当在法院系统的判决中得到认可——在任何时候，法院系统都负有捍卫宪法的职责，而且，［任何］人均有权请求法院系统维护其享有的此类基本权利。(60)

在威克斯案之后的35年时间里，联邦最高法院几乎从来没有讨论过排除规则的理论基础。(61) 然而，在著名的窃听案件奥姆斯特德案中（Olmstead v. United States）(62)，霍姆斯与布兰代斯撰写的、激动人心的反对意见，确实

---

(58) 232 U. S. at 393 - 94.

(59) Justice Brennan, joined by Marshall, J., dissenting in United States v. Leon, 468 U. S. 897, 936 (1984).

(60) Weeks, 232 U. S. at 391 - 92 (emphasis added).

(61) See Kamisar, supra note 56, at 601 - 06.

(62) See Olmstead v. United States, 277 U. S. 438, 469, 471 (1928).

涉及了排除规则的渊源和目的。为了说服联邦最高法院将威克斯案扩展适用于以下情形，即尽管联邦执法官员并没有违反联邦宪法，甚至没有违反联邦法律，但是其行为却违反了关于窃听的州法律，大法官霍姆斯和布兰代斯对威克斯案中联邦最高法院的论证逻辑进行了新的演绎：

> 作为检察官的政府机构与作为法官的政府机构之间并不存在本质的区别。如果现行法律不允许地区检察官插手此类肮脏的交易［即以非法方式收集证据］，那么，它同样不会允许法官去认可此类不公平的现象。(63)
>
> 只有向联邦最高法院申请救济之人违反了与其寻求法律救济的事项密切相关的法律，联邦最高法院才会拒绝伸出援助之手。由此，尽管被告人行为违法，联邦最高法院却拒绝向控方提供帮助。联邦最高法院这么做的目的在于维护法律的尊严，在于推进司法活动的信赖度，在于保护司法程序不会受到玷污。(64)
>
> 宣称在刑事执法活动中目的可以赋予手段以正当性的说法，即宣称为了确保实施犯罪的个人被判有罪，执法机关可以实施犯罪的说法，将会招致可怕的报应。本法院应当坚决反对这种有害的主张。(65)

霍姆斯与布兰代斯的反对意见重在强调：至少在沃尔夫案以前，排除规则据以立足的基本原则——或许有人会说，这一原则具有浓厚的象征主义色彩——并非排除证据对于警察行为将会造成何种实质性影响。

霍姆斯与布兰代斯著名的反对意见以及威克斯案的判决意见本身，立足于过去所谓的“一个政府理论”或者“执法机构与控诉机关一元化模式”(66)。根据这种观点，通过排除非法证据，“作为政府的一部分，法院将防止政府体系最终成就因警察侵犯被告人隐私而开始且远未终止的违法活动（the court stops the entire government，of which it is a part，from consummating a wrongful course of conduct begun but by not means ended when the police invade the defendant's privacy）”(67)。但是，沃尔夫案时的联邦最高法院就排除规则采取了截然不同的立场。

---

(63) Id. at 470.（Holmes，J.，dissenting.）

(64) Id. at 484.（Brandeis，J.，dissenting.）

(65) Id. at 485.（Brandeis，J.，dissenting.）

(66) Thomas Schrock & Robert Welsh，Up From Calandra：The Exclusionary Rule as a Constitutional Requirement，59 Minn. L. Rev. 251，255（1974）. But see Larry Yackle，The Burger Court and the Fourth Amendment，26 Kan. L. Rev. 335，417 (1978). 作者坚持认为，尽管在奥姆斯特德案中，霍姆斯与布兰代斯的反对意见对待排除规则的方式与威克斯案的进路有关，但二者仍有所不同。

(67) See id. Consider，too，Justice Brennan，joined by Marshall，J.，dissenting in United States v. Leon，468 U. S. 933，938 (1984)：

> 通过采纳非法取得的证据，司法机关事实上将会成为第四修正案所禁止的、同一政府行为的组成部分之一。
>
> …………
>
> ［威克斯案时的最高法院］承认，如果第四修正案要想具有某种实质意义的话，就不能把警察和法院系统看作是宪法意义上的陌路人；因为警察收集证据的角色与法院系统采纳证据的功能直接相连，因此，个人的第四修正案权利可能会因为任何一方的行为灰飞烟灭。在利昂案中，多数意见就搜查和扣押的排除规则确立了一项所谓的善意例外（事实上应称为“合理错误”的例外）。

（二）沃尔夫案（Wolf v. Colorado）

在沃尔夫案中，联邦最高法院以 5∶4 的投票结果作出判决，大法官弗兰克福特（Frankfurter, J.）代表最高法院撰写了判决意见。沃尔夫案解决了"承认正当程序这一目的与联邦主义之间的紧张"[68]，并最终倒向了联邦主义。联邦最高法院毫不犹豫地指出，"保护个人的隐私不受警察的任意侵犯是第四修正案的核心含义，也是自由社会的最基本要求"，因此，"通过正当程序条款适用于各州"[69]。但是，"以何种方式实现这一基本权利"就另当别论了。[70]

据沃尔夫案的联邦最高法院所言，排除非法证据仅仅是多种可选择的方案之一。如果根据其他救济手段（如针对侵犯宪法权利的执法官员本人提起侵权诉讼，或者警察的内部惩戒措施），"在一以贯之的实施中（consistently enforced）能够产生同等的效果"，州法院也可以拒绝采纳排除规则。[71]（就是否以及如何判断排除规则的替代措施得以"一以贯之地实施"，联邦最高法院并没有给出任何明确的指示。）

恰如有批评者所言，撰写沃尔夫案判决意见的大法官实现了"一项异乎寻常的（如果说不是史无前例的话）创举：他一方面创制了一项宪法权利，与此同时，又否认对侵犯该项权利提供最有效的救济手段"[72]。另一位批评者则认为，"沃尔夫案使得联邦宪法所赋予的隐私'权'……更多地停留在理想王国而非现实世界"[73]。

此外，通过"离间［保护免受不合理的搜查和扣押］与排除规则之间的关系"[74]、"在［联邦最高法院关于］排除规则的讨论中引入威慑警察违法的工具化理论"[75]，并"将经验性的、结果主义导向的威慑理论，作为支持［联邦最高法院］拒绝将排除规则适用于各州的论据"[76]，沃尔夫判决不仅让其判决结果看上去更加美味可口，同时也为将来在州司法系统和联邦司法系统内

[68] Francis A. Allen, The Supreme Court, Federalism, and State Systems of Criminal Justice, 8 DePaul L. Rev. 213, 240 (1959).

[69] 338 U. S. at 27 - 28.

[70] See id. at 28：

然而，这样一个基本权利的实施方式，引发了若干不同序位的问题……［对于这种恣意的行为，］应该提供何种救济手段，以及通过何种方式使得权利切实有效，都是一些不能教条作答的问题，否则，将会排除多样性的解决方案——对于那些不宜量化回答的问题，可能会得出一系列可允许的判断（which spring from an allowable range of judgment on issues not susceptible of quantitative solution）.

[71] Id. at 31. 弗兰克福特认为，"我们并不认为，让［非法搜查的受害人］以及那些在搜查中平安无事的人［诉诸排除规则以外的其他救济手段］，是对……基本标准的背离。"Id.

[72] T. S. L Perlman, Due Process and the Admissibility of Evidence, 64 Harv. L. Rev. 1304 (1951).

[73] Francis A. Allen, The Wolf Case: Search and Seizure, Federalism, and the Civil Liberties, 45 Ill. L. Rev. 1, 30 (1950). See also Allen, supra note 15, at 5："沃尔夫案中，最基本的难题在于：法院所涉及的领域已经超出了它所能掌控的范围……就其实施状况而言，联邦的'隐私权'已经被各州贬损成了一种温和的怜悯。"

[74] William J. Mertens & Silas J. Wasserstrom, Foreword: The Good Faith Exception to the Exclusionary Rule: Deregulating the Police and Derailing the Law, 70 Geo. L. J. 365, 380 (1981).

[75] Id. at 379.

[76] Id.

摧毁排除规则自身埋下了恶果。⑦

大法官弗兰克福特显然深受卡多佐法官（后来曾任联邦最高法院大法官）1926 年迪弗案（People v. Defore）判决意见的影响——这是一起纽约州的案件。那时候，各州还享有是否选择排除规则的自由；因此，在该案中，纽约州法院拒绝适用非法证据排除规则。⑧ 卡多佐曾经指出，法律制度中不乏排除规则的替代手段：“可以对执法官员实施反抗，也可以提起赔偿诉讼，或者就压制行为提起刑事诉讼。”⑦ 尽管大法官弗兰克福特列出的其他救济手段不像卡多佐提出的那么宽泛（弗兰克福特没有将对执法官实施反抗包括在内），但是，沃尔夫案的判决意见同样“带有苦思冥想的痕迹”。

因此，就其自己的论证而言，大法官弗兰克福特的观点显得十分有力；但也诱使他人试图去挑战并推翻其观点。在沃尔夫案中，大法官墨菲——显然受到了这种诱惑——撰写了最主要的反对意见。他对其他可能的救济手段进行了考察⑧，并得出了他所谓的“难以避免的”结论：“只有一种救济手段才能够威慑违反搜查和扣押条款的行为”，那就是排除规则。⑧

在战略上，大法官墨菲貌视排除规则的其他替代手段或许是一种错误。通过以下方式展开讨论或许会更好一些：避免在弗兰克福特选定的论据上展

---

⑦　Consider Justice Brennan, joined by Marshall, J., dissenting in Leon, supra note 67 at 931, 938 - 40：

实际上，最高法院的判决立足于以下主张：非法证据排除规则只不过是“一项司法机关创设的、旨在借助其一般威慑作用以保护第四修正案权利的救济手段而已，而并非个人的一项宪法权利。”上述主张发轫于沃尔夫案；尽管我一度认为，这种关于排除规则的狭隘理解早已被本院所判决的马普案给彻底埋葬了，但是，通过本届最高法院的努力，这一主张已经重新复活并在今天的判决中大放异彩。

‥‥‥‥‥‥

从威克斯案到奥尔姆斯德案（Olmstead）的早期判例中，排除非法证据是否可以对今后的警察违法行为产生威慑作用这一问题，一直不是最高法院关注的相关因素‥‥‥但是，在排除规则的历史上，联邦最高法院关于沃尔夫案的判决意见开启了一个全新的时代‥‥‥尽管威克斯规则的效力在于，第四修正案要求排除非法证据，但是，作出沃尔夫案的最高法院认为，只要州已经提供了其他足以“有效”维护被告人第四修正案权利的法律手段，州法院就可以自由决定是否采纳非法扣押的证据。

但是，在 12 年后的马普案中，最高法院推翻了沃尔夫案的判决，驳斥了该案的理论基础，并重新恢复了威克斯案的最初理解‥‥‥［马普案时的］最高法院认为，排除规则并非法官可以裁量选择的多种方案之一，而是“第四修正案以及第十四修正案的本质要素”‥‥‥

尽管［存在关于马普案的上述言论］，但是，自柯兰卓案起（Calandra v. United States, 414 U. S. 338 (1974)）——该案在作出以下判决时仅仅考虑了排除规则的威慑理论：在大陪审团程序中，证人不能以发问系基于非法取得的证据为由拒绝回答提问——最高法院已经逐步将威慑理论作为排除规则的理论基础推回到了舞台的中央。

⑧　150 N. E. 585 (N. Y. 1926).

⑦　Id. at 587.

⑧　338 U. S. at 41. (Murphy, J., joined by Rutledge, J., dissenting.) 将排除规则和其他“现今可行”的替代方法进行对比非常重要。除非法证据排除规则外，其他那些让联邦宪法第四修正案付诸实施的、理论上可行的方法都没什么缺点。正如我在别处所说的那样（Yale Kamisar, Remembering the "Old World" of Criminal Procedure：A Reply to Professor Grano, 23 U. Mich. J. L. Rev, 537, 564 (1990)），“问题并不在于缺乏想象力或者智力，而是缺乏这样一种政治意愿。”正如一位评论家最近指出的那样（Tracey Maclin, When the Cure for the Fourth Amendment is Worse than the Disease, 68 S. Cal. L. Rev. 1, 60 note 289 (1994)），自 20 世纪 30 年代以来，评论者一直强调对于警察侵权行为缺乏有效的救济手段，并一直努力推行所谓的“防御性”侵权救济。但是，这些建议并未产生任何效果。我们有什么理由期待同样的建议在今天就会更有效呢？

⑧　338 U. S. at 44.

开批评，而是立足于威克斯案以及奥姆斯特德案反对意见中所渗透的"一个政府理论"进行论证——该方法没有给采纳可能存在的、有关排除规则的各种替代手段留下任何可供讨论的空间。不过，大法官墨菲蔑视排除规则的既有替代手段无疑是有充分根据的。[32]

大法官斯图尔特离开联邦最高法院后不久所作的如下评论，可能系统总结了这一状况：

> 综合起来考虑，当前可用的排除规则的各种替代手段可以令人满意地实现这一救济手段所必需的某些功能，而非所有的功能。这些替代手段可以惩罚甚至是威慑最严重的违法行为，但是，政府的相关政策也会让一些违法行为得以正当化。对于极其恶劣的违法行为而言，部分被害人也能够得到赔偿。但是，（即使能够发挥作用）这些手段对于抑制绝大多数违反联邦宪法第四修正案的行为几乎发挥不了多大的作用——这些频频发生的违法行为的动机是值得嘉奖的追诉热情，而不是应予谴责的主观恶意。就这些违法行为而言，其救济手段应当能够启发警察将他们抓捕犯罪人的激情置于遵守联邦宪法第四修正案规定的客观需要之下。这样的救济手段只有一种，即排除非法获得的证据。[33]

大法官弗兰克福特经常说，"你提问的方式决定了你能得到什么样的答案"[34]。在沃尔夫案中，他通过提出一个迄今为止联邦最高法院判决意见中最长且最令人费解的"有待考虑的问题"，例证了他自己的这一论断：

> 准确地说，本案需要考虑的问题是：通过违反联邦宪法第四修正案取得的证据，根据威克斯案的判决，在美国联邦法院进行的、因违反联邦法律而提起的诉讼中是不具有可采性的，那么，如果州法院采纳此类证据并据此对州发生的犯罪行为作出了有罪判决，是否违反联邦宪法第十四修正案"法律正当程序"的要求呢？[35]

---

[32] 到了沃尔夫案的时代，许多评论人已经让人们意识到，排除规则的那些替代措施是无效的。See, e. g., Lester Orfield, Criminal Procedure from Arrest to Appeal 28 - 31 (1947); Jerome Hall, The Law of Arrest in Relation to Contemporary Social Problems, 3 U. Chi. L. Rev. 345, 346 (1936); William T. Plumb, Jr., Illegal Enforcement of the Law, 24 Cornell L. Q. 337, 386 - 88 (1939); Comment, Judicial Control of Illegal Search and Seizure, 58 Yale L. J. 144, 146 - 56 (1948). 从那时起，越来越多的评论人反对排除规则的替代手段，几乎可以说，人们一致认为所有的替代性手段都几乎不起任何作用。这方面的经典文献是：Caleb Foote, Tort Remedies for Police Violations of Individual Rights, 39 Minn. L. Rev. 493（1955）. See also e. g. Anthony G. Amsterdam, Perspectives on the Fourth Amendment, 58 Minn. L. Rev. 349, 378 - 79, 429 - 30 (1974); Donald Dripps, Akhil Amar on Criminal Procedure and Constitutional Law: "Here I go Down that Wrong Road Again," 74 N. C. L. Rev. 1559, 1606 (1996); Daniel J. Meltzer, Deterring Constitutional Violations by Law Enforcement Officials: Plaintiffs and Defendants as Private Attorneys General, 88 Colum. L. Rev. 247, 284 - 86 (1988); Pierre J. Schlag, Assaults on the Exclusionary Rule: Good Faith Limitations and Damage Remedies, 73 J. Crim. L. & Criminology 875, 907 - 13 (1982); and William A. Schroeder, Deterring Fourth Amendment Violations: Alternatives to the Exclusionary Rule, 69 Geo. L. J. 1361, 1386 - 1410 (1981). But see Guido Calabresi, The Exclusionary Rule, 26 Harv. J. L. & Pub. Pol'y 111, 112 (2002); Christopher Slobogin, Why Liberals Should Chuck the Exclusionary Rule, 1999 U. Ill, L. Rev. 364.

[33] Stewart, supra note 16, at 1388 - 89 (emphasis added).

[34] Henry Friendly, Mr. Justice Frankfurter, in Benchmarks 318, 319 (1967).

[35] 338 U. S. at 25 - 26.

关于沃尔夫案面对的问题，可以轻而易举地转换成其他表述方式。例如：

有待考虑的问题是，在不会让法院系统自身变成违宪行为之帮凶的前提下，以通过侵犯某项权利而获得的证据为根据——该权利如此重要以至于被视为"自由社会的基本要求"——州法院作出的定罪判决是否应予维持呢？⑱ 或者——

本案所提出的问题是，在不会给警察违法行为披上合法外衣的前提下，我们是否应当采纳警察通过违反个人隐私不受政府执法人员任意侵犯之规定——这是自由社会的一项基本权利——而获得的证据呢？⑲ 或者——

有待考虑的问题是，拒绝限制在州刑事诉讼中使用违法搜查和扣押所取得证据，是否将会诱发与我国历史与法律文件中所珍视的人权概念相抵牾的警察实践呢？⑳ 或者——

在今天判决的其他三个案件中㉙，尽管对于"有其他证据证实，这些案件中的自白都是真实可信的，而且，庭审中的证据调查也无法动摇这一点"不存在任何异议，但是，我们还是撤销了这些州法院的定罪判决，理由是这些案件中的自白是"不具有任意性"㉚。本案提出的问题是，在正当程序条款对于州刑事诉讼的要求尚未确立能够自圆其说的双重标准的情形下，基于联邦宪法第十四修正案正当程序条款的目的，对于以强制方法取得的自白与不合理的搜查、扣押是否应当采取截然不同的处理方式呢？㉛

或许有人会提出异议说，从被告人的立场来看，这些问题的表述方式具有相当大的吸引力，因为这些表达本身暗含了对被告人有利的答案。但是，如果这些关于本案问题的替代性表述方式将会让读者得出作者期待的答案的话，那么，在沃尔夫案中，对于大法官弗兰克福特所采取的表述方式，当然也可以提出同样的质疑。此外，我前文列出的、关于该案问题的替代性表述，几乎原封不动地源自撰写沃尔夫案判决意见的大法官本人在其他联邦最高法院判决的案件中对待是否采纳以违宪或非法方法取得的证据这一问题的

---

⑱　Cf. McNabb v. United States, 318 U. S. 332, 345 (1943) (Frankfurter, J.).

⑲　Cf. Rochin v. California, 342 U. S. 165, 173 (1952) (Frankfurter, J.).

⑳　Cf. Nardone v. United States, 308 U. S. 338 (1939) (Frankfurter, J.).

㉙　See Harris v. South Carolina, 338 U. S. 68 (1949)；Turner v. Pennsylvania, 338 U. S. 62 (1949)；Watts v. Indiana, 338 U. S. 49 (1949). 这三起案件均由大法官弗兰克福特代表联邦最高法院撰写了多数意见。

㉚　杰克逊大法官在沃茨案（Watts）中发表了协同意见，但在其他同类案件中，他均持反对意见（338 U. S. at 58. See also Justice Frankfurter, observing in Rochin, supra note 12, at 173）。"根据正当程序条款，即使有证据可以证明自白的内容是真实的，以强迫方法获取的自白依然不具有可采纳性。以强制方法取得的自白伤害了公众对于公平竞争与合乎礼仪的期待。"

㉛　Cf. Allen, supra note 73, at 29：
在这两种情形下［即警方的强制讯问和非法搜查］，危险主要源自获取证据的程序，而非由此取得的证据缺乏证明能力。进而言之，尽管基于联邦主义的要求，联邦最高法院不享有基于程序利益的考虑对州警察的讯问实践实施监督的权力——这么做原本可能更有助于保障个人基本权利的完整性——但是，基于保护基本隐私权的考虑，此类针对警察实践的监督权似乎同样是正当的。然而，［沃尔夫案］判决的效果是……对这两个问题进行了严格区分［即搜查与自白］，并对涉及州刑事诉讼程序时，如何界定正当程序的要求提出了模棱两可的双重标准。

基本态度。[92]

就沃尔夫案拟于解决的问题提出替代性表述时，我假定该案的出发点是：某一行为如果是由联邦执法官员实施的话，将会违反联邦宪法第四修正案的要求，那么，如果州执法官员实施了同样的行为，则会构成对联邦宪法第十四修正案的违反。然而，这一命题并非完全确定无疑。因此，我们可以假设，沃尔夫案的出发点是以下命题，或者说，准备将以下命题作为其出发点：即只有"恶劣的"、"极其严重的"特定不合理的搜查或扣押行为——也即，只有那些动摇联邦宪法第四修正案最"核心"[93]价值的违法行为——才构成对联邦宪法第十四修正案正当程序条款的违反。

然而，如果沃尔夫案采取这一立场的话，州执法官员的特定搜查行为是否违法，而且，是否严重到了"令人难以容忍的程度"并因此违反了联邦宪法第十四修正案的正当程序条款，将完全取决于个案的具体事实。但是，在沃尔夫案中，判决意见根本没有论及本案搜查行为的任何事实。代表联邦最高法院撰写多数意见的大法官弗兰克福特没有提及有关搜查的事实，发表协同意见和反对意见的大法官们也没有论及这些事实。

因此，即使你准备逐字逐句通读联邦最高法院的五名大法官就本案提交的所有判决意见，你依然不知道沃尔夫是干什么的（他是一名执业的内科医生）、他实施了何种罪行（共谋实施堕胎）、执法人员扣押的是什么证据（沃尔夫办公室里的预约登记记录）。恰如大法官杰克逊5年后在欧文案相对多数意见中（plurality opinion）指出的那样，"在沃尔夫案中，各判决意见都属于绝对抽象的写作方式"[94]。

至此，我们可以看出，沃尔夫案所涉及的并非"令人震惊"或"令人无法容忍的"非法搜查，而是一次"常规的"搜查活动。因此，假如只有当州警察实施了特定的违反第四修正案的行为，才会侵犯"保护个人不受警察任意侵犯的基本权利"[95]，那么，判决沃尔夫案的联邦最高法院也就没有必要、当然也没有理由处理以下棘手的问题了：侵犯"基本权利……是否要求排除具有逻辑关联性的证据？"[96]此时，它的第一项任务应当是确定科罗拉多州警察的非法搜查行为是否属于那种侵犯了"基本权利"的非法搜查类型。

尽管大法官弗兰克福特没有明确讨论上述问题，但是，他似乎在联邦宪法第十四修正案提供的个人不受不合理的搜查和扣押的实质性保护与联邦宪法第四修正案提供的具体保障之间画上了等号。他似乎认为，尽管联邦宪法第十四修正案并不要求排除非法搜查所取得的证据，但是，州警察实施的任

㊾　See notes 86 - 90 supra.

㊿　Cf. Wolf, 338 U. S. at 27 (Frankfurter, J.)："保护个人隐私权不受警察的肆意侵犯——这是第四修正案的核心内容，也是自由社会最基本的要求。"

㊾　Irvine v. California, 347 U. S. 128, 133 (1954).之后，大法官杰克逊进而讨论了沃尔夫案的案件事实。See id.

㊾　Wolf, 338 U. . S. at 28 (Frankfurter, J.).

㊾　Id.

何不合理的搜查和扣押的行为都是对联邦宪法第十四修正案的违反。[97]

此外，尽管协同意见和反对意见关于多数意见的解释不一定准确，但是，至少应当注意以下论断：大法官布莱克在协同意见中表示，他"同意本院的以下结论，即联邦宪法第四修正案关于禁止'不合理的搜查和扣押'的规定适用于各州"[98]。撰写最主要反对意见的大法官墨菲表示，"同意本院的以下观点，即联邦宪法第十四修正案同样禁止第四修正案的搜查和扣押条款所禁止的那些行为。"[99]

无论如何，在十年之后的埃尔金斯案中（Elkins v. United States）[100]，由于受沃尔夫案的影响，对于联邦宪法第四修正案的实体性规定是否已经"合并"到第十四修正案的任何质疑，联邦最高法院均作出了"已经合并"的解答。具有讽刺意味的是，埃尔金斯案关于沃尔夫案判决意见的这种解释方式，竟然招致了当年负责撰写沃尔夫案判决意见的大法官弗兰克福特的强烈抗议。[101]

埃尔金斯案推翻了"银盘理论"（the "silver platter" doctrine）。根据该规则，只要"州执法机关获得的证据以净若银盘的方式转交给了联邦执法机关"，那么，联邦检察官在联邦案件中就可以采纳州执法官员以非法方式扣押的证据。[102]

在埃尔金斯案中，撰写多数意见的大法官斯图尔特指出，尽管"在此我们不会直接考察""沃尔夫案的最终决定"[103]（也即，沃尔夫案判决认为，联

---

[97] See 338 U. S. at 28, 33. 有观点认为，关于沃尔夫案的最好解读是：该案认为，第十四修正案"包含了"第四修正案的实质性规定，但并不包含排除规则（See Donald A. Dripps, At the Borders of the Fourth Amendment: Why a Real Due Process Test Should Replace the Outrageous Government Conduct Defense, 1993 U. Ill. L. Rev. 261, 267 note 43; Kamisar, supra note 43, at 1101 - 08. See also Allen, supra note 15, at 9）。艾伦指出，尽管没有迹象表明，针对沃尔夫医生办公室的搜查行为极其严重或极端反常，但是，"联邦最高法院明显将沃尔夫案中的警方行为视为对被告人第十四修正案权利的侵犯"。

[98] Id. at 39.

[99] Id. at 41.

[100] 364 U. S. 206 (1960)

[101] 弗兰克福特大法官在埃尔金斯案（Elkins, 364 U. S. at 206 - 07）中发表了反对意见；大法官克拉克、哈兰和怀特赞同他的意见。弗兰克福特大法官坚持认为，沃尔夫案的判决意见表明，适用于各州的"只是那些被视为'第四修正案核心内容'的规定，而非第四修正案本身"。但是，在他代表法院为沃尔夫案撰写的判决意见中，他从未说过"适用于各州的只是'第四修正案的核心内容'……而非修正案本身"这样的话。他真正所说的是："保护个体隐私权不受警察的肆意侵犯——这是第四修正案的核心内容——是自由社会最基本的要求，也是正当程序条款对于各州的强制要求。"（338 U. S. at 25 - 26）另外，如上所述，弗兰克福特大法官并没有讨论沃尔夫案中的非法搜查行为是否违反了"第四修正案的核心内容"；事实上他根本就没有讨论搜查问题。

联邦最高法院的多数大法官会对一个早期判决作出与该判决意见撰写者完全不同的解释，这种奇怪现象可能会让很多人感到惊讶。但是，埃尔金斯案并不是唯一一起弗兰克福特大法官撰写反对意见并宣称多数意见误读了他早期代表法庭所撰写判决意见的判例。同样的情形还发生在6年前的欧文案（Irvine v. California, 347 U. S. 128 (1954)）。那时，弗兰克福特同样撰写了一份怒气冲冲的反对意见，认为联邦最高法院误读了他早期撰写的判决意见（Rochin, supra note 12）。

不过，弗兰克福特并不是唯一有这样经历的大法官。在科比案中（Kirby v. Illinois, 406 U. S. 682 (1972)），大法官布伦南认为，联邦最高法院关于韦德案（United States v. Wade, 388 U. S. 218 (1967)）——这是一起关于在列队辨认中被告人享有律师权的标志性判例——的解读违背了他代表多数意见撰写的判决意见的本意，并就此发表了反对意见。在艾什案中（United States v. Ash, 413 U. S. 300 (1973)），同样的遭遇再次发生在他身上。

[102] Lustig v. United States, 338 U. S. 74, 78 - 79 (1949). See generally Kamisar, supra note 97.

[103] 364 U. S. at 214.

邦宪法第十四修正案不要求州法院系统排除非法获得的证据），但是，探究"沃尔夫案所依据的宪法理论"[104] 则另当别论：

> 就目前讨论的主题而言，再没有什么内容会比沃尔夫案所立足的宪法理论具有更大的相关性了。在沃尔夫案中，联邦最高法院［就该问题］以一致意见作出了清楚明白的决定，即通过联邦宪法第十四修正案，联邦宪法禁止州执法官员实施不合理的搜查和扣押行为。

> 因此，自1949年以后，在联邦司法系统的审判中采纳州非法获得的证据已经丧失了其最初的宪法根据——州执法官员实施的不合理搜查并不违反联邦宪法。[105]

毫不奇怪，马普案的主要根据是所谓沃尔夫案率先作出的判决要旨，或者说判决要旨的宪法根据（initial or underlying holding）——第十四修正案正当程序条款已经"合并"了第四修正案的实体性内容。马普案只不过是将第四修正案已经"合并"这一命题又推进了一步：

> 既然联邦宪法第四修正案的隐私权已经通过第十四修正案的正当程序条款适用于各州，那么，排除规则应当像适用于联邦政府一样，同等地适用于各州……在将这种正当程序的实质性保护扩展到宪法上所有不合理的搜查（不论是州还是联邦的行为）的过程中，作为隐私权重要组成部分的证据排除理论，应当作为沃尔夫案新近承认的权利基本要素予以确认，这既合乎逻辑，在宪法上也是必要的。[106]

（三）罗钦案（Rochin v. California）

罗钦案是一起令人生厌的"洗胃案"[107]；该案表明，即便是在马普案之前，即便是所扣押证据的可靠性不容争议（难以想象还有什么东西会比从被告人胃里提取的吗啡胶囊更具可靠性了），州执法官员的执法空间也并非毫无限制。罗钦案的事实经过如下[108]：

> 三名洛杉矶地区的副警长以破门而入的方式进入被告人的住宅。他们在被告人的床头柜上看到了两粒胶囊，于是他们问被告人那是什么东西。罗钦的反应是：迅速抓起胶囊，塞进了嘴里。在争夺过程中，这些警察试图强行从罗钦嘴巴里把胶囊抠出来，但是，罗钦最终还是将胶囊咽了下去。（加利福尼亚州法院认定，这些警察在被告人家里实施的那些行为构成了非法攻击和殴打罪。）

> 于是，罗钦被铐上手铐，押到了医院。在那里，根据这些警察的命令，一名医生在违背被告人意愿的情形下，往罗钦胃里插入一根导管，强行给他服下了催吐剂。这一"洗胃措施"迫使罗钦吐出了那两粒胶囊；事后证明，

---

[104] Id.

[105] Id. at 213.

[106] Mapp, 367 U. S. at 655 - 56.

[107] Rochin is discussed briefly in note 12 supra.

[108] 本文关于案件事实的概述，依据的是罗钦案判决意见的叙述（342 U. S. at 166 - 67）。

胶囊里装的是吗啡粉。

尽管有沃尔夫案成案在先，罗钦案中的警察违法行为依然超出了联邦最高法院的容忍程度。于是，联邦最高法院以全票撤销了罗钦的定罪判决。[⑩]大法官弗兰克福特代表最高法院撰写了本案的判决意见。通过将正当程序的"原则性要求"适用于"当前案件的特殊情形"[⑩]，弗兰克福特宣布：

> 本案的行为让人的良心感到不安……州执法官员获取证据的手段，连铁石心肠的人都会感到不舒服。这些方法与拷问架上的折磨太相似了，以至于在宪法意义上根本无法对二者加以区分。[⑪]

或许是因为大法官弗兰克福特想尽其所能地将罗钦案区别于沃尔夫案，所以，在其撰写的长达九页的罗钦案判决意见中，他"故意回避［搜查与扣押问题］，而且，一次都没有提到沃尔夫案"[⑫]。如果说，原本作为淫秽物品案进入联邦最高法院视野的马普案在裁判过程中变成了搜查和扣押判例的话，那么，或许也可以说，原本作为"严重违法的"搜查和扣押判例进入联邦最高法院视野的罗钦案，最终看上去却更像是一起以强制方法获取自白的判例：

> ［关于以强制方法获取自白的判例］并非宪法中供人消遣的娱乐活动，而是宪法基本原则的实际应用。此类判例仅仅例证了以下基本要求：各州在刑事追诉中应当尊重行为的特定文明标准。法律正当程序［意味着］……不能以有悖于"正义感"的方式获取被告人的定罪判决。如果本院判决认为，为了确定一个人有罪，警察尽管不能强行获取其头脑中的思想却可以强行提取其胃里的东西，那么，这样的判决将会让我国宪法历史寄付给本院的责任荡然无存。
>
> 在本案中，试图对律师所谓的"实物证据"与言辞证人加以区分，等于忽视了之所以排除以强制方法获取自白的原因……［对于以强制方法获得的自白］，即使有独立证据证明其陈述的内容是真实的，依然不具有可采性，这是基于正当程序条款的要求。以强制方法获得的自白有悖于社会公众关于公平竞赛与文明标准的基本认知。因此，在本案中，认可这些野蛮行为——本质上，这些行为理应受到初审法院的谴责，初

---

⑩　然而，大法官布莱克与道格拉斯都发表了协同意见，强烈反对弗兰克福特大法官撰写的多数意见的论证理由。布莱克反对多数意见以下观点："如果州法律的实施'令人良心感到不安'、有违'正义感'或者与'文明执法的标准'（the decencies of civilized conduct）背道而驰的话，联邦最高法院有权根据正当程序条款宣布该州法律无效。"（Id. at 175）尽管布伦南意识到，联邦最高法院中，多数大法官拒绝将联邦宪法第五修正案适用于州，但是，他依然坚持说，"洗胃案"侵犯的是罗钦的反对强迫自证其罪特权。（See id.）道格拉斯也表达了同样的观点；他认为，在一个人表示反对的情形下，强行从他的胃中提取胶囊的行为，"因为违反了第五修正案的要求而不得采纳为证"。（Id. at 179）他认为，多数意见的理由（考察警方的行为是否违反了"文明执法的标准"）使得证据采纳与否"不再根据宪法，而是取决于在座各位法官的个人嗜好。"（Id.）

⑩　Id. at 172.

⑪　Id.

⑫　Irvine v. California，347 U. S. 128，133（1954）（principal opinion by Jackson，J.）. 大法官杰克逊拒绝对大法官弗兰克福特主张将罗钦案适用于欧文案的观点发表反对意见，并由此提出了自己的这一观点。而且，杰克逊进而争辩说，罗钦案并不适用于那些公然的或严重的非法搜查行为，而仅仅适用于那些"涉及对人身采取强制、暴力或残忍手段的案件"。（Id. See text at notes 133 - 35 infra. Id. See text at notes 133 - 35 infra.）

审法院却没有这么做；现今该法院的判决摆在了我们面前——无异于给这些野蛮行为披上合法的外衣。⑬

尽管每一位曾经与我讨论过这起"洗胃案"的人均同意，联邦最高法院应当推翻被告人的定罪判决，但是，调和大法官弗兰克福特在罗钦案与沃尔夫案中的多数意见，却并非轻而易举的事情（这也可能正是弗兰克福特在罗钦案中只字不提沃尔夫案的原因吧）。

在沃尔夫案中，联邦最高法院深受以下事实的影响：绝大多数的州法院系统承认，以非法搜查和扣押方式取得的证据具有可采性，而拒绝认同联邦系统的排除规则。⑭ 但是，在罗钦案中，对于以下事实，联邦最高法院却并不认为值得一提（尽管大法官道格拉斯的协同意见论及了这一点）：即"当面对这一问题时，绝大多数州都会承认，从被告人的胃里获取的证据具有可采性"⑮。

在沃尔夫案中，联邦最高法院赋予了以下事实极其重要的意义：许多州拒绝认可联邦排除规则并不意味着"隐私权没有其他的保护手段"（如警察的内部惩戒措施以及针对实施违法行为的警察提起侵权诉讼或刑事诉讼）。⑯ 但是，在罗钦案中，联邦最高法院却认为，以下事实不具有相关性：该案中的"洗胃"行为以及在罗钦将胶囊咽到肚里以前为了从罗钦嘴里抠出胶囊而发生的肢体冲突，已经构成了多项侵权行为和多项罪名。

事实上，恰如罗钦案中联邦最高法院自己说的那样，"尽管法院认定这些执法官员'在被告人家里的行为构成了非法攻击和殴打罪'，'在医院的行为构成了非法攻击、殴打、折磨以及非法拘禁罪'，但是，［加利福尼亚州］上诉法院最终维持了［罗钦的］定罪判决。"⑰ 此外，不仅加利福尼亚的法院系统确认无疑地说，这些警察的行为构成了多项侵权行为和多项犯罪，而且，恰如罗钦案中联邦最高法院告诉我们的那样，"所有曾经审理该案并发表意见的加利福尼亚州法院的法官，均以强有力的语言对这种行为提出了谴责。"⑱

那么，为什么维持罗钦案的定罪判决将会产生"认同"这些警察违法行为的效果并"给"它"披上合法的外衣"呢？⑲ 如果维持罗钦案的定罪判决将会产生上述效果的话，为什么联邦最高法院维持沃尔夫案的定罪判决就不会产生同样的效果呢？

在推翻罗钦案定罪判决时，联邦最高法院告诉我们，该判决是"通过有违'正义感'的方式获得的"⑳。但是，怎么才能将该案与沃尔夫案区别开呢？关于沃尔夫案最好的解读方法（这是联邦最高法院多数意见在沃尔夫案之后很快就给出的解读）㉑ 是：尽管沃尔夫案拒绝将排除规则作为对各州的限制，但是，本案中双方有争议的警察行为确实违反了联邦宪法第十四修正

---

⑬　342 U. S. at 173 (emphasis added) .

⑭　See Wolf, 338 U. S. at 29.

⑮　Id. at 177 (Douglas, J. , concurring) .

⑯　Id. at 30.

⑰　Roehin, 342 U. S. at 166 - 67.

⑱　Id. at 174.

⑲　See text at note 113 supra.

⑳　Id.

㉑　See text at notes 105 - 06 supra.

案的正当程序条款。违反正当程序条款的任何警察行为不都有悖于正义感么？（如果并非如此，又为什么说这些行为违反了正当程序条款呢？）

对罗钦案与沃尔夫案加以调和的思路之一是：尽管这些搜查行为如果是由联邦执法官员实施的，将会违反联邦宪法第四修正案，如果是由州执法官员实施的，将会违反联邦宪法第十四修正案的正当程序条款，但是，在州刑事案件中，使用由此获得的证据却并不违反正当程序条款的要求，除非警察获取证据时使用的方法如此极端或者令人感到震惊并因此构成了对正当程序条款的违反。但是，这是一种奇怪的主张。

说州警察行为违宪，即该行为违反了正当程序的最低标准，似乎是警察行为所能得到的最坏标签。对于此类行为，为什么还要增加其他附加条件呢？为什么在排除警察取得的证据之前，还必须认定警察违反了比最低标准还低的标准（sub-minimal）呢？[⑫]

沃尔夫案中的非法搜查是不是不像罗钦案的警察违法行为那样，只是一种对正当程序"轻微"或者"温和的"违反呢？而且，怎么做才算是"轻微"或"温和地"侵犯"自由社会的基本权利"和"'有序的自由'这一概念所暗含的那些权利"呢？[⑬]

或许有人会说，在沃尔夫案中，警察侵犯的权利仅仅是"自由社会的基本权利"，而在罗钦案中，警察藐视的权利则是"自由社会最基本的权利"[⑭]。然而，至少应当承认，以这种方式讨论宪法权利"显得有些不妥"[⑮]。

（四）欧文案（Irvine v. California）

尽管罗钦案为沃尔夫规则——州警察违法获得的证据具有可采性——创设了一条例外，但是欧文案（Irvine v. California）[⑯]则毫无疑义地表明，这一例外的适用范围极其有限。在欧文案中，警察的违法行为如此极端——即使投票维持被告人定罪判决的大法官也承认，在本案中，警察的所作所为"如果不是警察自己承认的话，几乎让人难以置信"[⑰]——以至于欧文案是检验沃尔夫规则（即非法证据的可采性规则）适用范围的绝佳案例。联邦最高法院的答案非常明确，即就州法院系统是否采纳非法获得的证据，沃尔夫案赋予了州法院广泛的自由裁量权。（换句话说，即使沃尔夫规则可能存在一项"令良心感到不安"的例外（a "shock the conscience" exception），但是，究竟哪些举动才会让联邦最高法院的良心感到不安呢？根据欧文案，我们的

---

⑫　See the discussion in Kamisar, supra note 43, at 1121 – 29.

⑬　See Wolf, 338 U. S. at 27 – 28："保护个体隐私权不受警察的肆意侵犯——这是联邦宪法第四修正案的核心内容——是自由社会最基本的要求。因此，它暗含于'有秩序的自由这一概念'（the concept of ordered liberty）之中，并通过正当程序条款适用于各州。"

⑭　See Allen, supra note 15, at 9.

⑮　See id.

⑯　347 U. S. 128 (1954)．

⑰　Id. at 182.

答案是："能让其良心感到不安的举动并不多"。)⑫⑧

在欧文案中，为了偷听被告人（警察怀疑他是一位赌博经纪人）与他妻子之间的谈话，警察接连两次非法溜进被告人的住宅：第一次进去时，他们在门廊里安装了一个微型的秘密窃听器；后来他们又把窃听器移到了卧室，并最终将窃听器装在了被告人卧室的壁橱里。针对被告人的电子监听持续了一个多月。执法官员躲在附近的车库里实施监听。⑫⑨

由大法官杰克逊撰写的主要判决意见⑬⑩并没有宽恕这些警察：

> 这些执法官员闯入他人住宅，秘密安装［窃听器］，甚至还将窃听器安装在卧室里，对他人的谈话活动监听一个多月的时间——要不是警察自己承认的话，几乎难以相信竟然会发生这样的事情！几乎没有见过比这更恶劣、更具有主观故意、持续时间更长的警察行为了——这一行为违反了为限制联邦政府权力而存在的、宪法第四修正案所规定的那些基本原则。⑬①

然而，借助大法官杰克逊之口，联邦最高法院拒绝将欧文案纳入罗钦案"之列"⑬②。杰克逊坚持认为，罗钦案的关键在于"强制……通过对［被告人］实施人身攻击的方式，强迫他接受洗胃措施"⑬③。而这一因素"是本案根本不具备的"⑬④。无论欧文案的事实多么极端，"该案并没有对人身实施强制、暴力或野蛮的措施"⑬⑤。

大法官弗兰克福特对此持反对意见，他坚持说，根据罗钦案，应当排除欧文案中存有争议的证据。弗兰克福特认为，在欧文案中，具有决定意义的事实在于警察的行为"极其恶劣"——"联邦最高法院对此也表示深恶痛绝。"⑬⑥ 弗兰克福特继续说：

> 即使在严格限定的意义上适用罗钦案，本案也欠缺针对人身的暴力。但是，在本案中，我们所面对的不是范围有限的一次性物理侵入（physical trespass），而是对欧文生活实施了更强大、更具有侵犯性的控制。毫无疑问，本案中的行为要比一次纯粹的搜查和扣押活动严重得多……显然，联邦最高法院并没有将以下新规则宣布为绝对真理：只要州执法官员没有触及被告人的身体，即使为获得定罪判决所使用的手段

---

⑫⑧　Dale W. Broeder, The Decline and Fall of Wolf v. Colorado, 41 Neb. L. Rev. 185, 191 (1961).

⑫⑨　See 347 U. S. at 132.

⑬⑩　大法官杰克逊的意见得到了首席大法官沃伦、大法官里德和明顿的支持。克拉克大法官投上了第五票，并发表了协同意见。克拉克并不喜欢沃尔夫案（他在其协同意见的开头写道，如果判决沃尔夫案时他已经是联邦最高法院大法官的话，他会同意将排除规则适用于各州），但他也不喜欢罗钦案（id. at 138）：当然，我们可以通过根据正当程序条款而展开的逐案审查方式来阐割沃尔夫案确立的规则，即通过考察当地警察行为是否适当这种不成熟的概念来作出判决。但是……根据这种个案处理方法（this ad hoc approach）取得的实际结果是：如果警察的行为足以让五名大法官感到震惊时，有罪判决将会被推翻，有罪的人将会被释放。罗钦案就见证了这一点。

⑬①　Id. at 132.

⑬②　Id. at 133.

⑬③　Id.

⑬④　Id.

⑬⑤　Id.

⑬⑥　Id. at 146.

绝对应当受到谴责，也不会由此玷污该定罪判决。[137]

不管弗兰克福特的话是否正确，我都深表赞同。事实上，在欧文案中，警察的违法行为持续了一个多月的时间。因此，我认为，与罗钦案的警察违法行为相比，欧文案的违法行为更加"令人忍无可忍"（outrageous）、更加"让人感到震惊"（shocking）。（或许这正好表明，罗钦案所适用的"让人的良心感到不安"（the Rochin "shock the conscience" test）的这一标准缺乏可操作性和明确性。）

我认为，大法官弗兰克福特关于罗钦案的解读优于杰克逊法官对此案的解读。不过，杰克逊的解读至少也是成立的。没有迹象表明弗兰克福特已经意识到：他在沃尔夫案中的判决意见，反过来在欧文案中成了他挥之不去的阴霾。有时候，很难相信在欧文案中持反对意见的大法官就是当年曾经代表联邦最高法院撰写沃尔夫案判决的那位大法官。

在沃尔夫案中，尽管大法官弗兰克福特曾经强调说，排除非法获得的证据并非保障个人隐私不受警察非法干预的唯一手段，但是，在欧文案中，他却抗议说：

> 我们关于本案的处理方式甚至无法让我们自己感到满意：一方面通过可靠的证据来认定被告人的罪行，另一方面又要找到或设计出其他的制裁手段，以期可以抑制警察借助非法手段获取此类可靠证据。[138]

但是，这不正是联邦最高法院关于沃尔夫案的处理方式么？

在欧文案中，持反对意见的大法官弗兰克福特坚持认为：即使将对侵犯欧文隐私负法律责任的执法官员停职、解雇或对其提起刑事指控，都不足以成为在州刑事指控中使用由此获得的证据的正当化根据：

> 就像罗钦案那样，如果"根据本案的事实，申请人的定罪判决是通过违反正当程序条款而获得的"，那么，根本没有办法再说，违法的警察以及利用此类令人忍无可忍手段的检察官因为其违法行为应当受到惩罚。[139]

但是，为什么在沃尔夫案中就可以这么做呢？沃尔夫的定罪判决——该判决并不比欧文的判决逊色——难道不也是警察通过违反正当程序的方式获得的么？为什么在沃尔夫案中具有（或者至少可以说"可能具有"）保护个人不受不合理的搜查和扣押的其他替代方法就那么重要，而在欧文案中就毫无意义呢（事实上，弗兰克福特认为，这是不相关的）？[140]

---

[137] Id. at 145－46.

[138] Id. at 148 (emphasis added).

[139] Id. (emphasis added).

[140] 赞成弗兰克福特立场的人认为，只要警方违反正当程序的行为是"普通的"或者是"常规性的"，而不是公然和故意的，法院系统将情愿诉诸排除规则的那些替代性手段。在后来的判例中（罗钦案和欧文案是很好的例证），法院系统必须以排除证据的方式来表达他们的强烈不满；在此类情形下，纯粹的替代性救济手段是远远不够的。然而，令我感到震惊的是，关于警察违法行为极端性的要求切断了另一条路。在普通的或常规性的警察违法案件中，更需要排除规则；因为在这些案件中，排除规则的替代性手段更难奏效。"常规性"或"普通的"警方违法案件更难以引起舆论的关注，违法的警员更难以受到纪律性制裁或者刑事处罚；当那些受到警方非法对待的受害者寻求救济时，更难获得陪审员的同情。简言之，如果在诸如罗钦案和欧文案之类情节恶劣的案件中，法院都不愿诉诸排除规则的其他替代性手段的话，那么，在其他不那么引人注目的案件中，就更不能，也不应该依赖这些替代性手段了。

与持有反对意见的同僚们不同，大法官杰克逊认为，就违法警察——这些违法警察"令人几乎难以置信的"行为导致了欧文的定罪判决——应当受到惩罚而言，其他替代方法是一个不错的选择。显而易见，这些加利福尼亚警察的行为已经构成了联邦犯罪。也即，"披着法律的外衣"，他们剥夺了欧文的"美国联邦宪法赋予并保护的那些权利、特权或豁免权"[⑩]。因此，大法官杰克逊宣布，他已经指令"联邦最高法院的书记官……复印了一套本案的卷宗，连同该判决的复印件一起，移交给了美国联邦司法部部长"[⑫]。

作为当时联邦最高法院的最新成员，只有首席大法官沃伦赞成大法官杰克逊的以下观点：即应当将本案移交司法部部长，以期他能够对违法警察提起刑事指控。[⑬] 大法官杰克逊要不是为了争取沃伦那一票是不是会放弃这一措施呢？或许我们已经无从知晓了。但是，我们知道，杰克逊的这一举动却事与愿违。

事后表明，这些警察是在当地警察局局长的命令下到欧文家里安装秘密窃听器的，而且，当地的检察官对此也了如指掌。因此，司法部的结论是，"就此组成联邦大陪审团展开调查，既没有实际意义，也绝非明智之举"[⑭]。

所有审理马普案的联邦最高法院大法官们可能都知道：在欧文案中——这是联邦最高法院曾经审理过的、最让人忍无可忍的警察违法案件之一——求诸排除规则以外的替代手段，最终只能是不了了之。对此，首席大法官沃伦当然一清二楚。得出结论说，起诉欧文案中的警察将毫无意义的那位司法部官员，曾经是沃伦当司法部部长时的副手之一，而且一直都是沃伦最亲密的朋友。[⑮]

据沃伦的一位传记作家讲，在沃伦职业生涯的后期，他反复向其他大法官讲述欧文案的故事。[⑯] 从该案及其事后处理中，他获得教训之一是，联邦最高法院无法依赖排除规则以外的其他替代性救济措施。[⑰]

在联邦最高法院作出马普案判决两年以前，我曾经写道：

> 无论是好是坏，［沃尔夫］规则看上去已经比当初提出来时更加牢固地植根于我们今天的法律制度。就案件事实而言，欧文案走得更远。然而，尽管欧文案很好地例证了"任何原则都具有扩张至自身逻辑极致的倾向"，但是，同样也有先例表明，当一项原则进行如此扩张时，将会变得脆弱不堪。[⑱]

---

⑩ See id. at 137–38.

⑫ Id. at 138.

⑬ See id. at 137.

⑭ See Comment, State Police, Unconstitutionally Obtained Evidence and Section 242 of the Civil Rights Statute, 7 Stan. L. Rev. 76, 94 note 75 (1954).

⑮ See Cray, supra note 27, at 181, 270—71; John D. Weaver, Warren: The Man, The Court, The Era 196, 198 (1967). 这位司法官员名叫沃伦奥尼三世，当时是分管刑事部门的司法部部长助理。

⑯ See G. Edward White, Earl Warren: A Public Life 266 (1982).

⑰ See id. See also Cray, supra note 27, at 374.

⑱ Kamisar, supra note 43, at 1198. 此段关于法律原则具有扩张趋势（the tendency of a principle to expand）的引文，引自以下文献：Benjamin Cardozo, The Nature of the Judicial Process 51 (1925).

回溯过去，"事实证明，沃尔夫规则根本无力应对极端的警察违法问题，必须将这一点视为通向马普之路的重要里程碑之一。"⑭

（五）卡恩案（People v. Cahan）

尽管卡恩案⑮仅仅是州最高法院作出的判例（在该案中，加利福尼亚州主动接受了排除规则），但是，或许应当把该案看作是通向马普之路的又一座里程碑。在迪弗案中（Defore），卡多佐法官曾经警告说，仅仅因为警察犯了错，排除规则将会让危险的犯罪人逍遥法外。⑯ 但是，卡恩案证明（就像一年前判决的欧文案一样），可采性规则却会允许采纳警察通过罪行昭彰的恶意违法行为获取的证据。

当时，在谈到卡恩案中的警察行为时，一位评论人曾经指出：该案中的警察违法行为"是在洛杉矶市警察局局长的默许下、经过周密计划而实施的违法行为，而不是一个过激的新警员因误解了逮捕法律规则的微妙差别而犯下的错误。这是一种政策性违宪行为"⑰。

"［在迪弗案中］卡多佐的言论及其崇高地位常常成为反对［排除］规则论者的论据。"⑱

这也毫不奇怪。首先，卡多佐无疑是那个时代最受人尊敬的州法院法官。但是，普遍认为，撰写卡恩案判决意见的罗杰·特雷纳同样也是他那个时代最受人敬重的州法院法官之一。⑲ 其次，对于排除规则，特雷纳具有特殊的可信品质。1942 年，当他还是一名加州最高法院的新法官时，他就曾经代表加州最高法院撰写过重申非法获得的证据具有可采性的判决意见。⑳ 但是，到了 1955 年，特雷纳逐渐意识到——恰如他事后解释的那样——"提出并采纳"非法获得的证据"成了一项常规的实践"，而且，"由于没有有效的威慑手段，非法搜查和扣押也已经成为一种常规实践"，以至于已经"再也不能无视这种实践的影响了"㉑。

大法官特雷纳撰写的判决意见兼顾了各方利益并富有学术气息。事实上，赞成应当采纳非法证据的那些学者和法官们所持有的那些论据"很少会

⑭ Allen, supra note 15, at10.

⑮ 44 Cal 2d 434, 282 P. 2d 905 (1955).

⑯ See note 54 supra.

⑰ Monrad G. Paulsen, Safeguards in the Law of Search and Seizure, 52 Nw. U. L. Rev. 65, 75 - 76 (1957). 在卡恩案中（Cahan），经长官批准后，洛杉矶市警察在部分被告人居住的两所房屋里偷偷安装了窃听器。后来，在他们强行进入房屋后，又实施了无证逮捕、无证搜查和扣押。加州最高法院将警方的这种行为称作对联邦宪法和州宪法"明目张胆的违反"。See 44 Cal. 2d at 436, 282 P. 2d at 906.

⑱ Weinstein, supra note 43 at 155 - 56.

⑲ See Powe, supra note 11, at 199; Walter V. Schaefer, Chief Justice Traynor and the Judicial Process, 53 Calif. L. Rev. 11, 24 (1965).

⑳ People v. Gonzales, 20 Cal. 2d 165, 124 P. 2d 44 (1942). 颇具讽刺意味的是，厄尔·沃伦就是那位成功说服特雷纳（Traynor）及其同僚采纳这一立场的加州司法部部长。

㉑ Roger J. Traynor, Mapp v. Ohio at Large in the Fifty States, 1962 Duke L. J. 319, 321 - 22.

比"卡恩案的判决意见"表述得更加有力"[157]。但是，该判决意见的以下论述也同样有力：

> 由于无须担心会受到刑事制裁或其他惩戒措施，原本宣誓要维护加州宪法和美国联邦宪法的执法官员却公然承认，他们故意实施了罪行昭著的、既违反本案应予适用的法律又违反加州宪法和联邦宪法的行为。根据他们的证言，很显然，他们只是漫不经心地将这些违法行为视同为市政府雇用他们并为此支付酬金的日常职责之一。

> ....

> 由于其他救济手段在确保警察遵守宪法规定方面完全流于形式，并由此造成了以下后果，即法院系统根据古老的规则需要持续不断地参与（事实上是宽宥）执法官员的此类违法行为，所以，我们被迫［推翻我们此前允许使用非法证据的先例］。[158]

在埃尔金斯案中[159]——该案判决的时间仅仅比马普案早一年——联邦最高法院指出，"加利福尼亚州的经验非常具有启发意义"[160]；接下来，该判决直接引用了 13 行大法官特雷纳在卡恩案判决意见中的论述。（该案的判决意见也引述了一句卡多佐在迪弗案中的原话，但并没有认同他的观点；除卡恩案外，迪弗案是埃尔金斯案唯一引用的州判例。）[161]

在埃尔金斯案中，联邦最高法院还引用了一些其他内容；这些内容可能像卡恩案的判决意见一样（甚至有过之而无不及）对联邦最高法院的部分大法官产生了巨大的影响。其中，有一处是加州司法部部长的言论；他说，加州最高法院作出卡恩案后，执行得还不错。

> 卡恩案的综合影响，尤其就［加州］最高法院创设的［搜查和扣押］规则而言，相当好。这要求加州的所有警察部门向警察提供更多更好的教育。受此影响，这些警察的素质将会变得更高。我认为，这意味着将会增强他们与地区检察官之间的合作，并有助于让刑事司法工作变得更好。[162]

---

[157] Monrad G. Paulsen, Criminal Law Administration: The Zero Hour Was Coming, 53 Calif. L. Rev. 103，107 (1965). 保尔森认为，卡恩案的判决意见是"一项巨大的成就"，因为"它听取了各方的声音，而且，告知我们为什么会选择这些主张而不是另外一些主张。" Id.

[158] 282 P. 2d at 907，911－12. 正如援引的判决文本表明的那样，在非法扣押的证据问题上，大法官特雷纳是"同一政府"理论（the one-government approach）的支持者。See also id. at 912－13.

[159] See text at notes 100－05 supra and accompanying footnotes.

[160] 364 U. S. at 220.

[161] 马普案时的联邦最高法院认为，加州"已经采纳了排除规则"这一点"非常重要"（367U. S. at 651），同时它还注意到，该州最高法院在卡恩案中宣布说"由于其他救济手段均告失败而不得不得出这样的结论……"（Id.）另一方面，马普案时的联邦最高法院认为，"加州法院发现，除排除规则外，其他救济手段都毫无用处；这一点也可以从其他州的经验中得到支持。"（Id. at 652.）（迪弗案再次成了唯一一起被联邦最高法院引用的、事关排除规则的州法院判例。）

[162] Id. at 220－21. 联邦最高法院该引文是埃德蒙·G·布朗检察长（Edmund G. Brown）写给《斯坦福法律评论》的信件的一部分（quoted in part in Note, Stan. L. Rev. 515，538（1957））。关于该信的其他内容片断，可参见以下文献：Kamisar, supra note 43, at 1198.

特雷纳大法官撰写的卡恩案判决意见以及州检察长关于警察是否能够适应排除规则的评价一定给首席大法官沃伦留下了深刻的印象。沃伦与特雷纳私交甚厚，而且，从他们之间的个人交往来看，他对特雷纳也很尊重。（See Weaver, supra note 144, at 74.）至于检察长关于警方对卡恩案接受程度的乐观估计，可能也印证了首席大法官沃伦的以下观点，即作出严格的"束缚警察手脚"的判决事实上会鼓励警察更努力地工作、更认真细致地准备案件。（See White, supra note 145, at 272，277－78.）

■ 三、警察与检察官对马普案的批评_____

当联邦最高法院最终决定将排除规则适用于各州时，执法官员们的反应或许可以作为急需确立这一规则的最好明证。许多执法官员的反应就好像是联邦宪法第四修正案或者州宪法中的相应规定刚刚颁布一样。

纽约市的警务专员迈克尔·墨菲将马普案比喻为"涨潮的海浪"和一次"地震"[⑱]。多年以后，这位警务专员回忆说：

> 近年来，在刑事执法领域里，我想不出还有哪个判例曾经像［马普案那样］产生过如此戏剧化、令人痛苦不堪的影响……作为当时全美最大警察机构的警务专员，我必须迅速对依照迪弗案制定的现行警察执法程序进行重新评估并解决由此产生的一系列问题……为了执行马普案，我们制定了新政策并施加了新的限制……［诸如马普案之类的判例］引发了一波又一波的巨浪和地震，有时候甚至需要从最根本处着手重构我们的制度。而且，我们不得不为上至最高级别的警长、下到成千上万承担日常基础执法工作的步巡警察和刑事探员安排再培训活动。[⑭]

为什么马普案会产生"如此大的戏剧化、令人痛苦不堪的影响"呢？为什么需要对警察自上而下进行"再培训"呢？原来的搜查和扣押培训讲授哪些内容呢？原来是否就搜查和扣押内容进行培训呢？（既然马普案只不过是为警察违反其原本应当予以遵守的那些规定设置了一种救济手段，那么，）马普案又怎么被警方"贯彻执行"呢？

就其所在部门在马普案以前为什么会忽视搜查和扣押方面的规则，该警务专员辩解说，他们"遵循的是迪弗案所确立的规则"——说这句话时，这位警务专员想传达什么意思呢？诚然，迪弗案允许纽约州的检察官在法庭上使用非法获得的证据，但是，这并非——就像这位警务专员明显认为的那样——允许警察实施非法搜查。

恰如唐纳德·德瑞普斯（Donald Dripps）所言，"如果民事救济手段能够有效地肩负起民众向立法者表达的政治诉求，那么，这些救济手段将会在马普案［之前］就迫使警察遵守联邦宪法第四修正案的规定；这样一来，马

---

⑱　　See the quotation from Commissioner Michael Murphy set forth immediately below.

⑭　　Michael Murphy, Judicial Review of Police Methods in Law Enforcement: The Problem of Compliance by Police Departments, 44 Tex. L. Rev. 939, 941 (1966).

那些相信或认为只要有搜查和扣押排除规则以外的其他各种替代性措施就足够了的人们，将会遭受更为严厉的一击：马普案之后，在一次针对一大帮刑事警察的培训课程上，纽约市警察局副局长莱昂纳德·里兹曼（Leonard Reisman）因为没有想到听众中还有一名记者，竟然坦言解释他为什么会在职业生涯晚期才不得不学习搜查和扣押规则："（过去）没人会去申请令状……因为联邦最高法院判决认为，无证取得的证据——如果你愿意的话，也可以说非法取得的证据——可以在州法院中使用。因此大家都认为，那又何必多此一举去申请司法令状呢？"（Sidney Zion, Detectives Get a Course in Law, N. Y. Times, Apr. 28, 1965, at 50, col. 1 (nat'l ed.)）

普案对警察产生的影响也会小得多"⑯。

然而，显而易见的是，马普案以前，在警察系统内，绝非只是纽约的执法官员不熟悉也不在乎搜查和扣押方面的规则。理查德·尤韦勒教授——当联邦最高法院作出马普案时，他还是纽约州的一名检察官——曾经回忆说，在即将举行的州地方检察官年会开会之前，他迅速"整理了一份"关于联邦搜查和扣押规则的"简略摘要"；也因此，他"成了一名迅即脱销的畅销书的作者。这犹如一场迟来的发现：原来联邦宪法第四修正案也适用于纽约州！"⑯ 我认为，尤韦勒最后一段话极好地概括了马普案前后纽约州的实际状况。

纽约州执法官员关于搜查和扣押排除规则的反应很难说是独一无二的。六年前，在卡恩案中，当加州最高法院主动实行排除规则时，洛杉矶警察局局长威廉·帕克的反应与马普案后纽约同行的态度极其相似。

帕克局长警告说，因为受到卡恩案影响，其属下执法官员"预防犯罪的能力被大大削弱了"⑯。但是，他又保证说，"既然排除规则已经成为加州的法律，警察们就应当尊重它，并在该规则所设定的框架内最大限度地发挥警察的作用。"⑯

然而，排除规则并没有对警察施加任何限制，施加限制的是有关搜查和扣押的规则。因此，帕克局长的意思似乎是，只有当"排除规则成为加州法律的时候"，他属下的执法官员才会在搜查和扣押规则所设定的"限制框架内"展开工作。

在宾夕法尼亚州的费城，年轻的地区助理检察官（后来成了美国联邦参议员）阿伦·斯佩克特明确指出，在宾州，侵权诉讼、刑事指控以及警察内部的纪律惩戒措施同样作用甚微或者毫无作用可言。他宣布，马普案在许多原本允许采纳非法证据的州引发了警察实践和指控程序的"革命"⑯。事实上，他走得更远，他将马普案誉为"自联邦宪法第十四修正案以来，刑事法领域影响最大的事件"⑰。

不过，斯佩克特先生似乎同样混淆了搜查和扣押规则的内容（对此，排除规则的拥护者根本不用也从来没有进行过辩护）与排除规则之间的关系——后者只是一项救济手段；该规则"仅仅指出，违反那些旨在约束执法官员的规则所产生的法律效果"⑰。

---

⑯ Donald Dripps, Akhil Amar on Criminal Procedure and Constitutional Law: "Here I Go Down that Wrong Road Again," 74 N. C. L. Rev. 1559, 1606 (1996).

⑯ H. Richard Uviller, The Acquisition of Evidence for Criminal prosecution: Some Constitutional Premises and Practices in Transition, 35 Vand. L. Rev. 501, 502 (1982).

⑯ William H. Parker, Parker on Police 117 (O. W. Wilson ed. 1957).

⑯ Id. at 131.

⑯ Arlen Specter, Mapp v. Ohio: Pandora's Problems for the Prosecutor, 111 U. Pa. L. Rev. 4 (1962) (emphasis added). 正如纽约市警察局局长所说的那样，一位宾夕法尼亚州的法官将马普案比作一场自然灾害——"这是去年六月一场席卷我们这片平静土地的龙卷风。"(Id. at 4) 另外一位宾州法官"对于马普案判决感到极大的震惊；他表示，除非有宾夕法尼亚州上诉法院的指示，否则他将认为，该判决只适用于俄亥俄州。" Id. at 4 - 5.

⑰ Id. at 4.

⑰ Monrad G. Paulsen, The Exclusionary Rule and Misconduct by the Police, 52 J. Crim. L. & Criminology & Police Sci. 255 (1961) (written on the eve of Mapp).

然而，在明尼苏达州，执法官员关于排除规则的反应模式则截然不同。明尼苏达州年轻的司法部部长沃尔特·蒙代尔——后来也成了联邦参议员，并担任过副总统——提醒许多沮丧的明尼苏达州执法官员说，"联邦宪法第四修正案的表述与明尼苏达州宪法中［关于搜查和扣押的规定］一字不差"，"马普案没有改变联邦宪法或明州宪法一个字"[12]。蒙代尔继续说道：

> 马普案并没有丝毫削弱警察的权力。它所削弱的仅仅是警察滥用权力的可能性。采纳所谓的"排除规则"，对于合法的警察实践不会产生丝毫的影响。以前构成合法逮捕的行为，以后依然属于合法逮捕。以前属于合理搜查的行为，以后也依然属于合理的搜查活动……[13]

事实上，蒙代尔的意思是，如果警察害怕他们通过习以为常的方式获得的证据今后将会被法院系统排除的话，那么，他们肯定是这么多年来一直没有注意所谓排除规则替代救济手段的作用，而且，肯定是一直在违反禁止不合理搜查和扣押的制度。我认为，这种说法是完全正确的。

▆ 四、马普案的"最初理解"

许多评论者认为，很难弄清楚大法官克拉克关于马普案判决的具体理论根据是什么。因此，托马斯·施洛克和罗伯特·韦尔什将克拉克的以下表述称为"具有难以厘定的模糊性"，"它将模糊的宪法指向、威慑警察违法理论以及经验性概括同等比例地混合在了一起"[14]：排除规则是"一项明确、具体的宪法要求——尽管是通过司法方式予以暗示的——一项旨在威慑警察违法的制度保障（a clear, specific, and constitutionally required—even if judicially implied-deterrent safeguard）；如果放弃了这一制度保障，联邦宪法第四修正案将会沦为一纸空文"[15]。拉里·亚克尔也作出了类似的评论；他认为，马普案"根据所有这些生搬硬套的理论，最终将排除规则牢牢地施加在了各州身上"[16]。

威廉·默藤斯和赛拉斯·瓦瑟斯特姆还认为，马普案中大法官克拉克关于排除规则的处理方式也不能让人满意。他们并不认为，马普案完成了它原本应当完成的任务：回归到以前联邦最高法院"认为，联邦宪法第四修正案

⑫ Walter Mondale, The Problem of Search and Seizure, 19 Bench & B. Minn. 15, 16 (Feb. 1962).

⑬ Id.

⑭ 367 U. S. at 648.

⑮ Schrock & Welsh, supra note 66, at 319, quoting 367 U. S. at 648.

⑯ Yackle, supra note 66, at 418. 雅克教授继续写道（id. at 418-19）："因此，联邦最高法院认为，排除规则是联邦宪法第四修正案和第十四修正案权利赋予个人的私人权利的'重要组成部分'（an essential part）［367 U. S. at 657］，并认为，该规则赋予了法院系统'真正意义上的司法活动所必需的司法完整性（judicial integrity）'［id. at 660］，它的目的在于'要想遏制警察违法——要想强制警察遵守宪法性的保障条款，唯一切实可行的方法只能是消除那些无视这些规定存在的动机'（by removing the incentive to disregard it）［id. at 656］。"

与排除规则之间存在着一种天然的、永恒不变的亲密关系"⑰。

在马普案中，为了支持将排除规则扩张适用于各州的立场，联邦最高法院诉诸一系列规范原则。但是，其判决意见的主体部分却试图根据以下经验性论据，为排除规则进行辩护：即已经证明，该规则是确保联邦宪法第四修正案贯彻实施的唯一有效手段。⑱

对此，我必须表示异议。在克拉克撰写的判决意见中，只有第二部分讨论了维护隐私权的"其他替代手段"的不充分性。在这一部分，克拉克像其他许多人一样，受沃尔夫案判决的诱惑，在沃尔夫案判决意见撰写者所设定的战场上与其展开辩论。但是，在克拉克撰写的判决意见里，他关于"其他救济手段"的讨论总共只有 16 行文字。⑲ 因此，在其共计 18 页的判决意见中，仅靠这么寥寥几行文字，似乎还不足以得出以下结论：克拉克判决意见的"主体部分"力图根据经验论据为排除规则进行辩护。

当然，这并不仅仅是多少行字的事情。相反，对此需要结合判决意见的全文来阅读该判决意见中的各行文字。以下，让我们迅速浏览一下该判决意见的具体内容。

● 马普案判决意见的第一部分明确说明：联邦最高法院并不认为排除规则"仅仅是一项证据规则"，或者是联邦最高法院"司法监督权"（supervisory powers）的产物，而是将其视为一项"宪法所要求的"规则。⑳

● 第二部分告诉我们：在沃尔夫案中，联邦最高法院拒绝将排除规则视为"隐私权的基本要素"；其论证逻辑"是基于事实因素的考虑⑱"，"而不是基于与此具有直接关联性的宪法因素的考虑（while not basically relevant to the constitutional consideration）"⑲ ——这些事实因素"现如今，无论如何已经不再具有支配性影响了"⑳。

● 第三部分的结论是："我们判决认为，通过违反联邦宪法规定的搜查和扣押获得的所有证据，根据同一部宪法的要求（by that same authority），在州法院不具有可采性。"⑱

● 第四部分的主旨在于，"既然已经宣布联邦宪法第四修正案关于隐私权的规定适用于各州"，那么，"排除规则作为制裁手段也应该像适用于联邦政府一样适用于各州"⑱。为了将正当程序的实体保护扩张到宪法意义上的所有不合理的搜查活动——无论是州还是联邦实施的——在逻辑上和宪法意义上都必须承认，作为隐私权基本组成部分的排除规则同样应当被视为沃尔夫案所承认的、新的宪法权利的基本组成部分。（it was logically and constitu-

---

⑰ Mertens & Wasserstrom, supra note 74, at 381.

⑱ Id. at 382.

⑲ See 367 U. S. at 651 - 53.

⑳ See id. at 646 - 50 (emphasis added).

⑱ Id. at 655 (emphasis added).

⑲ Id. at 650 - 51.

⑳ Id. at 653 (emphasis added).

⑱ Id.

⑲ Id. at 655.

tionally necessary that the exclusion doctrine—an essential part of the right to privacy—be also insisted upon as an essential element of the right newly recognized by the Wolf case.)[186]

沃尔夫案通过对个人享有不受不合理的搜查和扣押的权利"施以"其他宪法基本权利贯彻实施中所没有的限制，降低了个人不受不合理的搜查和扣押权利的位阶。[187] 但是，如果说沃尔夫案是起点的话，那么这种做法现在终于告以终结了。联邦宪法第四修正案的执行将像其他基本权利一样"严格适用于各州"——就像"不得依据以强制方法获取的自白确定被告人有罪一样，不管该自白具有何种逻辑相关性，也不考虑其可靠程度如何"[188]。这部分判决意见最后保证说，"没有人会因为以违宪方式取得的证据被判有罪。"[188]

● 在判决意见的第五部分（即最后一部分），克拉克一开始就说，"我们的判决主旨（holding）是，排除规则是联邦宪法第四修正案和第十四修正案的基本组成部分（an essential part）。"[189] 并以以下文字作为这一部分的结尾："[联邦宪法第四修正案] 应当像正当程序条款保护的其他基本权利一样，采取同样的实施方式并发挥类似的法律效果（is enforceable in the same manner and to like effect as other basic rights secured by the Due Process Clause），因此，我们不再允许该修正案因警察的一时兴起而变得荡然无存……这些警察倾向于暂时不让个人享有该项权利。我们的判决……赋予个人的仅仅是宪法保证其享有的权利……"[191]

我并不否认大法官克拉克某些部分的分析显得有点草率，而且他的某些说法（如将排除规则称为"一项宪法所要求的……威慑警察违法的制度保障"）也引发了一定的混乱。[192] 但是，我认为，他也有他的难处：大法官克拉克试图为推翻沃尔夫案争取最大限度的支持。很明显，他认为通过提出他所能找到的、支持排除规则的各种理由（或论据），他才能获得最大限度的支持。同样明显的是，克拉克还认为，为了获得支持，需要反驳排除规则反对者曾经提出的所有论据。（当然，此类论据之一是，排除规则不是威慑警察违法的有效手段，或者说，与保护个人不受不合理的搜查和扣押的"其他手段"相比，排除规则并不具有明显的优势。）

我赞同史蒂文·施莱辛格和布拉德福德·维尔森的以下论断：

的确，大法官克拉克讨论了排除规则的威慑作用并得出结论说，"其他救济手段……没有价值和作用"……然而，很显然，他之所以这么做，只是为了反驳沃尔夫案中的以下主张，即从政策形成的立场来看，排除规则是一项不好的规则。大法官克拉克论述此类事实的唯一原

[186] Id at 656 (emphasis added) .

[187] Id. at 656.

[188] Id.

[188] Id. at 657 (emphasis added) .

[189] Id. (emphasis added) .

[191] Id. (emphasis added) .

[192] See text at note 174 supra.

因在于，他认为沃尔夫案的判决是"基于事实因素的考虑"（367 U. S. at 651），而不是基于宪法进行的分析或演绎；出于对其拟于推翻的先例的尊重，他觉得有义务首先从对方的立场出发与之展开正面交锋并驳倒其论证，然后再讨论自己的立场及其根据。[19]

或许有充分理由认为，投票支持推翻沃尔夫案的大法官们确实深受以下观念的影响，即事实证明，靠排除规则的其他替代手段是极其不够的。但是，这并非克拉克判决意见的撰写思路。其论证思路是，排除规则并非基于经验性命题。[19] 相反，该规则是联邦宪法的要求。

如前所述，我关于马普案的解读方式明显有别于许多评论者。但是，他们的解读是在马普案作出许多年之后才作出的。我禁不住想，他们之所以这么讲，是不是因为受到了或许可以称之为事后诸葛亮式的束缚。他们透过那些贬低排除规则地位的嗣后判例回望这起标志性的搜查和扣押判例，并对马普案中克拉克的判决意见进行了误读或曲解。[19]

弗朗西斯·艾伦教授在马普案判决当年曾经发表过一篇重要的论文；对他而言，理解克拉克判决意见的基本推理过程似乎毫无困难可言。尽管该案件的判决意见"并没有将自己局限于'三段论式'的论述"，但是，艾伦教授评论说大法官克拉克的"基本立场是：排除规则属于联邦宪法第四修正案的一部分；联邦宪法第四修正案是第十四修正案的一部分；因此，排除规则是第十四修正案的一部分。"[19]

五、沃伦之后联邦最高法院关于该案的发展

在马普案中，大法官道格拉斯发表了协同意见。他评论说，被推翻的沃尔夫案曾经引发"暴风骤雨式的宪法争论，不过，今天终于有了结果"[19]。他真是大错特错了。相关的争论不仅变得更加激烈，而且甚至将威克斯案或者说联邦排除规则本身也卷了进来。[19]

马普案是对"排除规则是联邦宪法第四修正案的基本组成部分"这一命

---

[19]　Steven R. Schlesinger & Bradford Wilson, Property, Privacy and Deterrence: The Exclusionary Rule in Search of a Rationale, 18 Duquesne L. Rev. 225, 235 – 36 (1980). 当克拉克意识到沃尔夫案推翻威克斯案"最终诉诸的竟然是事实因素"（factual considerations）之后（367 U. S. at 651），他迅速解释说，他将会考虑"沃尔夫案的事实基础"，尽管这些事实因素"与这一宣称排除规则是第四修正案重要组成部分的判决根本不存在任何的关联性。"（Id.）之后不久（see id. at 653），克拉克再次谈到了这一点。

[19]　Cf. Allen, supra note 3, at 537.

[19]　See text at notes 200 – 233 infra.

[19]　Allen, supra note 15, at 26. See also id. at 23 – 24. Cf. Weinstein, supra note 153, at 150. 弗朗西斯·艾伦不仅是马普案的主要评论者，也是沃尔夫案最早、最令人敬畏的批评者。See Allen, supra note 73.

[19]　367 U. S. at 670.

[19]　正如特尔福德·泰勒（Telford Taylor）所言，联邦最高法院在马普案中的意见分歧"并不在于（联邦的或者说第四修正案的）排除规则本身"，而仅仅在于是否将该规则适用于各州。"这才是大法官们发生分歧的焦点所在；大法官哈兰的反对意见几乎没有任何地方说过该规则自身有什么不好。"Telford Taylor, Two Studies in Constitutional Interpretation 20—21 (1969).

题的实质展开，并采取了以下立场：即"如果将正当程序的实质性保护扩张到宪法意义上的所有不合理的搜查和扣押活动——无论是州还是联邦实施的——那么，在逻辑上和宪法意义上都必须承认"，排除规则同样也需要扩张到各州。[19] 因此，马普案的批评者很快就将攻击的矛头指向了威克斯案，或者说，联邦排除规则本身的效用、合法性以及宪法根据。而且，他们的火力十分猛烈并赢得了相当大的胜利。

（一）"威慑"理论与"成本—收益"分析法取得了优势地位；排除规则的主旨被缩小了

在联邦最高法院的后沃伦时代，"威慑"理论与"成本—收益"分析法开始走上前台。[20] 柯兰卓案（United states v. Calandra）[20] 是 20 世纪 70 年代最重要的排除规则判例；在该案中，这种分析方法已经大行其道了。对于以下裁判过程，柯兰卓案时的联邦最高法院并没有像马普案那样给予排除规则宪法要求的礼遇：即在大陪审团程序中，证人不能拒绝回答依据非法搜查获得的信息而提出的问题。

在柯兰卓案中，大法官鲍威尔撰写的多数意见将排除规则视为——或许有人会说，是将排除规则贬损为——"一项司法机关创制的、旨在保障联邦宪法第四修正案权利的救济手段；一般而言，该规则是通过其威慑力发挥作

---

[19]   367 U. S. at 655 - 56.

[20]   有人可能会说，威慑理论早在沃伦法院解体之前就已经崭露头角了。尽管林克莱特案（Linkletter v. Walker, 381 U. S. 618 (1965)）被限定在特殊的案件事实范围内，但是，排除规则的威慑理论是该案讨论的主要议题，而且也正是该案拒绝承认马普案具有完全的追溯效力。联邦最高法院作出这一决定承担了极大的压力，因为如果将马普案中的排除规则适用于马普案以前已经"终局"的案件（即不允许直接审查的案件），"将会让司法部门不堪重负"。(Id. at 637) 既不能让马普案之前、"允许采纳非法证据"制度下受到起诉的被告人总是惦记着非法搜查和扣押的事，法院也不应该允许被告人就此借题发挥。但是，要求限制马普案的影响，将面临可以想象的巨大压力；于是，负责裁判林克莱特案的联邦最高法院（透过大法官克拉克撰写的判决意见）将排除规则几乎完全置于了经验主义基础之上。

恰如我在他文指出的那样（Kamisar, supra note 56, at 630, 631 - 32），"或许有人会认为，林克莱特案会将沃尔夫案中认为排除规则具有溯及力的思路适用于马普案……负责裁判林克莱特案的联邦最高法院强烈暗示说……只有在排除规则成为'遏制警察违法行为的唯一有效手段'时，它才是联邦宪法第四修正案的'必要组成部分'"（quoting 381 U. S. at 636 - 37）. See generally Kamisar, supra, at 627 - 33 and the authorities quoted and cited therein.

尽管在司法判决和法律文献中很常见，但是"威慑力"或"威慑效果"这样的词在关于搜查和扣押的文本中却极其容易产生误导作用。"威慑力"表明排除规则试图以刑法影响一般大众的方式来影响警察。但是，这一规则既没有，也不可能期望它会以刑法发挥作用的方式来限制警察。这一规则既没有对违反联邦宪法第四修正案的警察施加惩罚，也没有将违反规则的警察置于比没有违反宪法规则的警察更不利的境地。

然而，因为警察是政府整体的一部分，这一规则还是会产生"系统性的威慑作用"（systemic deterrence），即通过合乎联邦宪法第四修正案标准的部门制度对他们产生影响，或者说试图对他们产生影响（See Wayne R. LaFave, The Fourth Amendment in an Imperfect World: On Drawing "Bright Lines" and "Good Faith," 43 U. Pitt. L. Rev. 307, 319 - 20, 350 - 51 (1982); Mertens & Wasserstrom, supra note 74, at 394, 399; Pierre Schlag, Assaults on the Exclusionary Rule: Good Faith Limitations and Damage Remedies, 73 J. Crim. L. Criminology & P. S. 875, 882 - 83; Yackle, supra note 66, at 426.).

尽管"威慑力"这一术语已经被广泛使用，但是，将排除规则看做一种"限制因素"或"制衡因素"可能更准确一些——一种实质性消除实施非法搜查之动机的方法，至少会让警察在实施搜查时考虑一下追诉和定罪问题（See Anthony G. Amsterdam, Perspectives on the Fourth Amendment, 58 Minn. L. Rev. 349, 431 (1974)).

[20]   414 U. S. 338 (1974).

用的，而不是受到侵害一方当事人所享有的一项宪法权利。"⑳ 因此，是否应当适用排除规则，"是一个与权利无关的救济手段问题"——关于该问题的回答，应当权衡该规则"可能付出的成本"及其"可能带来的收益"⑳。

马普案之后，关于排除规则的这种思维方式让该规则的批评者赢得了不少重要的战果。这也毫不奇怪。排除规则的"成本"是立即兑现的——例如，让毒品贩子"逍遥法外"；而该规则的"收益"则难以理解。

或许有人会说，该规则的收益"包括保障每个公民享有一定的尊严和隐私、防止权力滥用以及维持一种制衡关系"⑳。而且，或许有人会将这些目的视为"相当重要的收益，甚至是难以估量的收益"⑳。然而，伯格法院和伦奎斯特法院并不这样认为。相反，它们认为排除规则的收益是"抽象的，〔而且〕带有推测的性质"⑳。

另外，联邦最高法院强调，它考虑的是排除规则的巨大成本。⑳ 因此，联邦最高法院曾经将排除规则视为"过激的手段"⑳、"极端的制裁"⑳；该规则"让法院系统为查明刑事案件的事实真相付出了高昂的代价"⑳，而且，适用该规则"将有悖于作为正义概念基本要素之一的比例原则"⑳。

考虑到联邦最高法院的基本立场是对"成本"和"收益"进行权衡，其

---

⑳ Id. at 348.

⑳ Id. at 348, 354, 349.

⑳ Stephen J. Schulhofer, The Constitution and the Police: Individual Rights and Law Enforcement, 66 Wash. U. L. Q. 11, 19 (1988).

⑳ Id.

⑳ Id.

⑳ 然而，托马斯·戴维斯（Thomas Davies）主持的一项对加州五年相关数据的实证研究表明——该研究被称为"对所有有效实证数据进行的最翔实、最客观的评估"（1 Wayne R. LaFave, Search and Seizure: A Treatise on the Fourth Amendment 58 (3d ed. 1996)）——在谋杀、强奸以及其他暴力性犯罪案件中，排除证据的情形极其罕见。(See Thomas Y. Davies, A Hard Look at What We Know (and Still Need to Learn) About the Costs of the Exclusionary Rule, 1983 Am. B. Found. Res. J. 611, 640, 645) "这些数据最令人惊讶的特点是"，戴维斯教授认为，"排除规则主要集中适用于毒品案件的逮捕（也许还包括非法持有武器案件的逮捕），但是，对于其他类型的犯罪案件，包括暴力犯罪案件，则几乎没有产生任何影响"。(Id. at 680.)

加州的数据显示，在非毒品犯罪案件中，只有不到0.3%（1 000个案件中不到3个人）的案件，因为非法搜查被检察官驳回。(Id. at 619) 戴维斯估计，"在加州重罪诉讼程序中，因排除规则而难以追诉的毒品案件总共有7.1%左右。"(Id. at 681) 在利昂案（United States v. Leon, 468 U. S. 897, 907 note 6 (1984)）中，联邦最高法院通过大法官怀特撰写的判决意见估计说，"就受到毒品犯罪指控而被逮捕的重罪嫌疑人而言，因排除规则而造成的不起诉和无法定罪的损耗大约在2.8%到7.1%之间。"

有人可能会争辩说——就像联邦最高法院在利昂案中指出的那样——由此造成案件损耗的百分比固然很小，却"意味着一个巨大的绝对数字"。(Id.) 然而，正如戴维斯所言，"在政策评估中，原始数据并不像百分比那么有用。在像美国刑事司法系统这样一个庞大的系统中……如果采用原始数据，几乎任何全国性的数据和评估都会显得更为庞大。"(Davies, supra at 670.)

排除规则的支持者往往会忍不住问：排除规则的"成本"究竟说的是什么？这一成本与任何一种同样有效的替代性措施的成本有何不同？如果将一个警察（基于有效的侵权救济或者内部纪律制裁或者其他原因）自始就遵守联邦宪法第四修正案的社会，与执法官员不能使用那些违反联邦宪法第四修正案获得的证据的社会相比，前者是不是付出了"同样的代价"呢？在这两种社会中，被定罪的罪犯是不是都会少一些呢？

⑳ United States v. Janis, 428 U. S. 433, 459 (1976).

⑳ United States v. Leon, 468 U. S. 897, 926 (1984).

⑳ United States v. Payner, 447 U. S. 727, 734 (1980).

⑳ Stone v. Powell, 428 U. S. 465, 489 (1976).

结果也就可想而知了。事实上，尽管成本—收益分析法听上去是客观的，甚至是科学的，但是，却难免会导致以下结论，即在搜查和扣押判例中，仅仅得出联邦最高法院预先输入的价值判断和理论预设。

在成本—收益分析法盛行的时代，联邦最高法院拒绝将排除规则适用于各式各样的场合。在前文提到的柯兰卓案中，联邦最高法院拒绝将排除规则适用于大陪审团程序。在斯通案中（Stone v. Powell）[212]，它又极大地限制了在联邦人身保护令程序中提出非法搜查和扣押主张的具体情形。詹妮丝案（United States v. Janis）[213]判决说，该规则不适用于联邦民事税收程序。在洛佩斯—门多萨案中（I. N. S. v. Lopez-Mendoza）[214]，联邦最高法院认为，在具有民事性质的驱逐出境程序中，也不适用排除规则。

在利昂案中（United States v. Leon）[215]，关于排除规则的成本—收益分析方法达到了极致，并最终确立了所谓的排除规则的善意例外（事实上，应该称之为"具有合理错误的例外"（a "reasonable mistake" exception））。在利昂案中，多数意见认为，将排除规则适用于以下情形"收益不大或者说根本没有任何收益"，即警察合理但错误地根据事后证明原本无效的搜查令状实施的搜查活动，"无法为排除证据所造成的成本提供正当化依据"[216]。

尽管利昂案可能看起来并不像此前判例那样（如柯兰卓案）使用了"成本—收益"的常规分析方法，但是，事实上却并非如此。此前的判例立足于以下前提假定：排除规则尽管全面适用于任何针对非法搜查或扣押行为的直接受害人而提起的刑事指控，却没有必要同等适用于某些"附带性的"或"边缘性的"场合；"因为在这些场合额外地增加排除规则的威慑效果，被认为可能是毫无意义的"[217]。

在利昂案之前，人们还可以说，后沃伦时代的联邦最高法院关于排除规则的"非宪法化运动"——认为排除规则仅仅是一种"司法机关创制的"救济手段，是否适用该规则取决于"具体情形下的实用主义分析"[218]——并没有影响到该规则的主要适用范围：在针对不合理的搜查或扣押的直接受害人而进行的控方举证阶段。但是，利昂案明确表示，即使在上述范围内，排除规则同样受制于"利益权衡"或"成本—收益"的分析方法。在此领域，联邦最高法院同样应当探究排除规则是否能够"发挥作用"。

联邦最高法院在排除规则的主要适用领域创设了一项例外；而且，将成本—收益的权衡方法适用于该领域并得出了不适用排除规则的结论。诸如此类的事实使得排除规则面对"立法废除论"时，已经几乎毫无辩护的余地。例如，立法可以建议说，以侵权救济——主张废除排除规则的人不容置疑地宽慰我们说这种方法"可以更有效地威慑警察违法"——取代排除规则。恰如大法官布伦南在利昂案反对意见中指出的那样：

---

[212]　See note 211 supra.

[213]　See note 208 supra.

[214]　468 U. S. 1032 (1984).

[215]　468 U. S. 897 (1984).

[216]　Id. at 922.

[217]　1 LaFave, supra note 207, at 56.

[218]　Stone v. Powell, 428 U. S. at 488.

通过坚守实证主义的最后阵地，并将威慑理论作为排除规则的唯一理论基础，最高法院已经剥夺了排除规则的合法性。如果将一项规则当做实证命题加以阐释，而同时对此又只有有限的实证数据的支持，那么，该规则不仅会表现出内在的不稳定性，而且，也很容易受到批评者的攻击……对于联邦宪法第四修正案保障的自由，其效力不应取决于有关威慑作用的猜测；相反，最高法院应当重新回到其应有的立场，接受威克斯案……的以下规则：如果个人的隐私遭受了违反第四修正案行为的侵害，他有权以第四修正案为根据，要求控方在随后的程序中不得使用由此获得的任何证据。[19]

迄今为止，联邦最高法院还没有将"善意例外"适用于所有的搜查类型，而是将利昂案限定于警察依据司法令状采取行动的特定场合。[20] 但是，通过将"利昂案式的论证方式"应用于警察根据立法机关或书记官的作为或不作为实施的搜查行为，联邦最高法院"已经判决说，根据'善意例外'规则，警察此类无证搜查获得的证据也具有可采性"[21]。

因此，在克鲁尔案中（Illinois v. Krull），联邦最高法院将利昂案的理论适用于以下情形：尽管事后证明州制定法违反了联邦宪法第四修正案，但是，警察根据该制定法授权实施的搜查行为依然有效。[22] 然而，四名持反对意见的大法官抗议说，"授权不合理搜查的制定法恰恰是第四修正案缔造者关注的核心问题。"[23] 而且，司法官员授权的搜查行为仅仅"是针对特定情形授权实施的一次性搜查活动"[24]，而"立法者的不合理授权则可能影响到成千上万的个人"，因此必定会"对自由造成更大的威胁"[25]。

联邦最高法院还将利昂案（以及克鲁尔案）的论证适用于埃文斯案（Arizona v. Evans）[26] 的事实情形。由于巡逻警车的车载电脑显示，被告人埃文斯有一份尚未执行的逮捕令状，埃文斯被逮捕。事实上，由于被告人主动到庭，这份逮捕令状早在几周以前已经撤销了。很显然，法院的书记官忘了通知警察部门，以至于该令状并没有从警方的电脑记录中删除掉。

联邦最高法院判决，据此获得的证据具有可采性。"没有理由认为，将排除规则适用于此类情形，会对负责通知警方司法令状已经被撤销的法庭雇

---

[19]　468 U. S. at 943 (Brennan, J., joined by Marshall, J., dissenting in Leon and the companion case of Massachusetts v. Sheppard, 468 U. S. 981 (1984)).

[20]　然而，拉费弗教授警告说，不应小觑以下"可能"：利昂案及其同类判例可能形成一个通往越来越复杂的、联邦宪法第四修正案排除规则之善意例外的阶梯……尤其值得注意的是，利昂案的多数意见认为，无论何时，只要警察的行为存在客观的合理性，排除规则的威慑功能就无法再发挥作用；当"执法官员们的行为是出于客观的善意，或者他们的越权行为很轻微时，赋予有罪的被告人极大的利益将违背刑事司法制度的最基本理念"。1 LaFave, supra note 207, at 93, quoting 468 U. S. at 908 (opinion of the Court by White, J.).

[21]　1 LaFave, supra note 207, at 93.

[22]　480 U. S. 340 (1987). 这份无效的法案曾试图授予警察对登记在册的机动车辆销售商以及机动车零配件销售商进行无证检查的权力。

[23]　Id. at 362 (O'Connor, J., joined by Brennan, Marshall and Stevens, J. dissenting).

[24]　Id. at 365.

[25]　Id.

[26]　514 U. S. 1 (1995).

员产生实质意义的影响。"[27] 但是，持反对意见的大法官金斯伯格争辩说，"当单一的电脑数据库能够满足所有需要时，特定的记录究竟是由警方还是由法院来维持也就不再具有决定性意义了。"[28] 而且，法庭书记官与警方书记官之间的区分完全是"人为的"；在司法实践中，很难区分究竟是因为何方职员的原因"致使错误一直存在"[29]。

斯科特案（Pennsylvania Board of Probation v. Scott）[30] 表明，伦奎斯特法院同样拒绝将排除规则适用于刑事诉讼以外的程序。但是，联邦最高法院的论证方式留下了太多令人奢望的东西。

由于执法官员认为，斯科特家里可能藏有武器——该行为既违反了其假释义务，同时又构成一项独立的罪名——于是，在明显没有犯罪嫌疑的情形下，执法官员对斯科特的住宅实施了无证搜查。执法官员知道斯科特是一名假释犯；而且，他们自己是负责假释工作的执法官员。如果事后证明斯科特确实持有武器（事实的确如此），这些执法官员可能会诉诸撤销假释程序而非刑事诉讼。恰如联邦最高法院大约三十年前所言，撤销假释"往往意味着一项新的刑事指控，因为控方根据较低的证明程度就可以轻松地将其移交监狱"[31]。

在斯科特案中，多数意见拒绝适用排除规则，并提醒我们说，没有必要将该规则适用于"可能只具有边际威慑效果的情形"[32]。然而，大法官苏特代表持反对意见的大法官们指出，如果实施搜查的执法官员明知——就像本案中的这些执法官员那样——被搜查人是假释犯（或者缓刑犯），那么，将排除规则适用于此所产生的威慑效果就绝对不是"边际性的"或者说是"捎带的"。因为这些执法官员极有可能会认为（而且也确实如此），撤销假释的听证活动只是使用这些证据的唯一程序[33]。

（二）联邦宪法第四修正案经受了一场持久的"游击战"[34]

限缩排除规则的主旨，即限制必须排除以违反第四修正案方式获得证据的适用情形，仅仅是降低威克斯案与马普案影响的方法之一。另外一种方法是缩小第四修正案自身的适用范围。例如，降低实施逮捕或搜查的"合理根据"要求；对于何种行为构成"搜查"或"扣押"采取一种吝啬的态度；让证明"取得相对人同意"变得更加容易，从而避免搜查行为沦为非法搜查。这些方面的发展赋予了警方更多调查犯罪的灵活性，同时也减少了被告人主张排除规则的机会。

---

[27]　Id. at 15.

[28]　Id. at 29 (Ginsburg, J. , joined by Stevens, J. , dissenting) .

[29]　Id.

[30]　524 U. S. 357 (1998) .

[31]　Morrissey v. Brewer, 408 U. S. 471, 479 (1972) .

[32]　Id. at 368.

[33]　Id. at 374 (Souter, J. , joined by Ginsburg and Breyer, J J. , dissenting) . 大法官史蒂文斯也独立发表了反对意见。

[34]　See text at note 236 infra and accompanying footnote.

在为数不多的情形下，沃伦之后的联邦最高法院在某些搜查和扣押案件中也会作出一些有利于辩方的决定。[235] 但是，总体而言，联邦最高法院一方面通过缩小排除规则自身的适用范围，另一方面通过减少个人不受不合理的搜查和扣押的保护范围，大幅度削弱了排除规则的影响。

阿尔波特·阿尔舒勒在伯格时代结束时关于伯格法院的评论同样适用于伦奎斯特法院。而且，阿尔舒勒教授的评论尤其适用于搜查或扣押规则方面的发展：

> 通过意料之中的反正当程序革命之举，伯格法院发动了一场持久且相当血腥的游击战。其典型之处在于，它保留了沃伦法院判例依然有效的假象，同时从两翼和底部对这些判例发动了进攻。[236]

以下是一些相关例证：

联邦宪法第四修正案的核心要求是"合理根据"。但是，盖茨案（Illinois v. Gates）[237] 以模糊不清的"综合全案情形"标准瓦解了原来的合理根据结构。[238] 联邦最高法院强调说，它将"合理根据"视为"一个浮动性概念——它取决于对特定事实语境中盖然性的估量——而不能将其简化成一套现成的，甚至是具有可操作性的简单法律规则。"[239] 在盖茨案中，联邦最高法院相当明确地指出，"合理根据"是比"更有可能"更低的标准（something less than "more probable than not"）（尽管并不清楚究竟应当低多少）。联邦最高法院还曾经告诉我们，"合理根据只要求具有实施犯罪行为的盖然性或实质可

---

[235] See Kyllo v. United States, 533 U. S. 27, 34 (2001)（该案判决认为，如果使用热显像仪——或者在更普遍意义上，任何"感应"技术——获得的信息是"除非通过物理性'侵入宪法保护领域的方法'，否则将无法获得的关于房屋内部情况的证据，那么，该手段就构成搜查——至少在该技术尚未被普通大众使用以前理应如此（就像本案这样）"。Tennessee v. Garner, 471 U. S. 1 (1985)（在该案中，为防止犯罪嫌疑人逃跑，警察击毙一名手无寸铁、毫无人身危险的重罪犯罪人的行为，构成了联邦宪法第四修正案意义上的"不合理扣押"。) Payton v. New York, 445 U. S. 573 (1980)（该案判决认为，警察在进入嫌疑人住宅进行常规逮捕时，必须持有逮捕令。) Gerstein v. Pugh, 420 U. S. 103 (1975)（除例外情形外，第四修正案要求，在审前对犯罪嫌疑人的人身自由施以实质意义的限制以前，应当就是否具备合理根据这一条件迅速作出司法认定)。

[236] Albert Alschuler, Failed Pragmatism: Reflections on the Burger Court, 100 Harv. L. Rev. 1436, 1442 (1987). Cf. Carol S. Steiker, Counter-Revolution in Constitutional Criminal Procedure? Two Audiences, Two Answers, 94 Mich. L. Rev. 2466, 2527 - 28 (1996)（伯格法院与伦奎斯特法院不仅"设置了一系列的'采纳证据的规则'（inclusionary rules），并由此使得那些执法机关借助违宪手段收集到的证据可能会被采纳"，而且，它们还通过修改有关上诉和联邦人身保护令程序的审查标准，使得以初审法院错误采纳违宪取得的证据为由来推翻定罪判决变得更加困难。)

[237] 462 U. S. 213 (1983), criticized in Yale Kamisar, Gates, "Probable Cause," "Good Faith," and Beyond, 69 Iowa L. Rev. 557 (1984); Wayne R. LaFave, Fourth Amendment Vagaries (of Improbable Cause, Imperceptible Plain View, Notorious Privacy, and Balancing Askew), 74 J. Crim. L. & Criminology 1171, 1188 - 89 (1983); and Silas Wasserstrom, The Incredible Shrinking Fourth Amendment, 21 Am. Crim. L. Rev. 257, 329 - 40 (1984).

[238] 现在的方法是所谓的"两叉标准"（two-pronged test）：该标准由"真实性"要件（the veracity prong）和"知识来源"要件（the basis of knowledge prong）组成。在盖茨案的协同意见中，大法官怀特将两叉标准概括如下："首先，仅凭一份根据线人提供的情报而制作完成的宣誓书（an affidavit），尚不足以提供签发令状的合理根据，除非线人提供的情报包含以下信息：根据这些信息，地方法官可以知道线人得出违禁品就在该线人所说的那个地方（即'知识来源'要件）这一结论的根据，而且，该宣誓书的制作人告诉地方法官，该线人是可信的（即'真实性'要件）。" Id. at 267.

[239] Id. at 232.

能性（only a probability or substantial chance of criminal activity）"[240]。

此外，上诉法院极其尊重地方法官的裁定，因此，负责签发司法令状的地方法官也根本无须做到必然正确。地方法官只要有"实质根据"（"substantial basis"）相信具有合理根据就可以了。[241] 如果将盖茨案与一年后作出的利昂案结合起来考虑的话，其结果只能是："如果警察有理由相信，地方法官有理由相信在此情形下任何人都会有理由认为（a police officer could have reasonably believe that a magistrate could have reasonably believed that a person could have reasonably believed）该搜查行为将会发现犯罪证据，那么，非法获得的证据就会变得具有可采性。"[242]

如果警察的行为不构成"搜查"或"扣押"，其行为也就不受任何宪法限制。而就这两个术语的解释，伯格法院和伦奎斯特法院都坚持一种狭义的、谨慎的立场。

且看格林伍德案（California v. Greenwood）。[243] 垃圾袋通常是私人物品的大仓库；通过搜查这些垃圾袋，可以发现一个人商事交易、政治活动、性生活以及私人保健等方面的私密信息。然而，格林伍德案却判决认为，警方撕开人们放在路边等待收集的、密封且不透明的垃圾袋，并通过检查其中装的垃圾以发现犯罪证据的行为不构成"搜查"[244]。

说警察利用某种侦查手段（例如，对个人的垃圾袋进行检查、对围有篱笆的后院实施高空监控[245]或者使用笔式记录机[246]）不构成"搜查"，是一种激进的动作。因为这意味着警方的活动将完全不受联邦宪法第四修正案的控制。另外，如果得出某一特定侦查手段属于"搜查"行为的结论，则并非激进之举。因为这样的结论根本不会禁止警方使用此类侦查手段。[247]

联邦最高法院就何种行为构成"搜查"采取了一种狭隘的立场。不仅如此，就"扣押"这一至关重要的术语，它也同样进行了狭义的解读。博斯蒂克案（Florida v. Bostick）[248] 认为，当荷枪实弹的警察在州际公共汽车的中途站上车，并宣布说，他们在执行任务、缉查毒品贩子；然后，随机地走到某个乘客身边，要求查看其车票和驾照，之后又请求该乘客允许他们搜查他的行李——这样的情形不构成"扣押"。两个荷枪实弹的警察挤在汽车过道里，

---

[240]　Id. at 244 note 13（emphasis added）.

[241]　See id. at 238 - 39.

[242]　Alschuler, supra note 236, at 1445. See also Kamisar, supra note 237, at 589.

[243]　486 U. S. 35（1988）.

[244]　很难说格林伍德案（Greenwood）究竟在多大程度上植根于以下观念，即对于自愿交付第三方的材料，个人不享有正当的隐私期待；或者说，该案判决究竟在多大程度上取决于格林伍德先生将垃圾袋放在路边——放在了他的庭园之外——以待回收的事实。

[245]　See California v. Ciraolo, 476 U. S. 207（1986）.

[246]　Smith v. Maryland, 442 U. S. 735（1979）. 该案判决认为，政府使用针式记录机（pen register）——这是一种能记录下某部电话所有拨打号码及其拨打时间的设备——的行为，不构成"搜查"或者"扣押"；其理由是，个人在使用电话时，"承担着以下风险"，即电话公司可能会将他拨打的号码透露给追诉机关。

[247]　例如，有人或许会得出结论说，对封了口的垃圾袋实施检查属于"搜查行为"，但是，对于此类搜查，并不适用关于住宅搜查的那些限制。因此，尽管此类行为被归类为"搜查"，但是，对于封口垃圾袋实施检查可能也并不要求必须传统意义上的合理根据。

[248]　501 U. S. 429　（1991）.

威猛高大地站在你身边；在此情形下，联邦最高法院期待我们能够相信，任何理性人都会认为自己享有终止与警察发生接触的自由，或者可以无视警察的存在继续做自己想做的事——例如，继续看你手里的报纸或者继续玩你的填字游戏。

沃伦之后的联邦最高法院就何者构成"搜查"或"扣押"持一种谨慎的态度。但是，就何者构成"同意"（否则警察的行为将构成非法搜查或扣押），却持一种极其宽松的理解。"同意"是执法人员手里的一张王牌。它是警察逃避联邦宪法第四修正案麻烦的最简单，也是最吉利的手段。因此，第四修正案所能提供什么样的保护，极大地依赖于警察证明同意的难易程度。施奈克罗斯案（Schneckloth v. Bustamonte）[24]让这一证明变得再容易不过啦！

如果某执法官员缺乏实施搜查的授权，那么，他可以争得对方同意后进行搜查，但是他不能命令对方必须接受搜查。然而，对于多数直面警察的人而言，这二者之间的差别微乎其微——或者说，二者原本就毫无差别可言。"表面上看似请求的话语，却会因执法官员的制服、警徽、枪支以及言行举止而呈现异样的色彩。"[25]

为了有效区分"请求"与"命令"，警察需要做的全部事情仅在于：忠告相对人她有权拒绝执法官员的"请求"；而且，如果她拒绝的话，执法官员会尊重她的选择。但是，在施奈克罗斯案中，联邦最高法院以这么做"完全不切实际"[26]为由，拒绝实施上述要求。要求提出上述忠告很显然会侵蚀联邦最高法院所谓的"［同意］搜查的正当需要"[27]；但是，说这么做显得"不切实际"（就这一词语的日常语义来讲）却令人费解。

现如今，施奈克罗斯案已经成为判例法。据此，即使执法官员没有告知相对人享有拒绝执法官员"请求"搜查其人身、汽车或住宅的权利——而且，即使控方无法证明相对人知道她享有这样的权利——根据相对人的同意，依然可以构成同意搜查。因此，在施奈克罗斯案之后，刑事司法制度——至少就其重要方面而言——"的有效运转的确仰仗于公民基于对宪法权利的无知而作出的权利放弃"[28]（套用埃斯科韦多案中的表述）。

施奈克罗斯案关于同意搜查的分析方法同样出现在罗比内特案中（Ohio v. Robinette）。[29]被告人因超速被截停，副警长纽瑟姆——该人在根据汽车司机的同意对汽车进行同意搜查方面，可谓战果辉煌[30]——对他进行了口头

---

[24]　412 U. S. 218 (1973).

[25]　Caleb Foote, The Fourth Amendment: Obstacle or Necessity in the Law of Arrest 51 J. Crim. L. and Criminology and Police Sci., 402, 403 (1960).

[26]　412 U. S. at 231.

[27]　Id. at 227.

[28]　Cf. Escobedo v. Illinois, 378 U. S. 478, 490 (1964).

[29]　519 U. S. 33 (1996).

[30]　纽瑟姆作证说，在交通截停中，请求司机允许他对汽车实施搜查是一种常规做法。在另一起案件中，当被问及为什么要这样做时，他回答说："我需要这种做法。"（State v. Retherford, 639 N. E. 2d 498, 502 (Ohio Ct. App. 1994)) 他的确曾经多次使用这种做法。仅仅一年的时间，在实施交通截停之后，他请求司机允许他对汽车实施搜查，并在得到司机许可后，对汽车进行搜查的情形高达七百五十余次 (See id. at 503 note 3).

忠告并在归还他驾照的时候，问他："在你离开之前，我还有一个问题。你汽车里是否有非法运输的违禁品？诸如枪支、毒品或者其他类似物品呢？"[256]

在被告人给予否定回答之后，这名警官又问他是否可以对汽车搜查一下。被告人说可以。经过搜查，在汽车里发现了少量毒品。俄亥俄州最高法院判决认为，由于被告人的同意是在非法拘禁状态下作出的（考察交通截停的各个方面将会得出这一结论），由此发现的毒品属于这一非法拘禁行为的产物，所以，该证据应当予以排除。[257]为了防止警方将一项常规的截停"转化为针对不相关犯罪行为的钓鱼式探险"，同时也为了确保进行交通截停时所附带发生的警民接触真正出于民众的自愿，俄亥俄州最高法院提出了以下要求：警察完成交通截停任务之后，如果还想就不相关的犯罪行为对车辆进行搜查，必须事先给出以下忠告："此时此刻，你享有离开的自由"（或者具有同等意思的其他表述）。[258]

给我留下深刻印象的是，俄亥俄州最高法院在治理难以符合联邦宪法第四修正案要求的警察实践方面进行了勇敢的尝试。然而，几乎像所有人预料的那样，联邦最高法院撤销了该案的判决。首席大法官伦奎斯特撰写了该案的多数意见；他认为，对于因交通违章而受到拦截的汽车司机，在询问他们是否同意对其汽车进行搜查之前，要求警察告诉他们"享有离开的自由"，是"不现实的"[259]。

为什么说这么做不现实呢？值得注意的是，作为常规做法，纽瑟姆警官以及其他许多警察，在因交通违章而被截停的汽车司机准备离开以前，都会先问司机一系列问题，而后再问他们是否同意对他们的汽车实施搜查。令人不明白的是，为什么对已经拦截下来的司机进行忠告从而让他明白自己享有离开的自由，就会比纽瑟姆及其同行逐步征求司机同意的做法更浪费时间或者说更麻烦？

基于第三人授权的同意搜查也是如此。罗德里格斯案（Illinois v. Rodriguez）[260]告诉我们，如果警察有理由但错误地相信，第三人（在该案中，是事实上已经搬出公寓的被告人的女朋友）对于该房产享有共同共有的权利，那么，在没有令状授权的情形下，根据第三人同意进入被告人的住宅也是合法的。因此，尽管没有地方法官的搜查授权、没有合理根据的支持，也不存在需要采取紧急行动的紧迫性，警察依然可以根据第三人的"表见同意"（the seeming consent）进入个人的住宅。

在罗德里格斯案中，持反对意见的大法官强有力地争辩说，当面对究竟是选择第三方同意还是获取令状授权时，警察"应当申请司法令状；因此，

---

[256] Robinette, 519 U. S. at 35–36.

[257] State v. Robinette, 653 N. E. 2d 695, 698–99 (Ohio 1995).

[258] Id. at 696, quoted in Robinette, 519 U. S. at 36.

[259] See Robinette, 519 U. S. at 40.

[260] 497 U. S. 177 (1990). For extensive criticism of this case, see Thomas Y. Davies, Denying a Right by Disregarding Doctrine: How Illinois v. Rodriguez Demeans Consent, Trivializes Fourth Amendment Reasonableness, and Exaggerates the Excusability of Police Error, 59 Tenn. L. Rev. 1 (1991). See also Tracey Maclin, Justice Thurgood Marshall: Taking the Fourth Amendment Seriously, 77 Cornell L. Rev. 723, 796–99 (1992).

如果选择同意搜查的话，就必须接受可能存在的错误风险"[61]。但是，这一说法并没有打动持多数意见的大法官们。大法官斯卡利亚认为，"联邦宪法第四修正案并非［向个人］保证说，没有征得他的同意，其住宅就不会受到政府的搜查；而是保证说，不会发生'不合理的'搜查。"[62]——而且，如果警察"有理由相信（尽管这一判断是错的）同意他们进入住宅的授权人就是该房产的居住者"，那么，据此进行的搜查就不属于不合理的搜查。[63]

《纽约时报》的专栏作家威廉·萨菲尔曾经说过，"对于通勤人士而言，必须有一个强有力的理由才会促使他们购买汽车，并因此忍受堵车现象以及令人心痛不已的汽车维修账单"，而这个理由就是"那个被人称为'隐私'的神圣的凡俗之物"[64]。很明显，沃伦之后的联邦最高法院并不认同上述说法。自首席大法官沃伦离开联邦最高法院之后，在长达 35 年的时间里，联邦最高法院已经大幅度缩减了联邦宪法第四修正案给予汽车司机的隐私保护。

有太多的联邦最高法院判例可以支持上述论断。[65] 具有讽刺意味的是，最好的判例或许是警察显然具有合理根据截停汽车的判例。（例如，警察毫无疑问有合理根据认为某人违反了交通法规的某项规定，如超速、转向时没有打指示灯。）[66]

在雷恩案中，被告人承认他们违反了当地交通法规的某些规定。但是，他们坚持说，由于存在多如牛毛的交通法规和车辆设施规定，警察很容易指着任何人说他违反了其中的一条或几条；仅仅根据目击一项轻微的交通违章犯罪，警察就自动享有对汽车实施截停或逮捕汽车司机的正当理由——对于警察而言，这是一种极大的诱惑；会诱使他们将交通执法作为调查其他更严重违法行为的手段，尽管对于后者并不存在任何具体的犯罪嫌疑（no individual suspicion exists）。这些被告人争辩说，针对轻微交通违章行为，警方可以轻而易举地找到合理根据的支持，因此，这种合理根据根本无法为个

---

[61] 497 U. S. at 193 (Marshall, J., joined by Brennan and Stevens, JJ., dissenting).

[62] Id. at 183.

[63] Id. at 187.

[64] Quoted in Lewis Katz, Automobile Searches and Diminished Expectations in the Warrant Clause, 19 Am. Crim. L. Rev. 557, 517 note 79 (1982). See also the discussion of how private automobile transportation has shaped American society in David A. Harris, Car Wars: The Fourth Amendment's Death on the Highway, 66 Geo. Wash. L. Rev. 556, 576 - 78 (1998).

[65] See, e. g., California v. Acevedo, 500 U. S. 565 (1991)（无论警察是否有合理根据相信汽车里藏有毒品并在实施搜查时碰巧在那里发现了一个密闭的容器，也无论对于那个偶然发现的密闭容器是否具有合理根据，警察都可以对该容器实施无证搜查，即使是在锁着的后备箱里发现的容器，依然如此）；New York v. Belton, 453 U. S. 454 (1981)（即使警察没有理由相信车内藏有犯罪证据，只要他们有足够的理由对司机实施羁押性逮捕，无论是否已经给司机戴上了手铐、是否将司机带下了汽车，警察都可以对整个汽车内部（包括乘客座位的区域）进行搜查，包括汽车里的密闭的容器）；Thornton v. United States, 541 U. S. 615 (2004)（即使执法官员与被逮捕人接触时，被逮捕人已经下了车，依然可以适用贝尔顿规则（Belton rule supra））；Maryland v. Pringle, 540 U. S. 366 (2003)（因交通肇事而被依法截停后，在汽车后座扶手中发现毒品这一事实，使得警察有合理根据相信前座的乘客（显然指车里的全部乘客）可能持有违禁品）；Maryland v. Wilson, 519 U. S. 408 (1997)（在合法截停中，即使警察没有具体的证据怀疑汽车里的人可能持有武器或危险物品，他依然可以命令所有乘客包括汽车司机都下车）。

[66] Wren v. United States, 517 U. S. 806 (1996).

人不受任意的警察执法行为提供有效的保护。[267]

因此，这些被告人主张，联邦最高法院应当采取一种"原本"标准（a "would have" test）；据此，只有当一名理智的警察原本是基于执行交通法规的初衷对汽车实施截停或对汽车司机实施逮捕时，其交通截停或逮捕行为才合乎第四修正案的要求，或者——换句话说——如果一名理智的警察要不是出于某种隐含的目的或动机原本不会实施某一行为，而且，这一目的或动机本身根本不能作为警察行为的合法根据，那么，该警察行为即违反了联邦宪法第四修正案。

将这一标准应用于雷恩案的事实本来是一件很容易的事。在该案中，实施逮捕的执法官员是身着便衣的专案组副队长；他们开着一辆没有警察标志的汽车，在他们所谓的华盛顿特区"毒品犯罪高发区"进行巡逻。[268]根据华盛顿特区的警察条例，只有当违法行为"相当严重，以至于对他人的人身安全构成直接威胁时"[269]——这与雷恩案中的违法行为存在着天壤之别——才允许警察身着便衣、开着没有警察标识的汽车，查处交通违章行为。

然而，联邦最高法院通过大法官斯卡利亚撰写的判决意见，拒绝了上述分析思路（而且令人吃惊的是，根本没有大法官表示反对）。该案判决认为，只要在同样情形下，其他执法官员（因为目睹了交通违章行为）也会实施截停或逮捕，那么，该交通截停或逮捕行为就是允许的；而毋庸考虑一个理性的执法官员如果不是出于查处交通犯罪之外的其他原因或动机（如凭直觉认为汽车司机或车上的乘客持有毒品或枪支），是否会实施此类截停或逮捕行为。

雷恩案之后，不管警察出于什么样的动机，不管警察内部条例关于查处交通违章存在什么样的规定，也不管警察部门的一般做法或常规实践是什么，只要有足够的理由认为有交通违章行为发生，据此实施的交通截停行为就符合联邦宪法第四修正案的要求。简言之，雷恩案之后，根本不存在所谓的作为执法借口的交通截停行为。

恰如威廉·斯顿茨所言：

> 在一个法律将微不足道的行为都规定为犯罪的社会，或者，在一个常规交通违章也视为犯罪行为的社会，要求逮捕必须具有合理根据，可能也就毫无意义。为了就重大犯罪行为实施搜查或对嫌疑人进行询问，执法官员可以根据轻微犯罪进行逮捕——任何人都会违反交通法规。这种做法允许在事前毫无嫌疑根据的情况下，对被怀疑是毒品贩子的人实

　　[267]　另外，有理由相信警察会假借执行交通法规为名，基于汽车司机的头发太长、着装风格或者种族肤色等原因，对他们实施骚扰。See Angela J. Davis, Race, Cops and Traffic Stops, 51U. Miami L. Rev. 425 (1997); David A Harris, "Driving While Black" and All Other Traffic Offenses: The Supreme Court and Pretextual Traffic Stops, 87 J. Crim. L. & Criminology 544 (1997); Tracey Maclin, "Black and Blue Encounters"-Some Preliminary Thoughts about Fourth Amendment Seizures: Should Race Matter?, 26 Va, U. L. Rev. 243 (1991) David A. Sklansky, Traffic Stops, Minority Motorists, and the Future of the Fourth Amendment, 1997 Sup. Ct. Rev. 271.

　　[268]　Whren, 517 U. S. at 808.

　　[269]　Id. at 815 (quoting the Metropolitan Police Department , Washington, D. C. , General Order) .

施逮捕或搜查——而这恰恰属于合理根据标准禁止的行为。[270]

（三）卡多佐著名格言的修正

七十多年以前，当卡多佐写下"因为警察犯错而让犯罪人逍遥法外"[271]这一名言时，甚至于在 1961 年当联邦最高法院将排除规则作为联邦宪法第十四修正案正当程序条款的一部分适用于各州时，搜查和扣押规则可能确实不当地限制了警察的执法活动——当然是在理论意义上。但是，事实已经不是这样了。

马普案曾经产生过巨大的影响。无论沃伦法院是否有意为之或者曾经预见到了这种结果，马普案及其嗣后判例大幅度澄清并简化了搜查和扣押方面的规则——尤其是以有利于警察执法为导向。由于排除规则的核心内容以及联邦宪法第四修正案保护的适用范围已经变得如此狭小，警察可以安全运作的空间变得非常之大，卡多佐的那句著名格言已经过时了。现如今，犯罪人几乎不会——如果说曾经有过的话——因为警察犯下了信用的或技术性错误而逍遥法外。如果犯罪人确实逍遥法外的话，极有可能是因为警察公然藐视联邦宪法第四修正案——犯了严重的错误。

■ 六、尾论

或许会有马普案的批评者将我前文讨论的所有搜查和扣押判例（以及其他我未曾提及的判例）朝着拥护排除规则的人重新扔回来。她或许会说，这些判例表明，就避免"让有罪的被告人逍遥法外"而言，排除规则给法院系统造成了巨大的压力。而且，她或许会说，如果马普案没有将排除规则适用于各州的话，联邦宪法第四修正案或许就不会被赋予如此狭义的理解。

因此，大法官圭多·卡拉布雷西最近评论说：

> 自由主义者应该痛恨排除规则才是；因为就我的经验而言，排除规则对于联邦美国隐私权的大幅度滑坡负有最主要的责任。事实上，排除规则对于削弱隐私保护的影响远远大于对其他任何领域的。
>
> ⋯⋯⋯⋯⋯⋯
>
> 法官群体——尽管政治家们对此持相反的意见——不会因为技术方面的原因让犯罪逃脱制裁。如果技术性因素对法官有影响的话，也只能是因为技术性原因将有罪之人绳之以法⋯⋯

这意味着，在两可案件中（close case），法官将决定本案中搜查、扣押或者对隐私的侵犯是否合理。于是，该案件的承诺将成为此后案件

---

[270] William J. Stuntz, The Uneasy Relationship Between Criminal Procedure and Criminal Justice, 107 Yale L. J. 1, 7 (1997). See also Harris, supra note 264, at 559 - 60.

[271] See note 54 supra.

的先例。当遇到下一个两可案件时，也就有先例可循了：同样的事实以同样的方式产生影响，并作出同样的判决。液压式效果……或者光滑的斜坡，意味着法院系统将持续不断地扩张其所认可的合理搜查和扣押的范围。[272]

但是，排除规则的批评者忽略了以下事实：有效的排除规则替代方式（如具有实质意义的侵权救济或行政制裁）同样会产生巨大的压力，从而让调整搜查和扣押的规则变得"更有利于警察"（police-friendly）。[273]

恰如蒙拉德·保尔森在马普案判决前夜所言：

> 无论何时，当这些规则通过具有实质意义的制裁手段付诸实施时，我们的注意力将会转向这些制裁方式的具体内容。那些以抽象方式表达的、令人感到宽慰的自由之辞，在适用于充满争议的事例时，总是令人感到困惑不已。事实上，付诸实施的任何警察规则都会产生一种削弱该规则自身的压力。[274]

不容否认，排除规则的影响之一是缩小了联邦宪法第四修正案原本应当保护的领域——当然这是理论上的保护领域。但是，一个缩小了的但受到认真对待的第四修正案，依然要比一个扩张的、壮观的但仅仅存在于理论世界的第四修正案好一些。此外，缩小第四修正案的适用范围无疑是我们以任何方式贯彻实施该修正案时都必须付出的代价——对于任何切实发挥作用的救济手段而言，皆然。

恰如本文上一节以相当篇幅讨论的那样，排除规则已经付出了这样的代价。但是，无论关于搜查和扣押的要求曾经显得多么不切实际，如今这些要求已经达到了有史以来的最高水平；而且，这些要求已经不再"是游戏的障碍，而是一种针对任意且反复无常之警察行为的保护"[275]。也正因为如此，与1914年或1961年采纳排除规则时的判例相比，现今继续适用排除规则的判例显得更加坚定有力。

---

[272] See Calabresi, supra note 82；Slobogin, supra note 82.

[273] 如果对违法的警官提起民事诉讼是实现联邦宪法第四修正案的基本方式，那么，将会对法院造成极大的压力并促使其认定受到质疑的搜查行为是"合理的"。如果这种基本方式是部门的内部纪律制裁，其后果依然如此。其原因在于，如果非法搜查造成的损害，可以常规性地用以反对那些违反联邦宪法第四修正案的执法官员，或是导致这些官员被停薪停职或要求他们支付实质的罚金，警察"将会不敢去进行那些本应实施的搜查活动"。Myron W. Orfield, Jr., Comment, The Exclusionary Rule and Deterrence：An Empirical Study of Chicago Narcotics Officers, 54 U. Chi. L. Rev. 1016, 1053 (1987). See also William J. Stuntz, The Virtues and Vices of the Exclusionary Rule, 20 Harv. J. L. & Pub. Pol'y 443, 445 (1997)："（实现第四修正案）常见的法律工具——损害赔偿、罚款、刑事惩罚——可能得不偿失。如果一名官员因为作出了错误的逮捕决定而面临严重的损失，他就会减少错误的逮捕，但同时正确的逮捕也会随之减少。"

[274] Paulsen, supra note 171, at 256.

[275] Paulsen, supra note 152, at 66.

吉迪恩案与斯特里克兰案：没有兑现的诺言

大卫·科尔（David Cole）*

* 本文的部分内容节选自以下文献：David Cole, No Equal Justice: Race and Class in the American Criminal Justice System (New Press, 1999). 我衷心感谢我的研究助手布赖恩·巴克为本文写作所作的出色准备工作。

在宪法化刑事诉讼程序中，除了米兰达案（Miranda v. Arizona），可能再也找不到哪个案件像吉迪恩案（Gideon v. Wainwright）这么有名了。1963 年，联邦最高法院判决宣布，在严重的刑事案件中，贫穷的被告人有权获得一名由州政府付费的律师。吉迪恩案是《纽约时报》前专栏作家安东尼·路易斯那本流行著作《吉迪恩的小号》（Gideon's Trumpet）的主题。路易斯的这本著作后来又被拍成了好莱坞电影，并由亨利·方达饰演克拉伦斯·厄尔·吉迪恩——一位将自己案件成功上诉到联邦最高法院的流浪者。事实上，吉迪恩的故事极其经典——如果不知道这是一起真实故事，你可能会误以为这是好莱坞剧作家构思出来的。

吉迪恩是一位失业的佛罗里达籍公民；1961 年，因破门闯入一家台球场并试图从自动售货机里偷钱被判有罪。在审判中，他无力聘请律师，而且，当时佛罗里达州法律和联邦法律也并不要求必须向他提供一名由州支付报酬的律师。他进行了自行辩护，并最终被判有罪。入狱后，吉迪恩在牢房里潦草地写了一个便条，然后寄给了联邦最高法院。在便条中，他对他审判中没有获得律师的帮助提出了异议。联邦最高法院每年收到一千多份上诉申请，但几乎所有这些申请都会被拒绝；即使有些申请是由大律所的律师帮助提出的，结果依然如此。但是，联邦最高法院将吉迪恩手写的便条视为一份"调卷令申请"，并据此批准了他的上诉请求，同意对吉迪恩案进行审理。之后，联邦最高法院指定艾贝·福塔斯——当时全美最受人尊敬的律师之一，后来他本人也成了联邦最高法院的大法官——在联邦最高法院的上诉程序中担任吉迪恩的代理人。福塔斯是华盛顿州著名律师事务所"阿诺德、福塔斯与波特（Arnold，Fortas and Porter）联合律师事务所"的冠名合伙人之一；接受指定后，他聘请了一名正在暑期实习的法学院学生协助他完成该案的代理活动。这位学生名叫约翰·哈特·伊利，当时只是一个名不见经传的普通学生，但是，后来他成了全美最重要的宪法学者之一，曾在耶鲁法学院任教，后转任斯坦福大学法学院院长；他关于美国宪法的著作，是同类著作中最具影响力的文献之一。[①] 当时，联邦最高法院判决认为，联邦宪法第六修正案保证所有贫穷的刑事被告人都能够获得一名由州付费的律师的帮助。在重新审理中，吉迪恩获得了律师辩护，并被判无罪。

吉迪恩的故事再次重申了美国司法制度中最好的那些内容。就像雷霍肖·阿尔杰（Horatio Alger）式人物 * 一样，吉迪恩战胜了贫穷，不是因为他赚了很多很多的钱，而是因为他在刑事司法制度中确立了一项最为重要的权利。他的故事表明，我们的司法制度可以服务于我们当中那些最容易受到伤害的人；通过他的努力，法律承认了正式的宪法性权利并让这种服务成为可能。随着在重新审判中被宣告无罪，他谱写了一曲感人的故事：一个无辜者受到了错误指控，但最终在美国法律最强有力的制度保护下赢得了胜利。

此外，吉迪恩案予以承认的权利——或许可以称得上是美国刑事司法制

---

* 霍雷肖·阿尔杰（Horatio Alger，1832 年 1 月 13 日—1899 年 7 月 18 日）是 19 世纪美国一位相当多产的作家。阿尔杰的小说因描写擦鞋匠、报童、小贩、卖艺人以及其他行业的穷人小孩如何从贫困潦倒的家境中奋斗成长为受人尊敬的殷实的中产阶级而闻名。——译者注

① John Hart Ely, Democracy and Distrust：A Theory of Judicial Review（1950）.

度核心命题中一项至关重要的权利——直接关系着平等对待的承诺，即如果有钱人可以聘请律师而穷人却只能自行辩护，那么，任何人"在法律面前平等"的承诺就只能是昭然若揭的幻觉。因此，尽管吉迪恩案所认可的律师帮助权（the right to counsel）很明显属于联邦宪法第六修正案的要求，但是，该权利同样也是平等保护的必然要求。

但是，吉迪恩的故事并非律师帮助权的真实故事；真正关于该项权利的故事是大卫·勒罗伊·华盛顿（David Leroy Washington）的故事——这是一个难以令人同情的主人公，而且其故事也并不那么引人入胜。华盛顿的案件没有被改编成电影，而且，迄今为止，也没有谁试图将其写成一本书。但是，实事求是地讲，恰恰是华盛顿的案子，即联邦最高法院1984年作出的斯特里克兰案（Strickland v. Washington），决定了穷人律师帮助权的实际内容。由于华盛顿是在吉迪恩案之后接受审判的，在审判中，他得到了一名由州支付费用的律师的帮助；所以，他的主张不是因为他没有获得律师的帮助，而是没有获得律师的有效辩护（effective representation）。在斯特里克兰案中，联邦最高法院宣告，所谓律师帮助权就是获得律师有效辩护的权利（the right to effective assistance of counsel）。但是，根据它确立的"有效"标准，事实上意味着穷人根本享受不到适格的辩护。如果吉迪恩许下了一个保证穷人不受贫穷因素影响的正义承诺，那么，斯特里克兰案则违背了这一承诺，因为后者允许不平等的因素大获全胜，平等仅仅成了一个空洞的符号。

吉迪恩案的确产生了影响。只要州试图剥夺刑事被告人的自由，就必须为被告人指定一名律师。斯特里克兰案阐释了"有效辩护"这一承诺的含义，但是；在现实生活中，只要州提供的是一个拥有法律学位和律师资格证的活人，其他因素就都变得毫无意义了。毫无刑事诉讼经验的房地产律师，也有资格为严重刑事案件进行辩护；在审判过程中，即使律师酣然入睡或者酒醉不醒，也同样符合适格性要求。在联邦最高法院的规则中，没有任何因素会激励各州增加投入以保证贫穷被告人享有适格的辩护；相反，所有的激励机制都旨在鼓励以下趋势：在穷人辩护律师身上花费的钱越少越好。因此，一般而言，贫穷被告人的辩护律师工资低，工作量大，而且没有足够的资源展开充分的调查和辩护。而这一切将最终由贫穷被告人来买单：以他们的自由，有时候甚至是他们的生命作为代价。

还是让数字来说明吧！就全国而言，我们每年在刑事司法领域的花费超过1 465亿美元。[2] 其中，超过一半的开支用于警察与检察官——他们一起承担着侦查、发现犯罪与刑事起诉的任务。相对之下，在联邦系统每年的刑事司法投入中，贫穷的被告人只能分享到1.3%的份额；在各州与联邦系统刑事司法投入的总量中，也只占2%的份额。[3] 我们在检察官身上的花费是

---

② Bureau of Justice Statistics, Sourcebook of Criminal Justice Statistics-2002, at 2（Table 1.1）（reporting on figures from fiscal year 1999）.

③ Bureau of Justice Statistics, Sourcebook of Criminal Justice Statistics-1993, at 2（Table 1.2）（reporting on total state and federal expenditure figures from fiscal year 1990）; Bureau of Justice Statistics, Sourcebook of Criminal Justice Statistics-1996, at 14（Table 1.12）（reporting on federal spending from fiscal year 1996）.

刑事辩护律师的两倍。④英格兰和威尔士，在每个贫穷刑事被告人身上的花费大概是每人 34 美元；而在美国，每人只有 10 美元左右。⑤ 许多州还为刑事辩护补偿设置了不切实际的上限。例如，伊利诺伊州规定，每一起轻微犯罪案件，最高补偿不得超过 150 美元；辩护一起重罪案件，最高补偿不得超过 1 250 美元。由于补偿标准如此之低，以至于几乎没有律师愿意签约从事此类工作。⑥ 1990 年，肯塔基州花在每名贫穷被告人刑事案件上的平均费用只有 162 美元⑦；因此，这一年，该州在贫穷被告人身上总共花了 1 140 万美元，尚不足该州财政预算的 1/1 000；比肯塔基州州立大学体育预算还少 400 万美元。⑧ 与此同时，公设辩护人却不得不承担多得惊人的案件量。在纽约的某些区域，公设辩护人每年要处理 1 600 起刑事案件；在宾夕法尼亚州，2000 年，18 个公设辩护人要处理 8 000 起刑事案件。⑨

　　几乎是从吉迪恩案判决之日起，各种蓝丝带委员会（Blue-ribbon commission）*就已经负责任地注意到了上述缺陷。⑩ 然而，在切实兑现穷人也享有有效辩护的承诺方面，我们几乎是毫无进展可言。斯特里克兰案讲述了联邦最高法院为什么没有兑现吉迪恩案中戏剧性地许下的诺言，以及它是如何做到这一点的。联邦最高法院肯定不是这一问题的唯一罪魁祸首；相反，政治程序也应当承担相当大的责任。但是，如果考虑到贫穷的刑事被告人明显缺乏政治上的影响力，而且，如果考虑到，在否定贫穷被告人享有适格律师方面存在着强大的激励因素，那么，就保证实现吉迪恩案中许下的平等承诺而言，联邦最高法院无疑负有特殊的责任。然而，在斯特里克兰案中，通过将显然难以让人接受的现状作为"有效"律师辩护的宪法基本底线，联邦最高法院务实地向贫穷被告人保证：他们只能依靠自己的运气，而不是通过州

---

　　* 蓝丝带行动小组（Blue-ribbon panel，sometimes called a blue-ribbon commission），作为一个非正式的术语，一般用来指称那些被指派调查或研究特定问题的特殊人员。一般而言，这些人员享有一定的独立性，不受政治因素或其他当局机关影响；而且，他们就所调查事项一般也不享有任何直接的权力。此类行动小组的价值在于其成员可以借助他们的专业技能查明事实真相或提出完善的建议，以供决策者参考使用。——译者注

　　④　American Bar Assn, Gideon's Broken Promise：America's Continuing Quest for Equal Justice 14 (2004).

　　⑤　Id. at 8.

　　⑥　Id. at 9 – 10.

　　⑦　7 Edward C. Monahan, Who Is Trying to Kill the Sixth Amendment?, Crim. Justice 24, 27 (Summer 1991).

　　⑧　Id.

　　⑨　ABA, Gideon's Broken Promise, supra note 4, at 17 – 18.

　　⑩　See id.；Richard Klein & Robert Spangenberg, The Indigent Defense Crisis 10 (Aug. 1993)(prepared for ABA Section on Criminal Justice Ad Hoc Committee on the Indigent Defense Crisis)（该文讨论了贫穷被告人辩护援助制度当前面临的危机，并指出，美国律师协会于 1979 年、1982 年和 1986 年已经报告了类似问题）；President's Commission on Law Enforcement in Administration of Justice, The Challenge of Crime in a Free Society (128)(1967)（该文公开批评了人人享有律师辩护权这一理念与"流水生产线式司法"（"assembly line justice"）之间的巨大差距）；National Legal Add and Defender Association, The Other Face of Justice (1973)（该文报告了贫穷被告人辩护援助制度负荷过重、经费不足等问题）；S. Krantz, D. Rossmann, P. Froyd & J. Hoffman, Right to Counsel in Criminal Cases (1976)（该项为执法助理办公室（the Law Enforcement Assistance Administration）展开的研究，批评了关于贫穷被告人刑事辩护的经费短缺问题）；Norman Lefstein, Criminal Defense Services for the Poor 2 (1982)（这是一项为美国律师协会进行全国性调查研究；该研究发现，"在美国，成千上万原本应当享有律师帮助权的数百万却并没有享有到有效的刑事辩护"）；The American Bar Association, the National Legal Aid and Defender Association, Gideon Undone! The Crisis in Indigent Defense Funding 1 – 3 (1982)（该研究发现，经费短缺往往导致贫穷被告人无法得到充分的辩护）。

法律权利的方式获得有效辩护。而且，拒绝兑现吉迪恩案许下的承诺并非只是一个错误，相反，这或许是一项最有意义的机制——由此，法院系统和美国社会保证：保障权利得以兑现的负担不能由全体美国公民来承担。

■ 一、吉迪恩案：律师帮助权的诞生

1963 年以前，吉迪恩案（Gideon v. Wainwright）宣布的律师帮助权尚处于羽翼未丰的状态。像绝大多数权利一样，律师帮助权是随着时间推移逐步发展而来的，而且是通过一步步积累，最终发展成为吉迪恩案所确立的权利样态。这一发展历程的起点并非联邦宪法第六修正案——该修正案保证"在任何刑事诉讼中，被告人应当享有……获得律师帮助辩护的权利"——而是第十四修正案。第十四修正案仅仅用相当宽泛的术语规定说，未经"法律正当程序"不得剥夺任何人的生命、自由或财产。

律师帮助权始于正当程序权利的原因在于，关于第六修正案的最初理解非常有限。第六修正案旨在防止联邦法院系统接纳英国的普通法实践，即积极地阻止遭受重罪指控的被告人聘请律师，即使被告人愿意且有能力支付律师费用也不行。在当时的 13 个殖民地中，有 12 个殖民地拒绝将这一普通法规则作为州法律加以适用。⑪ 第六修正案的目的仅仅在于要求联邦法院系统也这么做而已。

但是，在联邦刑事审判中，获得律师帮助的宪法权利最初并不包含由联邦政府支付律师费用的权利。一般而言，联邦宪法并不要求联邦政府对于那些主张宪法权利的人负有积极的帮助责任。宪法只规定联邦政府不能做什么，一般不会规定联邦政府必须做什么。例如，尽管父母享有送孩子上私立学校的宪法权利⑫，但是，贫穷的家庭并不享有要求联邦政府支付私立学校学费的权利。

当然，有一些不错的理由认为，对于刑事审判中的律师帮助权应当采取截然不同的立场。绝大多数刑事被告人穷得请不起律师。大约 80％的刑事被告人是穷人。⑬ 在州监狱里，大约有四分之三的在押犯是由公设辩护人或其他公共资金支付报酬的律师负责辩护的。⑭ 如果没有外界的援助，绝大多数刑事被告人只能自行辩护。这样一来，将会让对抗制诉讼沦为一场闹剧，因为对抗制诉讼的初衷在于通过公正的对抗发现事实真相。一个令人信服的论据是：除非诉讼双方都有律师协助，否则，刑事诉讼程序将毫无公正可言。此外，刑事司法制度立足于法律面前人人平等这一命题之上，如果只有有钱的被告人才能享受律师的帮助，这一说法也就难以为继了。

---

⑪ Powell v. Alabama, 287 U. S. 45, 64 - 65 (1932) .

⑫ Pierce v. Society of Sisters, 268 U. S. 510 (1925) .

⑬ Caroline Wolf Harlow, Bureau of Justice Statistic, Defense Counsel in Criminal Cases 1 (Nov. 2000)；Bureau of Justice Statistics, Indigent Defense 1 (Dec, 1995) .

⑭ Id.

多年来，呼吁赋予被告人指定辩护权的律师们提出了以下理由：他们争辩说，联邦宪法第六修正案保障被告人享有指定辩护的权利，指定律师的费用应当由联邦政府承担。他们认为，没有辩护律师参与的审判活动本质上是不公正的，而且违反了第十四修正案的正当程序条款。他们声称，让刑事被告人的权利仰赖于他是否拥有聘请律师的足够财力，违反了第十四修正案的平等保护条款。当今法院所认可的律师帮助权即立足于上述三项论据。

联邦最高法院解决这一问题的最初思路是诉诸正当程序条款。1932年，联邦最高法院撤销了九名年轻黑人的定罪判决——他们被指控在一列从查塔努加开往孟菲斯的货运列车上强奸了两名年轻白人女性[⑮]；他们在亚拉巴马州斯科茨伯勒地区受到审理并被判有罪。这些被告人在斯科茨伯勒市被押下了火车。之后，他们险些被当地暴民处以私刑；然而，仅仅过了几天时间，他们就被迅速定罪并判处死刑。审判时，成千上万的白人聚集在法院门外，高声疾呼。这些被告人请不起律师，于是，法官指定斯科茨伯勒市全体律师（共六人）作为他们的辩护人。但是，只有一名律师同意为他们辩护，而且，就这位律师而言，也只是在开庭日上午才接触到了案件。不用说，他根本没有时间准备辩护或展开调查。一些远在查塔努加市的被告人的家人聘请了一名田纳西州的律师来帮助这些被告人，但是，这名律师从未学过亚拉巴马州的法律，而且，也只是在庭审开始之前与这些被告人会见了一小会儿。由白人组成的陪审团将这八名被告人全部判处死刑。之后，美国共产党获得了这些被告人的上诉代理权，并将这起斯科茨伯勒案升格成了全国甚至具有国际影响的案件。

斯科茨伯勒案上诉到联邦最高法院之后，联邦最高法院以初审法院剥夺了这些被告人的正当程序权利为由撤销了他们的定罪判决。联邦最高法院判决认为，正当程序条款要求刑事审判必须具有最基本的公正性，而且，至少在具有特殊情形时，这一最基本的公正性要求必须为被告人指定辩护人。尽管斯科茨伯勒案的这些被告人形式上被指定了律师，但是，联邦最高法院认为，指定这些辩护律师只是为了做样子看。

然而，斯科茨伯勒案是独一无二的案件。联邦最高法院清楚地指出，该案判决仅针对本案极其特殊的极端事实："现在，必须作出决定的事项是——我们也的确是这么判决的——在死刑案件中，如果被告人无力聘请律师，而且，由于愚昧无知、心智脆弱、目不识丁以及类似原因不能进行充分的自行辩护，那么，无论被告人申请与否，基于法律正当程序的基本要求之一，都必须为他们指定律师进行辩护。"[⑯] 因此，斯科茨伯勒案并没有解决以下问题：在非死刑案件中，或者，如果被告人并非"心智脆弱"之人，是否应当为其指定辩护律师。

六年后，在约翰逊案中（Johnson v. Zerbst）[⑰] 联邦最高法院判决认为，在所有联邦刑事审判中，根据联邦宪法第六修正案的要求，如果被告人无力

---

⑮　斯科茨伯勒审判是本书第一章讨论的主题。See Michael J. Merman, Powell v. Alabama: The Supreme Court Confronts "LegaL Lynchings".

⑯　Powell v. Alabama, 287 U. S. at 71.

⑰　304 U. S. 458 (1938).

聘请律师，联邦政府应当为其聘请律师。联邦最高法院论证说，联邦宪法第六修正案之所以规定律师帮助权"表明它务实地承认以下显而易见的事实：即，当被告人面对有权剥夺其生命或自由的审判机构时，普通的被告人并不具有保护自身的法律职业技能"[18]。然而，由于大约 90％的刑事案件是在州法院系统进行审判的，所以仅适用于联邦审判程序的约翰逊案的作用相当有限。四年之后，联邦最高法院于 1942 年拒绝将上述权利扩张适用于州刑事审判。就像权利法案最初规定的其他权利一样，联邦宪法第六修正案根据其字面规定只能适用于联邦政府。时光荏苒，联邦最高法院通过对联邦宪法第十四修正案正当程序条款的解释，将权利法案中那些"对于有序自由具有根本意义"的保护"合并"到了正当程序条款之中，并适用于各州。但是，在贝茨案中（Betts v. Brady）[19]，联邦最高法院判决认为，为贫穷被告人指定辩护律师的权利并非"基本权利"。因此，各州依然享有通过一边倒的程序——控方由律师担任，而被告人却只能自行辩护——对贫穷被告人提出指控并裁判其有罪的选择权。

刑事被告人也以平等保护条款对不能获得律师帮助提出了质疑。1956年，联邦最高法院作出了有利于贾德森·格里芬的判决。格里芬是一名被判持枪抢劫罪的穷人，因其无力支付初审卷宗副本的费用，上诉法院驳回了他的上诉请求。联邦最高法院的判决意见开门见山地指出，"如果一个人所能享有的审判活动取决于他有多少钱，那么，也就没有司法平等可言了"，并判决说，如果州仅仅因为被告人无力支付初审卷宗的复印费而驳回其上诉请求，则有悖于平等保护条款。[20]

在克拉伦斯·吉迪恩的案件上诉到联邦最高法院以前，联邦最高法院已经以联邦宪法第六修正案、正当程序条款和平等保护条款为根据，就刑事案件中贫穷被告人获得法律帮助问题展开过讨论。因为已经有所铺垫，联邦最高法院在吉迪恩案中推翻了贝茨案（Betts v. Brady），并判决说，贫穷被告人获得律师帮助的权利事实上是一项用于所有刑事案件——既包括联邦也包括各州刑事案件——的"基本权利"。大法官哈兰在本案协同意见中指出，在某种意义上，吉迪恩案的判决可以看作是联邦最高法院在斯科茨伯勒案中迈出的开拓性步伐的必然进展。斯科茨伯勒案以降，联邦最高法院以没有指定辩护律师为由，认定其构成"根本不公正"的审判，因而违反正当程序的刑事案件范围越来越广。但是，根据斯科茨伯勒案的分析方法，对此需要诉诸耗时费力且效率低下的逐案审查方式，而且，无法就何时应当为被告人指定辩护律师给下级法院或州立法机关确立一个明确的标准。此外，斯科茨伯勒案的经验教训是，要想让被告人获得公正的审判，那么，在极其严重的犯罪案件中，就必须给每个被告人一名律师。与此同时，各州也逐渐开始在州刑事案件中认可了被告人获得律师帮助的权利，因此，在联邦最高法院作出吉迪恩案判决时，佛罗里达州早已经要求这么做了。在吉迪恩案中，联邦最高法院放弃了逐案审查的方法，转向更容易执行的一揽子规则；并重申了它

---

[18]　304 U. S. at 462-63.

[19]　316 U. S. 455 (1942).

[20]　Griffin v. Illinois, 351 U. S. 12 (1956).

之前针对联邦刑事案件而宣布的"显而易见的事实":"在我国刑事对抗制度下,如果移交法院的被告人穷得请不起律师,那么,除非为他指定一名辩护律师,否则,根本无法保证其受到公正的审判。"

二、斯特里克兰案:律师帮助权的覆灭

如果说吉迪恩案是一个试图确立律师帮助权之理想的案件,那么,大卫·勒罗伊·华盛顿案可能算得上是阐释律师有效辩护之具体参数的最糟糕判例。1976 年 9 月,在为期两周的时间里,大卫·勒罗伊·华盛顿接连实施了三起犯罪:抢劫并杀害了一名牧师(因为该牧师是一位同性恋)。在被害人家里,当着被害人 3 个妯娌的面(华盛顿将她们捆起来并在嘴里塞上了东西),抢劫并杀害了一名女性;之后,他又分别朝那 3 个妯娌的头部开枪,打死了她们。绑架了一名男性,并乱刀将其刺死。

华盛顿被逮捕并被控可能判处死刑的谋杀罪以及抢劫、破门而入他人住宅、绑架等多项相关罪状,法庭指定公设辩护人比尔·汤基为其辩护。就指定辩护律师而言,汤基算得上是一名经验相对丰富的律师了。他曾经做过三年的检察官,近四年的刑事辩护律师。在此期间,作为出庭律师,他大约处理过一千多起案件。负责华盛顿案定罪后救济程序的主审法官赞扬汤基说"他是达德县最优秀的刑事辩护律师之一"[21]。如果考虑到为其他可能判处死刑的被告人进行辩护的指定律师往往从未接触过刑事案件,那么,至少可以说,华盛顿还是相当幸运的。

公允地说,华盛顿是一个比较难对付的委托人,他一再无视汤基的忠告。汤基让他不要和警察说话,华盛顿却就三起谋杀罪向警察进行了自白。汤基建议华盛顿选择陪审团审判,华盛顿却放弃了陪审团审判的权利并作有罪答辩。当汤基建议华盛顿根据佛罗里达州要求由陪审团建议是否适用死刑时(an advisory jury for capital sentencing),华盛顿再次拒绝了这一忠告并放弃了这一权利。

至少,在案件的最初阶段,华盛顿对于汤基的表现毫无怨言。在他做有罪答辩时,初审法官曾经问他对于其辩护律师的表现是否满意,当时,华盛顿的回答是,"我想说的是,我认为,这应该是我所能找到的最好律师了。"而且,他还说,"如果凡事由他决定的话,他可能会把官司打到联邦最高法院去。但是,我告诉他,我宁愿做有罪答辩,因为当我自知有罪时,再去隐匿自己的罪行就没有什么意思啦!"[22]

但是,当华盛顿面临死刑判决时,他的态度陡然发生了变化。死刑案件的审判分为两个阶段。第一个阶段决定罪与非罪,由于华盛顿作了有罪答辩,这一阶段也就没有存在的必要了。第二个阶段,一般而言也是更为重要的阶段,则完全着眼于量刑问题。在此阶段,陪审团(或法官,在本案中是

---

[21] Strickland v. Washington, Appendix to Petition for Certiorari at A216.

[22] Strickland v. Washington, Brief of Petitioner, 11 - 12.

法官）需要判断是否存在制定法明确规定的"各种严重情节（aggravating factors）"——这些严重情节旨在确定是否构成罪大恶极的杀人罪（the most heinous murder）；之后，法官或陪审团必须将这些严重情节与被告人提出的"各种从轻情节（mitigating factors）"进行权衡。——从轻情节包括不幸的童年、吸毒、醉酒或精神方面存在问题，以及有关努力工作、曾经为国家效力、在押期间表现、家庭关系等内容的证据。简言之，任何可能让法官或陪审团给被告人留一条生路（即判处其终身监禁而非死刑）的因素都可以。

在死刑案件中，由于是否构成犯罪通常并不存在什么争议，因此，律师真正的工作往往在于集中精力准备量刑程序。毕竟量刑程序才真正决定着被告人的生死。死刑案件都具有判处终身监禁的可能性，即使被告人的罪行再清楚不过，依然如此。由于在量刑程序中，被告人几乎可以提出任何他认为可能对他有帮助的证据，所以，为了做好量刑程序的准备，必须就被告人的成长经历展开全面的调查，以期发现可能存在的从轻证据。在进行量刑调查期间，汤基曾经去监狱会见过华盛顿，曾经通过电话与华盛顿的妻子和母亲进行过交谈，但是，汤基并没有和她们进行面谈。而且，汤基没有试图寻找品格证人，也没有要求对华盛顿进行精神病检查、要求了解华盛顿的成长经历，甚至没有要求缓刑官提交量刑调查报告（pre-sentence investigation report）。事后，他解释说，他之所以选择不提这方面的证据是因为他不想"打开品格证据的大门"，让检察官在量刑程序中就华盛顿犯罪历史或精神状态提出新的证据。同时，他还抱怨说，华盛顿的所作所为令他感到"无助"，而且很难与华盛顿的家人取得联系——这种说法似乎与其所作所为自相矛盾。

在定罪后的救济程序中，重新为华盛顿指定的一名律师争辩说，汤基的行为构成了无效辩护。尽管没有一个上诉法院判决说汤基的表现构成无效辩护，但是，他们就究竟依据什么样的标准来判断一名辩护律师的行为是否构成"无效辩护"存在着极大的争议。佛罗里达州法院系统以及联邦地区法院采取的是一套标准，美国联邦第五巡回上诉法院的合议庭阐释了另外一套标准，而第五巡回区全体法官联席会议（the Fifth Circuit en banc）适用的则是第三套标准。㉓ 这种歧见纷呈的现象表明了当时法院系统在判断标准上的混乱局面。这一现象最终归咎于以下原因：尽管长期以来联邦最高法院一直主张被告人有权获得律师的"有效辩护"，但是它从来没有为法官判断律师的表现是否符合"有效辩护"的要求提供任何指导。

在斯科茨伯勒案中——这是第一起论及需要为被告人指定律师的判例——联邦最高法院第一次详尽地解释说，律师帮助权暗含了"有效辩护"的要求。㉔ 在这起案件中，几名被告人都获得了指定律师的帮助，但是，并没有获得实质意义上的辩护。如前所述，联邦最高法院认定，在特定情形下，没有向被告人提供有效的律师辩护将导致审判程序根本不具有公正性，因而违反了正当程序条款。如果对律师辩护的否定可以构成一项正当程序请求，那么，只有当其程度达到致使整个审判活动根本不具有公正性时，才属

㉓ See, Strickland v. Washington, 466 U. S. 668（1984）, Brief for Petitioner, 76 – 52, and decisions cited therein.

㉔ Powell v. Alabama, 287 U. S. 45（1932）.

于对被告人宪法权利的侵害。因此，根据这种正当程序审查思路，关于辩护是否有效的分析不可避免要以逐案分析的方法，考察整个审判活动以及辩护律师在法庭审理中所发挥的作用。根据这种方法，绝大多数法院判决说，只有当律师的表现致使法庭审理活动变成"一场荒唐的司法闹剧"时，才违反了正当程序的要求。㉕

然而，1970 年，联邦最高法院判决认为，联邦宪法第六修正案本身要求律师"必须具有刑事案件律师所必需的能力"㉖。如果获得有效辩护的权利源于第六修正案的律师帮助权而不是第五修正案的公正审判，那么，关于无效辩护的审查似乎应当诉诸截然不同的标准。由于第五修正案最终关注的因素是公正审判，因此，根据第五修正案进行的分析必然需要考察整个审判活动。但是，第六修正案确定的权利是一项更为具体的权利，该权利旨在保障被告人在可能判处监禁刑的刑事审判中，必须获得律师的帮助。因此，在判断是否违反第六修正案时，似乎不需要对整个审判活动的正当性作出评价，而仅仅需要考察律师的表现即可。

针对这些主张，法院系统开始就根据第六修正案提出的无效辩护请求发展出一套不同的判断标准。一些继续坚持"一场荒唐的司法闹剧"标准的法院系统，似乎根本没有意识到需要转向第六修正案的分析方式。㉗ 但是，大多数法院拒绝适用上述标准，而代之以新的标准：该标准需要审查两方面的因素，即律师的表现以及律师表现造成的影响——对于后者，通常称为"不利影响（prejudice）"。其中，就律师表现而言，绝大多数法院适用的是"违规"标准（"malpractice" standard）；该标准要求被告人能够表明，其辩护律师的表现尚且达不到适格律师的一般辩护水准。㉘ 但是，这是一个极具主观的审查，而且，这种审查只是简单地将辩护现状视为"有效辩护"，而不考虑这一辩护现状事实上是否足以为被告人提供真正有效的辩护。还有一些法院适用"辩护指南"标准（"guidelines" approach），据此，他们将根据律师的最低职责要求或者辩护指南对律师的所作所为作出评判。㉙ 在适用这些标准时，法院往往会参考美国律师协会的相关标准。例如，联邦第四巡回区法院要求：刑事辩护律师在最低限度上必须及时与其委托人进行协商；根据需要，告知其权利并告知他有关辩护的相关信息；就事实问题和法律问题展开适当的调查；保证有足够的时间准备辩护。㉚ 同样，加州最高法院引用美国律师协会制定的关于辩护功能的标准（the ABA's Standards Relating to the Defense Function），为本州刑事辩护律师确定了一系列基本职责，其中包括：就可能存在的辩护事实和法律展开调查的义务；与委托人进行协商并告知其相关权利；在等待审判期间为其申请保释；根据具体情况，提出排除

㉕　See, e. g. , Diggs v. Welch, 148 F. 2d 667, 669 (D. C. Cir. 1945) .

㉖　McMann v. Richardson, 397 U. S. 759, 711 note 14 (1970) .

㉗　United States v. Yanishefsky, 500 F. 2d 1327, 1333 (2d Cir. 1974) .

㉘　J. Eric Smithburn & Theresa L. Springmann, Effective Assistance of Counsel: In Quest of a Uniform Standard of Review, 17 Wake Forest L. Rev. 497, 506 – 07 (1981) .

㉙　Id. at 607 – 08.

㉚　Coles v. Peyton, 389 F. ad 224, 226 (4th Cir. 1968) .

非法证据的动议或在审前进行精神病鉴定的动议。[31] 由于辩护指南标准适用起来更具客观性，而且，可以就应当遵守什么样的要求给了律师和法院一个明确的指示，所以，理论界事实上普遍倾向于这一标准。然而，持批评意见的人争辩说，这样的标准可能会让律师辩护过度官僚化。也就是说，律师更关心在所承担的任务事项上画钩而不是为其委托人提供尽可能的服务。然而，辩护指南并不是束缚律师手脚的枷锁，相反，其目的仅仅在于确定为了进行适格的辩护，律师最低限度上必须完成哪些工作。

就何谓"不利影响"问题，下级法院也存在分歧。就此，分歧主要有两点：被告人必须有证据表明存在什么样的不利影响，以及应当由谁就不利影响承担证明责任。大多数法院已经注意到，联邦最高法院已经将有效辩护的权利视为第六修正案律师帮助权的延伸，因此，要求被告人有证据表明，辩护人的不当表现在实质意义上有损于辩护。少数法院则要求一种更加困难的不利影响证明——如果辩护人具有适格能力的话，审判结果将会截然不同。由于后一标准事实上要求对整个审判活动进行考察，因此，该标准似乎又从后门重新引入了已经被法院系统基本摈弃不用的"一场荒唐的司法闹剧"标准。

就是否产生了不利影响，究竟是应当由被告人还是控方负证明责任，下级法院同样存在着不同意见。绝大多数法院注意到，与控方相比，被告人更容易掌握有关辩护律师表现的证据，因此，他们不仅要求被告人提出证据表明律师的辩护活动不适格，而且要求被告人就这种不适格的表现可能对其辩护产生了实质性影响承担证明责任。[32] 但是，也有一些法院要求由控方承担证明责任。它们认为，一旦被告人有证据表明其辩护律师的表现不适格，那么，就应当由控方就辩护律师的不适格表现并没有对诉讼结果造成实质性影响承担证明责任；就像当被告人指出刑事指控中存在其他宪法瑕疵时，控方必须证明属于"无害错误"一样。[33]

因此，在斯特里克兰案中，当联邦最高法院最终接手这一问题时，下级法院系统关于这一问题的处理方法为联邦最高法院准备了一系列的备选标准。最终，联邦最高法院采纳了双叉分析标准。但是，就其中子标准之一的选择而言，却明显属于既有标准中最有利于控方的方案。关于律师的表现，联邦最高法院判决认为，被告人必须有证据表明，其辩护律师的表现"不符合适格辩护的职业化要求（the wide range of professionally competent assistance）"[34]。联邦最高法院重点指出，负责审查该问题的法院"必须坚持以下强有力的推定，即辩护律师的行为符合合理辩护的职业化要求"，并适用"高度尊重律师"的审查标准（a "highly deferential" standard of review）。[35] 由于联邦最高法院坚持认为，第六修正案并不是为了"提高法律代理的质量"，所以，它从根本上限制了以下无效辩护主张：即，辩护律师的表现在

---

[31]　People v. Pope, 23 Cal. 3d　412, 590 P. 2d 859, 152 Cal. Rptr. 732 (1979).

[32]　Smithburn & Springmann, supra note 28, at 510.

[33]　See, e. g., Coles v. Peyton, 389 F. 2d at 227.

[34]　Strickland, 466 U. S. at 690.

[35]　Id. at 689.

实质意义上低于刑事辩护的现行标准。㊱ 而且，联邦最高法院还以辩护指南施加太多限制为由，拒绝采纳辩护指南标准。㊲ 它警告说，法院系统应当避免对律师行为作出事后诸葛亮式的判断；相反，一般情况下法院应当尊重辩护律师的"战术"选择——即使站在刑事辩护律师立场上，法院根本不会这么选择时，亦应如此。㊳ 与"一场荒唐的司法闹剧"标准——长期以来该标准基本上已经被法院系统摒弃不用了——的可能例外规定相呼应，上述标准至少像斯特里克兰案以前一些法院关于此类判断标准的界定一样，令被告人不堪重负。

在被告人有证据表明造成了"不利影响"方面，联邦最高法院的选择也是现有标准中最沉重的方案。它不仅将证明责任全部放在了被告人的肩上，而且要求被告人不仅要有证据表明律师的不当表现对其辩护造成了实质影响——当时多数下级法院也是这么要求的——而且还必须表明，如果辩护律师适格的话，"有合理的盖然性表明（a reasonable probability）诉讼结果将会截然不同"㊴。该标准基本上颠倒了通常的"无害错误"分析。对于绝大多数违宪行为，法院系统奉行以下推定，即，除非控方能够表明，该错误是无害的，也就是说，即使不存在这一错误，诉讼结果也不会有所不同——否则，将推定该错误对审判活动产生了影响。与此相对，对于无效辩护主张，适用的推定却是：除非被告人能够证明，如果辩护律师的表现更好的话，有合理的盖然性表明诉讼结果将会截然不同，否则，即使辩护活动糟糕透顶，依然推定对审判活动没有造成任何影响。像这样的问题，由于在界定时需要借助无视既有事实的推测和猜想（"如果怎么怎么样的话，将会产生什么样的效果？"），所以，由谁承担证明责任往往具有决定性意义。

归根结底，联邦最高法院没有支持"一场荒唐的司法闹剧"标准，但是，在斯特里克兰一案中，它却在既有有关无效辩护的审查标准中，选择了对被告人最不利的标准。联邦最高法院这么做显然是基于以下担心：如果这一标准太低以至于很容易就可以满足的话，无效辩护的主张将会像雪崩一样压来。然而，联邦最高法院似乎完全忽略了问题的另一面：由于联邦最高法院为有效辩护设置了如此低的标准，糟糕透顶的辩护活动也会因此受到"有效辩护"的庇护。事实上，联邦最高法院的选择或许已经产生了最坏的后果。由于其标准具有相当程度的开放性，而不是像"辩护指南"标准那样具有明确性，所以，在提出无效辩护申请时，几乎无法预测最终的判决结果。而且，由于联邦最高法院所确立的标准盲信盲从地将辩护现状视为有效辩护的判断标准，所以，该标准对于各州改善贫穷被告人法律代理质量的既有标准毫无激励作用。斯特里克兰案的事后影响表明，刑事辩护的现状令人担忧，而联邦最高法院所确立的标准只能让这一现状更加根深蒂固。

事实证明，斯特里克兰案所确立的标准是一个被告人难以达到的标准。

㊱ Id.

㊲ Id. at 688.

㊳ Id. at 689 – 90，699.

㊴ Id. at 694.

辩护律师即使在审判过程中睡了一小会儿[40]，或者辩护律师在庭审期间服用了海洛因或可卡因[41]，或者辩护律师允许其委托人穿着与犯罪凶手实施犯罪时一模一样的运动衫和鞋子出庭应诉[42]，或者辩护律师在审判前承认他根本没有就案件的法律或事实问题做任何准备[43]，或者在死刑案件中，指定辩护的律师根本说不出一起联邦最高法院的死刑判例[44]，法院系统依然会拒绝认定这些行为构成了无效辩护。在一起可能判处死刑的谋杀案中，尽管被告人的律师"在每次开庭时都会喝大量的白酒……他早上喝，法庭休庭期间喝，整个晚上也在喝……而且，（在遴选陪审团时）他甚至曾经因醉酒驾驶在去法院途中被捕（血液中的酒精浓度是 27%）"，但是，法院依然认定其辩护属于有效辩护。[45]

再来看肯塔基州判处死刑的格雷格里·威尔森案吧。对于死刑案件中为贫穷被告人进行辩护的律师，肯塔基州只支付极低的报酬，以至于为威尔森指定援助律师的法官不得不在法院大门上挂了一个牌子，牌子上用大写字母写道："请向那些绝望之人伸出援助之手！（Please Help—Desperate）"[46] 当地的律师威廉·哈格多恩决定担任威尔森的援助律师。然而，如果没有哈格多恩的援助，威尔森的处境或许还会更好一点儿。哈格多恩此前从来没有为死刑案件辩护过。他没有自己的办公室，只有为数不多已经过时的法律书籍。他在自己家里弄了一间房子当办公室——这间房子的突出特征是有一块闪烁着"百威"字样的牌子。有一位控方证人对于哈格多恩的描述是"一个远近闻名的酒鬼"。在诉讼中，哈格多恩只递交了一份审前动议，没有做总结陈词、没有和控方的任何证人进行过面谈、没有聘请一名专家证人。在最关键的证人作证时——这是一名病理学专家——哈格多恩甚至根本不在法庭内。然而，事后，各级法院依然认定哈格多恩的辩护活动属于"有效辩护"。

根据联邦最高法院在斯特里克兰案中所作的应当尊重律师选择的指示，法院系统往往以那是律师的"战术"选择为由，宽宥那些糟糕透顶的辩护行为。但是，恰如斯特里克兰案本身表明的那样，几乎任何不当的辩护表现，事后律师都可以将其称为"战术选择"。例如，戴博拉·佩尔察克的律师没有向陪审团做开庭陈述，而且，当检察官将佩尔察克的先前定罪记录作为证据提出时，律师也没有提出反对；此外，在庭审期间，该律师还患有阿兹海默氏症（Alzheimer's disease）。但是，法院却判决认为，这些过失属于"战术选择"，不构成无效辩护。[47] 有法院曾经解释说，"尽管多数理性的律师在法庭审理中不会出现本案辩护律师的那些所作所为，但是，除非有证据表

[40] People v. Tippins, 173 A. D. 2d 512, 570 N. Y. S. 2d 581 (N. Y. App. 1991).

[41] People v. Badia, 159 A. D. 2d 577, 552 N. Y. S. 2d 439 (N. Y. App. 1990).

[42] People v. Murphy, 96 A. D. 2d 625, 464 N. Y. S. 2d 882 (N. Y. App. 1983).

[43] People v. Dalton, 140 A. D. 2d 993, 529 N. Y. S. 2d 927 (N. Y. App. 1988).

[44] Stephen B. Bright, Counsel for the Poor: The Death Sentence Not for the Worst Crime but for the Worst Lawyer, 103 Yale L. J. 1835, 1839 (1994) (describing Birk v. Montgomery, 725 F. 2d 587, 601 (11th Cir. 1984), cert. denied, 469 U. S. 874 (1984)).

[45] People v. Garrison, 765 P. 2d 419, 47 Cal. 3d 746 (Cal. 1989).

[46] Skein & Spangenberg, Indigent Defense Crisis, supra note 10, at 5 - 6.

[47] Pilchak v. Camper, 741 F. Supp. 782 (W. D. Mo, 1990), aff'd, 955 F. 2d 145 (8th Cir. 1991).

明，在当时情形下，没有任何理性的律师会这么做，否则，法院根本不会作出无效辩护的认定。"⑱

法院系统还会以被告人无法证明造成"不利影响"为由，常规化地拒绝无效辩护的主张。对不适格律师所作所为造成的损害进行评估是一件极其困难的事情，因为这种损害往往不会出现在冰冷的案卷记录里。律师没有进行某项调查、辩论或交叉询问的影响，本质上具有推测性质。例如，死刑辩护律师史蒂芬·布赖特曾经争辩说，一名优秀律师的高明之处往往表现在以下方面：与被告人的家人和证人和睦相处、争取有利辩诉交易结果的协商能力、老练地对陪审团候选人进行询问、积极展开调查——这些东西根本不会出现在审判记录里。⑲ 当陪审团适用开放性规则时（就像他们在决定是否判处死刑时那样），关于不利影响的证明将变得更加困难。此时，法院又怎么能确定如果辩护律师提出某项从轻证据的话，陪审团在对"从轻证据"与"从重证据"进行权衡时会得出不同结论呢？恰如新泽西州最高法院大法官阿伦·汉德勒指出的那样，"当某项判断变得非常主观的时候，关于以下问题的评估也将变得更加困难：适格的代理活动将会对该判断产生什么样的影响？"⑳ 然而，在死刑案件中，尽管被告人的律师在量刑程序中没有调查或提出从轻的证据，法院系统依然会认定并未造成不利影响，并据此常规化地驳回无效辩护的申请。㉑

在联邦最高法院判决斯特里克兰案当天，它同时还判决了另外一起"无效辩护"案件，即科洛尼克案（United States v. Cronic）。在该案中，立足于它为"有效辩护"设定的低标准，联邦最高法院不愿意根据以下客观标准对贫穷被告人的辩护质量提出全面质疑：指定律师究竟有多少资源或时间来准备本案的辩护。哈里森·科洛尼克的案件并非死刑案件，却是一起相当复杂的案件。他被指控以开空头支票的方式骗取了九百多万美元。为了调查和准备起诉科洛尼克，控方花了四年半的时间。科洛尼克聘请的律师在最后关头拒绝为科洛尼克进行辩护，于是，法庭为科洛尼克指定了一名律师——这是一名从来没有在陪审团面前辩护过的房地产律师；法官给予这位新指定的律师准备辩护的时间只有 25 天。经审理，科洛尼克被定罪并被判 25 年监禁刑。

在科洛尼克案中，上诉法院认为，没有必要根据庭审笔录审查科洛尼克律师犯了哪些具体错误，因为本案的客观情形已经对其辩护准备工作造成了巨大障碍。该法院论证说，"因缺乏辩护准备和经验所造成的不利影响，是难以准确估量的"㉒。因此，该法院着眼于以下客观因素：科洛尼克律师有多少准备时间、案件的复杂程度以及指定律师的经验怎样。该法院认定说，这些因素表明已构成无效辩护，而毋庸考虑庭审中指定律师的具体表现。

⑱　Rogers v. Zant, 13 F. 3d 384, a86 (11th Cir. 1994).

⑲　Stephen B. Bright, Counsel for the Poor, supra note 44, at 1864.

⑳　State v. Davis, 561 A. 2d 1082, 1116 (N. J. 1989) (Handler, J., dissenting).

㉑　See, e. g., Wilkerson v. Collins, 950 F. 2d 1054, 1065 (10th Cir. 1992).

㉒　United States v. Cronic, 675 F. 2d 1126, 1128 (10th Cir. 1982).

联邦最高法院撤销了上诉法院的判决，并拒绝了上诉法院的分析方法。[53]联邦最高法院认为，除非存在极端情形（如，全面否定了辩护律师的参与，辩护律师根本没有对控方的指控进行任何对抗性检验，或者就像斯科茨伯勒案那样，指定辩护人只是为了做做样子），否则，必须推定辩护律师的服务是适格的；为了证明其无效辩护的主张，被告人负有证明责任，在案件卷宗中指出律师犯了哪些具体错误。受此影响，几乎不可能以没有足够的经费支持和相关资源为由，对是否获得联邦宪法第六修正案所赋予的充分辩护权提出体系化的质疑；相反，对于根据第六修正案提出的诉讼请求，必须以逐案裁量的方式作出判断。[54]

由于斯特里克兰案与科洛尼克案为无效辩护的证明设定了高标准，无效辩护的请求几乎没有几件能够遂愿。自 1989 年 1 月 1 日起至 1996 年 4 月 21 日止，加州最高法院共收到 103 件无效辩护申请，其中驳回 94 件，3 件要求展开进一步的事实调查而发回重审，得到支持的只有 6 件。在同一时期，联邦第五巡回区法院收到无效辩护的申请 158 件，其中驳回 142 件，发回 10 件，得到支持的只有 6 件。这些数据明确地传递了以下信息：大多数的辩护代理是充分的，只有少数具有极端情形的案件才会因无效辩护而撤销原判。最终，无效辩护的标准更多不是在保护被告人不会受到糟糕律师的影响，而是将刑事被告人通常遇到的、低质量的代理活动正当化了。被认定无效辩护的律师如此之少——该事实传递了这样一种信息：刑事辩护活动总体而言都属于有效辩护。这反过来又将刑事司法制度扭曲的结果正当化了——在该制度下，那些无力购买高质量辩护的人根本不可能获得高质量的辩护，因此，也不可能富有成效地提出宪法方面的诉讼请求。

一般情况下，获得一名不适格但又不构成宪法意义上"无效辩护"的律师，不仅意味着不会有力地捍卫被告人的权利，而且，还意味着一揽子剥夺了被告人的这些权利。根据"程序迟误"（procedural default）方面的规则——该规则庇护了律师对其委托人犯下的罪错和疏漏——如果律师没有及时提出某项异议和论据，除非属于极端例外的情形，否则，其委托人将因此丧失要求任何法院对此进行审查的权利。例如，罗杰·基思·科尔曼的律师误读了地方法院的规则，以至于递交上诉申请的时间迟误了三日；受此影响，上诉法院无权对他吐出的几项法律理由进行审查，科尔曼被执行死刑。[55]由于我们维持并容忍这样一种针对贫穷被告人的不充分的辩护体制，辩护中的错误也就完全可以想象了。我们不愿意为犯错误较少的指定律师支付更高的费用，联邦最高法院也不愿提出这样的要求。于是，绝大多数错误的最终

---

[53] United States v. Cronic, 466 U. S. 648 (1984).

[54] 最近有评论者指出，"就其本性而言，斯特里克兰标准属于事后分析（an ex post analysis）。因此，无论时间或资源方面的限制是否限制了律师提供充足辩护的能力，都不能依据该标准预先对律师的辩护活动是否有效提出质疑。"Note, Effectively ineffective: The Failure of Courts to Address Underfunded Indigent Defense Systems, 118 Harv. L. Rev, 1731, 1732 (2005). 上述言论在某种程度上夸大了诸如斯科茨伯勒案表现出来的那种问题。在极端情形下，关于辩护资源和时间的限制或许已足以构成无效辩护。但前文作者试图证明，即使在法院系统已经对贫穷被告人辩护援助制度提出体系性质疑（systemic challenges）这一极其罕见的情形下，也"难以推动长期有效的改革。"Id. at 1733, 1735 - 41.

[55] Coleman v. Thompson, 501 U. S. 722 (1991); Wainwright v, Sykes, 433 U. S. 72, 84 - 51 (1977).

原因与被告人自己无关，而取决于以下因素：我们这个社会不愿意——而且，联邦最高法院作为这一程序的守护人也不要求——保证贫穷被告人获得充分的律师代理。而根据"程序迟误"规则，这些错误的后果不是由这个社会承担，而是由那些贫穷的被告人承担。

▆ 三、后果：贫穷被告人刑事辩护的现状

联邦最高法院的规则对于政治部门应当为贫穷被告人的辩护援助提供充足的经济支持没有施加任何压力。既然只有当辩护律师的表现远远低于辩护现状时才会被认定为"无效辩护"，政治部门事实上也就没有任何动力去改善辩护现状了。而且，由于好的辩护表现成本较高——一方面因为优秀的律师要收取更高的费用，另一方面则因为优秀的律师往往会从有利于其委托人的角度递交更多的动议、提出更多的法律问题——所以，各州和联邦政府更乐于减少贫穷被告人辩护援助方面的预算。最后，由于受此影响的阶层主要是贫穷的刑事被告——他们绝大多数来自少数族裔——所以，要求改变这一现状的政治压力很小或者说几乎没有。

现如今，贫穷被告人的辩护援助制度究竟糟糕到了何种程度呢？本文开篇展示的那些数字表明：无论是将穷人辩护援助的经费预算与检察官相比，还是与其他国家相比，与从事同等法律工作的律师所能赚到的钱相比，这一经费预算都糟糕到了极点。2004年，也即吉迪恩案判决四十多年以后，美国律师协会发布了一份关于刑事诉讼中律师辩护权的报告。该报告指出，贫穷被告人获得辩护的"不充分程度令人汗颜"，而且，美国贫穷被告人的辩护援助"处于岌岌乎可危的状态，因而使得这一制度缺少最基本的公正性，并让穷人一直冒着错判的风险"[56]。

在美国各州中，一半以上的州为每起刑事案件的法律援助费用规定了最高限额。[57] 例如，在肯塔基州，制定法关于死刑案件辩护援助补助的最高限额是12 500美元。[58] 研究表明，就一起死刑案件而言，律师准备辩护和出庭需要花费100到1 500个小时的时间，平均时间投入介乎300至600小时之间。[59] 如果一个律师在肯塔基州为一起死刑案件辩护花了500小时——这是

　　[56]　ABA, Gideon's Broken Promise, supra note 4, at v.

　　[57]　See The Spangenberg Group, Rates of Compensation for Court-Appointed Counsel in Non-Capital Felonies at Trial, July 2002 (American Bar Associational, available at http://www.abanet.org/legalservices/downloads/sclaid/indigentdefense/compensationratescapital2002 - table.pdf.

　　[58]　The Spangenberg Group, 2002 Update on Rates of Compensation for Court-Appoint ed Counsel in Capital Cases at Trial: A State-by-State Overview 5 (April 2003).

　　[59]　The Spangenberg Group, A Study of Representation in Capital Cases in Texas 61 (March 1993); see also Norman Lefstein, Reform of Defense Representation in Capital Cases: The Indiana Experience and its Implications for the Nation, 29 Ind. L. Rev. 495, 516 - 17 (1996). (该文讨论多项的调查研究成果) 此外，这些调查研究结果本身也受到了资助经费有限的影响。专家们估计说，就一起死刑案件进行充分全面的准备，至少需要1 000个小时。其中，定罪阶段500小时，量刑阶段需要500小时。Panel Discussion: The Death of Firless?, Counsel Competence and Due Process in Death Penalty Cases, 31 Hous. L. Rev. 1105, 1108 (1994).

一个适中的工作量——那么，她每小时的报酬就只有 25 美元。此后，她每多工作一小时，将会在实质意义上降低她每小时工作的报酬。在非死刑案件中，每小时的报酬明显更低，即使是非常严重的重罪亦然。例如，在田纳西州和马里兰州，对于所有非死刑案件，制定法规定的最高法律援助费用是 1 000美元。[60] 伊利诺伊州制定法规定的最高限额是 1 250 美元。[61] 在弗吉尼亚州，对于轻罪，现行最高法律援助费用是 112 美元；对于绝大多数重罪，是 398 美元；对于可能判处 20 年以上刑罚的重罪，是 1 096 美元。[62] 一份为 1993 年弗吉尼亚州律协联合大会（the Virginia General Assembly and State Bar）准备的研究报告认为，如果将间接费用考虑在内的话，在死刑案件中，刑事援助律师实际得到的报酬每小时只有 13 美元。[63] 尽管各州制定法均规定，法官可以不受最高限额的限制，但是，法官几乎不会批准更多的报酬。[64]

在密西西比州的一起死刑案件中，两个富有经验的律师在准备辩护和出庭辩护上分别投入了 449.5 小时和 482.5 小时。他们递交了一百多份动议，提出了两个相互关联的上诉申请。其中，由于控方试图使用证人在催眠后提供的证言，这使得辩护方不得不聘请专家证人来讨论催眠的效果如何。本案的审前听证持续了 9 天，法庭审理本身持续了 4 个星期。因此，每个律师在法庭上就待了接近 200 个小时。然而，密西西比州制定法为每起死刑案件规定的最高补偿限额是 1 000 美元；因此，这些律师每小时的报酬只有 2 美元多一点。[65] 按照大法官鲁本·V·安德森的说法，"连法庭报告员的报酬都比这些刑事辩护律师多"[66]。

然而，密西西比州最高法院维持了这一最高限额的规定。该法院拒绝了以下请求：如此之低的法律援助报酬威胁到了被告人获得有效辩护的权利。该法院认为，"在足以构成无效辩护的为数甚少的案件中，上诉法院可以根据逐案审查的方法作出认定并加以处理。"[67] 具有讽刺意味的是，该法院对于两位律师的以下请求却表现出更大的同情：以如此报酬指定他们提供法律援助，事实上等于在没有得到公正补偿的情形下拿走了他们的财产。该法院通过对制定法进行创造性的解释就这一请求作出了回应：除了制定法规定的 1 000美元——该法院将这视为"净收益"——还允许这两位律师就其间接费用和现金支付的费用获得补偿。[68] 据此，现如今，在密西西比州，接受指定为贫穷被告人进行辩护的律师至少可以实现收支平衡了。但是，无论法庭

[60] Spangenberg Group, Rules of Compensation for Court-Appointed Counsel in Non-Capital Felonies at Trial, supra note 57.

[61] S. C. Code Ann. § 17-3-50 (Law. Co-op. 1990).

[62] The Spangenberg Group, A Comprehensive Review of Indigent Defense in Virginia 45-47 (2004).

[63] Klein and Spangenbeg, Indigent Defense Crisis, supra note 10, at 7; The Spangenberg Group, A Study of Representation in Capital Cases in Virginia (1993).

[64] Albert C. Vreeland, III, The Breath of the Unfee'd Lawyer: Statutory Fee Limitations and Ineffective Assistance of Counsel in Capital Litigation, 90 Mich. L. Rev. 626, 628 note 23 (1991).

[65] Pruett v. State, 674 So. 2d 1342 (Miss. 1990).

[66] Id. at 1350 (Anderson. J., dissenting).

[67] Wilson v. State, 574 So. 2d 1338, 1341 (quoting State ex rel. Stephen v. Smith, 747 P. 2d 816, 881 (Kan. 1987)) (companion case to Pruett).

[68] Id. at 1341.

审理持续了多长时间，也无论他们为案件付出了多少时间，除间接开支之外，他们从来不会获得多于 1 000 美元的法律援助费。[69]

与密西西比州最高法院的保证恰恰相反，"无效辩护"的规定不可能像安全网一样对抗指定辩护制度必然滋生的滥用现象。由于无效辩护的标准将刑事案件的一般辩护质量作为判断基准——其中，在这些案件中，有 80% 的被告人是穷人——而且，只有那些极端背离这一基准的行为才会认定为"无效辩护"，因此，这一标准几乎不可能对辩护的一般质量——该辩护是通过支付不切实际的低额报酬获得的——发挥任何监督作用。例如，在亚拉巴马州，自该州制定法规定处理一起刑事案件最高补偿费用不得超过 1 000 美元以来，14 年间，法院系统认定无效辩护的死刑案件只有三起。[70]

每小时较低的报酬以及制定法关于法律援助费用上限的规定，促使从事此类工作的律师办理案件的数量超出了他自身能够合理处理的数量。[71] 受此影响，贫穷被告人的案件事实调查不充分、法律研究不全面，已经成了司空见惯的现象。1986 年的一项研究发现，在纽约，在所有指定辩护的谋杀案件中，有 3/4 的案件；在指定辩护的非谋杀案件中，有 82% 的案件，律师甚至没有会见过他们的委托人，更不用说独立展开事实调查活动了。[72] 在 92% 的杀人案件中，指定的援助律师没有递交过证据开示的动议，75% 的案件甚至根本没有递交过一份审前动议。[73] 尽管在每起杀人案件中控方都会聘请医学专家证人，但是，只有 17% 的杀人案件，援助律师咨询过专家证人。[74] 该研究得出的结论是，法庭指定的援助律师"是法庭的职员，而不是为贫穷被告人展开对抗的辩护人……该制度只愿意指定那些可以通过成本低廉、处事简便的服务以贯彻该制度目的的律师，而排斥那些根据对抗制方式理解其辩护职能的律师"[75]。

尽管不充分的辩护费用无疑是贫穷被告人获得有效辩护的最大障碍，但是，并非是这方面的唯一障碍。绝大多数的司法辖区，对于代理贫穷被告人的指定律师没有资历方面的要求。受此影响，几乎毫无相关辩护经验的律师被指定担任援助律师，是一种极其常见的现象。查尔斯·贝尔是密西西比州一起死刑案件的被告人，他的援助律师只是一名刚刚从学校毕业不久、从来没有完整参与过一起刑事案件的法学院学生。[76] 唐纳德·帕拉迪的援助律师，

[69] 在一起涉及指定私人律师为死刑案件辩护的案件中，路易斯安那州最高法院也得出了类似结论。该法院判决认为，尽管必须补偿辩护律师的现金花费以及间接开支，但是，对于律师提供的服务则无须支付费用，因为后者原本就是"公益律师"职责（"pro bono pulico" obligations）的有机组成部分。该法院驳回了以下请求：即贫穷被告人的辩护权与指定辩护律师的报酬补偿问题密切相关；并将后者视为一个独立的律师权力问题。State v. Wigley, 624 So. 2d 425 (La. 1993).

[70] Marcia Coyle, Counsel's Guiding Hand is Often Handicapped by the System It Serves, Nat's L. J., June 11, 1990, at 35.

[71] Paul Calvin Drecksel, The Crisis in Indigent Criminal Defense, 44 Ark. L. Rev. 363, (1991).

[72] Michael McConville & Chester L, Mirsky, Criminal Defense of the Poor in New York City, 15 N. Y. U. Rev. L. & Soc. Change 581, 758 (1986 - 87).

[73] Id. at 761, 767.

[74] Id. at 764.

[75] Id. at 901 - 2.

[76] Bell v. Watkins, 692 F. 2d 999, 1008 (5th Cir. 1982).

在接受指定为可能判处死刑的谋杀案进行辩护时，才刚刚通过司法考试 6 个月，而且，在法学院学习期间，从来没有上过刑法、刑事诉讼法或法庭辩护等课程，此前也从来没有为刑事被告人辩护过。[77] 比利·桑地·伯特因涉嫌谋杀，在佐治亚州接受审判；法庭为其指定了辩护律师，但是，当要求该律师说出一些他所熟悉的刑事判例时（任何法院作出的判例都行），该律师竟然只能说出米兰达和德雷德·斯科特案（Dred Scott v. Sanford）（其中，米兰达案要求，警察在实施羁押询问以前必须给犯罪嫌疑人一系列警告，这是一起只要在电视上看过警匪片，几乎人人皆知的著名判例。德雷德·斯科特案则根本不能算得上是一起刑事案件）。[78]

具有讽刺意味的是，有效辩护的最后一项障碍竟然是法官本人——在多数情形下，正是由他们负责为贫穷被告人指定辩护人的。尽管许多法官无疑会尽其所能地为被告人指定适格的辩护人，但是，法官群体也或许倾向于指定那些他们知道不会制造太多麻烦的律师。例如，在加州长滩市，罗恩·斯利克就常常被指定为贫穷的被告人进行辩护，他的委托人被判死刑的人数比其他律师都多。当地的一名公设辩护人解释说，法官群体之所以喜欢指定斯利克是因为，他总是能够立即到庭参与审判，即使看上去他并没有足够时间进行准备时亦然。[79] 据《洛杉矶时报》所言，尽管"复杂死刑案件的庭审往往会持续几周甚至几个月……斯利克有时却只需花几天的时间"[80]。

同样，在得克萨斯州的休斯顿，乔·弗兰克·坎农被频繁地指定为死刑案件辩护。他曾经吹嘘说，他可以"以闪电般的速度"完成一起刑事审判。哈里斯县刑事律师协会的前主席在其附誓陈述中指出，"哈里斯县的法律圈普遍认为"，之所以指定坎农，是"因为他承诺会帮助法院尽快处理这些案件"[81]。曾经有人指控他说，在庭审期间他曾多次进入梦乡。他的委托人中，被判死刑的就有 10 个。[82]

与此相比，如果一名律师表现称职且致力于维护委托人的利益，那么，基于同样的原因，他会发现他很难被指定为援助律师。乔治·肯德尔是全美有色人种协会法律辩护和教育基金会旗下的一名经验丰富的死刑辩护律师，1984 年，当维克多·罗伯茨被判死刑时，他曾经主动接手罗伯茨的案件为其进行辩护。1992 年，在联邦法院系统，他证明案件初审期间存在若干的违宪行为，并据此要求对该案进行重审并获得胜诉。然而，当罗伯茨案发回重审后，佐治亚州费耶特县的一名当地法官却拒绝指定肯德尔为该案进行辩护。[83] 在联邦最高法院撤销托尼·阿马德奥的死刑判决后，资深的死刑辩护

---

[77]　See Paradis v. Arave, 954 F. 2d 1483, 1490 - 91 (9th Cir. 1992).

[78]　See Bird v. Montgomery, 725 F. 2d 587, 598 note 25 (11th Cir.), cert. denied, 469 U. 8. 874 (1984); see Bright, Counsel for the Poor, supra note 44, at 1839.

[79]　See Ted Rohrlich, The Case of the Speedy Attorney, L. A. Times, Sept. 26, 1991, at A1.

[80]　Id.

[81]　See Burdine v. Johnson, 262 F. 2d 336 (5th Cir. 2001)(en banc)（该案判决认为，由于坎农在死刑案件审判的实质环节睡着了，因而，其辩护构成无效辩护）.

[82]　See Paul M. Barrett, Ladder's Fast Work on Death Cases Raises Doubts About System, Wall Street J., Sept. 7, 1994, at A1.

[83]　See Roberts v. State. 438 S. E. 2d 905, 906 (Ga, 1994).

律师史蒂芬·布赖特与威廉·华纳在佐治亚州也受到了同样的冷遇。在重新对阿马德奥德进行的量刑程序中，初审法院拒绝指定他们为本案辩护；相反，法院指定了两名在死刑量刑方面毫无经验的律师作为辩护人。布赖特和华纳不得不向佐治亚州最高法院提起上诉，而上诉的目的仅仅是要求法院指定他们继续担任他们曾经在美国联邦最高法院为其赢得胜诉的那个被告人的辩护人。[34]

为什么初审法院的法官们很少指定称职的辩护律师？而且，对指定明显可以起更大作用的律师持抵触态度呢？就像 O.J.希普森案展示的那样，有能力的辩护律师不仅会让检察官的日子不好过，而且会让法官感到为难。来自史蒂芬·布赖特美国南部人权中心的律师，都是死刑案件的专家。在诉讼过程中，他们通常会递交 50 到 100 份审前动议，而且，在决定生还是死的量刑阶段，他们会投入相当多的时间和资源挖掘并提出从轻量刑的证据。与此相对，1990 年《国家律师杂志》就随机抽取的 20 起亚拉巴马州死刑案件进行的调查研究表明，这些案件的平均法庭审理时间是 4.2 天，量刑阶段平均持续的时间是 3.6 小时。[35] 1996 年一项关于亚拉巴马州死刑案件的调查研究表明，量刑阶段的平均时间——包括陪审团的评议时间在内——不超过 3 个小时。[36] 此外，适格的律师还有可能挑出违宪错误并就此提出质疑。然而，与富有效率地作出定罪判决相比，如果法官就其提出的违宪错误请求作出有利于被告人的裁决，当他们再参与法官职位选举时，有可能面临更大的困难。[37] 简言之，优秀的律师会让判决被告人有罪的工作变得更加困难。

这方面的影响比不愿意为贫穷的刑事被告人花费更多金钱还要大。让我们来看一看死刑人力资源中心（Death Penalty Resource Center）的命运吧！死刑人力资源中心是联邦资助成立的、旨在为死刑已决犯提供法律援助的办公室，但是该机构只存在了很短的时间。国会于 1987 年创立了这样的中心，其目的是降低死刑案件上诉程序所需的资金投入并减少诉讼迟延。根据制定法的规定，贫穷的死刑已决犯在人身保护令程序中有权获得一名联邦付费的律师。如果没有这样的人力资源中心的话，联邦政府不得不雇用私人律师负责这份工作，而私人律师的付费标准是每小时 75 美元至 125 美元不等。与此相比，人力资源中心只需向律师支付相对低得多的工资——其工资标准甚至比从事公益工作还要低。例如，布赖恩·史蒂文森是全美最出色的死刑辩护律师之一，亚拉巴马州的死刑人力资源中心由其主持，而 1994 年他的年薪酬却只有 27000 美元。此外，由于人力资源中心的律师是"重复动作的表演者"，所以，他们办理案件也更富有效率。由于死刑案件非常消耗人的情感和金钱，所以，私人律师在其职业生涯中，很少有谁办理过一起以上的死

　　[34]　Amadeo v. State, 384 S. E. 2d 181, 181 (Ga. 1989).

　　[35]　Marcia Coyle, County's Guiding Hand is Often Handicapped by the System it Be Serves, Nat's L. J., June 11, 1990, at 35.

　　[36]　The Equal Justice Initiative, A Report on Alabama's Indigent Defense System: Capital Cases (March 1991).

　　[37]　See generally, Stephen B. Bright & Patrick J. Keenan, Judges and the Politics of Death: Deciding Between the Bill of Rights and the Next Election in Capital Cases, 75 B. U. L. Rev. 759 (1995); Chomps M, Ross, Rights at the Ballot Box: The Effect of Judicial Elections on Judges' Ability to Protect Criminal Defendants' Rights, 7 J. L. & Inequality 107 (1988).

刑案件。因此，指定私人律师的做法意味着，联邦政府以资助许多律师从零开始熟悉死刑案件的方式，浪费国家的资源。1995 年联邦总审计局的研究报告指出，雇佣私人律师代理在押的死刑已决犯，所需经费是联邦政府设置人力资源中心负责同样工作的两倍。

然而，1995 年，国会停止再向这些资源中心提供联邦资助。成立该中心的草案是由众议院议员鲍勃·英格利斯提出的，他将这些中心誉为"关于阻碍将所有死刑犯交付执行的法律理论的智囊团"。令这些中心的反对者感到烦恼的因素不在于这些中心的运营成本太高，而是因为这些中心太富有成效了。事实上，国会愿意花更多的钱以保证在押的死刑已决犯获得更糟糕的律师，因为优秀的律师，就像参议院英格利斯说的那样，将会"阻碍将所有死刑犯交付执行"。但是，在定罪后的救济程序中，只有当法官认定存在不能归于"无害错误"并因此可以忽略不计的违宪错误时，才能阻止死刑判决的执行。也即，在具有此类违宪错误的案件中，死刑也就不能执行了。

国会关于花更多的钱、请更糟糕的死刑辩护律师的决定，在经济方面是有其自身道理的，因为确认并宣告原审判决违宪是一项高成本的活动。这可能需要将案件发回重审或重新进行量刑。在极少数案件中，这或许意味着有罪之人将逍遥法外。律师的水平越高，就会提出越多的问题；事实调查越彻底、诉讼越咄咄逼人，可能认定的违宪错误也就越多。而这一切让刑事案件的审判需要支付更高的成本。国会之所以愿意花更多的钱请最糟糕的律师，就是为了避免上述社会成本。

一般而言，联邦最高法院关于"律师辩护权"的判例规则与国会停止资助人力资源中心的决定，具有一模一样的效果。如果联邦最高法院要求为贫穷的被告人提供水平更高的律师，那么，社会不仅要承担为支付这些律师的费用所必需的经济成本，而且还要承担为全面贯彻刑事被告人的宪法权利所带来的成本。高水平的律师意味着更艰难的法庭审理、根据违宪错误排除更多的证据、更少的定罪判决、更多的无罪释放以及更多的悬案陪审团。恰如哈佛大学前校长德里克·伯克坦率承认的那样：

> 如果国会为法律援助提供充足的经济支持，或者，同意像对待控方那样给刑事辩护人提供同等的支持，那么，很容易引发诉讼爆炸。这不仅要求支付巨额的金钱，而且，还会给法律制度施加沉重的负担和诉讼拖延。⊗

与控方资源彻底压到辩方的制度相比，双方实力相当的对抗制需要更多的投入。因此，尽管我们表面上承诺法律面前人人平等，但是，很显然，无论是社会公众还是联邦最高法院都不愿意面对公平对抗的环境（anything like an even playing field）。

当前关于贫穷被告人的指定辩护制度资金短缺、高负荷运转，而且，往往依靠不称职的辩护律师以期"节约"成本——这主要表现在两个方面：第一，降低了因提供适宜的刑事辩护所需的直接成本；第二，也是更有意义的方面，制度化地降低了对贫穷被告人宪法权利的保护。事实上，这可能是我

⊗　Derek Bok, A Flawed System of Law Practice and Teaching, 33 J. of Legal Education 570，575 (1988).

们刑事司法制度中不公正、不平等现象的最重要原因。如果一个人旨在寻找一种既能降低宪法权利的成本又不会削弱对于那些特权阶层宪法保护的机制，那么，可能再也找不到比以下做法更好的选择了：确保那些穷人制度化地获得一种由不适格不称职律师提供的法律代理，而富人则不必这样。通过否定穷人可以获得适当的律师帮助，同时对其律师的错误作对其不利的解释，确保我们不会因为我们所保护的宪法权利付出必须支付的全部成本，而且，以这样的方式节约成本并没有降低对那些能够请得起称职律师之人的宪法保护。指定辩护制度创造了一种"一刀切"的双重标准：那些有能力聘请适格律师的人可以全面享有他们的宪法权利，至于那些无力聘请适格律师的人，则往往会因为不称职的辩护活动丧失宪法的保护。O.J.希普森案表明，有能力聘请称职律师所创造的平等地位，取决于他所处的阶层，而不是所属的种族。但是，由于绝大多数少数族裔的被告人都是穷人，由于刑事被告人中黑人和西班牙后裔占有不适当的比例，所以，这种阶级间不平等不仅同样适用于少数族裔，而且对于少数族裔而言尤其明显。

四、未来的希望之兆？

自律师帮助权成为一项宪法权利以来，贯彻该项权利的四十多年历史几乎无法为明显改善这一状况的期待提供任何可凭之据。但是，还是有一些希望的微光。有四、五个州，尽管它们关于贫穷被告人的指定辩护制度曾经饱受公众的批评，近年来却已经有了一定改善。在辩护团体、佐治亚州律协、国会黑人核心成员组织以及部分法官的不断施压下，佐治亚州的立法机关于2003 年颁布法令，破天荒在全州范围内设立了公设辩护人办公室。[89] 2001年，得克萨斯州通过了得克萨斯公正辩护法（the Texas Fair Defense Act）。该法明确了该州关于贫穷被告人辩护援助的标准，并成立了一个监督委员会。该法同时规定，州政府应为贫穷被告人的辩护援助提供部分经费支持，而此前，这方面的经费完全由县一级承担。[90] 2003 年，基于某起特定案件的原因，纽约州提高了法庭指定律师的报酬标准：其中，庭外工作，从每小时25 美元提高到了 60 美元；法庭内的工作，从每小时 40 美元提高到了 75 美元。[91] 2004 年，弗吉尼亚州成立了弗吉尼亚贫穷被告人辩护委员会，由该委员会负责监督所有贫穷被告人获得的辩护服务，为援助律师规定辩护标准和办案数量的上限。[92] 2005 年，马萨诸塞州立法机关终于提高了贫穷被告人法律援助律师的报酬标准。其中，非谋杀案刑事辩护的报酬从每小时三四十美元提高到了五六十美元；杀人案件的报酬标准从每小时 54 美元提高到了每

[89]　ABA, Gideon's Broken Promise, supra note 4, at 30.

[90]　Id. at 30 - 31.

[91]　Id. at 32 - 33.

[92]　Id. at 31 - 32.

小时 100 美元。㊝ 这些措施是否成功尚有待进一步观察。例如，在弗吉尼亚州，尽管辩护律师的某些报酬标准已经是全国最低，但是，该州立法机关依然没有为贫穷被告人的辩护援助追加拨款。同样，即使是纽约州与马萨诸塞州修订之后的报酬标准，与律师从事其他法律领域的工作所能赚到的钱相比，甚至与刑事辩护律师接受私人聘请相比，依然要逊色得多。不过，这些改革也表明，尽管该领域存在着巨大的不利政治因素，但是，就贫穷被告人的辩护援助问题，依然存在进行政治改革的可能性。然而，这些例子仅仅是正常状态的例外，而且，如果相应的立法机关不愿意提供充足的经费支持以便让这些改革措施付诸实施，那么，这些"胜利"依然有可能遭遇失败。

在联邦最高法院最近作出的几则判例中或许也可以看到一线希望。自斯特里克兰案起，十四多年间，联邦最高法院再没有作出过一起关于无效辩护的判例。然而，自 2000 年起，联邦最高法院已经认定三起死刑案件辩护无效了。而且，具有更重要意义的是，在每起案件中，联邦最高法院的判决都实质性地依赖于美国律师协会为刑事辩护律师制定的指南。在威廉斯案（Williams v. Taylor）㉞ 与威金斯案（Wiggins v. Smith）㉟ 中，联邦最高法院撤销了下级法院的判决，并以辩护律师在死刑案件量刑程序中没有调查并提出从轻证据为由，认定其构成无效辩护。在拉姆佩拉案（Rompilla v. Beard）中㊱，联邦最高法院同样撤销了下级法院的判决，并认定，在量刑程序中，由于该案辩护律师在知道控方准备将拉姆佩拉的先前定罪记录用作从重证据时，没有对法院卷宗中的定罪记录进行审查，因此，构成无效辩护。在这三个判例中，联邦最高法院均指出，根据美国律师协会制定的标准，辩护律师必须对可能存在的从轻证据以及控方持有的所有证据信息展开调查。㊲

这些判例表明，在斯特里克兰案确立的分析方法实行二十多年以后，联邦最高法院可能会倒向一种更贴近于以辩护指南为根据的分析方法。联邦最高法院曾经谨慎地强调说，美国律师协会制定的标准仅仅是一种指南，而不是必须严格执行的规定。但是，至少当涉及事实调查问题时，美国律师协会的标准确实为判断辩护律师的表现是否适当提供了一套相对明确且客观的判断标准。毕竟，没有展开事实调查几乎不可能属于辩护战术的需要。事实上，合理的事实调查往往是言之有据的战略决定的先决条件。

对联邦最高法院这三起判例作过多解读是一件危险的事情，但是，这些判例的基调确实明显有别于斯特里克兰案，而且，联邦最高法院同意对这些案件进行审查并最终撤销下级法院判决这一事实本身，也明显偏离了过去的做法。在此，可能有三方面的因素发挥了作用。第一，就像促使联邦最高法院在吉迪恩案中确立律师辩护权一样，联邦最高法院或许根据过去的经验意识到，斯特里克兰案所确立的、完全开放的标准越来越难以令人满意。更具

㊝　Act of July 29, 2005, ch. 54, 2005 Mass. Acts (providing counsel to indigent persons)；The Spangenberg Group, Indigent Defense in Massachusetts: A Case History of Reform 5 (August 2005), available at http：//www. abanet, org/legalservices/downloads/sclaid/indigentdefense/MAindigdefreform2005. pdf.

㉞　529 U. S. 362 (2000).

㉟　539 U. S. 510 (2003).

㊱　125 S. Ct. 2456 (2005).

㊲　Rompilla，125 S. Ct. at 2465 - 66；Wiggins，539 U. S. at 524；Williams，529 U. S. at 396.

体的以辩护指南为根据的分析方法将具有更大的明确性，而且，只要将该指南限定在诸如事实调查、与委托人进行协商等基本问题领域，这么做也不可能限制辩护律师的裁量空间或者导致这方面的请求多得让法院系统难以应对。就其本性而言，无效辩护根本不可能像吉迪恩案建议的那样采取某种明确规则的方式，但是，毫无疑问的是，该标准的明确程度越高，对于明确控方和辩护律师应当做什么也就越有帮助。

第二，近年来，DNA 分析方面的发展已经证明，被判处严重犯罪甚至是被判处死刑的刑事被告人中，纯属无辜的人数多得惊人。[98] 这方面的证据已经挽救了许多已决死刑犯，而且，已经孕育了一场"无辜者运动"[99]。在有 DNA 证据以前，在一些充满争议的案件中，被告人究竟是有罪还是无辜总是一个争论不休的问题；但是，现如今，在许多案件里，DNA 可以就无辜（或有罪）提供不容置疑的证明。不容否认的事实是，在联邦最高法院所确立的、倾向于维持辩护现状的斯特里克兰标准庇佑下，指定辩护制度已经致使相当多的无辜者被错误定罪，甚至于被判死刑。这一事实或许会让大法官们能够比以前更认真地对待被告人提出的无效辩护请求。

第三，就贫穷被告人指定辩护存在的制度化问题，既有证据的绝对证明力有可能已经给联邦最高法院敲响了警钟。自吉迪恩案以降，美国律师协会以及其他一些团体会不定期地发布一些报告，这些报告详尽地描述了贫穷被告人辩护援助制度经费短缺的程度令人汗颜。在各种媒体中（从主流报纸到法律评论，到专业杂志），常常可以听到律师在法庭上睡着、醉酒或酗酒如命等骇人听闻的故事。面对这些证据，同时考虑到几乎不存在通过政治程序改善这一状况的迹象，联邦最高法院最终或许会站出来表示说，它认为自己有责任给这一制度施加一些压力，以期推动该制度朝着积极方面发展。

无论原因何在，联邦最高法院新近作出的这三起判例的确给我们带来了一些希望：联邦最高法院试图朝着以下方向前进，即在提高贫穷被告人辩护援助的质量方面承担更大的责任。要想让人对提高穷人的辩护质量抱有希望的话，发生诸如此类的变化是绝对必要的。靠四五个州零星出现的孤立改革是不能解决问题的，而且即便是这样的改革，也需要付出异乎寻常的努力才行。而且，就贫穷被告人只能获得不充分辩护而言，这也是最适合由联邦最高法院出面加以解决的问题；该问题的解决不要求涉足其他政府部门的内部工作，只需坦率地承认司法制度自身的软弱无力即可。只要联邦最高法院愿意支持刑事辩护的现状，而且只有当辩护律师的表现远远低于辩护现状时才愿意提供救济，那么，美国刑事司法制度就"没有平等司法"可言。

---

⑧　See，e. g.，Website of The Innocence Project，http：//innocenceproject. org；ABA，Gideon's Broken Promise，supra note 4，Appendix C（附表 C 列出了美国 2003 年至 2004 年期间撤销其死刑判决的个人名单）；Samuel R. Gross et al.，Exonerations in the United States，1989－2003，95 Journal of Crim. L. & Criminology 528（2005）．

⑨　See，e. g.，Jodi Wilgoren，After Sweeping Clemency Order，Ex-Gov Ryan Is a Celebrity，but a Solitary One，N. Y. Times，Feb. 7，2003，at A16；Scott Turow，Ultimate Punishment：A Lawyer's Reflection on Dealing with the Death Penalty（2003）．

布雷迪案：从对抗式伎俩转向发现无辜者？

斯特法诺斯·比巴斯（Stephanos Bibas）*

　　* 衷心感谢戴维德·鲍尔达斯、托德·佩蒂斯以及童英对本文初稿的意见，感谢乔丹·埃斯布鲁克、布赖恩·雷明多以及罗伯特·津克对我研究所提供的帮助。

在以沃伦为首席大法官的最高法院（the Warren Court）所作的关于刑事诉讼程序的标杆性判例中，布雷迪案（Brady v. Maryland）[①] 不太寻常。布雷迪案要求控方向被告人披露那些能够证明无罪或者减轻处罚的证据。换句话说，布雷迪案要求进行有限制的证据开示（discovery），而不是诉讼突袭（trial by ambush）。布雷迪案所确立的评判标准，不是控方是否误导了陪审团或者是否出于善意，而是证据对于定罪和处罚是否有利和重要。因此，布雷迪案预示着一个潜在的革命，即从传统不受限制的对抗制争斗朝着一个更带有纠问式的、关注无辜者利益的制度体系（a more inquisitorial, innocence-focused system）。但是，与马普案[②]以及米兰达案[③]不同的是，布雷迪案并没有引发公众的争论或者评论。这可能是因为保护无辜者利益是刑事诉讼程序具有诱惑力的一块基石，其极具潜力来推动对抗制审判朝着兼顾发现事实真相的方向发展。

然而，布雷迪规则在实践中远没有发挥其应有的作用。很少有人基于布雷迪案提出相应的权利主张，被告人因此逃脱惩罚的情况更是少之又少。因为我们的制度仍是对抗制竞赛，而不是对无辜者的中立调查。第一，布雷迪规则要求控方关注被告人的利益，而满脑子都是对抗制思想的检察官难以胜任这一工作职责。第二，布雷迪规则难以贯彻实施。有利于被告人的证据经常分散在许多不同部门的卷宗之中；被告人难以知悉隐藏于这些卷宗中的证据；法官也不愿意在审判过去很久之后来推翻定罪。实证研究表明，根据布雷迪规则提出的权利主张（Brady claim）基本上很少获得支持，布雷迪规则所涉及的重要证据（Brady material）大多是模棱两可的，以至于控方极易将其忽视。第三，布雷迪规则要求的证据开示范围相对较小，尽管制定法已将证据开示范围扩大，使其超出了宪法所规定的最小限度。更大范围的证据开示可以缓解对抗制的诸多问题，但代价是，证人胁迫、虚假的不在场证据、秘密线人的暴露等问题更频发。第四，布雷迪规则适用于庭审阶段，但是几乎没有被告人会走到审判这一步。95％的被告人都选择有罪答辩，但是布雷迪规则不适用于辩诉交易阶段，而这一阶段恰恰是被告人最需要这些有利于自己信息的时候。最后，尽管布雷迪规则不考虑控方的善意（good faith, mens rea），这一检验标准仍要求控方有一定的不当行为（misdeed, actus rea），它不仅仅关注被告人是否有罪以及如何惩罚。

布雷迪规则唱响了无辜者的协奏曲，但是在某种程度上说，它只是一个空洞的承诺而已，远远没有将对抗制转变为发现真实的制度，而只是对对抗制做的小修小补而已。

---

① 373 U.S. 83 (1963).

② 367 U.S. 643 (1961)（该判例要求在刑事诉讼程序中排除违背联邦宪法第四修正案规定而获取的证据）.

③ 384 U.8.436 (1966)（该判例要求警察告知羁押中的嫌疑人他们享有沉默权以及在受到讯问前享有咨询律师的权利）.

■ 一、对抗制刑事程序的传统_____

  在欧洲大陆很多国家，法官（magistrates and judges）积极调查证据，询问证人，甚至是被告人。这一制度被称为纠问制，因为是由法官自己直接调查案件事实。法官同时负责裁决事实问题和法律问题，而且，他们可以在寻找证据、证人和听取这些证人的证言之间穿梭往返。因此，就不存在证据开示和庭审的区分，在法官获得证人的证言之前，当事双方都不得向证人发问或者训练证人。法官可以以听取任一方提出的证据和证人证言开场，也可以以其他顺序，包括证人提到的人名。因此，法官，而不是检察官，主导着整个"演出"。他们的任务是完整展现有关定罪或者量刑的证据全貌，而不仅仅是任何一方所展示的案情。然而，英国人排斥这种纠问制诉讼，因为这会让他们想到曾经刑讯逼供的西班牙宗教法庭（the Spanish Inquisition）以及星座法院（Star Chamber）。相反，英国将发现事实的任务交给外行的陪审团，由他们在听取控辩双方的主张的基础上进行判断；刑事被害人自行发现证据和证人，亲自出庭提出指控；被告人也提出他们自己的证据，并在法庭上自行辩护。外行人，而不是职业法律人，来运行整个系统，这使得审前证据开示与庭审证言截然分开。④

  直到18世纪晚期，职业法律人开始掌控刑事程序。（国家任命或者聘请的）公设检察官取代了被害人的地位；在被告人请得起律师的情况下，刑事辩护律师取代了被告人的地位。律师庭前调查证据，然后审判时在陪审团面前询问证人。检察官几乎将警察视为他们的客户，并且与警察紧密合作以挖掘证据、查找证人、为庭审作证训练证人。既然律师主导了这场表演，法官就可以制定一系列的程序规则和证据规则来规范庭审。法官确保庭审程序的公平性，而有罪与否的实质性问题则留待陪审团来决决。对抗制的一个假设是：如果控辩双方尽其所能地提出自己的主张，那么，真相会从真假交错中出现。北美殖民地沿袭了英国的这一套对抗制刑事审判程序。

  因此，每一方的律师都被认为是一方当事人利益的积极维护者，而不是中立的事实裁判者。在某种程度上，律师是法院的工作人员，他们不能说谎或者误导法庭，这是对于积极维护当事人利益的律师最主要的限制。只要不是弄虚作假，律师可以完全自由地争取其当事人的利益，将有关事实真相的争议留给陪审团来判断。如果某一事实会对其当事人造成不利影响或者削弱己方的某个主张，那么，律师完全没有义务去调查或者披露，这是对方律师要做的事情。因此，当事双方无须通过证据开示向对方披露信息。

  理论上讲，检察官自身会坚守更高的道德准则。检察官没有客户，而是代表国家追求正义。正如最高法院在1935年所说的，检察官"代表国家，其在刑事诉讼中的利益，不是赢得案件，而是实现正义。他可以全力以赴进

_____

④ 这一部分以及下一段摘自朗贝恩的著作。See generally John H. Langbein, The Origins of Adversary Criminal Trial（2003）.

行控诉活动，事实上他应该那么做。他可以重拳出击，但是他不能违规打拳"⑤。如果将对抗制刑事审判比做一场拳击比赛的话，至少检察官必须根据昆斯伯里侯爵所制定的拳击规则（Marquis of Queensberry rules）进行，并且不能攻击带下部位。由是，从1935年审判的穆尼案（Mooney v. Holohan）开始，最高法院对检察官的不当行为实行有限的正当程序限制。检察官不得引诱证人作出他们明知属于虚假或者带有误导性的证言，因为这样做将构成"故意欺骗法庭和陪审团"⑥。

但是，从根本上说，检察官仍然是对抗的一方，是一个拳击手，而不是一个裁判者。如果刑事诉讼只是一场游戏或者一个体育赛事，那么检察官可以不惜一切代价去赢取比赛。检察官取代了被害人，继承了其当事人地位。他们的内在激励机制也推动他们去追逐定罪的最大化：如果他们赢得的诉讼多，而输的很少，他们就会得到升迁或者在私人执业领域获得更有吸引力的工作。⑦ 尽管富有良心和责任感的检察官同时也希望让无辜者免于刑事追诉，或是对值得同情的有罪被告人表现自己的怜悯，但是，从根本上讲，他们将自己的工作视为追诉和惩罚犯罪。这一对抗式的思维模式，可能危及真实的发现。作为当事人一方的检察官可能很早就得出结论认为被告人是有罪的，从而忽视或者低估了后来出现的那些影响他们指控的证据的重要性。而且，作为当事人一方的律师（检察官）负责寻找证人并对证人进行训练，他们可能有意无意地教会证人歪曲事实，省略掉不利于己方的细节。特别是，他们可能会省却那些可能与证人证言相矛盾或者反驳证人证言的关键细节。或者，控方律师干脆不传唤那些会削弱他们指控的证人。除非对抗制完美运行，且诉讼的另一方能自行发现所有这些削弱指控的信息，否则，陪审团将听不到这些影响控方指控的关键性证据。然而，辩护律师通常没有足够的资金支持，不享有广泛地通过传票传唤证人提交证据的权利（subpoena power），也没有大量的调查人员——然而检察官却拥有这些资源。而且，任何一方可能都不知道另一方将要使用的证据以及将要传唤的证人，因此在调查并寻找对方证据漏洞方面，任何一方都处于不利地位。而且，同情被告人或者被害人一方的证人，可能拒绝与对方律师交谈，这势必影响证人证言的薄弱环节的发现，其结果就是，任何一方都无法凭借自己的力量从对方提出的证据中得到有利的信息。

▌ 二、约翰·布雷迪所犯罪行

约翰·布雷迪（John Brady），25岁，没有稳定的工作。他爱上了一个

---

⑤　Berger v. United States, 295 U. S. 78, 88 - 89（1935）（该判例撤销定罪的部分原因，在于检察官错陈事实、推定事实而非基于证据、骚扰证人，以及在总结陈词时宣扬个人观点）.

⑥　Mooney v. Holohan, 294 U. S. 103, 112（1935）（per curiam）；see also Napue v. Illinois, 360 U. S. 264, 265, 267, 269 - 70（1959）；Alocorta v. Texas, 355 U. S. 28, 31（1957）（per curiam）（该判例撤销定罪的原因，在于检察官在明知的情况下引出并且没有更正"会误导陪审团"的证言——即使该证言在技术上说是真实的）；Pyle v. Kansas, 317 U. S. 213, 216（1942）.

⑦　See Stephanos Bibas, Plea Bargaining Outside the Shadow of Trial, 117 Harv. L. Rev. 2463, 2471 - 72（2004）.

有夫之妇南希·博布里特·玛蔻温（Nancy Boblit Magowan），而且她已经怀上了他们的孩子。布雷迪一贫如洗，但是觉得自己得弄点钱来照顾南希和他们的孩子。1958 年 6 月 22 日，他给了南希一张金额为 35 000 美金的远期支票（post-dated check），告诉她过两星期他就能拥有这笔钱。⑧

布雷迪与南希的兄弟唐纳德·博布里特（Donald Boblit）一起共谋抢劫银行。但是，为了实施抢劫，他们需要有一辆速度快、性能好的汽车。布雷迪提议窃取其朋友威廉姆·布鲁克斯（William Brooks）新买的福特房车（Ford Fairlane）。于是，1958 年 6 月 27 日，布雷迪与博布里特一起在布鲁克斯家附近的马路中间横了一根圆木，守候在那里等布鲁克斯从单位回来。当布鲁克斯停车下来移动圆木时，他们中的一人用猎枪打中了他的头部，将其打晕了过去。布雷迪和博布里特将其拖到汽车后座上，拿走其钱包，布雷迪开车将其带到十米开外他们事先预谋好的一个地方。两人将布鲁克斯拖到树林边缘一个空旷的地方，其中一人用衬衫把布鲁克斯勒死。两人将尸体搬到树林深处扔掉。该案最终的焦点问题是：具体实施杀人行为的到底是谁？谁勒死了布鲁克斯，布雷迪还是博布里特？

▧ 三、供述

布雷迪后来对警察作了一系列陈述。在最初的两次供述中，布雷迪讲，偷布鲁克斯的车，用枪管打他的头，将其放到汽车后座上，然后抛尸，都是他做的，不是博布里特。他没有提及任何有关谋杀或者死亡的事情。⑨ 在第三次陈述中，布雷迪声称在他们两人偷车后，博布里特打了布鲁克斯的头。他称，博布里特提出要杀了布鲁克斯，自己表示反对；博布里特勒死了布鲁克斯，而他在旁边没有做声。他说自己愿意为博布里特的行为承担责任。⑩在其第四次供述中，布雷迪称他和博布里特达成一致意见，由博布里特将布鲁克斯杀了。博布里特想枪杀布鲁克斯，布雷迪建议勒死他。布雷迪再一次承认他在旁边默不作声。⑪ 审判时，布雷迪"基本上承认了其供述中的内容"⑫，但是否认其亲自动手杀了布鲁克斯。⑬

博布里特也向警察作了一系列供述，但是除了其中一次供述，在其余各次陈述中均指控布雷迪实施了具体的杀人行为。在其第一次和第二次供述中，博布里特称其帮助布雷迪抢劫了布鲁克斯，但是不知道布雷迪要杀害他。在这两份供述中，博布里特都说布雷迪实施了具体的杀人行为。在第二份供述中，博布里特还说到布雷迪用枪敲击布鲁克斯的头部，其告诉布雷迪

---

⑧　本段以及下一段事实摘自以下著作：Richard Hammer, Between Life and Death 15 - 52 (1969).

⑨　Id. at 85, 87.

⑩　Id. at 103 - 07.

⑪　Id. at 111 - 12.

⑫　Brady v. State, 154 A. 2d 434, 436 (Md. 19559).

⑬　Brady v. State, 160 A. 2d 912, 913 (Md. 1960), rev'd and remanded, 174 A. 2d 167 (Md. 1961), aff'd, aff'd, 373 U. S. 83 (1963).

不要杀害他。⑭ 在其第三和第四次供述中，博布里特重复了第二次供述的内容，但是承认了他和布雷迪都认为"必须把布鲁克斯杀掉"⑮。

布雷迪案的焦点在于博布里特在 1958 年 7 月 9 日所作的关键性的第五次供述。在该份陈述中，博布里特承认，用枪敲击布鲁克斯头部的人是他自己，而不是布雷迪。他还说，当他们回到车上时，他想一枪杀了布鲁克斯，但布雷迪劝其勒死布鲁克斯。博布里特承认，他将布鲁克斯勒死，并与布雷迪一起将尸体抛在树林中。⑯

简言之，两人都反复承认参与抢劫及谋杀，但是两人都曾提出是另一方实施了具体的杀人行为。这一不同点，对于定罪无关紧要，但是对于其中一方是否要被判处死刑，却可能是具有相关性的。

■ 四、下级法院的审判

布雷迪的律师在审前要求检察官提供布雷迪和博布里特的所有供述。检察官移交了博布里特的所有其他供述，但是没有移交博布里特在 7 月 9 日所作的供述——而就是在这份供述中，布鲁克斯承认其实施了具体的杀人行为。⑰

布雷迪和博布里特先后在陪审团审判中被定罪并被判处死刑。后来，布雷迪的新律师看到了审判博布里特的记录，知道了其 7 月 9 日的陈述，而这是参与布雷迪庭审的律师所不知悉的。于是，他提出间接攻击（collateral attack）申请，要求基于新发现的证据重新审判。初审法院驳回了该动议，但是马里兰州上诉法院撤销了法院的上述裁定。马里兰州上诉法院认为，"控方将开脱被告人罪责的关键证据排除在庭审之外或不提供给辩方，违反了正当程序"⑱。即便布雷迪没有主张检察官这样做是出于"诡计"（guile）——检察官的诡计在判断正当程序的违反时不具有相关性。⑲ 尽管法院对博布里特的供述是否会对布雷迪产生任何有利的作用深表怀疑，但是，法院认为有疑问时应作有利于被告人布雷迪的处理。上诉法院拒绝就定罪问题指令下级法院重新审判，因为控方未予提供的证据对此问题不产生影响。相反，上诉法院指令初审法院仅就量刑问题进行重审。⑳

---

⑭　Hammer, supra note 8, at 97 - 98.

⑮　Id. at 100.

⑯　Id. at 114 - 15.

⑰　Brady v. Maryland, 378 U. S. 83, 84 (1963). 检察官称他从没有移交过博布里特的任何陈述，但是法庭似乎采信辩护人关于其收到博布里特的其他供述的主张。See id,；Hammer, supra note 8, at 259 - 60.

⑱　Brady v. State, 174 A. 2d 167, 169 (Md. 1961).

⑲　Id.

⑳　Id. at 171 - 72. 如今，法院将死刑案件的审判分为定罪阶段和量刑阶段，但是，在当时，关于量刑程序的观点还是新颖的。

五、最高法院的裁决

布雷迪提出调查令申请，寻求就定罪和量刑问题重新审判。他认为，根据联邦宪法第十四修正案的正当程序条款，自己有权在整个庭审过程中使用博布里特的陈述来影响陪审团，甚至可能说服陪审团将其无罪开释。[21]

美国联邦最高法院支持布雷迪的上述主张。代表多数意见书写判决的大法官道格拉斯认为，"在辩方提出要求的情况下，如果证据对定罪或者量刑具有实质性（material）作用，那么，控方隐匿这一对被告人有利的证据，就是违反正当程序的——不论控方是出于善意（good faith）还是恶意（bad faith）"[22]。

最高法院在布雷迪案中没有对实质性（materiality）作出进一步的界定。但是，后续的判例认为，如果证据在被开示后，存在改变诉讼结果的"合理可能性"（reasonable probability），那么，该证据就具有实质性作用。"'合理可能性'是足以瓦解对裁判结果之确信的可能性"[23]。布雷迪案还对开释性证据（exculpatory evidence）的范围的作了狭义解释，即，开释性证据是指可能证明无罪或者降低刑罚的证据。基格里奥案（Giglio v. United States）扩大了布雷迪案所确定的范围，使得开释性证据还包括那些可能弹劾控方证人可信性的证据[24]，比如证明收买证人或者允诺轻刑的证据。

最高法院在审理布雷迪案时指出，正当程序的关键，不在于惩罚控方的不当行为，而是给予被告人公平审判的机会。[25] 即使布雷迪案中的检察官并非出于"恶意"，其行为也已经剥夺了布雷迪获得公平审判的权利。[26] 换言之，即使控方毫无恶意并基于善意行事，即出于好意行事，仍然可能会违反正当程序条款。正如最高法院在后来的判决中所言，"如果排除证据导致宪法性错误，这是因为证据的特点，而不是检察官的品格"[27]。最高法院在审理布雷迪案时同意上诉法院的以下观点，即，根据州的法律，被排除的证据在定罪问题上是不具有可采性的。鉴于此，最高法院维持了州上诉法院的裁决。[28] 大法官怀特在其协同意见中指出，尚不清楚的是，马里兰上诉法院裁

---

[21]　布雷迪还援引了联邦宪法第十四修正案的平等保护条款（373U. S. at 90 - 91）。布雷迪辩称，在其之后遇到类似情形的被告人，都将可以在整个庭审过程中使用开释性证据，因此他也应享受同样待遇。尽管布雷迪将此主张作为其首要理由，但是却含糊其辞。多数意见以及大法官怀特的协同意见均对此未置一词，很有可能是因为这一证据在任何情况下都是无法作为定罪证据被采纳的。

[22]　373 U. S. 83, 87.

[23]　United States v. Bagley, 473 U. S. 667, 682 L1985）（quoting Strickland v. Washington, 466 U. S. 668, 694 (1984)）; see also id. at 685 (White, J., concurring in part and concurring in the judgment)（采纳了本段第一二句话所设定的标准）.

[24]　405 U. S. 150, 153 - 54 (1972). 奈普案（Napue v. Illinois, 360 U. S. 264 (1959)）已经预见到这一规则，该案将穆尼案（Mooney v. Holohan, 294 U. S. 103 (1935)）扩大适用到可用以弹劾证人的证据，尽管奈普案仅针对"在明知的情况下使用虚假证据"或者对证据中的错误听之任之等情形（See 360 U. S. at 265, 267, 269 - 70）.

[25]　Brady, 373 U. S. at 87 (discussing Mooney, the seminal due process case in this area).

[26]　Id.

[27]　United States v. Agurs, 427 U, S, 97, 110 (1976).

[28]　Brady, 373 U. S. at 90 - 91.

决时所依据的是马里兰州宪法还是联邦宪法㉙；而且，控方也没有提出与之相对应的主张以质疑有关正当程序条款的裁判。因此，摆在最高法院面前的唯一争点，似乎是美国联邦宪法是否使得布雷迪有权就定罪和量刑问题获得重新审判。在认定布雷迪不享有这一权利的情况下，多数意见就不应当再延及更深广的正当程序问题，而且，其关于正当程序的整个"裁决"（holding）相当于法官的附带意见（dictum）㉚。最后，多数意见的压倒性创制了一个宽泛的关于刑事证据开示的新规则。大法官怀特指出，多数意见本应该留待立法机关和规则制定者来决定证据开示的范围。㉛

六、关在死囚牢里的日子

在最高法院维持原判后，布雷迪一直保持沉默。他有权仅就量刑问题获得重新审判，但是，他并不想行使这一权利，生怕陪审团再次判处其死刑。控方也有权重新审判布雷迪，但从没有启动一个只关乎量刑的审判，而且控方也不确定该如何开展。因此，历经数年，双方均未采取任何行动。布雷迪被转移出了死囚牢，在很多监狱关押过，参与白天的劳动改造。15 年之后，布雷迪的律师估计控方的证据已随时间的流逝而消减得差不多了，故难以重新审判布雷迪，于是他们才最终申请进行快速审判。控方没有重新起诉布雷迪，而是将刑期改为终身监禁。18 年后，布雷迪获得假释。㉜

关押在死囚牢时，布雷迪与一位来自巴尔的摩的护士结了婚。假释后，两人生育了数个孩子，后离婚。布雷迪移居南部，再次结婚组建了新的家庭。他安安稳稳地做他的卡车司机，从未遭遇严重的法律麻烦，其实，其在杀害布鲁克斯前以及之后一直遵纪守法。布雷迪对这起谋杀的发生感到遗憾，但仍坚持他从未想杀害他的朋友布鲁克斯。

七、布雷迪的影响

尽管布雷迪本人已经淡出人们的视线，最高法院作出的布雷迪判例却因

㉙ Id, at 91 (White, J., concurring in the judgment).

㉚ 30 Id. at 92（最高法院有关正当程序的讨论完全是建议性的）；accord id. at 92 note 1 (Harlan, J., dissenting)（赞同大法官怀特的观点，即，多数意见有关正当程序的讨论是不必要的）；see id. at 87 (majority opinion)（"现在，我们认为……"）.

㉛ Id. at 92 (White, J., concurring in the judgement).

大法官哈伦发表不同意见，对此，大法官布莱克也表示赞同。他们不确定的是，根据马里兰州的法律，博布里特的陈述，在关于布雷迪定罪问题的审判中，是否具有可采性，因此他们不确定是否存在对平等保护条款的违反。因此，他们选择撤销原判，将案件发回，并按照多数意见确立的宪法性原则进行后续的审判程序。Id. at 92–95 (Harlan, J., dissenting).

㉜ 本段以及下一段的信息，来自以下著作：Telephone Interview with Clinton Bamberger, counsel in the Supreme Court for Brady (Mar. 3, 2005).

其内容宽泛的裁决而闻名。大法官道格拉斯的多数意见已经远远超出了裁决布雷迪案所必要的范围。第一，正如大法官怀特所言，多数意见有名的"裁决"充其量只不过是个法官的附带意见而已。第二，负责布雷迪案的检察官从未否认过其拥有博布里特在7月9日所作的陈述，并且自始至终就知道有此陈述的存在。他的确反复尝试想要在对博布里特的审判中使用这一陈述。[33]而且，在布雷迪的辩护律师要求得到博布里特的有关供述时，检察官只移交了其中四份，而没有移交上述第五份陈述。[34] 这一选择性的证据开示造成了一个带有误导性的假象，即，此外没有其他陈述了。面对这一能证明检察官存在主观故意的证据，最高法院居然在"不考虑检察官是出于善意还是恶意"的情况下制定了上述规则，法院的这种做法就显得有些奇怪了。[35] 第三，据以作出正当程序"裁决"的理由，没有经由任何一方以书面摘要或者口头争辩的形式提出，最高法院缺少经过双方辩论充分发展的法庭记录的支撑。正如大法官怀特所言，或许最高法院就不应该在一开始自己定义这一概括性的新权利。如果这一裁决更为谨慎，立法机关、律师协会、下级法院本可以实践并发展出这一新权利的确切范围。简言之，大法官怀特有关司法激进主义的说法基本上是对的。大法官道格拉斯所作的多数意见远远超出了所提出的问题以及事实，创制了一个宽泛的新的正当程序权利。

八、对无辜者的关注

说一个判决是激进的，并不是说其是错误的。布雷迪案出现在20世纪60年代，在这个时代，最高法院创制了诸多新颖且宽泛的刑事诉讼程序的保护措施。许多其他裁决引起了巨大的争议和抵制。比如，引发了一系列判例的扩张以及后来的缩小——联邦宪法第四修正案排除规则的马普案[36]就常常遭遇辛辣的反对。米兰达判例[37]扬名全国，而后又变得臭名昭著，国会试图通过立法推翻米兰达警告之要求，但是未果。[38]

相反，布雷迪案几乎没有引起反对声。我认为，这一不同与这一判例关注无辜者有关。马普案和米兰达判例，为了保护宽泛的宪法性原则和价值，惩罚或者规制警察的不当行为，使得有罪的刑事被告人得以无罪开释。突然之间，刑事被告人成了好人，而警察成了坏人，此种观点的突然改变是很多人所反对的。在动荡的60年代，犯罪攀升，基于技术原因而开释有罪的刑事被告人的法院，似乎也部分地导致了这一结果。理查德·尼克松通过反对

---

[33]　Hammer, supra note 8, at 237.

[34]　Brady, 373 U. S. at 84.

[35]　373 U. S. at 87.

[36]　367 U. S. 643 (1961).

[37]　384 U. S. 436 (1966).

[38]　See Title Ⅱ, Omnibus Crime Control and Safe Streets Act of 1968, Pub. L, No. 90 - 351, 90th Cong., 2d Sess., 82 Stat. 210 (codified as amended at 18 U. S. C. § 3501). 最高法院在迪克森案（Dickerson v. United States, 530 U. S. 428 (2000)）中宣布：这一立法规定不足以废除米兰达规制。

以大法官沃伦为首的最高法院而成功赢得了总统竞选，随后，任命沃伦·伯格为最高法院的首席大法官，部分原因就在于伯格反对刑事诉讼程序的技术性规范。[39]

然而，无辜者，并不是刑事程序的技术性次要问题，而是刑事程序的基石。司法制度不但要努力将有罪之人绳之以法，而且还要开释无辜之人。如果司法制度错误地将一个人定罪，就将产生严重的司法不公，而且使得真正有罪之人逍遥法外实施更多的犯罪。正当程序并不仅仅在于惩罚那些说谎或者误导陪审团的控方。布雷迪规则不关注控方的主观恶意或者诡计，而是将注意力转向了被告人的清白上来。现在，控方必须采取积极的措施，以便陪审团可以辨别事实的真相。

而且，布雷迪规则并没有使被告人逍遥法外。它最多只是要求重新审判，在新的审判中，控方还有机会排除合理怀疑地证明被告人有罪。而且，在布雷迪案中，重新进行的量刑程序不可能使得布雷迪或者博布里特被无罪释放。两人最多也就是期望避免死刑判决，改获终身监禁刑。对于谋杀而言，布雷迪并不是无辜的，但是他似乎可以宣称其所实施的谋杀行为并没有恶劣到需要判处死刑的程度。在 20 世纪 60 年代，司法和大众的风向标都是反对死刑的。一些州取消了死刑，而且调查显示当时只有一少部分美国人赞成死刑。[40] 法院对死刑的审查远比其他刑罚要严格得多，并且暂停了许多死刑的执行。由于这些因素的影响，1965 年，死刑的执行量降到了单数，这距最高法院裁决布雷迪案还不到两年。[41]

即使是在今天，无辜之人仍对刑事程序的转变具有潜在影响。DNA 检测已经记录下了对无辜之人的诸多错误定罪。[42] 因此，伊利诺伊州政府暂停死刑执行并且后来将所有死刑判决都予以改判。[43] 而且，学者已经强调了讯问和辨认程序中的不足，立法机关已经考虑了加大对辩护律师的资金投入。尽管人身保护令审查的范围越来越窄，证明无辜的强有力的证据仍然可以打开通往法院或者赢得执行赦免的大门。

如果布雷迪判例被认真对待，这将预示着一个重大转变：从对抗制传统转向关注无辜之人。然而，这一重大转变从未发生，因为布雷迪案的重要特征以及我们的对抗制体制，限制了布雷迪判例对审判的影响。本章余下部分将分析限制布雷迪判例实行的五个基本制度特征。第一，尽管布雷迪判例努力追求正义，但从根本上说，检察官和警察仍然是对抗中的一方。第二，布雷迪规则的执行机制很薄弱。由于它要求对抗的双方当事人从自己的文件材料中为对方寻找材料，所以违反布雷迪规则的事件很少被发现。当违规事件在审判过去很久后浮出水面时，法官不愿意撤销裁决，指令再审。第三，布雷迪规则限于开释性证据和可以用于弹劾证人的证据，而不是更为常见的归

---

39 See Bob Woodward & Scott Armstrong, The Brethren: Inside the Supreme Court 4, 6 - 7 (1979).

[40] See Hammer, supra note 8, at 287.

[41] See id. at 285 - 86.

[42] See generally Barry Scheck et al., Actual Innocence: Five Days to Execution and Other Dispatches from the Wrongly Convicted (2000).

[43] See Jodi Wilgoren, Citing Issue of Fairness, Governor Clears Out Death Row in Illinois, N. Y. Times, Jan. 12, 2003, § 1, at 1; Dirk Johnson, Illinois, Citing Faulty Verdicts, Bare Executions, N. Y. Times, Feb, 1, 2000, at A1.

罪性证据。布雷迪规则是一个很狭窄的证据开示规则,立法已经扩大了该规则所确立的开示制度,但是没有一方能够完全知道另一方的所有证据。第四,诉辩交易解决了大部分案件,而布雷迪规则主要适用于审判阶段,在辩诉交易中基本不适用。最后,尽管检察官的"诡计"不具有相关性,但是布雷迪规则仍要求控方有一定不当行为,而并非只要求被告人是无辜的即可。换言之,尽管布雷迪规则不要求控方主观上有恶意,但仍然要求控方存在一些行为上的过错、一些不提交有利证据的行为。

(一)关注无辜者面临的对抗制障碍

那些记录在案的错误定罪,揭示了我们的对抗制审判存在的重要缺陷。尽管在律师辩护方面投入更多的资金,可能会减少其中的一些错误,但是,有些错误完全不是辩护律师所能控制,也不是他们所能调查出来的。警察和检察官都是人,人势必容易在得出结论后,不会太重视后来发现的并且会削弱其先前内心确信的那些信息。对抗制思维使得他们更习惯于假定犯罪嫌疑人有罪,从而重点寻找补强证据。这样一来,如果检察官和警察太早就过于确信嫌疑人有罪,那么,他们就可能完全忘记去分析或者调查与此相反的证据。即使当他们碰到开释性证据时,他们也可能将这些证据的影响降到最小,或者根本看不到这些证据的作用㊹(换句话说,即使他们看到了能证明被告人无罪的证据,他们也可能看不到这些证据的重要性)。他们可能就会得出如下结论:一件证据并不能改变他们对于被告人有罪的看法,也改变不了陪审团的看法,因此这一个证据不具备布雷迪规则所要求的关键性。这一过于苛刻的看法,可能导致检察官认为没有什么证据是关键性的,除非该证据说服他们撤销指控,因此,布雷迪规则所要求的证据开示的几率可能趋于零。检察官可能还非常愿意相信那些有偿提供信息的线人,这些线人提供的信息,都是他们想知道或者期望知道的。而且,他们安排的讯问和列队辨认可能微妙地传达了他们期待或者希望找到的东西,这会导致出现虚假或者歪曲事实的证据。

如果对抗制审判是问题所在的话,或许,纠问制诉讼是解决之道。检察官可以不将其工作视为追求定罪的斗争,而看成是中立、不偏私的事实调查活动。布雷迪案似乎是朝着这一方向发展的。法院严格审查检察官的控诉活动,以保证正义的实现。法院通过要求检察官与辩护律师合作,使得辩护律师的角色不再是检察官的敌人,而是追求正义的合作伙伴。法官需要积极监督事实发现,而不是任由对抗制的争斗不受规制。在布雷迪案判决后不久,至少有评论家就认为检察官可能需要将所有材料都交给法官,以便法官可以

㊹　See United States v. Agurs, 427 U. S. 97, 117 (1976) (Marshall, J,, dissenting)(认为检察官会自然地倾向于"忽视对被告人有利的证据,而且,有动力将那些关于证据开示的模棱两可的问题朝着有利于不提交证据的方向解释。心理学方面的研究,已经确认人们倾向于将新证据作有利于确证其先前判断的解读")．See, e. g., Charles G. Lord et al., Biased Assimilation and Attitude Polarization: The Effects of Prior Theories on Subsequently Considered Evidence, J. Personality & Soc. Psychol. 2098, 2102 (1979); S. Pious, Biases in the Assimilation of Technological Breakdowns: Do Accidents Make Us Safer?, 21 d. Applied Soc. Psychol. 1058, 1059 (1991).

审查所有证据，来发现可能存在的符合布雷迪规则的材料。[45] 这本可以成为走向以法官积极审查为特征的纠问制审判的第一步。但是，正如我们最后所看到的，法官没有承担起这一监督职责。对所有证据进行仔细审查，将极度耗时，而且法官工作非常繁忙，不会主动承担这一额外的义务。而且，传统上来说，直到审判开始前，法官才深入参与到刑事案件中来。他们不清楚争点及证据，因此，他们通常看不出哪些证据将符合案件可能的各种辩护策略。因此，他们留给检察官来决定哪些是符合布雷迪规则的有利证据，而检察官的思维基本上是对抗性的。

简单地要求检察官中立或者追求正义，不可能将我们的对抗制审判转变成纠问制审判。传统、文化、对抗制的激励措施都是根深蒂固、难以改变的。如果赢得多，输得少，让更多的被告人获得有罪判决，检察官就可以得到升职或者更好的工作。正如下文要讨论的，大部分案件都是证据确凿足以认定有罪的，这就使得寻找或者甄别证明被告人无辜的证据犹如大海捞针一样困难。诉讼方面的压力并不鼓励对证据采取这种缓慢、超然的三思而后行之举。

而且，检察官还要面对那些收了钱后积极展开辩护的辩护人。职业道德要求律师积极地开展辩护活动，而且，对于过于激进的辩护行为，很少有予以惩罚的。辩护律师的客户是血肉之躯的当事人，当然要求律师尽其所能地为自己赢得无罪开释或者一个较轻的刑罚。辩护律师不会将归罪性证据提交给检察官，部分原因是反对强迫自我归罪特权，以及律师根据当事人特权禁止此种开释。如果辩护律师在努力辩护且隐藏自己的底牌，检察官就可能会想：为什么我不尽可能少地展现我所拥有的证据呢？由于制度的设计就是完全依仗检察官的自律，所以，辩护律师不太可能知道检察官的违规行为。而且，即便是检察官的这些不当行为在审判时被发现，法官可能将任何这些错误都归结为无害错误，因为辩护人在审判时已经及时地得到了这些证据。因此，检察官不需要担心由于违反布雷迪规则或过于狭义地解释该规则而受到惩罚。

对抗性的规则以及双方的角色一直在互相强化。与英国不同，在美国，律师固定地充当诉讼双方中其中一方的角色，而且至少持续数年。因此，控方律师成为全职的检察官，为被告人辩护的律师成为全职的辩护律师。两组律师都和具有相类似思维的人一起工作和交往，这又强化了他们最初的认知，而且使得这种认知变得更为极端。双方都和一样极端的对方打交道，这可能引起并加剧他们之间的隔阂。

（二）布雷迪规则薄弱的运行机制

布雷迪规则运行中的困难及其薄弱、回溯既往的运行机制，加剧了这些问题。联邦、各州以及地方的许多不同机构，在侦查和起诉上存在职责交叉和重合的情形。对于任何一个中等复杂的跨州共同犯罪案件，五六个警局和检察官

---

[45] See James M. Carter, Suppression of Evidence Favorable to an Accused, 34 F. R. D. 87, 90 - 91 (1964). 关于法官承担类似的纠问制角色的现代建议，见以下著作：Darryl Brown, The Decline of Defense Counsel and the Rise of Accuracy in Criminal Adjudication, 93 Calif. L. Rev. 1585 (2005)。

办公室都可能拥有与此案件相关的信息。辩护律师不可能查阅这些文件，而且，检察官个人可能也不知道所有这些材料，更不用说去寻找了。布雷迪规则所设定的义务，到底范围有多大？法院已经明确检察官要对自己辖区及其侦查机构的文件负责[46]，但是，不包括其他司法辖区的文件。然而，现实的结果是，检察官对这其中的许多证据材料从不知悉，因为它们从不曾浮出水面。

这一问题使得另一个问题更为突出：布雷迪规则本来就依赖于不太可行的检察官自律。由于布雷迪规则涉及的证据隐匿在检察官和警察的文件中，被告律师可能永远都发现不了。大部分被告人缺乏可以挖掘此种证据材料的调查资源（下一部分将讨论现代的证据开示制度是如何在某种程度上减轻了这一问题的）。

布雷迪规则是一个回溯性的检验标准。换句话说，进行审查的法官是在所有证据都已经在审判时被提交的情况下，事后判断这一未被提交的证据是否属于关键性证据。但是，检察官必须事前——在审判开始前——就判断该证据是否属于关键性证据。在对抗制审判体系中，检察官在开庭前都不太知道辩方的证据及其辩护策略，因此，不到审判日期临近，他们都不会停止调查或让自己熟悉证据。检察官在不熟悉已方以及他方证据的情况下，在审前是难以预见哪些证据在以后看起来会是关键性的。

而且，布雷迪规则的唯一运行机制就是回溯性。如果布雷迪规则所指的关键性证据得以最终浮出水面，最有可能的情况是申请重新审判或者上诉的期间都已经届满。被告人只能提出间接攻击（Collateral attack），例如申请人身保护令，从而寻求对已终局判决的审查。然而，到了此时，被告人不再享有法院指定律师的权利，因此大部分只能靠被告人自行为之。法院充斥着许多被告人亲自进行的人身保护令申请，大部分都是徒劳无益，鲜有成功的。不具实质意义的主张，可能容易使法官将被告人的整个行为视为是在浪费时间。换句话说，倦怠的法官难以在这个大海里发现偶然存在的一根所谓无辜者的针。[47]

后见之明的心理加剧了这个问题。心理学家指出，人不可避免地会有偏见。换言之，一旦我们发现某事情确实发生过，我们就会认为这一结果一直是不可避免地会发生的。因此，当我们在审查一个有罪判决时，那些可能会让我们得出不同结论的证据，比如无罪释放，都会打个折扣。[48]另一个相关的问题是直接跳到结论的问题：人们会紧盯着他们最开始知道的证据，而对于那些与

㊻ See, e.g., Kyles v. Whitley, 514 U. S. 419, 437 (1995)（要求检察官个人承担"以下义务：了解代表政府参与案件办理的其他人，包括警察，所知道的有利于被告人的任何证据"）; Pennsylvania v. Ritchie, 480 U. S. 39, 43, 51, 67 (1987)（要求一个侦查虐童的机构按照布雷迪规则披露信息）; Giglio v. United States, 405 U. S. 150, 154 (1972)（要求每个检察官都有义务了解其所在的检察官办公室作出的所有承诺——不论检察官是否事实上知道，还是因疏忽而不知悉）.

㊼ See Brown v. Allen, 344 U. S. 443, 537 (1953)（Jackson, J., concurring in result）（"偶尔具有实质性的申请，会被淹没在如洪水般涌来的无价值的申请之中。在草堆中寻找一枚针的人，最终只能认为该枚针根本不值得去寻找"）.

㊽ 关于这一相同的问题如何影响事后对律师辩护不力这一主张的审查，以及关于心理学方面著作的引注，请见以下著作：Stephanoa Bibas, The Psychology of Hindsight and After-the-Fact Review, of Ineffective Assistance of Counsel Claims, 2004 Utah L. Rev. 1.

他们印象相冲突的证据，就不会那么重视，或者作另一种解释。在人身保护令程序中，法官所阅看的法庭记录曾说服陪审团排除合理怀疑地认定被告人有罪，因此，法官在对那些有罪判决进行重新审查会很谨慎。心理学上说，不重视一件新证据，比推翻审判的整个事实前提以及神圣的判决要更容易一些。

这一救济手段所带有的侵犯性，也使得法官不愿意基于布雷迪规则而改变裁判结果。在陪审团面前重新审判，程序烦琐且费时费力。在纠问制司法制度中，法官（而不是陪审团）通过审判查明事实，而且他们常常基于书面记录和卷宗作出判断。因此，如果一个上诉法院发现审判中的一个证据性错误，它会简单地修补这个错误，并且自行决定有罪判决是否站得住脚。然而，在我们对抗制审判程序中，我们主张陪审团是事实的唯一裁决者。如果违反布雷迪规则的行为使得陪审团无从听取开释性证据，上诉法院不能贸然修补这一错误，因为这样就侵犯了陪审团的领地。法院必须指令重新进行审判，即使是时过境迁，甚至证人早已死去。

一个很有诱惑性的选择是，法官可以主张证据对于结果不具有关键性作用，也就是说，没有合理的可能性认为该证据将会导致一个不同的裁判结果。当然，如果没有被提交的证据是一份可能证明无罪的 DNA 检验报告，没有一个法官会阻隔此种申请。但是，只有一个检察官既邪恶又愚蠢，才会在一开始起诉这个案子，或者在发现这个证据之后没有撤销案件。更为常见的涉及布雷迪规则的情况，都是模棱两可的，往往是一个证据可能让人产生合理的怀疑，但是仍然有更多的证据证明有罪。检察官可能认为这一证据只是让其对有罪产生了一点怀疑（可能还不是关键性的）。相反，辩护律师可能认为此种疑点是实质性的（可能是关键性的）。因为双方从不同的立场来看待同一个证据，双方都对自己的立场深信不疑。如果证据在人身保护令程序中出现，法官会怎么做？法官可能不太愿意对于一个 85％ 或者 99％ 可能有罪的被告人宣布重新审判，尤其是当这个法官还想赢得竞选连任的话。证据可以被论证为对定罪构成了合理怀疑，也可以被论证为不构成。法官可能会倾向于将证据的重要性最小化，从而裁决不存在对布雷迪规则的违反。

（三）关于布雷迪规则鲜有在实践中执行的实证研究

实证研究表明，或许是因为上述原因，根据布雷迪规则提出的主张鲜有成功的。我查阅了 2004 年裁判的 210 个基于布雷迪案和基格里奥案提出主张的案件。在 63 个基于基格里奥判例提出的主张中，13 个（20.6％）成功（基本上指的是再审），3 个（4.8％）被发回对证据进行重新听证，47 个（74.6％）是失败的。不涉及基格里奥案，仅根据布雷迪案提出的主张成功的更是少见。在这 148 个案件中，12 个（8.1％）成功，8 个（5.4％）被发回，128 个（86.5％）是失败的。[49] 如果我们把这两类合并起来看的话就会

---

⑭　2005 年 4 月 3 日，我的研究助手以以下内容进行了搜索：SY, DI（Giglio（Brady /3 Maryland）（Brady /s（material claim exculpatory））& D A（AFT 12/31/2003）& DA（BEF 1/1/2005）。该搜查得到 214 条信息，其中 210 条是相关的。其中有一个案件，包含基格里奥规则所指的证据以及与基格里奥案无关但属于布雷迪规则所指的证据，因此，该案件分别属于这两个种类。

发现，在这 210 个申请中，成功的有 25 个（11.9%），发回的有 11 个（5.2%），失败的有 174 个（82.9%）。

以我以前担任检察官的经验分析，存在布雷迪规则所指的重要证据的情形并不多，确切无疑的证据更是基本上没有听说过，因为如果真是这样，检察官是绝不会起诉的。例外的情形是，政府线人以及与政府合作的证人经常会因为他们的前科以及合作协议而受到弹劾。但是，一般来说，为了遵守基格里奥判例的要求，检察官会在对证人的主讯问中先摆出这些信息，陪审团一般通常会相信这些证人。

实证数据表明，大部分根据布雷迪规则和基格里奥规则提出的权利主张都不涉及确切无疑的证据，而是检察官容易忽视的那些模棱两可的证据。我和我的助理研究了 1959 年至 2004 年间获得成功（支持）或者被发回重审的 448 个根据布雷迪规则和基格里奥规则提出的主张。⑩ 这些标本案件的重要性越来越高，其中近十年来案件的情形最为全面。所谓成功，指的是法院将案件发回重审。在这些案件中，315 个（70.3%）是有关于开释性证据的，262 个（58.5%）是有关弹劾性证据的（一些案件两者兼有）。最常见的权利主张是证据未充分开示的辩诉协议，或者对证人从轻处罚或者免除处罚的承诺，这类案件有 64 个（14.3%）。其他常见的被隐匿的基格里奥规则所指的信息主要包括：证人的刑事犯罪记录（32 个案件，7.1%），作证的经济或者其他激励因素（6 个案件，1.3%），证人先前不一致的陈述（54 个案件，12.1%），证人受到了催眠（9 个案件，2%）以及其他证人偏见（13 个案件，2.9%）。在 36 个案件（8%）中，布雷迪规则所指的重要证据包括检察官没能识别出可能知道案件有用信息的证人，或者没能让这些证人出庭。在 21 个案件（4.7%）中，其他证据趋于支持一个积极的辩护主张。26 个（5.8%）案件涉及错误描述、错误指认、未能指认被告人等内容的证人陈述。71 个案件（15.8%）涉及科学证据（Forensic evidence）、实物证据或者文书材料，大部分是关于科学证据，比如在法庭技术上存在缺陷、未能得出检测结果的证据，或者是表明被告人或者被害人在犯罪发生时处于酒醉状态的证据。在大约 7 个（1.6%）案件中，没有被披露的法庭证据强有力地证明被告人是无辜的。换句话说，在获得支持和发回的案件中，只有 1/4 的案件属于最强有力的证据种类：证人辨认的证据或者强有力的法庭科学证据。在所取样本的所有证据中，只有 27 个（6%）使我相信被告人可能是无辜的（或许这恰恰证明了一个前检察官的视角是多么地带有偏见）。

使我这个前检察官震惊的是，即使是在少数成功的案件中，布雷迪和基格里奥规则所指的重要证据大部分也同样能证明被告人是有罪的。比如，即使有弹劾证据，陪审团也经常确信被告人有罪。就是在布雷迪案本身，马里兰州上诉法院对于勒死被害人的人究竟是哪一个这一问题的重要性持怀疑态

---

⑩　我从重案辩护网站上收集到这些案件，该网站列出了在美国联邦最高法院、联邦地区法院以及州法院中提出的成功且案件被发回重审的那些布雷迪主张，该网站的信息更新至 2004 年 8 月（available at http：www.capdefnet，org/ in the Habeas Assistance and Training directory，Website Contents，Constitutional Issues，Exculpatory Evidence，Successful Brady Cases and Cases Remanded (last visited Apr. 26，2005))。这一清单试图做到完整全面，而且其看起来似乎是这样。

度，但是，法院仍作了有利于被告人布雷迪的推定。从辩护的角度看，这一证据可能对量刑构成了一个合理怀疑，但是，热衷激烈对抗的检察官可能就不会这样看。因此，检察官可能容易忽视这一证据。

（四）布雷迪规则不要求开示有罪证据

关于布雷迪规则的另一个抱怨，是其只限于开释性证据和弹劾性证据。被告人更愿意在以下两方面扩大布雷迪规则的范围。第一，大部分被告人经济窘迫，鲜有自己的调查资源。指定的律师经常没有足够的资金保障、工作过于繁忙、能力也参差不齐。[51] 其中的一些律师几乎没有能力充当对抗制所理想化的精力充沛、能够进行有效辩护的一方当事人。相反，控方拥有更丰厚的资源、更多的调查手段，很多时候也更了解整个案件。因此，辩方希望控方不但提供他们已经知道的开释性证据，还希望控方能够调查和跟进其他可能证明无罪的线索。换句话说，他们希望一个准纠问制的制度，由一个中立的治安法官来承担调查事实的责任。[52] 然而，正当程序并不要求警察使用"特别的调查手段"，甚至不禁止警察基于善意而毁灭那些可能证明被告人无罪的证据。[53]

第二，被告人更希望检察官将归罪性证据连同开释性证据一并予以开示。有开释性证据的案件很少，但是所有案件都有许多归罪性证据。长久以来对于对抗制的一个抱怨就是，它鼓励诉讼突袭，当事人双方都必须猜测另一方的力量及其关于案件的说法。在没有证据一片漆黑的情况下，是难以制定辩护策略的。双方都想知道对方的关键论点和证据，以便事先进行研究和准备。

最高法院再次拒绝作出要求此种严重背离对抗制传统的命令。"不论要求（控方一般性地开示所有证据）的程序性规则是否可欲，可以确定的是，宪法并没有做此种要求。"[54] 作为一个宪法问题，最高法院的做法的确是对的：确实不存在任何要求开示全部文件的文本、历史或者传统。但是，作为一个政策问题，传统的诉讼突袭带来的麻烦很多，而且将极端化了的竞赛理论置于追求事实之上。奇怪的是，自 20 世纪 30 年代以来，刑事领域的证据开示远比民事领域限制得严得多。在民事案件中，双方可以给对方的证人做证言笔录，提出疑问、要求自认以及要求给对方提供宽泛的文件开示。[55] 但是，在刑事案件中，大部分民事开示制度都不存在。比如，大部分州都不允许审前给证人制作证言笔录，即，双方都不可以询问对方证人并且记录在

[51] See Bibas, supra note 7, at 2476, 2479, 2481–82.

[52] Arizona v. Youngblood, 488 U. S. 51, 59 (1988).

[53] Id. at 58；California v. Trombetta, 467 U. S. 479, 488–89 (1984).

[54] United States v. Agurs, 427 U. S. 97, 109 (1976)；accord United States v. Bagley, 473 U. S. 667 (1985)（布雷迪规则的"目的不是要将对抗制庭审转变为发现真实的主要活动，而是确保不发生司法不公。因此，该规则并不要求检察官像辩护方提供所有证据……"(footnotes omitted))；Weatherford v. Bursey, 429 U. S. 545, 559 (1977)（"并不存在要求证据开示的一般性宪法权利"）；see also Agurs, 427 U. S. at 112 note 20（认为被告人无权要求有助于庭审的所有证据，因为"该标准必然包含归罪性证据和开释性证据，因为检察官对整个案件的认知，对准备庭审辩护总是有用的"）。

[55] See Fed. R. Civ. P. 30, 33, 34, 36.

案。这一不平衡的开示制度似乎是有问题的。因为刑事案件对利益的影响更为严重，所以人们可能会认为刑事案件中应当容许更为宽泛的证据开示。但是，从传统上看，事实恰恰相反。

布雷迪案是要求传统的对抗双方之间进行更多合作这一大潮流的一部分。尽管宪法没有要求，但是联邦政府以及所有州政府都保障辩方获得的证据开示比布雷迪规则所要求的宪法最小幅度宽泛。比如，在布雷迪判决后三年，《联邦刑事程序规则》第 16 条要求审前开示被告人的陈述、检查或者试验结果、文件以及实物证据。该条文的范围现在甚至更为广泛：要求开示控方意欲在庭审中使用的所有材料。如果控方打算在开庭时使用的话，它还要求开示被告人的犯罪记录和专家证人的报告。[56] 一旦案件到了审判阶段，控方还必须开示证人所作的与其证明事项有关的书面或者录音录像资料。[57] 大部分州也规定了类似的开示制度：要求开示控方将传唤出庭的证人的名字、地址，（在一些州）甚至包括证人的先前陈述。[58]

对于检察官来说，这种单方性的证据开示制度似乎带有偏向性和不公平性。如果说辩方需要证据来准备辩护，那么检察官也同样需要。如果辩方需要事先知道控方关于案件的说法，检察官同样需要事先知道辩方所持的理论。对于这一开示制度所常见的批评是认为开示应当是双向性的。[59]

于是，钟摆又开始晃动了，程序性规则开始要求辩方开示。比如，在1974 年，《联邦刑事程序规则》作出了修改，要求辩方提供互惠的证据开示。[60] 现如今，在联邦以及许多州，辩方必须在审前告知控方他们在庭审中将使用的某些辩护策略，诸如：不在场证明，精神不健全或者正当防卫的辩护。辩方还需提供将作证支持上述辩护理由的证人名单。[61] 而且，如果辩方想要从控方那里得到文件材料、书籍、实物证据以及专家报告，他们必须同时提供同种类的证据作为交换。[62]

（五）布雷迪规则适用于审判阶段，而不适用于辩诉交易阶段

证据开示范围的扩大，减少了诉讼突袭。但是，在大部分州，审前的证

---

[56] Fed R Crim. P. 16（a）（1）；Fed. R. Crim. P. 16 advisory committee's note（1966）.

[57] 18 U. S. C. § 3500（a），（B）；Fed. R. Crim, P 26 2（a）.

[58] E. g., Alaska R. Crim. P. 16（b）；Ariz. R. Crim. P. 11. 4，15. 1；Ark. R. Crim. P. 17（1）；Fla. R. Crim. P. 3. 220 (b)（1）；N. J. Ct. R. 3：13-3（c）（6），（7）（还要求披露证人的先前陈述及犯罪记录）.

[59] 人们可能会认为反对自我归罪特权禁止要求控方开示证据。但是，威廉姆斯案（Williams v. Florida，339 U. S. 78，81-86（1970））则认为辩方应当开示其有关不在场辩护的证据，从而为辩方在其他方面的证据开示义务打开了大门。

[60] 正如《联邦刑事程序规则》咨询委员会在提议作出 1974 年这个版本的修改的过程中所解释的："控方和辩方的证据开示是相互关联的，给予辩方更为宽广的证据开示权利，依仗同时予以控方以同样宽泛的证据开示权利。" Fed. R. Crim. P. 16 advisory committee's note（1974）.

[61] E. g., Fed. R. Crim. P. 12. 1, 12. 2；Alaska R. Crim. P. 16（c）（5）；Ariz. R. Crim. P. 15. 2（b）；Ark. R. Crim. P. 18. 3.

[62] E. g., Fed. R. Crim. P. 16（b）；Ala. R. Crim. P, 16. 2，25. 5；Alaska E. Crim. P. 16（c）（4），（6）（仅限专家鉴定报告和实物证据）；Ariz. R. Crim. P. 11. 4，15. 2（c）；Ark. R. Crim. P. 18. 2（仅限医学报告和科学测试）.

据开示并不包括被告人最想知道的证据：诸如目击证人等奠定案件事实的那些证人的名单和陈述。简单地将所有警察和检察官所制作的任何文件都交给辩方检验，势将会减少诉讼突袭，但是成本很高。检察官不愿意披露这些信息，因为他们担心各种各样的不当影响：辩方可能会杀害、威胁或者收买控方证人，使得证人保持沉默或者改变证词，尤其是在暴力犯罪、团伙犯罪和毒品犯罪中。辩方可以裁剪他们的说法和不在场证明以适应这些证据。而且，许多控方证人是政府线人或秘密情报者。事先披露这些人的姓名不但会危及他们的安全，而且会对正在进行或者将来要进行的侦查活动构成不利影响。

在联邦和许多州，辩方在审判前夕会获得证人名单和他们的证词。[63] 这一时间节点与布雷迪规则所关注的"避免对被告人的不公审判"相一致。[64] 布雷迪规则旨在让陪审团及时得到可以准确作出裁判的信息。只要辩方在交叉询问之前一点时间能够得到这些信息，他们就可以用来弹劾证人以及准备辩护（但是，有一些证据可能需要进一步调查，可能需要稍长一点时间）。因此，被告人不太会遭遇诉讼突袭。控方则仍可能需要面对辩方的诉讼突袭，因此辩方通常不需要披露证人名单和陈述，一直到控方举证完毕。

然而，审判只是例外，而不是原则。现如今，只有大约5％的案件进入审判。在95％的案件中，被告人都是做有罪答辩的，而且，大部分的有罪答辩都源于辩诉双方的协商和交易。布雷迪规则以及证据开示，通过使得陪审团获得足够信息来"避免不公平审判"，其前提就是假定存在审判以及陪审团。这一时间安排指向的是庭审准备和交叉询问，而不是辩诉协商。大部分证据开示规则，要求在向大陪审团提起诉讼之后立即向辩方开示一些证据，但是，通常都不要求在庭审到来之前提供证人名单以及证人陈述。

作为证据开示的补充，当事双方有时候会选择非正式的披露，即，让对方预先知悉己方证据，从而为辩诉交易作准备。比如，如果控方向辩方披露，有五个目击证人看到被告人实施了犯罪，被告人可能会觉得将不可避免地被判决有罪，因此会选择有罪答辩。但是非正式的披露是零散且不完整的，而且当控方证据薄弱而只是虚张声势之时，检察官是不愿意出牌的。

在辩诉交易时，辩方因为没有及时得到这一信息，只能是在对案件一无所知的情况下进行。通常，有罪的被告人知道他们是有罪的，而且对于哪些证人以及证据可能将自己与犯罪联系起来是有一个大体认识的。但是，一个无辜的被告人，或者犯罪当时醉酒或者精神不正常的被告人，基本上不知道有哪些证据指控他们。最值得同情的那些被告人可能在辩诉交易中处于最为不利的境地。他们最有可能受到控方虚张声势的欺骗。[65]

一些法院试图将布雷迪规则扩大适用于辩诉交易，将证据开示的时间节

　　[63]　E. g. , 18 U. S. C. § 3500；Fed. R. Crim. P. 26. 2.

　　[64]　373 U. S. at 87.

　　[65]　See，e. g. , Sanchez v. United States，50 F. 3d 1448，1453 l（9th Cir. 1995）；Banks v. United States，920 F. Supp. 688，691（E. D. Va. 1996）；Fambo v. Smith，433 F. Supp. 590，598－99（W. D. N. Y. ），aff'd，565 F. 2d 233（2d Cir，1977）.

点提前为赶在辩诉交易前披露证据。他们认为，证据开示是辩诉交易程序正当性的必然要求。他们认为，被告人需要这些开释性和可用于弹劾的信息，从而作出自愿、明知、明智的答辩。而且，他们认为符合布雷迪和基格里奥规则的那些信息是认罪答辩准确性和可靠性的必要保证。

然而，美国最高法院似乎已经驳斥了此种论证。在鲁伊斯案中（United States v. Ruiz），最高法院裁决：辩诉交易可能要求被告人放弃对弹劾性证据材料的权利。[66] 最高法院大法官们一致裁决认为，被告人在庭审之前，对弹劾性证据材料不享有任何权利。最高法院指出，布雷迪规则旨在使得陪审团在庭审中不至于受到欺骗，而不是为辩诉交易和策略性的决定提供支持。因此，审判中享有的权利不适用于审前阶段。尽管上述裁决只限于基格里奥规则所涉及的弹劾性证据材料，其诸多推理可同样适用于典型的布雷迪规则所指的开释性证据材料。[67] 诚然，大部分州都要求检察官在审前的一些时间节点披露布雷迪规则所指的证据材料。[68] 但是，在其他州以及联邦司法系统，辩诉交易仍然可以在一片漆黑中进行。

保守秘密究竟是好是坏，取决于检察官想要隐藏这些证据的原因。如果检察官在对被告人是否事实上有罪持有怀疑态度的情况下虚张声势，那么，事实上无辜的被告人可能被定罪，而不是坚持到庭审，从而获得可能的无罪开释。在证人死亡的场合下，更难以评价：如实告知证人死亡的消息可能使得事实上有罪的被告人逍遥法外，但是隐而不谈这一消息会诱使那些本来绝不可能在法庭上被定罪的被告人作出有罪答辩。

通常情况下，检察官除了在这些证据中寻找漏洞之外，还有合理的理由来隐匿这些信息。第一，前已述及，他们担心证人受到威胁和收买、编造不在场证据，他们会提议从轻处罚来规避这些风险。第二，他们会提议从轻处罚，从而使得政府线人不需要出庭，这样线人就可以为以后的案件继续提供服务。第三，检察官希望受过伤害的证人，诸如骚扰儿童和强奸案的被害人，免于再次受到伤害。如果他们能够避免披露受害人姓名、性史或者受害的具体情况，他们会选择辩诉交易。第四，案件压力太大，使得检察官会提出丰厚的交易条件，以换取不需要进行证据开示。比如，为了快速处理移民潮案件，西南部很多地方的联邦检察官会提出在刑期上大打折扣，以换取被告人放弃所有权利而立即作出答辩。[69]

简言之，检察官有时候有正当理由通过有利于被告人的辩诉交易来换取被告人放弃证据开示的权利，而被告人也有很好的理由来接受这种交易。在没有更多信息的情况下，我们无从知悉没有证据开示究竟在多大程度上危及了无辜被告人的利益，以及其究竟在多大程度上保护了证人，节省了时间和精力，并且加速了案件流转。布雷迪判例根本没有论及这些事项，其关注的

---

66 536 U. S. 622，628 - 33（2002）.

⑥⑦ See id. at 629 - 33（同时引用布雷迪和基格里奥规则）.

⑥⑧ See Stanley Z. Fisher，The Prosecutor's Ethical Duty to Seek Exculpatory Evidence in Police Hands：Lessons from England，68 Fordham L. Rev. 1379，1417 note 206（2000）（将要求在审前某个时点根据布雷迪规则开示证据的 43 个州的规定予以归类列举）.

⑥⑨ Id. At 625.

是陪审团审判，而没有用宪法来规制辩诉交易阶段的证据开示。

关于辩诉交易制度的一个奇怪现象是，它看上去隐约像是一个纠问制的模式，检察官在里面充当法官的角色，只是不太成功。[70] 检察官详细地审查证据，进而作出准司法性的决断：是否起诉以及应对被告人判处何种刑罚。检察官与辩护律师之间的合作、协商，似乎只是妥协，而不是相互竞争以赢得胜利或者最终打败对方。但是，从根本上说，检察官和辩护律师仍然是对抗制传统文化影响下的产物。双方的合作可能比过去要多，但是从本质说，检察官仍将自己视为对抗制中的一方当事人，而不是中立的审查者。

（六）缘何要求检察官具有不当行为，而不只是要求被告人是无辜的？

布雷迪规则的第五个限制是：尽管最高法院说不考虑检察官是否使了"诡计"，它仍要求检察官具有一定的过错，而不是单纯地要求被告人是无辜的即可。关于是否强调律师和警察的可归责性、被告人的清白，或者两者兼而有之，最高法院一直是摇摆不定的。在穆尼案中，法院要求检方是在明知的情况下使用了虚假证词，但是，在布雷迪案中，法院又认为检察官的善意与否不具有相关性。在一些有关保留可能的开释性证据的判例中，法院又再次偏向了另一端。在扬布拉德案中（Arizona v. Youngblood），法院指出，毁灭证据并不违反正当程序，除非被告人能够证明警察系出于恶意而为之。[71] 在是否要求辩护律师勤勉的问题上，法院的钟摆也是来回晃动，摇摆不定的。在奥格斯案中（United States v. Agurs），法院关于关键性证据的检验标准落脚于辩护律师的行为之上。当辩护律师特别提出要求控方提交某一证据时，相较于辩护律师根本没有提出要求或者笼统地提出一个要求而言，该证据更有可能被定义为关键性证据。[72] 但是，在巴格利案中（United States v. Bagley），法院又推翻了奥格斯案所设定的标准。法院认为，不管辩护律师是否特别对某一证据提出要求，关于关键性证据的检验都适用一样的标准[73]（但是，如果检察官断然拒绝律师特别提出要求，法院会更倾向于认定辩护律师相信检察官的回答，因为一个好的辩护律师仍会特别提出要求）。简言之，法院在强调检察官和警察的不当行为以及被告人的清白之间，绞尽

---

⑦　See generally Gerard E. Lynch, Our Administrative System of Criminal Justice, 6 Fordham L. Rev. 2117, 2124 - 51 (1998).

⑦　488 U. S. 51, 58 (1988); see also California v. Trombetta, 467 U. S. 479, 488 - 89 (1984).

⑦　比较奥格斯案（United States v. Agurs, 42T U, S, 97, 104 - 06 (1976)（"当检察官收到辩方提出的特定且与案件相关的要求时，鲜有不作出任何回应的，即使有，也是有其原因的"））与前述案例第112页（id. at 112）（在辩方提出一般性要求或者没有提出要求的案件中，在以下情况下证据具有实质性："如果该没有被披露的证据，使人产生了本不会产生的疑问"）。

⑦　473 U. S. at 682（opinion of Blackmun, J.）（该案的裁定认为，相同的标准适用于辩方提出特定要求、一般性的要求以及没有提出要求的情形："只有当存在'合理可能性'，如果证据被披露给辩方，该诉讼的结果将会不同，才能认定该证据具有实质性。'合理可能性'是指足以动摇对裁判结果的信心的可能性"）id. at 685（White, J., concurring in part and concurring in the judgement）（同意这个脚注中引用的第一句话所设定的标准）。

脑汁，莫衷一是。它既想惩罚不当行为，又希望无辜之人得以无罪释放，但是两个目标之间可能互相冲突。现如今的底线是，检察官主观上的故意以及辩护律师的要求基本上都是无关紧要的（除非是在毁灭证据的案件中）。但是，正如我们所见，控方的不当行为仍然起到了很大作用。

如果布雷迪规则从根本上讲关注的是被告人是否清白，而不是检察官的不当行为，那么，法院的判决结果为何要基于如下事实：检方是否刚好有一个实质性证据，而未予移交？换句话说，是否只要有新的足以证明被告人无罪的证据，法院就一定要撤销定罪，而不论警察和检察官是否曾发现了该证据呢？

我们的法律关注的是程序性违法行为，而不是被告人实体上的清白，并以此来保障陪审团在对抗制审判体系之中的特权地位。回忆一下：法官监督程序性事项，陪审团裁决实体事项。负责初审的法官以及上诉法院的法官都不能简单地认定被告人是清白的还是有罪的，因为这将侵犯陪审团神圣的职责。但是，一般而言，法官有责任去发现程序性错误。比如，法官可以认定检察官提出了一个不恰当的主张，或者引入了一件带有偏见的证据。正常的救济程序是将案件发回，另组陪审团重新进行审判（然而，法官偶尔也会认为证据足以支持指控或者由于司法利益的要求而命令对案件重新进行审判）。换言之，辩方可以向陪审团证明自己是无罪的，但是有关的法律问题则要由法官来裁决。被告人在经初审或者上诉审查后，仍要质疑一个有罪判决的话，只能主张审判存在程序性缺陷。如果初审法院或者上诉法院认同这一主张，那么，救济措施就是全案重新进行审判，除非该程序性错误没有恰当地记载或者是无害的。

法官都是有血有肉的人，因此在他们认为被告人事实上可能的确是清白的情况下，他们最愿意撤销原判。但是，被告人有关自己事实上是清白之人的主张，并不能证明陪审团裁决中存在程序性错误。为了说服法官，被告人必须将事实上清白的有关主张乔装成程序性错误的面目提出。比如，他们可能会争辩说律师辩护不利，而假使律师提出某一个特定主张的话，陪审团可能就会宣判被告人无罪。换言之，尽管对于定罪的怀疑可能会动摇一个法官的心，被告人还需要程序性主张这一钥匙来打开法院的大门。[74]

相反，在纠问制诉讼程序中，法官既裁决事实问题，又裁决法律问题，没有陪审团，也没有那么多程序上的繁文缛节。法官关注的是定罪量刑等实质问题，而不是证据或程序上的规则。上诉时，被告人仍可以主张自己事实上是无辜的。如果初审法院疏于考虑某一证据，上诉法院无须将案件发回重审，法院可以基于案卷材料自行考量：在有这一件证据的情况下，被告人是否有罪。

布雷迪主张显现了对抗制在程序性错误和对是否有罪的实体怀疑问题上的纠结。布雷迪规则不但要求证据属于开释性证据，还要求其具有实质性——存在相当的合理可能性，该证据将导致被告人被宣判无罪或者被判处

---

[74]　最高法院留下了以下可能性，即，"确切充分的证据证明'事实上无罪'"，可以产生能获得联邦人身保护令救济的正当程序权利，这甚至无须任何程序性错误。但是，即便宪法保障这一正当性权利，这一标准对被告人来说也实在是太高，以至于其几乎难以满足。See Herrera v. Collins, 506 U. S. 390, 417（1993）.

较轻的处罚。然而，它同时还要求检察官存在不提交或者隐匿该证据的行为。或许，检察官不提交证据，表明其手中握有非常具有杀伤力的证据，[75]但是，这充其量也只能算是一个不充分的表象证据。即便布雷迪规则声称不考虑程序性缺陷，其仍要求控方有不提交证据或者隐匿证据的行为，而不论其是否有意为之。在这一标准之下，一些有罪的被告人就能因为他们对手的失误而得到意外的收获，而一些无辜的被告人则因为起诉他们的检察官遵守规则而不能得到救济。这样一来，对抗制的竞技理论得以存续下去。

九、结论

布雷迪规则是使得对抗制争斗朝着更为公平的方向发展的重要一步，也是放宽双方证据开示范围趋势的一部分。通过适当调整对抗制竞赛的运动场地，抵消了一点控方资源上的优势和获取证据上的便利，从而间接地促进了对抗制的可信性。尽管如此，布雷迪规则本可以产生更深远影响的，它本可以预示从对抗制争斗转变到对是否有罪的协同发现。但是，最终的结果是，我们已经程序化的对抗制模式，使得布雷迪规则即使不是一纸空文的话，也不是一个太有活力的规则。法官太软弱，检察官太当事人化，执行起来太困难，开示制度太受限制，辩诉交易风行又使得布雷迪规则难以影响很多案件。布雷迪案仍然是个重要的标杆性判例，但是，在某种意义上说，它已经是一个空壳而已。

我们只能怀疑，是不是布雷迪案的司法激进主义导致了其失败。法院在没有普通法实践经验可参考的情况下创制这一宽泛的新规则之时，不可能知道这一规则在实践中的命运。最高法院本可以让法院、立法机关以及律师行会先试行更为切实可行的规则和运行机制。或许，如果当时最高法院选择这么做的话，布雷迪规则可能会对我们的对抗制审判制度产生更大的影响力。大法官怀特的协同意见倒可能是切实可行的。

---

⑦　See Arizona v. Youngblood，488 U. S. 51，58（1988）（将警察保有证据的义务限定于以下情形："在那些警察的行为将表明他们手头的证据将形成开释被告人之基础的案件中"）.

米兰达案：一项适度但重要的法律遗产

斯蒂芬·舒尔霍夫（Stephen Schulhofer）

米兰达案①的故事在很大程度上是一部围绕联邦宪法第十四修正案"正当程序"条款以及第五修正案"反对强迫自证其罪"特权的演进历程及其具体规则而展开的故事。当然，米兰达案也是一则关于重要刑事侦查手段之———侦查讯问活动的故事。在更宽泛意义上，米兰达案的故事还在微观层面上反映了20世纪警察的职业化发展。

但是，在这些宏大叙事之外，完整的米兰达案故事还包括许多比较次要的内容。米兰达案浓缩了通过外部手段对刑事执法活动加以调整的重要性及其难度。米兰达案也是联邦最高法院奋起保障刑事司法制度整体正义的典型例证。然而，在更宽泛意义上，可以毫不夸张地说——在我们的词典中，再也找不到比这更恰当的词语或短语了——"米兰达案"代表着司法能动主义；代表着犯罪控制政策中不稳定的动力机制；代表着问题重重的、联邦最高法院试图在美国各个层面的社会制度中实现正义的正当性和有效性。

米兰达案四十周年不仅仅意味着一场有趣的纪念活动。现如今，只有极其资深的法官、律师和侦查人员才亲身经历过米兰达案以前的执法状况。而且，他们这一代很快就要退居二线了。无论是在立法层面还是在执法层面，他们这一代经历过的那个世界都与现在的刑事司法实践有着天壤之别。

一、1960 年以前的讯问活动与宪法实践

1867 年批准生效的联邦宪法第十四修正案第一次规定各州负有尊重"法律正当程序"的责任。但是，直至 20 世纪 60 年代，在宪法解释上，第十四修正案并不要求各州必须遵守任何特定的刑事程序规则。"正当程序"仅仅意味着刑事侦查与审判必须合乎基本的公正（fundamental fairness）——这基本上是一个以逐案裁判方式加以适用的、宽松且极具包容色彩的概念。② 只要愿意，各州可以允许实施无证搜查扣押或没有合理根据的搜查扣押，也可以禁止此类搜查，但允许其法院系统使用由此非法取得的证据。③ 各州可以规定对于重罪的被告人不适用陪审团审判。④ 如果不存在"令人震惊的"情形，也不要求各州为贫穷的被告人提供任何形式的律师帮助。⑤ 并且，各州还可以正式地强制后来的刑事被告人提供宣誓证言，即使该证言具有潜在的自我归罪性质。⑥

规范警察讯问活动的规则同样具有类似的灵活性。长期以来，某些特定的野蛮手段本质上是规则所禁止的。但是，即使在 20 世纪 50 年代，温和的

---

① Miranda v. Arizona，384 U. S. 436（1966）.

② E. g.，Palko v. Connecticut，302 U. S. 319（1937）；see Sanford H. Kadish，Methodology and Criteria in Due Process Adjudication - A Survey and Criticism，66 Yale L. J. 319（1957）.

③ E. g.，Wolf v. Colorado，338 U. S. 25（1949）. 在沃尔夫案中，联邦最高法院表示，州政府积极主动地授权实施不合理的搜查活动违反了正当程序的要求，但是，联邦最高法院拒绝要求各州对于此类搜查行为规定任何救济手段。

④ Compare Duncan v. Louisiana，391 U. S. 145（1968）.

⑤ Betts v. Brady，316 U. S. 455（1942）.

⑥ Adamson v. California，332 U. S. 46（1947）.

身体暴力，例如，打几耳光、踢几脚，并不必然导致由此获得的自白不可采。⑦ 警察可以依法采取尚不构成直接身体暴力的任何手段，这也是常见的现象。除非属于"非任意自白"，也就是说，根据当时的整体情形，警察采取的手段已经"摧垮了"特定嫌疑人的意志⑧，否则，由此获得的自白都可以作为证据使用。但是，自20世纪30年代起到60年代初，联邦最高法院逐渐不愿意容忍警察采取的高压手段和精神折磨。不过，联邦最高法院继续维持通过以下方式取得的自白的可采性：长达数小时的连续讯问；一再拒绝犯罪嫌疑人要求自己单独待一会儿或者希望能见家人或律师的请求。⑨

在20世纪50年代末期，纽约市警察侦查活动中使用的那些手段，绝对不是不正常的现象。在斯潘欧案中（Spano v. New York）⑩，斯潘欧是一位已经受到刑事指控、出生在外国且精神状态极不稳定的年轻人。警察使用的讯问手段包括：在羁押状态下，从深夜至次日清晨连续对斯潘欧进行长达8小时的讯问；侦查人员轮班进行讯问；再三拒绝斯潘欧想见一见他聘请的律师的请求；还利用斯潘欧的一位童年朋友实施了欺骗行为——该朋友再三恳求斯潘欧作出供认，另外，警方还对斯潘欧撒谎说，如果他拒绝与警方合作，他的朋友将会失去自己的工作。联邦最高法院确立了某种规则，并判决斯潘欧的自白属于非任意性自白。但是，在撤销原定罪判决时，联邦最高法院明确表示，警方采取的这些手段，就其本质而言，没有一种是不适当的。例如，除非与那些导致斯潘欧案中警察讯问活动显失公正的其他因素或者全部因素结合起来，否则，对一个不愿接受讯问且出生在国外的犯罪嫌疑人连续进行长达8小时的讯问，或者利用其童年朋友实施欺骗行为，都是允许的。实际上，在1959年撰写该判决意见的就是首席大法官厄尔·沃伦本人。

■ 二、刑事程序革命

所有这些戏剧性变化是在奇短的时间内完成的。1961年，联邦最高法院在马普案中（Mapp v. Ohio）⑪ 判决说，各州不得再采纳通过不合理搜查扣押方式获得的证据。1963年，联邦最高法院在吉迪恩案中（Gideon v. Wainwright）⑫ 判决说，如果没有提供律师帮助，不得对贫穷的重罪被告人进行审判。1964年，联邦最高法院又在马洛伊案中（Malloy v. Hogan）⑬

---

⑦　Stroble v. California，343 U. S. 181（1952）.

⑧　E. g.，Watts v. Indiana，338 U. S. 49（1949）. See Yale Kamisar, What is An Involuntary Confession?, 17 Rutgers L. Rev. 728（1963）.

⑨　E. g.，Crooker v. California，357 U. S. 433（1958）. See Catherine Hancock, Due Process Before Miranda, 70 Tul. L. Rev. 2195（1996）.

⑩　360 U. S. 315（1959）.

⑪　Mapp v. Ohio，367 U. S. 643（1961）. 马普案是本书第二章讨论的内容。

⑫　72 U. S. 335（1963）. 吉迪恩案是本书第三章讨论的内容。该章还一并讨论了斯特里克兰案（Strickland v. Washington，466 U. S. 668（1984））.

⑬　378 U. S. 1（1964）.

要求各州尊重反对强迫自证其罪特权；由此，不得再使用带有强制性的正式传票强迫刑事被告人在法庭上提供不利于自己的证言。1966年，米兰达案判决认为，反对强迫自证其罪特权同样适用于警察的讯问活动。两年后，邓肯案（Duncan v. Louisiana）⑭ 要求各州对于严重的刑事案件应当适用陪审团审判。

这是一场真正意义上的、全方位的革命。尽管学者对于这场变革的性质和范围还存在争论，但是，毫无疑问，联邦最高法院在规则方面的变革已经大大改变了联邦法官在监督州警察执法活动与州刑事审判活动方面的能力和责任。此前，原本与州刑事司法制度不相关的联邦宪法第四修正案、第五修正案和第六修正案，几乎在一夜之间变成了一部综合性的"刑事程序法典"。甚至这一法典采纳何种内容、如何进行解读及其贯彻实施的最终责任，完全掌握在联邦最高法院手中。

为什么会发生这种事情呢？对于那些对艾森豪威尔与肯尼迪当政期间的美国民主制度持乐观态度的人而言，这种发展变化看上去必定是一种令人无法理解、缺乏正当性、蒙昧无知且骇人听闻的事情。然而，那些促成（或参与）这一歪打正着事业的大法官，没有一个是坐在象牙塔里传播抽象学术理念的理论工作者。而且，就其职业履历而言，他们之中也没有谁像现在多数大法官那样，曾经在联邦上诉法院纯粹的工作氛围里工作过很长时间。克拉克（马普案判决意见的作者）、布莱克（吉迪恩案判决意见的作者）、沃伦（米兰达案判决意见的作者）以及怀特（邓肯案判决意见的作者）都是老练的政治家和热情的实干家。他们都是从很高的政治职位上直接到联邦最高法院工作的，而且，他们中没有一个人具有我们今天视为民权的自由主义资质的先兆。⑮ 然而，他们对于现实生活中的警察行为、检察实践、州刑事审判活动以及各州和联邦立法改革过程中令人望而生畏的政治斗争——这一点更为重要——具有亲身参与的经验和认识。他们十分熟悉这些活动，对于他们

⑭ 391 U. S. 145 (1968). 邓肯案是本书第八章讨论的内容。

⑮ 而且在他们被任命为联邦最高法院大法官以前，他们几个都没有值得喧嚣的司法工作经历；他们的声誉来自他们在政界的活动。汤姆·克拉克（Tom Clark）曾担任分管刑事的司法部副部长（1943-1945），而且，是在担任司法部部长期间被任命为联邦最高法院大法官的。See R. Kirkendall, Tom C. Clark, in The Justices of the United States Supreme Court 1789-1969, at 2665-67 (L. Friedman & F. Israel, eds., 1969).

雨果·布莱克在1937年被任命为联邦最高法院大法官以前，曾在亚拉巴马州伯明翰市违警罪法院做过为期很短的法官（a police court judge）（1911-1912）。之后，曾先后担任郡检察官（1914-1917）和美国参议员（1927-1937）。See Roger Newman, Hugo Black, 29-32, 36-47, 125-36, 237-38 (1997). 1923-1926年，布莱克曾经是三K党党员。ld., at 91-92, 103.

厄尔·沃伦于1953年就任联邦最高法院大法官以前，曾先后担任美国联邦地区检察官（1925-1928）、加州司法部部长（1939-1943）、加州州长（1943-1953）。曾作为民主党的副总统候选人，协助杜威进行过1948年的总统大选。See G. Edward White, Earl Warren, 27-34, 47-49, 100-07, 137-40 (1982). 在担任加州司法部长期间，沃伦曾经在支持并执行以下政策中扮演过重要的角色：第二次世界大战期间，对日裔美国人实行集中营管理。See id., at 67-78.

拜伦·怀特在担任联邦最高法院大法官以前，曾经在肯尼迪的总统大选中担任科罗拉多州竞选团队的主席（1960）、司法部副部长（1961-1962）。See Dennis Hutchinson, The Man Who Once Was Whizzer White, 232-33, 241-63 (1998). 在司法部工作期间，怀特曾经在这一时期的各种刑事执法活动中扮演领导角色，其中包括司法部部长罗伯特·肯尼迪发起的、打击有组织的工会欺诈犯罪活动的专项活动（initiatives against crime and labor racketeering）。See id. at 272-87.

的这种熟知程度，那些批评沃伦法院能动主义的当代学者最多只能靠主观想象去猜测了。

那么，是什么困扰着这些大法官呢？显而易见，是 20 世纪四五十年代以及 60 年代初期，在联邦最高法院受理的案件中一再出现、日益明显、骇人听闻的警察实践。这一问题在南部各州，尤其是在涉及种族因素的案件中，表现得尤其尖锐。但是，就其范围而言，这是全国普遍存在的问题；这一时期，联邦最高法院处理的几起极其棘手的案件涉及纽约市、洛杉矶、克利夫兰等地的警察。⑯ 而且，对于这一问题的严重程度，大法官之间并不存在意见分歧。事实上，所有大法官均承认，暴露出来的这些警察实践是极其恶劣、令人难以容忍的；联邦最高法院内部的主要分歧在于通过司法活动制止此类行为是否适当。

除了这些一般意义上的警察违法行为，有关警察讯问的案件还提出了一系列性质迥然不同的问题。为了区分合法的警察讯问活动与非法的权力滥用行为，联邦最高法院提出了"任意性"标准。但是，近三十年的实践经验表明，该标准适用过程中引发的实施问题已经到了不容忽视的程度。任意性标准对于允许警察采取何种手段没有提供任何具有实质意义的指导；而且，该标准的模糊性也让法官无所依从，损害了预测上诉法院审查结果的可能性。由于对于讯问室里的微妙压力或发生的事实，根本找不到可靠的评价方法，所以，判决结果最终只能取决于警察与犯罪嫌疑人之间的"宣誓大战"。该标准允许对不愿意接受讯问的犯罪嫌疑人采取"吸力程序"（a "suction process"）⑰，并允许对犯罪嫌疑人施加巨大的讯问压力——其中，不少方式在本质上是与"任意性"选择格格不入的。这也就导致来自少数族裔的犯罪嫌疑人、缺乏经验的人以及心理脆弱的人尤其容易受到操纵或权力滥用的侵犯。这些因素反过来不仅成为一种棘手的因素，而且很容易导致虚假的自白。与此同时，顽固的犯罪人却可以从中获益。因此，极端的身体暴力虽然明显属于违法之举，该标准却不足以加以钳制；相反，该标准所认可的"吸力程序"还以某种方式间接地鼓励着此类违法行为。

就普遍存在的警察违法问题而言，有关警察讯问的案件常常让绝大多数大法官一致同意警察使用了令人难以容忍的手段。在联邦最高法院内部，大法官之间的主要分歧仅仅在于对此提供救济并遏制警察再犯的最佳手段是什么。

在此，还必须考虑其他方面的因素，而且，在 20 世纪 50 年代，这些因素影响了大法官之间的分歧：几十年来，州立法机关在控制此类警察行为方面没有采取任何行之有效的措施；联邦在民事自由和民事权利领域的立法活动，一旦触及南部各州的自治问题，就会处于近乎瘫痪的状态；州法官对于

---

⑯ See, e. g. , Spano v. New York, 360 U. S. 315 (1959) (New York City)；Mapp v. Ohio, 367 U. S. 643 (1961) (Cleveland)；Rochin v. California, 342 U. S. 165 (1952) (Los Angeles) . 米兰达案深入讨论了许多诸如此类的判例 (384 U. S. , at 445 - 48 & notes 6 - 7)。

⑰ Watts v. Indiana, 338 U. S. 49, 53 (1949) (opinion of Frankfurter, J.) . 对于任意性标准所引发的这些问题，更为细致的论述可参见以下文献：Stephen J. Schuhofer, Confessions and the Court, 79 Mich. L. Rev. 865, 869 - 72 (1981) (hereinafter cited as Schulhofer, Confessions)。

极端的警察违法行为一直持一种宽容或视而不见的态度；尽管联邦最高法院再三表明立场并给予强烈谴责，警察却依然我行我素。

随着社会流动性不断增强，通过政治手段解决这些问题已经提上议事日程，但是，因显而易见的非民主程序止步不前。黑人公民仅仅因为要去进行选民登记，就会受到大规模的暴力威胁或公然谋杀，而实施此类暴行的凶手却会在地方执法官员和陪审员的庇护下免受惩罚。[18] 一些更为间接的因素或许也产生了影响：当时德国纳粹制造的恐怖气氛；警察国家、种族司法以及司法消极的外观，反而让人们对于此类现象表现得异常敏感；迫切需要通过冷战的努力赢得第三世界的臣服，因为他们一直对美国民主的公正和公平性心存微词。[19]

所有这些因素最终促成了"合并"之路，即，将联邦权利法案中的相关规定扩张适用于各州。其中，在米兰达案以前，尤其需要提及以下三项权利的合并：排除规则（1961 年的马普案），律师帮助权（1963 年的吉迪恩案）和反对强迫自证其罪特权（1964 年的马洛伊案）。这三个判例对于与其相关的那项权利无疑具有十分重要的地位，因此，值得予以独立讨论。但是，如果在这里不讨论这些判例，就无法理解米兰达案的判决结果，因为它们本身已经构成了米兰达案故事的重要组成部分。马普案、吉迪恩案和马洛伊案不仅是理解沃伦法院思维方式的背景信息或例证，而且可以让沃伦法院避免与当时警察讯问活动带来的新挑战发生正面的冲突。

首先，让我们来看马洛伊案。马洛伊案判决认为，各州不仅应当遵守联邦宪法第十四修正案禁止"非任意"自白的规定，而且应当遵守联邦宪法第五修正案反对"强迫"自证其罪的规定。

尽管这两个修正案的关键词（即强迫与非任意）之间具有语言学上的密切关系，但是，显而易见，就各方面而言，第五修正案禁止规定的适用范围更大。尽管对于非任意性陈述有着各式各样的界定，其基本含义却是一致的，即以某种摧垮证人意志的方式取得的陈述，并且不得将此类陈述用以任何证明目的。但是，一般而言，以某种不甚严厉的刑罚作为威胁而取得的陈述（例如，通过传唤作证获取的陈述），根本不会引发任何问题。事实上，强制证人出庭作证是一种常规做法，也是当时诉讼活动的出路所在。[20] 在此，值得再次重申这两个概念的区别；尽管这种区别是显而易见，而且是必不可少的，人们却如此轻易而且如此经常地忽视这种差别。早在马洛伊案之前，各州已经禁止使用"非任意的"自我归罪陈述，马洛伊案只是进一步禁止使用"强迫"自证其罪的陈述。马洛伊案的反对者清楚地意识到，该案判决绝对不是画蛇添足或者只是术语的细微改变。他们十分清楚第五修正案覆盖的范围要比第十四修正案大得多，因此，他们强烈抗议对各州施加如此严格的

---

⑱　See Todd Gitlin, The Sixties: Years of Hope, Days of Rage 151 (1987).

⑲　See Margaret Raymond, Rejecting Totalitarianism: Translating the Guarantees of Constitutional Criminal Procedure, 76 N. C. L. Rev. 1193 (1998).

⑳　See United States v. Nixon, 418 U. S. 683, 709 (1974). See generally Stephen J. Schulhofer, Miranda, Dickenson, and the Puzzling Persistence of Fifth Amendment Exceptionalism, 99 Mich. L. Rev. 941, 944 - 48 (2001) (Thereinafter cited as Schulhofer, Exceptionalism).

限制。[21]

在马洛伊案中，双方存有争议的强制方法是司法传唤。在该案中，联邦最高法院已经无法对以下问题避不作答：是否应当在非正式压力与正式传票所产生的压力之间画等号？如果允许此类非正式压力的话，将很难否定以下论断：警察讯问中形成的非正式压力——这是一种为了促使拒不配合的犯罪嫌疑人说出自我归罪信息而故意营造的压力——尽管其强制性尚未达到摧垮犯罪嫌疑人意志的程度，却会很容易被认定为第五修正案意义上的"强制"[22]。

吉迪恩案进一步奉献了另外一个独立因素。吉迪恩案是一起被告人在庭审期间请求指定辩护律师的判例。根据当时第六修正案的既定判例规则，吉迪恩案的判决已经让联邦最高法院走完了90%的米兰达案之路。当时的判例法明确承认，律师帮助权不仅适用于审判阶段，而且要尽可能早地保障此项权利，以便让被告人"在准备审判和庭审期间能够获得有效的帮助"[23]。吉迪恩案判决后刚刚一年的时间，联邦最高法院又在埃斯科贝多案中（Escobedo）判决说，实施逮捕后，旨在获取犯罪嫌疑人自白的讯问活动——此时，犯罪嫌疑已经"锁定"在被逮捕人身上——是"至关重要的……阶段，当然需要为其提供法律帮助法和建议"[24]。因此，联邦最高法院判决说，第六修正案（以及马普案引入的排除规则）要求排除本案中的自白。

埃斯科贝多案（论证了"至关重要的阶段"这一概念的适用范围问题）的支持和反对者又一次认识到，该案给当时习以为常的警察讯问实践蒙上了一层阴影。除非请求联邦最高法院推翻埃斯科贝多案（或吉迪恩案），否则，警察讯问活动的迂回空间就只剩下一种可能——在这些案件中，要求被告人必须知道自己的权利并曾经明确提出了要求获得律师帮助的请求。如果第六修正案权利的适用范围仅限于明确提出律师帮助请求的案件，那么根据吉迪恩案和埃斯科贝多案的规定，也就无须要求警察必须告知犯罪嫌疑人享有哪些权利了。

但是，第六修正案判例规则对此已经有明确的规定，而且，相关规则如此明确以至于几乎没有任何妥协的余地。即使缺乏积极的请求，第六修正案依然要求为被告人提供辩护律师，除非被告人"在明知该项权利的情况下，有意放弃或故意不行使该项权利"[25]。除非联邦最高法院推翻自己的先例并有违既定事实地宣布说警察讯问不属于至关重要的阶段，或者，联邦最高法院愿意将警察讯问视为以下基本原则的例外，即被告人不会因为其无知或没有积极提出这方面的请求而丧失律师帮助权。否则，从联邦最高法院作出吉迪恩案判决之日起——这是沃伦法院所作判例中，得到认可程度最高的判例——影响米兰达案判决结果的基本参数已经确定，当时盛行的警察讯问实践已经在劫难逃。事实上，吉迪恩案以及相关的第六修正案规则的影响

㉑　Malloy, 378 U. S., at 14 - 20 (Harlan, J., dissenting).

㉒　See Stephen J. Schulhofer, Reconsidering Miranda, 54 U. Chi. L. Rev. 435, 440 - 46 (1987).

㉓　Powell v. Alabama, 287 U. S. 45, 71 (1932).

㉔　Escobedo v. Illinois, 378 U. S. 478, 488 (1964) (internal quotation marks omitted).

㉕　Johnson v. Zerbst, 304 U. S. 458, 464 (1938).

范围甚至可以更大，因为此前的判例已经承认，即使犯罪嫌疑人没有处于羁押状态，依然应当适用至关重要阶段律师帮助权的规定。㉖

因此，吉迪恩案和马洛伊案——今天，对于这两个判例已经不存在任何争议——已经得出了与米兰达案非常近似的结论，甚至可能是更为严格的结论。一个坚持原则的联邦最高法院，要想逃避这一结论是非常困难的。

最后，当时用以评价讯问活动的任意性标准也从其他方面获得了发展的动力。尽管该标准变得日益精密和严格，联邦最高法院对其适用效果的不满意程度却在与日俱增。1959 年斯潘欧案曾经赢得四名大法官的协同意见（但是，并没有赢得沃伦的支持）并得出以下结论：提出一个完全区别于任意性"权衡"标准的新的分析框架势在必行。㉗ 1961 年，大法官弗兰克福特通过具有里程碑意义的精心努力，为任意性标准的重建提出了一系列可操作性指标。㉘ 然而，这一努力显然没有取得成功，因为当时只有一名大法官愿意加入他撰写的判决意见。联邦最高法院的判决意见充满了对任意性标准的失望之情，而且，该标准的反对者以及最初的支持者均承认，几十年的实践经验表明，该标准在司法实践中根本不具有可操作性。㉙ 于是，在试图防止警察讯问活动中的权力滥用现象而进行的各项努力中，联邦最高法院最终彻底放弃了任意性标准。

简言之，在异常强劲的社会政治大发展背景下，三种具体判例规则的演进（任意性、反对自证其罪特权与律师帮助权）共同奏响了米兰达案的序曲。米兰达案犹如一场恰逢其时的暴风雨，势不可挡地吞没了几代人已经见惯不怪的侦查常规实践。

▓ 三、米兰达案的判决意见_____

就像每一个法学院学生和几乎所有电视观众知道的那样，米兰达案判决认为，对于处于羁押状态的犯罪嫌疑人进行讯问以前，警察必须对他提出一项由四部分内容组成、现如今已经耳熟能详的忠告：嫌疑人有权保持沉默；他说的任何话，都可以作为不利于他的证据；他有权获得辩护律师的帮助；如果他无力聘请律师，经申请，将会为他指定一名律师并由州政府承担律师

㉖ E. g., Powell v. Alabama, 287 U. S. 45 (1932). 鲍威尔案，或者说"斯科茨伯勒案"是本书第一章讨论的主题。鲍威尔案的被告人处于羁押状态；联邦最高法院以审判前应当为他们提供辩护律师，以保证他们有机会准备应诉为由撤销了定罪判决。但是，很显然，鲍威尔案所确立的原则同样适于没有被羁押的被告人（See, e. g., Messiah v. United States, 377 U. S. 201 (1964)). 对于审判期间被告人享有律师辩护权与斯科茨伯勒案以前、拒绝承认审前讯问活动中犯罪嫌疑人享有律师帮助权之间紧张关系的经典论述，请参阅 Yale Kamisar, Equal Justice in the Gatehouses and Mansions of American Criminal Procedure, in Criminal Justice in Our Time 19 – 36（Y. Kamisar, F. Inbau & T. Harold, eds. 1965).

㉗ Spano, 360 U. S. at 324 (Douglas, J., concurring); id., at 326 (Stewart, J., concurring) (joined by Justices Douglas and Brennan).

㉘ Culombe v. Connecticut, 367 U. S. 568 11961) (plurality opinion) (joined by Justice Stewart).

㉙ See Schulhofer, Confessions, supra note 16, at 869.

146

的费用。关于米兰达案的这种理解，尽管不能算错，却遗漏了该案判决意见在理论分析和实践操作层面上所表现出来的几乎所有的重要特征。

就理论分析而言，米兰达案的关键之处在于：联邦最高法院的判决意见依据第五修正案原则，将禁止"强迫"的规定适用于负责警察讯问的警察局，却拒绝了对其施以第六修正案权利可能引发的更为广泛的限制。就操作层面而言，在该案判决意见中，至关重要的内容是要求警察在给予忠告后，应当遵循特定的法律程序。即，在犯罪嫌疑人"明知且明智地"放弃这些权利以前，不能对其进行讯问；警察不得通过利诱或欺骗的手段让犯罪嫌疑人放弃这些权利；在任何时候，只要犯罪嫌疑人表示他不想再说了，所有的讯问活动就必须立即停止。

其中，最后一步的立即停止讯问规则，是米兰达规则的真正核心所在。无论是闻名遐迩的忠告还是放弃权利的要求，都谈不上对警察讯问实践新施加的激进限制。但是，就允许实施的讯问策略而言，自动停止讯问规则却是一项戏剧性的变革。

四、政治和判例法上的余波

几乎从判决之日起，米兰达案就招致了激烈的反对。检察官们公开抗议说，联邦最高法院束缚了警察的手脚，它们所确立的详细讯问规则不仅篡夺了立法权，而且将会让成千上万的暴力犯罪人逃脱法律的制裁。两年后，经过一次次充满争议的听证活动和针对联邦最高法院尖锐的批评，国会通过了1968年《犯罪控制与安全街道综合治理法》（the Omnibus Crime Control and Safe Streets Act of 1968），试图以此推翻米兰达案并将"任意性"重新确定为判断自白可采性的唯一标准。[30]

即便这样，政治的烈火依然没有减弱。理查德·尼克松曾经亲眼目睹巴里·戈德华特（Barry Goldwater）在1964年总统大选中将"法律与秩序"作为自己竞选的主打口号。[31] 而且，早在联邦最高法院作出米兰达案判决的前两年，尼克松就已经开始在探索以何种方法才能更有效地利用这一主张并借此打败自由派对手和民主党人士。对尼克松而言，米兰达案来得正是时候，并为他创造了他所需要的、可以引起人们高度关注的开幕仪式。20世纪60年代中期迅猛上升的犯罪率以及1968年席卷全国的城市骚动，也给这一问题注入了强烈的政治动力。在1968年总统竞选中，那些"对犯罪心慈手软的"法官和政治家成了尼克松的具体攻击目标；而且，在尼克松的各种承诺中，提名"奉行严格规则主义的宪法解释者"担任联邦最高法院的大法官以及对沃伦法院进行重新整顿，具有极其重要的地位。

当选总统之后，尼克松开始兑现自己的诺言：他首先任命沃伦·伯格担任首席大法官；之后不久，又提名威廉·伦奎斯特担任联邦最高法院大法

[30]　U.S.C. § 3501.

[31]　See Lia Baker, Miranda: Crime, Law and Politics 40-42 (1983).

官。伯格法院很快就转向了尼克松和全国多数人所希望的方向。尽管联邦最高法院（和尼克松辖下的司法部）都没有注意到 1968 年法令有废止米兰达案的企图，但是，联邦最高法院为米兰达规则增加了一系列资格限制和一长串例外清单。并且，在涉及违反米兰达规则的案件中，还一再寻找办法以避免撤销原定罪判决。㉜ 截至 20 世纪 70 年代中期，伯格法院虽然裁判了无数起事关米兰达规则的案件，但是，从来没有根据米兰达规则撤销过一例定罪判决。㉝

更糟糕的是，伯格法院似乎决意要将战场从米兰达案的概念框架下转移出去，并最终对米兰达案的正当性提出了质疑。联邦最高法院总是以怨恨的语言谈论米兰达案，而且甚至发展到了这样的程度——明确指出，米兰达规则并非宪法的要求；米兰达案"适用的范围甚至比第五修正案自身还要大"㉞；违反米兰达规则取得的自白并不必然属于以强制方法获取的自白。㉟ 因此，米兰达案，作为沃伦法院能动精神的标志性符号，似乎已经走向了被遗忘的边缘。

然而，联邦最高法院在是否应当给米兰达案致命一击（coup de grace）问题上一直拿不定主意，随着时光飞逝，联邦最高法院这么做的动力似乎也已经越来越小了。之所以会这样，或许是因为随后作出的那些判例似乎已经弱化了米兰达案的影响，也或许是因为人们在 1966 年信心十足地预言的那种灾难性执法后果根本没有出现。㊱

埃德文·米斯（Edwin Meese）担任里根总统的司法部部长之后，他敦促司法部给米兰达案迎头一击，以便毕其功于一役。㊲ 但是，他的这一做法出乎意料地招致了各界人士的抵抗——这些人不仅包括司法部副部长㊳，而且包括职业检察官，甚至是全国的警察首脑。㊴ 当时，尽管人们对米兰达案依然存在抵触情绪——尤其是那些像米斯一样 20 世纪 50 年代就开始从事刑事执法工作的人——但是，人们普遍的印象是，米兰达规则终究没有像想象的那么糟糕。

到了 20 世纪 80 年代，警察首脑们的普遍共识是：米兰达规则并没有对获取犯罪嫌疑人自白造成实质性影响，相反，对警察还有一定的帮助。㊵ 米兰达规则不仅明确了确保一项自白具有可采性的必要步骤，而且，在某些案

㉜ E. g., Oregon v. Elstad, 470 U. S. 298（1985）；New York v. Quarles, 467 U. S. 649（1984）；Michigan v. Tucker, 417 U. S. 433（1974）.

㉝ See Geoffey R. Stone, The Miranda Doctrine in the Burger Court, 1977 Sup. Ct. Rev. 99.

㉞ Elstad, 470 U. S., at 306.

㉟ Id., at 812. 联邦最高法院认为，真正的联邦宪法第五修正案违法需要能够证明"身体暴力或其他故意实施的、足以摧垮犯罪嫌疑人意志的手段"。

㊱ Mich L. Rev 2475, 79 - 85.

㊲ See Phillip Shenon, "Meese Seen as Ready to Challenge Rule on Telling Suspects of Rights," N. Y. Times, Jan. 22, 1987, p. 1.

㊳ Charles Fried, Order and Law 46 (1990).

㊴ See, e. g., Eduardo Paz-Martinet, "Police Chiefs Defend Miranda Against Meese Threats," Boston Globe, Feb., 1987, pp. 25, 29.

㊵ See Stephen J. Schulhofer, Miranda's Practical Effect: Substantial benefits and Vanishingly Small Social Costs, 90 Nw. U. L. Rev. 500, 503 - 04 & notes 9 & 13 (1996) (hereafter cited as Schulhofer, Practical Effects).

件中，甚至还会帮助讯问人一开始就能赢得犯罪嫌疑人的信任和自白。其原因或许在于，警察这么做会诱使犯罪嫌疑人放弃警惕心理，并促使他们相信他们可以放心地说出真相，以便澄清自己身上的犯罪嫌疑。在更一般意义上，米兰达案一度被视为缺乏正当性的司法能动主义的标志，现如今，却变成了警察职业化发展、让社会公众相信他们尊重犯罪嫌疑人权利、尊重法治的正当性标志。[41]

然而，米兰达案坚定不移的反对者决心要推翻它。2000 年，联邦上诉法院（它拒绝采纳司法部支持米兰达规则的立场）判决说，1968 年法令已经有效取代了米兰达规则，并以原来正当程序条款之下的任意性标准取代了米兰达规则的束缚。[42] 于是，米兰达案的反对者们终于成功地将这一问题摆在了联邦最高法院面前。

此时，距离联邦最高法院判例最初宣告米兰达规则并非宪法性要求已经有几十年的时间。不过，在这几十年里，以米兰达规则为根据撤销州刑事定罪判决的联邦最高法院判例也为数甚巨。[43] 如果说米兰达规则不是一项宪法性要求，那么这么做原本就是缺乏理论根据的，而且事实上也是难以想象的。因此，该问题的双方评论者均希望联邦最高法院会最终澄清这一悖论：或者坚持米兰达规则的宪法地位；或者对此予以否定，将米兰达规则从教科书中彻底清除出去。

然而，争论双方最终都没有得到自己想要的结论。在迪克森案中（Dickerson v. United States）[44]，联邦最高法院重新肯定了米兰达案的地位，并判决说，州和联邦法院系统都必须遵守米兰达规则的要求。该案判决出乎意料赢得了 7∶2 的投票结果，撰写该案判决意见的大法官不是别人，竟然是联邦最高法院大法官中以批评米兰达规则闻名于世的首席大法官威廉·伦奎斯特。然而，该案判决同时也重新肯定了对米兰达规则宪法地位提出质疑的各项判例。迪克森案一方面坚持尊重米兰达规则是一项法律义务；另一方面，该案的多数意见在某种程度上继续延续了米兰达规则的悖论：他们拒绝将米兰达规则视为一项宪法性要求（constitutional requirements）；而是采用了一种只具有屡弱意义的表达方式，即米兰达规则具有"宪法基础"（"constitutionally based"）和"宪法支持"（"constitutional underpinnings"）[45]。迪克森案同时还维持了此前针对米兰达规则创设的各项例外。联邦最高法院最近作出的判例还进一步明确说，它倾向于对这些例外作宽泛的解读，以便警察可以使用通过没有遵守米兰达规则的讯问活动而获得的派生证据[46]，只要没有证据证明警察是故意规避米兰达规则的就可以。[47]

我们是否已经做到了尽善尽美的程度呢？就好的方面而言，米兰达规则

[41] See Richard A. Leo. The Impact of Miranda Revisited, 86 J. Crim. L. & Criminology 621, 680 (1996).

[42] United States v. Dickenson, 166 F. 3d 667 (4th Cir. 1999).

[43] E. g. , Minnick v. Mississippi, 498 U. S. 146 (1990); Arizona v. Roberson, 486 U. S. 675 (1988); Edwards v. Arizona, 451 U. S. 477 (1981).

[44] 530 U. S. 428 (2000).

[45] Id. , at 440 & note 5.

[46] United States v. Patane, 542 U. S. 630 (2004).

[47] Missouri v. Seibert, 542 U. S. 600 (2004).

究竟在多大程度上规范了警察行为？为此，在获取自白和定罪判决方面，又付出了多大的代价呢？一个对恪守米兰达规则的义务和司法角色的局限性有着全面认识的联邦最高法院，是否一开始就应当表现得更加谨慎，或者，更具干预色彩呢？另外，从长远的观点看，更加谨慎或更具能动性是否会产生更好的结果呢？我们将利用本章剩余的篇幅，来讨论这些有关米兰达故事的实践问题和规则解释。

五、米兰达案的评价

如上所述，米兰达规则主要包括三项要求。其中，第一项（也是最著名的）的要求是，在进行羁押讯问以前，警察必须对犯罪嫌疑人提出包含四部分内容的忠告。至于米兰达规则对警察此后行为提出的其他两项要求，则鲜为人知，它们分别是，在进行讯问以前，犯罪嫌疑人必须"明知且明智地"放弃该项权利；如果犯罪嫌疑人表示他不想再说了，所有的讯问活动必须立即停止。

就此而言，米兰达案的判决意见给人一种犹如事无巨细的制定法一样的烦人感觉，因为这是一项不适合由法院来完成的工作。[48] 在这一传统理解下，米兰达判决兼具两方面的缺陷：似乎既要彻底清除多年以来根据自愿性标准判决的判例，又要排除其他任何替代性方案；因此，自判决之日起直到今天，人们的普遍责难是：米兰达案通过创设制定法式的解决方案，排除了更为灵活的逐案裁决的方法（case-by-case approaches）。[49] 此外，基于传统的理解，米兰达案包含了一些新增的、特别恼人的要求；这些要求似乎会"束缚"警察的手脚，而且，允许犯罪人可以当场提出聘请律师的请求，并迫使追诉机关因缺乏足够证据不得不将其予以释放。现如今，我们已经知道，米兰达规则根本没有造成这样的后果。但是，人们一般认为，之所以这样，恰恰是因为随后的判例，以负责判决米兰达案的联邦最高法院意想不到的方式"驯服了"米兰达案。

然而，如果暂时不考虑流行小说所描绘的米兰达案以及学术群体通常就米兰达案所作的即兴描写，那么，上述关于米兰达案的常见批评是根本站不住脚的。如果对米兰达案真正的规范性要求及其实践效果进行认真考察的话，我们将会发现一幅迥然不同的画面。

米兰达案中根本不存在不符合正当性要求的裁判内容，也没有强行确立"立法式的"规则；它既没有取代任意性标准，也不想阻止制定法规定其他的解决方案。米兰达案以传统的司法方法对宪法作出了解释，而且，就其实质内容而言，联邦最高法院所确立的规则具有坚实的基础。如果说联邦最高法院的结论在理论分析上显得比较薄弱，其原因仅仅在于：这些结论是一种

---

⑱　E. g. , Edwin Meese Ⅲ, Square Miranda Rights With Season, Wall St. J. 22 (June 13, 1986).

⑲　E. g. , William J. Stuntz, Miranda's Mistake, 99 Mich. L. Rev. 975, 977 - 78 (2001); Paul G. Cassell, Miranda's Social Costs: An Empirical Reassessment, 90 Nw. U. L. Rev. 387, 498 (1996).

退缩的产物，即将此前判例预示的、宽泛的第五、第六修正案要求往回拉的产物。

另外，从司法实践的角度看，米兰达案并没有"束缚"警察的手脚，即使根据沃伦法院关于米兰达案的最初理解也是如此。在操作层面上，米兰达案保留了警察继续使用各种讯问方法的自由。米兰达案的判决意见有意避免了可能对警察施加更严厉要求的表述，而且，只字未提任意性标准的许多严重缺陷。根据米兰达案判决意见的最初内容以及该案判决的实际影响，米兰达案的批评者关于米兰达案的传统描述，几乎可以算得上是水中花、镜中月了。

本部分内容将首先考察米兰达案所根据的宪法原则，之后，我们将对米兰达案规定的操作性要求展开详细探究。上述考察均兼及米兰达案判决意见的初衷及其在司法实践中的运作效果。

（一）宪法根据

1. 联邦宪法第六修正案的律师帮助权。米兰达案判决前夕，联邦最高法院似乎准备判决说（而且，许多人也这么认为，因为埃斯科贝多案（Escobedo）已经这么判决了）：如果警方已经将某人锁定为犯罪嫌疑人，那么，除非犯罪嫌疑人确实得到了辩护律师的帮助，或者，在受到审慎保护的条件下，犯罪嫌疑人放弃了律师帮助权，否则，第六修正案将禁止任何形式的警察讯问，无论该讯问发生在警察局内还是发生在警察局外。许多人还认为，无论人们对埃斯科贝多案作出何种解读，受到普遍赞誉的吉迪恩案（Gideon）也已经对此提出了同样的要求。

在米兰达案中，理论分析的第一步是，重新将埃斯科贝多案解释为一则关于第五修正案而非第六修正案的判例。[50] 尽管该案主要着眼于警察讯问活动潜在的强制性，但是，联邦最高法院事实上消除了对典型的警察讯问活动（甚至包括警察局内的讯问）适用更宽泛、更严格的律师帮助权的可能性。而且，联邦最高法院为警察保留了在警察局外对犯罪嫌疑人进行讯问的、几乎不受限制的自由——至少，在正式的刑事司法活动开始以前是这样。[51] 因此，至少就律师帮助权而言，米兰达案确确实实是刑事执法机关的胜利，而且，该项胜利的根据是在第六修正案"至关重要阶段"这一概念（crucial critical-stage）的解释上，采取了一种异乎寻常的（而且史无先例支持的）形式主义立场。[52] 就这一核心问题而言，如果对米兰达案的正当性有所质疑的话，该质疑也应当是联邦最高法院通过一个简明扼要的注释——该注释根本没有给出任何理论根据，事实上，它甚至根本没有对此作出任何解释——准许联邦最高法院自己偏离三十多年来一直用以指导何谓"至关重要阶段"的功能分析方法，并由此清除了第六修正案的要求。

当然，能够想象到的一种解释是：基于刑事司法实践的需要，不得不为第六修正案一般标准设置这样的例外。然而，这一解释只不过强调了这样的

---

[50] Miranda, 384 U. S. at 444 note 4.

[51] See, e. g. , Beckwith v. United States, 425 U. S. 341 (1976); Berkemer v. McCarty, 468 U. S. 420 (1984) .

[52] Compare Powell v. Manama, 281 U. S. 45 (1932) .

事实，即联邦最高法院对刑事执法活动赋予了更大的权重，甚至到了置司法裁判和宪法解释的传统标准于不顾的程度。

2. 联邦宪法第五修正案的强迫。米兰达案判决意见的三项要求均着眼于第五修正案。联邦最高法院首先指出，第五修正案的强迫可以是正式的强迫，也可以是非正式的强迫。其次，如果犯罪嫌疑人没有放弃此项权利，而且没有对其进行忠告，在羁押状态下进行的任何讯问活动都具有内在的强制性。第三，联邦最高法院判决说，警察可以通过以下方式之一"消除"这种内在的强制：对犯罪嫌疑人提出特定忠告后，在犯罪嫌疑人自愿开口说话的情形下，获取他的陈述；或者，以其他足以产生同等效果的方式，告知犯罪嫌疑人他享有哪些权利并确保他能够行使这些权利。此外，作为上述第三点要求的附属内容，联邦最高法院指出，在接受忠告后，如果犯罪嫌疑人自愿放弃了他的这些权利，警察讯问内在的强制性也就被解除了，此后，警察可以在与外界隔离的羁押状态下，对犯罪嫌疑人展开讯问。事实上，米兰达案判决认为，当且仅当犯罪嫌疑人表示，他不想再说话了，否则，在羁押状态下对其展开讯问是理所当然的事儿。而且，在表示不想再说话以前，犯罪嫌疑人的任何陈述只要具有任意性，就都具有可采性。

由此观之，仅就米兰达案的判决意见本身而言，米兰达案关于宪法的解释是合乎传统的，而不是缺乏正当性的解释。而且，它为立法者规定其他替代性方案预留了相当大的空间。米兰达案以第五修正案作为判决的根据，不仅是"正当的"，而且在实质意义上是有充分根据的。以下，我们将依次讨论它的三项要求。

（1）非正式压力。联邦最高法院判决认为，"强迫"一词包括非正式压力。这种做法完全属于传统的司法解读。就此而言，米兰达案的判决意见尽管偏离了20世纪中早期联邦最高法院的先例，但是，根据常识以及此前关于反对强迫自证其罪的历史解读（就我们今天所知的内容而言），该判决意见无疑是正确的。此外，这部分判决意见也与米兰达案以后关于警察讯问以外其他领域的一系列毫无争议的判例相契合。现如今，在米兰达案的批评者中，几乎已经没有人认为，第五修正案关于强制的规定，应当仅限于正式的法律制裁。[53]

（2）本质规则（per se rule）。米兰达案的第二步是，该案判决认为，如果没有对犯罪嫌疑人进行忠告，羁押状态下的任何警察讯问都具有"强制性"压力。这又一次展示了关于宪法文本解释的传统立场。然而，批评者们往往认为，由于联邦最高法院的判决意见具有明显的本质（per se）主义色彩，所以，它采取了一套"预防性规则"（a prophylactic rule）。就宪法裁判而言，联邦最高法院这么做是不适当的，因此，这么做使得米兰达案的判决缺乏正当性。[54]

---

[53] See, e.g., Stephen J. Markman, The Fifth Amendment and Custodial Questioning: A Response, 54 U. Chi. L. Rev. 938, 939 (1987)（该文对米兰达案进行了批评，但亦承认，米兰达规则的第一项要求，即"强制"应当包括非正式压力，"无疑是正确的"）.

[54] See, e.g., Joseph D. Grano, Prophylactic Rules in Criminal Procedure: A Question of Article Ⅲ Legitimacy, 80 N. W. U. L. Rev. 100 (1985).

这是一种十分普遍的批评，甚至会让一些米兰达案的支持者感到无所适从。然而，这一批评却是站不住脚的。在宪法裁判中，本质规则并非缺乏正当性，或者可以说，根本没有什么值得大惊小怪的。例如，在第一修正案领域，此类本质规则是司空见惯的事情。[55] 而且，无论是在米兰达案之前还是之后，当第五修正案适用于警察局以外的场合时，以本质规则来界定"强制"一词，更是司空见惯的普遍现象。[56]

让我们从众多例证中随便挑一个看看吧！对于拒绝作证——或者，拒绝就其轻微违法行为作出非正式解释——的公共职员，以解雇作为威胁手段，在本质上就属于法律不予准许的强迫行为。[57] 对于特定公共职员而言，有不计其数的情形会对其产生这样的威胁，但是，联邦最高法院明确判决说，诸如此类的具体情形根本不具有相关性。这种威胁会自动被视为强制，而毋庸考虑特定公共职员的具体经济状况。但是，从来没有一个联邦最高法院大法官以不适当地确立了"预防性规则"或者非法篡夺了立法权为由，谴责过这方面的判例。

即使在联邦最高法院有关任意性标准的警察讯问判例中——这可以说是需要根据全案整体情形作出逐案裁决的最典型领域了——早在米兰达案之前，联邦最高法院已经确立过许多本质规则。例如，自20世纪40年代起，联邦最高法院就明确表示，通过连续几十个小时的讯问所获得的自白，将自动被视为非任意性自白，而毋庸考虑讯问的具体情形。[58] 现如今，该规则亦适用于通过拳打脚踢获得的犯罪嫌疑人自白。[59] 而且，对于这些规则，不存在任何争议。在那些认为米兰达案所确立的本质规则多多少少缺乏正当性的人群中，从来没有谁对以下规则的正当性或实质合理性提出过质疑——通过拳打脚踢所获得的自白本质上属于非任意性自白的规则。

还有一种更为精巧的批评：它承认本质规则也可以具有正当性，但是，同时争辩说，就其实质内容而言，米兰达案所确立的本质规则是不合理的。该主张认为，由于没有履行忠告义务的羁押讯问，其强制性通常尚且不足以达到摧垮犯罪嫌疑人意志的程度，所以，对于此类讯问活动设置具有强制性的终局性推定（a conclusive presumption of compulsion）是不适当的。[60] 但是，一般情况下，达到摧垮犯罪嫌疑人意志的强制性并非第五修正案违法的必要条件。至少，就羁押讯问以外的其他情形而言，只要控方基于获取犯罪嫌疑人归罪证言的目的，对犯罪嫌疑人施加具有实质意义的压力或惩罚，就足以构成第五修正案意义上的强制。[61] 因此，只有从以下两种视角出发，试图将米兰达案所确立的本质规则描绘成极端行径的说法才可能具有某种合理性：或者我们无视在第十四修正案任意性规则之外，马洛伊案与第五修正案共同作用下产生的种种限制；或者我们愿意接受某种程度的第五修正案例外

⑤⑤ See David A. Stauss, The Ubiquity of Prophylactic Rules, 55 U. Chi. L. Rev. 190 (1988).

⑤⑥ 可用以证明这些观点的判例，参见以下文献：Schulhofer, Exceptionalism, supra note 20, at 946-48。

⑤⑦ Lefkowitz v. Cunningham, 431 U. S. 801 (1977).

⑤⑧ E. g., Ashcraft v. Tennessee, 322 U. S. 143 (1944).

⑤⑨ See, e. g., Stein v. New York, 346 U. S. 156, 182 (1958).

⑥⓪ See, e. g., Dickenson v. United States, 530 U. S. at 444 (Scalia, J., dissenting).

⑥① Schulhofer, Reconsidering Miranda, supra note 22, at 445.

主义。根据该项例外，有关警察讯问活动强制性的评价标准应当有别于其他情形下人们普遍接受的、用以判断是否构成第五修正案强制的标准，而且前者的标准要比后者更为宽松才行。[62]

根据普遍接受的、第五修正案意义上的强制概念，在关于警察羁押讯问的判决中确立一项本质规则是否适当呢？考虑到不存在强制性压力的案件为数不多，而且，就此采用逐案裁决的方式存在重重困难，就羁押讯问的强制性问题设置一项终局性推定，事实上是一种司法裁判负责任的反应。其实，在以本质规则加以解决的各项宪法问题中，如何判断警察讯问活动中的强制性问题，理应位列前茅才是。[63]

（3）忠告。米兰达案的下一步规定是，应当根据犯罪嫌疑人所享有的权利对其提出包含四项内容的忠告。更准确地说，米兰达案要求，警察或者对犯罪嫌疑人提出四项忠告，或者采取其他可以产生同等效果的方法告知犯罪嫌疑人享有保持沉默的权利，并保证犯罪嫌疑人能够行使该项权利。

在此，关于司法机关代立法机关制定规则缺乏正当性的抱怨，乍一看不无合理之处。很显然，联邦最高法院制定了一套详细的、"立法式"的忠告制度。而且，由于联邦最高法院判决认为，该忠告程序本身并非宪法的要求，从而使得这一立法特征变得更加突出。联邦最高法院似乎是以宪法名义，要求各州以及地方警察必须遵守这些即便是米兰达案当时的联邦最高法院都不视为宪法要求的忠告程序。

当然，联邦最高法院的意思是就羁押讯问所产生的压力，设置某种保障制度，乃宪法性要求。由于缺乏其他有效的制度方案，米兰达忠告也就像其他宪法要求一样成为了一种法律义务。联邦最高法院认为，与其让各州和地方警察猜测怎么做才行，不如为他们选择一种在效果上最好的制度方案。于是，联邦最高法院为警察提供了一种带有示范性质的保障制度，通过遵守这些规则，警察可以信心十足地说其讯问活动不会被宣布违宪。同时，联邦最高法院也为州立法机关和警察保留了备选方案，事实上，它明确鼓励后者采取具有同等效果的其他方法。

但是，负责裁判米兰达案的联邦最高法院所选择的方法——这么说或许听上去有点奇怪——迥然不同。该方案表达了对立法权的尊重，而且，还为保障犯罪嫌疑人不受违反宪法的强制性压力保留了最大限度的灵活空间。然而，荒谬的是，批评者却抓住联邦最高法院的这一做法不放并加以曲解，以支持其以下主张：联邦最高法院超越自身的权限，为警察设置了宪法本身并不要求的强制性规则。但是，正因为米兰达案所采用的方法具有以上迥然不同的特点，在随后的岁月里，对米兰达案缺乏认同感的联邦最高法院才能够以明确无疑的语言说米兰达案所宣布的那些权利"本身并非宪法保护的权利"[64]，没有遵守米兰达规则"本身并没有违反第五修正案"[65]。但是，如果没有其他保障措施，警察讯问犯罪嫌疑人时，将依然存在宪法所不允许的强

62　See Schulhofer, Exceptionalism, supra note 20, at 944-51.

63　See Schulhofer, Reconsidering Miranda, supra note 22. at 451-53.

64　Michigan v. Tucker, 417 U. S. 433, 444 (1974).

65　Oregon v. Elstad, 470 U. 8. 298, 507 & note 1 (1985).

制性压力。如果米兰达案所依据的宪法原则是正确的，那么，没有遵守米兰达案所确立的各项规则（或者其他同等功能的规定）而展开的警察讯问活动，将构成"第五修正案违法"。

简言之，米兰达案所确立的、据说令人感到不悦的"立法式"规则，不仅没有对立法机关施加不适当的限制，而且没有"束缚"警察的手脚。事实上，这些规则根本没有对警察产生任何约束，其作用恰恰是反方向的。如果联邦最高法院关于任何羁押讯问都具有内在的强制性的说法是正确的，那么，要求对犯罪嫌疑人提出忠告的规定不仅没有束缚警察的手脚，反而意味着给警察松了绑。提出忠告之后，警察可以继续对孤立无援、被强行关押在警察局的犯罪嫌疑人进行讯问。这种讯问活动原本是违宪的，而且，违反的是宪法本身，而不仅仅是某些派生的预防性规则。

警察的忠告行为能够"消除"警察讯问活动固有的强制性，是一种貌似可疑的说法。但是，无论其效果如何，该忠告行为毫无疑问地具有允许继续进行羁押讯问的功能，而且，一开始也正是为了这一目的而规定的。这些米兰达规则的要求（即使在其本源意义上），是否以及在何种程度上对刑事司法活动产生了限制作用，将在后文加以考察。

（二）米兰达案所确立的操作性规则

1. 获得律师帮助。如前文所述，米兰达案重新将埃斯科贝多案解释为一起第五修正案判例，并由此排除了将第六修正案适用于以下讯问活动的可能性：警察局内发生的绝大多数讯问活动。由于取代埃斯科贝多案的米兰达规则仅仅适用于羁押状态下的警察讯问活动，所以，对于警察局之外进行的讯问活动，联邦最高法院为警察保留了基本上不受任何限制的自由，至少在正式启动刑事诉讼程序之前，是不受限制的。[66]

毫无疑问，米兰达案使用了相当多的律师帮助权的措辞，它甚至说，面对羁押讯问的犯罪嫌疑人享有获得律师帮助的权利。但是，米兰达案所规定的律师帮助权并非犯罪嫌疑人根据第六修正案所享有的、积极协助犯罪嫌疑人进行辩护的、综合性的法律帮助权。相反，它（至多）只能说是第五修正案意义上帮助消除羁押讯问压力的手段而已。在司法实践中，这一权利受到了更多的限制。这是因为，只有当身处羁押讯问压力之下的犯罪嫌疑人明确主张这一权利时，该权利才会发挥作用。米兰达案的判决意见，以强有力的语言描述说，在警察局内，孤立无援的犯罪嫌疑人"处于敌对力量的包围下"[67]，面对的是"能够迅速摧垮其个人意志，而且只有讯问人才能够帮助他了解自己享有哪些权利"[68]的压力。但是，裁判米兰达案的联邦最高法院却只是为这样的犯罪嫌疑人规定了一项只有"被告人明确要求"[69]才能适用的律师帮助权。并且，联邦最高法院还想当然地认为，即使犯罪嫌疑人孤立无

⑯ See, eg., Beckwith v. United States, 425 U. S. 341 (1976).

⑰ Miranda, 384 U. S. at 461.

⑱ Id. at 469 – 70.

⑲ Id. at 470.

援地置身讯问室内，与之进行交谈的人正是那些充满敌意因此需要为其提供律师帮助的敌对力量，但是，犯罪嫌疑人依然可以"不受限制地"[70]表达其要求获得律师帮助的意愿。之所以作出这样的选择，当然不是出于疏忽大意或天真的乐观主义精神。负责裁判米兰达案的联邦最高法院很明白他们为什么要这么做。

2. 忠告。在清除第六修正案规定的行之有效且积极能动的律师辩护权之后，负责裁判米兰达案的联邦最高法院进一步规定说，警察应当告知犯罪嫌疑人有权保持沉默。毫无疑问，这样的忠告可以让犯罪嫌疑人明白，警察知道他享有哪些权利，而且会尊重他的这些权利。这么做在某种程度上会削弱羁押状态下的内在压力，毫无疑问的是，一些执法官员会认为该项要求为讯问活动设置了障碍，或者，至少会对讯问活动造成恼人的困扰。对于沃伦法院而言，为警察设置忠告义务并非毫无意义。

然而，这么做的意义并不大。联邦最高法院也明白，如果没有同步录像或书面记录，当讯问活动结束之后，再去确认讯问室里究竟发生了什么将面对什么样的困难。米兰达案的判决意见用大量篇幅[71]讨论了这方面的困难，但是没有提出任何行之有效的办法。对于警察（是否以及）如何履行该项忠告义务，联邦最高法院既没有规定必须制作书面记录，也不要求必须同步录像。

同样，联邦最高法院也明白，由警察进行此项忠告很容易流于形式。对此，联邦最高法院自己也曾经明确说过，"对于那些亟须明白自己享有哪些权利的人而言，由希望进行讯问的人进行此类忠告本身，尚不足以〔保证个人可以在保持沉默与开口说话之间作出不受限制的选择〕……"[72]然而，对于如何克服这一困难，联邦最高法院同样毫无作为。关于沃伦法院能动司法的传统理解认为，沃伦法院愿意为警察设置严格的限制，甚至愿意彻底禁止在刑事诉讼中使用自白。但是，在这种传统观点下，联邦最高法院的上述疏忽看起来是令人费解的。事实上，联邦最高法院当然知道他们为什么要这么做。

3. 放弃权利。进行忠告以后，除非犯罪嫌疑人自愿开口交谈，否则，警察不得主动对其进行讯问。但是，判断犯罪嫌疑人是否有效放弃权利的标准是什么呢？警察不得以劝服、哄骗或欺诈的方式，促使犯罪嫌疑人放弃权利，而且，联邦最高法院的判决意见强调，对于犯罪嫌疑人是否放弃权利，应当由警察负"沉重的证明责任"[73]。

这些限制并非毫无意义，但是，也同样无法做到没有漏洞可钻。判断是否有效放弃权利的标准，本质上依然是米兰达案以前的标准——根据全案情形所作的任意性判断〔当然，二者之间存在着一项重大区别：警察为了让犯罪嫌疑人放弃权利不得使用此前可以使用的"吸力程序"（a "suction process"）〕。

而且，同样存在宣誓大战的问题（the swearing-contest problem）。根据"沉重的证明责任"的分配机制，负责裁判米兰达案的联邦最高法院的意思

---

[70] Id. at 469.

[71] Miranda, 384 U. S. at 445, 448.

[72] Id. at 469-70.

[73] Id. at 475.

肯定是：在最低限度上，警察关于犯罪嫌疑人自愿放弃权利的证言必须看起来是真实可信的。但是，联邦最高法院一方面强调不对外开放的讯问室蕴涵着各式各样的风险，另一方面却不要求犯罪嫌疑人放弃权利必须以书面形式、同步录像或第三人在场的方式进行。认为负责裁判米兰达案的联邦最高法院已经预料到警察会就此做伪证却故意采取纵容的立场，无疑是一种愤世嫉俗的说法。或许，联邦最高法院的初衷是希望在随后的案件中解决宣誓大战的问题。但是，我们可以公正地质疑说，对于一个试图确立一套真正行之有效的预防性规则的联邦最高法院，它原本应当在该适用米兰达规则的地方启动它、不该适用的地方停止它。

4. 放弃权利之后。现如今，我们已经知道，绝大多数接受讯问的犯罪嫌疑人都放弃了他们的米兰达权利并同意开口讲话。[74]考虑到米兰达案所确立的三项制度保障（即，律师帮助权、进行忠告、放弃权利）依然漏洞百出，对于这一结果我们原本就不应感到什么意外。对于敏锐的评论者而言，米兰达案的本意是建立一套旨在允许警察在犯罪嫌疑人放弃权利之后继续对其展开讯问的规则。这一点原本是显而易见的，而且，事实上从一开始就是一目了然的事儿。

但是，这些规则是什么呢？即使是最专注的电视观众也会合理地得出这样的结论：米兰达案对此根本不置一词。[75]事实上，他们显然遗漏了一项重要的潜在要求：米兰达案禁止以哄骗或欺诈的方式促使犯罪嫌疑人放弃他的权利。但是，该案的判决意见却只字未提——这无疑是故意为之——在犯罪嫌疑人放弃权利以后，使用哄骗或欺诈的方式是否适当？米兰达案判决三年后，联邦最高法院通过大法官瑟古德·马歇尔撰写的判决意见判决说，在犯罪嫌疑人放弃权利以后，警察使用欺骗手段并不会让自白变成"非任意自白"[76]。"因为对于犯罪嫌疑人有效放弃米兰达权利以后所作的自白，是否具有可采性……必须根据任意性标准作出判断"[77]。一名试图就自己的行为向警察作出解释的犯罪嫌疑人，等于放弃了不受哄骗、欺诈以及其他心理策略的权利，而立法规定这一权利的目的恰恰就是为了帮助判断其陈述的任意性问题。就此而言，犯罪嫌疑人放弃米兰达权利之后的讯问活动依旧是20世纪50年代时的老样子。

但是，依然存在一项极其重要的差别。与任意性标准不同，米兰达规则规定，在讯问过程中，只要犯罪嫌疑人表示他不想再说了，"讯问活动就必须立即停止"[78]。在这种情形下，任意性标准允许警察像斯潘欧案（Spano）那样，对不愿意配合并拒绝回答问题的犯罪嫌疑人继续进行讯问、质问、哄骗或欺骗（只不过，在斯潘欧案中，警察的行为最终走过了头）。在操作层面上，米兰达规则中的立即中止规则是米兰达制度的核心所在，而且，有理

---

[74] See Schulhofer, Practical Effect, supra note 40, at 560.

[75] See, e. g. , Akhil Reed Amar, "OK, All Together Now: 'You Have the Right to...'", L. A. Times, Dec. 12, 1999，at Ml（该文将米兰达权利等同于米兰达忠告，并断言说，由于社会公众对米兰达忠告已耳熟能详，因此，都知道米兰达权利的内容）.

[76] Frazier v. Cupp, 394 U. S. 731 (1969) .

[77] Welsh S. White, What is an Involuntary Confession Now?, 50 Rutgers L. Rev. 2001, 2004 (1998) .

[78] Miranda, 384 U. S. at 474.

由认为，这是米兰达规则唯一真正的牙齿。但是，对于那些没有明确说自己想保持沉默或者想与律师协商的犯罪嫌疑人来说，这种针对讯问策略而设计的唯一限制，事实上与吉迪恩案、马洛伊案、埃斯科贝多案以及米兰达案以前、正当程序条款之下飘忽不定的任意性标准毫无二致。

与正当程序条款之下的任意性标准不同，米兰达规则并没有对个案中犯罪嫌疑人的个人尊严与国家的刑事执法利益进行公开的利益权衡。相反，在米兰达案中，犯罪嫌疑人的第五修正案权利显然是一项绝对的权利。但是，在整个米兰达制度下，警察对于追求刑事执法利益依然享有极大的自由空间，为此，他们甚至可以对犯罪嫌疑人施加巨大的压力。因此，与正当程序条款之下的任意性标准相比，米兰达规则并没有更直接地处理既要保障反对强迫自证其罪特权，又要承认刑事执法活动离不开警察讯问活动所造成的司法两难。

（三）对司法实践的影响

几乎从米兰达案判决之日起，全美国的地区检察官和警察局负责人就开始关注该判例可能产生的影响。他们早期的许多研究成果声称，米兰达案对刑事执法活动产生了灾难性的影响。[79] 他们报告说，自白率和定罪率已经迅猛下降了。但是，在这些早期研究中，绝大多数研究设计得十分粗糙。如果认真考察的话，他们的研究成果往往存在致命的缺陷。随后的研究提供了一幅截然不同的画面。有相当分量的证据表明，米兰达案对自白率和定罪率的消极影响很小，而且随着时间推移还在快速缩减。执法官员和其他刑事司法参与者的感觉也印证了这些结论。[80]

目前，即使在警察和检察官之间，主流的观点同样认为，米兰达规则对于定罪率的影响几乎可以忽略不计，对于刑事执法活动根本构不成严重的障碍。[81] 一般而言，在进行讯问之前或讯问过程中，主张沉默权的犯罪嫌疑人

---

[79]　See, e. g. , Baker, super note 31, at 180 - 81, 403 -05; Yale Kamisar, Police Interrogation and Confessions 47 - 49 & note 11 (1980) .

[80]　See, e. g. , Stephen L. Washy, Small Town Police and the Supreme Court (1976); ABA Special Comm'n on Criminal Justice in a Free Society, Criminal Justice in Crisis 28 (1988) .

[81]　See Roger Parloff, "Miranda on the Hot Seat," New York Times Magazine, Sept. 26, 1999, pp. 84, 87; Schulhofer, Practical Effect, supra note 40, at 504. 对此，曾经存在不同声音。一位法律教授重新考察了早期的实证研究成果，对其作了若干调整并得出结论说：由于米兰达案，致使 3.8% 的严重刑事案件无法作出定罪判决（Cassell, supra note 49）。3.8% 的案件损耗本身就可以作为对那些诋毁米兰达案具有灾难性影响的人有力反击。但是，通过进行认真考察，我们将会发现，即使这 3.8% 的负面影响也是人为夸大的结果，缺乏有效证据的支持。如果根据适当标准对现有的实证研究成果进行重新分析的话，事实上具有明确实证数据支持的米兰达案对刑事执法的消极影响几乎为零（See Schulhofer, Practical Effect, supra note 40, at 544 - 45）。也有研究得出结论说，根本没有明确的实证数据表明米兰达案对刑事执法活动产生了负面影响。See, e. g. , George C. Thomas Ⅲ, Plain Talk About the Miranda Empirical Debate: A "Steady State" Theory of Confessions, 43 UCLA L. Rev. 933, 935 - 36, 952 - 55 (1996); Richard A. Leo, Inside the Interrogation Room, 86 J. Crim. L. & Criminology 266, 280 (1996); Peter Carlson, You Have the Right to Remain Silent, Washington Post, Sept. , 13, 1998, at 9; John J. Donohue Ⅲ, Did Miranda Diminish Police Effectiveness?, 50 Stan. L. Rev. 1147 (1998) .

只有20％到25％。[82] 审慎的调查结果表明：大约有55％~65％的警察讯问活动，警察最终成功地获取了犯罪嫌疑人的归罪性陈述——这与米兰达案以前的基本情况大体相当。[83]

事实上，资深的刑事执法官员一般认为米兰达规则还不错的，为警察带来了不少好处。与变化多端的任意性标准相比，米兰达规则更易于遵守。而且，通过向社会公众保证警察必须在既定的规则范围内进行讯问活动，米兰达规则为关起门的警察讯问活动提供了正当性。刑事执法部门"不仅成功地……适应了米兰达规则，而且，公开将米兰达规则视为警察职业化发展以及警察努力追求刑事诉讼公平目的的正当化标志"[84]。

如果米兰达案从来没有影响到犯罪嫌疑人的自白率，那么，一些人或许会得出结论说米兰达案是一个失败的判决——其原因不单纯在于警察依然可以使用自白（不过，禁止使用自白，从来就不是米兰达案的目的），而且还在于它给了我们这样的暗示：为了获取犯罪嫌疑人的自白，警察依然可以对他们施加压力。但是，最近根据亲身观察警察讯问策略的研究成果表明：现如今，一般情况下犯罪嫌疑人之所以自白，并不是因为他们害怕受到虐待，而主要是因为他们错误地相信他们能够对自己的行为作出合理的解释。现代的警察讯问活动已经发展成为一项精巧的"信任游戏"，在该项游戏中，侦查人员会巧妙地与他们的"目标"建立一种融洽的关系，并促使犯罪嫌疑人相信，通过说出部分事实真相，或编造一个合理的不在犯罪现场的证据，就可以帮助他洗清自己身上的犯罪嫌疑。[85]

六、结论

对于那些只把自白率与定罪率当做"底线问题"的人来说，米兰达规则可能看上去是无关紧要的规定。但是，我们所掌握的最有力的证据表明，现在的自白主要是说服、欺骗和犯罪嫌疑人过于自信的产物，而不是通过施加压力或制造恐惧心理获得的。这不仅仅是技术手段的变化。第五修正案保护——而且，任何好的社会都应当保护——犯罪嫌疑人不会受到政府（为将其定罪而对其）施加的强制。但是，我们的宪法并不保证犯罪嫌疑人不会因为错误地相信自己比警察更聪明而被定罪，对此，一个好的社会也不应当提供保证。米兰达规则似乎让我们已经更接近一种越来越多依靠后者、越来越少诉诸前者的讯问制度。

但是，米兰达案并没有触及许多警察讯问领域的重要问题。米兰达规则既没有实质性地减少暴力取证的可能性，在保护犯罪嫌疑人因不受外部压力

---

[82]　See, e. g. , Cadwell, supra note at - 16.

[83]　See, e. g. , Leo, supra note 81, at 280；Thomas, supra note 81, at 935 - 36，946 - 53.

[84]　Leo, supra note 41, at 680.

[85]　See David Simon, Homicide, 197 - 202 (1991)；Richard A. Leo, Miranda's Revenge：Police Interrogation as a Confidence Game, 30 L. & Soc'y Rev. 259 (1996) .

而放弃第五修正案特权方面，也做得相当不够。此外，就讯问室里究竟发生了什么而展开的宣誓大战中，对于警察所具有的优势地位，米兰达案件也毫无作为。对于虚假自白问题，它也几乎没有任何建树。就此而言，如果真的想贯彻实施第五修正案特权的话，联邦最高法院还有许多事情要做。

简言之，米兰达案是一种折中。通过精心设计，它既保留了警察讯问作为侦查手段的地位，又为防止讯问活动受到法官和社会公众的偷窥蒙上了一层保密的面纱。米兰达案并没有阻止各州要求其警察在可能的时候对其讯问活动进行同步录像。事实上，根本想象不出会有什么刑事执法利益——至少没有什么正当的刑事执法利益——禁止提出这样的要求。然而，直至今日，也只有少数几个司法辖区要求讯问时应当同步录像，而且只有少数警察局只是为了证明讯问的结果（即自白本身），而不是为了证明为什么会自白而保留同步录像的记录。而且，与针对警察伪证的预防性规则所激起的公众反对情绪相比，米兰达案中针对强制而确立的预防性规则所引起的抵触情绪可能显得温顺了许多。

就此而言，米兰达案是一个意义宏大，但基本上只具有符号意义的姿态。然而，这种刑事诉讼制度的符号意义不应被低估。诸如米兰达案之类的符号，立足于有限政府的社会承诺。无论多么不完美，这样的符号鼓励人们将很容易失控的个人情绪控制在一定的范围以内。并且，它们可以帮助我们教育并说服成千上万的一线执法人员——宪法秩序最终仰赖于他们是否自觉遵守这一秩序。恰如联邦最高法院在相关语境下所言："从长期来看，通过实例表明，在我们这个社会，侵犯宪法权利的行为将会导致严重的法律后果，被认为有助于鼓励制定刑事司法政策的人以及刑事执法官员已经将［宪法］观念融入他们自己的价值体系。"[86] 经过一代人的努力，很明显米兰达案已经产生了这样的效果，这是一项微妙但绝非无关宏旨的成就。

---

[86]　Stone v. Powell，428 U. S. 465，492（1976）.

霍法案：私人领域的秘密调查人员

特雷西·麦克林（Tracey Maclin）*

* 在此谨感谢我的研究助手阿莉森·帕瑟出色的工作。

■ 一、引言

有时候，在最高法院的裁判背后会有鲜为人知的故事。最高法院在关于霍法案[1]的判决意见中没有展现两个在美国最著名也最有争议的人之间长达十几年的争斗。一方是博比·肯尼迪（Bobby Kennedy），美国总统的兄弟，一个作风强硬的总检察长；另一方是吉米·霍法（Jimmy Hoffa），美国卡车司机工会（Teamsters Union）主席，被认为是最有势力的（据肯尼迪讲也是最为腐败的）劳工头。肯尼迪和霍法两人互相憎恨对方，至少公众认为是这样。

肯尼迪对于霍法的追诉始于 20 世纪 50 年代，当时他担任参议员约瑟夫·R·麦卡锡（Joseph R. McCarthy）领导的常设调查委员会（Permanent Investigations Subcommittee）律师。29 岁那年，肯尼迪被任命为参议员约翰·麦克莱伦（John McClellan）领导的劳工欺诈委员会（"Rackets Committee"）的首席律师，继续对霍法进行调查。肯尼迪认为霍法领导的是一个败坏的组织，霍法及美国卡车司机工会是有组织犯罪团伙的共谋者。霍法则认为肯尼迪是一个被宠坏了的富家子弟，是在对他以及卡车司机工会进行复仇。

肯尼迪和霍法之间的斗争，经常以头版头条的形式进入公众视线。这一场争斗既真实存在着，也有外界杜撰的成分。比如，1957 年 3 月，霍法在一个联邦贿赂案件中被指控试图为约翰·切斯蒂（John Cheasty）在麦克莱伦委员会中谋得职位。切斯蒂的任务是向霍法提供委员会文件中的机密信息。[2]在霍法被捕后的新闻发布会上，肯尼迪信誓旦旦地保证："如果霍法定不了罪，我将从美国国会的穹顶上跳下去。"[3] 在霍法被无罪开释之后，霍法的律师爱德华·贝内特·威廉姆斯（Edward Bennett Williams）开玩笑说要送肯尼迪一件降落伞。[4] 肯尼迪和霍法没有将对对方的仇恨藏在私底下。在切斯蒂案审判前夕，肯尼迪和霍法公开"争论谁可以施加更大的影响。那些热衷于这类事情的美国民众，迫不及待地想要看个究竟"[5]。

还有一个流行于华盛顿的传说。有一晚，肯尼迪"在如往常一样工作了18 小时之后，于深夜开车回家时，看到霍法办公室的灯还亮着，就掉头回办公室去继续工作"[6]。据霍法的一个律师说，他认为这个传说是真的，"故意在晚上离开其三层楼的办公楼后仍开着灯，试图诱使肯尼迪重复上述举动"[7]。两人之间的怨恨甚至登上了《华盛顿邮报》的"上流社会"版面。在

---

[1] 385 U. S. 293 (1966).

[2] Arthur A. Sloane, Hoffa 72 – 76 (The MIT Press 1991).

[3] Id. at 74.

[4] Victor S. Navasky, Kennedy Justice 452 (iUniverse. com, Inc. 2000) (1971).

[5] Id. at 454.

[6] Id. at 453.

[7] Sloane, supra note 2, at 157.

其中的一个八卦版面中,《华盛顿邮报》的玛克辛·切舍 (Maxine Cheshire) 讲述了埃塞尔·肯尼迪 (Ethel Kennedy) 和她的孩子们坐在车上经过国会大厦附近的故事。埃塞尔在车子遇到红灯停下来时,指着一幢楼。

但是,霍法案涉及的不仅仅是博比·肯尼迪和吉米·霍法之间比生命还重大的人格问题。这一案件还引发了严肃而重要的宪法问题,而该问题是最高法院自从 1921 年就一直试图解决的。该案件特别提出的问题是:执法官员是否有权可以不受限制地向个人的私人领域派遣私人侦探,不为调查已经案发的刑事犯罪的证据,而只是监视目标人物,寻找将来可能发生的犯罪的证据。在霍法案之前,最高法院仅审查过政府官员在私人领域安插线人收集信息或者监听谈话的合宪性问题。而且,在这些确实存在的判例中,答案仍是悬而未定的,相反,似乎朝着限制政府使用线人的方向发展,至少关于使用电子监听对私人谈话进行录音问题上是这样。最后,最高法院的大法官们对于如下问题提出了不同意见:在政府派遣秘密调查人员问题上,宪法是否该有所限制;如果应该有的话,限制措施又是什么。因此,为了理解霍法案的重要意义,很有必要了解涉及的人物到底是什么人,以及这一法律争议的历史背景。从纳什维尔市 (Nashville) 法庭上开始的一个轻罪案件,将发展成为最高法院的裁决;而正是该裁判给予了政府不受拘束地窥探公民的通行证。

■ 二、人物:吉米·霍法和博比·肯尼迪

(一)吉米·霍法

1913 年 2 月 14 日吉米·霍法出生于印第安纳州,父亲是一个采矿工人,在他七岁时就去世了。10 岁时,母亲带着他以及三个兄弟姐妹到了底特律,他们几个都在那里找了工作养家。霍法在七年级的时候就退学,开始在一家商店打工,后来在美国克罗格公司 (Kroger) 所属的码头仓库里装卸卡车和火车车厢。由于不满意长时间的工作和低廉的薪水,霍法和其他受雇于这个

---

[8]　Savasky, supra note 4, at 454.

码头的人决定成立一个工会。当他们拒绝卸载一辆草莓卡车时，克罗格公司屈服了。他们成立的工会在 1932 年成为地方卡车司机工会（Teamster Local 337）的一部分。不久，霍法被任命为地方工会（Local 299）的工会代表，后来成为该组织的主席。[9]

霍法在大萧条期为工会所做的工作，表明了他为提高劳工境遇所作的不懈努力。他不断招录成员，设置罢工警戒线，并且组织罢工。尽管罢工者的努力遇到了阻力（他们与警察、催泪瓦斯和子弹为战），并遭到逮捕（霍法回忆曾一天被逮捕 18 次），但是霍法似乎没有丧失组织工人的动力。最后，霍法被选为美国卡车司机工会主席，其将卡车司机工会从一个地方组织集合而成的松散组织转变为有影响力的全国性工会。[10]

自从在卡车司机工会中取得领导地位后，霍法便成为了联邦调查局尤其是博比·肯尼迪的目标。但是，尽管面临无休止的诉讼纠缠，霍法仍成功地获得了工会工人的支持，这归功于他与普通成员紧密联系的能力以及使工人得到更好合同的不懈努力。一位卡车司机的话代表了许多霍法的忠实支持者的心声："霍法确实拿走了我们一些东西，但是他也给了我们很多。鉴于他为司机所做的一切，我会赌一次再相信他一次。即使他捞到了一些，管他呢。"[11]

1957 年 2 月 19 日，在埃迪·谢菲茨（Eddie Cheyfitz）家中，霍法第一次见到肯尼迪。谢菲茨，是一个华盛顿律师，曾任卡车司机工会公共关系官员，与霍法及肯尼迪都是朋友，因此说服两人在他家中见面共进晚餐。谢菲茨认为两人会喜欢彼此，因为：

> 贵族出生的肯尼迪和草根出生的霍法有许多共同点。两人都是雄心勃勃、好斗、活跃的最轻量级拳击运动员。两人都是工作狂，但又都是忠实于家庭的男人。两人都以爽直为傲。两人都不抽烟，体型都保持得很好。两人都要求且都得到了手下完全的忠心。两人经常被崇拜者描述为"具有领袖气质"，被反对者描述为"残酷无情"[12]。

但是，显然，直到晚餐结束，肯尼迪和霍法相互都没有好感。[13] 肯尼迪觉得霍法"是个外表粗鲁的流氓，极力鼓吹自己的力量，因为他对自己是否有此能力都自我怀疑"[14]。霍法对于肯尼迪的看法也是负面的。晚饭后，霍法回忆说："我从他握手的姿势中就能看出他是什么样的人。我告诉自己'这小子认为与我谈话是给我面子'。"并且认为（肯尼迪）是"被宠坏了的垃圾"[15]。

⑨ John Bartlow Martin, The Struggle to Get Hoffa, Part Two: The Making of a Labor Boss, The Sat. Evening Post, July 4, 1959, at 54.

⑩ Id.

⑪ A. H. Ruskin, What the "Little Fellow" Says to the Teamsters is What Counts, N. Y. Times, May 30, 1971（6）(Magazine), at 12.

⑫ Sloane, supra note 2, at 77.

⑬ Id. at 77—78; John Bartlow Martin, The Struggle to Get Hoffa, Part One: Kennedy Sets a Snare, The Sat. Evening Post, June 27, 1959, at 21, 92.

⑭ Sloane, supra note 2, at 77.

⑮ Id. at 78.

（二）博比·肯尼迪

在博比·肯尼迪成为约翰·麦克莱伦的常设调查委员会首席顾问之时，无论是委员会还是肯尼迪本人，都没有打算要将调查对准任何腐败的工会组织，更没有特别针对吉米·霍法。肯尼迪最初的调查活动，针对的是与红色中国的交易以及涉及联邦官员利益冲突的案件。但是，在肯尼迪认为早期对工会官员的调查因为政治压力的不当影响而被"冻结"时，他开始关注腐败工会组织的活动。⑯

麦克莱伦委员会成立两年半来得到的信息，使得肯尼迪相信在霍法的领导下，卡车司机工会已经是一个"罪恶的阴谋团伙"⑰。作为首席顾问，肯尼迪负责决定调查什么、如何调查以及传唤哪些证人来作证。⑱ 肯尼迪早期在该委员会的工作经历，为其将戴维德·贝克（David Beck）赶下卡车司机工会主席职位提供了帮助。因此，具有讽刺意义的是，肯尼迪成功地把贝克赶下台，为霍法竞选工会主席铺平了道路。⑲

在委员会听证活动中听到的证词，促使肯尼迪相信霍法是有罪的，霍法利用工会资金为自己谋利，而且与黑手党成员有密切关系。肯尼迪还担心，霍法作为工会主席，具有破坏整个国家经济的能量，也可以煽动全国性的罢工。肯尼迪在杰克·帕主持的电视节目（Jack Paar show）中解释了这一观点。他说，霍法以及卡车司机工会认为"没有人可以动他们，他们可以搞定陪审团，搞定法官，搞定立法机关的人……他们有足够的钱，他们有……霍法先生曾说过，每个人都有其价值！所以他们并不担心"⑳。基于肯尼迪在麦克莱伦委员会中发现的证据，联邦政府三次将霍法起诉到法院——一次是指控其贿赂，两次是指控其窃听。但是，政府没有一次赢得诉讼。

肯尼迪在 1961 年成为总检察长，但是他没有忘记霍法。肯尼迪任命沃尔特·谢里登（Walter Sheridan）在司法部刑事犯罪科有组织犯罪部门中领导一批检察官。谢里登，这位非律师——前联邦调查局官员，在麦克莱伦委员会中为肯尼迪效力。谢里登领导的组织，更为公众熟知的名字是"将霍法绳之以法小分队"（"Get Hoffa Squad"），他们的任务就是完成麦克莱伦委员会对于霍法和卡车司机工会的调查。"将霍法绳之以法小分队"似乎不是针对某一个事项，而是针对一个目标：吉米·霍法。㉑ 谢里登的任务就是将霍法送进联邦监狱。

肯尼迪和谢里登追诉霍法的共同努力，得到了一个很大且引人注目的团体的帮助。有学者估计"将霍法绳之以法小分队"雇佣了 16 名律师、30 名

---

⑯ Id. at 49.
⑰ Robert F. Kennedy, The Enemy Within 162 (Harper & Brothers 1960).
⑱ Martin, supra note 13, at 92.
⑲ Navasky, supra note 4, at 455.
⑳ Id. at 451.
㉑ Id. at 457.

联邦调查局全职人员。[22] 除了直接调查霍法，"将霍法绳之以法小分队"还起诉卡车司机工会中低层级的人员及支持者，他们坚信推倒霍法的关键是要摧毁他的支持系统。在肯尼迪掌权后不久，有 15 个大陪审团在调查霍法及其卡车司机工会。[23]

在肯尼迪担任总检察长期间，霍法三次受到指控，其中两次被定罪。同时，司法部对 100 名卡车司机工会官员和 90 名支持者提起联邦指控。在与卡车司机有关的指控中，检察机关说服大陪审团签发了 190 份大陪审团起诉书（indictment），获得 115 个有罪判决。"不论从何种标准来看，肯尼迪针对霍法的运动，是政府卓越成就的代表。"[24]

在当时，很多人都认为，肯尼迪起诉霍法并将其送进监狱的工作做得很成功。但是，作为总检察长，肯尼迪追诉霍法的行动，也引发了严重的宪法性争议以及"刑事指控的方向这一深层次问题"[25]。在成为总检察长后不久，肯尼迪就以将霍法送进监狱为目标。"在肯尼迪的领导下"，维克多·南维斯基（Victor Navasky）写道，"美国政府以为自己是在向吉米·霍法及其领导的卡车司机工会开战"[26]。肯尼迪及其手下似乎从不担心使用存在宪法问题的执法手段来追诉霍法。

肯尼迪在担任总检察长时，敦促国会通过立法授权联邦执法人员进行电话监听。总的来说，肯尼迪"支持窃听"[27]。尽管肯尼迪及谢里登均否认司法部曾对霍法进行过窃听[28]，谢里登一直在对霍法进行监视。谢里登也承认，"我知道他一天 24 小时的行踪"[29]。司法部的其他官员坚持认为对于非常目标，应该使用非常手段。内森·卢因（Nathan Lewin），是"将霍法绳之以法小分队"中的一个律师，他描述了他们组织中的许多成员是如何正当化他们的工作和手段的：

> 另一方面，政府面对的是一群准备全力以赴不遗余力进行斗争的刑事被告人……包括骚扰陪审团、贿赂等等你能想到的手段。他们拥有无限的资金可供使用，而且他们都不按规则出牌。霍法不把低级法院放在眼里，因为他会诉诸更高一级的法院。他们不是普通的刑事被告人。在纳什维尔市进行的审判中，霍法高薪聘请了六个律师在一个宾馆中给参与其庭审的四个律师提供咨询。这比政府在这个案件中的人手还要多。他在为自己辩护方面花的钱很有可能和政府控诉他的钱一样多。因此，

---

[22] Lucas A. Powe, Jr., The Warren Court and American Politics 402 (The Belknap Press of Harvard Univ. Press 2000).

[23] Navasky, supra note 4, at 462.

[24] Id. at 447. 弗德汉姆教授通过比较注意到：肯尼迪领导的司法部提起的"针对吉米·霍法的刑事诉讼，比整个密西西比州受理的民权案件还要多；对卡车司机工会成员提起的刑事诉讼，比整个国家受理的民权案件还要多"。Monroe H. Freedman, The Professional Responsibility of the Prosecuting Attorney, 55 GEO. L. J. 1030, 1035, note 25 (1967).

[25] Navasky, supra note 4, at 447.

[26] Id. at 446.

[27] Id. at 80.

[28] Id. at 464-65.

[29] Id. at 463.

在政府层面，需要有类似的资源和灵活性。㉚

■ 三、"测试车队"案

测试车队案（Test Fleet）最初是一个轻罪指控，该案是最终导致最高法院作出霍法案裁决的冗长法律程序的第一步。1949 年，霍法与其生意伙伴伯特·布伦南（Bert Brennan）以他们妻子的名义创建了测试车队公司。测试车队公司专门租赁卡车设备给底特律的一家卡车公司。尽管霍法认为，他拥有的测试车队公司与其在卡车司机工会上的地位没有利益冲突，但是，以肯尼迪为首的司法部指控他违反了塔夫特—哈特利法案（The Taft—Hartley law）。㉛

1962 年 10 月 22 日至 12 月 23 日期间，测试车队案在田纳西州的纳什维尔市接受审理。霍法是唯一的被告人。但是，庭审开始前，爱德华·格雷迪·帕廷（Edward Grady Partin）联系了司法部。帕廷系路易斯安那州卡车司机工会的工作人员。当时，其正处于羁押待审之中。帕廷有一长串的犯罪史，包括"破门而入，因不当行为被海军开除，又因强奸、挪用资金和篡改记录受到大陪审团指控，伪造和一级谋杀"㉜。当他与联邦官员联系的时候，他正处于乱用工会资金的联邦指控中。帕廷一开始告诉司法部官员的是，霍法制定了一个"与谋杀约翰·F·肯尼迪（John F. Kennedy）极其类似的计划"，要他帮忙暗杀博比·肯尼迪。㉝

帕廷不久就被释放，并前往纳什维尔市去与霍法会面，当时正值测试车队一案审理期间，霍法住在安德鲁·杰克森宾馆。帕廷得到了谢里登（当时他也在纳什维尔市）的电话号码，并成为霍法在宾馆中的心腹和警卫。

只有肯尼迪、谢里登"以及其他一两个人知道（帕廷的）双重身份"㉞。据谢里登说，帕廷是一个"极佳的线人"㉟。谢里登说，"联邦调查局不愿与帕廷合作，因为他们不相信他，但是我要与他合作，每次他告诉我一些信息的时候，我都会让联邦调查局核查，而且总是如他所说的那样"㊱帕廷告诉谢里登，霍法及其成员几次试图让其去收买测试车队案的陪审团。测试车队案陪审团最初的评议结果是 7 票无罪，5 票有罪；后来因无法达成一致意见而以无效审判（mistrial）告终。

霍法没有因测试车队案再次受到起诉。但是，帕廷作为政府线人从霍法阵营所获得的有关收买陪审团的信息，被用以指控霍法及其同伙，在查特努

㉚　Id. at 465.

㉛　Navasky, supra note 4, at 470.

㉜　Id. at 474；Sloane, supra note 2, at 297.

㉝　Sloane, supra note 2, at 283.

㉞　Navasky, supra note 4, 476.

㉟　Id. at 474.

㊱　Id.

加市（Chattanooga）进行的联邦审判成功地将他们定罪。有关霍法收买陪审团的有罪判决刚一宣判，谢里登就跑出法庭打电话。从某种意义上说，肯尼迪为此已经等了七年了。谢里登对其上司的第一句话是："我们成功了！"喜气洋洋的肯尼迪对这个劳心劳力的功臣的回答是："干得好！"[37]

如果没有帕廷提供的信息以及其后所作的证言，肯尼迪和谢里登不可能有机会庆祝对霍法的定罪。关于霍法及其同伙收买陪审团的有罪判决，最终被上诉到了最高法院。霍法提出了一个强有力的抗辩并且在口头辩论中最引起大法官们注意的是：帕廷的行为违反了联邦宪法第四修正案禁止不合理搜查、扣押的规定。最高法院驳回了这一主张以及霍法的其他宪法性主张。[38]以下篇幅将讨论影响最高法院大法官们对霍法案评判的三个法律进程。前两部分解释了霍法案以及一个类似案件刘易斯案（Lewis v. United States）[39]的结果，并对霍法展开评论。最后一部分讨论了霍法案之后的州立法。在霍法案之后，对于线人的秘密监视活动的种类不存在宪法规制，而正是此种监视活动将吉米·霍法送进了监狱。

■ 四、联邦宪法第四修正案以及线人调查活动的相关法律背景

在霍法案之前，关于政府官员向美国公民的私人生活领域安插线人的合宪性问题，最高法院只作出过几个裁决。而且，最高法院所作的这几个裁决也并不是铁板一块。也许，因为关于这一问题只有几个裁决，最高法院也没有明确裁决与使用线人是否符合第四修正案有关的几个基本问题。比如：如果警察调查的目标人物在不知情的情况下允许警察线人进入其住宅或者宾馆房间之中，因而该线人看到了归罪性的信息，而且这些信息后来用于指控该目标人物，那么，该线人的行为是否会引发第四修正案的审查？

毕竟，在权利法案中规定第四修正案，是为了保护隐私免受强力的侵犯。激怒殖民地人民的是，英国海关官员在空白的一般令状（general warrant）和协助搜查走私令状（writ of assistance）的授权之下，强行破门而入并在私人场所到处乱翻的行为。如果线人通过欺骗手段进入私人住宅或者办公室，他或者她并没有进行强制搜查或者扣押；如果目标人物允许一个乔装之后的政府官员进入其住宅或办公室共谋犯罪或者购买毒品。关于前述问题的答案是否会发生改变？究竟是目标人物，还是调查人员挑起的购买毒品的话题是否具有关键性意义？

---

[37]　Sloane, supra note 2, at (footnote omitted).

[38]　霍法还主张，帕廷的行为侵犯其根据联邦宪法第五修正案反对强迫自我归罪条款以及第六修正案律师帮助权所享有的权利。这些主张都被驳回（See 385 U. S. at 303 - 312）。在第三次指控中，霍法及其同伙被指控利用邮件和电报欺诈，起诉包括与国际卡车司机协会在中部、东南部和西南部的抚恤资金有关的一些活动。霍法及其同伙在被定罪后上诉至最高法院。法院没有审查案件的实体问题，但是确实要求将该案件发回地区法院重新审理，以审查联邦调查局官员对其中一名被告人进行搭线窃听是否污染了对这些被告人的定罪（See Hoffa v. United States, 387 U. S. 231 (1967) (per curiam)）。

[39]　385 U. S. 206 (1966).

此外，进入私人场所后，如果警察线人只是听到了目标人物想让他听到的内容，或者只是看到了一眼就能看到的东西，那么，缘何会发生不合理搜查或者扣押呢？即使假定言语可以被搜查或者扣押，线人的行为是否违反第四修正案？如果目标人物邀请或者默许线人入内，是不是就表示其同意线人在其在场的情况下实施任何的搜查或扣押行为呢？根据第四修正案的传统意思，如果一个人同意警察进行搜查或者扣押，那么，不需要令状，也不要求有合理根据。尽管最高法院此前裁决的有关秘密线人的案件（下述），已经引发了这样或那样的争议，但最高法院对以何种方式正确处理这些问题，仍然缺乏统一的意见。

除了早期关于线人的裁判，审理霍法案的大法官们还受到了其他两个法律进程的影响。早期有关线人的案件出现的时候，最高法院正在审查警察进行电话窃听及电子窃听器监听的合宪性。如果不受拘束的电话窃听或者电子监听器窃听不符合搜查扣押的规则，那么，可以合理提出的主张是，政府官员暗中监听同样会存在合宪性问题。

最终影响霍法案裁决的最重要的因素，来自一个看似关系不大的线索。霍法案当时的法律框架最初是大法官布伦南奠定的。大法官布伦南"被公认为是最高法院自由派声音的代表（许多批评者以及他的崇拜者都这样认为），他是最高法院历史上最具影响力的大法官之一"[40]。在审理霍法案时，最高法院没有采纳其以前在有关电话窃听和电子窃听器监听案件中的观点，而是采纳大法官布伦南的"风险承担"（assumption of risk）理论，来解释为何线人进行的监听不需要联邦宪法第四修正案的保护。下文将详细讨论上述这些发展进程。

（一）早期的案件：问题多于答案

最高法院碰到的首个秘密线人案件，是古莱德案（Gouled v. United States）[41]，该案引发的问题远比法院回答得问题要多。在该案中，政府线人，系古莱德的朋友，其前往古莱德的办公室收集有关指控其预谋诈骗美国陆军的证据。这位朋友在军队情报部门的指导下，"假装要拜访他"，其获得允许进入古莱德的办公室后，"在古莱德不在场并且没有任何令状的情况下，拿走了很多文件"，其中的一份文件后来被用作证据指控占莱德的欺诈行为。[42]

古莱德主张，政府使用线人的行为违反了其所享有的联邦宪法第四修正案权利，但是对此控方有两点应对理由。第一，控方认为强力入侵才是不合理搜查或扣押的根本。尽管线人利用了与古莱德的友谊从而进入其办公室，但是这一手段并不危及宪法利益。控方认为，只要没有对古莱德进行强力或

---

⑩　Yale Kamisar, Remembering the "Old World" of Criminal Procedure: A Reply to Professor Grano, 23 U. Mich. J. L. Ref 537, 541 (1990).

⑪　155 U. S. 298 (1921).

⑫　Id. at 304.

者法律上的强制，第四修正案不禁止此类行为。[43] 或者，即使假定线人的行为构成搜查或扣押，控方认为线人是基于古莱德的同意而进入的。既然线人已经合法进入办公室，第四修正案并不"要求其合上眼睛，对任何他可能一眼就看到的证据视而不见"[44]。

最高法院作出意见一致的裁决，概括性地驳回了控方的观点，法院认为古莱德所享有的第四修正案权利遭到了侵犯。首先，最高法院明确不采纳以下主张，即，强力或者强制是第四修正案所禁止的侵犯行为之必要要素。法院解释说，通过秘密行动进行侵犯与通过强力进行侵犯，在宪法上的意义是一样的。尽管在古莱德案中，法院明确表示通过秘密行动进行的侵犯行为需要接受第四修正案的审查，但是，法院对于控方有关同意搜查主张的回答，却是比较隐蔽的。法院在判决中说："政府线人进入嫌疑人的住所和办公室，无论是通过秘密行动、社交结识抑或谎称生意往来而拜访，并且不论在其进入私人场所时主人是否在场，只要随后他在主人不在场时秘密进行任何搜查和扣押，均属于第四修正案禁令的管辖范围。"[45]

有趣的是，法院在古莱德案判决中没有论及控方关于古莱德同意线人进入办公室的有关主张。相反，法院关注的是"在他（古莱德）不在场时秘密进行的搜查和扣押"[46]。如果在古莱德不在场时扣押文件，是第四修正案违反行为的症结所在，那么，线人进入私人场所的方式就不重要了。重要的是，古莱德不知道扣押活动的存在。如果古莱德看到扣押行为但是没有进行反对，那么，他就无权进行宪法性抗辩。然而，由于线人在扣押这些归罪性文件时他并不在场，而是事后才知道政府持有这些文件，所以，古莱德在最为重要的关头无法捍卫自己的第四修正案权利。

十几年后，最高法院和大部分评论者都认为，古莱德判例确立了以下立场：目标人物不在场的情况下，实施的搜查或者扣押违反第四修正案。同时，一般认为，古莱德判例还确立了以下观点：如果一个人不经意间允许他人进入其私人场所，且将自己知晓的情况向秘密调查人员泄露私人信息，那么，其所享有的第四修正案权利没有受到侵犯。但是，认为古莱德判例允许使用秘密调查人员的观点是有问题的，理由有两个。第一，关于古莱德判例的传统观点认为，使用秘密调查人员不违反第四修正案，只要没有任何信息是在目标人物不在场的情况下获得的。这一观点与古莱德案的案情和裁判本身相差很远。第二，也是最重要的一点，传统观点认为，如果目标人物不经意间允许了秘密调查人员进入其私人场所，政府调查人员的行为就不违反第四修正案。这一观点预设的前提是目标人物已经同意调查人员进入，但是最高法院在裁决古莱德案时并没有对控方提出的同意搜查观点表示赞同。

关于第一点，我们来看与古莱德案件事实略有不同的两个假想案件。一

[43] Id. at 299 – 301.
[44] Id. at 301.
[45] Id. at 306.
[46] Id.

个假想案件是："通过假装朋友拜访"[47]，秘密调查人员得以进入古莱德的办公室，在古莱德在场的情况下看到了可以证明古莱德有罪的文件，但是并没有趁古莱德转身之机拿走这个文件。事后，该调查人员向上级汇报了这一情况，政府拿到了搜查该文件的令状。另一个假想案件是：秘密调查人员没有发现其意欲寻找的目标文件，但是，在与古莱德交谈过程中，他一眼就看到了古莱德桌子上有个架子，上面摆放着一瓶一加仑大小的违禁酒。调查人员在向上级汇报其没有发现归罪性文件后，提到其看见了违禁酒。在执行针对违禁酒的令状时，调查人员在放违禁酒的同一个架子上一眼就看到了那份归罪性文件，遂将文件与违禁的威士忌酒一并予以扣押。

在这两个假想案件中，古莱德都在房间内。但是根据古莱德判例的推理，这两种情形似乎都是宪法所禁止的行为。两个案件都涉及秘密而故意进行的政府行为，这些政府行为侵犯了古莱德的安全和隐私，与古莱德案实际发生的侵权行为一样，"违反了其意志，构成搜查和扣押"[48]。在第一个假想案例中，调查人员到古莱德办公室寻找归罪性材料，他当然是在"搜查"这个办公室。在第二个假想案例中，尽管调查人员没有找到归罪性文件，但是他发现了违禁酒，这同样构成对办公室的"搜查"。如果说，搜查就是搜查，即便看到的只是没有什么私人价值的物品，那么，政府对私人信息或者谈话的蓄意查找，当然更是搜查。正如最高法院在比古莱德案早七年前就曾说过的，"一般来说，搜查通常指的是执法人员的搜寻活动（quest）"[49]。两个假想案件，都存在政府调查人员搜查信息的活动。

可以确定的是，古莱德案不存在上述两个假想案件的任一情形。并且，古莱德案简明扼要的判决意见中也未曾暗示它允许上述任何一种侵犯行为。事实上，一小部分下级法庭以及一些评论者已经将古莱德案解读为禁止政府进行秘密的侵犯行为，包括被搜查者在场且调查人员只是看到或者听到被搜查者在知情的情况下透露的信息。[50]

关于古莱德案的传统解释认为，它允许调查人员在伪装后为了搜查或扣押而进入私人场所，只要该调查人员没有看见、听到或者拿走目标人物不曾期望的任何物品和信息。这一传统观点的问题在于，其忽视了以下事实，即，古莱德案的判决意见没有讨论——更不必说采纳了——政府有关同意搜查的主张。充其量，最多只能认为古莱德案的判决意见对政府所谓同意搜查的主张持中立态度。

但是，古莱德对搜查表示同意了吗？很难说古莱德已同意搜查。古莱德案裁决于1921年，当时最高法院尚未裁决第四修正案意义上的"同意"是否只要求个人自愿作出即可，抑或"同意"要求有意识地放弃一个已知权利——尽管古莱德案裁决当天，最高法院在其裁决的亚摩斯案（Amos

---

㊼　Id. at 304.

㊽　Id. at 305 - 06.

㊾　Weeks v. United States，232 U. S. 383，397（1914）.

㊿　See，e. g.，Hajdu v. State，189 So. 2d 230，231 - 32（Fla. Dist. Ct. App. 1966），cert. denied，196 So. 2d 923（Fla. 1967）；Osmond K. Fraenkel，Recent Developments in the Law of Search and Seizure，13 Minn. L. Rev. 1，11 note 87（1928）（认为古莱德案"责难的是暗中带走东西，而不论主人是否在场"）.

v. United States)(51) 中暗示，法院倾向于认为“同意”要求有放弃权利的明确意思表示。诚然，宪法并不是一般性的保护，第四修正案也没有提供专门的保护，来使个人免于因为自己的愚蠢而受到的侵犯，甚至不禁止一个人的朋友将归罪性信息披露给政府当局。但是，第四修正案的确禁止政府不受拘束地故意采取一定行动以便从个人住宅或者办公场所获取信息。在霍法案之前，诸多下级法院的确认为古莱德案确立了以下规定，即，通过欺骗方式获得的有罪证据违反第四修正案。(52) 当古莱德给其朋友开门时，其并不知道也没有同意，政府有计划实施的侵犯活动。正如有评论者所言：

> 秘密调查人员在没有令状授权的情况下进入个人住所或工作场所，常常侵犯（住宅和办公室的）神圣性。他们可能被允许进入，但只是由于其欺骗行为——假借朋友关系、生意伙伴关系或者谎称对住房进行检测或者读取刻度表而进入。认为如此进行的搜查是自愿的，简直就是诡辩。一个人可能允许一个读表人员进入房间，但只是允许其读取表上的刻度，而并不是允许其搜查房间。“同意”是因情景而异的。如果目标人物不是受到欺骗，调查人员是不会被允许入内的。当私人区域和公共区域的界限可以被任意逾越，不论是通过欺骗还是强制或者强力，自由都将不可能实现。自由得以存在的部分原因在于，个人的私人空间得以免受政府干预。(53)

简言之，关于同意搜查的假想观念，不能损害根本的信条，即，对受保护的场所和活动有预谋地进行秘密侵犯，与公开进行的强力侵犯一样，都是对第四修正案价值的侵犯。

最高法院接下来审理的有关秘密调查人员的案件是安利案（On Lee v. United States）(54)，该案对古莱德案已经裁决和未予裁决的事项都基本没有关注。尽管古莱德案明确指出，通过秘密行动或者欺骗行为进行的侵犯活动，与通过强力进行的侵犯活动一样，都损害第四修正案的价值。但是，在安利案中，当被告人企图援引第四修正案来对抗一个秘密侵犯活动时，法院驳回了被告人的主张，理由是秘密调查人员并没有对其财产构成侵犯（trespass)。类似地，尽管法院在古莱德案中没有采纳控方提出的古莱德不经意间允许秘密调查人员进入其办公室，就是同意其进行搜查的观点；在安利案中，法院似乎认为，使用秘密调查人员不会引起关于被调查者是否同意的法

---

(51) 255 U.S. 313, 317 (1921)（法院在该案驳回了以下主张，即，调查人员在没有令状的情况下基于政府权力要求进入房间时，被告人妻子为调查人员开门的行为，放弃了被告人所享有的宪法性权利；法院还拒绝审查以下问题：“妻子在丈夫不在场的情况下，是否可能放弃丈夫的宪法性权利。原因在于，很明显的是，基于政府调查人员的隐形压力，不可能存在被告人所欲的对权利的放弃”）.

(52) See, e.g., United States v. Sclafani, 265 F. 2d 408, 415 (2d Cir., 1959)（认为古莱德案责难的是通过欺诈的方式获得的同意和进行的搜查活动）; United States v. Reckis, 119 F. Supp. 687, 690& note 1 (D. Mass. 1954)（认为古莱德案代表以下立场：通过欺诈方式获得的有罪供述和证据，都是违反第四修正案的）; People v. Dent, 19 N. E. 2d 1020, 1021 - 22 (Ⅲ. 1939)（援引古莱德案后认为，在对那些试图进入住宅的人的身份和目的都不知晓的情况下而作出的进门许可，使得随后的进入行为不合法）; Common wealth v. Wright, 190 A. 2d 709, 711 (Pa. 1963)（援引古莱德案后认为，“同意（进行搜查），不能通过秘密行动、欺诈或者与事实不符合的陈述而获得”）.

(53) Gary T. Marx, Undercover: Police Surveillance in America, 1960 - 1972 99 - 100 (Univ. of Cal. Press 1989).

(54) 343 U.S. 747 (1952).

律争议。

在安利案中，陈·博伊（Chin Poy），被告人安利的朋友和前雇员，来到安利的洗衣店。安利不知道的是，陈·博伊是政府线人，"装有窃听设备，其大衣里袋里装有小型麦克风，手臂上还有一根天线"[55]。联邦缉毒局官员劳伦斯·李（Lawrence Lee）站在洗衣店外面，通过设备窃听陈·博伊和安利之间的谈话。几天后，陈·博伊和安利在大街上又进行了一场谈话，并被劳伦斯·李监听。在这两次谈话中，安利都作了关于非法贩卖毒品的有罪陈述。在审判中，缉毒局官员劳伦斯·李被允许作为证人，就安利的有罪陈述作证。

大法官杰克森在代表最高法院多数意见撰写安利案判决书时，得出的结论是，"陈·博伊和缉毒局官员李的行为，均够不上第四修正案所禁止的非法搜查和扣押"[56]。大法官杰克森解释说，陈·博伊"没有实施侵权行为"，相反，"陈·博伊进入营业场所，如果不是基于被告人默示的邀请，也是基于被告人的同意"[57]。关于另一个观点，即，官员李的行为构成侵权，因为藏在陈·博伊身上的电子监听器使其得以秘密窃听到在安利的洗衣店内发生的谈话，大法官杰克森认为这一观点几乎是"轻率的"。只有"有形侵入"，比如伴随暴力、法律上的强制或者没有任何同意的迹象时，才会对此种秘密监听进行宪法规制。[58] 最后，大法官杰克森认为，没有理由将线人的间谍行为等同于警察的搭线窃听。使用无线电，"与搭线窃听的相似度极低"。根据大法官杰克森的观点，"将在谈话一方的默许、纵容下偷听谈话的行为比作不合理的搜查或者扣押，太过牵强；据此认为此种假想的自由应当像第四修正案所保护的真正自由一样受到保护，无助于第四修正案真正自由的保护"[59]。

大法官伯顿发表不同的意见，质疑大法官杰克森的以下结论，即，由于安利对陈·博伊的搜查和扣押活动已经表示同意，本案不存在非法侵入。大法官伯顿认为，这一主张"忽视了以下事实，即，陈·博伊，在没有令状，也未经（安利）同意的情况下，秘密携带无线电装置，而官员李的接收器刚好能接受到该无线电装置所在频率的消息"。实际的效果就是，陈·博伊在进入洗衣店时，"偷偷地将官员李也一起带了进来"[60]。虽然没有详细阐述，大法官伯顿认为，陈·博伊"是合法地进入（安利）的场所的，因此其可以就其自己在那里的所见、所闻进行作证"[61]。但是大法官伯顿认为，官员李监听这一谈话的行为，是在未经安利同意的情况下实施的。

安利案与古莱德案的紧张关系显而易见。首先，我们来看大法官杰克森的结论：鉴于不存在侵入或者"有形侵入"，安利的宪法性主张——用他的原话说——"简直就是轻率的"。但是，为何安利的主张是轻率的？最高法院不是早在三十年前就已经在古莱德案中就以下问题——警察的违法行为是

[55]　Id. at 749.

[56]　Id. at 751.

[57]　Id. at 751 - 52.

[58]　Id. at 752 - 53.

[59]　Id. at 753 - 54.

[60]　Id. at 766（Burton, J., dissenting）.

[61]　Id.

否必须通过强制或者暴力实施，才会引起第四修正案的审查——作出裁决了吗？在古莱德案中，就这一问题，最高法院不是一致裁决不支持控方的立场了吗？大法官杰克森没有注意与古莱德案在这一面相协调。

大法官杰克森也没有承认以下事实，即，古莱德案没有裁决同意搜查的问题。大法官杰克森的结论是，安利同意陈·博伊进入其办公场所。但是，如果安利不经意间允许陈·博伊进入房间的行为，可以构成一个有效的同意，那么，当古莱德不经意间允许成为政府间谍的朋友进入其办公场所，也可以视为是一个有效的同意。难道这之间的差异，不需要专门进行讨论吗？安利的主张并不是"轻率"的：当陈·博伊"假装朋友拜访"[62]，并且"在没有任何令状的情况下"[63] 被派到安利的洗衣店以便政府能截获私人谈话时，关键性的宪法损害已然发生。相较于古莱德允许其朋友进入办公室，安利对蓄意、秘密截获其谈话的行为所表示的同意程度，显然没有更高一些。

尽管，大法官杰克森没有将其在安利案中的结论与古莱德案相协调，九年后，在下一个有关线人的案件中，最高法院的四名大法官准备要推翻安利案的先例。在洛佩兹案（Lopez V. United States）[64] 中，只有三名大法官仍然认同安利案的结论，而且这其中的两位，大法官布莱克及大法官道格拉斯认为，通过陈·博伊的秘密监听活动取得的证据本应当在庭审中被排除。[65] 在洛佩兹案中，被告人因企图贿赂国家税收部门官员而被定罪。税务官到洛佩兹的营业场所调查货物税的纳税情况。在该过程中，洛佩兹企图收买该官员。官员假装要接受洛佩兹的贿赂，于几天后再次来到洛佩兹的办公室，并且带了个袖珍录音机。在第二次见面的过程中，洛佩兹进一步作了有罪陈述。在对洛佩兹审理的过程中，该官员出庭就洛佩兹主动发起的这场对话作证，并且该谈话的录音被播放，用来佐证该官员的证言。洛佩兹在最高法院提出，该官员的证言以及录音带都不具有可采性，因为该官员的行为违反了第四修正案。

最高法院并不同意这一主张。大法官哈伦在代表多数意见书写判决意见时认为，不存在对洛佩兹办公室的非法侵犯，因为税务官获得了洛佩兹的"同意，并且（税务官）也并不因为在洛佩兹不知情的情况下秘密地截获了一些信息就侵犯到了该办公室的隐私"[66] 尽管大法官哈伦认为洛佩兹对官员行动的同意及认知，足以将这个案件的事实与古莱德案区别开来，但是有意思的是，大法官哈伦并没有确认安利案的论述或其裁判要旨。一种可能是，大法官哈伦认为明确援引安利案的先例，将会失去持多数意见的一两名法官的赞成票（比如，在洛佩兹案中持多数意见的大法官布莱克认为，应当基于法院对联邦司法行为的监督权，将安利案中非法获得的证据予以排除）。另一种可能是，大法官哈伦自己都对安利案中的"侵权"或者"同意"理论

---

[62] Gouled, 255 U. S. at 304.

[63] Id.

[64] 373 U. S. 427（1963）.

[65] 在安利案中，大法官布莱克写道：最高法院本该基于对联邦法院的监督权，而将调查人员李的证言予以排除（see 343 U. S. at 758）；而大法官道格拉斯则认为，李的证言是不法电子监听的产物。大法官克拉克，这位同时参与安利案和洛佩兹案裁决的大法官，对安利案的多数意见表示赞同。

[66] 373 U. S. at 438.

表示怀疑。不管出于何种原因，大法官哈伦并不打算遵循安利案的先例或者明确表示安利案先例对洛佩兹案的裁判具有指导作用。

最后，大法官哈伦审慎地指出洛佩兹案的事实不涉及电子监听或者偷听行为的合宪性问题，而关于这一问题最高法院自 1928 年始就意见不一。在他看来，洛佩兹案不涉及电子监听或者偷听等行为的容许性的原因在于，"政府并不是使用电子设备来窃听一场其本来不可能听到的谈话"[67]。相反，大法官哈伦认为，在该案中，电子监听设备"只不过是用来记录对话中可能出现的最为可靠的证据，而政府自己的调查人员就是参与对话的一方，其完全有权透露谈话的内容"[68]。从这一角度看的话，如果裁判支持洛佩兹就等于认可洛佩兹"享有宪法上的权利，来寄希望于调查人员可能出现的记忆缺失，或者质疑调查人员的可信性，而不需要受到无可辩驳的补强证据的反驳"[69]。

总而言之，当最高法院批准吉米·霍法的调卷令申请并且同意审查该案件时，政府是否有权向个人私人生活领域安插秘密调查人员的问题还悬而未决。但可以肯定的是，大法官们的一个共识是：对古莱德案作限制性解释。他们认为古莱德案确立了一个有限的规则，即，秘密调查人员在目标人物不在场的情况下秘密实施的搜查或者扣押活动是违反第四修正案的。但是，在洛佩兹案之后，研习最高法院判例的人可能还得出结论认为，安利案的很多推理都建立在一个不可靠的分析之上，而最高法院的多数法官都不愿意赞同安利案的裁判要旨。鉴于此，再结合洛佩兹案的四个大法官明确表示要推翻安利案先例的态度，可以得出的结论是：在那些受宪法保护的领域，派遣秘密调查人员作为线人进行信息收集活动，是否仍具有可容许性，尚未有定论。所以，洛佩兹案只是宣布，第四修正案不禁止政府调查人员就被告人对其作出的归罪陈述出庭作证，也没有任何一个规则禁止使用电子窃听设备来对政府调查人员的证词予以补强。但是，洛佩兹案仍没有解决古莱德案最初提出的以下问题：运用欺骗手段才获得的进入许可，是否等同于第四修正案所谓的"同意"。三年后，最高法院批准了霍法以及刘易斯的调卷令申请，来对上述问题进行裁决。[70]

（二）令人担忧的结合：搭线窃听和电子窃听器监听对有关线人案件发展走向的影响

最高法院关于使用线人调查私人信息的合宪性问题的立场，随着科技的发展而发生了重大变化。鉴于电子监听设备的日益完善，执法人员在打击犯罪过程中越来越多地利用了这一技术革新。但是，随着技术的日臻完善以及警察更容易截获个人在私人场所进行的对话，越来越多的大法官认为，携带电子窃听设备的线人威胁到了私人利益，而此种私人利益正是联邦宪法第四修正案所保护的核心利益。

---

[67] Id. at 439.

[68] Id. at 439.

[69] Id.

[70] 382 U. S. 1024 (1966).

而且，在裁决有关线人案件的同时，最高法院关于搭线窃听及电子监听器监听的立场正在发生变化。最高法院在重新审视并且准备推翻奥姆斯特德案（Olmstead v. United States）[71]——该案认为电子监听不受第四修正案调整——期间，其也正在裁决安利案、洛佩兹案以及霍法案。既要裁决在宪法上敏感的范围内安插线人的合宪性，又要审查搭线窃听的合宪性问题，对于最高法院的大法官们来说，真是一个有趣的事情。

　　一方面，如果大法官们认为，政府随意进行搭线窃听和安装电子监听器监听不符合第四修正案，那么可以合理地推知他们为何对线人也抱有偏见，尤其是对那些携带电子监听设备、有意识地调查并监听私人对话的线人。毕竟，秘密线人充当的是政府"人体窃听器"的角色。另一方面，如果最高法院允许有限制地采取一定形式的搭线窃听和电子监听器窃听，尤其是当此类监听是在中立法官的监督之下进行的，那么，就没有明显的理由来认为线人监听就应该是一概不合宪法的。换句话说，如果法院有意容忍搭线窃听和电子监听器监听——即便是将其置于司法审查之下——那么，在逻辑上就难以认为第四修正案禁止使用线人，即使是在那些宪法上敏感的区域。

　　尽管古莱德案未涉及电子监听设备，但具有讽刺意味的是，首次质疑该判例基本理念的是一个有关搭线窃听的案件——奥姆斯特德案。奥姆斯特德案认为，警察对电话进行监听，不属于第四修正案的保护范围。最高法院在该案中对第四修正案采取了狭义解释，并且只从字面意义上理解修正案，法院认为，在电话中表达出来的言语不是有形物品。因此，不能成为搜查或者扣押的对象。法院同时还认为，鉴于搭线窃听可以在没有侵入行为的情况下实现，没有对财产的有形侵犯，就不足以援引第四修正案进行保护。最后，法院作了如下假定：使用电话的人"意欲让旁边的人听到其谈话"[72]。

　　被告人在奥姆斯特德案中抗辩说，由于古莱德案认为第四修正案不但禁止对隐私的暴力侵犯，也禁止对隐私的秘密侵犯，所以，搭线窃听也是该修正案所禁止的行为——即使不存在有形侵入行为。但是，最高法院不认同这一主张。法院在奥姆斯特德案中指出，古莱德案"将禁止不合理搜查、扣押的规定扩大解释到了极致"。法院进而将搭线窃听与古莱德案中的事实进行了区别，法院认为，在古莱德案中"存在对被告人私人场所的实际进入以及对有形物品的扣押，但是，在奥姆斯特德案中，我们只涉及证人就其秘密窃听到的、被告人自愿进行的对话所作的证词"[73]。

　　奥姆斯特德案有关电话窃听不需要接受第四修正案审查的结论，饱受法院内外的批评。尽管如此，该案所确立的裁判要旨在近四十年中都是有效的宪法性规则。与此同时，执法人员利用技术革新，采用制宪者难以想到的方式来对个人进行监视。关于能秘密监视个人活动和谈话的各种新技术手段的研究层出不穷。[74] 在戈德曼案（Goldman v. United States）[75]，也即最高法院

---

[71]　277 U. S. 438 (1928).

[72]　Id. at 466.

[73]　Id. at 464.

[74]　See, e. g., Alan F. Westin, Privacy and Freedom (Atheneum 1967).

[75]　316 U. S. 114 (1942).

首次裁决电子窃听器之合宪性的判例中，法院认为，在私人办公室的另一侧墙上安装窃听器，以便执法人员在墙的另一侧可以窃听到办公室内的对话，构不上搜查或者扣押。戈德曼案中的被告人试图将电子窃听与电话搭线窃听予以区别，其认为，奥姆斯特德案假设的前提是使用电话的人意欲让其住宅之外的人听到其言语，因此要承担其谈话可能遭到窃听的风险。相反，在办公室内说话的人试图让其谈话在其办公室的范围之内得到保密，因此，不需要承担他们的谈话被监听器窃听的风险。审理戈德曼案的最高法院多数大法官们认为，此种区别"对宪法性保障的实际适用来说太过细微"，因此，他们在使用窃听器和电话搭线窃听之间看不出任何"合理或者合逻辑的"差异。⑯

最高法院在奥姆斯特德案及戈德曼案中以微弱多数建立了如下规则：搭线窃听及电子窃听器监听不受第四修正案调整。但是，这些多数意见显然很快就受到了挑战。在审理戈德曼案时，首席大法官斯通（Stone）和大法官弗兰克福特就已经明确表示，如果他们中的多数同僚愿意推翻奥姆斯特德案先例的话，他们是"很乐意表示赞同的"⑰。在西尔弗曼案（Silverman v. United States）中，执法人员在毗邻的联立式住宅的共有墙壁上安装了一个"扩音器"（spike mike），并且使其与一个输热管道相通，从而使得这个输热管道成为"传输声音的管道"，执法人员得以借此听到毗邻房屋内的对话。最高法院的大法官们一致认为执法人员的这一行为构成搜查。⑱ 法院认为，"高音喇叭"和戈德曼案允许使用的"窃听器"之间存在的细微差别仅仅在于，"高音喇叭"要求有形侵入，即向共有墙壁延伸几个英尺。然而，法院不愿意重新检讨戈德曼案的推理。法院也不愿意"仅仅因为几英尺的差别，而偏离（戈德曼案的）逻辑"⑲。

在最高法院裁决戈德曼案和西尔弗曼案期间，关于推翻奥姆斯特德先例的争论，尚未得到解决。1952 年，即戈德曼案裁决后十年，但是比西尔弗曼案早九年，最高法院裁决了安利案。从安利案中大法官们写的各种不同意见中就可以看出，关于"搭线窃听"的争论及其余音正在影响大法官们对于线人间谍行为的看法。比如，尽管安利案多数意见拒绝重新审视奥姆斯特德先例，但是，法院提到：推翻奥姆斯特德先例并不能对安利的宪法性主张提供帮助，因为"线人随身携带的无线电装置不足以证明其与搭线窃听具有一丁点的相似性"⑳。法院还认为，警察使用无线电窃听装置来截获私人谈话，与使用望远镜来窥视私人活动，没有什么区别。相反，大法官弗兰克福特和道格拉斯呼吁推翻奥姆斯特德先例。大法官道格拉斯在其不同意见中，承认自己之前赞同戈德曼案的多数意见是错误的；其现在的立场是，奥姆斯特德案中对电话进行的搭线窃听，与戈德曼案中的窃听器，以及安利案中的"手提电话式的"无线电装置，没有什么原则性区别。㉑

---

⑯ Id. at 135.

⑰ Id. at 136（separate opinion of Stone, C. J. , & Frankfurter, J. ）.

⑱ 365 U. S. 505（1961）.

⑲ Id. at 512.

⑳ On Lee，343 U. S. at 753.

㉑ Id. at 765（Douglas, J. , dissenting）.

关于搭线窃听和电子监听器窃听的争论，在洛佩兹案中更为激烈。对于使用无线电装置偷录洛佩兹与税务官员之间谈话的行为是否引发第四修正案保护的问题，最高法院的大法官们之间出现了严重分歧。四位大法官宣称，奥姆斯特德案和安利案的裁判都是错误的。⑧ 前已述及，大法官哈伦在洛佩兹案中撰写的多数意见没有重申安利案的裁判要旨；但是，其的确得出结论认为：洛佩兹案的事实不涉及宪法问题，因为无线电设备"只不过是用来记录对话中可能出现的最为可靠的证据，而政府自己的调查人员就是参与对话的一方，其完全有权透露谈话的内容"⑧。此外，持反对意见的大法官们认为，录音装置的存在具有重要的宪法意义，因为其允许第三方监听私人谈话。正如大法官布伦南代表持不同意见者所说的那样，不管是安利案，还是洛佩兹案，都造成了一个不合理的风险，即，"第三者，不论是机械窃听和录音装置，抑或是如安利案中机械传输设备的人工转述者，都可以针对任何谈话提供独立的证据，而对于此种第三者，谈话者无法像对付传统窃听者一样，只要压低音量或者退到私人场所，就可以将其排除在对话之外"⑧。

大法官们对于搭线窃听及电子监听器窃听合宪性的争议很快就将得到解决，但不是在最高法院宣布霍法案裁判之前。到了 1967 年年底，即，霍法案裁判作出后一年，最高法院在两个案件中得出以下结论：电子监听器监听及电话搭线窃听确实需要受到第四修正案的审查。

第一个案件是伯格案（Berger v. New York），该案是关于电子监听器窃听的。⑧ 伯格案对允许在法院授权之下进行电子监听的纽约州立法提出了合宪性质疑。被告人因为共谋贿赂纽约州禁酒局官员而被定罪。指控其中几个被告人的归罪性证据，是依靠基于州立法规定、得到法院允许的数个电子窃听器而获得的。最高法院在伯格案中的多数意见认为，该项州立法显然是不符合第四修正案规定的，理由主要有以下两点：第一，该项立法并没有要求法官在签发授权电子监听的令状之前认定存在合理根据；第二，该项州立法未能对电子监听的性质、范围及持续时间作出限制。第二个案件是卡兹案（Katz v. United States）⑧，该案的事实是奥姆斯特德案的翻版。在卡兹案中，被告人主张，联邦调查局官员在公共电话亭外侧安装兼具窃听和录音功能的电子装置来监听其谈话，是违反第四修正案的。最高法院认同被告人的这一主张，撤销了其定罪，并且，在这一过程中推翻了奥姆斯特德案及戈德曼案所确立的先例。

法官以及学者们都一致地认为，大法官斯图尔特在卡兹案中的意见，意

⑧ 首席大法官沃伦、大法官布伦南、道格拉斯和戈德堡认为应当推翻安利案。首席大法官沃伦认为，洛佩兹案和安利案是两个不同的案件。在安利案中，"使用传输设备的目的……不是为了补强（线人的）证言，而是为了省去其站在证人席上的必要"（373 U. S. at 443（Warren, C. J., concurring in result））。对于首席大法官而言，电子监听，如果以安利案那样的方式使用的话，会引发关于正当程序的实质性问题。大法官布伦南在代表其他两位大法官发表意见时，主张安利案和洛佩兹案是可以相互区别开来的。

⑧ 373 U. S. at 439.

⑧ Id. at 450（Brennan, J., dissenting）.

⑧ 388 U. S. 41（1967）.

⑧ 389 U. S. 347（1967）. See the chapter on Katz in this volume.

味着分析搜查、扣押问题的老方法已经不再被接受。⑧ 然而，裁决吉米·霍法案的大法官们无法从卡兹案对联邦宪法第四修正案的重塑中得益。尽管当时卡兹案关于搜查、扣押宪法规定的重新定义尚未宣布，裁决霍法案的大法官们也没有回到"侵入"或者"同意"理论——上述理论使得最高法院在奥姆斯特德案和安利案时期的意见有相当大的分歧。相反，最高法院诉诸一个不同的理论，来解决霍法案中涉及的搜查和扣押问题。具有讽刺意味的是，该理论是大法官布伦南在洛佩兹案的不同意见中，针对一个与洛佩兹案事实关系不是特别密切的争议点提出来的。大法官布伦南的风险承担理论，解释了霍法案的裁决结果，也阐明最高法院是如何在线人秘密调查行为和第四修正案原则之间进行调和的；其代表了最高法院关于这一问题的发展进程中的第三阶段。

（三）大法官布伦南对于霍法案的贡献

前已述及，在洛佩兹案中，在使用无线电窃听设备以获取洛佩兹与税务部门官员之间对话的行为是否属于第四修正案调整范围这一问题上，最高法院的大法官们分歧很大。尽管正反两方关于这一争议的人数相当，审理洛佩兹案的所有大法官均赞同：调查人员的证词，在庭审中是可采的，其不属于不合理搜查或者扣押的产物。支撑这一共识的推理，在大法官布伦南撰写的不同意见中一个不太为人注意的部分中有所阐述。正是在该部分论述中，大法官布伦南提出了关于线人秘密调查行为的风险承担理论。

大法官布伦南的逻辑与在奥姆斯特德案中首次出现的理论类似。最高法院在审理奥姆斯特德案时，通过分析"理性人"的主观状态，从而得出搭线窃听不构成搜查和扣押。"合理的观点应该是：一个人在家中安装带连接线的电话，意味着他打算将自己的声音传输给外界；延伸于住宅外面的电话线以及通过这些电话线传输的信息，不属于第四修正案的保护范围。"⑧

在洛佩兹案中，大法官布伦南提出了一个类似的思维模式，用来解释个人与乔装后的政府线人之间进行的一般性谈话不属于第四修正案保护范围的原因。在他看来，这样的谈话"并不会对隐私权构成严重侵犯。被人偷听、被参与谈话的对方背叛，或者谈话对方隐瞒身份，这些风险可能是人类社会所固有的，是我们进行任何一次谈话都必然要面对的"⑧。

大法官布伦南无缘无故作出上述评论，其结果也是不幸的。首先，其有关风险承担的理论，不必要地绕开了洛佩兹案的事实。洛佩兹案本可以基于同意直接进行裁决，因为与古莱德案及安利案不同的是，洛佩兹知道自己在与一名联邦执法官员交谈。而且，洛佩兹发起了该次谈话，并邀请该官员再次来到其办公室。因此，大法官布伦南所谓被秘密警察线人背叛或者偷听的讨论，并没有必要，因为这与洛佩兹案中争议的问题毫无关系。

---

⑧　See, e. g. , 1 Wayne R. LaFave, Search and Seizure § 2.1 (b), at 385 (3d ed. 1996) (describing Katz as a "Landmark" ruling) .

⑧　277 U. S. at 466 (emphasis added) .

⑧　373 U. S. at 465 (Brennan, J. , dissenting) .

其次，之所以说大法官布伦南的评论是不幸的，还因为他所提出对有关我们与第三人交谈时必须承担风险的结论，并不是基于事实而作出的，而是基于奥姆斯特德案的以下结论，即，一个人在住宅或者办公室使用电话，就意味着他打算将其声音扩散至外界。大法官布伦南的观点，与第四修正案的原则也沾不上边，而只是其关于大部分人如何生活的一个结论而已。然而，三年后，在霍法案中，最高法院的绝大多数大法官都采纳了大法官布伦南的风险承担理论模式。

综上所述，在霍法案前夕，三个发展进程影响了最高法院大法官们的看法。第一，最高法院此前关于线人的判例尚未解决以下问题：政府是否有权向公民的私人生活领域安插秘密间谍。关于该问题的最新判例是洛佩兹案，在该案中，多数意见拒绝确认安利案的裁判要旨，而且四位大法官明确表示要推翻安利案。第二，最高法院即将要宣布电话搭线窃听和电子监听器监听违宪。如果警察不再可以任意地自行决定是否可以为了收集信息和证据而对目标住宅或办公场所进行搭线窃听或者安装电子监听器，那么，一个理性之人就会产生如下疑问，即，为何政府官员可以自由地基于相同目的向私人住宅或者办公场所安插秘密调查人员。最后，当最高法院试图再次协调线人监听与第四修正案的价值时，其将诉诸一个尚未受到大法官们仔细审查的理论。最高法院没有基于先前判例中导致他们意见分歧的侵入或者同意理论模式，而是基于大法官布伦南的风险承担理论来将线人秘密调查行为予以正当化。

五、霍法案以及刘易斯案：不受宪法规制的线人秘密调查行为

霍法案和刘易斯案裁决于同一天，而且这两个案件有时候被当成类似的一对案件来看待，其实这两个案件在事实和法律方面都存在明显差别。我们将先讨论刘易斯案。该案的事实不存在争议。一个秘密调查人员在电话里向刘易斯谎报身份，并得到了刘易斯的邀请去他的住处购买毒品。此次电话交谈，使得调查人员有合理根据相信刘易斯的住处将发生毒品犯罪，因此这本可以成为说服法官签发搜查令状的正当理由。该调查人员到刘易斯住处并购买了毒品。在刘易斯的怂恿之下，调查人员又再次前往刘易斯的住处并购买了毒品。审判时，这些毒品以及该调查人员关于其与刘易斯对话的证词都被作为证据采纳。

最高法院在驳回刘易斯的宪法主张时，小心翼翼地将争点予以限定。大法官沃伦强调说，不存在对住宅是否构成"搜查"的问题，也不存在"除了购买的毒品之外，是否还扣押了其他物品"的问题。本案唯一的争点是，"在缺少令状的情况下，调查人员对住宅隐私的任何侵犯行为，是否都构成违反第四修正案的行为"，刘易斯"在受到欺骗的情况下作出的邀请，是否可以被看成是对权利的放弃"[90]。

---

⑨ 385 U. S. at 208.

刘易斯主张遵循古莱德案的先例，但是首席大法官不赞同。在大法官沃伦看来，古莱德案涉及的事实，是在目标人物不在场的情况下，"秘密、没有根据的乱翻"。与古莱德案不同的是，调查人员在刘易斯案中，没有"看到、听到或者拿走任何预想之外的东西，而且事实上，调查人员的行为都是（刘易斯）意料之中的，是非法交易的必要组成部分"。首席大法官认为，不同的结论将是在宪法上绝对禁止使用秘密调查人员。⑨①

针对调查人员进入了刘易斯住宅这一事实，首席大法官解释到，当住宅转变为进行非法交易的商业场所时，赋予住宅的传统保护将不再适用。"政府调查人员，可以和私人一样，接受邀约进行交易活动，可以为了居住者所意欲实现的那个目的而进入其私人场所。"⑨② 虽然没有说得那么明确，首席大法官暗示说，刘易斯已经"放弃"了其第四修正案权利。然而，有意思的是，首席大法官在解释调查人员进入刘易斯住宅具有宪法上的合理性的时候，从没有使用过"同意"一词。大法官布伦南在协同意见中将首席大法官多数意见中暗含的观点予以了明示：刘易斯的住宅"在本案中与毒品交易相关联，因此不是第四修正案所保护的领域范围"。大法官布伦南坚持认为，房屋所有人可以"放弃其隐私权"，可以"打开房门进行商业交易，允许任何愿意与其进行交易的人进入其住宅"⑨③。

如前所述，在霍法案中，爱德华·格雷迪·帕廷向沃尔特·谢里登汇报了其作为吉米·霍法的随从期间偷听到的能证明吉米·霍法有罪的谈话，包括那些在霍法宾馆房间内进行的谈话。最高法院选择将帕廷作为政府线人来看待，是因为大法官们认为这对于第四修正案争议而言，并不重要。但是，最高法院并没有像在刘易斯案中那样宣布一个适用范围有限的裁决，相反，其关于霍法案的裁决措辞宽泛。

基于大法官布伦南在洛佩兹案中的不同意见，大法官斯图尔特执笔的判决意见首先解释说：在霍法案中"显而易见的是，不存在受到第四修正案保护的正当利益"⑨④。不存在强力或者秘密进入，也不存在秘密窃听。霍法的宪法性利益最多只能被说成是"他错误地信赖帕廷不会披露其不法行为"⑨⑤。然而，这一利益并不受第四修正案保护。在回顾了洛佩兹案中最高法院关于税务官员口头证言的一致观点后，大法官斯图尔特以宪法性规则的形式重写了大法官布伦南提出的风险承担理论。"违法犯罪者的信赖错误，即，自愿向他人吐露自己的罪行，又错误地信赖该人不会将其揭发"，不受宪法第四修正案保护。⑨⑥

在仔细检视霍法案的法律逻辑之前，我们应该就能发现该案和刘易斯案的不同之处。首先，刘易斯邀请陌生人到其住宅购买毒品。相反，为政府效力的帕廷是吉米·霍法的朋友。有人认为，这些事实差异，使得刘易斯的宪法性主张弱于霍法的主张。持此种观点者进而认为，表明刘易斯那么不顾及

⑨① Id. at 210.
⑨② Id. at 211.
⑨③ Id. at 213（Brennan, J., concurring）.
⑨④ 385 U. S. at 302.
⑨⑤ Id.
⑨⑥ Id.

自己住宅的隐私，邀请陌生人到其住宅购买毒品，表明刘易斯自己对允许什么人进入其住宅持满不在乎的态度，那么，我们为何要对其住宅赋予具有压倒性意义的宪法保护呢？正如拉弗昂（LaFave）教授所言，在刘易斯案中，具有重要意义的核心事实是，秘密调查人员"事先已经表明其有意参与到犯罪活动中来"[97]。

但是，在霍法案，政府利用了帕廷与吉米·霍法的友谊，从而得以接触到霍法的隐私，要不是这样的话，政府根本得不到所需的信息。吉米·霍法不可能允许一个陌生人像帕廷一样接近他。而且，与刘易斯案不同的是，霍法并没有邀请帕廷进入其房间以实施犯罪活动。"霍法并没有开放其宾馆房间进行任何交易活动，也没有限制帕廷只能基于某个特定目的或者在某一特定时间出现在那里。相反，在被允许进入之后，帕廷在房间内逗留了相当长的时间，不但与霍法及其同伴交谈，还听到了这些人之间的对话；在整个过程中，帕廷始终有一个宽泛、不确定的目的，那就是收集非法活动的证据。[98]"因此，霍法案中的侵犯活动引出的麻烦更多。

另一个明显的区别体现在最高法院对这两个案件争点的归纳和裁决的书写方式上不同。尽管刘易斯案的事实有利于政府一方，首席大法官将争点限制得很小。法院本可以通过援引洛佩兹案，简单、快捷地驳回刘易斯的宪法性主张，但是法院没有这么做。尽管刘易斯案不涉及电子窃听设备，法院在裁决时却基于如下前提：秘密调查人员进入刘易斯住宅"引发了严重的第四修正案问题"[99]。更重要的是，首席大法官小心翼翼地将法院的裁决限定在该案的特定事实上面。

相反，大法官斯图尔特无意小心地归纳霍法案的争点或者限定其裁决。"奇怪的是，最高法院小心翼翼地限定刘易斯案的裁决，但与此同时却许可霍法案中如此严重的侵犯行为，甚至根本没有意识到这两个案件中涉及的搜查行为在程度上的实质性差异。[100]"有意思的是，大法官斯图尔特没有援引刘易斯案来支持其裁决。然而，他的确在一个"神秘"的脚注中援引了刘易斯案，该脚注认为，如果霍法不认识帕廷，法院面对的将是一个不同而且更为复杂的争点。[101]

■ 六、关于霍法案的评论

霍法案对于最高法院来说是个转折点。在历经数年关于使用秘密调查人

---

[97]　3 Wayne R. LaFave, Search and Seizure, §8.2 (m) at 703 (3d. ed. 1996).

[98]　The Supreme Court, 1966 Term, 81 Harv. L. Rev. 69, 193 (1967) [hereinafter, 1966 Term].

[99]　Edmund W. Kitch, Katz v. United States: The Limits of the Fourth Amendment, 1968 SUP. CT. Rev, 133, 144.

[100]　1966 Term, supra note 98, at 193 (footnote omitted).

[101]　(Kitch, supra note 99, at 150.) 脚注中提到的宪法性差异——陌生人和朋友或者熟人之间的差异——难以自圆其说。"无论是刘易斯案还是霍法案的逻辑，抑或是围绕第四修正案的政策考量，都无法支持此种区分。即便说陌生人与朋友之间存在差异，那么结论也应该正好相反，因为当线人是熟人时，被告人更有可能受到欺骗，且允许对其私人生活进行更多的侵犯"(1966 Term, supra note 98, at 193, note 13).

员来监视公民的合宪性争论之后，最高法院最后终于达成了共识，将秘密、有目的进行的政府监视行为正当化。帕廷的间谍行为没有损害任何第四修正案利益。根据霍法案的逻辑，只要一个人邀请另一个人到其住所或者办公室，或者参与到一场私人谈话之中，他就需要承担对方是政府间谍的风险。尽管大法官斯图尔特从没有使用过"弃权"或者"同意"这些词，但是，霍法案的逻辑就是：该人要么放弃了个人在一般情况下所享有的、隐私免受蓄意进行的秘密侵犯的宪法性权利，要么同意秘密警察搜查其房屋或者截获他们的私人谈话。

粗略地一瞥，霍法案即使不是一个正确的裁决，似乎也是个言之有理的裁决。毕竟，吉米·霍法知道自己是一个"被政府盯上了的人物"，而且，如果他真的看重自己的隐私的话，其本应该更当心他的随从人员。尽管理性之人在与帕廷接触时可能会作出与霍法不同的判断，但是，霍法在交友方面的不慎重，与本案的宪法性争议无关。霍法案的裁决对隐私权所产生的影响，比法院的意见中所预想的还要严重和危险。[102]

最高法院关于该案的裁决意见中至少存在三个方面的问题。第一，第四修正案历史的核心要义以及目的，都在于规制警察的裁量权，防止其对公民隐私进行侵犯，而霍法案的裁决结果难以与之协调。第二，在考量政府官员是否可以不受限制地在公民私人生活领域安插秘密调查人员以搜集证据或者监听谈话这一问题时，法院提出的风险承担理论是一个有缺陷的模式。第三，霍法案的问题不在于法院说了什么，而在于法院没有说的内容，或者说，至少是法院没有予以考量的内容。在一个类似于霍法案的案件——奥斯本案（Osborn v. United States）[103] 中，最高法院认为在法官的批准之下可以允许线人携带窃听器，来录制一个律师的私人谈话。在该案中，政府有合理根据认为这个律师正在贿赂陪审团。然而，最高法院在霍法案中显然从未考虑过，线人秘密调查行为是否也应该以中立、无偏私的治安法官的批准为条件。

（一）线人秘密调查行为与警察自由裁量权的控制

如果我们接受一个根本性的历史要义，即，第四修正案反映了制宪者们对警察权力的不信任，其旨在限制警察侵犯个人住宅的自由裁量权[104]，那么，最高法院在霍法案中就是荒谬地给政府颁发了许可证，使其可以在私人住宅以及其他私人场所安插间谍。秘密调查人员的任务，与用暴力打开殖民地人民住宅大门的海关人员，相差甚微。"现代警察线人的秘密调查行动，与任

---

[102]　Cf. Hoffa, 385 U. S. at 320（Warren, C. J., dissenting）（认为控方在霍法案中的行为，引发"严重的"第四修正案问题）.

[103]　385 U. S. 323（1966）.

[104]　See Thomas Y. Davies, Recovering the Original Fourth Amendment, 98 MICH. L. REV. 547, 556（1999）（解释了制宪者们制定修正案的"更大目的"在于"规制执法人员行使自由裁量权"）. But cf. Carol S. Steiker, Second Thoughts About First Principles, 107 HARV. L. REV. 820, 824（1994）（告诫人们要警惕对第四修正案最初目的的不当依赖，因为该条款"较之于宪法的其他许多条款，似乎更要求对立法目的作一个相当高程度的抽象；条文中所谓'合理地'——确切地说是'不合理地'——要求实践中根据变化的环境进行解释"）.

何传统的警察侦查技术相比，在细节上可能有差异，但均基于同一个目的，即，从私人生活中收集有关私人可能存在的违法行为的信息。"[105] 这一描述精确地概括了帕廷的任务。毕竟，帕廷不是偶然地来到霍法所在的宾馆。相反，"帕廷想方设法尽可能多地待在宾馆里；政府不仅支持他这样做，而且为了他能这样做还特地将其安排到纳什维尔……帕廷积极、蓄意地渗透到霍法所在的宾馆；霍法之所以在宾馆里会毫无顾忌地谈话，不仅仅是因为其'错误地信赖'帕廷，也在于其认为政府不会在宾馆内监视其隐私"[106]。

简言之，最高法院关于霍法案的裁决，允许政府不受限制地向我们的住宅以及其他私人场所安插秘密调查人员和秘密间谍，以调查和搜集私人信息。这是与第四修正案的以下目的是不相协调的，即，第四修正案旨在控制政府权力，防止其为了实施搜查、扣押而随意侵入私人场所。

（二）风险承担理论作为第四修正案的一个原则

霍法认为帕廷的间谍行为是对宾馆的无证搜查，但是大法官斯图尔特不采纳这一主张。在他看来，霍法并没有信赖宾馆的安全性，相反，"其错误地信赖帕廷不会泄露其罪行"。然而，第四修正案并不保护"违法犯罪者的信赖错误，即，自愿向他人吐露自己的罪行，又错误地信赖该人不会将其揭发"[107]。基于大法官布伦南的风险承担理论，大法官斯图尔特得出以下结论：霍法需要承担帕廷是政府线人的风险。

这一分析存在严重问题。首先，从事实角度来看，帕廷不是如大法官斯图尔特暗指的那样，系事后背叛霍法，而是从一开始就是一个政府间谍：

> 霍法面对的现实，不是帕廷事后准备告诉他人，而是，在霍法讲话之时，帕廷就已经受雇于政府。帕廷不是一个事后"揭发罪行"的朋友。他实际上就是一个政府间谍，虽然其看上去不是；而且，正是由于此种欺骗，霍法才会与其交谈。我们说，人们必须承担朋友揭发自己罪行的风险，这是一回事；但是，如果我们说，人们必须承担以下风险，即，他们的朋友已事先允诺向政府汇报他们的任何言行，这又是另一回事。[108]

其次，霍法案的风险承担理论，是一个以法律分析面目出现的法律结论。大法官斯图尔特的结论——霍法需要承担帕廷是政府线人的风险，与最高法院此前在奥姆斯特德案中的结论——使用电话的人意图将其声音传向外界，这两个结论之间不存在原则性的区别。为何前者的结论在宪法上就是合理的，而后者是不合理的？较之于现在不予认可的奥姆斯特德案的观点，没有更多的实证证据支持霍法案的以下结论，即，公民在与第三人谈话或者交往时，需要承担某种风险。而且，如果处于吉米·霍法位置的人需要承担其

⑩⑤ Joseph R. Lundy, Note, Police Undercover Agents: New Threat to First Amendment Freedoms, 37 Geo. Wash. L. Rev. 634, 664 (1969).

⑩⑥ William D. Iverson, Note, Judicial Control of Secret Agents, 76 Yale L. J. 994, 1012 (1967).

⑩⑦ 385 U. S. at 302.

⑩⑧ Kitch, supra note 99, at 151-52.

同伴是政府线人的危险，"那么，为何使用电话的人不需要承担警察将会搭线窃听的风险？为何使用邮件的人不需要承担警察将会查阅其信件的危险？难道上述这些风险之所以小，只是因为法院使然？"[109]

人们不需要承担警察监听电话或者开拆信件的危险，原因在于法院将第四修正案解读为，要求警察在进行上述行为之前先满足以下程序性保障：合理根据、特定化及合理性。最高法院关于电话交谈和信件受到宪法保护的结论，并非基于宪法文本或者关于人们承担风险的实证数据。相反，上述结论来自于对警察权力的不信任——不受监督的警察权力将威胁第四修正案所保护的利益。鉴于第四修正案限制警察进行搭线窃听或者安装电子窃听器监听私人谈话的权力，那么，第四修正案也应该在是否可以于宪法上敏感领域内安插秘密线人以收集信息或者监听私人谈话方面，限制警察的自由裁量权。毕竟，正如首席大法官沃伦所言，"帕廷就如同一个电子窃听器，霍法走到哪里，其就跟随到哪里"[110]。

最后，霍法案关于犯罪者所承担的风险的结论，在衡量第四修正案的保护范围时，是一个有瑕疵的标准。法院在有关搜查和扣押的其他场合，就已经意识到，霍法案使用的风险理论——关注犯罪者而不是无辜者的风险和预期——歪曲了第四修正案的意思。比如，在裁决警察与公民的街头相遇是否需要宪法审查时，法院就已经明确指出，警察行为的侵犯性必须从无辜之人的角度来判断。[111]在关于使用线人监视住宅和其他敏感区域的问题上，如果使用类似分析方法，霍法案的风险承担理论的瑕疵就很明显。不存在任何基础，不论是实证数据还是其他方面，来支持以下结论，即，普通公民会假定政府线人和间谍会在他们的生活中进进出出。霍法案所讨论的"风险"，并不是一个无辜的普通公民所预期的。但是，因为最高法院给政府颁发了"执照，允许其任意地决定是否向公民的住宅或者办公室安插线人以监控他们的私人活动"，公民开始面临上述风险了。[112]

在霍法案之后的一个案件中，最高法院也同样认可以下观点，即，个人可以对政府行为提起一个正当的第四修正案主张，即使私人的类似行为不足以引发第四修正案的保护。在巴洛公司案（Marshall v. Barlow's, Inc.）[113]中，最高法院解释说，政府的侵犯行为与私人的类似侵犯行为之间，存在显著区别。在该案中，政府对违反健康和安全法案的工厂进行无证搜查，政府

[109]　Yale Kamisar ET AL., Modern Criminal Procedure：Case, Comments and Questions 380 (West 10 ed. 2002). Cf. Donald A. Dripps, About Guilt and Innocence：The Origins, Development, and Future of Constitutional Criminal Procedure 53 (2003) (Praeger Press) ("卡兹案认为，当一个人通过电话交谈时，其对交谈过程的隐私享有合理的期待。关于线人的案件都认为，当一个人与政府间谍交谈时，此种期待就是不合理的。但是，如果该理论认为谈话者要承担其言语被人重复的危险，缘何谈话者是间谍，结论就不同了呢？如果一个人的听众可能是政府间谍的风险，足以使得谈话不再具有私人属性，那么，政府应该有权任意监听电话，因为总是存在一方背叛另一方的可能性").

[110]　385 U.S. at 319 (Warren, C.J., dissenting). See also, H. Richard Uviller, Evidence from the Mind of the Criminal Suspect：A Reconsideration of the Current Rules of Access cad Restraint, 97 Col. L. Rev. 1137, 1195 (1987) ("最高法院在霍法案中本该将帕廷视为人体监听器，并将其行为视为搜查和扣押").

[111]　Florida v. Bostick, 501 U.S. 429, 438 (1991).

[112]　Eric F. Saunders, Case Comment, Electronic Eavesdropping and the Right to Privacy, 52 B.U.L. Rev. 831, 843 (1972).

[113]　436 U.S. 307 (1978).

对该行动的辩解是，雇主对于工厂中雇员和其他第三方可以进入的区域所享有的隐私利益，是有所限制的。最高法院在巴洛公司案中解释说，（雇主）向一个私人主体披露了有限的信息，并不意味着联邦官员就有正当理由进入这个一般公众不被允许进入的地方实施搜查。该案还认可以下观点，即，在判定是否存在搜查时，需要考量的问题是目标人物的隐私利益与政府利益的平衡，而不是已经向私人主体披露了什么。简言之，巴洛公司案确认了法院在霍法案中本来就该领会的观点："因为第四修正案保护公民免受政府侵犯，由此可以得出的逻辑推论似乎就是，相关的考量焦点就该落在公民对政府侵犯其隐私的期待上面，"而不是关注已向私人披露了什么东西。[14]

总之，霍法案所采用的风险承担理论，不可能仅限于吉米·霍法那样的人或者世界上其他"违法犯罪者"。在霍法案之后，出于类似吉米·霍法情境之下的人所承担的风险，与"每个人"所承担的风险都是一样的了。[15] 一旦政府被许可向我们的住宅或者办公场所派遣秘密调查人员，那么，每个人，不论是无辜之人还是犯罪者，都需要承担以下风险，即，我们邀请到家中的人，或者我们交谈的人，可能是政府间谍。

（三）为何不像对待搭线窃听和电子监听器窃听那样对待线人？

在霍法案裁决后六个月，最高法院对伯格案作出了裁决。六个月后，卡兹案也得以裁决。如前所述，根据伯格案和卡兹案，电子监听器和搭线窃听是要受到第四修正案调整的。但是，这些裁判，特别是卡兹案，并不是绝对禁止电子监听。在最高法院作出卡兹案裁决时，相当多的观察家都认为，大法官们传递的信号是他们愿意接收在法官监督之下的某些形式的电子监听。这一观点在奥斯本案的裁决结果中能找到部分依据——在该案中，最高法院认可了以下做法，即，在法官授权之下，可以派遣携带监听设备的秘密调查人员，对该秘密调查人员与某位被指控在测试车队案中试图贿赂陪审团成员的律师之间的谈话进行秘密录音。将奥斯本案与卡兹案综合起来考量，许多人看到了支持搭线窃听立法的曙光。1968年，国会批准了一项动议，通过了一项综合性立法，规定只要满足所列举的宪法和立法标准，就可以被授权实施搭线窃听和电子监听器窃听。[16] 正如当时的一名观察者所言，国会关于搭线窃听的立法，"尽管不是直接来源于最高法院，但是，是在受到最高法院的鼓励之下作出的"[17]。

特别是联邦和各州有关电子监听法案的制定，平息了关于搭线窃听和电子监听器窃听合宪性的争论。尽管这些警察的侦查手段现在需要受到司法审

---

⑭　Joseph D. Grano, Perplexing Questions About Three Basic Fourth Amendment Issues: Fourth Amendment Activity, Probable Cause, and the Warrant Requirement, 69 J. Crim. L. dc Criminology 425, 432 L1978）.

⑮　Brinegar v. United States, 338 U. 8. 160, 181（1949）（Jackson, J., dissenting）.

⑯　See Title Ⅲ of the Omnibus Crime Control and Safe Streets Act of 1968. Pub, L. No. 90 - 351, §802, 82 Stat. 197, 211 - 21（codified as amended at 18U. S. C. §§2510 - 2522（1994））.

⑰　Fred P. Graham, The Self-inflicted Wound 261（The Macmillan Company 1970）.

查，但是，线人的秘密调查行为，不论是否携带监听设备，仍然不受宪法规制。当然，霍法案裁决从未论及线人的秘密调查行为是否需要受到令状条款的调整，因为法院的结论是帕廷的行为不构成搜查。但是，这一结论忽视了帕廷的行动任务及其行为的侵犯性。在卡兹案后出现的一个根本性问题是：如果搭线窃听和电子监听器窃听受到宪法性规制，而且，有关窃听问题的综合性立法，可以与令状条款的合理根据标准以及其他要求相一致，那么，为何不将线人秘密调查行为也置于宪法的限制之下呢？

有论者认为，将第四修正案的规定适用到线人秘密调查行为是不现实的。比如，有人认为，因为线人"必须经过长时间的培养或者渗透，而他们的'搜查'几乎都是宽泛且难以事先详细描述的"[118]，第四修正案的特定化要求没法被满足。有人认为，特定"种类的犯罪活动特别难侦查，因为其实施者可以严格控制他们的犯罪活动所留下的痕迹"[119]，鉴于这一事实，用第四修正案来规制线人的秘密调查行为，将会让执法活动不堪重负。比如，在没有被害人的案件中，比如毒品犯罪和贿赂犯罪中，因为不太可能有人来报案，安插间谍就是擒拿罪犯的有效手段。国会和最高法院在讨论是否对搭线窃听和电子监听器窃听进行宪法规制之时，就曾有人提出过类似的主张。

对于最高法院来说，其在审理霍法案时考虑一下如何将搜查扣押的规定适用到线人秘密调查行为上，并不是件难事。奥斯本案与霍法案裁决于同一天。大法官斯图尔特在执笔奥斯本案多数意见时，颇为赞赏以下程序：两名联邦法院的法官，在对一份指控奥斯本实施了一项严重犯罪且附有具体事实细节的附誓宣言进行审查之后，授权使用电子录音设备来截获政府秘密调查人员与奥斯本之间的私人谈话。这一程序，在大法官斯图尔特看来，"作为合法的电子监听之前置条件，是在治安法官面前先行进行原因审查程序"的极好例子，"而这正是第四修正案之核心"[120]。一年以后，伯格案及卡兹案的说理及裁判也将确立。

奥斯本案、伯格案及卡兹案，为如何将第四修正案的规定适用到搭线窃听及电子监听器窃听问题上确立了框架。这一框架可以同样适用到线人秘密调查问题上，以使其同样可以与第四修正案相一致。比如，合理根据的规定，有助于部分地阻吓搭线窃听所固有的随意性很强的侵犯活动，同样可以规制与线人秘密调查活动相关的侵犯行为。一如在搭线窃听及电子监听器窃听中的场合，合理根据的要求限定了线人监听的对象、地点、谈话内容及持续时间。伯格案和卡兹案在自由裁量的搭线窃听场合发现的诸多违背宪法的罪恶行径，在警察自行决定让线人渗透进私人住宅或者对私人谈话进行录音的场合中，也同样存在。合理根据、特定化、最小干预以及必要性等宪法性要求——合法的搭线窃听或者电子监听器窃听的全部要素——均可以而且应当适用到线人秘密调查行为上。

---

⑱　Kitch, supra note 99, at 142.

⑲　Philip B. Heymann, Understanding Criminal Investigations, 22 Harv. J. On Legis. 315, 333 (1985).

⑳　Osborn, 385 U. S. at 330 (internal quotation marks omitted).

七、霍法案与卡兹案之后的线人制度

在刘易斯案及霍法案裁决之后一年，最高法院对卡兹案作出了裁决。在卡兹案裁决作出之时，很多法律评论家认为最高法院在第四修正案法律规则方面有了根本性的转变。卡兹案不但推翻了奥姆斯特德和戈德曼所支持的"侵入"理论，其还包含了诸多言论，暗示最高法院将对第四修正案的适用范围采取一个全新且带有扩张性的观点。"第四修正案保护的对象是人，而不是场所"[⑫]以及"在电话亭中的个人，一如处于办公场所、朋友寓所或者出租车中的个人，同样可以指望第四修正案对其提供保护"[⑫]，这些言论强烈地暗示"卡兹案的影响是扩大，而不是概括性地限制第四修正案的保护范围"[⑬]。将这些评论与最高法院的以下结论——偷录卡兹的谈话，侵犯了"其有正当理由可以信赖的隐私"[⑭]——结合起来考虑，似乎可以认为，卡兹案建立了一套新的、可靠的第四修正案保护规则，来反对现代社会中的政府监视。

卡兹案似乎预示着最高法院在定义第四修正案范围方面采取了一个新的路径，但是，用不了多久人们就发现，卡兹案的推理对有关规制线人和秘密调查人员的法律没有产生任何影响。卡兹案裁决后四年，怀特案（United States v. White）[⑮]出现在最高法院面前，该案的事实和安利案类似，最高法院多个大法官的裁决认为，卡兹案的裁判要旨不影响风险承担理论的适用——洛佩兹案和霍法案的裁决正是基于该理论作出的。怀特案的争议焦点在于，联邦官员关于被告人和政府线人之间谈话的证词，是否触犯了第四修正案——该证词是联邦官员通过监控线人所携带的无线电装置的频率获得的。最高法院一如其在安利案中那样，认为联邦官员的这一行为不构成搜查。

审理怀特案的最高法院的多个大法官认为，应遵从法院的先例，他们承认安利案的"侵入"理论在卡兹案之后就不再适用了；但是，大法官们认为安利案还有一个独立的论证理由——安利，如霍法那样，需要承担以下风险，即，他轻易信赖的人可能是政府线人。大法官们进而认为，如果个人需要承担未携带电子设备的秘密线人事后将其谈话内容外泄的风险，那么，当线人携带实况录制设备并且将谈话传输给第三方时，个人所承担的风险也没有什么区别。"如果法律不保护一个错误信赖警察线人的违法者，那么，同样道理，当这个线人偷偷录制或者通过无线电传输双方的谈话，并且这些谈

---

⑫　389 U. S. at 351.

⑫　Id. at 352 (footnotes omitted).

⑬　Anthony G. Amsterdam, Perspectives On The Fourth Amendment, 58 Min. L. Rev. 349, 385 (1974) (footnote omitted).

⑭　389 U. S. at 353.

⑮　401 U. S. 745 (1971).

话内容事后被用做控方证据时，法律也不应对其提供保护。"⑱ 在任何一种情况下，"风险都由他自己承担"，而且，第四修正案并不禁止警察以此种方式收集信息。⑲

具有讽刺意味的是，洛佩兹案判决意见的撰写者大法官哈伦不同意怀特案的判决意见。尽管其在裁决洛佩兹案时不愿意推翻安利案，大法官哈伦在怀特案中认为安利案的裁判要旨不再具有适用性。促使其改变观点的部分原因在于以下事实：自奥斯本案始，最高法院的裁判"就已经表明，在第四修正案的保护价值这一领域，其不容许采用那种建立在假象以及普通法区分之上，而缺乏言之成理的政策支持的旧分界线"⑳。

同时，大法官哈伦还重新审视了直接促成洛佩兹案裁决结果的风险承担理论。㉑ 大法官哈伦现在的观点是，风险承担理论在评价第四修正案的保护范围方面，存在缺陷。"我们的预期以及我们承担的风险，在很大程度上反映了那些将过去和现在的习惯和价值转变为规则的法律。"他进而告诫法官们"不要光考虑预期和风险，而不考虑将它们贯彻于社会之中的可欲性"㉒。在他看来，刘易斯案、霍法案与安利案、洛佩兹案以及怀特案之间，存在显著差别。这一差别使他得出以下结论：安利案、怀特案等案件的裁判结果，未能保护普通公民的利益，"一个普通公民可能终其一生都没有参与过非法行为，他有权自由、毫不隐瞒且随意地进行私人谈话，而不需要字字斟酌，唯恐其谈话被其不知晓或者不了解他情况的人听到，或者在谈话过后数天、数月乃至数年之后被以录音的形式冷冰冰地播放并受到分析"㉓。

自怀特案后，最高法院就没有再裁决过涉及线人和第四修正案的案件。而且，下级法院也没有狭隘地解读刘易斯案和霍法案。㉔ 下级法院的裁判毫无疑问都按照怀特案的做法，接受霍法案所确立的风险承担理论，放弃在带有窃听设备的线人和不带有窃听设备的线人之间进行区分。霍法案所作的宽泛裁决，使得下级法院对其含义，几乎不存在争议。因此，最高法院几乎没有机会再次考量霍法案的裁决。然而，关于霍法案的影响，还有一个有意思的补充说明。

1974 年，田纳西州的警察正在对亚瑟·韦恩·鲍德温（Arthur Wayne

---

⑱ Id. at 752 (plurality opinion).

⑲ Id. 在凯瑟斯案（United States v. Caceres, 440 U. S. 741, 744 & note 2 (1979)）中，最高法院的多数意见暗示称他们接受怀特案多个大法官意见的推理。

⑳ 401U. S. at 778 (Harlan, J., dissenting).

㉑ See Lopez, a73 U. S. at 439（"我们认为，洛佩兹在主动向（政府调查人员）行贿的时候，需要合理承担的风险就是：该调查人员会准确地向法庭重述这一过程——不论是以借助准确无误的记忆还是借助机器录音"）.

㉒ White, 401 U. S. at 786 (Harlan, d., dissenting).

㉓ Id at 790 (Harlan, J., dissenting). 尽管大法官哈伦认为第四修正案应当控制在安利案和怀特案中发生的第三方监听，但是，他仍准确遵循刘易斯案和霍法案的裁决，因为在这两个案件中，"并不存在鬼鬼祟祟的第三方"(Id. at 784 (Harlan, J., dissenting)). 大法官哈伦关于携带窃听装置的线人与未携带窃听装置的线人的区分，是不具有说服力的。"从信息隐私的角度来看"，携带窃听装置的线人与未携带窃听装置的线人之间不存在原则性区别。(Grano, supra note 114, at 435) 诚然，"这其中唯一的区别就是：面对电子监听，我们不敢在自己的办公室或者通过电话交谈；面对间谍，我们不敢和任何人说话"(Amsterdam supra note 123, at 407).

㉔ See 3 LaFave, supra note 97, at 702-05（该案解释认为，尽管刘易斯案可以被认为仅适用于目标人物允许调查人员进入其住宅实施非法交易目的的场合，下级法院并没有对刘易斯案作狭义解释）.

Baldwin）展开调查。一个秘密调查人员约瑟夫·侯宁（Joseph Honing），通过申请被雇佣为鲍德温的私人司机和事务总管。侯宁一共为鲍德温工作了大概有六个月。在此期间，侯宁还在鲍德温的花花女郎俱乐部（Playgirl Clubs）担任酒吧招待和经理。在其被雇佣的最初几月里，他和鲍德温合住一个二居室。后来，两人搬进了另一处住宅，侯宁住在楼下的房间里。在这六个月的时间里，侯宁可以随意进出鲍德温居所的任何地方，包括其卧室。侯宁看到鲍德温吸食和分售可卡因。最后，侯宁在鲍德温卧室的桌子上以及其所开车子的地板上发现并采集到了可卡因样本。其中一些样本被作为证据，用以指控鲍德温持有和分售可卡因。在初审法院判决鲍德温有罪、上诉法院维持其定罪判决之后，鲍德温提出调卷令申请，认为侯宁的行为违反了第四修正案。

1981 年 4 月 6 日，最高法院驳回了鲍德温的申请。[133] 然而，大法官马歇尔发表了不同意见。他认为，上诉法院错误地解读了刘易斯案和霍法案。在他看来，刘易斯案和霍法案都是内容狭窄的裁决，并没有给予警察全权授权（carte blanche），允许其往私人住宅和办公场所安插线人以搜集证据。

首先，大法官马歇尔认为，鲍德温案的事实与刘易斯案截然不同，因为鲍德温"既没有因为任何非法目的而邀请秘密调查人员到其住所，也没有因将其住宅转变成了非法交易的窝点而放弃了对其住宅隐私的期待"[134]。大法官马歇尔还认为，鲍德温案也不受霍法案指导。他写道：霍法案仅限于一个狭窄的问题，即，"当'违法者'因为错误地信赖他人不会揭发自己而自愿向这个人吐露自己的犯罪行径时，第四修正案是否禁止政府从中受益"[135]。在大法官马歇尔看来，最高法院在霍法案中已经明确表示，霍法的宪法性主张（与鲍德温不同），"并不是基于任何与侵犯隐私权有关的主张"[136]。在其不同意见的最后，大法官马歇尔指出，如果警察在鲍德温案中的行为不触犯第四修正案，那么，"难以想见还有什么形式的秘密调查活动将会触犯第四修正案"。因此，他认为上诉法官错误地扩大适用了刘易斯案和霍法案所确立的规则，上诉法院对鲍德温的第四修正案主张所做的裁决"很有可能是错误的"，"至少"该裁决应当得到最高法院的全面审查。[137]

最高法院判例的研习者对于大法官马歇尔在鲍德温案中的不同意见，不会感到吃惊。在最高法院裁决刘易斯案和霍法案时，大法官马歇尔并不在最高法院；在怀特案中，其发表了不同意见，表达了以下观点：卡兹案已经使得安利案失去了效力。而且，在大法官马歇尔担任最高法院大法官期间，他一直坚持对第四修正案作宽泛解释，而且断然拒绝将法院的风险承担理论扩大适用到随后的案件中。[138] 合理的推测就是，假使大法官马歇尔参与最高法院对霍法案的裁决的话，他会对多数派的观点持不同意见，或者不赞同多数

---

[133] Baldwin v. United States，450 U. S. 1045 (1981)．

[134] Id. at 1048.

[135] Id.，quoting Hoffa，385 U. S. at 302.

[136] Id. at 1049.

[137] Id. at 1049 – 50.

[138] See Tracey Maclin, Justice Thurgood Marshall: Taking the Fourth Amendment Seriously, 77 Cornice, L. Rev 723，T31 – 45 (1992)．

意见的风险责任理论。

最高法院的研习者也不会奇怪，只有大法官布伦南赞同大法官马歇尔的不同意见。在怀特案裁定和鲍德温案裁定作出期间，大法官伦奎斯特、鲍威尔、斯蒂芬斯开始担任最高法院大法官。从这些大法官的背景可知，他们是不会赞同大法官马歇尔关于霍法案的狭义解读的。而在怀特案中持多数意见的首席大法官伯格和大法官怀特、斯图尔特、布莱克门（Blackmun），在最高法院驳回鲍德温案的调卷令申请时，仍在任。如果上述这些大法官赞同大法官马歇尔对霍法案的狭义解读，倒是让人觉得不可思议了。

大法官马歇尔试图将鲍德温案与霍法案加以区分的努力，似乎有些牵强。其论证的前提是：如果霍法基于"隐私权"提出其第四修正案主张，那么，霍法案的裁决结果可能会不同。但是，大法官马歇尔从未解释过这其中的原因。

可以确定的是，最高法院在审理霍法案时没有将争点归纳为"隐私权"问题。但这一事实并不重要。该案的症结在于，帕廷的行为是否构成搜查；而最高法院的结论是否定的。最高法院的裁判文书使用了"违法犯罪者"所承担的风险等用语，但是霍法案本身并没有表明如果法院考虑帕廷的行为是否侵犯霍法的隐私权，那么，霍法案的结果可能会不同；大法官马歇尔在鲍德温案中也没有提出任何证据或者实质性的论据予以证明。换言之，法院一旦认定霍法需要承担以下风险，即，帕廷是会泄露其私人谈话的秘密调查人员，那么，法院同时也认定了霍法和帕廷的谈话是不受隐私权保护的。将霍法的主张贴上"隐私权"的外衣，也不会导致不同的裁决结果。大法官马歇尔不该执意将鲍德温案与霍法案进行区分，他本可以采取更简便的做法，那就是，主张卡兹案的论证已经推翻了霍法案所确立的规则。[139]

但是，鲍德温案之所以成为霍法案的一个有趣续曲，不是因为大法官马歇尔的不同意见，也不是因为（除了大法官布伦南之外）没有人赞同上述不同意见。使鲍德温案与众不同的是，大法官布伦南赞同大法官马歇尔的不同意见。大法官布伦南是风险承担理论的最先提出者，他在洛佩兹案中的不同意见为"（最高法院）此后有关第四修正案的裁决提供了理论基础"[140]。现如今，我们只能猜测这其中的原因。或许大法官布伦南重新审视了风险承担理论在霍法案中的应用。然而，此种可能性似乎不大，因为大法官布伦南在霍法案中对大法官斯图尔特的意见未作任何评论，就予以全盘接受；五年后，其在怀特案中撰写独立意见，重申了对安利案和洛佩兹案的批判意见，但没有批判霍法案的逻辑。

另一个可能是，大法官布伦南觉得霍法案已经被卡兹案推翻，但是这一解释难以成立，因为大法官布伦南在怀特案的协同意见中没有提出这一观点，而当时卡兹案裁判已经作出四年之久。最后一种可能就是，大法官布伦南仍相信霍法案的裁判是正确的，但是，如大法官马歇尔在鲍德温案中所认

---

[139] 139 Cf. Yale Kamisar et al., supra note 109, at 386 - 87（提出以下问题：卡兹案是否应当被解读为推翻了霍法判例；是否可以"用卡兹案的用语，这样说霍法案即，政府使用被告人信赖的朋友获取用以指控他的证据，侵犯了'（被告人）可以正当信赖的隐私'，因此，构成了'搜查'或者'扣押'?"）.

[140] White, 401 U. S. at 778, note 12（Harlan, J., dissenting）.

为的，下级法院不当地扩张了霍法案判例。这一猜测存在的问题，前已述及。大法官布伦南和大法官马歇尔太有见地，居然会认为还会有两位大法官会赞同他们的以下结论，即，如果霍法以隐私权为由提出宪法性主张，裁判结果将会不一样。事实上，大法官布伦南自己，也曾在洛佩兹案的不同意见中说过，此类线人秘密侦查活动"并没有对隐私权造成严重侵犯"[141]。

不论为何原因，大法官布伦南赞同大法官马歇尔在鲍德温案中的不同意见。

尽管大法官马歇尔关于霍法案裁判要旨的概括可能不具有说服力，但是，他的确准确地描述了霍法案对第四修正案法律的影响。在霍法案之后，警察似乎享有了不受限制的自由裁量权，可以自行决定让其工作人员和线人伪装成"修理工、保姆、邻居、佣人等，从而得以以诡计而不是以强力的方式进入个人住宅，以便实施搜查活动"[142]。

■ 八、结论

不论是否因为大法官斯图尔特有意为之，从其在霍法案中所发表的意见的措辞中，我们无法看出这个案件涉及的人物的重要性以及争议的法律问题。他的判决意见从没有提及博比·肯尼迪的名字，也没有提及肯尼迪要将吉米·霍法绳之以法的不懈努力。判决意见也没有承认"将吉米·霍法绳之以法"组织的存在；甚至没有承认当时许多人认为真实存在的事实："被告人如果不是霍法，总检察长如果不是肯尼迪，测试车队案也不会被提起诉讼"[143]。

而且，大法官斯图尔特是以一种既成事实的口吻来阐述其关于争议的第四修正案问题的看法的。他压根没有提及数十年来最高法院为将线人的秘密调查活动与第四修正案协调而做的不懈努力；没有分析霍法是否对帕廷的间谍行为表示"同意"。而且，大法官斯图尔特也没有回应首席大法官的以下结论："帕廷相当于一个移动的电子窃听器，霍法走到哪里它就安装到哪里。"[144] 相反，大法官斯图尔特的意见给我们留下的印象是，霍法提出了一个简单的宪法问题，只要作简单处理就好。

据说，霍法的"王牌律师"爱德华·贝内特·威廉姆斯（其曾使得霍法在切斯蒂案的审判中被成功开释[145]），不无讽刺地评论说"只有吉米·霍法才能将轻罪升级为重罪"[146]。可以肯定的是，霍法在测试车队案中贿赂陪审团的行为，确实使得一个轻罪案件最后转变成了最高法院的裁决，该裁决使得政府可以放开手脚对公民展开秘密调查行动。同样确定的是，"一个

---

[141] 373 U. S. at 465 (Brennan, J. , dissenting) (emphasis added).

[142] Baldwin, 450 U. S. at 1049 (Marshall, J. , dissenting).

[143] Navasky, supra note 4, at 472.

[144] Hoffa, 385 U. S. at 319 (Warren, C. J. , dissenting).

[145] Sloahe, supra note 2, at 163,

[146] Navasky, supra note 4, at 472.

可以'擒拿'霍法的政府，可以擒拿任何人"⑩。但是，霍法案的裁决，不能仅归咎（或者归功）于霍法一个人。美国人在审视以下事实——第四修正案似乎赋予了政府不受限制的权力，使其可以自由地向公民的私人住宅或者办公场所派遣秘密调查人员——的时候，他们还可以归咎（或归功）于博比·肯尼迪、沃尔特·谢里登、最高法院持多数意见的大法官们，尤其是大法官威廉·布伦南。

---

⑩　Powe，supra note 22，at 402.

第七章

卡兹案：格言的局限

大卫·A·斯克兰斯盖（David A. Sklansky）

一些标志性判例，由于就其判决是否正确一直存在分歧而备受争议。或者，人们对某著名判例是否具有最初看上去的重大意义心存疑虑。有时候，有意见认为，在进行历史回顾时会发现，某些相对模糊不清的判决意见却具有至关重要的地位。

但是，查利·卡兹实施的跨州赌博案则与众不同。当联邦最高法院于1967年撤销卡兹案定罪判决，并认定联邦政府对卡兹打电话的两个电话亭实施窃听，侵犯了卡兹不受"不合理搜查扣押"的第四修正案中的权利——所有人都明白，这是一个具有分水岭意义的判决。联邦最高法院的大法官们是这么认为的；双方当事人的律师是这么认为的；社会公众也是这么认为的。几十年后，几乎所有人依然认为，卡兹案（Katz v. United States）① 是联邦最高法院迄今为止所做的最重要的第四修正案判例之一。而且，大家普遍认为，联邦最高法院关于该案所作的判决是正确的。但是，该案判决至今依然是激烈讨论的话题。卡兹案的不明确之处在于，为什么似乎所有人都承认该判例具有极其重要的意义。

在美国联邦宪法具有标准意义的、喜庆色调的历史进程中，卡兹案的意义简单明确且富于喜剧化色彩：它将第四修正案保护的范围从保护财产不受"侵害"（trespass）转变为对"合理的隐私期待"（reasonable expectations of privacy）的保护。这一表述绝对正确。终究，在卡兹案判决书中，最有名的句子令人印象深刻地宣布说，第四修正案"保护的是人，而不是场所"②。但是，自始不清楚的是：究竟怎么做才能让隐私期待成为"合理的隐私期待"？或者说，在实践效果上，这一新的分析方法与原来的分析方法有何实质区别？而且，在卡兹案判决之时，卡兹案的重要意义并不在于从"侵害"到隐私期待的转向——先前一些判例已经明确无误地预示了这一转向——而在于出乎意料地宣布说：只要电子监听是依据司法令状进行的，在宪法意义上就是被允许的。

围绕卡兹案的各种困惑部分在于，该案是过去一百多年间刑事程序法以下三项彼此独立的宏大叙事的关键篇章：关于第四修正案保护什么的认识转向；法律对待电子监听态度的演进历程；将针对18世纪极其特定的权力滥用现象而提出的第四修正案表述，适用于当代新型挑战的努力。因此，重新回顾卡兹案的历史既有助于我们拆解这三大叙事，又有助于我们理解这三项叙事为什么会彼此勾连在一起。

一、查利·卡兹落网

查利·卡兹（Charlie Katz）是一个扑通一声就掉进20世纪60年代洛杉

---

① 389 U. S. 347（1967）.

② Id. at 351.

矶历史中的、戴蒙·鲁尼恩（Damon Runyon）式*的人物。卡兹是一位职业投注者（bettor）：“赌徒”一词并不能准确地描述他的谋生方式。卡兹在各式各样的体育活动中投注，有时是为了自己，有时则是受他人的委托。他尤其擅长在篮球比赛中投注，而且，他拥有一套自己创造的、用以评价各参赛队水平并预测比赛结果的复杂体系。1965 年 2 月，他住在位于日落大道商业区（the Sunset Strip）**的一家游泳池畔宾馆里。

不知道出于何种原因，卡兹倾向于在其他州的投注处（bookmaker）下注。之所以这么做或许是因为他想扩大他的商业影响；也或许是因为他自己原本就经营着一家投注处，这么做是为了防止自己下注的行为被人发现。被捕后，卡兹自己的解释是，洛杉矶的投注处具有百赌不中的恶名。③ 无论出于何种原因，卡兹的许多下注行为是通过州际电话完成的。这就为联邦调查局的参与埋下了伏笔。

与现在相比，1965 年的联邦调查局并没有太多人手。当有线人向联邦调查局举报卡兹的行为后，一组执法官员——最终为 5 个人——开始对卡兹实施监视。④ 他们发现，卡兹一般会在上午离开宾馆，沿着日落大道往东走几个街区，来到一家拥有三个电话亭的银行，在那里打几个为时甚短的电话，然后，就回宾馆了。执法官员急于了解并记录卡兹在电话里说了些什么，于是，他们最终采取了某种措施——正是基于这一措施，该案进入了联邦最高法院的视野，并载入了联邦最高法院的编年史，即，他们在中间那个电话亭的顶部安装了一台卡式录音机。

这是一个带有两个麦克风的立体声卡式录音机。这些执法官员用胶带将麦克风固定在另外两个电话亭的后面，并在第三个电话亭外贴了一个“暂停服务”的标识。⑤ 就这样，他们的监听活动已经万事俱备。每天上午，当卡兹离开宾馆时，驻守在宾馆外的执法官员就会用对讲机告诉驻守在电话亭附近的执法官员。后者打开录音机的开关，然后看着卡兹打电话。等卡兹打完电话离开电话亭以后，他们就关掉录音机并取走磁带。就这样他们对卡兹实施了为期一周的监听。

卡式录音机只能记录卡兹一方的谈话内容。但是，这已经足以了解他们的谈话内容。在根据磁带进行的文字整理中，我们可以读到以下典型语句：“替我给坦普尔队下注，负 15，赌 10 美分。过。过。过。过。过。过。替我给杜肯队下注，负 7，赌 5 美分。”⑥（在投注处那里，一个“10 美分”代表

---

* 艾尔弗雷德·戴蒙·鲁尼恩（Alfred Damon Runyon, October 4, 1880 - December 10, 1946）是一位活跃在 20 世纪上半期的美国作家，因一系列描绘禁酒令时代成长起来的纽约百老汇世界的短篇小说而闻名于世。对于当时的纽约人而言，“戴蒙·鲁尼恩式的角色”会让人想起一种特殊的社会群体，即分部在布鲁克林到曼哈顿中城一带的小人物。他撰写了许多有关赌徒、妓女、演员、绑匪的幽默故事——对于这些人物，他很少用正常的称谓，而往往冠以生动的绰号，如“底特律的内森”、“南街区的本尼”、“大个子朱尔”、“好友戴夫”、“罕见的小孩”等。——译者注

** 日落大道商业区（the Sunset Strip）是指日落大道（Sunset Boulevard）穿过加州好莱坞西区的那一公里半道路（the mile-and-a-half stretch of Sunset Boulevard that passes through West Hollywood, California）。——译者注

③ See Record at 45, 148, Katz v. United States, 389 U. S. 347 (1967)（No. 35）.

④ See id. at 112.

⑤ 初审记录显示，这些执法官员“让一间电话亭处于暂停服务状态”（Id.）。多年后，其中一名执法官员告诉本文作者说，他们只是在那间电话亭外面贴了一块暂停服务的通知而已。

⑥ Id. at 117.

1 000 美元；一个"5 美分"代表 500 美元⑦）。同时，电话公司也确认说，这些电话是打往其他州的——这是联邦对于此类犯罪行为行使管辖权的前提条件。卡兹被逮捕并被指控参与州际赌博（interstate wagering）。⑧

电话亭的录音带并非唯一对卡兹不利的证据。在监听活动临近尾声的最后两天，一位联邦调查局执法官员住进了卡兹的隔壁房间；当他看见卡兹从游泳池游泳回来时，他会将耳朵贴在两间客房之间那堵墙上的电插座旁，偷听隔壁的声响。该执法官员偷听到了一些与电话亭卡式录音机偷录的内容基本相似的谈话片段："俄勒冈，负 4……西北大学，负 5……萨米是世界上最值得尊敬的人。不要担心那些钱。也不要担心电话线路。今天我已经和波士顿方面通了三次电话啦。"⑨ 此外，通过在电话亭供人记录东西的小桌板下偷偷放上复写纸，这些执法官员还秘密获取了卡兹打电话时所作记录的复印件。⑩ 逮捕卡兹那天，这些执法官员根据搜查令对卡兹所住的宾馆房间进行了搜查，并通过搜查找到了各式各样的下注记录，其中包括一份 148 页以密码方式完成的关于大学篮球队的手写笔记。被捕之后，卡兹进行了多次认罪陈述。他对扣押他那本笔记尤其抱怨不止：他说这些笔记是他用了多年时间整理出来的；离开了这些笔记，他根本无法赌球；赌球是他唯一了解的行当。他还承诺说，如果让他继续赌下去，他会帮助执法官员逮住"那些大人物"⑪——其承诺方式被执法官员视为引人发笑之举。

但是，那些录音带却是对卡兹实施逮捕、对其宾馆房间实施搜查的主要根据，而且，也是庭审中支持控方指控的核心证据。在审前程序中以及在对卡兹定罪之后的上诉程序中，这些录音带也是绝大多数辩护意见的焦点所在。为了理解这些辩护意见的语境，我们需要先将时钟再往回拨半个世纪的时间。

▍二、奥姆斯特德案的历史影响

1965 年，当查利·卡兹被捕时，联邦最高法院关于电子监听合宪性——以及，更宽泛地说，关于第四修正案的使用范围——的种子判例是奥姆斯特德案（Olmstead v. United States）。⑫ 这起禁酒令时期的判例与"普吉湾非法贩酒之王"罗伊·奥姆斯特德戏剧化的倒台事件密切相关。

---

⑦ See id. at 117.

⑧ 根据本案所适用的制定法（即，美国联邦法典第 18 卷第 1084 条，18 U. S. C. § 1084），故意利用"有线通讯设施……就体育赛事或其他竞赛进行跨州赌博或博彩交易"的各种"赌博或博彩的行为"，均构成重罪。

⑨ Record at 136.

⑩ 庭审记录并没有关于这一策略的记载；显而易见的原因是，美国联邦司法部办公室决定不在法庭上使用这些证据。但是，曾经参与本案活动的两位执法人员——其中之一是作为本案专家证人的洛杉矶警察局的警察——均向本文作者提到过这种在写字板下放置复印纸的手段。

⑪ Record at 37 - 42, 148, 154, 158 - 59. 在卡兹的陈述中，部分是在逮捕当天作出的，部分则是在随后几天里作出的——那时候，卡兹已经被保释了。逮捕当天，两位联邦执法官员曾经又回到宾馆，目的是返还搜查过程中错误扣押的指甲剪和钥匙链。See id. at 153 - 55.

⑫ 277 U. S. 438 (1928).

直到 1920 年，在奥姆斯特德往美国本土走私加拿大出产的威士忌之事被查处以前，他原本是西雅图警察局一名颇有发展前途的司法警官。被驱逐出警察部门以后，他变成了一位朗姆酒的专职走私者。奥姆斯特德很快就发展了 50 名雇员："零销商、话务员、警卫、库房管理员、送货员、货车司机、记账人员以及一名律师，甚至还有一名警察内线；尽管奥姆斯特德本人与他原来的一些警察同事一直保持着秘密的联络。"⑬ 英格兰的酒通过奥姆斯特德租赁的货船运过来，然后，由他自己的摩托艇分批运到岸边，再用卡车运往西雅图周边地区和市区的各个分销中心，再由四辆小轿车派送到各个消费者手里。通过这一运作活动，每天他们可以运送 200 箱酒，每月营业收入总额高达 20 万美元；扣除各种花销和贿赂费用，年利润近五万美元。奥姆斯特德在西雅图最好的地段购买了一栋豪宅。他成了一个衣冠楚楚的花花公子。他的雇员则称其为"老大"⑭。

就像 20 世纪 20 年代初期的许多商人一样，奥姆斯特德的许多业务是通过电话实施操控的。事实证明，这么做为他的垮台埋下了祸根。在那时候，搭线监听的做法受到敌视：许多州，包括华盛顿州特区，均将这种做法规定为犯罪行为；在联邦层面，这种做法也有悖于司法部、财政部的官方政策。⑮但是，西雅图的禁酒官员急切地想扳倒奥姆斯特德这个大人物，于是他们最终还是采取了这一手段。从 1924 年夏天开始，一直到是年秋天，他们同时监听了奥姆斯特德的七条电话线路，其中包括那条通往奥姆斯特德家里的电话线路。通过监听他们获得的内容足以将奥姆斯特德及其 20 名随从人员以共同犯罪予以定罪。⑯

联邦最高法院对本案签发了调卷令，以期考虑被告人的以下主张：采纳以搭线监听方式获得的证据，侵犯了他们的联邦宪法第四修正案权利和第五修正案权利。以 5∶4 的投票结果，联邦最高法院维持了该案的定罪判决。代表联邦最高法院撰写多数意见的首席大法官塔夫脱解释说，由于根本没有人强迫奥姆斯特德和他的同伙必须说话——同样，几十年之后，通过简单地重复这一论证方式，联邦最高法院维持了针对吉米·霍法贿赂陪审团的定罪判决——所以，本案并没有违反第五修正案反对强迫自证其罪的规定。⑰ 在奥姆斯特德案中，关于第四修正案问题的分析也相当简单，但是，在此值得对此多说几句。几十年后，在卡兹案中，联邦最高法院重新审查的正是该案判决关于第四修正案的分析。

第四修正案包括两个条款。第一个条款保护"个人的人身、住宅、文件和财产不受不合理搜查和扣押的权利"。第二个条款规定，除非"存在合理根据，以宣誓或代誓宣言保证，并具体记载拟欲搜查的地点和准备扣押的人或物"，不得签发司法令状。在历史上，一般认为，这两个条款是针对 18 世

---

⑬　Walter F. Murphy, Wiretapping On Trial 16 - 17 (1965).

⑭　Id . see also, e. g., Norman H. Clark, Roy Olmstead, A Rumrunning King on Puget Sound, 54 Pacific Northwest Q. 89 (1963)；Emmett Watson, Seattle's Colorful Past, Seattle Post - Intelligencer, Oct. 20, 1974, at A1, A2.

⑮　See id. at 13, 128；Orin S. Kerr, The Fourth Amendment and Nets Technologies：Constitutional Myths and the Case for Caution, 102 Mick. L. Rev. 801, 840 - 43 (2004).

⑯　See 277 U. S. at 471 (Branders, J., dissenting)；Murphy, supra note 13, at 18 - 30.

⑰　See 277 U. S. at 462；Hoffa v. United States, 385 U. S. 293 (1966). 参见本书第六章关于霍法案的论述。

纪的特定权力滥用现象所作的回应：18 世纪 60 年代，英国法官通过一系列著名判决所摧毁的"一般令状"（the general warrants），以及美国独立战争爆发前几年，美国殖民地居民一再予以抗议反对的"帮助令状"（the writs of assistance）。这两种法律令状均授权执法官员在缺乏实质意义的司法监督的情形下，对私人财产进行彻底搜查。[18]

在奥姆斯特德案中，多数意见的论证理由是，上述历史以及第四修正案的字面意思，将第四修正案的使用范围限定于搜查扣押"有形物，即人身、住宅、文件和财产"[19]。因此，联邦最高法院得出结论说，西雅图执法官员的搭线监听行为并不构成宪法意义上的"搜查"或"扣押"。这些执法官员的行为仅仅是聆听，他们这么做并没有"进入被告人的住宅或办公场所"[20]。这一观点及其合乎情理的结论深深地打动了联邦最高法院。对此，"合理的立场"是，"如果某人在自己家里安装了一部有线电话，其目的在于防止房子外面的人听到他的声音；但是，对于延伸到房间之外的电话线以及电话线传输的信息则并非第四修正案的保护范围"[21]。

在奥姆斯特德案中，有四名大法官发表了反对意见。其中，由大法官布兰德斯撰写的反对意见的知名度很快就超过了本案的多数意见，并在 50 年后的卡兹案中获得了新生。布兰德斯争辩说，第四修正案的根本在于防止政府对个人隐私的侵犯；因为，为了保护其不会受到新的威胁，对于第四修正案应当采取自由解释。他认为，就这一核心价值而言，"与搭线监听相比，帮助令状和一般令状只不过是实行暴政与高压统治的微不足道的手段而已"[22]。

罗伊·奥姆斯特德在监狱服完四年有期徒刑之后，又回到了西雅图市。后来，他成了一名基督教科学派（Christian Science）的教徒和圣经教师，定期到看守所和监狱给在押人员布道。1966 年，他安静地离开人世；也正是在这一年，卡兹案开始了其上诉程序。[23]

奥姆斯特德规则比奥姆斯特德本人更加长寿，尽管也并没有存续太久。而且，因为该规则，形成了一个奇怪的职业群体。

■ 三、20 世纪中叶的联邦监听法

奥姆斯特德案自始就充满了争议。新闻界谴责该判例包容了"各式各样

---

[18] See, e. g. , Nelson B. Lasson, The History and Development of the Fourth Amendment to the United States Constitution 42 - 78 (1937); Telford Baylor, Search, Seizure, and Surveillance, in Two Studies in Constitutions Interpretation 19, 24 - 38 (1969) .

[19] 277 U. S. at 464.

[20] Id.

[21] id. at 466.

[22] Id. at 476 (Branders, J. , dissenting) .

[23] See Clark, supra note 14, at 103; Roy Olmstead, Prohibition-Era Figure, Seattle Times, May 4, 1966, at 24; Don Duncan, "Bootleg King" Now Religious Worker, Seattle Times, Apr. 11, 1965, at 14.

的窃听行为"。在 1928 年共和党全国代表大会上，当哥伦比亚大学校长尼古拉斯·墨里·巴特勒试图为奥姆斯特德规则进行辩解时，听众们将他嘘了下来。但是，该判例的捍卫者也进行了英勇反击。塔夫脱在写给他哥哥的信中说，布兰德斯以及"为其鼓掌喝彩的法学院亲信们"认为，联邦最高法院应当"惊讶于我们捍卫法律并给予公众惩罚犯罪之机会的努力"；他们错了。与此同时，尽管司法部及其新成立的联邦调查局继续坚持禁止搭线监听的立场，禁酒局却以公开赞成这种做法的方式表示支持奥姆斯特德案的判决。全国各地的州警察部门也持这样的立场。㉔

在之后的十年时间里，联邦最高法院开始回缩，但是回缩的幅度十分有限，而且采取了一种迂回的方式。联邦最高法院不愿意直接推翻奥姆斯特德案的判决。于是，它通过对制定法进行创造性的解释限缩了该判例的影响。1934 年，在对有关无线广播的联邦规定进行修订和法典化期间，国会禁止授权拦截或泄露以无线电或有线方式传输的通话内容。这一禁止后来以法典化的形式规定于美国联邦法典第 47 卷第 605 条（47 U. S. C. § 605）；但是，该条并没有明确规定拦截的通话内容是否具有可采性，而且，当时的立法资料也并没有暗示说，国会有更改奥姆斯特德规则的打算。㉕ 弗兰克·纳多恩是一名根据搭线监听取得的证据被判有罪的纽约酒贩；他争辩说，应当撤销针对他的定罪判决，因为根据美国联邦法典第 47 卷第 605 条的规定，本案中以拦截方式取得的通话内容不具有可采性。第二巡回区法院拒绝采纳纳多恩的辩解。㉖ 但是，联邦最高法院撤销了巡回区法院的判决。联邦最高法院论证说，就电话的通话内容作证等同于"泄露"了通话的内容。因此，属于法律禁止的范围。㉗对此，仅存的两位曾经在奥姆斯特德案中持多数意见的大法官发表了反对意见。经过重新审理，纳多恩再次被判有罪，但是，联邦最高法院又一次撤销了该案的定罪判决；这次，联邦最高法院的根据是，第605 条不仅禁止在庭上提出以拦截方式获取的谈话内容本身，而且，禁止在庭上提出根据这些谈话内容侦查取得的任何派生性证据。㉘

在前后两个纳多恩案中，多数意见清楚地表明，促使其对制定法作出如此解释的动力是一系列已经改变了的、关于案件背后之宪法问题的直觉判断。或许，在第一个判例中，联邦最高法院推测说，国会认为，"与执法官员诉诸那些有悖道德标准且侵害个人自由的手段相比，某些犯罪人逃脱司法制裁只具有相对次级的重要地位"。事实上，联邦最高法院认为，促使法律规定第 605 条的内在动因，"与禁止侵犯联邦宪法第四、第五修正案所蕴涵的个人隐私的实践和程序……完全是基于同样的考虑"㉙。在第二次撤销纳多恩定罪判决时，联邦最高法院更为明确地强调了这一点；它解释说，本院此前关于本案的判决并不"仅仅是基于对法条技术性语言的认真解读"，而是

㉔　Murphy，supra note 13，at 125 – 29，133.

㉕　See id. at 133.

㉖　United States v. Nardone，90 F. 2d　630，632（2d Cir. 1937）.

㉗　Nardone v. United States，302 U. S. 379，382（1937）.

㉘　Nardone v. United States，308 U. S. 338，340 – 43（1939）.

㉙　302 U. S. at 883.

出于"更为宽泛的道德准则与公共福利的考量"㉚。

但是，基于以下原因，纳多恩案的判决远没有成为奥姆斯特德案的克星。首先，司法部将该案判决意见解释为：根据第605条规定，禁止在法庭上提出搭线监听取得的证据，或者禁止在法庭上提出以搭线监听取得的证据为线索获得的其他证据，但是，该规定并不禁止搭线监听行为本身。㉛ 其次，联邦最高法院后来判决认为，第605条规定并不禁止州检察官使用州执法官员通过搭线监听获得的证据——尽管在法律条文表述或立法资料中，根本找不到任何依据，要求对州与联邦搭线监听行为或者对州与联邦证言加以区别对待。㉜ 最后，纳多恩规则仅适用于搭线监听行为，而根据联邦最高法院的解释，奥姆斯特德规则则覆盖更广阔的行为类型。

其实，原本可以将奥姆斯特德案本身解读为：只有当拦截的信息属于故意"传输给……距离相当远之人"的信息时，才不适用第四修正案的规定。此外，原本也可以将该案限定于特定的行为，如搭线监听。在戈德曼一案中（Goldman v. United States）㉝，三名被告人因破产欺诈行为被判有罪；他们的律师曾经敦促联邦最高法院采纳上述解释。——该案定罪判决所依据的部分证据是通过"窃听电话"获得的；这是一种可以将声波放大使其足以传递到墙壁之外的设施。联邦执法官员借助这种"窃听电话"，偷听了其中一名被告人在其办公室里进行的谈话内容，以及该被告人从其办公室往外打电话时所说的话。这些被告人争辩说，即使有奥姆斯特德案作为先例，偷听纯属私人办公室内进行的谈话内容依然可以构成一种搜查行为。但是，联邦最高法院认为，戈德曼案中的偷听行为与奥姆斯特德案中的搭线监听行为并没有什么差别：在这两起案件中，至关重要的事实是，都没有发生任何物理性侵入行为（physical trespass）。此外，联邦最高法院认为，纳多恩案提供的保护不适用于戈德曼一案，理由是，第605条规定禁止拦截的通话内容仅限于以有线或无线通讯方式传输的谈话内容。㉞

这些判例所产生的综合后果是，在整个20世纪40年代和50年代，奥姆斯特德案基本上原封不动地保留了下来。在联邦刑事案件中，基于显而易见的制定法根据，通过搭线监听取得的证据不具有可采性。但是，搭线监听行为本身并没有被视为违法之举，而且，由此获得的证据在州刑事案件中具有可采性。此外，对于既没有采取物理性侵入方式，也没有拦截电子传输信号的电子监听活动，则基本上处于无法可依的状态。对此，既不能适用第605条的规定，根据奥姆斯特德案与戈德曼案的规则，也不适用第四修正案

㉚　308 U. S. at 340.

㉛　Murphy, supra note 13, at 136 - 37.

㉜　Schwartz v. State of Texas, 344 U. S. 199（1952）. 联邦最高法院关于施瓦茨案的判决类推适用了沃尔夫案的判决（Wolf v. Colorado, 338 U. S. 25（1949））——沃尔夫案拒绝将第四修正案的排除规则扩张适用于各州。这种类推方式在纳多恩案的解读上表现得更为明显：联邦最高法院认为，纳多恩案关于制定法的解释只是一种表面文章。在贝奈提案中（Benanti v. United States, 355 U. S. 96（1957）），联邦最高法院将纳多恩规则适用于联邦刑事案件中提出的、州政府通过搭线监听取得的证据。沃尔夫案后来被马普案（Mapp v. Ohio, 367 U. S. 643（1961））推翻——马普案是本书第二章讨论的主题。

㉝　316 U. S. 129（1942）.

㉞　Id. at 133 - 35.

的要求。

　　事情于 1961 年出现了转机；是年，联邦最高法院以一致意见推翻了西尔弗曼案（Silverman v. United States）[35] 的定罪判决。该案涉及通过以下方式获取的证据：控方将一英尺长的"针式麦克风"扎入到当事人的墙壁里——这是介于被告人的住宅以及与其毗邻的已经废弃掉的房屋之间的那堵墙。联邦最高法院基于以下理由将该案区别于戈德曼案：在西尔弗曼案中，那个麦克风接触到了被告人住宅的供暖管道，而且，该供暖管道发挥了共振板的作用。[36] 大法官斯图尔特撰写了多数意见，他将这一行为描述为"盗用了"被告人的部分财产；从效果上看，本案中的供暖管道就像"一个巨大的麦克风，横贯于整个住宅"。该行为是否构成"法律意义上的侵入"（a technical trespass）已经没有意义；因为它已经构成了"对宪法保护领域的物理性占有（a physical encroachment）"。而且，联邦最高法院"从来没有判决说，联邦执法官员在没有令状授权、没有征得权利人同意的情况下，可以对个人的办公室或住宅实施物理性侵入（physical entrench），并利用该侵入实施秘密观察或聆听活动，以及在随后针对该人的刑事审判中，陈述其所见所闻"。如果说西尔弗曼案的结果看上去与戈德曼案的精神相互矛盾的话，事实上也确实如此。该案的多数意见认为，"缺乏重新审查戈德曼案的时机"，但是，它拒绝继续扩张戈德曼案的适用范围，"哪怕只是再扩张毫厘"[37]。

　　因此，西尔弗曼案不仅明确指出，窃听行为可以构成第四修正案意义上的"搜查"或"扣押"——奥姆斯特德案之后，这是一个悬而未决的问题——而且指出，联邦最高法院已经不再满足于将第四修正案权利与"古老、精致的侵权法或不动产法"[38] 捆绑在一起的做法。在戈德曼案中，大法官道格拉斯曾经支持该案的多数意见，但是，在西尔弗曼案中，他建议直接推翻戈德曼案与奥姆斯特德案。[39] 两年后，大法官布伦南在其撰写的一则反对意见中也采取了这样的立场，并得到了大法官道格拉斯与大法官古德伯格的支持。[40] 一年以后，联邦最高法院将西尔弗曼案所确立的区分标准推延到了逻辑的极致，并判决说，由于窃听装置是以图钉固定在被告人公寓外墙上的，所以，构成了对第四修正案的违反[41]："如果窃听装置是以胶布固定在外墙上的话，由此获得的谈话内容将具有可采性。"[42] 至此，很显然，侵害标准（the trespass test）已经迅速失宠；而且，取而代之的标准似乎将着眼于对"宪法保护领域内"[43] 之隐私的侵犯。

---

[35]　365 U. S. 505 (1961).

[36]　See id. at 506 - 07.

[37]　Id. at 509 - 12.

[38]　Id. at 511.

[39]　Id. at 512 - 13 (Douglas, J., concurring). 大法官道格拉斯在李某一案中（On Lee v. United States, 343 U. S. 747, 762 - 65 (1952)）首次表达了以下观点：奥姆斯特德案与戈德堡案的判决是错误的。

[40]　Lopez v. United States, 373 U. S. 427, 446 (1963).

[41]　Clinton v. Virginia, 377 U. S. 158 (1964) (mem.), rev'g 130 S. E. 2d 437 (Va. 1963).

[42]　Samuel Dash, Katz-Variations on a Theme by Berger, 17 Cath. U. Am. L, Rev. 296, 304 - 05 (1968).

[43]　See, e. g., id. at 304；Telford Taylor, Search, Seizure, and Surveillance, in Two Studies in Constitutional Interpretation 17, 74 (1969).

也就是在这个时候，联邦调查局用磁带对查利·卡兹在电话亭里进行的下注行为进行了录音。

■ 四、下级法院对卡兹的审判

在初审中，卡兹的代理律师是伯顿·马科斯——他是洛杉矶市资深的刑辩律师。卡兹被捕两周后，马科斯提出动议，要求排除控方的所有证据；其理由之一是，对卡兹偷偷摸摸进行的录音活动违反了第四修正案，并因此污染了整个侦查活动。在支持上述排除动议的一份简短备忘录中，马科斯争辩说，西尔弗曼案已经让奥姆斯特德规则沦为"一纸具文"：电子监听现如今已经成为违宪之举。而且，监听的地点是哪儿根本无关紧要："在私密的电话亭里，个人理所当然享有与其在住宅内一模一样的不受干涉的权利（right to be let alone）。"[44]

果不其然，控方对此持有截然不同的看法。基于以下两方面的原因，本案有别于西尔弗曼案：在本案中，没有发生"物理性侵入"；而且，与住宅不同，电话亭"并不属于宪法保护领域"[45]。此外，"不管这方面的规则将来会发生什么样的变化"[46]，就现在而言，奥姆斯特德案与戈德曼案依然有效。

对此，地区法院法官小杰西·柯蒂斯（Jesse Curtis Jr.）表示认同。他认为，辩方的排除动议提出了"一个非常有趣并令人激动不已的宪法问题"，而且，这方面的规则也处于"剧烈变动之中"。西尔弗曼案给戈德曼规则是否继续有效这一问题带来了"极大疑问"。如果戈德曼案发生在今天，联邦最高法院似乎极有可能会作出截然不同的判决。但是，"由于缺乏新的、截然相反的判决"，戈德曼规则依然是应予遵守的法律。而且，根据戈德曼规则，本案并没有违反第四修正案。据此，柯蒂斯法官驳回了辩方的动议。[47]

庭审持续了两天时间。对卡兹不利的主要证据包括：关于电话通话内容的录音带；从宾馆房间扣押的那些记录；洛杉矶警察局一名助理警官的专家证言——他对以密码制作的笔记进行了解密，并就卡兹这一记录的重要意义发表了自己的看法。卡兹放弃了陪审团审判的权利。柯蒂斯法官裁判卡兹有罪，并对其处以 300 美元的罚款。[48]

案件上诉到第九巡回区法院后，马科斯重申了他的观点：根据西尔弗曼

---

[44] Notice of Motion to Suppress Evidence and for Return of Evidence (Exhibits and Points and Authorities in Support Thereof), United Sated v. Katz, Misc. No. 1209, at 4 (C. D. Cal.) (filed Mar. 11, 1965). 在动议原件中，有一个有趣的打印错误，即将"不受干涉的权利"（the "right to be let alone"）写成了"独自赌博的权利"（the "right to bet alone"）。Id.

[45] Opposition to Defendant's Motion for Suppression of Evidence and for Return of Evidence; and Memorandum of Points and Authorities, Katz, Misc. No. 1209, at 3 – 7 (C. D. Cal.) (filed Mar. 29, 1965).

[46] Record at 63, Kate v. United States, 389 U. S. 347 (1967) (No. 35).

[47] Id. at 72 – 73.

[48] See id. at 93 – 206; Katz v. United States, 369 F. 2d 130, 131 – 33 (9th Cir. 1966).

案的解释，卡兹打电话内容的录音带违反了第四修正案。上诉法院的合议庭比柯蒂斯法官更简单了事地驳回了这一请求。地区法院法官查尔斯·鲍威尔经指定参与了本案的上诉审判，并代表上诉法院撰写了一致意见。在判决中，他顺便指出，与住宅不同，电话亭不属于第四修正案的保护区域。他以类比的方式指出，如果警察对公共厕所里发生的"事情"进行了监视，第九巡回区法院不会认为该行为违反了第四修正案的规定。[49] 但是，鲍威尔法官的主要观点在于：在本案中，对于电话亭"根本没有发生物理性侵入"的事实。[50] 因此，本案应当适用戈德曼案，以及第九巡回区法院最近依据戈德曼案判决的康尔戈德案（Corngold v. United States）[51]——在下文中我们会再次论及该案。梅尔文·康尔戈德因非法销售偷来的手表被定罪。其中，一些不利于他的证据是借助"闪烁器"（scintillator）通过探测手表放射出来的射线而获得的——这些手表的表盘曾经过镭化处理。上诉法院论证说，根据戈德曼一案，即使当时这些手表藏在康尔戈德的家里，借助闪烁器收集证据也并不违反第四修正案的规定；因为执法官员是站在公共走廊里进行检测的。[52] 对于卡兹案中的监听行为，鲍威尔法官论证说，就像康尔戈德案中予以维持的监听一样，其运作方式同样不属于第四修正案的调整范围。[53] 故维持了卡兹的定罪判决。

现在回过头来看的话，在下级法院的审理过程中，卡兹案中提出的第四修正案抗辩有以下两点尤其引人注目。

首先，马科斯从来没有质疑过以下观念，即，为了胜诉，他需要先论证物理性侵入并非搜查的必要条件，而且，根据第四修正案，电话亭像住宅一样属于"宪法的保护领域"。其排除动议争辩说，就像在住宅里一样，个人在"私密的"电话亭里享有"不受干涉的权利"。在第九巡回区法院，马科斯争辩说，当卡兹为了打电话而关上电话亭的门时，"在效果上，就像在他自己家里打电话一样"[54]。就此而言，马科斯依据的是一种约定俗成的法律观念。就像我们前文所述的那样，当时主流观点认为，侵害标准注定将会由一种着眼于受保护的隐私领域的方法取而代之。

其次，马科斯从不认为，如果执法官员事先得到了司法令状的授权，对其委托人的打电话行为进行秘密监控就会变得合宪。这一主张的核心观点似乎在于，此类监控活动根本就是违宪的，而不是说，只有当执法官员没有遵循适当的程序时，此类监控活动才是违宪的。就此而言，卡兹案在下级法院中提出的那些主张同样反映了当时的时代精神。当时，就司法令状是否足以赋予电子监控行为以正当性，尚且存在着广泛的不确定性。为什么会存在这种不确定性，值得本文稍作解释。

---

[49] 369 F. 2d at 133（citing Smayda v. United States，352 F. 2d 251（9th Cir. 1965））．

[50] 369 F. 2d at 134.

[51] 367 F. 2d（9th，1966）．

[52] Id. at 3.

[53] 369 F. 2d at 133 – 34.

[54] Id. at l33.

五、授权监听的司法令状的不确定地位

当联邦最高法院根据控方强占了被告人的供暖管道这一象征理由，撤销西尔弗曼的定罪判决时，大法官们捎带性地指出，司法令状或许可以克服这一缺陷。联邦最高法院解释说，它从来未曾"判决说，联邦执法官员在未经司法令状授权、未征得权利人同意的情形下，可以对个人的办公室或住宅实施物理性侵害（physical entrench），并利用该侵害实施秘密观察或聆听活动，以及在随后的针对该人的刑事审判中，陈述其所见所闻"[55]。司法令状足以赋予电子监控以正当性的观念亦体现于一些州的监听法律之中。20 世纪 60 年代中叶的时候，绝大多数州的法律均禁止搭线监听的行为；但是，它们通常并不禁止"利用窃听器进行窃听"（bugging）。也就是说，电子监听并没有采取对以无线或有线方式传输的通话内容进行拦截的方式。绝大多数州的搭线监听法为执法机关规定了一些例外，其中有些州要求执法官员在实施监听前应当先获得司法令状的授权。少数几个对"利用窃听器实施窃听"作出规定的州，一般也将事先获得司法令状授权作为其前提条件。尤其需要指出的是，在纽约州，1942 年以后，搭线监听必须具有司法令状的授权；自 1958 年起，利用窃听器实施窃听也需要事先取得司法令状的授权。[56]

尽管如此，关于此类监听行为的合法性问题，依然存在着巨大的疑问。这包含三方面的问题。

首先，联邦最高法院曾经于 1921 年判决指出，除非为了查获违禁品、犯罪所得或犯罪工具，否则，第四修正案不允许"仅仅为了收集证据"而签发搜查令状。[57] 其基本观念在于，除非政府或第三方对于特定财产享有更优先的占有权，否则，没收某一财产并依据该财产判决财产所有人有罪——这么做有点像强制获取自我归罪证言——是应当加以反对的。"仅仅出于收集证据并将其用以……刑事诉讼或刑事程序的目的"，不得签发司法令状。[58] 20 世纪 60 年代的时候，"纯粹证据"规则已经受到了广泛的批评，而且，法院系统已经能够老练地规避这方面的规则。[59] 但是，该规则依然是一项有效的法律规则，而且，该规则很难与由司法令状授权监听这样的观念协调起来。对于通过电子监听"取得的"谈话内容，控方主张其享有优先的占有权，是一件令人费解的事儿。搭线监听或利用窃听器实施窃听"通常只有一个目的，即收集证据"，因此，这么做看起来完全有悖于"纯粹证据"规则。[60]

其次，授权监听的司法令状如何才能满足"具体化"的要求（the par-

---

[55] 365 U. S. at 683（emphases added）.

[56] See Dash，supra note 42，at 303；Kerr，supra note 15，at 846；Baylor，supra note 18，at 78.

[57] See Gouled v. United States，255 U. S. 298（1921）.

[58] Id. at 309.

[59] See Taylor，supra note 18，at 51.

[60] Dash，supra note 42，at 308 - 09；see also Taylor supra note 18，at 78.

ticularity requirement），是一件令人费解的事儿。第四修正案明确规定，任何司法令状都必须"具体描述拟欲搜查的地点，以及拟欲扣押的人或物"。"描述拟欲实施监听的'地点'"或许还有其可能——即便是这样，将具体化的要求适用于搭线监听，依然会出现某些方凿圆枘的不便——但是，"描述拟欲扣押的'人或物'根本就是不可能的，更不用说描述要'具体化'了"[61]。就其本性而言，在开始对通话内容实施拦截之前，电子监听拟欲收集的证据根本还没有存在。因此，看上去，这与臭名昭著的一般令状和帮助令状授权搜查归罪证据，具有令人不悦的相似之处；而禁止以后者作为典范的权力滥用现象恰恰是第四修正案的目的所在。

正是基于上述原因，同时由于"谈话内容……通常情况下只能是证据，而非犯罪所得或犯罪工具"，大法官布伦南曾于1963年推测说，第四修正案原本可能会一揽子禁止搭线监听和利用窃听器实施窃听的行为。但是，他还是为或许可以创设一种人们可接受的、授权电子监听的司法令状形式保留了一定空间。[62]大法官道格拉斯和大法官古德伯格支持布伦南的判决意见，而且，三年之后，当卡兹案上诉到联邦最高法院以后，道格拉斯宣布，他的结论是，联邦宪法事实上禁止任何形式的电子搜查。他论证说，搭线监听和窃听器"必然属于纯粹为了收集证据而进行搜查"，"授权使用此类装置的司法令状与第四修正案旨在禁止的一般令状根本没有什么两样"[63]。

大法官布伦南于1963年发表的判决意见还触及了授权监听的司法令状是否具有合宪性这一疑问的第三点理由。尽管搜查令状是通过单方程序签发的，但是，一般而言，该程序是开放的；因此，该令状一旦开始付诸实施，人们就可以对其提出质疑。然而，授权监听的命令即使在付诸实施之后，依然需要处于保密状态；公开该命令将会妨碍监听目的的实现。布伦南担心，由于"缺乏适宜的通知方式"，电子搜查将会"对个人隐私……实施令人难以忍受的干预"；而且，他并非唯一对此忧心忡忡的人。由于电子监听在整个实施过程中必须处于秘密状态，所以，即使暂且将"纯粹证据"问题与"具体化"要求搁置一边，授权监听的司法令状自身是否能够经得起合宪性检验也存在着极大的不确定性。[64]

▊ 六、卡兹案上诉到联邦最高法院

当马科斯为卡兹案向联邦最高法院申请调查令时，其提出的论据与

---

[61] Taylor，supra note 18，at 80 - 81.

[62] Lopez v. Ignited States，373 U. S. 427，463 - 65（1963）（Brennan，J.，dissenting）.

[63] Osborn v. United States，385 U. S. 323，352 - 53（1966）（Douglas，J.，dissenting）.

[64] See Taylor，supra note 18，at 81 - 85. 泰勒教授认为，在奥姆斯特德案中，联邦最高法院有权得出以下结论：通过电话线传输出来的谈话内容不受第四修正案的保护（See id. at 75 - 77）。但是，他又认为，显而易见的是："根据第四修正案第一句的本意"，授权对住宅实施窃听的司法令状"原本应当被视为高度'不合理'的行为。因为"与个人住宅内实施的、针对特定有形物品的一次搜查活动相比，在一定时段内，对个人家里的私密活动和谈话内容实施秘密监控，将会对隐私造成大的多得侵害。"Id. at 83 - 84.

其在下级法院时的主张几乎一模一样。同样，他没有说，对卡兹打电话的内容进行录音应当事先取得司法令状的授权，或者，通过司法令状的授权，原本可以赋予该行为以正当性。相反，他认为，这种录音行为根本就是第四修正案所禁止的。而且，马科斯含蓄地承认，为了胜诉，他需要预先确立以下前提：公共电话亭属于第四修正案保护的区域；即使没有对电话亭实施任何物理性侵入，依然构成对第四修正案的违反。事实上，马科斯向联邦最高法院建议，为了回答卡兹案中电子监听的合法性问题，需要回答以下两个彼此独立的问题：第一，"公共电话亭是否属于宪法的保护领域"？第二，"对宪法保护领域的物理性侵入是否属于"第四修正案违法的必要条件？[65] 如下文所述，马科斯的主要依据是西尔弗曼案。此外，他还对电话亭与住宅之间的相似性进行了一定论述。他认为，"电话亭之所以装得有门，其目的不是为了别的，就是为了保护使用人的隐私"[66]。

就像鲍威尔法官为第九巡回区法院撰写的判决意见一样，司法部副部长在反对就本案签发调卷令的备忘录中对马科斯的两项主张提出了质疑。控方的主要观点是，即使在联邦最高法院作出西尔弗曼案以后，要想成立第四修正案违法，依然需要具备"对宪法保护领域实施物理性侵入"这一要件。[67]而在本案中，由于录音机和麦克风是粘在电话亭外面的，所以，根本不存在物理性侵入的事实。此外，在脚注中，控方还指出，曾经有地方法院判决说，公共电话亭根本不属于"宪法保护的领域"。司法部副部长认为，"无论这一判决是否正确"，"至少有一点是明确无疑的，即，一般情况下，公共电话亭并不像个人的住宅或办公场所那样，被视为私人的圣地"[68]。

1967年3月，联邦最高法院就卡兹案签发了调卷令。联邦最高法院不仅要求当事人双方就电子监听问题递交答辩摘要、进行辩论，而且，还要求他们就豁免问题[69]以及依据搜查令状对卡兹宾馆房间进行搜查是否具有合法性

---

[65] Petition for Writ of Certiorari to the United States Court of Appeals for the Ninth Circuit at 3, Katz v. United States, 389 U. S. 346 (1967) (No. 895).

[66] Id. at 6 - 7.

[67] Memorandum for the United States in Opposition at 6, Katz (No. 895).

[68] Id. at 5 note 4.

[69] 联邦司法部副部长在针对调卷令申请而提出的备忘录中提出了豁免问题。在第九巡回区法院维持卡兹案定罪判决之后不久，控方根据制定法赋予了卡兹事务性豁免权（transactional immunity）；之后，卡兹于加利福尼亚州接受联邦大陪审团的调查并作证。作为控方调查跨州非法赌博活动的一部分，卡兹就其部分通话内容接受了询问——而正是因为这些电话，他才在洛杉矶受到刑事追诉的。根据相应的制定法规定，"在证人主张反对强迫自证其罪特权之后，如果强制其就特定事务、事项或事实提供证言，那么，不得根据这些证言或者以此为由……对其施以惩罚"（47 U. S. C. § 409 (l) (repealed 1970)）。（后来，国会于1970年以一项新的制定法取代了原来所有有关联邦事务性豁免的规定；根据新的制定法规定，豁免保护的范围仅包括对豁免后所得证言的实际应用，以及根据豁免后所得证言找到的其他证据 (See 18 U. S. C. § § 6002 & 6003; Kastigar v. United States 406 U. S. 441 (1972)))。因卡兹受到豁免后所作证言而引发的难题是：哥伦比亚巡回区地区法院刚刚判决说，如果豁免后所得证言的主旨事项"与某定罪判决所涉及的事项密切相关"，那么，在被告人对定罪判决上诉期间，如果赋予该被告人豁免权，将导致原定罪判决无效 (Frank v. United States, 347 F. 2d 486, 491 (D. C. Cir. 1965), Vacated on other grounds sub nom. Leon v. United States, 384 U. S. 882 (1966))。在提出该问题之后，司法部副部长建议说，哥伦比亚巡回区地区法院的判决是错误的，因此不应当予以支持。Memorandum for the United States in Opposition at 2 - 3, Katz (No. 895).

这一问题[70]递交答辩摘要并展开辩论。然而，在作出最终裁决时，联邦最高法院以脚注的方式，驳回了豁免问题以及本案中对令状搜查的质疑。[71] 卡兹案最终因联邦最高法院对监听问题的讨论而名垂青史。

▓ 七、双方的答辩摘要

　　自 1967 年 3 月，也就是从联邦最高法院同意对第九巡回区法院作出的卡兹案进行审查之日算起，至 1967 年 9 月，当事人双方就卡兹案的实体问题开始递交开庭答辩摘要之时，联邦最高法院曾经就第四修正案的解释问题作出了三个重要判例。这些判例所产生的综合影响是，实质性地改变了卡兹案中当事人双方展开交锋的战场地形。

　　1967 年 5 月下旬作出的海登案（Warden v. Hayden）。该案最终废弃了"纯粹证据规则"；联邦最高法院将该规则视为以下"陈腐"观念过时的残留物，即，"财产利益决定了政府是否享有搜查扣押的权利"。联邦最高法院解释说，当代的观点是，第四修正案的主要功能是保护"隐私而非财产"；在所引用的文献中，支持上述论断的依据是西尔弗曼案。[72] 一周之后，在凯默若案中（Camara v. Municipal Court），联邦最高法院判决认为，未经司法令状授权，不得强制进行行政检查，就像不得为发现犯罪证据而强制进行搜查一样——这一判决极有力地支持了以下立场，即，令状原则是搜查扣押法中"一项普遍适用的基本原则"[73]。

　　但是，真正的大新闻却是凯默若案判决一周后作出的伯格案（Berger v. New York）。[74] 伯格案涉及的是纽约州的一项制定法——该制定法授权该州法官可以签发司法令状准许执法官员进行搭线监听或电子窃听。在一份冗长且凌乱的判决意见中，联邦最高法院以 5：4 的投票结果推翻了这一制定法。在大法官克拉克代表联邦最高法院撰写的判决意见中，他指责纽约州的监听令状缺乏合理根据的支持，而且就"扣押的"谈话内容而言，也不符合具体化的要求。此外，该令状也没有规定监听的终止日期，也不要求履行告知义务。[75] 至于这些瑕疵是否可以以切实手段加以治愈，大法官克拉克并没有一个明确的立场。但是，大法官道格拉斯——他为多数意见提供了第五

---

　　[70]　386 U. S. 954（1967）在下级法院的时候，马科斯已经就此展开过辩论，而且，在调卷令申请中，他再次重申了这一主张，即，基于以下三方面的原因，本案的司法令状是无效的：第一，缺少合理根据的支持；第二，它授权搜查的是"纯粹证据"；第三，关于拟欲扣押物品的描述不够具体。

　　[71]　Katz v. United States，389 U. S. 347，349 note 3（1967）（本案判决认为，有关豁免问题的制定法不能适用于强迫证人出庭作证之前提出的刑事指控；至于有关本案司法令状的质疑，鉴于联邦最高法院关于监控问题的裁判，已经变得毫无意义）。

　　[72]　387 U. S. 294 304（1967）.

　　[73]　387 U. S. 523，528 – 29（1967）.

　　[74]　388 U. S. 41（1967）.

　　[75]　Id. at 55 – 63. 联邦最高法院通过引用海登案（Warden v. Hayden），用一个简短的脚注驳回了另外一项异议，即电子监听属于针对"纯粹证据"的搜查行为。See id. at 44 note 2.

票——对此进行了独立论证，并在协同意见中回答说，不能。⑦ 大法官克拉克和大法官道格拉斯用强烈的措辞论述了电子监听对自由社会构成的巨大威胁，而且，他们明显都对禁止采取这样的技术手段将不利于刑事执法的主张持怀疑态度。⑦ 而另一方面，大法官斯图尔特——他仅在非常狭小的范围内才赞同多数意见的结论——以及持反对意见的大法官布莱克、哈兰、怀特，则均赞同以下观点，即纽约州制定法规定的监听令状完全符合第四修正案的要求。⑦

海登案、凯默若案以及伯格案产生了以下综合效果："纯粹证据"规则原本足以让电子监听成为一种本质违宪的行为，现如今该规则却被废弃了。令状原则在第四修正案中的核心地位得到了高度强调。但是，是否可以设计一种足以满足第四修正案要求的、授权电子监听的令状形式，还是一个未知数。在联邦最高法院中，有四名大法官认为，他们能够找到这样的司法令状，而且事实上，纽约州的制定法已经做到了这一点。但是，有一位联邦最高法院大法官认为，这根本不可能。至于其他联邦最高法院大法官的立场，却一点也不明确。如果现在回过头看的话，大法官克拉克撰写的判决意见为立法者制定一部可以得到联邦最高法院认可的电子监听立法，提供了一个简单且合理的路线图。⑦ 但是，对于当时的许多评论者而言，这并非一件一清二楚的事情。⑧ 后来，大法官布莱克在卡兹案的反对意见中指出，伯格案"为制定有效的……监听法设置了显然难以逾越的障碍"⑧。

海登案、凯默若案和伯格案所引发的规则变化极大地改变了卡兹案中所能

---

⑦ Id. at 64 - 68 (Douglas, J., concurring). 因此，泰勒教授关于伯格案的评论是："大法官克拉克先生……代表联邦最高法院撰写了判决意见，有三名大法官对此表示附和。作为第五位支持者，大法官道格拉斯指出，他虽然附和了该案的判决意见，但事实上他并不想这么做。" Taylor, supra note 18, at 100.

⑦ See 388 U. S. at 62 - 63. (opinion of the Court); id, at 64 - 68 (Douglas, J., concurring).

⑦ See id. at 68 (Stewart, J., concurring); id, at 70 (Black, J., dissenting); id. at 89 (Harlan, J., dissenting); id. at 107 (White, J., dissenting). 大法官斯图尔特之所以对本案判决结果表示附和，仅仅因为他自己的结论是，呈现在联邦最高法院面前的这份适用于具体案件的司法令状缺乏足够的合理根据。Id. at 69 (Stewart, J., concurring).

⑦ See, e. g., Charles H. Kennedy & Peter P. Swire, State Wiretaps and Electronic Surveillance After September 11, 54 Hustings L. J. 971, 975 (2003). 最清楚的说明或许要数大法官克拉克在联邦最高法院刚刚判决的奥斯本案中的处理方法啦 (Osborn v. United States, 385 U. S. 323 (1966))。在奥斯本案中，联邦最高法院准许秘密线人身上携带卡式录音机，并以赞许的语气指出，该行为事先曾经获得一份"精准且不含歧视色彩的"法庭命令的授权。(Id. at 329.) 这样的法庭命令"对于该制度安排似乎完全是多余之举"(Taylor, supra note 18, at 92.)，因为联邦最高法院此前曾经判决说——而且，在奥斯本案中也再次肯认了这一点——第四修正案不保护个人与控方秘密侦查人员之间进行的私密交谈，或者说，第四修正案不禁止执法官对谈话内容进行秘密录音 (See 385 U. S. at 327; Lopez v. United States, 373 U. S. 427, 438 (1963))。但是，在伯格案中，大法官克拉克关于奥斯本案的解读是：如果争议中的监控行为曾经得到一份内容具体的法庭命令的授权 (a narrowly drawn court order)——他将这样的法庭命令与纽约制定法规定的、授权实施监控的司法令状进行了对比——那么，可以"对第四修正案保护的隐私实施干预"。388 U. S. at 56 - 58.

⑧ See, e. g., Taylor, supra note 18, at 106, 110 (作者争辩说，有关监听的制定法以及授权实施监听的司法令状"很容易就可以满足联邦最高法院的要求"，但作者也指出，针对伯格案的批评是"它让监听事实上成了一种不可能的事情")。

⑧ Katz v. United States, 389 U. S. 347, 364 (1967) (Black, J., dissenting); See also, e. g., Fred P. Graham, High Court Eases Curbs on Bugging, N. Y. Times, Dec. 19, 1967, at 1 (作者指出，联邦最高法院关于卡兹案的判决"擦掉了"伯格案留下的"以下印记"："对于［授权实施监听的］司法令状，联邦最高法院将坚持一种如此复杂的程序要求，以至于警察事实上根本无法实施窃听")。

209

提出的论证，但是，这些影响的全面效果却并没有立即表现出来。联邦最高法院就卡兹案签发调卷令之后，马科斯找了一位刚从法学院毕业不久的律师作为其合作伙伴，该律师名叫哈维·施耐德。受此影响，每每谈到"合理性"问题，都会让施耐德想起他在法学院一年级时上的侵权课。他认为侵权法中关于过失的"理性人"（the reasonable man）标准为思考电子监听问题提供了一个极好的范式。[82] 这一观念体现于该案的开庭答辩摘要之中——该答辩摘要建议，可以将该标准作为判断某一谈话内容是否属于第四修正案保护范围的标准，即"通常意义上的理性人是否相信，谈话活动处于被监听状态的个人有意识并期望将其谈话内容置于保密状态?"[83] 卡兹的律师争辩说，海登案和伯格案清楚地表明，"第四修正案的主要考虑"是"个人的隐私权利"[84]。

但是，就其主要内容而言，卡兹方的开庭答辩摘要沿袭了调卷令申请的思路。其核心论证包括两项主张：第四修正案违法并不要求必须造成物理性侵害；电话亭属于"宪法上的保护领域"[85]。事实上，关于"理性人的"问题仅仅是换了一种发问方式："双方存有争议的区域具有'隐私特质'吗?"[86]马科斯和施耐德争辩说，供消费者使用的、拨打收费电话的电话亭确实也具有这样的"特质"，并通过历数相关判例的方式支持他们的主张：在这些判例中，联邦最高法院认为，第四修正案适用于针对办公室、宾馆房间、汽车以及出租车的搜查活动。他们争辩说，"理所当然"，使用公共电话亭打电话的人"同样也享有排他控制权，并像出租车的乘客一样行使这样的权利"[87]。

现在回过头看的话，在卡兹案的开庭答辩摘要中，最引人注目的地方在于，它根本没有提及以下问题，即该案中的监听行为之所以违法是因为未经司法令状的授权。然而，马科斯和施耐德确实争辩说，针对卡兹的秘密录音，就像伯格案否定的监控行为一样，具有不确定性且为期过长。他们认为，即使这些电话亭不属于"宪法上的保护领域"，由于存在上述瑕疵，针对电话亭的监听行为也构成第四修正案的"不合理"干预。[88] 但是，他们从来没有建议说，该行为的违宪之处原本是可以通过司法令状的授权加以治愈的。

具有讽刺意味的是，在本案中，率先提出上述建议的却是控方就实质问题所作的答辩。在反对签发调卷令的答辩中，控方最初重点强调的是：即使在西尔弗曼案之后，要想成立一项搜查行为，也必须具备"物理性侵入"（physical invasion）的要件才行——尽管并不要求其"在技术上必须达到侵害行为的程度"（if not a technical trespass）。但是，由于控方认为，联邦最高法院之所以决定对卡兹案进行审查或许是为了重新讨论物理性侵入要件，所以，他们开始将争辩的重心转向以下主张，即，电话亭并不属于"宪法上

---

[82]　Interview of Harvey Schneider, Los Angeles, Cal. , July 26, 2004.

[83]　Brief for Petitioner at 13, Katz（No. 35）.

[84]　Id. at 11.

[85]　Id. at 8 - 14.

[86]　Id. at 13.

[87]　Id. at 13 - 14（citing, inter alia, Gouled v. United States, 255 U. S. 298（1921） （office）; United States v. Jeffers, 342 U. S. 48（1951）（hotel room）; Henry v. United States, 361 U. S. 98（1959）（automobile）; Rios v. United States, 364 U. S. 253（1960）（taxicab））.

[88]　Brief for Petitioner at 16 - 11, Katz（No. 35）.

的保护领域"。公共电话亭有别于住宅、办公场所或汽车，而更接近于公共街道或有待开发的区域——长期以来，联邦最高法院都将这些地方视为"开放区域"；对此类区域的搜查不会引发第四修正案问题。[89]

作为一种备选方案，控方还争辩说，即使电话亭属于第四修正案的"保护领域"，对其提供的保护也小于住宅——就像长期以来，汽车搜查只需遵守比住宅搜查宽松得多的标准那样。[90] 控方还专门指出，"电话使用人对于公共电话亭所享有的利益"十分"有限"，因此，尚不足以对此施以令状原则的要求。[91]

这已经足以提醒马科斯和施耐德了。作为回应，他们在答辩摘要中争辩说，由于未经司法令状的授权，针对卡兹通话活动的监听行为"很显然是违宪的"[92]。至此，施耐德显然已经说服了马科斯并促使其放弃了对以下观念的依赖，即电话亭属于第四修正案的"保护领域"。于是，作为回应，他们在答辩中重申——这次他们没有再使用模棱两可的语气——真正的问题在于，"通常意义上的理性人"是否认为本案的谈话活动原本属于私人谈话。没有任何地方可以游离于第四修正案保护之外。如果需要厘清该规则与"开放领域"规则的关系的话，最好的办法就是废弃后一规则。"如果两个人相信，无人居住的开放领域是进行谈话的最安全、最隐私之地"，那么，他们的谈话活动就应当受到第四修正案的保护。[93] 至此，卡兹的代理律师间开始出现了分歧。

■ 八、口头辩论

1967 年 10 月 17 日，联邦最高法院就卡兹案听取了双方的口头辩论。很显然，卡兹的代理律师自始就没有想过要稳中取胜。通常情况下，在联邦最高法院或其他上诉法院出庭时，所应遵守的第一规则是：将诉讼主张的创新性降低到最低限度。律师的典型陈词是，"我们的请求仅仅在于，请径行适用现行规则。""但是，如果作出不利于我方的判决，则需要推翻特定的先例。"但是，无论是在联邦最高法院还是在美国其他领域，20 世纪 60 年代后期原本就是一个不同寻常的年代。因此，卡兹的代理律师坦率地论证了本方主张——而且，甚至还带有某种夸张的成分——呼吁观念的更新。

在卡兹案的口头辩论中，马科斯和施耐德进行了分工。负责开庭陈述的施耐德一上来就设定了辩论的基调。他对联邦最高法院说，本案的事实"相

---

[89]　Brief for the Respondent at 13-15, Katz（No. 35）. The "open fields" doctrine dated back to Hester v. United States，265 V. S. 57, 59 11924）. "开放区域"规则可以追溯到赫斯特案（Hester v. United States，265 U. S. 57, 59（1924）.）。在该案中，代表联邦最高法院撰写判决意见的大法官霍姆斯宣称，"第四修正案对于个人的'人身、住宅、文件和财产'提供的特殊保护，不及于开放区域"。因为"将后者区别于住宅是普通法一直以来的做法。"Id. at 59.

[90]　Brief for the Respondent at 18，Katz（No. 35）.

[91]　Id at 19 & note 8.

[92]　Reply Brief for the Petitioner at 2，Katz（No. 85）.

[93]　Id. at 4-5.

当简单",但是,适用于此的法律"却完全是另外一码事"[94]。他将第四修正案问题概括为:需要做的唯一工作就是清除关于"宪法保护领域"的传统考虑。他争辩说,"电话亭或其他场所是否属于宪法保护领域"是一种"自始错误的考察方法"[95]。相反,他极力主张,这里的判断标准仅仅在于,"一个理性的人,通过客观地审视谈话双方的交谈方式、所处环境以及谈话地点,是否可以……合理地认为,谈话人具有保密的意图"[96]。谈话的"地点"是进行该项判断应当考虑的"因素"之一,而不是唯一因素,更不是该项判断中至关重要的因素。第四修正案的意义在于保护"隐私权",而该项权利"与个人具有如影随形的关系":在判断某项谈话内容是否应当视为秘密交流时,该项谈话究竟是"发生在四壁与屋顶构成的封闭空间,还是发生在汽车里,抑或发生在其他地方",并"不具有决定性意义"。同样,"执法官员采取何种措施"——如,为了窃听谈话的内容,执法官员花了多长时间——也不具有太大的意义。[97]

对此,施耐德根本没有费心去查找先例的支持。他曾随口以赞成的口吻提到过伯格一案[98],但是,在其口头辩论过程中,绝大多数时候,当他提到某项先例时,仅仅是为了指出他希望联邦最高法院推翻相应的规则。如果联邦最高法院打算采纳"这一新的标准,或者类似的其他标准",戈德曼案当然"也就站不住脚了"[99]。至于确立"开放领域"不受第四修正案保护规则的赫斯特案(Hester v. United States),"也必须撤销";"开放领域"规则与"我们所主张的标准及其类似标准"相矛盾。[100]"我们认为,"施耐德解释说,"如果谈话人具有保密的意图,而且,存在私密交流的其他特征……那么,谈话地点究竟是开放领域还是住宅的私密空间,并没有什么不同"[101]。

如果说,在规则构建层面施耐德的口头辩论体现了一种创新精神的话,在实际应用层面,他则小心翼翼地弱化了新标准的实际影响。他并不要求联邦最高法院宣布,对私密的谈话内容实施电子监听属于违法行为;他仅仅要求联邦最高法院将令状原则适用于此类监听活动。监控卡兹电话亭里的打电话行为之所以违宪,并不是因为该行为属于第四修正案意义上的"搜查",而是因为"未经司法令状的授权"实施了此类搜查。[102]而且,施耐德认为,尽管"作为一名普通公民……他根本不赞成任何形式的窃听装置",但是,"作为一名宪法律师",他认为,只要提供了"足够的保护措施",监听就被允许。伯格案已经"表明":司法令状的审批程序可以担保电子监听具有合宪性。[103]

果不其然,就此,联邦最高法院提问说:"那么,在本案中,电话亭属

[94] Oral argument at 1, Katz v. United States(No. 35).

[95] Id. at 5.

[96] Id.

[97] Id. at 6 - 8; see also id. at 11 - 12.

[98] See id. at 4.

[99] Id. at 8; see also id. at 10.

[100] Id. at 11.

[101] Id. at 5.

[102] Id. at 4.

[103] Id. at 7.

于宪法上的保护领域。你是否认为，只要履行了适当的程序，就可以侵入这一领域，但在本案中，执法官员为什么并没有履行这样的程序？"施耐德坚决反对"对某一领域是否属于宪法保护领域的强调"。但是，他重申了以下立场，即，"通过一些具体的措施"，将"不偏不倚的地方法官"置于执法官员及其侦查目标之间，可以赋予窃听行为以合宪性。[104]

在进行反驳辩论时，马科斯的语气变得更加强硬。伯格案清楚地表明，只要事先获得了适当的司法令状的授权，电子监听就是合宪的。对于负责侦查查利·卡兹的执法官员而言，申请这样的司法令状原本是一件"非常简单"的事情。但是，他们却没有这么做。[105] 大法官们就像问施耐德那样，对马科斯发问说，"你认为，根据伯格案，这么做就有效吗？"是的，在马科斯看来，这是"毋庸置疑的"[106]。于是，整个案件的争点集中在了一点：执法官员没有获得司法令状的授权。"根据伯格案，我们不得不得出以下结论，即，这是一起关于搜查令状的案件。"[107]

负责控方口头辩论的是司法部副部长办公室一位名叫约翰·马丁的律师。马丁抓住施耐德的论证过于宽泛这一弱点指出，这事实上等于呼吁"第四修正案观念的激进改革"[108]。赫斯特案所确立的"开放区域"规则是这一观念中至关重要的组成部分。马丁争辩说，执法官员当然可以对电话亭进行监视，以确定是哪些人在使用这个电话亭。例如，如果绑匪此前曾经用这个电话亭打过电话，那么，执法官员为了抓获绑匪，当然可以这么做。由于电话亭是公共的，这么做不会侵犯任何人的隐私。"用目光监视公共电话亭里打电话的人，与监视置身开放区域的人一模一样。"针对声音的监控亦然。"在设计上，这些电话亭完全不隔音，而且，也没有人认为它会具有隔音效果。"[109]

联邦最高法院问马丁，对电话亭实施观察与实施监听之间是否有所不同。在玻璃围成的电话亭里，没有人会抱有"别人看不见他"的合理期待；但是，不是肯定会有一些人对通话的私密性持有合理的期待吗？马丁一口咬定，他认为没有必要"对'偷听'与'监视'加以区分"[110]。第四修正案旨在"保护社会公众不会受到执法官员的侵害"；因此，它仅仅适用于以下领域，即，个人"有权躲进去"并"有权拒绝他人入内"（the right to withdraw and to exclude others）的区域。[111]

联邦最高法院针对马丁的提问，一再偏离主题，转而讨论电话亭的建筑设计问题。如果不是为了保护打电话人打电话时的隐私，这些玻璃隔板还有什么意义？马丁认为，这些玻璃隔板的主要功能是为了"隔离某些外来的噪音"。此外，他指出，装有玻璃墙的电话亭已经不像原来那么普遍了："你们

---

[104] Id.

[105] Id. at 34 - 35.

[106] Id. at 36.

[107] Id. at 38.

[108] Id. at 15.

[109] Id. at 15 - 16; see also id. at 22.

[110] Id. at 15 - 16.

[111] Id. at 28.

已经注意到……开放式电话亭才是现在的趋势。"而且，毫无疑问，对于如何安装公共电话享有决定权的电话公司并不认为其行为"将赋予人们更多或更少的隐私"⑫。

此外，作为备选方案，马丁争辩说，即使第四修正案真的适用于电话亭，本案中的监听行为也是合理的——无论是否有司法令状的授权，都是如此。联邦调查局是在对卡兹监视了足够长的时间，并有理由认为他是在用这些电话亭进行跨州非法赌博之后，才安装卡式录音机的。而且，只有当卡兹要来打电话时，他们才会谨慎地打开卡式录音机；卡兹离开电话亭后，他们立即就会关掉这些录音设施。其中，只有一次偶然录到了无辜第三人的通话内容，但是，执法官员从来没有听过这段录音。⑬本案中的做法应当已经满足了第四修正案的要求：对电话亭的保护不应当"像针对住宅的保护那样全面"⑭。大法官布莱克对马丁说："你似乎赞成以下立场，即，电话亭不是个人的城堡。"对此，马丁欣然同意。⑮

九、联邦最高法院的判决

口头辩论两个月后，联邦最高法院于 1967 年 12 月 18 日就卡兹案（Katz v. United States）作出了判决。该判决几乎满足了马科斯和施耐德的所有期望。联邦最高法院以 7∶1 的投票结果撤销了此前的判决（大法官马歇尔在担任司法部副部长时，曾就卡兹案是否签发调卷令递交过反对意见，因此，他没有参与联邦最高法院关于本案的评议活动）。与一边倒的投票结果相比，更加引人注目的是大法官斯图尔特代表联邦最高法院撰写的判决意见所使用的修辞手法：就电子监听问题，该判决意见的修辞似乎支持施耐德和马科斯口头辩论中的所有观点。

奥姆斯特德案与戈德曼案中的"侵害规则"已经被蚕食得面目全非，因此，"不应该再将其视为一项有效的法律规则"。所以，在该案中，没有对电话亭实施任何"物理性侵入"这一行为"不具有任何宪法意义"⑯。更具重要意义的是，联邦最高法院听从施耐德的建议，在对第四修正案的分析中，彻底放弃了对物理场所的强调。"抽象地"讨论电话亭是否属于"宪法保护领域"是没有意义的。关于"宪法保护领域"的整个概念让人们的关注焦点偏离了本案的真正问题。斯图尔特代表联邦最高法院宣布，本案的核心问题是"第四修正案保护的是人，而不是地方"。因此，"个人明知会暴露于公众视野的活动，即使发生在他自己家里或他的办公室里，也不属于第四修正案保护的范围"；而"他试图作为隐私而保守的活动，即使发生在公众也能进入

---

⑫　Id. at 30.

⑬　See id. at 18, 22, 24.

⑭　Id. at 29.

⑮　Id. at 30.

⑯　Katz v. United States, 389 U. S. 347, 352 - 53 (1967).

的领域，也会受到宪法的保护。"[117] 具体言之，在公共电话亭打电话的人"当然有权认为，他对着话筒所说的那些话不会传遍整个世界。"斯图尔特解释说，作出与此相反的裁决，等于"无视公共电话在私人交流中所具有的重要地位和作用"。电话亭的四壁是否是透明的玻璃并不重要，因为卡兹"试图排出的……不是侵犯性的目光"，而是"不速之客的耳朵"[118]。

既然窃听卡兹的通话内容属于第四修正案意义上的"搜查"，那么，剩下的问题仅在于：该搜查行为是否属于"不合理的"搜查，因此违反了宪法？对此，联邦最高法院再次全盘接受了施耐德和马科斯提出的主张。由于本案中的"搜查"未经司法令状的授权，所以，属于不合理的搜查。"很显然"，法官原本可以就此签发一份合乎宪法要求的司法令状，以"详细划定"对电话亭实施监听的界限：大法官斯图尔特解释说，这是奥斯本案与伯格案所确立的观念。[119] 然而，联邦调查局并没有这么做，而是规避了"作为第四修正案核心内容的"、"对其正当性予以事先检验的法律程序"[120]。

大法官布莱克是卡兹案中唯一持反对意见的大法官。他认为，把窃听活动叫做"搜查"，是对第四修正案表述的曲解和背离：这在第四修正案的传统解释中——如奥姆斯特德案与戈德曼案所适用的解释——根本找不到相应的正当依据。[121] 对此，引人注目之处不在于大法官布莱克孤身一人发表了反对意见，而在于他的论证方式完全不同于多数意见的分析。大法官斯图尔特代表联邦最高法院撰写的判决意见几乎没有考虑到历史传承的问题，而且也根本不在乎宪法条文的具体表述。

但是，在联邦最高法院关于卡兹案的论证中，最引人注目的地方或许在于其论证语言的模糊性以及模棱两可的特点。大法官布莱克抱怨说，多数意见无视第四修正案的条文表述和历史传统，而钟情于"就个人隐私这一模糊的话题展开宽泛的立法政策讨论与哲学探讨"[122]。然而，事实上，联邦最高法院的多数意见几乎鲜有关于立法政策或哲学问题的讨论。具体言之，斯图尔特明确表示，他不会仰赖"作为一般宪法权利的'隐私权'"：第四修正案所提供的保护远不止于此，而且常常"与隐私权无关"[123]。然而，斯图尔特撰写的判决意见的确暗含了立法政策方面的论证。他认为，如果判决第四修正案不适用于本案的情形，等于"无视公共电话在私人交流中所具有的重要地位和作用"[124]。除此之外，将给针对电话亭的监听活动视为"搜查行为"的判例留下了太多需要解释的空白。然而，联邦最高法院只是简单地断言说，公共电话消费者的通话内容"当然受到""第四修正案的保护"[125]。更为广泛的问题是，联邦最高法院对于以下问题几乎没有给出任何建议：在第四修正案进

[117]　Id. at 350 – 51.

[118]　Id. at 352.

[119]　Id. at 355 – 56.

[120]　Id. at 359 (quoting Osborn, 385 U. S. at 330).

[121]　Id. at 364 – 74 (Black, J., dissenting).

[122]　Id. at 364.

[123]　Id. at 350 – 51 (opinion of the Court).

[124]　Id. at 352.

[125]　Id.

行中，究竟应当考虑哪些因素，以取代传统解释中对财产权利的关注。在卡兹案中，最著名的文字——震聋发聩地宣布："第四修正案保护的是人，而不是场所"——听上去特现代、特具有前瞻性和实用性。但是，这一论断也招致了诸多批评：第四修正案以何种方式保护个人？第四修正案赋予了哪些权利？难怪对于这一格言，一位杰出的学者曾经发表评论说，它的"唯一优点"是"简明扼要"[126]。

在简短的协同意见中，大法官哈兰试图澄清联邦最高法院判决的贡献。他解释说，第四修正案所保护的"合理的隐私期待"（reasonable expectation [s] of privacy）必须具备以下两项条件："第一，个人已经表现出一种现实的（主观的）隐私期待；第二，该主观期待是能够被社会公众视为'合理的'期待。"针对多数意见的修辞，哈兰还建议说，通常情况下，第四修正案提供的保护确实仰赖于特定的场所。当然，他同意，第四修正案保护的是"人，而不是场所"。但是，问题在于，第四修正案准备向个人提供什么样的保护？——为了回答这一问题，通常必须"参考'其所在的场所'"。就卡兹案本身而言，哈兰论证说，第四修正案之所以适用于此，其原因仅仅在于："一个封闭的电话亭属于这样一种区域，即，像住宅一样……使用人关于自己享有不受干预之自由的期待被认为是合理的期待。"[127] 至少就某些目的而言，电话亭就是某人的城堡。

在卡兹案中，还有一处范围不大但相当明显的模糊地带。在多数意见的脚注中，联邦最高法院明确拒绝讨论以下问题："在涉及国家安全问题时，除事先获得地方法官授权外，其他的保障措施是否也可以满足第四修正案的要求？"[128] 大法官怀特在其协同意见中明确表示，为了国家安全而实施的监听属于截然不同的情形："先后有多任总统"都曾经在未经令状授权的情形下下令实施监听，而且并无不当之处。[129] 此外，大法官道格拉斯则认为，为国家安全而实施的监听可以不受令状原则拘束的说法是毫无道理可言的——他在其协同意见中阐释了这一观点，大法官布伦南加入了该协同意见。[130] 如下文所言，联邦最高法院很快将会再次面对这一问题。

十、卡兹案之后的电子监听实践

联邦最高法院的卡兹案判决产生了三方面的影响。第一，为电子监控活动设定了稳定的法律框架。第二，在更宽泛意义上，为今后讨论第四修正案

---

[126]　Taylor, supra note 18, at 112. 泰勒教授对此的反应并非奇谈怪论。See, e.g., Edmund W. Mitch, Katz v. United States: The Limits of the Fourth Amendment, 1968 Sup. Ct. Rev. 133, 135（作者指出，在推翻"奥姆斯特德案确立的财产法原则时，联邦最高法院急于抛弃历史上的限制性原则，而没有注意到，确立并适用一项面向未来的限制性原则将面临更大的困难"）.

[127]　389 U. S. at 360 – 61 (Harlan, J., concurring).

[128]　Id. at 358 note 23 (opinion of the Court).

[129]　Id. at 362 – 63 (White, J., concurring).

[130]　Id. at 359 (Douglas, J., concurring).

的适用范围问题提供了理论框架。第三，在更为宽泛的事实上，它预示着一种新型的、更具前瞻性的第四修正案分析方法。该方法较少考虑第四修正案的文本和历史，而更多着眼于当前执法活动的现实状况。时至今日，上述更宽泛意义上的影响——卡兹案对于第四修正案适用范围的影响，以及在有关搜查扣押的判例法中，第四修正案文本与历史问题的地位问题——受到了更多的关注。但是，在判决当时，卡兹案的重要意义似乎在于，它就电子监控活动采取了一种折中的处理方案。

如前所述，在卡兹案之前，就是否准许实施电子监控以及监听是否应当具有司法令状的授权等问题，存在着诸多不确定性。事实上，法院授权实施搭线监听或窃听的命令是否能够满足司法令状的传统要求，尤其是第四修正案明确规定的特定性要求，还没有定论。而且，对于这一问题，根据联邦最高法院关于伯格案（Berger v. New York）的判决意见，许多律师认为答案应该是否定的。因此，当联邦最高法院作出卡兹案判决时，最具新闻价值的内容似乎是，该决定为司法令状授权实施电子监听开了绿灯。例如，《纽约时报》报道说，联邦最高法院放弃侵害标准（the trespass test）之举"是绝大多数律师期待已久的事"[131]。但是，在该案判决中，令人感到意外的是，联邦最高法院中居于稳定多数地位的大法官们认为，只要执法官员预先获得了司法机关的批准，那么，对电话亭实施窃听的行为就是合法的。[132]

卡兹案所采取的折中方案——只要具有司法令状的授权，电子监听就是合法的——具有立竿见影且意义深远的影响。此前，约翰逊政府完成了一项法律草案，而且已经提交国会进行讨论。该草案规定，除危害国家安全案件外，对于其他案件实施窃听或搭线监听均属违法。即使在卡兹案之前，该法律草案也面对着强大的反对意见；但是，无论该草案获准通过的概率有多大，联邦最高法院明确支持电子监听令状的立场已经让它变得毫无意义。[133]与此同时，卡兹案还为联邦和各州的下述立法活动注入了活力。通过立法为法院授权电子监听规定明确的法律程序。[134] 在联邦层面，这一立法活动很快就结出了硕果，即1968年《犯罪控制与街道安全综合防治法》第三编（Title Ⅲ of the Omnibus Crime Control and Safe Streets Act of 1968），该编为联邦法院签发电子监听命令规定了基本的制度框架，并为各州法院系统签发同类令状设定了最低限度的要求；这些规定至今还在适用。[135] 该法第三编的内容，有意识地按照伯格案和卡兹案的要求作出了相应的规定。它不仅要求必须具有合理根据，而且对授权的监听活动规定了严格的时间限制、通过程序，将拦截与本案无关的通话内容降低到最低限度，并要求在监听活动结束后，及时通知侦查的对象。[136]

该法第三编后来成了联邦和各州其他监听法规的样板。就此而言，至关

⑬① Fred P. Graham, New Tack in Bugging, N. Y. Times, Dec. 20, 1967, at 37.

⑬② See id. ; Graham, supra note 81, at 1; Bred J. Ostrow, Supreme Court Rules Bugging is Subject to Legal Standards, L. A. Times, Dec. 19, 1967, at 1.

⑬③ See Ostrow, supra note 132, at 1.

⑬④ See, e. g. , Graham, supra note 131, at 37.

⑬⑤ 18 U. S. C. § § 2510 - 2522.

⑬⑥ see, e. g. , Kerr, supra note 15, at 850 - 52.

重要的一步是，卡兹案所确立的折中方案被扩张适用于为国家安全而实施的搭线监听。如前所述，在卡兹案中，联邦最高法院回避了以下问题，即，基于国家安全目的而实施的电子监听是否也必须具有司法令状的授权？在 1968 年法律第三编中，国会同样回避了这一问题；根据该编的条文规定，该法令不适用于总统为阻止"针对政府架构及其存在而实施的、明确且迫在眉睫的危险"[137] 而采取的行动。联邦最高法院最终于 1972 年的一起判例中讨论了这一问题，但该判例的案件事实比卡兹案更富有戏剧性。

该案发生于 1968 年 9 月，即 1968 年法律第三编生效三个月后。有人对坐落于密歇根州安娜堡的中央情报局招募办公室实施了爆炸行为。[138] 最终，当地的一家激进团体——"白色美洲豹"的三名成员因此被逮捕并被指控实施了爆炸行为。在刑事审前程序中，控方向辩方展示了一份证据。这是控方 1969 年截获的、其中一名被告人的通话记录——当时，该被告人通过控方监听的电话线路给伯克利和旧金山两地的"黑色美洲豹"组织成员打电话。这些监听活动未经司法令状的授权，但是，控方认为他们这么做是合乎宪法的，因为是尼克松总统的司法部部长约翰·米切尔基于国家安全利益授权他们这么做的。密歇根司法辖区的联邦地区法院法官戴蒙·基思并不认同这一说法。他命令控方将这段通话的内容告知辩方，以确定控方的证据在何种程度上受到了该非法监听行为的污染。控方请求第六巡回区法院撤销基思法官的上述命令。（因此，有时候人们将该案叫做基思案，而不是采用美国诉美国地区法院（United States v. United States District Court）这一冗长但正式的判例名称。）在第六巡回区法院驳回控方请求后，控方向联邦最高法院申请救济并获得批准。

但是，对于本案争论的实质问题，联邦最高法院同样支持基思法官的立场。[139] 在代表联邦最高法院撰写的判决意见中，大法官鲍威尔解释说，在第四修正案的逻辑结构中，应当事先获得司法机关的授权居于如此核心的地位，以至于即使是涉及国家安全的案件，也必须适用该项要求。大法官道格拉斯发表了协同意见，并借此重申了以下观点，即，授权电子监听的司法令状要想合乎第四修正案的特定化要求，"如果说并非绝对不可能的话，也是一件极其困难的事情"。[140] 但是，时值 1972 年，他的这一说法已经显得颇为怪诞。因为，卡兹案所确立的折中方案已经赢得了彻底的胜利。

事实上，国会对于电子监听必须取得法院授权这一模式的应用，甚至比联邦最高法院的要求走得还远。例如，基思案所确立的规则仅适用于"涉及国家安全的国内活动"；联邦最高法院明确拒绝讨论"可能牵涉到其他国家的权力或执法官员的问题"[141]。但是，国会没有耐心等待联邦最高法院就此类问题进行表态，而是为身居外国的情报人员签发监听命令自行创设了一套独立的、与 1968 年法律第三编平行的制度方案，该制度方案包括一个特殊的

---

[137]　18 U. S. C. § 2511（3）(subsequently repealed).

[138]　See William B. Treml, City CIA Office Bombed, Ann Arbor News, Dept. 30, 1968, at 1.

[139]　United States v. United States District Court, 407 U. S. 297 (1972).

[140]　Id. at 324－34（Douglas, J., concurring）.

[141]　Id. at 321－22（opinion of the Court）.

地区法院和特殊的上诉法院，但这些法院的活动均秘密进行。[⑫] 后来，对于以数字手段或手机方式进行的通话活动实施监控，国会采取了类似的制度方案，并以制定法的形式要求必须预先获得法院命令的授权，而不是等着看联邦最高法院是否会提出这样的要求。[⑬]

国会甚至将 1968 年法律第三编的立法模式扩张适用于联邦最高法院已经明确宣布不受第四修正案调整的电子监听形式。基于后文将会论及的原因，联邦最高法院曾经判决说，借助可以记录呼出电话号码的笔式记录机查询呼出的电话号码，以及借助可以记录来电号码以及类似信息的追踪装置查询来电信息，均不构成第四修正案意义上的"搜查"或"扣押"。因此，不要求司法令状的授权。然而，国会要求联邦侦查人员在安装上述任何一种装置之前，必须事先获得法院命令的授权。[⑭] 这些命令不属于司法令状，因为没有必要提出关于合理根据的证明。但是，值得注意的是，即使在这一制度安排中，国会也采用了 1968 年第三编的基本模式，即，允许监听但要求必须事先取得法院的命令。后来，在对电子邮件收件地址、发送地址实施监控时，也沿用了同样的制度安排。[⑮]

时至今日，1968 年法律第三编就电子监听所确立的立法模式已经根深蒂固，以至于法院系统毫不犹豫地将其适用于以秘密方式进行的影像监控（covert video surveillance）——此类行为并没有得到制定法的授权。联邦最高法院作出卡兹案判决后，当时的社会反应是：一些评论者认为，该判例"不可能"适用于"窃听通话内容"之外的其他情形。[⑯] 而且，根据 1968 年法律第三编的条文表述，其规定也仅仅适用于对"通话内容"的监控。[⑰] 但是，到了 20 世纪 80 年代，当执法官员怀疑某人可能在从事毒品交易、洗钱活动、伪造货币、密谋实施爆炸或者其他严重犯罪活动时，他们通过获取司法令状授权的方式，开始在特定的办公室、私人住宅、私人庭院安装秘密摄像头并对这些场所实施监控。法院系统一致的做法是，对于此类监控活动类推适用关于声音监控的规定，并论证说，1968 年法律第三编的规定同样调整着影像监控活动的合宪性问题。[⑱] 20 世纪末期，以下立场，即有关搭线监听的制定法要求界定了影像监控的合宪性边界，已经广为人们接受。因此，有评论者恰如其分地将这一状况描述为"极其反常的发展"[⑲]。就卡兹案折中方案的胜利而言，可能再也找不到比这更明显的验证标准了。现如今，对于

⑫ Foreign Intelligence Surveillance Act of 1978, Pub. L. No. 95 - 511, 92 Stat. 1783 (codified in pertinent part, as amended, at 50 18 U. S. C. § § 1801 - 1811) .

⑬ Electronic Communication Privacy Act of 1986, Pub. L. No. 99 - 508, 100 Stat. 1848, (codified as amended at 18 U. S. C, § § 2510 - 21) (digital communications); Communications Assistance for Law Enforcement Act, Pub. L. No. 103 - 414, § 202 (a), 108 Stat. 4279 (1994) (codified at 18 U. S. C. § 2510 (1), (12)) (cordless telephones) .

⑭ See 18 U. S. C. § 3121 (a) .

⑮ See Pub. L. 107 - 56, Title Ⅱ, § 216 (c) (1) - (4), 115 Stat. 290 (amending 18 U. S. C. § 3127) .

⑯ Dash, super note 42, at 304 note 44.

⑰ E. g. , 18 U. S. C. § 2511 (1) .

⑱ The cases are discussed in Rio Simmons, Can Winston Save Us From Big Brothers? The Need for Judicial Consistency in Regulating Hyper-Intrusive Searches, 55 Rutgers L. Rev. 547, 557 - 60 (2003) .

⑲ Id. at 559.

绝大多数律师和法官而言，显而易见的事实似乎是：第四修正案允许实施电子监控，但要求必须事先取得司法令状的授权。事实上，这一折中方案看上去是如此显然，以至于人们很容易忘记：在经由卡兹案获得联邦最高法院支持之前，对此曾经产生过多么大的争论。

十一、卡兹案之后，第四修正案的适用范围

　　如果承认 1968 年法律第三编已经被扩张适用于拦截通话内容以外的其他场合，那么，为该编内容提供蓝图的卡兹案则被适用于更为宽泛的领域。当时，人们很快就认识到，卡兹案为确定第四修正案的保护范围提供了一个新的判断标准——该标准取代了原来经由奥姆斯特德案和戈德曼案确立的旧的"侵害"标准（the old "trespass" test）。新的标准源自大法官哈兰在卡兹案中的协同意见。该标准要求人们确定，特定的侦查措施是否侵害了"合理的隐私期待"——其定义是，"一项现实的（主观的隐私期待）……社会公众能够将其视为'合理的'期待[150]。在卡兹案中，大法官斯图尔特代表联邦最高法院撰写的判决意见似乎承诺说，在具体应用上，这一新标准将会截然区别于原来的标准——现如今，对某"宪法保护领域"实施了物理性侵入这一标准已经不复使用了。联邦最高法院的贡献可能在于以下重大宣言："第四修正案保护的是人，而非场所。"而且，联邦最高法院对此进行了详细阐释："个人故意暴露于公众视野之下的东西，即使位于其住宅或办公室里，也不会受到第四修正案的保护"。但是，"个人试图保守的秘密，即使处于公众可以接触到的领域，也可能受到宪法的保护"。联邦最高法院解释说，无论个人走到哪里，"他都有权知道，他依然享有不受不合理搜查扣押的权利"[151]。

　　联邦最高法院很快就采纳了大法官哈兰在卡兹案协同意见中提出的以下建议，即第四修正案保护个人的"合理隐私期待"，该期待是个人现实具有的期待，而且在客观意义上属于合理的期待。在特瑞案中（Terry v. Ohio）——该案判决的时间只比卡兹案晚六个月[152]，联邦最高法院欣然采纳了卡兹案的注释，并一直坚持使用到现在。但是，很快"合理隐私期待"的主观要件和客观要件均遇到了重重困难。由于是否享有第四修正案保护仰赖于嫌疑人"现实的（主观的）隐私期待"，所以产生了奇怪的后果：如果某人怀疑自己受到了政府的监视（在 20 世纪 60 年代，确实有少数人处于这种被监视状态），那么，或许恰恰会因此而失去宪法对于他们所担心处境的保护。[153] 这反过来又会提醒政府，只需宣布他们将要对某人实施侵犯，就可

---

　　[150] Katz, 389 U. S. at 360 - 61 (Harlan, J. , concurring) .

　　[151] Id. at 351，359 (opinion of the Court) .

　　[152] 392 U. S. 1，9 (1968) .

　　[153] see, e. g. , John M. Burkoff, Whey is a Search Not a "Search"? Fourth Amendment Doublethink, 15 Toledo L. Rev. 515, 527 (1984)；John M. Junker, The Structure of the Fourth Amendment：The Scope of the Protection, 19 J. Crim. L. I Criminology 1105, 1166 (1989) .

以消除其隐私期待。例如，"用半小时的时间，在电视上宣布……我们所有人都已经处于全方位的电子监控之下了"[154]。为了避免出现上述结果，联邦最高法院对大法官哈兰所提标准的客观要件给予了更大的重视，即"该期待是能够被社会公众视为'合理的'期待"[155]。但是，法官们如何判断哪些期待事实上属于"能够被社会公众视为""合理的"期待呢？令人沮丧的是，事实证明，这一考察充满了变数。而且，许多法庭内外的评论者开始承认这是一个循环论证：如果联邦最高法院愿意提供保护的话，某项隐私期待就会变成合理的期待。[156]

或许正是基于这一原因，根据新的"隐私期待"标准所得的结论与根据原来的"侵害"标准所得的结论具有出乎意料的一致性。例如，在卡兹案中，双方当事人均认为，"开放领域"规则与更为灵活的、着眼于合理期待的标准相抵牾。但是，事实证明，即使在新的标准之下，开放领域规则依然有效。联邦最高法院论证说，就尚未开发的土地而言，即使其所有人在周边围上了篱笆并竖起了"严禁入内"警示标志，他对于该土地依然不能享有合理的隐私期待。部分原因在于，他采取的这些措施通常情况下并不能有效地防止社会公众对其荒芜的土地进行观望。[157] 当飞机飞越土地上空时，从飞机上窥视某人的庭院的行为并没有侵犯合理的隐私期待，因为该观察行为发生于"公共飞行空间"，而且"不存在物理学意义上的干预活动"[158]。如果是在高速公路上使用电子追踪设施，那么该行为将不构成搜查或扣押。但是，如果接受的信息是从住宅内发射出来的，则会引发第四修正案问题。[159] 针式记录机不会引发第四修正案问题，因为打电话的人对于他或她"自愿……向电话公司提交的"电话号码不享有合理的隐私期待。[160] 有待清洁工人运走的垃圾"处于公众能够进入的区域"，因此，同样不受第四修正案的保护。[161] 只要嫌疑人是自愿与秘密侦查员或线人进行交谈的，那么，即使秘密侦查员或线人将他们的谈话内容秘密传送出去或者秘密录制下来，也不构成搜查：对于信任了不该信任之人的情形，不存在合理的隐私期待。[162] 很快，其基本模式就变得明朗起来。显而易见的是，只有当警察对受到宪法保护的领域实施了物理干预之时，警察的侦查策略才会被认定为侵犯了合理的隐私期待。[163]

但是，也并非总是如此。在卡兹案之后的 35 年时间里，就在许多人不再拿"合理的隐私期待"当回事的时候，这一标准却出乎意料地获得了生

[154] Anthony G. Amsterdam, Perspectives on the Fourth Amendment, 58 Minn. L. Rev. 349, 384 (1974).

[155] See e. g. Hudson v. Palmer, 468 U. 8. 517, 525 & N. 7 (1984); Smith v. Maryland, 442 U. S. 735, 740 note 5 (1979); Burkoff, supera note 153, at 528 – 29.

[156] 例如，在 1999 年的一则判决意见中，大法官斯卡利亚明确提出了这一质疑。该判决意见得到了大法官托马斯的支持。See Minnesota v. Carter, 525 U. S. 83, 97 (1998) (Scalia, J., concurring).

[157] See Oliver v. United States, 466 U. S. 170 (1984).

[158] California v. Ciraolo, 476 U. S. 207, 213 – 14 (1986); see also Florida v. Riley, 4885 U. S. 445 (1989).

[159] See United States v. Karo, 468 U. S. 705 (1984); United States v. Knotts, 460 U. S. 276 (1983).

[160] Smith v. Maryland, 442 U. S. at 745.

[161] California v. Greenwood, 486 U. S. 35, 41 (1988).

[162] See United States v. White, 401 U. S. 745 (1971).

[163] See Kerr, supra note 15, at 805 – 15.

命。基本案情是，警察利用"热呈像仪"——简言之，就是一种红外线照相机——探测住宅里是否在使用高温的白炽灯。20世纪90年代末期，美国各地的缉毒人员为了识别室内种植大麻的房屋，都会采用这样的手段。每一个曾经面对这一问题的联邦上诉法院最终都会得出结论说，将热呈像仪对着住宅测量房屋的温度，并没有侵犯任何合理的隐私期待。一般而言，其论证方式是，该仪器检测的仅仅是释放到公共空间的"废热"，而且不存在物理性侵入——质言之，在卡兹案之前，第九巡回区法院正是基于一模一样的考虑判决认为，利用闪烁器检测公寓里释放出来的雷达，不会引发第四修正案问题。如果不考虑"合理隐私期待"的表述取代了"侵害"标准，那么，热呈像仪一案中的论证方式完全等同于根据奥姆斯特德案进行的论证。但是，这似乎并没有给各下级法院带来困扰，而且，人们一般认为这也不会对联邦最高法院造成困扰。⑯

然而，事实证明这些预言都错了。在凯洛案中（Kyllo v. United States），当联邦最高法院最终就热呈像仪的合宪性问题表态时，它轻描淡写地拒绝了控方关于缺乏物理性侵入的论据。多数意见解释说，卡兹案已经"拒绝了这种关于第四修正案的机械理解"，并将搜查扣押规则从财产权利中"解放出来"⑯。大法官斯卡利亚代表联邦最高法院撰写了本案判决。此前，他曾经抱怨说，"合理隐私期待"标准完全是在循环论证。⑯但是，在本案中，他论证说，该标准具有一定的意义，至少它保护了住宅的隐私以及"典型的、受到宪法保护的隐私领域"。据此，斯卡利亚代表多数大法官得出了如下结论：一般而言，只要政府试图借助"提高感官官能的技术手段"以了解住宅内部的情况，而且，如果不是借助此类技术手段的话，原本只有采用物理性侵入方式才可能了解到这些情况，那么，就应当适用第四修正案的规定，要求必须具有司法令状才行。⑯

一则如此重视住宅特殊神圣地位的判决却能够在卡兹案中找到依据，当然包含了极大的讽刺意味。这种对住宅神圣地位的强调很难与"第四修正案保护的是人，而非场所"的观念协调一致——其不和谐的程度如此之大，以至于一些评论者认为，凯洛案"重新回到了卡兹案以前的时代"⑯。然而，即使在凯洛案之前，"保护的是人，而非场所"的实际应用往往也只是一项空头承诺。在某些时候，联邦最高法院的确成功地将第四修正案规则从财产权概念中解放了出来，但是，它从来不曾将第四修正案规则从地理学概念中解放出来。联邦最高法院不厌其烦地一再重申"第四修正案保护的是人，而非场所"⑯。然而，在一个个判例中，联邦最高法院却清楚地表明，第四修正案

⑯ The cases are discussed in David A. Sklansky, Back to the Future: Kyllo, Katz, and Common Law, 72 Miss. L. J. 143, 169–77 (2002).

⑯ 533 U. S. 27, 31, 35 (2001).

⑯ See supra note 156.

⑯ 533 U. S. at 34. 如果某项技术手段已经"普及到社会大众"的话，判决的结果是否会有所不同？——对此，联邦最高法院尚未表态。Id.

⑯ David Cole, Scalia's Kind of Privacy, Nation, July 23, 2001, at 6.

⑯ See Minnesota v. Carter, 525 U. S. 83, 88 (1998); Minnesota v. Olson, 49r U. S. 91, 95. note 5 (1990); Segura v. United States, 468 U. S. 796, 810 (1984); United States v. Mendenhall, 446 U. S. 544, 550 (1980); Smith v. Maryland, 442 U. S. 735, 739 (1979); United States v. Chadwick, 433 U. S. 1, 7, 9 (1977); United States v. Dionisio, 410 U. S. 1, 8 (1973); Desist v. United States, 394 U. S. 244, 246 (1969); Terry v. Ohio, 392 U. S. 1, 9 (1968).

对住宅里面的空间提供了更高的保护。[170] 至于其他场所，如汽车、高速公路、田野、办公室、甚至是住宅的庭院，则基于现实的考虑，或者完全受第四修正案的保护，或者戏剧化地降低了保护的程度。[171]

对于住宅以外的场所，大幅度缩减第四修正案所提供的保护已经付出了巨大的代价。对于那些不能住在宽敞舒适住宅的人来说，尤其如此。[172] 大法官哈兰在卡兹案的协同意见中率先提出了以下观念：通常情况下，个人隐私期待的合理性主要取决于个人所处的位置——进而言之，搜查住宅尤其应当受到严格的限制。[173] ——对此，有许多话可讲。如果说第四修正案应当像保护住宅一样保护街道，那将意味着，第四修正案对于住宅的保护不会超出对街道的保护程度。[174] 即使在西尔弗曼案（Silverman v. United States）判决中——该案判决为卡兹案后来推翻奥姆斯特德案（Olmstead）奠定了基础——代表联邦最高法院撰写该案判决意见的大法官斯图尔特也强调说，任何"稳健、体面的文明社会都必须为个人保留一定……受保护的空间、自治的领地、不受侵犯的区域"。[175]

显然，在调和隐私依赖于特定的场所与卡兹案的特殊影响方面存在诸多困难。直至今日，绝大多数人依然相信卡兹案是正确且重要的判例。对此，大法官哈兰的策略是，将电话亭与个人的房子进行类比。他论证说，"一个密闭的电话亭""是这样一种场所，就像住宅一样"，个人可以拥有合理的隐私期待，这是"一种临时性的隐私场所"。[176] 在凯洛案中，大法官斯卡利亚对卡兹案进行了同样的解读：打电话的人享有信赖其"电话亭隐私"的权利。[177] 但是，关于卡兹案的这种解读方式似乎降低了该案判决的重要意义，而且，在手机迅速普及、投币电话尽管还存在却已几近绝迹的今天，该案判决变得无用武之地。其实，即使在卡兹案判决之时，哈兰的这部分论证似乎也难以自圆其说。有评论者曾经以不无怀疑的口吻追问说："如果投币电话没有电话亭的保护，本案是否会得出截然不同的结论呢？"[178]

当然，即使某些场所一般情况下会受到第四修正案的保护，却也并非必然如此。某些谈话活动（communication）有时候或许也会引发第四修正案

---

[170] See, e. g., Wilson v. Layne, 526 U. S. 603 (1999)；United States v. Karo, 465 U. S. 705, 714 (1984)；Segura, 468 U. S. at 810；Payton v. New York, 445 U. S. 573 (1980).

[171] See, e. g., Christopher Slobogin, Technologically-Assisted Physical Surveillance：The American Bar Association's Tentative Drab Standards, 10 Harv. J. L. & Tech. 383, 390 - 91 (1997). 宪法对于汽车车厢只提供特别低的保护。就此，可参见 California v. Acevedo, 500 U. S. 565 (1991)；Chadwick, 433 U. S. at 12。

[172] See Amsterdam, supra note 154, at 404；William J. Stuntz, The Distribution of Fourth Amendment Privacy, 67 Geo. Wash. L. Rev. 1265, 1270 (1999).

[173] See Sklansky, supra note 164, at 190 - 94.

[174] Cf. Taylor, supra note 18, at 114（"即使在公共电话亭里，个人的隐私也会受到像在自己家里一样的全面保护；这听起来无疑让人特别舒心。但是，如果意识到，这也就意味着，对于住宅内个人隐私的保护程度并不高于对公共电话亭的保护，人们就不会那么信心十足了"）.

[175] 365 U. S. 505, 511 note 4 (quoting United States v. On Lee 193 F. 2d 306, 315 - 16 (2d Cir. 1951) (Frank, J., dissenting)).

[176] Katz, 389 U. S. at 360 - 61 (Harlan, J., concurring).

[177] Kyllo, 533 U. S. at 32 - 33.

[178] Kitch, supra note 126, at 140.

的隐私保护。联邦最高法院自己曾经说过，卡兹案承认"第四修正案既保护私人住宅也保护个人的私下交谈。"[179] 如上所述，在卡兹案判决之时，某些评论者就是这样解读的。[180] 关于卡兹案的这种解读方式，有许多话可说。[181] 这种解读方式为以下直觉保留了空间，又不会威胁到第四修正案的保护通常与特定的场所有关这一观念：卡兹案的判决结果并不取决于电话亭的建筑方式。而且，这种解读方式让大法官斯图尔特在卡兹案中作出以下宣言显得特别有道理，即，"对宪法进行狭义解释，无疑忽视了公共电话在私人交流中扮演的重要角色"。这一解读方式还与长期以来搜查扣押规则对信件的特殊保护相一致，而且，也与第四修正案文本明确提到的、与"人身、住宅……财产"相提并论的"文件"相吻合。[182] 此外，如果放眼未来，这种解读方式还为第四修正案适用于网络空间提供了一个充满希望的入口。终究，该判例曾经以令人难忘的文字将虚拟空间描述为"当你打电话时，你将置身其中的场所"[183]。

无论如何，到 20 世纪 60 年代末的时候，人们几乎一致认为，卡兹案是一则关于第四修正案总体适用范围的判例，而不是一起将第四修正案适用于谈话活动的判例。第四修正案保护的是"人，而不是场所"，而且，还暗含着以下含义：也不是各种活动。如果联邦最高法院在卡兹案中判决说，第四修正案保护的是"言词交流，而不仅仅是某些场所"，那么，其效果可能会截然不同。但是，这么一来，该判例对于后世的影响也就迥然不同了，而且，如下文所述，也就无法释放出以下的强烈信号了，即，联邦最高法院决心实现第四修正案规则的转向：不是继承历史，而是面向未来。

■ 十二、卡兹案未来的命运

我们已经考察了卡兹案遗留下来的两份遗产：它为电子监听的法律处理创设了一种至今依然盛行的制度模式；它对第四修正案保护的一般范围所造成的、令人出乎意料的不确定影响。现在还剩下卡兹案遗留下来的第三个也是最后一份遗产，即，20 世纪 60 年代，在通过将搜查扣押规则的着眼点从历史转向现在和未来所实现的现代化转型中，联邦最高法院发挥的卓著作用。

20 世纪前叶，第四修正案规则令人瞩目的特点是立足历史。在搜查扣押的合宪性问题上，主要根据的是 18 世纪制定的第四修正案文本以及一般令状和帮助令状的历史，这两类令状是第四修正案最初禁止的最主要的权力

---

[179]　Alderman v. United States, 394 U. S. 165, 178 (1969).

[180]　See supra note 146 and accompanying text.

[181]　对此，更充分的论证，参见 Sklansky, supra note 164, at 194 – 200。

[182]　See United States v. Van Leeuwen, 397 U. S. 249 (1970)；Ex pate Jackson, 96 U. S. 727, 733 (1878)；Eric Schnapper, Unreasonable Searches and Seizures of Papers, 71Va. L. Rev. 869 (1985).

[183]　Philip Elmer-DeWitt, Welcome to Cyberspace：What is It? Where Is It? And How Do We Get There?, Time, Mar. 22, 1995, at 4, 8 (quoting John Perry Barlow).

滥用方式。前文所述的奥姆斯特德案具体展现了这一分析方法的特点。第四修正案意义上的"搜查"和"扣押"要求对"人身"、"文件"、"住宅"或"财产"——因为这是宪法文本中明确予以保护的对象,而且,一般令状和帮助令状都曾经授权对这些对象实施过物理性侵害——实施了物理性侵害。在奥姆斯特德案中,持反对意见的大法官布兰迪斯曾经以闻名后世的文字争辩说,对第四修正案应当采取一种更具前瞻性的解释方式——通过这样的解读方式,为那些可能因科技进步而对隐私造成的新的威胁提供必要的保护。

在卡兹案的判决意见中,联邦最高法院否认该案判决依赖的是布兰迪斯的以下观念,即,第四修正案有助于创设一种具有一般意义的隐私权。尽管如此,该案判决却以多种方式支持了布兰迪斯关于搜查扣押规则现代化的呼声。首先,"合理的隐私期待"标准——尤其是当根据联邦最高法院对"公共电话在私人交流中扮演的重要角色"的强调进行解读时——主要着眼于现代生活中活生生的现实,而不是 18 世纪历史上滥用搜查扣押的具体方式。其次,就像卡兹辩护律师争辩的那样——联邦最高法院基本上采纳了他们的辩论意见——联邦最高法院的判决意见几乎没有考虑制宪的历史,而且基本上没有考虑宪法文本的内容。联邦最高法院在卡兹案中所采用的方法释放了这样的信号:在联邦最高法院及其学术评论者之间,已经达成了一种新的共识,即,在对第四修正案进行解读时,"它的文本内容和制定历史提供不了任何帮助"[14]。再次,卡兹案对流动性的重视——人到哪儿第四修正案的保护就跟到哪儿[15]——是对现代城市生活中速度、流动性、自发性等价值的积极回应。[16] 这或许正是第四修正案保护的是"人,而非场所"这一观念能够引起巨大共鸣的原因吧!尽管将这一观念付诸现实需要面对恼人的困难。

卡兹案的某些现代化特征还影射到 20 世纪 60 年代有关刑事程序的其他判例之中,尤其是比卡兹案晚一年作出的特瑞案(Terry v. Ohio)。[17] 特瑞案和卡兹案都透露着一种打破陈规陋习的精神,都体现了从依据文本和历史对第四修正案进行解读向着眼现代城市生活的转型。

卡兹案或许代表着联邦最高法院充满激情地将第四修正案关注的焦点从历史转向现在和未来的顶峰。即使是准许实施"截停—拍身搜查"策略的特瑞案,或许也已经透露了这样一种信号,即,联邦最高法院对于现代城市生活中不受限制之自由所持有的激情已经受到了限制。如前所述,"合理的隐私期待"标准的实际适用结果表明,该标准的结果与联邦最高法院抛弃的、原来的"侵害"标准具有惊人的相似性。而且,在 20 世纪 90 年代时,像其他规则一样,联邦最高法院关于搜查扣押规则的解读开始重新受到历史解释的吸引——这一发展趋势部分源自一些大法官在试图适用诸如"合理的隐私期待"这样的、虽具有积极功能但缺乏历史根据的规则时所遭受的种种

---

[14]　Amsterdam, supra note 154, at 395.

[15]　See Katz, 389 U. S. at 359.

[16]　关于这些价值的论述,参见例如,James Miller, Democracy is in the Streets: From Port Huron to the Siege of Chicago 147 (paperback ed. 1994)。

[17]　392 U. S. 1 (1968). 特瑞案是本书第九章讨论的主题。

挫折。[18]

然而，卡兹案所代表的现代化努力并没有真的丧失其诱惑力。即便是引领联邦最高法院在包括搜查扣押规则等领域转向历史解释的大法官斯卡利亚，在凯洛案中也强调说，为了限制"强大的技术手段缩减宪法所保护的隐私王国"[19]，需要"采取从长远眼光出发，从第四修正案的最初含义转向未来"。通过宣称第四修正案保护的是"人，而非场所"，联邦最高法院似乎承诺说：搜查扣押规则不仅放松了对具体地点的依赖关系，而且不再那么墨守成规，并为现代流动社会的种种机会和需求提供了更为宽松的空间。大法官从来没有放弃过兑现上述承诺的努力，但是他们只是在嘴上一再重申这一承诺——因为这一承诺依然具有不小的吸引力。

[18]　See David A. Sklansky, The Fourth Amendment and Common Law, 100 Colum. L. Rev. 1739, 1745 – 70 (2000).

[19]　533 U. S. at 34, 40.

邓肯案：巴尤地区的偏见如何导致州陪审团的联邦调控

南希·J·金（Nancy J. King）[*]

* 我要向来自范德比尔特大学法学院的图书馆馆长兼法学讲师珍妮特·希尔特致以特别的感谢，感谢她出色的研究，还要感谢理查德·索伯，乔治·斯特里克勒，以及多萝西·沃布莱特和我的电话沟通。

刑事案件中的陪审团制度一直是国家最为重要的民主制度之一，它可以使普通的公民不至于遭到政府粗暴的起诉。20 世纪 60 年代，在路易斯安那州——美国最不民主的阶级社会之一——距离新奥尔良南面 50 英里的普拉克明，法院在一个适时的判决中将被告人有获得陪审团审判的权利扩展至各州。

1965 年，路易斯安那州的一个教区仍然处在主张种族隔离的法官——利安得·H·佩雷斯（Leander H. Perez）的铁腕之下，他是一名大烟袋，是体格强壮、拳头紧握、脾气暴躁的政治领袖[1]，他有着低沉的声音[2]和灰色的向后梳的发型。[3]佩雷斯通过将石油企业迎到教区使自己从所获的收益中积聚了一笔财富。[4] 佩雷斯在教区当过五年的地区法官，随后又出任地区检察官以及之后接近五十年的教区议会主席，他在教区对政治事务以及政府工作实施着无可争议的控制。他在州的政治舞台影响巨大，比如他帮助休伊·朗（Huey Long）免于被弹劾，还策划厄尔·朗（Earl Long）进入政府官邸。[5] 作为州中"最激进的种族隔离主义者"[6]，佩雷斯坚信犹太人是希望通过种族间通婚来破坏白种人繁衍从而帮助苏联征服美国的共产主义者。[7]

为了刺激种族主义者，佩雷斯会问，"如果你的女儿在一个强制种族整合的学校受到强奸而返家，你会作何感想？"[8]他会劝诫他的追随者，"不要等到你的女儿被这些刚果人强奸"，"不要等到黑人们强行进入你的学校。现在就做点什么"[9]。

暴力事件随其演讲接踵而至。[10] 一个胆敢接受黑人孩子的天主教学校

① Reese Cleghorn, The Perils of Plaquemines: Leander H. Perez, New Republic, Sept. 21, 1963, at 8.

② Lester Velie, Kingfish of the Dixiecrats, Collier's, Dec. 17, 1949, at 10.

③ Richard Austin Smith, Oil, Brimstone, and "Judge" Perez, Fortune, March 1958, at 145.

④ Segregation Planner: Leander Henry Perez Sr., N. Y. Times, Nov. 28, 1960, at 34（指出佩雷斯在新奥尔良州有一幢住宅，位于 Newcomb Boulevard，就在联邦法官 J. 斯凯里怀特（J. Skelly Wright）住宅的街尾，后者曾宣布整合新奥尔良州学校并遭受了佩雷斯最为激烈言语攻击的压力）.

⑤ Velie, supra note 2; Lester Velie, 'Democracy' in the Deep Delta, Collier's, Dec. 24, 1949, at 21.

⑥ John G. Warner, Sheriff's Aide 17 Seized in New Orleans School Fracas, Wash. Post, Nov. 16, 1960, at A3; James F. Clayton, New Orleans Now Realistic in Desegregation Attitude, Wash. Post, Sept. 11, 1961, at A6（"最为激进的分子"）；Claude Sitton, Citizens' Council Fuels Louisiana Resistance, N. Y. Times, Nov. 27, 1960, at E6（"种族隔离主义者三人同盟的首领"）.

⑦ Glen Jeansonne, Leander Perez: Remembering the Bonaparte of the Bayou on His 100th Birthday, Baton Rouge Morning Advocate, Jul. 14, 1991 at 17（quoted as saying 黑人是"从丛林里来的动物，"而且有两类黑人："不好的是黑鬼（niggers）而好的是黑人（darkies）"；他们促使了南方学校废除种族隔离，"进而接纳那些本应在布痕瓦尔德以及达豪被焚化、尽管是非法入境但是仍被罗斯福允许的两百万犹太人。"）Claude Sitton, Citizens' Council Fuels Louisiana Resistance, N. Y. Times, Nov. 27, 1960, at E6（佩雷斯将废除种族隔离作为共产主义推翻美国的阴谋的一部分）.

⑧ Glaude Sitton, Atlanta Sit-In Tension Imperils Peaceful Integration of School, N. Y. Times, Feb. 19, 1961, at 71.

⑨ Segregation Planner: Leander Henry Perez Sr., N. Y. Times, Nov. 28, 1960, at 34; Racist Leader, Times, Dec. 12, 1960, at 21（据报道，在新奥尔良州国民委员会的会议上，回应了四名黑人女孩进入城市里第一所不区分种族的学校）.

⑩ Claude Sitton, 2,000 Youths Riot in New Orleans, N. Y. Times, Nov. 17, 1960, at 30（报道称反对整合的示威者组成的暴民向大巴乘客投掷雪球，将一位女士打晕，将点燃的纸团扔进车里，用棒球棒打碎黑人驾驶的汽车和卡车的挡风玻璃）.

的玻璃被开枪打碎，并随后遭受了爆炸袭击。⑪佩雷斯对天主教学校整合的抵制使得新奥尔良的大主教将其逐出教会。⑫当法院废止种族隔离的命令来到路易斯安那时，佩雷斯通过州法律同时出台了一项决议，警告银行和商会，遵守联邦法院的指令是违法的，并且违法者将失去他们的资金支助。⑬

在教区里，选举权以及其他公民的自由也遭到了损害。巴尤的波拿巴⑭挑选了每一个投票点的控制人。选举是虚假的。佩雷斯曾经这样评价过民主，"我讨厌这一个名词"⑮。人们发现，他选定的一个候选人得到了一千八百多张选票，竟然超过了注册的选民人数。毫不奇怪，这导致了新奥尔良居民得出了以下结论："这些麝鼠（muskrats）肯定会被否决（voting down）。"⑯选民在选举中是按照字母表顺序投票，在另一个投票点，芭比·露丝（Babe Ruth）、查理·卓别林（Charlie Chaplin）、赫伯特·胡佛（Herbert Hoover）竟然被注册去投票。⑰到了 1965 年 8 月，美国总检察长宣布普拉克明的教区是全国 9 个最具歧视性的郡县之一，在超过 2 000 名有资格投票的非裔美国选民中，只有不到 100 人进行了注册。⑱在教区，登记员自己没有通过投票测试，由于其无法通过出生日期去计算年龄的事情发生后⑲，联邦调查员到达了教区，教区治安评判委员会随即出动进行宣传，力劝选民不要和联邦工作人员合作。⑳最终，联邦登记员被配置在教区，但是佩雷斯却利用他们来推动新一轮的白人选民注册，从而还是超过了新注册的黑人选民的人数。㉑佩雷斯禁止本地的图书管理员去订购有关联合国，富兰克林·德拉诺·罗斯福（Franklin Delano Roosevelt），或者任何"宣扬自由观念"的书，并且禁止黑人将书借出图书馆。㉒

---

⑪ John Corporon, Church Triumphant in New Orleans Desegregation Fight, Wash. Post, Mar. 24, 1963, at E3; Cleghorn, supra note 1（报道称在一位女士那天下午声称如果学校对黑人开放，"我们就准备将学校炸掉，而你将在里面"之后，当汽油被引燃之后，奥尔拉迪奥良港学校被炸；奥尔拉迪奥良港的牧师控诉枪击击碎了玻璃）. Glen Jeansonne, Leander Perez: Boss of the Delta 267 - 70 (1977).

⑫ Jack Bass, Unlikely Heroes 287 (1981).

⑬ Sitton, supra note 10.

⑭ Jeansonne, supra note 7; Richard Austin Smith, Oil, Brimstone, and "Judge" Perez, Fortune, March 1958, at 145（把佩雷斯成为"沼泽地里的恺撒"）.

⑮ James Conaway, Judge: The Life and Times of Leander Perez 63 (1973).

⑯ Jack Languth, Louisiana Parish Fights Pentagon: Leander Perez Keeps Area Bastion of Segregation, N. Y. Times, Sept. 5, 1963, at 20.

⑰ Jeansonne, supra note 7.

⑱ John Herbers, 9 Counties to Get Vote Aides Today, N. Y. Times, Aug. 10, 1965, at 1; La. County Resists FBI Vote Probe, Wash. Post, Aug. 19, 1961, at A2（报道称在 4135 名非白人选民中，只有 44 人进行了注册）. See also Homer Bigart, Parish of Leander Perez Shaken As 50 Negroes Register to Vote, N. Y. Times, Aug. 11, 1965, at 20（报道称直到今天，在超过 2 000 名适格的黑人选民之中，只有 96 人进行了注册）.

⑲ Claude Sitton, Atlanta Sit-In Tension Imperils Peaceful Integration of Schools, N. Y. Times, Feb. 19, 1961, at 71; Louisianans Urged to Oppose Rights Commission Inquiry, N. Y. Times, May 6, 1961, at p. 23

⑳ Panel Exhorts Voters: Louisianans Urged to Oppose Rights Commission Inquiry, N. Y. Times, May 6, 1961, at p. 23.

㉑ Robert E. Baker, Katzenbach Gives Defense of Use of Federal Registrars, Wash. Post, Oct. 1, 1965, at A1.

㉒ Langguth, supra note 16; see also Louisiana Librarian Resigns Charging Political Interference, Libr. J., May 1, 1962, at 1754.

佩雷斯首先通过其作为地区检察官的身份，加强其对教区政治、经济以及社会生活的控制。他从 1924 年起担任这个职位，直到 1960 年他将其交给他的儿子小利安得·佩雷斯（Leander Perez Jr.）；随即佩雷斯于 1961 年开始担任教区委员会理事会的主席，直到 1967 年他的任期结束并传给了他的另一个儿子，查林（Chalin）。㉓ 佩雷斯较大的儿子说过，"总要采取攻势，防守是一文不值的"㉔。为了阻止公民权利支持者来到普拉克明，佩雷斯将一个在沼泽中央的、已经废弃的堡垒用作困押激进示威者的集中营。只有坐船才能到达那个地方，周边到处爬着蛇，蚊子多到连家畜都无法呼吸㉕，而且佩雷斯还给堡垒配备了电网以及灯塔守卫。他带电视台工作人员去参观从而展示他是如何禁闭煽动者的。㉖

　　1966 年 8 月，美国司法部，联邦地区法官克里森贝利（Christenberry）与佩雷斯阵营（establishment）进行了一场激烈的废除种族隔离的公开斗争。在 7 月份，当司法部的控告通知到学校董事会之后㉗，佩雷斯的理事会命令将公立学校的财产转移到教区理事会。㉘ 他宣布建立一所只收取白人孩子的私立学校。㉙ 公立学校中的白人老师在被通知他们将不再与公立学校签订合同后，与新的私立学校签订了合同。㉚ 钢琴、音控设备、地图、鱼缸、运动器械、教材以及新的学校班车都随着白人老师和学生一起到了新成立的私立学校。㉛

　　到了学年的开始，在教区的 5 所公立学校的学生数量只有前年的一半。在一些公立学校，体育馆以及礼堂被留作供私立学校的白人学生使用。公立学校的学生不得不提前集合，组织做运动以及绕操场跑步。破坏性的飓风贝奇（Betsy）在前一学年对公立学校造成的破坏则无人问津㉜，学校午餐的价

㉓　Bigart，supra note 18；Perezes Lose Ruling on Telling Wealth, Baton Rouge Morning Advoc. , June 29, 1985, at 23D.

㉔　Racist Leader, supra note 9.

㉕　Jeansonne, supra note 7；Our Man on the Mississippi（NBC television broadcast, Feb. 2, 1964）（"这个地方没有任何其他用途。比如，家畜都无法在这里饲养，因为蚊子实在太多以至于家畜会吸进去蚊子直至它们窒息致死"）.

㉖　Id. ；Prison-Perez Style：Ready for Race Demonstrators, U. S. News ＆ World Rep. , Nov. 4, 1963, at 16（教区政府租下了有 200 年历史的圣菲利普城堡，并且填装了弹药库让它成为一座监狱。城堡四面环水，在近处有两艘装有家畜栅栏的船。来到这里之后，佩雷斯先生告诉一位记者，"我们可以容纳一百名示威者……如果必须要这样做的话"）；Jeansonne, supra note 11, at 280 - 83.

㉗　Perez's Parish Sued by U. S. over Schools, N. Y. Times, Jul. 22, 1966, at 9（美国联邦政府提起诉讼来帮助普拉克明教区学校废除种族隔离）.

㉘　Jeansonne, supra note 11, at 288 - 89.

㉙　Id. at 298 - 302；Former Perez Home to Take White Pupils, Wash. Post, Sept. 3, 1966, at A2.

㉚　United States v. Plaquemines Parish School Board, 11 Race Rel. L. Rptr. 1764（E. D. La. August 26, 1966）.

㉛　就在开学的前夕，E. D. La in N. O. 的克里森伯里法官（Judge Christenberry）对普拉克明教区政府官员发布了一份预先禁令，要求他们在公立学校系统中废除种族隔离。United States v. Plaquemines Parish School Board, 11 Race Rel. L. Rep. 1764（E. D. La. Aug. 26, 1966）；Judge Orders School Mix for Plaquemines, New Orleans Times-Picayune, Aug. 27, 1966（克里森伯里法官要求在普拉克明教区废除种族隔离政策，禁止理事会售卖学校财产来建立私立学校）；Compromise Hinted in Plaquemines Parish, Wash. Post, Sept. 17, 1966, at A4（教员辞职以加入佩雷斯的学校）.

㉜　See Roy Reed, "Hard-Headed" Residents of Perez's Parish Tell How They Clung to Life in the Hurricane, N. Y. Times, Sept. 15, 1965, at 32（贝奇飓风摧毁了普拉克明教区，数以百计的房屋被摧毁，但只有少数人死亡）.

格也三倍于以往，而且，流动图书馆（唯一的图书服务）被变更线路连接到了新的私立学校。

伯特·格兰特（Bert Grant）和伯纳德·圣·安（Bernard St. Ann），是两个非洲裔美国小男孩，他们大约有 12 岁，即将在 9 月份到先前只接受白人孩子的 Boothville Venice 中学去上学。[33] 入学不久，他们就遭到了肢体上的袭击、威胁以及骚扰。[34] 10 月 18 日，在学校遭到暴力威胁后，伯特和伯纳德走在回家的路上，四名看起来和他们一样大的白人小男孩横在路上堵住了他们。伯特和伯纳德 19 岁的表哥，加利·邓肯（Gary Duncan）正好开车经过。邓肯既是一名丈夫也是一名父亲，他每周的工资是 65 美元[35]，是一位船长。[36] 邓肯将他的车停下并走出来询问他的表弟发生了什么事情。伯特告诉他表哥这几个白人小孩想要打架，之后邓肯让他的两个表弟回到自己的车上。[37] 两个小孩随后进了邓肯的车，一个白人小孩，小赫尔曼·兰德里（Herman Landry, Jr.）站了出来嘀咕道，"你一定认为你很强壮"[38]。邓肯随后碰了一下兰德里的胳膊——碰触的激烈程度后来成为了争议内容之一——然后让他回家，并且载着伯特和伯纳德离开。

在 250 英尺之外，伯特·莱瑟姆（Bert Latham），为避免整合而成立的新私立学校协会的主席，看到了这一幕并立即打电话到治安官的办公室，报告邓肯掌掴了（slap）兰德里的胳膊。一名副警长拦住了邓肯的车并将他带回了事发现场。在那里，副警长询问了白人男孩。[39] 兰德里并没有受伤也没有显示出任何淤伤。[40] 副警长随即释放了邓肯并且告诉邓肯他相信邓肯没有打那个男孩。[41] 然而兰德里的父亲却有其他的想法。他找到一名治安法官并且由宣誓而得到一份证词证明邓肯需要被逮捕。[42] 10 月 21 日，加利·邓肯因为被指控残酷对待未成年人而被关押。[43] 在其雇主交纳了 1 000 美元的保释金后，邓肯被保释。[44]

加利·邓肯和他的家人担心没有一个本地的律师会为他辩护。[45] 而他的担心是很有根据的：地区检察官小利安得·佩雷斯，已经公开说过，"如果任何众人皆知的煽动者出现在普拉克明教区，那么他的现身就将被认为是对

---

[33] Sobol v. Perez，289 F. Supp. 392，396（E. D. La. 1968）.

[34] Duncan v. Louisiana, Petition in the Louisiana Supreme Court, at p. 6；Two Attorneys Give Testimony, New Orleans Times-Picayune, Jan. 25，1968, sec. 2, at 4（报道称有黑人学生被白人学生殴打）.

[35] Sobol v. Perez，289 F. Supp. at 396 - 97.

[36] Duncan v. Louisiana, Statement of Jurisdiction, at p. 65（庭审记录）.

[37] Duncan v. Louisiana, Statement of Jurisdiction, at p. 5；Sobol v. Perez，289 F. Supp. At 396.

[38] Duncan v. Louisiana, Statement of Jurisdiction, at p. 47（庭审记录）.

[39] Sobol v. Perez，289 F. Supp. at 396.

[40] Duncan v. Perez，321 F. Supp. 181，184（E. D. La. 1970），aff'd，445 F. 2d 557（5th Cir. 1971）.

[41] Sobol v. Perez，289 F. Supp. at 396.

[42] Duncan v. Perez，445 F. 2d 557（5th Cir. 1971）.

[43] LSA-RS. § 14：93；Sobol v. Perez，289 F. Supp. at 396；Duncan v. Perez，321 F. Supp. at 181.

[44] Duncan v. Louisiana, Statement of Jurisdiction, at p. 63（庭审记录）.

[45] Duncan v. Perez，321 F. Supp. at 182.

教区安宁的骚扰，因为他是一个局外人"[46]。教区中没有非洲裔的律师，并且在被威胁以及因为之前的事件被迫离开之后，周边地区的非洲裔律师也不愿冒险来到这里。其中一些人担心如果他们来到普拉克明，佩雷斯将会给他们注射麻醉剂。[47] 一个白人律师在解释为什么他不能接手一个公民权利案件时说道，"城里的这些人会杀了我"[48]。邓肯断定，寻求任何教区里的律师都是毫无帮助的。正如他后来所说，"他只会让我去认罪"[49]。

邓肯的父母找到了宪法性辩护律师委员会（Lawyers Constitutional Defense Committee, LCDC）——这是一个设置于密西西比州、亚拉巴马州以及路易斯安那州的致力于公民权利问题诉讼的组织。在公民权利律师埃尔文·布朗斯坦（Alvin Bronstein）、尼尔斯·R·道格拉斯（Niles R. Douglas）、洛丽斯·E·艾利（Lolis E. Elie）以及罗伯特·F·柯林斯（Robert F. Collins）所拥有的黑人律所的领导下[50]，宪法性辩护律师委员会刚刚在新奥尔良开设了办事处。新的办事处以及增长的待处理的案件由于新人的加入而得到改善，在向华盛顿特区的阿诺德与波特联合律师事务所（Arnold and Porter）告假之后，理查德·索伯（Richard Sobol），一个刚刚在8月份携妻子以及两个孩子搬到新奥尔良的年轻白人律师加入了LCDC。[51] 邓肯本人，他的证人，索伯以及道格拉斯、艾利以及柯林斯等律所的成员共同约定了一次会谈。会谈过后，索伯和日后成为了南方腹地的第一位非洲裔美国地区法官的柯林斯[52]代理了该案。那时他们已经被许多需要投入精力的未决案件压得喘不过气来[53]，并且知道这个案子将涉及那些他们永远无法复原的实质性代价，但是他们还是代理了该案，因为他们认为"逮捕和起诉只

[46] Sobol v. Perez, 289 F. Supp. 392, 401 (E. D. La. 1968). 由于担心被恐吓、骚扰、暴力威胁，以及三K党，黑人律师同6名到7名在教区的白人律师一样不会接受像邓肯这样的案子。Negroes Can't Get Legal Help, Say Rights Leaders, New Orleans Times-Picayune, Jan. 30, 1968, p. 17, c. 1（报道了在索伯案中的证词）；Two Attorneys Give Testimony, New Orleans Times-Picayune, Jan. 25, 1968, sec. 2, at 4（律师接到了"打给他和他家人的奇怪电话和恐吓信"）；No Protest Given on Role with Case Earlier-Sobol, New Orleans Times-Picayune, Jan. 31, 1968, sec. 2, at 4（报道称州政府传唤的证人在交叉询问环节作证说他在教区民主党执行委员会前对于选举问题进行争辩，试图获得一次选举，但他被5名穿着黑夹克的治安官员在黑暗的停车场问话；另一位证人作证说他所组织的总部被地区检察官突然闯入进行搜查）；Amadee Tells of Being Afraid: Threatened by Perez, Says Negro Attorney, New Orleans Times-Picayune, Feb. 1, 1968, sec. 1, at 6（律师作证"佩雷斯提到了发生在亚拉巴马州有关载有'自由示威者'大巴的暴力事件，并告诉他同样的事情也会发生在他身上"）.

[47] State Lawyers Said Bypassed: Lack of Confidence in Rights Cases Cited, New Orleans Times-Picayune, Jan. 23, 1968, sec. 1, at 10（后来在索伯的民事诉讼中作证，并描述了其对律师的恐吓）.

[48] Id.

[49] Negroes Can't Get Legal Help, Say Rights Leaders, New Orleans Times-Picayune, Jan. 20, 1968, p. 17, c. 1（报道了邓肯在索伯案中的证词）.

[50] Jack Bass, Unlikely Heroes 292 (1981).

[51] Id.

[52] 柯林斯同布朗斯坦一道既在邓肯的民事诉讼中为其辩护，也在佩雷斯的民事诉讼中为佩雷斯辩护（在邓肯案庭审过程中，里昂法官不断将索伯称为"柯林斯先生"），在1978年被任命为南方腹地的第一位黑人联邦法官。他于1993年辞职，是200年司法历史上唯一一位因受贿被定罪的联邦法官。柯林斯在1989年的一次卧底行动中被定为目标，由于在一件毒品案件中接受一名寻求宽大处罚的被告的贿赂而被定罪。艾利以及道格拉斯就职于全国律师协会名人纪念堂（the National Bar Association Hall of Fame）.

[53] 作者对理查德·索伯进行的电话采访，November 1, 2004（"我们当时非常忙。当我到了［LCDC办公室］的时候，一位律师递给我一叠大约6英尺高的卡片，一个卡片代表着一件正在审理的案子"）.

是对加利·邓肯亲戚的一种骚扰性报复，因为他们选择去之前只对白人开放的学校上学"[54]。

针对邓肯的传讯于 11 月下旬在波因塔·哈拉什（Pointe a la Hache）地区法院尤金·E·里昂（Eugene E. Leon）法官的办公室举行。[55] 柯林斯和索伯，第一次顶着风险在佩雷斯控制的地方对公民权利问题进行辩护[56]，他们出现在法官办公室并提出了要求撤销起诉的动议，理由是：被诉罪名的构成要件之一是被告人和案件中的未成年人必须具有亲子关系。这样一种辩护无疑是地区检察官始料未及的。里昂法官对此动议安排了听审，而会谈也因此终止。考虑到关于未成年人的指控可能无效，地区助理检察官达里尔·鲍勃里奇（Darryl Bubrig）立即建议兰德里的父母提供一份仅对殴打[57]进行指控的证词。兰德里夫人即刻在仅指控邓肯殴打的证词上签了字，而这也导致邓肯第二次被逮捕。新的保释金为 1 500 美元，这一数额是保释金额度示范表中所列的单一殴打罪名的 750 美元保释金的二倍。[58]

1967 年 1 月 25 日邓肯案开庭审理。鲍勃里奇和他的上司小利安得·佩雷斯作为控诉方共同出庭，而索伯则代表被告邓肯出庭。索伯首先提出按照美国宪法第六、第十四修正案进行陪审团审判的要求。里昂法官驳回了这项请求。在路易斯安那，单一的殴打是轻罪，在那个时候的处罚最多是两年的监禁以及 300 美元的罚款。[59] 按照路易斯安那州的法律，不被判处"苦役拘禁"的罪行皆为轻罪[60]，而被以轻罪起诉的被告人无权获得陪审团审判。[61]

邓肯和他的表弟均作证说，邓肯只是碰了兰德里的胳膊肘，这只是作为一种表达方式，告诉兰德里最好还是回家。[62] 莱瑟姆作证说他看见邓肯以一种具有敌意的方式掌掴那个白人小男孩。[63] 尽管是鲍勃里奇代表州政府来起诉，但在索伯试图论证在学校里两个小孩所遭到的暴力时，佩雷斯插进来争论道，"这两个作为被告证人的黑人小孩已经被证实是肇事者，我无法理解为何还要对这些进行进一步的询问，这在我看来反而倾向于证明被告有罪"[64]。里昂法官看起来同样对这一系列证词没有兴趣，并且敦促索伯的问题要围绕"发生在马路边的事情"[65]。最终，里昂法官认为莱瑟姆和兰德里的证词相对于非洲裔证人的证词更为可信并对邓肯作出有罪判决。

在量刑方面，索伯向法官请求缓刑，但是里昂法官判决邓肯支付 150 美元罚款、赔偿被害人的支出以及 60 日监禁，并且判决如果罚款和支出没有被支付则还要执行额外的 20 日监禁。这在当时，对于简单的殴打罪来说，

[54] Sobol v. Perez, 289 F. Supp. 392, 397 (E. D. La. 1968); Duncan v. Perez, 321 F. Supp. at 182.
[55] Sobol v. Perez, 289 F. Supp. at 397.
[56] Louisiana to Out-of-State Lawyers: Get Out, New Public, Feb. 24, 1968, at 17-18.
[57] LSA-RS. §14：35.
[58] Duncan v. Perez, 321 F. Supp. 181, 182 (E. D. La. 1970), aff'd, 445 F. 2d 557 (5th Cir. 1971).
[59] LSA-RS. §14：35.
[60] LSA-RS. §14：2.
[61] Art. 779 of La. Code of Crim. Proc.
[62] See also Judge to Bar Duncan Trial, New Orleans Times-Picayune, Oct. 22, 1970, sec. 1 at 5.
[63] Duncan v. Louisiana, 321 F. Supp. at 182.
[64] Duncan v. Louisiana, Statement of Jurisdiction, at p. 37（庭审记录）.
[65] Duncan v. Louisiana, Statement of Jurisdiction, at p. 37（庭审记录）.

是一个非常严厉的判决。后来，在宣誓作证（in a deposition）中面对索伯的时候，里昂法官解释了影响其量刑决定的以下几个因素：

> 你是作为 LCDC 的一员在进行辩护，你们找到了合适的场合，那就是普拉克明教区，你们也都找到了合适的对象，那就是 L. H. 佩雷斯，而且你们也找到了适当的时机，那就是教区学校系统的整合期……你绝对不是在为被指控的男子辩护，你所作的唯一尝试意在路易斯安那州法律中关于陪审团审判和轻罪的部分，你希望宣布它们违宪，这就是你唯一做的事情，先生。[66]

索伯随后提交了要求路易斯安那州最高法院对判决进行审查的申请，在被关押几小时之后，邓肯缴纳了里昂法官判决的额外的 1 500 美元保释金，这一次是为了保外等候上诉审。[67]

邓肯在他请求路易斯安那州最高法院复审的上诉状中指出，州法中允许在没有陪审团的情况下对可能判处两年刑罚的罪行进行审判侵犯了美国宪法第六、第十四修正案赋予他的公民权利。邓肯的律师认为，获得陪审团的审判对于被指控犯罪的人来说是基本权利，是在剥夺其自由之前正当程序保障的一部分。虽然美国最高法院在几十年前已经拒绝了这种观点，但邓肯的律师希望沃伦法院能够从另一个角度去看待这一问题。[68] 在当时，除了路易斯安那州以外，只有两个州在被告人面临多于 6 个月以上刑罚的情况下拒绝其获得陪审团审判的权利。辩护律师提出，"在庭审中存在对种族的暗示"，"在这样的氛围中，只有一个公平的代表整个社区的陪审团才能够中立地审视证据并且作出公正的判决"。但由于判决并"没有法律错误"，上诉申请被立刻驳回了。[69]

第二天，索伯给里昂法官的办公室打电话要求与其见面，并希望邓肯的保释可以因为向美国最高法院上诉而得以延续，里昂法官的秘书建议索伯下午来办公室。与此同时，里昂法官将索伯的想法告诉了地区助理检察官鲍勃里奇，鲍勃里奇又给他的上司小佩雷斯打了电话。地区检察官随机签署了一项起诉书，指控索伯无证从业，因为他不是州律师协会的一员并且多次在没有本地律师陪同的情况下出庭。那天下午，里昂法官在会见索伯的时候并没有提及对索伯的指控，但他驳回了索伯要求延续邓肯保外候审的请求，并坚持在向最高法院上诉期间，邓肯必须被重新逮捕并被关进监狱直到他再缴纳 1 500 美元保释金。[70]

在离开里昂法官的办公室后，还在法院的索伯即被州代理治安官员逮捕。[71] 直到那一刻，地区检察官或者法官都没有说一句话来暗示他是因为不

---

[66] Duncan v. Louisiana, 321 F. Supp. at 182.

[67] Sobol v. Perez, 289 F. Supp. 392, 398 (E. D. La. 1968).

[68] 法院在麦斯维尔案（Maxwell v. Dow, 176 U. S. 581 (1900)）中拒绝了陪审团审判是保障各州被告享有的正当程序一部分的主张。See also Snyder v. Massachusetts, 291 U. S. 97 (1934).

[69] State v. Duncan, 250 La. 253, 195 So. 2d 142 (1967).

[70] Duncan v. Perez, 321 F. Supp. at 183.

[71] Sobol v. Perez, 289 F. Supp. 392.

当执业而被捕。"这完全令我惊讶",索伯回忆道。[72] 索伯被带到了楼下治安官的办公室,留存指纹,并被拍照,尽管进行了抗议,但他装满邓肯案件材料的手提箱还是被拿走了。在其缴纳保释金被释放之前,索伯被关押了4个小时。[73]

就在索伯缴纳保释金被释放后不久,埃尔文·布朗斯坦(Alvin Bronstein)在新奥尔良请求联邦法院禁止佩雷斯对索伯起诉。[74] 美国最高法院最近支持了麦纳·威斯德姆法官(Judge Minor Wisdom)在制止路易斯安那州官员通过提起刑事诉讼的方式阻挠公民权利工作者所作的努力。[75] 第五巡回法庭的公民权利律师都在寻求联邦法院禁令,他们希望可以通过这一方式应对那些逮捕,后者多为指望通过刑事指控来压制公民权利活动的当地官员所为。[76]

与此同时,在没有通知邓肯的律师的情况下,里昂法官同意了地区检察官佩雷斯的听审要求并且签发了对邓肯的逮捕令。2月23日的深夜,邓肯第四次被逮捕,他从家中被带到了教区的监狱。逮捕的时间以及运送至监狱的做法均是"极为罕见"的。[77] 在随后的24小时里,邓肯以及代表邓肯的人不断的试图向治安官办公室缴纳新的保释金,包括抵押价值1 500美元的财物,但是治安官办公室坚持只有财物的估值达到保释金的两倍,才能够满足保释金的条件。这与州法以及以前的实践是相背离的。[78] 最终,邓肯和索伯均被释放了,他们也开始准备邓肯向美国最高法院的上诉。

索伯、公民权利律师埃尔文·布朗斯坦[79]、安东尼·阿姆斯特丹(Anthony Amsterdam)以及唐纳德·朱诺(Donald Juneau)在他们共同提交的意见中指出,邓肯享有针对殴打指控而获得陪审团审判的权利,这一权利是被联邦宪法第十四修正案中正当程序条款所保障的。路易斯安那州的法律在面临两年监禁的指控上拒绝为邓肯提供陪审团审判的做法是违宪的。另外,他们请求法院推翻之前认为第十四修正案并不要求州法院提供陪审团审判的判决[80],并请求法院确认,在除了轻微刑事案件之外的所有案件中获得陪审团审判是受联邦宪法第六修正案保护的权利,不仅适用于州的刑事诉讼,也适用于联邦诉讼。

---

[72] 对索伯进行的采访,supra note 53。

[73] Id.

[74] Sobol v. Perez, 289 F. Supp. 392. (E. D. La. 1968).

[75] Dombrowski v. Pfister, 380 U. S. 479 (1965).

[76] See Jack Bass, Unlikely Heroes 291 (1981); City of Greenwood v. Peacock, 384 U. S. 808 (1966); Georgia v. Rachel, 384 U. S. 780 (1966). See also Owen Fiss, Dombrowski, 86 Yale L. J. 1103 (1977); Douglas Laycock, Federal Interference with State Prosecution: The Cases Dombrowski Forgot, 46 U. Chi. L. Rev. 636 (1979); Frank L. Maraist, Federal Intervention in State Criminal Proceedings: Dombrowski, Younger, and Beyond, 50 Tex. L. Rev. 1324 (1972).

[77] Duncan v. Perez, 321 F. Supp. 181, 183 (E. D. La. 1970).

[78] Id.

[79] 埃尔文·布朗斯坦之后负责美国民权联盟(ACLU)国家监狱项目近二十五年。

[80] Maxwell v. Dow, 176 U. S. 581 (1899). See also Snyder v. Massachusetts, 291 U. S. 97 (1934); Palko v. Connecticut, 302 U. S. 319, 325 (1937)("要求陪审团审判的权利以及因为起诉书而免予起诉可能是有价值和重要性的。即便如此,它们并非自由制度中的核心……很少人会如此狭隘或者褊狭地认为它们对于保障公正文明的司法制度是不可缺少的")。

邓肯的主张提出得可谓恰逢其时。沃伦法院当时正处在后来被称为"刑事诉讼革命"的过程中，一个案件对应一个宪法条款，通过将之前只适用于联邦指控的联邦宪法第四、第五、第六以及第八修正案的保护延伸到各州刑事案件的被告人身上，扩张了联邦司法对州刑事司法（criminal justice）的监督。在先前的五个开庭期（five terms），法院已经判决正当程序条款既保障各州也保障联邦被告人在第六修正案之外的一些权利，这其中包括快速审判[81]、公开审判[82]、获得中立的陪审团[83]、强制程序[84]以及获得律师帮助的权利。[85] 一旦一项权利被适用于各州，联邦层面所有关于这项权利的解释将平等地适用于各州的诉讼。[86] 通过这一"选择性的并入"过程，沃伦法院已经厘清，无论何时，各州都可以通过宪法来规制陪审团程序从而排除选择陪审员时的种族歧视并保证一个中立的陪审团。[87] 邓肯的律师认为："如果一个州被允许通过用一个不能代表社会公正形态，经常被官方或非官方所影响，对被告持有偏见的法官来替代陪审团审判，从而使法院发展陪审团制度的努力达不到效果，这将是极具讽刺意味的。"[88]

邓肯的律师争辩说，对其当事人的指控恰恰属于这样一种案件，在这类案件里，亟须陪审团的保护以对抗法官和控方权力；因为本案指控是"普遍存在的试图阻碍当事人根据联邦法院命令行使其权利的官方活动的一部分"。他们的辩护引用了布莱克斯通（Blackstone）的一句话作为总结，"在困难、危险的时期，相比于公民之间的诉讼，发生在王权与普通公民之间的诉讼，由于国王任命的法官的滥权和偏见而导致的逮捕要更多……"

1967 年的夏天，索伯和他的同事们不得不在普拉克明两线作战。在向最高法院提交了邓肯案的意见书之后，他们还要继续努力来阻止针对索伯本人的指控。索伯传唤了在普拉克明的佩雷斯和里昂法官作证[89]，而与此同时，在 10 月 2 日，几百英里之外的华盛顿特区，上诉法院的法官瑟古德·马歇尔被确认为美国历史上第一位非洲裔最高法院大法官。[90]

10 月 9 日，准确地说，是在马歇尔法官宣誓就职成为美国最高法院大法官（Associate Justice）一周之后，最高法院注意到了在邓肯案中可能存在的司法管辖权问题，于是确定了口头辩论的日期。[91] 就在同一天，新奥尔良的卡西布里（Cassibry）法官批准了一项动议，允许阿诺德与波特联合律师

[81] Klopfer v. North Carolina, 386 U. S. 213 (1967).

[82] In re Oliver, 333 U. S. 257 (1948).

[83] Turner v. Louisiana, 379 U. S. 466 (1965).

[84] Washington v. Texas, 388 U. S. 14 (1967).

[85] Gideon v. Wainwright, 372 U. S. 335 (1963).

[86] See generally Wayne R. LaFave, Jerold H. Israel & Nancy J. King, 1 Criminal Procedure § 2.5 (2d ed. 1999).

[87] Turner v. Louisiana, 379 U. S. 466 (1965)（在两年前裁判的特纳案中，确立了联邦宪法第六修正案中获得陪审团审判的权利应公平地适用到各州）.

[88] Duncan v. Louisiana, Brief of Appellant, at 18.

[89] Docket sheet, Sobol v. Perez, on file with author.

[90] Lisa Paddock, Facts About the Supreme Court of the United States 334 (1996)（于 1967 年 10 月 2 日宣誓就职）.

[91] 在同一天，法院驳回了对马丁·路德·金博士的藐视法律定罪的重新审查，马丁·路德·金领导了 1963 年在伯明翰进行的废除种族隔离的示威游行，违反了亚拉巴马州的法律。Dr. King is Denied a Rehearing; Faces 5 - Day Term for Contempt, N. Y. Times, Oct. 10, 1967, at p. 40.

事务所（Arnold and Porter）作为法庭之友参加索伯的案子。最终，索伯的主张得到了美国司法部[92]、全美有色人种协会（NAACP）以及三十家国内顶尖律所的支持。[93]

但这些看上去丝毫都没有让佩雷斯一伙人有所担忧。佩雷斯阵营中对抗邓肯上诉的律师们也同时应付着索伯的上诉，而且对联邦为了终结该教区剥夺非洲裔美国人公民权以及种族隔离所做的努力进行破坏活动，继续关押他们的政敌。那年的12月，一个所谓的曾经威胁过佩雷斯法官的反对者被迫缴纳了31 000美元的保释金以换取自由。[94]讽刺的是，正当邓肯案通过上诉而继续前行时，教区的官员在对抗司法部关于学校废除种族隔离的诉讼中主张，在这个案子中，他们"有获得陪审团审判的权利，""因为政府针对他们的诉讼本质上是关于土地所有权的"，这个主张立刻被联邦法院驳回了。[95]

一、在美国联邦最高法院

邓肯的律师在辩护中认为，为了结束在南方腹地种族之间的不公正，将刑事案件中被告人有获得陪审团审判的权利扩张到各州是必要的。但是法官们对于事实认定，特别是像里昂法官在邓肯案件中所作出的对可信性的认定，实质上是无法重新审查的。

> 在这样的案件中——法官个人的以及政治的倾向经常会与被告方是对立的——对事实的裁定被其他因素而非记录在案的证据所影响的可能性非常大。这种情况，特别是在南方腹地与公民权利相关的指控中，一点也不罕见。由于存在联邦审查以及州上诉审对于州法院事实裁决审查中的受理限制，唯一有效的救济方式就是保障被告有权利要求由陪审团而不是一个法官作出关于有罪与否的事实裁决……[96]

对于这一工具主义的论证，邓肯的律师们补充了历史实践，以及其他各州权威机构的影响，指出获得陪审团审判在非轻微违法案件中是被告人的基本权利，它是联邦宪法第十四修正案正当程序所保障的一部分。[97]

路易斯安那州检察官杰克·格雷米林（Jack Gremillion）挑选多萝西·沃布莱特（Dorothy Wolbrette）去代表路易斯安那州在邓肯案中进行陈述以及辩论。作为她所在毕业班的仅有的三名女性之一，沃布莱特曾在1944年至1945年担任《杜兰法律评论》的主编，而且在为州政府工作之前曾经和

---

[92]　总检察长拉姆齐·克拉克（Ramsey Clark）被准许代表政府介入到索伯案中。

[93]　Louisiana to Out-of-State Lawyers: Get Out, New Republic. Feb. 24, 1968, at 18.

[94]　Trial of Perez Foe Continues, New Orleans Times-Picayune, Dec. 21, 1967 at p. 17（据报道，鲁塞尔是佩雷斯的一个政治对手，在五个人作证他们听到鲁塞尔威胁佩雷斯之后，其因预谋让佩雷斯遭受严重身体伤害而被起诉，不得不缴纳超过31 000美元的保释金）.

[95]　Plaquemines Parish School Bd. v. United States, 415 F. 2d 817, 824 (5th Cir. 1969).

[96]　Duncan v. Louisiana, Brief of Appellant, at 23.

[97]　Id. at 6 - 12.

她父亲一起执业过。[98] 沃布莱特记得，"所有自由团体都向我们送来他们研究了多年并期待被运用的大量厚重的意见书"[99]。她之后说，邓肯案事关 20 世纪 60 年代政治和社会敏感性的问题。[100] 格雷米林之后回忆，"在路易斯安那州向联邦政府交出主权之后的那段时期，我一直是州政府法律团队的掌舵人"[101]。

路易斯安那州向法院主张，从历史上看，其并不支持获得陪审团审判的权利可以作为一项基本权利，一个公平的审判并不取决于陪审团是否存在，而且即使联邦宪法第六修正案保障了被告人有权获得陪审团审判，可以确定的是，这项权利不应扩展至被告所被指控的罪名在州法中属于轻罪，并且几乎在所有管辖地区都被当做轻微违法的案件的情况，因为被告只是将被处以 60 天的监禁。[102] 路易斯安那州认为，任何正当程序所要求的陪审团审判，都不需要照搬联邦被告人所享有的第六修正案模式的陪审团——12 名陪审员，对于任何处罚超过 6 个月监禁的罪行都需要一致同意。

这一并非将所有个人权利都适用到州被告的请求在一些先前的判决中是有依据的。但是拥护完全适用先例的人在减少。在之前的案件中，法院曾经反复要求各州遵守在之前已经被确认的联邦层面的权利的所有特性。只有少数法官表达了反对将每一项权利中所有具体方面适用到各州的意见。这些法官更倾向于只要求适用那些"基本公平"（fundamental fairness）所需要的程序保障。[103]

大法官拜伦·怀特起草了多数意见，撤销了路易斯安那州最高法院驳回邓肯获得陪审团审判的判决。在他提出的意见中，他承认没有确定的"检验方式来确定针对宪法第五、第六修正案延伸出的同刑事诉讼相关的权利是否同样在州诉讼中被第十四修正案保护"[104]。他使用了如下措辞，包括"这一权利是否属于'处于我们公民和政治制度基础的自由和公平的基本原则'……'它是否是我们法律体系的根本'……以及它是不是'一个公正审判所必不可少的基本权利'"[105]。怀特法官总结认为，由陪审团审判的权利符合了这些所有的检验，但是，他在脚注中添加了他自己解决这个问题的方法：

> 早先，当被询问到一些具体的程序保障措施是否各州也需要时，法院可以被看做被问到这样一个问题：是否能够想象没有赋予这一特别保护的民主制度……另一方面，在最近的案件中，我们已经进行了有根据的假设，认为各州的刑事诉讼程序并非虚构的或者理论上的规划，而是实际承载了在英国以及在美国同步发展的普通法系特点的体制。因此，

[98] Nick Marinello, Where the Girls Were: Alumnae Remember the Challenges and Rewards of Serving as Gender Pioneers in the Study and Practice of Law, Tulane Lawyer, Fall/Winter 2002, at 25.

[99] Id. 在 1976 年，沃布莱特被任命为社会保障局（Social Security Administration）的行政法官，她担任这一职务直到 1988 年退休。

[100] Id.

[101] Bill Grady, Politico Recalls Colorful Career, New Orleans Times-Picayune, June 8, 1992 at B1.

[102] Duncan v. Louisiana, Brief of Appellee.

[103] See generally LaFava, Israel & King, supra note 86, at §2.2 - 2.5.

[104] Duncan v. Louisiana, 391 U. S. 145, 148 (1968).

[105] Id. at 148 - 49.

问题在于，针对这样一种制度，一个特定的程序是否是基本的——对于英美法系规则中的自由，一个程序是否是必需的……一个不用陪审团但公平公正的刑事程序是很容易想象的。它会通过利用其他替代的保障和保护方式去达到在英美法系中陪审团的作用。然而，没有哪一个美国的州采取措施建立这样一个制度。相反，美国每一个州，包括路易斯安那州，都广泛地运用陪审团制度，而且只有在被告有权获得陪审团审判，并且在陪审团作出定罪判决的情况下才会对被告施加非常严厉的刑罚。⑩⑥

将陪审团审判的历史追溯到美国建国以及独立之后，大法官怀特总结道，"即使这样久远的历史也非常支持以下观点，即在刑事案件中获得陪审团审判的权利对于我们司法体制来说是至关重要的……"⑩⑦ 扩展到陪审团审判的功能，他补充了最经常被引用的涉及第六修正案获得获得陪审团审判的权利之目的的解释：

> 赋予刑事案件被告人获得陪审团审判的权利是为了防止政府的压迫。那些起草了我们宪法的前人通过历史和经验了解到有必要保护那些出于消灭敌人的需要而遭遇无根据指控的人，以及保护那些由于法官对于政府太过唯命是从而遭遇迫害的人。宪法的缔造者力求创设独立的司法系统，但仍然坚持通过进一步的保护去对抗肆意的指控。为被指控的人提供由其同等的人进行审判的权利给予了他无法估量的保障从而来对抗腐败的或者过分狂热的检察官，以及牢骚满腹的、存有偏见的或者行为古怪的法官。如果被告更倾向于基于常识作出判决的陪审团审判，而非更加有指导性但可能缺少同情心的单一法官作出的判断，他将有权获得陪审团审判（he was to have it）。除此之外，在联邦以及各州宪法中关于陪审团的条款均反映了实施公权力的一个基本决策（decision）——那就是不愿将涉及公民生命和自由的绝对权力委托给一个或者一组法官。在我们的各州和联邦政府的其他领域极具代表性的这种对于不受抑制的权力的恐惧，表现在刑法中就是坚持通过公众的参与来决定被告人是有罪还是无罪。国家对于在严重刑事案件中被告人有获得陪审团审判的权利的重大承诺，是对肆意执法的一种防御，这项权利有资格（qualified for）受到第十四修正案正当程序条款的保护，而且必须因此被各州所尊重。⑩⑧

而关于什么案件需要陪审团审判的问题，大法官怀特拒绝了认为"所有犯罪"都要经过陪审团审判的扩张式观点，而主张"最多面临6个月监禁的罪名并不要求获得陪审团审判，如果这些犯罪另外还构成轻罪"⑩⑨。但他拒绝在这个案件中作出不需要陪审团审判的轻罪和需要陪审团审判的重罪之间的明确区分。路易斯安那州主张因正当程序保障而获得陪审团审判的权利应当取决于实际施加的刑罚的严重性，但是怀特法官解释说，被授权的刑罚是

---

⑩⑥　Id. at 150.

⑩⑦　Id. at 153.

⑩⑧　Id. at 155-56.

⑩⑨　Id. at 159.

"'衡量立法机关对于一个案件所作出的社会和道德判决的标尺'……"⑩ 怀特总结道，这件案子中的罪行，可能面临两年的监禁以及罚款，不是不需要陪审团审判的罪行（offense）。他根据的是"客观标准，主要是国家现行法律和司法实践"⑪。只有在一个州，"可能被处以不超过一年监禁的罪名可以不经过陪审团审判"⑫。他继续谈道，在 18 世纪后期，"可以在没有陪审团的情况下被审判的罪行大多是可能被判处不超过 6 个月监禁期限的罪行"⑬。大法官怀特没有继续讨论下去而只是认为两年的监禁太长，但他确实添加了另外一个重要的脚注——"看起来只有两个州是特例，除了路易斯安那州的模式外，另外只有一个州拒绝赋予可能被判处 6 个月以上监禁的被告人获得陪审团审判的权利。"⑭

大法官怀特的意见也没有解决这样一个问题：如果将获得陪审团审判的权利纳入各州，那么是否需要各州放弃对审判程序的重新审查（denovo），放弃陪审团的不一致裁定，或者放弃少于 12 名陪审员的陪审？⑮ 大法官怀特轻率地在脚注中说，"我们今天的判决不太可能导致各州刑事程序的大范围调整……多数州已经有和第六修正案具有相当保护程度的条款……只有在俄勒冈州和路易斯安那州，最高刑期超过一年的罪行可以通过不一致的陪审团决议作出判决"⑯。布伦南大法官和马歇尔大法官随即参与了大法官怀特的意见。⑰

大法官哈伦发表了反对意见（dissenting opinion），一份强有力的旨在联邦克制的意见。⑱ 他写道，"第十四修正案中的正当程序条款要求一个州的审判程序应该做到在所有方面根本的公平。但在我看来，其本身并没有为自身利益着想（for its own sake）而强制或者鼓励全国范围内的统一；它没有要求必须遵循已经陈旧的形式；而且它也没有将可以在联邦法院有效力（in force）的规则强加给各州，除非这些规则也被认为对于基本正义（basic fairness）很重要"⑲。大法官哈伦指责了全部的"并入"（incorporation）计划，并且以极其"恶毒"（particularly venom）的言辞直接针对大法官布莱克在先前案件中指出的第十四修正案要求前八个修正案应该被各州全盘吸纳的观点。"压倒性（overwhelming）的历史证据……证明，在我看来是确定的，起草、争辩以及最终确认第十四修正案的国会议员们以及各州的立法者

---

⑩　Id. at 160.

⑪　Id. at 161.

⑫　Id.

⑬　Id.

⑭　Id. at note 33.

⑮　"第十四修正案保障了在所有刑事案件中被告人获得陪审团审判的权利——如果被告人将要在联邦法院受审，这将落入第六修正案的保障范围。" Id. at 149.

⑯　Id. at 158 note 30.

⑰　Memorandum from Justice Brennan to Justice White（March 13，1968）（on file with the Library of Congress，Papers of William J. Brennan，Box I：172，folder 10）；Memorandum from Justice Marshall to Justice White（March 13，1968）（on file with the Library of Congress，Papers of Thurgood Marshall，Box 46，folder 3）.

⑱　Memorandum from Justice Harlan to the Conference（March 13，1968）（on file with the Library of Congress，Papers of William J. Brennan，Box I：172，folder 10）.

⑲　Duncan，391 U. S. at 172（大法官哈伦，反对意见）.

们确信他们并非是在'并入'权利法案……"[120] "无论是历史还是理性都不支持使用第十四修正案在各州民事和刑事法律的自我发展上施加宪法束缚的做法。"[121] 选择"更加歧视性的程序"通过"符合美国传统和其政府制度"的方式，去试图对自由和"法律的正当程序"进行定义，大法官哈伦认为权利法案才是美国所认为的"自由"内容和基本公平的美国标准的佐证。[122] 他谴责法院在这个案件中没有忠于这一方法。相反，"法院简单地认为摆在我们面前的问题是第六修正案中的陪审团审判条款是否应被并入第十四修正案，一点一点来、一个案子一个案子的进行，或者忽略"。大法官哈伦举例认为，很明显的是，确保一定要有 12 个陪审员"并不十分重要，除了对神秘主义者之外，这没有任何意义……"[123] 而且在英国，判决必须一致通过的要求已经被抛弃。[124]

大法官哈伦总结道，在法院已经在先前的案件中确定要求陪审团审查以及获得陪审团审判的权利"就其本质来说不是至关重要的，而仅是程序的一种方式"的情况下，没有"重要的新证据"显示法院的结论是错误的。[125] 大法官哈伦写道，"陪审团审判的首要以及最初的功效——对暴虐司法施加限制——已经在很大程度上消失了……法官实施通过民主决议而非帝王命令颁行的法律。法官是由公民选举出来或者由公民选举出来的官员所任命的，而且他们不是对冷淡的君主（distant monarch）个人负责而是对可以对判决进行复审的法院负责，包括最高法院"[126]。

有人认为，对于 1967 年普拉克明教区的少数公民来说，大法官哈伦对于民主的限制性力量的称颂实际上是空洞的。

大法官福塔斯对大法官怀特的结论表示赞同，但是就大法官哈伦发表的关于"暗示"——12 人陪审团以及陪审团一致裁决都是宪法上的要求——的反对意见，大法官福塔斯发表了协同意见："我确实认为被告人获得陪审团审判的权利是基本的，〔但是〕遵循这一权利不意味着所有细节都必须统一。我们应该做好准备去愉快地接受各州并未削弱——事实上，可能促进了——陪审团审判理论和目的的不同做法。"[127]

大法官哈伦和福塔斯的意见促使大法官布莱克修正了他与足有十页的激烈的为"并入"过程辩护的意见相一致的一句话。[128] 这次调换从那时起就被法学院学生所解读，现在仍然是宪法领域的经典辩论。大法官布莱克对于历史记载的对第十四修正案含义的解读持不同意见，在他对此种不同意见的根

---

[120] Id. at 174.

[121] Id. at 175 - 76.

[122] Id. at 176 - 77.

[123] Id. at 182.

[124] Id.

[125] Id. at 185 - 86.

[126] Id. at 188.

[127] Draft Opinion by Justice Fortas at 4, Duncan v. Louisiana, 391 U. S. 145 (1986) (No. 410 - October Term, 1967) (on file with the Library of Congress).

[128] Papers of Thurgood Marshall, Draft Opinion of Mr. Justice Black, Circulated March 20, 1968 (on file with the Library of Congress).

据进行总结后，他便转向了关键的反对理由，即大法官哈伦关于此问题的理解方式。"正当程序，按照我的朋友大法官哈伦的说法，是一个没有永久含义（permanent meaning）的词语，而是根据法官的偏好以及对什么是对国家最好的理解的不同而不断变化。如果正当程序是这样的话，那么在我看来，第十四修正案也许应该写成'没有人应该被剥夺生命、自由或者财产，除非美国最高法院的法官通过法律认为这与自由政府这一永恒的原则相符。'"⑫ 正当程序并不意味着"保障审判远离在当时被法院视为'肆意'、'不合理'、'不公平'或者'背离民主标准'的法律和行为。对于审判来说，法律的正当程序标准是被告按照权利法案以及依照宪法权力而通过的法律被审判，并保证所有类似的审判都处在这片土地的普通法之下（under the general law of the land)"⑬。

大法官布莱克对于认为他的主张侵蚀了各州主权的说法予以否认，他反驳道，"我的朋友大法官哈伦和福塔斯对于正当程序的理解方式实际上限制了州政府的实践，就像本庭的多数意见所希望的那样——各州基于不同的根据逐案批准。没有人比我更加关心各州应该被允许运用其全部的权力，只要他们的民众认为是适当的。而这也是我为何一直以来都反对最高法院通过运用其对正当程序自由的、概括的解释来摧毁那些他们不喜欢的州法，从而进行其对各州权力的扩张"⑬。

邓肯案中的较量最终证实了最高法院在整合中决定性的冲突。大法官哈伦的意见只能得到大法官斯图尔特的认同，大法官布莱克的意见只能得到大法官道格拉斯的认同。首席大法官同意怀特的意见，导致最后的投票是 7∶2，邓肯获得胜诉。在同一开庭期内，法院还听审了不少于 4 个与陪审团审判有关的案件，并且均作出了不利于政府的判决。在布鲁姆案（Bloom v. Illinois）中⑫，法院推翻了 1958 年的判决，将获得陪审团审判的权利延及各州涉及蔑视法庭罪的案件。在杰克逊案（United States v. Jackson）中⑬，法院废止了一项联邦制定法，该法规定只有陪审团才能判处死刑。法院这样做的原因在于，该项法律会使那些仅仅是需要一次审判的人处于危险中（他们会担心有被判处死刑的危险），因而会对获得陪审团审判权利的实施有不恰当的冷却效果。布鲁顿案（Bruton v. United States）⑬ 禁止采用没有经过证实的共同被告的供述，这是考虑到陪审团在评价其中一个被告而非另一个被告的罪行时，不可能去听从指示而忽略如此强有力的证据。最后，在维瑟斯庞案（Witherspoon v. Illinois）中⑬，法院禁止法官在死刑案件中基于下述原因来排除潜在的陪审员，即该人虽然质疑死刑，但是在任何情况下都不会机械地反对死刑。

---

⑫ Duncan，391 U. S. at 168.

⑬ Id. at 170.

⑬ Id. at 171.

⑬ 391 U. S. 194 (1968).

⑬ 390 U. S. 570 (1968).

⑬ 391 U. S. 123 (1968).

⑬ 391 U. S. 510 (1968).

当最高法院在 1968 年 5 月 20 日宣布了邓肯案件的判决后,《纽约时报》[136] 以及《新奥尔良时报——小人物》(the New Orleans Times—Picayune)[137] 都用头版进行了报道。不到 24 小时,律师就预测这对于纽约州和路易斯安那州来说,作为在超出 6 个月监禁的案件中拒绝被告获得陪审团审判的 3 个州中的 2 个,是一场灾难。路易斯安那州检察长格雷米林警告说,这一判决将使州法院系统搁浅。[138] 路易斯安那州和新泽西州的立法者很快将一些罪行的刑期减到 6 个月,从而避免可预见的,为数以千计的之前接受法院判决的轻微指控提供陪审团审判而带来的负担。[139] 在这几周内,法院判决邓肯案没有溯及力,这对于各州官员来说一定是一个巨大的解脱。[140]

■ 二、邓肯案的遗产

邓肯案的判决没有解决很多在口头辩论中引起法官兴趣的问题:如果各州必须在一些案件中提供陪审团,那么是什么案件? 又是什么样的陪审团? 如果对第六修正案权利进行说明的案件判决不仅适用于各州,也适用于联邦指控,那么这一判决就威胁到了 3 个州实施的对于超过 6 个月以上监禁的罪名进行的法官审判,10 个州的审判程序要重新改变,6 个州不需要陪审团一致同意,20 个州允许少于 12 名陪审员。对于惩罚性赔偿、量刑、或者未成年人犯罪是否同样要求陪审团审判? 在 36 年后的今天,法院仍然认为,根据不同案情,判断何时宪法要求由陪审团审判,以及程序中的哪一个特性对于获得陪审团审判的权利是必不可少的。

■ 三、什么时候应当由陪审团审判?

最高法院第一次处理轻微案件与严重案件之间的区别的机会来自纽约州,其在邓肯案后拒绝修订州法中的一个条款——拒绝为在纽约市犯有面临 1 年监禁的罪行的被告人提供陪审团审判。随之而来的是一系列邓肯式的主

---

[136] Fred P. Graham, Justices Extend Five Legal Rights in Criminal Cases, N. Y. Times, May 21, 1968, at A1.

[137] Court Decision on Jury Trials Get Criticism, New Orleans Times Picayune, May 21, 1968 § 1, at 1; New Orleans Times—Picayune June 8, 1968 p. 27 c. 1.

[138] Court Decision on Jury Trials Get Criticism, New Orleans Times Picayune, May 21, 1968 § 1, at 1; New Orleans Times Picayune June 2, 1968 p. 27 c. 1.

[139] 路易斯安那州的立法者将 19 个罪名的法定最高刑降低,包括殴打,从 2 年降到 6 个月。See La. Acts 1968, No. 647, cited in Judith M. Arnette, Jury Trial in Louisiana-Implications of Duncan, 39 La. L. Rev. 126 - 127 (1968) . See also State v. Orr, 253 Or. 752, 755 - 56, 219 So. 2d 775, 776 (1969) (介绍了紧急立法); Robert E. Tomasson, Hogan Seeks Curb on Trial by Jury, N. Y. Times, Sept. 13, 1969, at p. 36; State v. Owens, 102 N. J. Super. 187, 207 note 2, 245 A. 2d 736, 746 note 2 (App. Div. 1968) .

[140] DeStefano v. Woods, 392 U. S. 631 (1968) (per curiam); Court Says Jury Trial Rule Will Not Apply Retroactively, N. Y. Times, June 18, 1968, at 33.

张，包括那些在哥伦比亚大学被逮捕的近九百名反战示威者。⑭ 到 1970 年，一个扒手被定罪为"推撞"（jostling）的案件直接提出了这个问题。大法官怀特再次撰写了多数意见，正如他在几件邓肯式案之后涉及陪审团审判的案件中做的那样，法院在鲍德温案（Baldwin v. New York）中宣布了一项明确的规则："当判决结果为 6 个月以上的监禁时，出于被告人获得陪审团审判的权利之目的考虑，任何罪行都不能被视为轻微犯罪。"⑫ 再一次回顾（drawing on）历史，法院也注意到，"在全国，只有纽约市拒绝被告人在他自身和可能超过 6 个月的监禁之间介入与他同等的人组成的陪审团依据常识作出的判决……这个国家近乎统一的判决给我们提供了唯一的客观标准——根据可能被判处的刑罚——考虑设置被告人有获得陪审团审判的权利的目的，在被当做和不被当做'严重'的罪行之间划定以前没有的界限"⑬。

和邓肯案类似的布鲁姆案中⑭，法院处理的是在一起藐视法庭罪的案件中被告人是否有权获得陪审团审判，并且判决，布鲁姆作为一个律师，因其提交一份由他伪造的遗嘱而被定为藐视法庭罪并判处 2 年监禁之前，有权利获得陪审团审判。在此案以及随后一系列案件中⑮，由大法官怀特撰写多数意见，法院在藐视法庭这一独特的缺少法定最高刑作为客观标准的罪名上采取了在鲍德温案中触发陪审团审判权利的轻微抑或严重的区分方法。在藐视法庭罪的案件中，实际判处的刑期将会成为法定刑期的代用品。

但是，邓肯案、布鲁姆案，以及鲍德温案没有像一些人希望的——也是一些人所担心的那样获得全盘胜利。法院不久就否决了未成年人有获得陪审团审判的权利⑯，而且主张一个死刑犯没有权利要求陪审团选择刑罚。⑰ 正如一些人预测的，要求陪审团审判的权利也没有扩张到评估惩罚性赔偿、强制接受民事处罚或者民事拘禁决定（civil commitment decision）。⑱ 法院也在之后的一个案件中确认，要求陪审团审判的权利应该根据每一项指控而非每一起案件来评判。第六修正案的衡量标准是立法机构对严重程度的评估，当检察官选择把一些不严重的犯罪集合到一处纳入审判时就不需要陪审团，即使分期执行的刑期使被告总共受到超过 6 个月的监禁。⑲ 通过将任何一起犯罪的量刑以 6 个月或者更少为上限，州法院可以由此规避陪审团审判。

然而，在犯罪的构成要件（必须通过陪审团判决）以及量刑情节（不需要通过陪审团判决）之间划定界限对于伦奎斯特（Rehnquist）法院来说被证实是特别有争议的。20 世纪 70 年代以及 80 年代的一些量刑法规试图通过限制法官的自由裁量权去控制量刑的不一致。只有法官在量刑阶段发现了关

---

⑭ Martin Tolchin, 900 Columbia Rebels Granted Writ on Jury Tirals, N. Y. Times, Aug. 30, 1968, at p. 26.

⑫ 399 U. S. 66 (1970).

⑬ See also Blanton v. City of North Las Vegas, 489 U. S. 538 (1989)（判决被指控酒后驾车并面临 6 个月刑期以及 1 000 美元罚款，社区服务以及暂停执照的被告不享有要求陪审团审判的权利）。

⑭ 391 U. S. 194 (1968).

⑮ Codispoti v. Pennsylvania, 418 U. S. 506 (1974)；Muniz v. Hoffman, 422 U. S. 454 (1975).

⑯ McKeiver v. Pennsylvania, 403 U. S. 528 (1971).

⑰ Spaziano v. Florida, 468 U. S. 447 (1984).

⑱ Note, Trial By Jury in Criminal Cases, 69 Colum. L. Rev. 419, 429 (1969).

⑲ Lewis v. United States, 518 U. S. 322 (1996).

于犯罪人或者犯罪行为的某些具体的加重事实时，才能超出已经假定的量刑内容和量刑范围进行量刑。在一系列案件中——阿普兰迪案（Apprendi v. New Jersey）[150]、林案（Ring v. Arizona）[151]、布莱克利案（Blakely v. Washington）[152]以及布克案（Booker v. United States）[153]——法院判决认为，政府，而非一个法官，必须向陪审团证明，除了被告之前被定罪的事实之外，任何会对在法定量刑基础上提升至最大限度的量刑有作用的定罪事实。值得注意的是，伦奎斯特法院对这些后来的判决的反应非常类似于36年前沃伦法院对邓肯案和鲍德温案判决的反应。邓肯案以及鲍德温案的判决限制了一个州选择法官而非陪审团进行审判的权利，而且被那些认为法院对于第十四修正案的解释是一种联邦权力对州自治的不正当扩张的人所记恨。很多人预测沃伦法院对于陪审团审判权利的解释将意味着"混乱和厄运"，因为各州要对无数被法官单独定罪的囚犯重新进行审判，并给予他们之前没有被提供的陪审团审判。[154] 在三十多年之后，当法院在布莱克利案中强调第六修正案保证了由陪审团来决定提高最高刑期的事实的权利时，甚至更多的州政府以及联邦政府都争先恐后地去减小这个新的带有强制色彩的陪审团的要求对于过去和未来的指控所带来的影响。[155]

邓肯案和鲍德温案直接的灾难性影响从未实现，原因有四：第一，法院拒绝将这一规则溯及既往的适用到先前的判决。[156] 第二，立法机构即刻修订了州法去避免更进一步的宪法性质疑。[157] 第三，在此规则的不确定性被解决之前，辩诉交易吸收了案件判决所带来的大部分冲击。当然，在一小部分案件中，获得陪审团审判的权利之价值在于陪审团本身以及陪审团会而单一法官不会宣告无罪的可能性。但是，对于绝大多数被告人，陪审团审判的价值在于它的实施对控方和法院造成了负担。因为控方愿意通过在协议中减少指控和刑期去避免这种负担，而法官也会欣然同意，在陪审团审判的权利得到扩展之后，一些辩诉交易在一段时间内变得更兴盛。在鲍德温案之后的6个月，纽约州刑期的长度显著地下降。一名研究者总结说："控方现在愿意向被告提供更好的辩诉交易……以避免陪审团审判。"[158] 邓肯案后的几十年，布

[150] 530 U. S. 466（2000）.

[151] 536 U. S. 584（2002）.

[152] 542 U. S. 296（2004）.

[153] 125 S. Ct. 738（2005）（the U. S. cite for Booker is 543 U. S. 220（2005）因为此书的出版，这件案子还没有在US Reports 中做标记索引号）.

[154] Jury Trials of Misdemeanants in New York City: The Effects of Baldwin, 7 Columbia J. of L and Social Problems, 173, 173, 182 - 191（1971）（将这一预测描述为"面对即将到来的混乱和厄运的痛苦呻吟"）.

[155] See sources collected at www. sentencing. typepad. com（搜集了在法院对布莱克利案以及布克案判决之后的评论，法院判决，以及法案）. 本书关于米斯特雷塔案（United States v. Mistretta, 448 U. S. 361（1989））的讨论中，有关于布克案的详细讨论.

[156] DeStefano v. Woods, 392 U. S. 631（1968）.

[157] See note 139 supra.

[158] See e. g. , Jury Trials for Misdemeanants in New York City: The Effects of Baldwin, 7 Colum. J. L. & Soc. Probs. 173, 198（1971）（报道称在鲍德温案被判决之前的6个月，大约一半的被判刑的人得到了少于3个月的刑罚，在鲍德温案判决之后的6个月里，这个数字变成了72%；更轻的判刑率提升了18%，而且更严厉的判刑率下降了同样的幅度）.

莱克利案所预测的灾难性影响被同样存在的适应性力量所缓和。[159]

四、什么样的陪审团？

　　各州之所以能够从邓肯案宣布的新的联邦宪法保障所带来的冲击中快速反应过来，其第四个原因是，法院自己随后对获得陪审团审判权利的限制性解读（limited reading）。大法官哈伦在他对邓肯案的反对意见中警告"'并入'方法最大的危险"是"权利法案中的条款有可能在对统一的、无聊的追求中被淡化"[160]。他预测，有力的联邦权利——要求具有 12 名陪审员的陪审团，一致投票——可能被简化到一个较低的通常水准，从而避免对各州体系的多样性产生破坏。这些担心很快成为了现实。

　　在和鲍德温案在同一开庭期内被裁决的威廉姆斯案（Williams v. Florida）中[161]，大法官怀特再一次撰写了法院的多数意见，判决由 6 名陪审员组成的陪审团是合宪的，这样一个判决至少给 8 个州带来了重新草拟法律的麻烦。"很明显，陪审团最为重要的特点在于在被告和控方之间加入了一组普通人的常识判决，在于社会的参与以及那一组人对于有罪还是无罪决定的共同责任。"法院总结道，6 名陪审员与 12 名陪审员在达到"足够多的人去促进小组的商议，不受外界恐吓所带来的影响，通过拥有社区中不同阶层的代表来提供公平判决的可能性"等方面是相当的。[162] 7 年之后，在后威廉姆斯案时代陪审团研究的轰炸之下，陪审团人数的减少会导致严重的多样性、一致性、准确性以及评议的缺失得到了证实，新的多数意见将合宪的界限定在了 6 名陪审员，驳回了通过 5 名陪审员对非轻罪的定罪[163]，并且宣告几个州的法律无效，包括路易斯安那州。[164]

　　接下来是一致性的问题，路易斯安那州检察长格雷米林以及公民权利律师理查德·索伯均回到了最高法院，来争辩以下授权的合宪性，即州法授权

---

[159]　另外，法院判决没能向陪审团提出这一点属于无害错误，它让寻求救济的被告得到救济的可能性更低了。See Neder v. United States, 527 U. S. 1 (1999). See also United States v. Cotton, 535 U. S. 625 (2002) (没能在指控中包含一个要素并不自动导致指控被撤销，相反必须在清晰的错误标准下被审查).

[160]　Duncan, 391 U. S. at note 21 (大法官哈伦，反对意见). See also Chimel v. California, 395 U. S. 752, 769 (1969) (大法官哈伦，一致意见)；Ker v. California, 374 U. S. 23, 45 - 46 (1963) (大法官哈伦，一致意见)；Williams v. Florida, 399 U. S. 78, 129 (1970) (大法官哈伦，反对意见) (大法官哈伦认为，法院多数法官允许各州由 6 名陪审员审判是一种"应激反应"，"淡化了为了调和'整合……联邦制现实'逻辑的联邦层面保障"). 即使布伦南大法官在 1986 年曾说过，"几年来，法院存在一个明显的对个人自由保障限制性理解的趋势，这意味着适用到各州的权利的内容同样被减少了。"他将这一趋势称为"法院基于联邦制而对联邦权利和救济的收缩"。William J. Brennan, Jr., The Bill of Rights and the States: The Revival of State Constitutions as Guardians of Individual Rights, 61 N. Y. U. L. Rev. 535, 546 - 48 (1986).

[161]　399 U. S. 78 (1970).

[162]　Id. at 100.

[163]　Ballew v. Georgia, 435 U. S. 223 (1978).

[164]　See Arnette, supra note 139.

陪审团的判决可以不是为得出一致意见而作出的。⑯ 在三个连续的判决中，两起案件的多数意见是由大法官怀特撰写的⑯，对于州刑事案件被告人来说，获得陪审团审判权利的一部分是要求判决必须是由一致意见作出的，而法院放弃了这一主张，支持了在约翰逊案（Johnson v. Louisiana）中根据路易斯安那州法律作出的 9 ：3 的定罪判决，以及在阿波达卡案（Apodaca v. Oregon）⑯ 中按照俄勒冈州法律作出的 10 ：2 的定罪判决。但是有一点问题是，陪审团未达成一致意见而作出的判决不符合宪法的标准。这一问题再一次在路易斯安那州得到了体现，并且向前延伸。在第三起关于陪审团一致意见的案件——伯奇案（Burch v. Louisiana）中，法院判决授权 5 ：1 定罪判决的路易斯安那州法律违宪，认为其"对维护陪审团审判实质保障的威胁"与允许只拥有 5 名陪审员的陪审团所带来的威胁相似。法院指出只有路易斯安那州和另外一个州允许这样的程序，而在"确定哪些陪审团审判的实践是合宪的，哪些又是不合宪的之时"，最高法院再次回到了"国家的近乎统一的判决"的说法。⑯ 最终，除了先前的一个判决禁止在联邦法院依照第六修正案进行重新审理之外⑯，法院拒绝将该案判决延伸到各州，反倒是支持了在一些州原有的双重体系，即只有在被告首先被法官判决有罪，并对此判决进行上诉的情况下才向该被告提供陪审团审判。⑰

在后邓肯案中，大法官们继续讨论对于正当程序条款的适当解释，这也是邓肯案判决的核心部分。⑰ 在威廉姆斯案中，大法官哈伦坚持他的观点，认为法院对联邦权利选择性的并入存在缺陷，因为它必须"足够宽容，允许各州在规定自身刑事诉讼制度中有更多的回旋余地……而通过淡化在联邦体系内部的宪法保护来达到这一目的是我所不能认同的"⑰。大法官鲍威尔在阿波达卡案中投了支持非一致意见定罪的第 5 票，他对于大法官哈伦的反对意见表示协同，并且同意大法官福塔斯早先在邓肯案中的意见。大法官鲍威尔认为第六修正案要求的是在联邦审判中实行陪审团一致意见的规则，但是第十四修正案并未一点一点地将第六修正案关于陪审团审判的所有方面和细节全部要求并入到各州的法律。"如此统一的处理方式，"大法官鲍威尔写道，"克减了作为我们制度基础的联邦制原则……剥夺了各州尝试不同于联邦模板的裁判程序的自由……［而且］在联邦权利的淡化过

⑯ 索伯在阿波达卡案中为被告辩护。

⑯ See Apodaca v. Oregon，406 U. S. 404（1972）（多数意见）（大法官怀特）and Johnson v. Louisiana，406 U. S. 356（1972）（大法官怀特为法院撰写意见）。

⑰ Johnson，at 361 - 362.

⑯ Burch v. Louisiana，441 U. S. 130（1979）．

⑯ Callan v. Wilson，127 U. S. 540（1888）．

⑰ Ludwig v. Massachusetts，427 U. S. 618，625 - 26（1976）．

⑰ See Jerold Israel，Selective Incorporation：Revisited，71 Geo. L. J. 253，298 - 301（1982）．更为广泛的以及最新的对刑事诉讼程序整合的描述，参见 LaFave，Israel & King，supra note 86，at pp. 467 - 628（2d ed. 1999 & annual supp.）。

⑰ Id. See also George C. Thomas Ⅲ，When Constitutional Worlds Collide：Resurrecting the Framers' Bill of Rights and Criminal Procedure，100 Mich. L. Rev. 145（2001）（认为"权利吸纳整合的过程给联邦刑事诉讼程序保障重重的一击"，使得"权利法案……被法院用全新的黏土重塑成一个新的，缺少保护的一套信条"……法院"在整合的祭坛下牺牲了 12 人的联邦陪审团权利"）。

程中告终，而这些权利直到这些判决出现之前，从来没有被严重质疑过"⑬。大法官鲍威尔的立场并没有得到赞成联邦和州被告人统一享有这些权利的多数法官的支持，但是却挽救了联邦法院中一致同意规则，而且确实在巴鲁案（Ballew）中赢得了另外两票（大法官伦奎斯特以及首席大法官伯格）。⑭ 但是，自从阿波达卡案之后，在各州和联邦法院之间摒弃统一适用刑事诉讼程序权利的主张基本上从最高法院的判决中消失，只是时不时地被法律学者所主张（urged）。⑮

特别是法院在邓肯案之后的几年拒绝在各州刑事法庭淡化获得陪审团审判权利中对于消除种族偏见至关重要的一部分，即对于陪审团选择程序的规范。邓肯案的判决扩展到各州的被告均有权获得陪审团审判，但是在很多地域，这么多年来，陪审团的成员向来都是白人男性。在平等保护条款下证明在陪审团挑选中存在故意歧视是非常困难的；陪审团并入的进程是缓慢的。邓肯案的判决给一个在州法院对抗歧视的新方法奠定了基础——基于第六修正案要求陪审团要由完全代表该社区的人组成的主张。1975 年，另一个来自路易斯安那州的案件——泰勒案（Taylor v. Louisiana）中⑯，法院判决，社区中不同的团体不能被系统性地排除，除非这对于州的重要利益而言是必需的。证明对不同阶层要求的违反要比证明故意歧视对平等保护的违反更为容易。伴随着科技的进步，邓肯案和随后的泰勒案，最终使得随机选择程序被广泛地采用，而且待选陪审员库中包括了越来越多的女性以及少数群体。

▨ 五、余波

1968 年夏天最高法院将案件发回重审之后，仍然在普拉克明教区遭受刑事指控威胁的邓肯和索伯又怎么样了呢？在 1968 年 7 月 22 日，一个由美国上诉法院法官罗伯特·安斯沃斯（Robert Ainsworth），地区法官弗雷德里克·J·R·赫布（Frederick J. R. Heebe）和弗雷德·卡西布里（Fred Cassibry）组成的法庭禁止了佩雷斯对索伯的刑事指控。在经过 10 天的听证和大量的宣誓作证之后⑰，法官们判决，"这是一项非法的指控，其目的在于阻止索伯和其他具有同样立场的律师们在公民权利案件中提供法律帮助，阻

---

⑬　Apodaca, 406 U. S. 366, at 374（大法官鲍威尔，一致意见）.

⑭　大法官鲍威尔在巴鲁案中得到了大法官伦奎斯特以及首席大法官伯格的支持，他说："但是，我不同意陪审团审判的每一个特性都要在联邦法院和州法院保持一致。" 435 U. S. 223, 244（大法官鲍威尔，一致意见）.

⑮　Compare LaFava, Israel & King, supra note 86, at §2.6 (c) note 87（文中总结道，伦奎斯特法院在重新回到选择性并入方面"显得毫无兴趣"，而且引用了大法官卡利亚在被问到他是否"'会尝试推翻各州要遵循权利法案这一延续已久的观点'时的回答：'我是一位严谨的宪法学者，而非一个疯子。'"）with Thomas, supra note 172; Donald Dripps, On the Costs of Uniformity and the Prospects of Dualism in Criminal Procedure, 45 St. Louis U. L. J. 433 (2001).

⑯　419 U. S. 522 (1975).

⑰　Louisiana to Out-of-State Lawyers: Get out, New Republic, Feb. 24, 1968, at 17–18.

止像邓肯一样的黑人去寻求法律帮助"[177]。一名黑人律师泽尔马·威奇（Zel-ma Wyche）总结了这里面的利益关系（stakes），他曾在之前的索伯案中作证，威奇说对索伯的逮捕"让我震惊了……如果……索伯被判有罪，并且LCDC的律师不得在路易斯安那州从业，我估计路易斯安那州寻求平等权利的黑人将陷入困境"[178]。这一判决没有被上诉。

在佩雷斯尝试对邓肯重新进行审判之后——因为单一殴打罪的刑期被减少了[179]，这次将没有陪审团——邓肯的律师再次寻求联邦法院救济。埃尔文·布朗斯坦在邓肯诉佩雷斯案中的诉求谴责佩雷斯提起指控只是为了骚扰邓肯并且威慑其他非洲裔美国人不要随意行使权利来雇佣他们自主选择的律师。[180] 1970年10月20日，差不多正好是邓肯第一次被逮捕后的4年，美国地区法官卡西布里永久性地禁止小利安得·佩雷斯进一步基于殴打罪起诉邓肯，这一判决被第五巡回法院所确认。"多次的逮捕，畸高的保释金和刑期，双倍保释金这一违法的要求，对索伯的逮捕，以及佩雷斯和州地区法官里昂所做的评论，所有这些加在一起证明了权力机关对邓肯本人的仇视，这一仇视改变了刑事诉讼程序是为了惩罚邓肯侵犯被联邦保障的权利的行为这一原则。"[182] 更进一步来说，"如果这个案件不是涉及公民权利，如果不是为了邓肯所选择的代理他的律师，如果不是为了邓肯强有力的辩护，对邓肯提起的指控将不会被提起，而且一定不会被重新提起"。即使邓肯名义上违反了州法[183]，州政府在追求对邓肯的起诉上并没有合法的利益。另外，卡西布里法官总结道，"如果邓肯要被重新审判，对于普拉克明教区的黑人来说，这将是一个明白无误的信息，即跳出熟悉的框架去依赖联邦权利来对抗教区官员颁布的政策并不会给你带来好处。行使联邦权利所带来的毫无帮助的影响是无法被邓肯接下来在州或者联邦法院胜诉的可能性所纠正的"[184]。"这就是结果"，索伯后来回忆道。[185]

尽管索伯案和邓肯案获得了重要胜利，普拉克明教区在一段时间仍然一切照旧。一位坚定的佩雷斯反对者，劳伦斯·鲁塞尔，因为煽动暗杀佩雷斯法官而被小利安得·佩雷斯所逮捕。鲁塞尔竟敢鼓励白人小孩进入被整合的学校，并且支持一名挑战小查林·佩雷斯的候选人竞选理事会主席。在被关押了两个星期并缴纳了75 000美元的保释金后，这已经是被路易斯安那州最高法院下令减少后的数额，鲁塞尔终于在查林·佩雷斯赢得竞选之后被释放，这期间没有任何指控或者相关信息被提交至法院。[186] 由于第二年再次被起诉，鲁塞尔提出了非法关押的主张，并直接将其提交到位于新奥尔良的联

　　[177]　Duncan v. Perez, 445 F. 2d 557 (5th Cir. 1971).

　　[178]　Jack Bass, Unlikely Heroes 290 (1981).

　　[179]　Duncan v. Perez, 445 F. 2d 557（"被告面临没有陪审团的重新审判"）.

　　[180]　Provensal Responded No Basis for Interference by Feds, New Orleans Times-Picayune, Nov. 7, 1968 p. 6 c. 2; New Orleans Times-Picayune, Jan. 5, 1969, sec. 5, p. 27 c. 6.

　　[182]　Duncan v. Perez, 321 F. Supp. 181, 184 (E. D. La. 1970).

　　[183]　Duncan v. Perez, 445 F. 2d 557 (5th Cir. 1971).

　　[184]　Id.

　　[185]　对索伯的采访，参见前注53。

　　[186]　See note 94 supra. See also Complaint, Rousselle v. Perez, on File with Author.

邦法院,希望将路易斯安那州的刑事指控移交到联邦法院。[187]

1969 年佩雷斯法官去世的当天,五名年轻的非洲裔美国男子,来到了一家教区酒吧并且"毫无顾忌地宣布他们想要对此庆祝的想法"。五名男子很快就被逮捕、起诉,并且因为醉酒和扰乱安宁而被定罪(这两项罪名都无法启动邓肯案所赋予的被告获得陪审团审判的权利),被判处监禁并且不能通过支付罚款来加以替代。[188] 有人质疑如果酒吧的老主顾庆祝一些别的事情是否也会付出如此高的代价。

关于投票权的努力事实上已经失去了基础。1970 年,该地区有将近三千名适格的非洲裔居民,但只有 184 人在教区被注册为选民。[189] 直到 20 世纪 80 年代,当佩雷斯法官的两个儿子开始攻击对方,从而给反对势力以缺口的时候,普拉克明的居民才进行了他们第一次自由的选举。[190] 小利安得(Lea, Jr.)于 20 世纪 70 年代末期开始对理事会以及大陪审团于 1981 年对他的兄弟查林的控告进行调查。[191] 但是在 1982 年,大陪审团指控小利安得·佩雷斯以及里昂法官在 1981 年提前解散据称将要控告小佩雷斯的大陪审团时涉嫌共谋以及渎职。[192] 到了 1983 年,查林·佩雷斯被罢免了理事会主席的职位。小利安得·佩雷斯选择不再竞选地区检察官。教区政府对佩雷斯家族提起的要求偿还 1936 年到 1983 年之间非法积累的数百万的石油矿区使用费的诉讼最终在 1987 年以佩雷斯家族交出 1 200 万美元以及将来石油所得作为条件而和解。[193] 达里尔·鲍勃里奇(Darryl Bubrig),作为曾经在里昂法官面前对邓肯提出殴打指控的地区助理检察官,从小利安得·佩雷斯的缰绳中解放出来,从 1984 年至今一直担任普拉克明的地区检察长。[194]

邓肯后来买了一个捕虾船,而且当他的船因为与危险的水下油套相撞而损坏的时候,邓肯又请索伯来代理该案并且在和石油公司的对抗中获得胜诉。邓肯如今仍然在教区为船只领航,他被选为当地 2003 年黑人历史月荣誉奖(Black History Month Award)得主,他与他的律师理查德·索伯领奖时的照片见下。

[187] See Complaint, supra; Roussells v. Leon, et al., Complaint for Damages for False Imprisonment (on file with author); State v. Rousselle, Petition for Removal, U. S. D. Ct. E. D. La, New Orleans Division (on file with author); Rouselle Case Transferred, New Orleans Times-Picayune, Feb. 21, 1968, at Section 1, page 21. 一份报道显示,小佩雷斯以及他的助手试图将鲁塞尔以及他的律师在联邦法院外以蔑视罪羁押。据报道,史密斯——鲁塞尔的律师,予以还击,但被按在法庭的门上猛击。一名愤怒的联邦法官过来并命令小佩雷斯和他的下属在案件审理期间远离史密斯以及他的当事人。Bruce W. Eggler, Plaquemines Without the Great White Father, New Republic, May 24, 1969, at 11, 12.

[188] Id. at 11.

[189] Roy Reed, Life of Blacks in South Affected by White Resistance as Well as Racial Gains, N. Y. Times, Feb. 8, 1970, at 50.

[190] The Ends of the Earth (film documentary, on file with author).

[191] Leander Perez, Jr. succumbs at 68 Baton Rouge Morning Advocate, Oct. 6, 1988, at 1A.

[192] Id. 对于这些罪名,佩雷斯和里昂在 1986 年被宣告无罪。Jury Acquits Perez, Leon, Baton Rouge Morning Advocate, Feb. 14, 1988, at 4B.

[193] Monument to Judge Perez Now Overgrown, Repudiated, Baton Rouge Morning Advocate, Nov. 21, 1988, at 4B.

[194] See http://www.plaqueminesparish.com/Government.php.

六、结论

　　邓肯案的判决以及随后的案件是现代刑事诉讼程序中两个最为强大的力量的产物——对于公平正义以及联邦制度的追求。就像那段时间很多其他被最高法院审查的刑事案件事实一样，邓肯案的情况生动地证明了在南方腹地争取公民权利的斗争。[19] 教区官员以及加利·邓肯之间的冲突演变成了白人对于在学校废除种族隔离的暴力回击，并且转化成了为了保障少数公民可以拥有由自己选择的律师来辩护的权利的斗争。该案判决还成了宪法领域最为重要的争论焦点之一，因为在判决中，大法官们公开地针对联邦施加于各州政府的调控进行辩论。法院在邓肯案中采取的选择性的并入方式，在如今已

---

⑲　See e. g.，Michael Klarman，Racial Origins of Modern Criminal Procedure，99 Mich. L. Rev. 48（2000）.

经不存在争议了，但在当时是一个爆炸性的关于各州权利的话题。正如布伦南大法官后来所写的那样，法院是在邓肯案中"尝试去解释其要求各州遵循权利法案中的一些条款而排除另外一些的理论基础"[190]。

被告人有获得陪审团审判的权利成为这一争论的焦点并不让人意外。在所有刑事被告人所享有的权利之中，这是唯一一项庄严载入各州第一部宪法的权利，也被除了权利法案之外的美国宪法本身所载入。甚至连律师帮助权都没有这样的地位。陪审团不仅仅是对抗错误的或者控方越权起诉的保障，它还是一种独一无二的政治力量。寻常的陪审员能够以其他个人权利保障措施所不能的方式来抵制（thwart）司法权。联邦司法对各州刑事指控的监管可以从外部威胁到各州的自治，而获得陪审团审判的权利，就像投票权一样，是从内部威胁各州的权力。邓肯案判决认为，正当程序条款限制各州拒绝陪审团审判的权力，而这正是是沃伦法院不遗余力地保证刑事诉讼程序不被用来当做对抗努力行使公民权利者的武器的关键部分。

---

[190]　Brennan，supra note 160.

特瑞案：根据低于合理根据的证据实施截停与拍身搜查的第四修正案的合理性

约翰·Q·巴雷特 (John Q. Barrett)[*]

[*] 我要感谢卡罗尔·斯泰克的在这个项目上的出色工作，以及埃莱妮·扎尼阿斯，杰西卡·达菲和妮姬亚·奥尼尔精湛的研究和在编辑上对我的帮助。

特瑞案（Terry v. Ohio，392 U. S. 1（1968））是有关联邦宪法第四修正案禁止"不合理搜查和扣押"的标志性判例。在特瑞案中，法院判决第四修正案适用于被警察称为"截停"（stop）和"拍身搜查"（frisk）的行动，他们分别符合第四修正案关于"扣押"和"搜查"的规定。但是，审理特瑞案的联邦最高法院同样认为，这样的截停和拍身搜查可以通过第四修正案的审查并具有合宪的"合理性"——即使警察缺少第四修正案所要求的、签发司法令状所应达到的"合理根据"的情况下，亦然。因此，特瑞案将第四修正案的限制扩张适用于未经司法授权的街头执法活动，而司法授权恰恰是令状程序的核心所在。但是，与以下解释方法相比，在特瑞案中，联邦最高法院对这些宪法性限制的适用持一种更为宽容的态度：将第四修正案解释为，所有的扣押和搜查行为，包括街头的截停和拍身搜查，都必须具有合理根据的支持。

一、案件介绍：麦克法登警长与街头警察工作（street policing）

特瑞案的主角是俄亥俄州克利夫兰的警察，马丁·麦克法登（Martin McFadden），他生于 1901 年，并在克利夫兰度过其一生。在读完高中之后，他开始了为克利夫兰铁路公司计时的工作。在 1925 年，麦克法登加入了克利夫兰警署。五年之后，他被晋升到侦查部门工作，并在 1934 年加入了反诈骗小组。至于他职业生涯的其余部分，麦克法登探长一直在市区巡逻直到 1970 年退休。他专门对付那些在街头扒窃的人并且保护辖区内的商店免遭诈骗高手的毒手。[1]

多年来，麦克法登探长因为经常逮捕一个叫路易斯·芬克尔斯坦（Louis Finkelstein）——又称扒手路易（Louie the Dip）——的扒手而小有名气（semi-famous），至少在克利夫兰如此。[2] 据报道，当地的一家报纸，《克利夫兰新闻报》，曾经拥有塞满记录麦克法登和芬克尔斯坦街头相遇细节的简报的档案，包括一次共和党集会和另一次圣帕特瑞克节（St. Patrick's）的游行。麦克法登对追捕芬克尔斯坦非常执著，以至于"扒手路易"开始称麦克法登为"迫害者"。在其晚年，麦克法登探长回顾这些遭遇战时带着显而易见的自豪感："我记得连续四年我都在冰上剧团逮捕了路易。在那段日子里，

---

[1] See Jerry Kvet，Nemesis of Downtown Desperadoes Retires，Clev. Press，Oct. 12，1970；Bus Bergan，Illegal Search Is Charged at Concealed Weapons Trial，Clev. Press，Sept. 22，1964.

[2] See E. J. Kissell，Court Ruling Is Gratifying to Detective in Frisk Case，Clev. Plain Dealer，June 11，1968.

我们所要做的就是在人群中找到路易斯，然后逮捕他。"③ 对于麦克法登来说，他对于芬克尔斯坦扒窃历史的了解，很明显，足够成为他一看见芬克尔斯坦就进行逮捕的理由，即便他并不知晓芬克尔斯坦当时要做什么。

然而第四修正案却从来没有被解释为：只要发现已受到指控的罪行或者过于久远以至于无法现在提起指控的罪行就可以实行逮捕。相反，最高法院反复指出第四修正案要求所有的逮捕应该基于"合理根据"，它是被作为判断嫌疑人已经实施或者将要实施一项可被追诉的犯罪的实质性基础而言的。④但麦克法登在处理扒手路易时提到的"逮捕"明显不是那种导致传讯、审判以及可能被刑事定罪的逮捕，而是对于路易本人简单的拘留（detention）。这种扣押可以使麦克法登调查路易斯想要做什么，或者至少可以让路易远离那些麦克法登不想让他去的地方。麦克法登显然认为只要他高兴，就可以随时对路易这样做。

这些维持治安的方法——通过在街头实施截停并对某人的人身实施扣押，而且是在没有合理根据证明该人因涉嫌犯罪依法可以对其实施真正的、完整意义上的逮捕的情形下实施的，随后，还可能会以拍打衣服外部的方式对其实施搜查——是联邦最高法院在特瑞案中所要处理的问题。正如案件名称显示的那样，这起案件和路易斯·芬克尔斯坦没有一丁点关系。但案件和麦克法登探长以及全国各地像他一样在公共场所巡逻的警官息息相关：这些警官观察人们的可疑行为并着手调查；如果这些调查目标随身携带武器的话，因为接近调查目标，这些警察将会把自己置于危险境地。

特瑞案，一个普通的克利夫兰案件却一直打到了最高法院，以麦克法登——街头警察工作——获胜告终。该案使人们永远地记住了麦克法登，至少在宪法刑事诉讼程序的记录中如此。而且，该案将先前没有受到宪法性评价的警察行为收归到宪法第四修正案之下，并得到了后者的肯认。

■ 二、案情：麦克法登案、奇尔顿案、特瑞案与卡兹案____

（一）截停、拍身搜查与逮捕

特瑞案发生在 1963 年万圣节的午后，两个非洲裔美国人走在克利夫兰

---

③　Kvet, supra note 1; accord George Condon, Louie the Dip Sticks in Memory Clev. Plain Dealer, Nov. 15, 1981（"关于扒手路易的警察记录始于 1909 年，并一直持续到 1959 年，前后共被逮捕过 121 次"）. 截至 1968 年，麦克法登承认宪法中的刑事程序已经发展到禁止他仅凭借某人的名声而将其羁押。See E. J. Kissell, supra note 2（"麦克法登昨天追忆他晚期的对手，Louie the Dip：'原来的情况是他见到我之后就会走开，因为他知道我会把他关一夜，以防止他再去偷窃他人。但是时代变了，你也知道，警察再也不能这么做了。'"）; cf. Pickpockets' Nemesis Retiring From His Beat, Clev. Plain Dealer, Oct. 14, 1970（"当马丁·J·麦克法登第一次在城里的 Euclid 大道上巡逻的时候，警察可以逮捕他认为看上去怪异或者正在闲荡的人。'这绝对是预防性的羁押'，麦克法登一边将他在克利夫兰警署接待处宾馆桌上的报纸清开一边说道。"）.

④　See, e. g. Brinegar v. United States, 338 U. S. 160 (1949).

市区的街道上。⑤ 一个是刚刚从芝加哥搬到克利夫兰的印刷工理查德·D·奇尔顿，另一个的名字叫约翰·W·特瑞。

奇尔顿案和特瑞案的法律问题（legal troubles）始于克利夫兰商业区的街角。⑥ 在 1963 年 10 月 31 日，星期四的下午，白人探长马丁·麦克法登注意到两个举止可疑的年轻黑人。在街对面，麦克法登观察了两个年轻人近十二分钟，他看到他们轮流离开街角沿着街区向前走了几百英尺，在一家商店或者是航空售票处的窗口处盯着看了一会儿，然后又返回了街角。麦克法登怀疑他们正在"作案"或者计划对商店持枪抢劫。接着，他看到第三个人走向了街角，简短地对之前的两个人说了些什么然后就离开了。麦克法登随后看到之前的两个人离开了街角走向临近的大街。麦克法登紧随他们转过了街角来到了下一个街区。⑦ 他看到他们和第三个人在一家男士服装用品店前会合了。麦克法登随后走向了他们并表明自己警察的身份，并且询问他们的姓名。看到他们支支吾吾，麦克法登让其中一人转过身去（这个人就是特瑞）并快速的搜查他衣服的外面。麦克法登感觉到一个坚硬的物体并认为那是一把枪，但是他不能将它从特瑞的外套中拔出来，所以麦克法登将特瑞的外套脱下然后控制了他的武器。麦克法登之后命令三个人全都进到旁边的商店里。他检查了第二个黑人（奇尔顿），感觉在奇尔顿的外套里同样有一把枪，于是将其扣押。麦克法登接下来检查了第三个人（卡尔·卡兹），他是一名白人，并发现卡兹没有携带武器。麦克法登将三个人逮捕并将他们移送到警察局。奇尔顿和特瑞，但不包括卡兹，随后被指控秘密携带武器（carrying concealed weapons）。

（二）证据排除听证、审判、判决与上诉

奇尔顿和特瑞得到了很好的律师代理。他们的律师路易斯·斯托克斯（Louis Stokes）（也是一名黑人）已经从业 10 年而且在 1963 年他是克利夫兰顶级刑辩律师之一。⑧ 他一直负责这个案件并最终上诉至最高法院。凯霍加河（Cuyahoga）县的助理检察官鲁宾·佩恩（Reuben Payne），也是一名

---

⑤ 特瑞案及其影响的扩展材料以及不同观点，see Terry v. Ohio 30 Years Later: A Symposium on the Fourth Amendment, Law Enforcement & Police-Citizen Encounters, 72 St. John's L. Rev. 721 - 1254 (Summer-Fall 1998) .

⑥ 当时，克利夫兰的这片区域被称为剧院广场（Playhouse Square）。特瑞案截停、拍身搜查以及逮捕的发生地在地图中的位置，see Jill Dinneen's scale map, id. at 1384, and my key to these events, id. at 1385. 上面的文字反映了首席大法官沃伦在特瑞案中为法院撰写的意见里所包含的故事版本。关于麦克法登警探逮捕报告中的内容和细节，参见 Lewis R. Katz, Terry v. Ohio at Thirty-Five: A Revisionist View, 74 Miss. L. J. 423, 431, 434（2004）(quoting McFadden's Oct. 31, 1963, report)。

⑦ 尽管这一事实在之后的诉讼中从没有被提及，但是这个新的地点只比他们原来所在的地方远了一个小巷子或者一个地下通道，就像一个隐蔽的捷径。

⑧ 1967 年路易斯·斯托克斯帮助他的弟弟卡尔·B·斯托克斯赢得了克利夫兰市长的竞选。随后的一年，在最高法院审理特瑞案的几个月中，路易斯·斯托克斯被选为美国众议院议员。他成功连选 14 次，自 1969 年在众议院任职，一直到 1999 年退休。更多斯托克斯的生平，参见 72 St. John's L. Rev. at 1393. 关于他对特瑞案的回忆录，参见 Hon. Louis Stokes, Representing John W. Terry, id. at 733。

黑人，被指派负责对奇尔顿和特瑞进行指控。⑨ 佩恩同样也一直负责这个案子并最终在最高法院胜诉。在克利夫兰，奇尔顿和特瑞的案子被分给了刚被任命为凯霍加河县法院（county court of common pleas）法官的伯纳德·弗里德曼（Bernard Friedman）。⑩ 出于两位委托人利益的考虑，斯托克斯提出动议主张排除将作为指控基础的枪支和子弹作为证据。他辩称，麦克法登探长在没有"合理根据"的情况下对奇尔顿和特瑞进行了截停和拍身搜查，这违反了第四修正案赋予他们的权利。⑪ 这是弗里德曼法官第一次听取双方的意见，法官随后举行了证据排除的听证，麦克法登也出庭作了证，但是法官最终还是驳回了这一动议。⑫ 佩恩随后分别在不同的法官面前打赢了奇尔顿和特瑞的案子，最终两人都被送进了监狱。俄亥俄州上诉法院维持了这两项有罪判决⑬，并且俄亥俄州最高法院也拒绝了再审。斯托克斯最后诉请美国最高法院请求对其当事人的有罪判决进行审查，并希望法院宣告这两项判决违反了被告基于第四修正案所享有的权利。

▣ 三、特瑞案与最高法院

（一）截停与拍身搜查问题浮出水面（The Emergence of the Stop & Frisk Issues）

促使最高法院作出判决解决警察基于低于合理根据的理由实施的截停与拍身搜查行为的合宪性问题的法律之路令人惊讶的漫长。20 世纪 60 年代之前的几十年，警察一直在没有逮捕令状或者合理根据的情况下实施逮捕并在街头对人们进行截停、讯问以及拍身搜查⑭，但是，从法律层面去关注这些行为的合宪性却进展缓慢。其中一个解释是，警察的截停和拍身搜查的行为并不是那么引人关注的做法——这些行为通常不会扣押实物证据（tangible evidence），也不会导致逮捕或者最终对被截停人进行指控以及定罪。因此，当这些警民接触（encounters）停止之后，许多受到警察截停和拍身搜查的无辜者可能会很高兴，也很容易理解，他们不会选择把它上升为法律问题去追究为什么以及他们是怎样被截停和拍身搜查的。

---

⑨ 更多关于佩恩生平的信息，see 72 St. John's L. Rev. at 1391. 关于他对于特瑞案的回忆录，see Reuben M. Payne, The Prosecutor's Perspective on Terry: Detective McFadden Had a Right to Protect Himself, id. At 733.

⑩ 更多关于弗里德曼法官的生平，see id. At 1393 – 95。

⑪ 最高法院从沃尔夫案（Wolf v. Colorado, 338 U. S. 25 (1949)）开始将第四修正案适用于各州，而且在马普案（Mapp v. Ohio, 367 U. S. 643 (1961)）中，法院判决对于各州违反第四修正案的救济是在庭审中排除通过违宪搜查或者扣押所获取的证据。

⑫ 奇尔顿以及特瑞案的证据排除听证以及庭审的附有注解的记录，包括弗里德曼法官的法庭意见以附录的形式发表在 State of Ohio v. Richard D. Chilton and State of Ohio v. John W. Terry: The Suppression Hearing and Trial Transcripts, 72 St. John's L. Rev. at 1387 – 1524.

⑬ See Ohio v. Terry, 214 N. E. 2d 114 (Ohio Ct. App. 1966)。

⑭ 先前的一份法院判决意见，比如，讲述了一位在纽约市布鲁克林区的警官在"进行对意大利人搜查"的时候被枪击致死。People v. Marendi, 107 N. E. 1058, 1060 (N. Y. 1915)。

直到 20 世纪 60 年代，不同的法律群体（legal forces and actors），不再选择等待最高法院出面解决截停和拍身搜查的合宪性问题。1964 年，纽约在各州中率先出台了一项法案认可了对此类警察行为的授权。[15] 1967 年，约翰逊总统的执法以及司法管理委员会（Commission on Law Enforcement and Administration of Justice）建议所有的州对警察出于简要询问的目的而对某人进行截停的权限予以确认。诸多下级法院，就像特瑞案中的法院一样，需要就针对截停以及拍身搜查提出的质疑作出裁决，并就提出的第四修正案问题不断增强其实质内容进行分析。学者关于执法问题的研究以及论著也将注意力放在了这些问题上。所以，最高法院来解决警察截停和拍身搜查的合宪性只是时间问题。

（二）最高法院受理截停与拍身搜查的案件（The Supreme Court Takes the Stop and Frisk Cases）

裁判特瑞案的是正处于鼎盛时期晚期的沃伦法院。厄尔·沃伦（Earl Warren）自 1953 年开始担任美国联邦最高法院的首席大法官；到 1967 年，他已经处于退休前的最后一届任期。与沃伦一起任职的大法官有：两位当时依然健在并在联邦最高法院长时间任职的大法官：由罗斯福任命的雨果·L·布莱克（Hugo L. Black）和威廉·O·道格拉斯（William O. Douglas）；由艾森豪威尔任命的三位经验丰富的大法官：约翰·马歇尔·哈伦（John Marshall Harlan），小威廉·J·布伦南（William J. Brennan, Jr.）与波特·斯图尔特（Potter Stewart）；由肯尼迪任命的大法官拜伦·R·怀特（Byron R. White）；由约翰逊总统任命的亚伯·福塔斯（Abe Fortas）；以及由约翰逊总统任命的、尚处于第一届任期的瑟古德·马歇尔（Thurgood Marshall）。

奇尔顿和特瑞在 1967 年 3 月 18 日向最高法院提出了调卷令申请。同时，他们还诉请法院裁决麦克法登探长对他们进行的拍身搜查以及没有合理根据的逮捕，是否违反了联邦宪法第四和第十四修正案，他们要求排除枪支和子弹的证据。[16] 5 月 29 日，法院签发了调卷令。[17] 几周之后，理查德·奇尔顿与其他三个持枪的人试图抢劫一家药店，结果在同警察的枪战中被击毙。[18] 因此，最后得到最高法院审理的俄亥俄州截停和拍身搜查案件——具有法律里程碑意义——仅仅是约翰·W·特瑞案。

---

[15] See Act of Mar. 2, 1964, ch. 86, §2, 180 - a, 1964 N. Y. Laws 111（授权一名警官"对任何他合理怀疑正在实施、已经完成或者将要实施"犯罪的人进行截停并且在警官"对于自己的生命或者肢体处在危险状态存有合理怀疑"时，对此人进行搜查）（codified at N. Y. Code Crim. Proc. 180 - a）（1964）（current version at N. Y. Crim. Proc. Law 140. 50（McKinney 2005））.

[16] See Terry v. Ohio, 35 U. S. L. W. 3357（U. S. Apr. 11, 1967）（No. 1161）. 请求书向法院提出了一个问题："警察下午 3 点左右对可疑分子进行截停和拍身搜查是否构成在没有合理根据情况下的非法逮捕，而因此从中获得的证据是否基于第四和第十四修正案的保护而不应被采纳？"

[17] See Terry v. Ohio, 387 U. S. 929（1967）.

[18] See James T. Cox, Bullets Write Finish to Chilton Case, Clev. Plain Dealer, June 18, 1967; Prints in Getaway Car Checked in Columbus Holdup, Clev. Press, June 20, 1967.

特瑞案实际上是最高法院在 1967 年同意审查的第四件截停和拍身搜查案。第一件是温赖特案（Wainwright v. New Orleans），起因是警察强行截停并在该法语区（French Quarter）对行人进行拍身搜查。[19] 第二件是斯布隆案（Sibron v. New York），在这一案件中，第四修正案的问题被提起是因为警察在发现一个人在和众所周知的毒贩见面后，警察搜查了那个人的口袋并因此查获了装有海洛因的玻璃纸信封。[20] 第三件是皮特斯案（Peters v. New York），起因是一名警察追击可疑的窃贼，在抓住其中一名之后，对他进行询问、拍身搜查以检查是否携带了武器，后来发现其口袋里有硬物，取出后发现是盗窃工具。[21] 但是，这些案件，特别是他们所引发的在宪法上对拍身搜查进行限制的问题，最终均让位于特瑞案这一里程碑式的案件。

（三）递交书面答辩与口头辩论

当 1967 年最高法院决定对截停和拍身搜查的案件进行听证的时候，对此感兴趣的法律界人士作出了激烈的回应。每一起案件，法院都收到了双方对于案件事实所做的广泛的陈述，以及众多法庭之友（amici curiae）提交的意见。要求法院在宪法层面上承认警察可以在缺乏合理根据实施逮捕的情况下进行截停和拍身搜查的法庭之友包括：一个伊利诺伊州的非营利组织，名为美国高效刑事执法组织（Americans for Effective Law Enforcement）；国家地区检察官协会；纽约州总检察长；以及代表美国政府的总法律顾问埃尔文·N·格里斯伍德（Erwin N. Griswold）。法院还收到了来自全国、纽约州以及俄亥俄州美国公民自由联盟办公室支持另一方观点的意见，以及一份来自全美有色人种协会（NAACP）下属的法律辩护以及教育基金公司（Legal Defense and Educational Fund Inc）的独立意见。[22] 全美有色人种协会的意见指出，对于恣意的警察街头调查手段，公民需要得到更多的保护，并且敦促法院"判决截停和拍身搜查都不能在没有合理根据的情况下实施"[23]。

1967 年 12 月 11 日和 12 日，最高法院对斯布隆案、皮特斯案以及特瑞案举行了口头辩论。[24] 每一起案件，特别是在特瑞案中[25]，法官询问了许多关于基本事实的问题，包括麦克法登探长四年前逮捕特瑞的地方——克利夫兰市区街道的自然情况、麦克法登的执法经历、麦克法登怀疑对方准备犯罪的根据，以及截停、拍身搜查并逮捕奇尔顿、特瑞和卡兹的理由。他们非常

---

[19] See Wainwright v. New Orleans, 385 U. S. 1001 (1967)（法院支持了要求签发诉讼文件移送命令的请求）.

[20] See Sibron v. New York, 386 U. S. 954 (1967)（法院支持了要求签发诉讼文件移送命令的请求）.

[21] See Peters v. New York, 386 U. S. 980 (1967)（法院支持了要求签发诉讼文件移送命令的请求）.

[22] 每一份意见都收录在 66 Landmark Briefs and Arguments of the Supreme Court of the United States: Constitutional Law (Philip B. Kurland & Gerhard Casper eds. , 1975) （ "Landmark Briefs"）.

[23] Id. at 645.

[24] See 36 U. S. L. W. 3245 - 49 (Dec. 19, 1967)（对三件案子的口头辩论进行了归纳和援引）. 温赖特案于 10 月 9 日、10 日进行口头辩论。后来，大法官对此案事实的不清晰以及法律上的复杂性非常困惑，因此他们在讨论会议上投票决定驳回这一申请，理由是批准该案的调卷令是无意义的举动。但是，他们直到 12 月口头辩论时才真正将其驳回。

[25] 特瑞案口头辩论的一份不完全记录发表在 Lanmark Briefs, supra note 22, 辩论环节可以通过音频方式获取 at www. oyez. org/oyez/resource/case/378/audioresources.

主动地对将第四修正案适用到这种警察行为可能产生的问题和由此产生的学理上的复杂性进行了调查，包括"合理根据"这一要求。

案件中关于种族的问题在口头辩论环节逐渐清晰。辩护律师斯托克斯，一位非洲裔美国人，形容他的当事人特瑞和已故的奇尔顿为"两个黑人男子"。斯托克斯还向法官陈述说麦克法登已经作证表明，他在第一眼看到这些人的时候就"不喜欢他们"㉖。检察官佩恩，同样也是一位非洲裔美国人，随后指出麦克法登的证词是他"不喜欢他们的样子"。佩恩——在和最高法院有史以来第一位也是当时唯一的一位黑人法官马歇尔大法官交流时——解释说，麦克法登并不是"想要提到肤色或者其他相关的问题"。据佩恩讲，麦克法登想说的是，"整个记录"（entire record）表明——"存在以下事实：这件事情发生在闹市区；与其他街区不同，在那儿进行正常商事交易的人并不是常客"——这些人"理应被注意"。（在斯托克斯的反驳中，他没有质疑佩恩关于麦克法登在保持种族中立的基础上对奇尔顿和特瑞进行怀疑的解释㉗，法院显然也很满意佩恩的论证——在非公开的会议中，没有法官认为特瑞案可能是基于种族主义的执法，而且特瑞案最终的意见也没有提到麦克法登、奇尔顿、特瑞以及卡兹的种族。㉘）

四、最高法院的评议过程（decision making）

（一）大法官评议

1967 年 12 月 13 日，星期三，在口头辩论结束的第二天，9 名大法官非公开地进行了见面讨论并且对 4 个涉及截停以及拍身搜查的案件进行投票。㉙同时对于温赖特案，如同贸然接受一样（improvidently granted），法院再次驳回了请求。在斯布隆案中，法院以 8∶1 的比例判决推翻原定罪判决。对于皮特斯案和特瑞案，法院一致确认了对于两案的有罪判决。

大法官们手写的会议记录证实了下述针对他们的审议所做的评论：

第一，在 4 个案件中，只有特瑞案引发了对于第四修正案核心问题的讨论。

㉖　事实上，麦克法登在证据排除听证中的证词是他"不喜欢他们在休伦路上的举动，而且我还以为他们在掩饰着他们真正的目的，一场持枪抢劫。这就是原因"，麦克法登如是说，他靠近了这些人，将特瑞转了过去并且对他拍身搜查。在随后的奇尔顿案庭审中，麦克法登在交叉询问中出庭作证，"那么，坦白地告诉你，我不喜欢他们。只是他们引起了我的注意，而且我猜测当他们中的一个离开另一个并继续向上走，路过商店，停下来看看然后再走回来的时候，有什么事情将要发生。当那个人走回来的时候，我看到另一个在做相同的事情"。

㉗　Cf. Hon. Louis Stokes, supra note 8, at 729（"'麦克'，我们这样称呼他，是我们真心喜欢的一个人。他非常直率。关于他的一点——作为一名警官，他总是直奔主题。你不需要担心他会把事实表述错误"）.

㉘　但是，首席大法官沃伦在特瑞案中的意见确实承认了"少数人群，特别是黑人，经常抱怨"有关"警察维护社区治安中的一些成分所带来的大规模侵扰……"Terry, 392 U. S. at 14.

㉙　对会议更为广泛的评论和分析，see John Q. Barrett, Deciding the Stop and Frisk Cases：A Look Inside the Supreme Court's Conference, 72 St. John's L. Rev. 749，778 - 793（1998）. 抄录的大法官道格拉斯、布伦南以及福塔斯的会议笔录分别收录在这篇文章的附录中。See id. at 845 - 890.

第二，大法官没有明确讨论麦克法登接近、截停以及询问奇尔顿、特瑞和卡兹——这些在今天被我们称为"特瑞式截停"——是怎样和第四修正案联系起来的，如果他们确实有联系的话。对这些人实施的扣押是否在第四修正案的含义范围内？绝大多数法官讨论了麦克法登的理由是否构成"合理根据"这一问题——这是一个第四修正案的术语；因此，他们含蓄地认为，截停属于第四修正案意义上的扣押。其他两名大法官，布莱克和怀特，则直接地讨论了这一问题，并且认为麦克法登进行的询问并未引发对第四修正案的争议。

第三，相反，对于麦克法登对特瑞等人进行拍身搜查的宪法性地位却没有很大的争议——这些拍身搜查在每一个大法官看来，都属于第四修正案中的"搜查"。

第四，如果将这样的截停和拍身搜查认作是第四修正案中的扣押和搜查，那么一个警察需要什么样的理由去证明他行为的合法性呢？在会上，大法官们对于这个问题的最初的答案在结果上与我们通过特瑞案本身以及之后最高法院的判决所理解的"合理怀疑"（reasonable suspicion）是截然相反的。大法官们在会议上对于证明合法性问题的答案使用的是第四修正案本身的用词，即要满足"合理根据"的要求。

第五，没有记录显示有大法官提到第四修正案仅是禁止了"不合理"（unreasonable）的搜查和扣押，也没有法官认为合理性这一概念在他们对于麦克法登行为合宪性的讨论会议上有任何意义。

当评议结束时，负责撰写法院意见的首席大法官沃伦陈述了他将如何撰写特瑞案判决的一些个人想法。沃伦说他希望用很长的篇幅去解释警察进行截停和拍身搜查的权力来自于第四修正案，并且只能在第四修正案允许的范围内行使。他希望他撰写的意见能够"为截停和拍身搜查制定出确定的规则"。

（二）起草判决

首席大法官沃伦强烈倾向于法院能够像两个开庭期之前在米兰达案（Miranda v. Arizona）中处理警察讯问时一样，通过起草一个示范法规来处理截停和拍身搜查的案件。[30] 但他的同事们却不想采取米兰达案的方式，首席大法官沃伦尊重了其他大法官们的观点，在判决意见中运用了第四修正案原有的一些概念——"搜查"、"扣押"，以及"合理根据"——来处理警察实施的截停和拍身搜查行为。

1968年2月，首席大法官沃伦将他起草的特瑞案判决交由其他大法官传阅。[31] 判决中阐明，警察对于行人的截停是一种"扣押"，而对行人衣服外部进行仔细检查的拍身搜查是一种"搜查"。沃伦法官认为，实施这样的截停

㉚　384 U. S. 436 (1966). 首席大法官沃伦在米兰达案撰写的法院意见判决在警察合法地开展对可疑分子的讯问之前，必须要对被羁押的可疑分子给予警告并且获得可疑分子放弃这些权利的证明。See id. at 444 - 45.

㉛　特瑞案以及其类似案件完整的法官所传阅的草拟意见和信件往来记录，参见 John Q. Barrett, supra note 29, at 793 - 835。

和拍身搜查，警方必须拥有合理根据，而不是以一个不充分的"合理怀疑"作为基础。沃伦起草的意见随后特别论述了拍身搜查，认为合理根据对于这类搜查的合法性要求是基于自身保护的目的：有合理根据去相信被拍身搜查的人携带有武器并且有人身危险性。将这些标准适用到麦克法登对于奇尔顿、特瑞和卡兹所实施的行为上，沃伦法官写道：探长对于他们街头行为的关注为其随后的调查提供了根据，即麦克法登探长有合理根据去相信他们携带有武器并且在谋划对商店的抢劫，因此他才非常适时地对他们进行了扣押并且搜查他们身上是否携带了武器。大法官沃伦写道：麦克法登的行为在范围上是合理的，因为他扣押特瑞等人是基于合理根据，而且他的搜查也局限在检查特瑞等人是否携带武器之内。

首席大法官沃伦提议的判决书撰写方式没能令其他大法官满意。大法官哈伦就是其中之一，他认为宪法性规则通常规制更常见的、更具侵入性的警察行为，例如他本人所认为的逮捕，而运用这样的宪法性规则去处理产生特殊问题的警察实施的截停和拍身搜查行为则是一个错误。同时，他也是第一位在判决中详尽地解释以下观点的大法官，即在新的背景下运用众所周知的第四修正案的术语，尽管是出于善意的，但仍有冲淡它们已经确定的并且重要的含义的可能。因此，哈伦主张法院应该更加公正地运用新的宪法性方法来解决截停和拍身搜查问题。

最后，大法官布伦南首先重新审视了他个人对于采用合理根据这种方式（probable cause approach）的坚持，并且随后说服首席大法官沃伦一起放弃这一观点。大法官布伦南认为，特瑞案中真正的宪法性问题是：根据第四修正案合理性条款（reasonableness clause）的要求（即禁止不合理的搜查和扣押），关键在于截停以及拍身搜查行为的合理性问题，而不是是否存在令状条款（Warrant Clause）所要求的合理根据问题——大法官布伦南在对大法官沃伦起草的判决意见草稿进行改写时指出，在决定基于令状而采取行动以外的其他警方行为是否具有宪法合理性时，"合理根据"是不相关的。而在大法官布伦南的眼中，本案关注的问题是"在没有合理根据的情况下，一个警察扣押一个人并且对他是否携带武器进行有限的搜查是不是总是不合理的"。大法官布伦南认为，对于判断不需要令状即可实施的警察行为的合理性，首先必须取决于所涉政府（government）利益的确定；其次取决于是否有具体明确的事实去证明这种侵扰的正当性。大法官布伦南在特瑞案中进一步解释了这些概念，认为政府利益存在于麦克法登接近三个人的方式，即截停，是刑事侦查和预防中宽泛的几乎无处不在的利益，并且，政府利益同样存在于麦克法登对这些人的搜查过程中，即拍身搜查，因为这是一名警官保护自身所必不可少的基本需要。而对于后一种利益，大法官布伦南认为，如果一名警察可以证明他对于一个人携带武器并且具有现实危险的判断是正确的，那么否认其拍身搜查的权力在宪法上则是不合理的。

大法官布伦南以解释麦克法登探长行为的客观合理性作为其对首席大法官沃伦起草的特瑞案判决意见重新撰写的结尾。麦克法登所注意到的行为是特瑞等人持枪抢劫的前兆，这可以证明为了对这些人进行询问而采取的截停是合理的。麦克法登随后的拍身搜查同样也是合理的，因为每一个谨慎的警官在调查可疑分子的行为时，都会认为特瑞和其同伙携带有枪支并对自身安全构成了威胁。而且，在麦克法登与特瑞等人的接触过程中，没有任何事情可以消除麦克法登这一客观合理的判断。布伦南还指出，尽管第四修正案对于拍身搜查的明确限制不得不在日后的案件中结合具体情况来制定，但仍为这种出于保护的合理性而做了范围的限定，而麦克法登并没有突破这样的限定。

1968 年 5 月，首席大法官沃伦接受了大部分由大法官布伦南重新撰写的意见，从而准备了一份附加"合理性"问题的草拟判决意见，然后送给其他大法官审阅。不同于沃伦先前草拟判决所得到的回应，这一份意见让他的同事都感到满意。法院很快通过了判决意见，只有大法官道格拉斯投了反对票并决定撰写反对意见。

（三）特瑞案判决

1968 年 6 月 10 日，星期一，首席大法官沃伦宣布了最高法院对于特瑞案的判决意见。判决限定了案件的争议问题："在没有合理根据进行逮捕的情况下，警察对一个人进行扣押并且对他是否携带武器进行有限的搜查是不是总是不合理的？"法院对于这个问题的回答是"不"。大法官沃伦在他撰写的判决意见中最后一段进一步解释道：

> 诚然，每一个类似的案件都必须根据它自身的事实进行裁判。我们今天只是认为，当一名警察注意到一些不正常的举动导致他根据自身经验有理由相信犯罪行为可能正在进行，而且他所面对的人可能携带武器并且有现实危险，同时在调查这些行为的过程中，他表明了自己的警察身份并做了合理的询问，在接触的初始阶段也没有任何事情能够消除警察对其自身以及其他公众安全的担心时，那么这名警察可以出于保护自身以及该地区其他人的目的对嫌犯的外衣进行有限并且仔细的搜查以查看他是否携带有可能用来攻击自己的武器。这样的搜查属于第四修正案下的合理搜查，而且任何被没收的武器都可以恰当地作为证据对抗携带它们的人。[32]

大法官哈伦作为构成多数意见的 8 位大法官之一，提交了一份协同意见以"填补"法院意见中的一些"缺陷"[33]。大法官哈伦在这份意见中谈到，尽管法院允许警察为了保护自身不为被截停的人员所攻击而进行拍身搜查，但他强调拍身搜查其实是第二步行为。他解释说，在警方证明因自我保护而进行拍身搜查的合宪性之前，他们必须首先证明最初通过强制截停将具有潜在危险性的人带到自己周边的合理性。大法官哈伦继续说，像特瑞案这样的案件，合法截停的根据是"一个明确的对将要发生暴力犯罪的怀疑，"同样的怀疑使得"即刻并且自动地"拍身搜查也变得合理。将这些因素放在一起，大法官哈伦将特瑞案中争议的行为归类并解释为"一个适当的截停以及一个附带的拍身搜查"。

但是，最高法院在特瑞案中并没有达成一致意见。大法官道格拉斯在其

㉜ Terry, 392 U. S. at 30 - 31.

㉝ See id. at 31 - 34 （大法官哈伦，一致意见）.

尖锐的反对意见中批评了多数意见，即在承认在缺乏第四修正案所要求的合理根据的情况下，允许第四修正案中扣押和搜查的做法。㉞ 道格拉斯写道，法院的判决意见赋予了警方"比法官更大的权力去进行'扣押'和'搜查'"，同时他认为这个发展是"在极权主义的道路上迈了一大步"。因为当特瑞案在 1968 年 6 月正式宣判的时候，大法官道格拉斯正在医院进行手术后的恢复，因此由大法官沃伦代替他宣布了其撰写的不同意见。

特瑞案的宣判登上了报纸的头版。在社会极度动荡的时期，最高法院因其对执法人员安全利益的关切而受到普遍的赞扬。㉟

（四）斯布隆案、皮特斯案与温赖特案

在特瑞案宣判的同一天，首席大法官沃伦还宣布了法院对于发生在纽约州的斯布隆案以及皮特斯案的判决。㊱ 在一份处理两件案子的合并意见中，法院认为从斯布隆身上获取的毒品证据应该被禁止使用，因为搜查斯布隆的警察没有理由去相信斯布隆携带了武器并且具有危险性，同时也因为这个案子中的搜查超出了拍身搜查被允许的范围——搜查到一个人的口袋内部超出了出于自身保护而对外衣表面的拍打。㊲ 相反，在皮特斯案中，相关证据是被适当地获取的，因为第四修正案涵盖的潜在行为不仅仅包括基于怀疑而进行的截停以及拍身搜查，还包括基于合理根据的逮捕和因逮捕而附带的对被逮捕人的搜查。㊳ 大法官哈伦再一次对法院的结论提交了协同意见。㊴ 他利用这个机会坚定地主张，特瑞案已经裁决了发生在街头的"截停确实可能基于合理怀疑"，这与他先前向法院作出的采用"合理怀疑"㊵ 措辞的建议相一致，但是比特瑞案判决本身走得更远。

在法院对其他涉及截停和拍身搜查的案件进行宣判的时候，温赖特案仍然没有结果。1968 年 6 月 17 日，星期一，法院宣布对此案的判决，驳回了温赖特的请求，理由是没有远见的接受（improvidently granted）。在这个案子里，大法官哈伦和大法官福塔斯分别提交了协同意见，大法官沃伦和大法官道格拉斯分别提交了反对意见。㊶ 大法官道格拉斯利用这次机会强调他在特瑞案中的反对意见，认为在特瑞案中法院不适当的改变了"第四修正案的传统标准"㊷。

㉞　See id. at 35-39（大法官道格拉斯，反对意见）.

㉟　比如，《纽约时报》发表评论："最高法院 8：1 的特瑞案判决将会告诉警察最高法院并没有在挖空心思地想办法增加他们工作的危险系数。""Unreasonable" Still Stands, N. Y. Times, June 12, 1968, at 46; accord Fred P. Graham, High Court Backs Rights of Police to Stop and Frisk, N. Y. Times, June 11, 1968, at 1.

㊱　See Sibron v. New York, 392 U. S. 40（1968）.

㊲　Id, at 62-66.

㊳　Id. at 66-67.

㊴　See id. at 70-79（大法官哈伦，支持判决结果）.

㊵　Id. at 71.

㊶　See Wainwright v. New Orleans, 392 U. S. 598（1968）（全体法官决议）.

㊷　Id. at 610（大法官道格拉斯，反对意见）. 他还指出了他的"担忧"，比如，"通过特瑞案和温赖特案，我们已经摒弃了西方传统，并朝着认可警察强制行为的方向迈进，与共产主义政权，如今的伊朗，'民主'台湾以及弗朗哥统治的西班牙越来越相似。" Id. at 615.

五、1968 年特瑞案件判决意见的解读

在已经包含了各类理论的现代宪法性刑事诉讼程序领域，已经过去了 40 年的特瑞案是最高法院判决中为我们所熟知的一个。从特瑞案，我们了解到，法院认为警察不需要正式逮捕，其行为仍然可以构成第四修正案下的"搜查"和"扣押"。我们还了解到，法院通过将侵害的程度与警察行为的公共目的进行权衡，认可了当警方有客观明确的理由相信有犯罪正在进行从而进行截停的宪法合理性；也认可了当警方有客观明确的理由相信被合法截停的人携带有武器并且对警察和他人造成了威胁，从而进行拍身搜查的宪法合理性。很多人因此认为，特瑞案以及有关"截停和拍身搜查"的法律问题已经被很好地解决了，因为我们有了对于执法过程中的公共利益和对个人自由相对小的侵入之间合乎情理的平衡，还有了证明合宪性的方式——即"合理怀疑"——这一在街头执法的警官，以及事后评价警察行为的法院，都可以有效使用的决定一个特定的侵扰是否被宪法所允许的标准。

在法院作出最终判决之前，特瑞案和其他相似的案件都要求最高法院的大法官们在 1967 年 10 月的开庭期对将第四修正案适用到警察截停和拍身搜查的不同分析方式进行衡量和抉择。为了在没有不适当地妨碍执法的情况下控制警察权力在街头的滥用，大法官们对相互关联的、棘手的法律和政策问题进行了整理。一些人认为特瑞案应该是唯一被裁决的"拍身搜查"案，而且他们应该对警察进行拍身搜查的权力进行实质的限制，将街头询问以及调查性拘留的问题留给后面的案件。另一些人则认为，通过分析来看，解决拍身搜查问题之前必须首先解决"截停"问题。最终，后一种观点在相互说服和妥协的过程中被大法官们所采纳。

尽管我们将特瑞案以及截停和拍身搜查的宪法性问题当作被妥善解决的规则和范畴，但是，从法院的讨论会议到草拟判决过程再到 1968 年 7 月对于截停和拍身搜查的判决来看，还是存在各种可能性以及学理上的结论。其中一个最终未被采纳的路径是首席大法官沃伦真心希望被运用的：颁布一个像米兰达案那样的拍身搜查规则。在不了解这一规则的具体内容以及之后偶然多变的事态进程情况下，去评价这一方法是否会在学理上、政治上或者实践中有效运转，当然是一件不可能的事情。特瑞案判决本身消除了制定截停和拍身搜查相关法律来对警察进行授权的需要和存在的政治利益。另一方面，还有一种将特瑞案本身看作是普通法规则的观点。特瑞案已经随着在后续判决中的发展，变成了一个周知的范式。因此，尽管首席大法官沃伦从未有意地着手制定截停以及拍身搜查的"法规"，他的法院以及之后几届最高法院已经在实际效果上完成了这一工程，有关第四修正案的法律发展到了大法官沃伦一直希望的结果。

另一种路径，在大法官会议上被讨论并且出现在首席大法官沃伦的第一份草拟稿中的，是坚持对第四修正案令状条款中"合理根据"的要求。这一方法采取了一种单一的，认为警察行为构成第四修正案项下"搜查"或者

"扣押"的观点。根据大法官沃伦先期的草拟意见，这一方法要求警官必须满足令状条款中的要求，即在任何时候进行搜查或者扣押，即使是在没办法取得令状的情况下，至少需要证明他们的行为是有"合理根据"的，而这正是令状条款所要求的一部分。当大法官沃伦试图使用这一标准来撰写法院意见的时候，大法官们很快将此方法否决了，直到大法官布伦南说服首席大法官将法院意见建立在第三种路径之上：合理性条款。

如果法院仅仅批准截停和拍身搜查是建立在第四修正案的合理根据之上，那么情况会怎样呢？大法官道格拉斯在他的特瑞反对意见中暗示，一旦一些截停和拍身搜查的合理性可以被低于合理根据的标准所证明，第四修正案这部分所提供的保护就会被全面侵蚀，包括在"合理根据"本应保留其全部宪法含义的、真正意义上的逮捕（full-blown arrests）的情况下。过去的几十年可能会对这一主张提供一些支持，而且相反的立场——在决定所有第四修正案包含的行动时都坚持"合理根据"这一成熟的规则将会使得这一规则完整的内涵成为警察行动的重大限制——并非不证自明。正如一些大法官似乎要在特瑞案中承认的，在截停和拍身搜查上保留合理根据的标准将至少意味着在区分搜查以及扣押的语境下开启发展证明标准独特含义的过程。即使这一发展并不必然产生后来将所有"合理根据"要求降低到一个最为薄弱形式的那些判决，法院肯定可以创设出不同的概念，而每一个主张都会得到相同的宪法成果："合理根据。"

法院没有沿着特瑞案判决中的思路继续走下去，并且没有颁布一个新的标准——"合理怀疑"——即允许基于低于第四修正案对于合法逮捕的证明标准来进行截停和拍身搜查——是不是一个错误呢？在 1968 年，大多数法官不愿采取如此直白的语言。但是之后的法院，在大法官哈伦的主持下[43]，没有表现得这么保守，而"合理怀疑"在今天，当然已经成为了一个被普遍使用的第四修正案的证明标准。[44]

大法官们的笔记以及其所提议的对于截停和拍身搜查的看法在 1968 年被各位法官传阅时并没有明确指出为什么沃伦法院不愿在当时接受"合理怀疑"这一标准。但这些文件对暗示忠实于第四修正案的条文用语起了一定作用，而且务实的考虑也贯穿法院对截停和拍身搜查进行判决的始终。法院是在一个特别动荡的年代对这些案件进行裁决的。在关于截停以及拍身搜查的案件等待判决期间所发生的事件包括全国范围内犯罪井喷式的增长、破坏性的城市暴乱；贫民区的骚动，居民和警察之间的种族紧张关系得到升级；更深层次的动荡还存在于学生之间，而且总体上是与越战有关；理查德·尼克松（Richard Nixon）的总统竞选阵营将重视犯罪问题以及对沃伦法院关于刑法判决的攻击作为竞选策略；约翰逊总统则致力于制定新的法律来打击犯罪；约翰逊总统决定不再追求连任；灾难性的枪击暴力事件，包括对马丁·

㊸ See Terry，392 U. S. at 31（大法官哈伦，一致意见）；Sibron，392 U. S. at 70（大法官哈伦，一致意见）.

㊹ See，e. g.，Richards v. Wisconsin，520 U. S. 385（1997）（该案判决如果警察有"合理怀疑"认为这些人的出现"会是危险的或者是没有意义的，或者会妨碍对犯罪的有效调查"，那么"强行"闯入就被证明是合理的）；Maryland v. Buie，494 U. S. 325，334 - 36（1990）（该案总结第四修正案允许对成为逮捕现场的房屋进行"保护性排查"，如果搜查的警官有"存在危险的合理怀疑"）；Michigan v. Long，463 U. S. 1032，1049 - 50 & note 14（1983）（该案授权具有"特瑞案中同等程度怀疑"的警官在调查性拘留时进行区域搜查）.

路德·金博士（Dr. Martin Luther King, Jr.）的暗杀，以及就在法院宣布特瑞案判决的前几天，对身为美国参议员同时也是民主党主席竞选者的罗伯特·F·肯尼迪（Robert F. Kennedy）的暗杀。

　　特瑞案所暗含的许多妥协以及一些大法官在给予警察截停和拍身搜查的宪法许可时的忧虑在后来确实演变成了懊悔。大法官马歇尔，作为一名法院的新成员，相对地没有参与到截停以及拍身搜查案件的内部讨论中，几乎在其后的案件中指出他在特瑞案中投了错误的一票。[45] 大法官布伦南，特瑞案判决的幕后作者，法院是得益于他的努力才在 1968 年接受这一判决的，并没有明确地表示过懊悔，但是其后来的一些判决意见很难被认为符合他说服首席大法官沃伦时采用的方法。[46] 但是，最终的观点是：1968 年，沃伦法院的大法官们做了他们所能做的，将宪法有逻辑地、合乎情理地适用在截停和拍身搜查问题上。[47]

▉ 六、无论成为什么……

　　特瑞已知的命运是不幸的。1966 年 8 月，因为正在申请最高法院审查的

---

　　[45] 亚当案（Adams v. Texas），发生在特瑞案的 4 年之后，最高法院像马歇尔大法官描述的那样"第一次有机会丰富 1968 年特瑞案的判决"。407 U. S. 143, 153 (1972)（马歇尔大法官，得到大法官道格拉斯的支持，反对意见）。审理亚当案的法庭，包括 4 位在特瑞案之后才加入最高法院的大法官，以 6∶3 的投票结果判决警官在接到线报称有一名男子坐在停靠的车中，持有麻醉剂类药物并在其腰带携有一支手枪，于是命令此人打开车门，把手伸到他的腰带处，收缴了一支手枪，并因持有枪支立即对他实施逮捕，在逮捕之后，对其进行搜查，发现并收缴了麻醉剂类药品，并没有违反第四修正案。See id. at 144 - 45. 马歇尔大法官，在其反对意见中，认为法院的分析与特瑞案不相符，认为特瑞案"从来没想过允许这类下意识的警察反应。"Id. at 159. 另外，在一份独立的对其反对意见进行总结的部分中，马歇尔大法官给人一种似乎要收回其在特瑞案投出的赞同票的感觉：

　　大法官道格拉斯是特瑞案中唯一的一位反对者。他警告我们"法院冲淡宪法所赋予的保障会给法院带来贯穿美国历史的强有力的压力（hydraulic pressures）……"392 U. S., at 39. 虽然在当时我认为我们并没有在冲淡宪法保障的权利，只是不情愿地而且谨慎地打破了在美国国民个人自由不受政府侵扰的权利和政府即刻的对于第四修正案令状要求一个有限例外的需求之间的平衡，今天的判决证明了大法官道格拉斯是多么的富有先见之明。

　　特瑞案中作出的精巧的平衡似乎太容易被打破，我们太容易受到外界影响以至于无法承受如今的"压力"（hydraulic pressures）。作为今天判决的结果，特瑞案中打破的平衡如今严重倾向于政府一边。而且涵盖在权利法案用来阻止这类任意且压迫性的警察行动的第四修正案遭到了严重的打击。今天的判决唤醒了对于一个无辜市民可能因为警察对其不适当的行为有一点的怀疑就被截停、搜查以及逮捕的社会的恐惧。

　　Id. at 161 - 62. 在后来的案件中，马歇尔大法官还是撰写了或者支持了引用特瑞案对警察许可的案件判决意见，但是只是在特瑞案引发了第四修正案对警察行为的限制的语境下。See Berkemer v. McCarty, 468 U. S. 420, 439 - 40 & note 32 (1984)（马歇尔大法官，法院意见）；Florida v. Royer, 460 U. S. 491, 498 - 501 (1983)（怀特大法官意见，得到马歇尔、鲍威尔以及斯文森大法官支持）。

　　[46] See, e. g. , New Jersey v. T. L. O. , 469 U. S. 325, 359 - 60 (1985)（Brennan, J. , joined by Marshall, J. , concurring in part and dissenting in part）；Florida v. Royer, 460 U. S. 491, 509 - 10 (1983)（Brennan, J. , concurring in the result）；Dunaway v. New York, 442 U. S. 200, 213 - 14 (1979)（Brennan, J. , Joined by Stewart, White, Marshall, Blackmun and Stevens, J. , for the Court）.

　　[47] See Mark Tushnet, The Warren Court as History: An Interpretation, in The Warren Court in Historical and Political Perspective 23 - 24 (Mark Tushnet, ed. , 1993)（认为特瑞案不是沃伦法院现实主义战胜理想主义的典型案件）；but see Morton J. Horowitz, The Warren Court and the Pursuit of Justice 95 - 96 (1998)（解释了特瑞案标志着沃伦法院在刑事司法制度改革上所付出的努力的完结）.

持有枪支的有罪判决而已经在监狱服刑了一段时间的特瑞被假释了，但他再次被逮捕，这一次被指控的罪名是持有海洛因。他的案件在等待最高法院裁决期间，特瑞作为一个麻醉剂药品使用者被限制在位于俄亥俄州利玛的州医院。[48] 后来除了之后的一次逮捕[49]，特瑞的消息再也没有被报道过。

伯纳德·弗里德曼（Bernard Friedman），作为最初作出驳回奇尔顿和特瑞基于第四修正案关于不予采纳证据的动议，并最终得到最高法院确认该判决的法官，对于特瑞案的判决结果非常满意。[50] 但是在他的判决之后的评论中，弗里德曼法官强调他所允许的截停和拍身搜查并非没有限制：

> 最高法院的判决赋予警察可以对可疑分子进行适当地截停和搜查的手段。
>
> 在奇尔顿和特瑞的审判中，我将这一权力限定在为了查找武器而进行的截停和搜查。当警察在根据其经验采取行动，并且违法行为有很大存在可能的时候，这一权力对于警察来说是必要的保护。
>
> 我认为对于违禁品案件不能不加选择地适用拍身搜查，我在这个案件中也是这个意思。[51]

马丁·麦克法登探长在特瑞案中得到了公正的愉悦（rightful pleasure）。当案件在最高法院等待判决的时候，麦克法登曾担心大法官们会判决他对奇尔顿和特瑞采取的措施违反了宪法。[52] 然而，在判决认可他的行为之后，麦克法登变得有些洋洋自得："我知道我是对的，而且我确实是对的，因为位于华盛顿特区的美国最高法院说我是对的。"[53]

而令人感兴趣的"扒手路易"芬克尔斯坦后来的行为以及命运，以及麦克法登在克利夫兰街道上对他们的惩罚，还需要进一步的研究。

---

[48] See High Court Decision Awaited in Police "Stop and Frisk" Case, Clev. Press, Feb. 14, 1968.

[49] 根据通讯社的报道，特瑞在 1990 年 5 月 7 日被逮捕，原因是在西弗吉尼亚闯入一家药房。See Noted Defendant Is Arrested Again, Boston Globe, May 16, 1990, at 27, available in 1990 WL 5819851.

[50] Police Won't Abuse Frisk Power Upheld by High Court, Says Blackwell, Clev. Press, June 11, 1968.

[51] I. d.

[52] See High Court to Eye Frisk Case, Clev. Plain Dealer, Dec. 11, 1967（"麦克法登，像其他担心最高法院最近在执法案件中的判决影响的警察一样，担心法院会剥夺他对可疑分子进行截停和拍身搜查的权力。'如果他们这样做，警察也没什么用了'［麦克法登］昨天说道。麦克法登认为他的案子是非常清楚的"）.

[53] Kissell, supra note 2；accord Right to Frisk Gets Supreme Court OK, Clev. Press, June 10, 1968, at A12（"麦克法登说：'法院不可能作出其他判决。在我看来，这是一个完美的案子。我对特瑞和奇尔顿观察了大约 15 分钟。他们在珠宝店的窗前大约走了十四五个来回。我怀疑他们在查看情况准备进行一次抢劫。'"）.

布里格诺尼—庞赛案以及马丁内斯—福尔特案：通向种族画像之路

伯纳德·E·哈科特 (Bernard E. Harcourt)

1989 年 3 月 8 日清晨，堪萨斯城机场，从洛杉矶来的布兰尼夫公司的 650 号航班在经历了夜间飞行之后刚刚降落。美国禁毒署 DEA（Drug Enforcement Administration）探员卡尔·希克斯和两名当地的警探在大厅审视着下机的乘客并寻找疑犯。希克斯从禁毒署收到消息，用他的话来说，"从洛杉矶来的、全部由黑人组成的、名叫'瘸子与血人'（'Crips and the Bloods'）的街头帮派因从洛杉矶运送可卡因到堪萨斯城贩卖而臭名昭著。他们中的大多数是衣着褴褛的年轻黑人男子。"①

阿瑟·韦弗（Arthur Weaver）很好地满足了上面的描述：非洲裔美国人，年轻，男性，并且衣着粗糙，他正从洛杉矶飞来的航班下机。而且，他带着 2 个旅行袋并且行色匆匆。据希克斯的描述，他几乎是从机场大厅跑到出租车等候区的——这是毒品贩运人到达机场后的"共同特征"。警官们锁定了韦弗。追上了韦弗之后，警官亮出了徽章，并且开始进行询问。警官要求查看韦弗的飞机票，同时也想查验一下他的身份。韦弗很明显变得紧张起来。他的声音发颤，语速很快，双手在抖，身体也在摇晃——或者至少警官后来是这样描述的。在经过了几轮对话后，警官进行了拍身搜查并且检查了韦弗的旅行袋。他们发现了 6 磅的高纯度可卡因以及超过 2 500 美元的现金。②

审判中，韦弗以警官没有合理的根据怀疑存在任何违法行为为理由质疑对他进行的搜查。他要求排除搜查所得证据的动议被驳回。韦弗接受了一个附条件的辩诉交易，但是保留了之后对其要求排除此证据的动议被驳回进行上诉的权利。韦弗被判处 12 年零 6 个月的监禁，监督释放（supervised release）5 年，1 万美元的罚款以及一项特种房产税（special assessment）。韦弗将他的案子上诉到了美国联邦第八巡回上诉法院。

第八巡回上诉法院驳回了韦弗的上诉，认为单凭与种族无关的其他因素已经给了希克斯探员足够的理由去进行搜查。③ 但是首席法官阿诺德则在其言辞激烈的反对意见中提出了种族问题：没有有力的证据可以表明种族可以作为是否是毒品贩运人的有效预测手段。通过种族来判断，阿诺德法官写道，"仅仅加强了我们对于毒品贩运者形象的刻板印象。如果公共官员开始将大部分公民推测为罪犯，这个国家将处在一个非常危险的状态之中"④。对于阿诺德的观点以及其对种族问题的全部讨论，法院的多数意见在脚注中给予了回应：

> 我们同意阿诺德法官在反对意见中所说的，大部分公民不应该仅仅因为种族被执法人员推测为罪犯。我们也毫不犹豫地认为，仅凭种族原因就对毒品携带状态进行的怀疑是无法通过宪法检验的。因此，如果 DEA 探员希克斯仅仅是因为韦弗的种族而对他进行怀疑，我们面前的案件将会不同。但是，事实就是那样，它不会因为可能让人不愉快而被忽略——在这个案件中让人不喜欢的事实就是希克斯根据他自身的经验

---

① United States v. Weaver，966 F. 2d 391，394 note 2 (8th Cir. 1992).

② Id. at 392–393.

③ Id. at 396（判决认为韦弗快速地走向出租车，没有其航班机票的副本以及身份证件，表现得很紧张等这些因素已经构成对韦弗携带毒品的合理怀疑）.

④ Id. at 397（阿诺德大法官，反对意见）.

以及从洛杉矶当局收到的情报得知洛杉矶黑人帮派的青年男性成员携带着毒品正潮水般地涌向堪萨斯城。从某种程度来说，在当时，种族，结合其他希克斯依据的因素，是决定接近韦弗并最终将其扣留的考虑因素之一。我们希望当时是另一番情况，但是我们只能处理呈现在我们面前的事实，而非我们希望的事实。⑤

1992 年 12 月 14 日，美国最高法院驳回了韦弗的调卷令申请。

警察根据阿瑟·韦弗的种族——他是非洲裔美国人这一事实——作为搜查他的根据，怎么会符合第四修正案呢？关于种族的全部问题，在这样一个关乎 12 年零 6 个月监禁的刑事案件中，竟然被放在一个尴尬的脚注中并且只能得到一个道歉？为什么法院没有对是否进行了种族区分进行更加谨慎的分析，并且进行严格详细的司法审查？政府是否具有重大利益（compelling interest）原则怎么会没有进行讨论？相比其他诸如雇佣或者教育问题，为什么在这种执法中，种族问题被如此区别对待？

这些问题的答案在于长远并迂回的，而且通常令人不快地通往种族画像的道路上——这是一条被一种不情愿去妥善解决维持治安中的种族问题，而非其他，所特征化的道路。⑥在这条路上，美国最高法院的两个判决——布里格诺尼—庞赛案（United States v. Brignoni）⑦与马丁内斯—福尔特案（United States v. Martinez fuerte）⑧——发挥了重要作用。最高法院在布里格诺尼—庞赛案以及马丁内斯—福尔特案中作出的判决，是迄今为止第一个，也是唯一明确认可将人种或者种族作为决定对个人进行截停以及调查时的考虑因素的美国最高法院判决。就两个案子本身来说，它们在今天仍然是最高法院处理涉及种族问题的警察行为时最为重要的判决。

两个案件都涉及使用人种或者种族因素对非法跨越美国墨西哥边境的人进行识别。将南部墨西哥边境问题作为对于种族画像的第一次讨论，最高法院将人种以及种族与警察维持治安工作通过一种独特的、强有力的方式联系到了一起。在这个过程中，法院在美国铺筑了一条通往种族画像的合宪之路，建造了 4 部分法律层次从而架构了警察维持治安时可以考虑种族这一规则。这一宪法结构包含以下 4 个法律特征：

---

⑤　Id. at 394，note 2 (emphasis added)．

⑥　在这一章中，"种族画像"指的是基于特定人种或者种族更有可能成为罪犯的假设，警方在明知的情况下将种族作为决定对嫌疑人采取调查时考虑的因素。"种族画像"一词是最近才出现的。See generally Bernard E. Harcourt, Rethinking Racial Profiling, 71 U. Chi. L. Rev 1275，1276 note 2 (2004)；Jerome H. Skolnick and Abigail Caplovitz, Guns, Drugs, and Profiling：Ways to Target Guns & Minimize Racial Profiling, in Guns, Crime, and Punishment in America 249-79 (Bernard E. Harcourt, ed.，NYU Press 2003) (文中讨论了"种族画像"这一表述的历史)，现如今，对于"种族画像"的定义有一些争议。一些评论家主张"种族画像"一词应该被局限在警方仅根据种族因素而采取行动的案件中；其他人认为"种族画像"应该用在种族比其他因素对调查决定起了更大作用的案件中。对于争议的讨论，参见，例如，Katheryn K. Russell, Racial Profiling：A Status Report of the Legal, Legislative, and Empirical Literature, 3 Rutgers Race & L. Rev. 61，65-68 (2001)；Albert W. Alschuler, Racial Profiling and the Constitution, 2002 U. Chi. Legal F. 163，168-73 & n 24 (2002)；Samuel R. Gross & Katherine Y. Barnes, Road Work：Racial Profiling and Drug Interdiction on the Highway, 101 Mich. L. Rev. 651，738 & notes 278-82 (2002). 本章所用的定义既包括在作出截停和搜查决定时仅考虑种族因素，也包括将其作为考虑因素之一。

⑦　422 U. S. 873 (1975)．

⑧　428 U. S. 543 (1976)．

（1）第一个层次，为了对第四修正案进行分析，对在作出决定时将种族作为唯一的因素进行考虑还是只作为考虑因素之一之间进行了划分。对种族画像的主张落入了第二个类别中——这并不奇怪，因为第二类涵盖了大多数情形，即便不是布里格诺尼—庞赛案之后的所有案件——所以易于通过第四修正案的审查。

（2）第二个层次对第四修正案对不合理搜查的保护与第十四修正案对平等待遇的保障进行了区分。暗含在布里格诺尼—庞赛案以及马丁内斯—福尔特案中，并且明确表述在后来的韦恩案中（Whren v. United States）⑨，最高法院将有意的种族歧视问题纳入到平等保护条款中来解决。因此，对于警方基于种族偏见所采取行为的主张应该在平等保护条款下进行分析。但是，如果对种族的考虑涉及正在讨论的维护治安行动——比如在南部墨西哥边境进行截停——那么警方行动不能引发平等保护审查。

（3）第三个层次只是对平等保护的分析，基于目击证人对嫌犯种族身份的认定而在作决定时考虑种族是不同于在没有将嫌疑具体到个人的情况下就考虑种族因素的（比如仅仅根据某些种族团体相对其他团体更具有伤害性的推测）。前一种对种族因素的考虑通常被第十四修正案的审查排除在外。

（4）第四个也是最后一个层次，是在平等保护的语境下，将主张那些建立在特殊的歧视性行为证据上的故意歧视与那些仅仅得到统计证据的差别待遇所支持的主张区分开。并非建立在歧视意图上的质疑（challenges）无法通过审查。因此，警方对非洲裔或者西班牙裔的机车司机不适当的截停和搜查的证明——即使相对于他们的交通违法比例来说是不适当的——没有满足第十四修正案中对主观意图的要求。

这四个层次的实际效果就是自从布里格诺尼—庞赛案件⑩之后，在联邦宪法层面上对种族画像的质疑基本不可能获胜。联邦层面上的挑战要么是在这四个层次中的一个或者几个中失败⑪，要么就以强制令救济达成了庭外和解。⑫ 考虑到目前维护治安的现状——特别是一名警官往往有很多理由解释

---

⑨　517 U. S. 806（1996）.

⑩　这四个法律层次以及在种族画像语境下的四部分宪法结构分析，参见 Bernard E. Harcourt, Rethinking Racial Profiling, supra note 6, at 1335－54。

⑪　See, e. g., Gross and Barnes, supra note 6, at 727. 有一个臭名昭著的州法院的例外，在那个案件中新泽西最高法院允许必要的歧视性主观意图可以从统计数据中推断出来（See State v. Soto, 734 A. 2d 350, 360（N. J. Super. Ct. 1996））。Soto 案的评论，参见 Harcourt, supra note 6, at 1346－47；Gross and Barnes, supra note 6, at 723－30；David Harris, Profiles in Injustice: Why Racial Profiling Cannot Work 53（New Press 2002）；David Rudovsky, Law Enforcement by Stereotypes and Serendipity: Racial Profiling and Stops and Searches without Cause, 3 U. Pa. J. Const. L. 296, 351（2001）。

⑫　See Gross and Barnes, supra note 6, at 727－28；Brandon Garrett, Remedying Racial Profiling, 33 Colum. Hum. Rts. L. Rev. 41, 75－81, 98－105（2001）. 但是这并不代表这些诉讼在引发对"种族画像"问题关注上、在执法部门颁布回应此问题的政策上、在促进警方以及反对"种族画像"组织之间达成协议上没有起到重大作用。其中的一个协议就得自愿调节——在圣保罗警署以及 St. Paul Chapter of the NAACP 之间——被引入 Lorie Fridell 等人所写的 Racially Biased Policing: A Principled Response（Police Executive Research Forum 2001）的附录当中。这份报告还列举了六项关键的应对措施——包括警方的责任以及监督，教育还有培训和将服务扩大到社会上的少数人群社区——一些警署正在实施。Id. at ch. 3－8. See also John J. Farmer, Jr. & Paul H. Zoubek, Final Report of the State Police Review Team（New Jersey State Police Review Team 1999）（详细论述了对新泽西警方在"种族画像"问题上的改革建议）.

为什么他（她）关注某一个疑犯——最高法院早先在布里格诺尼—庞赛案和马丁内斯—福尔特案的判决中允许将人种或者种族划分作为决定搜查的考虑因素之一，从本质上铺就了通往种族画像的合宪之路。

民主政治（democratic politics）——并非最高法院或者美国宪法——随后对针对非洲裔和西班牙裔的种族画像的政策提出了质疑，并且最终在20世纪末引发出一个公众舆论的共识，即基于种族的拦检对于这个国家的社会结构是有害的。然而，2001年的911恐怖袭击却从根本上改变了正在形成的共识，使舆论重新转向在维护治安中对种族画像的支持。作为一个宪法问题，布里格诺尼—庞赛案以及马丁内斯—福尔特案仍然是最高法院在这一问题上的主要案件。从这个角度来说，这两个最高法院案件引发了关于种族画像合宪性的讨论，这一讨论伴随着911所引发的对两个案件再一次的强烈支持延续至今。

通往种族画像道路的起点，尽管始于靠近墨西哥边境的州际土路上——但可以追随到路障，美国移民归化局（INS）检查站和检查非法越境的治安巡逻。通过墨西哥边境的这个案件，最高法院有效地在最为敏感的地区——一个种族划分以及相貌问题最为突出的地方——开启了一扇门。让我们先来讲故事，然后再说墨西哥边境。

一、南部边境的风景

在1848年墨西哥战争结束以及瓜达卢佩—伊达戈条约（Treaty of Guadaloupe-Hidelgo）签订以前，美国的大部分地区事实上是属于墨西哥的。条约中规定："美国兼并墨西哥1百万平方英里的土地，相当于欧洲西部大小，并且吸收100 000墨西哥国民以及200 000美洲印第安人在这片土地上居住。最终，条约或者全部或者部分地影响了10个州：得克萨斯、亚利桑那、新墨西哥、俄克拉何马、怀俄明、科罗拉多、堪萨斯、犹他、内华达以及加利福尼亚。"[13]

瓜达卢佩—伊达戈条约演化为一个政治问题花了很多年的时间。从1848年一直到20世纪前期，美国对墨西哥边境一直没有太多关注。对边境的控制非常松散，事实上，在20世纪边境问题转变为政治问题之前，美国一直都没有保存边境记录。[14]政府在边境巡逻方面也没有投入时间或者精力。"在1919年，只有151名移民监察员；但他们却要负责超过2 000英里的边境线，而且大多数监察员被要求待在20个官方入境口岸之一。有时，移民服务处流动警力的总数不超过60名。"[15]而且少数进行巡逻的移民官员在1925年的移民法案出台前并没有执法权。

---

[13] Joseph Nevins, Operation Gatekeeper: The Rise of the "Illegal Alien" and the Making of the U. S.-Mexico Boundary 19 (New York: Routledge, 2002).

[14] Id. at 25.

[15] Id. at 26 - 28.

对此问题关注的缺失，其中的一个解释是很多人认为移民者并没有兴趣长期居住在美国。通常大家会认为，大多数非法移民只是在美国工作一段时间，然后就会回国。迪灵汉入境委员会（The Dillingham Commission on Immigration）——一个政府专门小组——在 1911 年表达了这样的观点，宣布："墨西哥的移民为劳动力市场提供了相当充足的供应，虽然他们很难融入社会，但只要他们中的大部分能回到自己的祖国，这也就没什么大不了的。"[16]

富兰克林·德拉诺·罗斯福总统是最早提出边境问题涉及国家安全的人之一，但是这只是因为第二次世界大战。在 1940 年，罗斯福将边境巡逻警力加倍——考虑到边境的长度，这项工作带来的效果微不足道——国会为这712 名新的边境巡逻员支付了大约二百万美元。[17] 但即便是罗斯福政府雇佣了更多的边境巡逻员，"边境靠美国一侧的农场主仍然积极地鼓励墨西哥工人穿越边境并为他们工作"[18]。政治经济——特别是农民的需要——导致了被称为"旋转门政策"（revolving door policy）的出台："美国移民归化局将根据国内经济利益需要有效地'开放'和'关闭'边境。"[19] 所以当那些非法移民被逮捕以及处罚的时候，边境靠美国这一侧的农场主们却并没有因为雇佣墨西哥工人而遭受任何处罚。[20]

20 世纪 70 年代标志了限制主义运动塑造美国对待墨西哥移民态度的开始。这是一个政治倡议以及相应的公众舆论积累的时期。正如约瑟夫·内文斯所描述的，"对非法移民以及边境执法的关注——至少以一种伴随大范围的公众支持的持续性的方式——相对来说是最近才开始的。比如，共和党国家平台（the national Platform of the Republican Party）在 1980 年第一次提到移民执法（immigration enforcement）"[21]。里根政府在打击毒品的斗争中将移民归化局扩张到了"前所未有的高度"[22]。"议会拨款的支持率增长了130%……拨款的大部分流向了移民归化局执法部门"，而且大多数投入到了增加美国——墨西哥边境的巡逻上。

⑯　Quoted inid. at 104.

⑰　See id. at 30.

⑱　Id. at 31.

⑲　Id. at 35.

⑳　从这个角度来看，我们似乎可以沿着 Georg Rusche 和 Otto Kirchheimer 在他们 1939 年的专题论文，Punishment and Social Structure（New York：Institute for Social Research，1939）中划出的这个国家劳动力供应政治经济这一条线来追寻第四修正案的框架。在他们的研究中，Rusche 以及 Krichheimer 主张人口统计以及劳动力市场结合起来极大影响了社会机构在罪刑化和刑罚上的决策。犯罪的定义，判罚的模式，以及维护治安的手段很大程度上取决于劳动力供求以及经济生产方式。"每一个生产系统，"Rusche 以及 Kirchheimer 写道，"都要选择与其生产关系相关的刑罚方式。因此，调查判罚机制的起源和发展就是必要的，对特定刑罚的采用或者废弃，以及刑罚的严厉程度都取决于社会的前进动力，尤其是经济以及其转换而来的财政实力。"遵循这一条线，劳动力供应的变化，特别是在美国农业和服务业领域，可能在警方应对南部非法越境的措施上起着重要作用。这一经济特点同样也体现在移民法规以及北美自由贸易协定的对比之中——移民法规要保障不能出现穿越边境的情况，而北美自由贸易协定则保障商品的自由流通。

㉑　Nevins，supra note 13，at 111.

㉒　Id. at 67.

■ 二、边境监管

随着政客们变得越来越关注非法移民问题，移民归化局边境巡逻完善了他们侦查非法入境的外国人的技术，将首要的手段限制到 3 种主要措施上——固定的移民归化局检查站，临时的检查站以及巡回的巡逻队。这 3 项对内措施还辅以"边境观察员"来驻守在检查站核查文件并且守卫通往美国领土的入境通道。

固定的移民归化局检查站被布置在较大的高速公路以及州际公路上，距离墨西哥边境大约 25 到 100 英里。这些检查站实际上是可以将北行车辆限制为蛇形通过的路障，使得边境巡逻员能够检查每一辆过往的车辆并且截住机车司机以进行简短的询问并要求出示文件。检查站一般具有巨大的黑字黄底的标志以及闪烁的灯光，当机车靠近时会进行通告。下面是对于南加州一个固定移民检查站很形象的描述：

> 检查站南面大约 1 英里的地方是一个硕大的黑字黄底标志，在高速公路上还有闪烁的黄色小灯，标志上写着"所有车辆在前方 1 英里处停车"。北面 3/4 英里的地方有两个很大的黑字黄底的标志悬挂在高速公路上，伴随着闪烁的小灯，写着"注意前方车辆（watch for brake lights）"。在检查站，同时也是加州的称重站，有两个大的闪着红色小灯的标志悬挂在高速公路上。这些标志每一个都写着"停车——美国移民局（U. S. OFFICERS）"。在高速公路上放置的是一些橙色圆锥体，它们将过往车辆分成两列，边境巡逻员全部穿着制服站在白字红底的"停车"标志后面进行检查。在未使用的通道上阻挡通行的是闪着红灯的美国边境巡逻队车辆。另外，边境巡逻办公室以及临时的拘留所在一幢常设建筑中。这里还有供夜间工作的照明灯。㉓

在一些检查站里，"检查人员"（point agent）将在屏幕上呈现所有北行的车辆——包括那些还没有完全停止但是已经很接近的车辆。站在两列车之间的"检查人员"对大部分车主不进行任何口头询问或者进一步调查。但是"检查人员"会挑选一些车主进行进一步调查，将他们引领到下一个检查点进行公民身份以及移民状态的询问。这些进一步调查平均持续 3 到 5 分钟——除非，当然，他们最终被逮捕。在其他检查站，边境巡逻官员可能会截住所有北行的车辆以进行简短的询问。被官员所认识的当地居民可以豁免检查以通过，但是其他所有人都要停下来接受询查。

根据 1972 年美国移民归化局边境巡逻手册，常设检查站的选址要考虑的基本因素包括：

> 1. "高速公路上两个或者更多边境公路交汇的位置，以便能够用最少的人员进行大量的车辆检查。"

㉓ United States v. Baca, 368 F. Supp. 398, 410 - 11 (S. D. Cal. 1973).

2. "限制检查站周边车辆通过的地势以及地形，比如山地，沙漠，[或者军事设施]。"

　　3. "安全因素：对于没有看到检查站的正在驶来的车辆，要为其减速和停车保留一段安全距离；高速公路下的停车空间；有电源可以照亮控制标志以及检验区，有旁路供不需要检查的车辆通过，"以及

　　4. "根据Ⅰ—186规定的出行限制，非居民穿越边境者最远只能到距离边境25英里处（除非另有授权的文件）。检查站，通常来说，为了控制境内游客的非法活动，应位于25英里以外的区域。"[24]

　　"临时检查站"的设立方式相似，但主要位于车流量较小的小路上（back roads）以及"其地形足以应对突发事件"的地方。为了迷惑潜在的违法者，临时检查站的行动是建立在不定期和间歇性的基础上的。[25] 第三个重要技术手段，"巡回巡逻"，包含机动的边境巡逻战略小队（tactical units），通过巡逻来对临近较大的州际公路的小路上的机动车（at points removed from the actual border）进行截停以及搜查。这些"巡回巡逻"经常与常设检查站合作以确保驾驶者不会为了避免在大型公路上被路障截停而避开这些公路。

三、20世纪70年代犯罪画像（criminal profiling）的发展

　　到了20世纪70年代初期，边境巡逻官员开始将墨西哥血统的外貌作为决定是否对驾驶者进行截停和调查时所要考虑的常规因素，有时甚至是唯一的因素。这一变化在布里格诺尼—庞赛案中得到了体现，在该案中，边境巡逻员在庭上承认"他们对布里格诺尼—庞赛的汽车进行截停的唯一原因是车上的3名乘客似乎有墨西哥血统"[26]。从这个角度来说，边境治安维护在20世纪70年代反映了在执法方面向种族画像的转变。种族画像的第一次发展是在20世纪70年代初期的航空劫持的背景下进行的，随后迅速推广到在机场以及公交站点的毒品运输案件。

　　学习毒品运输案件种族画像的学生将这一学科追溯到2位前毒品管理局的探员的工作上，约翰·马尔切洛以及保罗·马克尼，他们两人被认为是这一领域的鼻祖。

　　在20世纪70年代初期，马尔切洛以及马克尼开始对通过航班在机场入境美国的非法毒品贩运者的共同特点进行识别。[27] "刚开始的时候，我们遇到的大多数案件"，马克尼解释道，"是根据执法部门或者航空公司职员所提供

---

　　[24] Baca，368 F. Supp. at 406.

　　[25] See INS Border Patrol Handbook at 9-3（discussed in Baca，368 F. Supp. at 406）.

　　[26] 422 U. S. at 875.

　　[27] Harris，supra note 11，at 20；Charles L. Becton，The Drug Courier Profile："All Seems Infected That Th" Infected Spy，As All Looks Yellow to the Jaundic'd Eye，65 N. C. L. Rev. 417，426，433-34（1987）.

的信息。正因为这些案件，一些被告中体现出来的共同特征得到了重视"⑳。劫机者的种族画像也是一则重要信息来源，因为根据这些画像所进行的截停往往会发现被截停人持有毒品。㉙ 这些特征最终演变为毒品贩运者的种族画像，并于 1974 年秋天在底特律机场的监督和搜查项目中得以适用。

第一次适用在底特律试验中的种族画像是基于收集到的超过 18 个月机场监控的经验观察，这些观察集中在旅游者的行为和外貌上。㉚ 试验被认为非常成功，而这一项目也在 20 世纪 70 年代中期被推广到了全国。㉛

四、边境的法律环境

种族画像——而且特别是种族画像——在美国墨西哥南部边境第一次遭到了质疑。美国最高法院多次处理过边境巡逻调查案件，并且规定了一些可以进行警方干预的轮廓描述（contours of permissible police intervention）。在边境或者功能上与之相当的地方——比如在芝加哥奥黑尔机场降落的国际航班——进行的截停、审讯以及搜查作为一种常规手段是符合宪法的，并且不需要令状或者合理根据。㉜ 但是，第四修正案对人身的保护适用于远离边境的地区——包括靠近墨西哥—美国边境的地区。

在阿尔梅达—桑切斯（Almeida-Sanchez v. United States）一案㉝中，法院判决第四修正案禁止边境巡逻队在现实边境周边使用巡回巡逻对机动车在没有令状和合理根据的情况下进行截停和搜查。在阿尔梅达—桑切斯案中，在缺少司法令状允许在特定区域进行巡回巡逻的情况下，在边境周围使用这一方法对车辆进行截停和搜查之前，需要拥有合理根据。在奥尔蒂斯案（United States v. Ortiz）㉞ 中，一个和布里格诺尼—庞赛相伴的案子，法院将具有合理根据或者司法令状的要求扩展到在常设移民归化局检查站进行的任何搜查。

也有致力于规制边境巡逻员行为的立法。在移民以及国民法案中，至少 2 个条款涉及这一问题。287 条（a）（1）授权任一移民归化局的官员或者雇员可以"在没有令状的情况下讯问任何外国人或者被认为是外国人的人关于其身处或者逗留在美国领土的权利"㉟。287 条（a）（3）授权任一移民归化局官员在没有令状的情况下"在美国外部边境以内的一段合理距离内对美国领海内的任意船只、铁路车辆、航空器、运输工具或者交通工具进行登临，

⑳　Becton，supra note 27，at 426.

㉙　See id. 426 - 27.

㉚　Id. at 430 note 72.

㉛　See id. at 417 note 2，417 - 18.

㉜　See，e. g.，Almeida-Sanchez v. United States，413 U. S. 266，272（1973）.

㉝　413 U. S. 266（1973）.

㉞　422 U. S. 891（1975）.

㉟　8 U. S. C. § 1357（a）（1）.

并搜查是否有外国人存在"㊱。而且，在经过通告以及公共评议后被移民归化局所实施的联邦条例之中，287 条（a）（3）中的权力可以在边境以内 100 公里的任意地方行使。㊲

但是这也留下了很多问题。第一，关于人种和种族的问题。是否具有墨西哥血统的外表是对一个人进行截停、问询，或者搜查的符合宪法的理由。第二，287 条（a）（1）条下的问询与 287 条（a）（3）条下的搜查是否应该被区别对待。第三，维护治安措施的差异——巡回巡逻相对较固定的检查站以及临时检查站——对这些问题是否重要。这些规则以及问题在布里格诺尼—庞赛案中第一次得到了检验。

五、布里格诺尼—庞赛案

1973 年 3 月 11 日清晨，在靠近圣克莱门特的常设移民归化局检查站，墨西哥边境以北 65 英里，圣地亚哥以及洛杉矶之间的 5 号州际公路上，美国边境巡逻队经常在那里设置路障，但检查站由于严酷的天气而关闭。两名美国边境移民局的探员坐在停靠路边的巡逻车里，观察着北行的车辆。一辆汽车驶过，车上的 3 个人看上去拥有墨西哥血统，因此，探员决定对他们进行调查。事实上，2 名探员后来表示这是他们当时决定调查的唯一理由。㊳ 2 名探员追了上去并进行了讯问。他们发现其中 2 名乘客属于非法入境，于是就逮捕了 3 人，以运送 2 名非法移民入境违反了移民和国民法案为由，起诉了司机布里格诺尼—庞赛。㊴

在审判之前，布里格诺尼—庞赛请求法院对用以认定 2 名乘客移民身份的证据不予采纳，认为这一证据来自第四修正案所禁止的非法扣押。审判此案的法庭驳回了这一动议，而且这一判决得到了第九巡回法院一个法庭（panel）的确认。然而，第九巡回法院上诉法庭却在由全体法官共同进行审判时支持了布里格诺尼—庞赛，推翻了上述判决。㊵ 案件中的截停涉及阿尔梅达—桑切斯案中所讨论的"巡回巡逻"，由全体法官出席的法庭认为，根据阿尔梅达—桑切斯案，官员因为对非法移民身份的怀疑而对驾驶者进行截停必须要有"有根据的怀疑"来认为一个或者多个驾驶者属于非法入境者。法庭判决，仅仅是墨西哥血统，未能构成一个"有根据的怀疑"㊶。

最高法院准予了调卷令（certiorari），并将待分析的问题限定为正在执行巡逻任务的边境巡逻队探员是否可以基于种族这一单独原因对驾驶者进行截停。法院强调到，政府承认巡逻队的探员当时正在执行巡回巡逻。政府也

㊱　8 U. S. C. § 1357 (a) (3) .

㊲　C. F. R. § 287. 1 (a) (1975) .

㊳　422 U. S. at 875.

㊴　422 U. S. at 874 - 75.

㊵　499 F. 2d 1109 (1904) .

㊶　Id.

认可阿尔梅达—桑切斯案应该溯及既往地适用到布里格诺尼—庞赛案中。而且承认截停的地点并非在边境或者功能相当的区域，而是在靠近边境的地方。因此，法院解释道，"唯一需要裁决的问题是巡回巡逻是否可以仅凭对车上人员具有墨西哥血统的怀疑在靠近边境的地方截停机动车并进行问询。"[42] 换句话说，具有墨西哥血统是否满足所要求的"有根据的怀疑"。法院最终投票一致认为——尽管出于不同的原因——这是不能成立的。

鲍威尔大法官撰写的意见得到了布伦南、斯图尔特、马绍尔以及伦奎斯特大法官的支持。鲍威尔大法官首先顺利地驳回了政府出于法定权力的辩解，再次简要地陈述"任何国会的法案均不能授权对宪法的违反"[43]。截停以及问询涉及扣押，因此需要通过第四修正案的审查。

在宪法性分析中，鲍威尔大法官进行了传统的利益平衡分析，对政府在维护边境治安以及防止墨西哥人非法入境所采取的有效措施与个人在边境附近活动的自由之间的利益进行衡量——"在公共利益以及个人自身安全不受执法人员任意干涉之间进行平衡"[44]。鲍威尔大法官强调了截停的有限性。侵扰，鲍威尔认为，应该是"谦抑"（modest）的。它不应持续 1 分钟以上，也不应该进行搜查（除非有进一步的证据证明）。所需要的，正如政府解释的以及鲍威尔大法官重申的，"是被问询人对一个或者两个简短问题的回答，可能还要其出具一份合法逗留美国的证明"[45]。这些条件，鲍威尔大法官认为，与特瑞案（Terry v. Ohio）中对拍身搜查或者亚当案（Adams v. Williams）中对可疑身份的人进行简短截停的限制是相似的。在天平的另一边，鲍威尔法官承认防止墨西哥非法移民中体现的公共利益是"有法律依据"（valid）的。[46] "移民归化局目前认为可能有 1 000 万或者 1 200 万外国人是非法逗留在美国的"，鲍威尔法官解释道。[47] 这有可能对国民以及移民者本身造成严重的社会以及经济问题。

因此，根据特瑞案和亚当案，鲍威尔大法官裁决边境巡逻探员可以在没有非常确凿的相当理由的情况下进行合宪的有限制截停。所需要的只是"探员的观察能够使其有理由怀疑这辆机动车可能载有非法居留在这个国家的外国人"[48]。就像在特瑞案中，警方介入的范围必须根据更为有限的合理怀疑范围来决定。边境巡逻探员可以对机动车进行简短的截停并且调查，但是不能进行全面的搜查，除非有其他证据表明："探员可以对司机和乘客的国别以及移民身份进行问询，而且也可要求他们解释可疑的环节，但是任何进一步的羁押或者搜查必须建立在同意或者合理根据的基础上。"[49]

鲍威尔大法官认为，重要的是要认识到大多数在靠近边境的公路上行驶的车辆是合法的。一些大型城镇坐落在边境地区，他强调到，包括拥有 140

---

[42] 422 U. S. at 878.

[43] Id. at 877 (quoting Almeida-Sanchez, 413 U. S. at 272) .

[44] Id. at 878.

[45] Id. at 880.

[46] Id. at 879.

[47] Id. at 878.

[48] Id. at 881.

[49] Id. at 881-82.

万居民的加州的圣地亚哥以及加起来拥有大约七十万居民的得克萨斯州的埃尔帕索以及布朗斯维尔。"我们确信基本上所有在这些城市中行驶的车辆都是合法的，相反，却没有居民与非法入境以及外国人偷渡有任何联系。"[50] 无论如何，允许没有任何限制的巡回巡逻将对居住在边境附近的居民的日常生活带来巨大侵扰。他也认为这将给边境巡逻带来过大的裁量权。"如果我们认可了本案中政府的立场"，鲍威尔大法官总结道，"边境巡逻探员就可以任意截停机动车进行问询，在白天或者夜晚，在 2 000 英里边境线以内 100 公里区域内，在城市街道上，在繁忙的高速公路上或者在沙漠道路上，而不需要拥有任何对他们触犯法律的怀疑。"[51]

对于种族画像这一关键问题，鲍威尔大法官裁决，法院不希望单独的以墨西哥血统来取代合理怀疑标准。墨西哥人的外表，鲍威尔大法官撰写的法院判决认为，可以成为一个"相关因素"，但是仅其本身不足以支持警方进行截停。"大量在美国出生的以及入籍的国民拥有可以被辨认为墨西哥血统的外貌特征，而且即便在边境地带也只有相对较少的一部分是外国人。"[52] 还有很多其他的因素可以并且应当用来参考，鲍威尔大法官解释道：不正常的驾驶行为，明显对警方的逃避，一些拥有很大舱位的铁路货车（certain station wagons with large compartments）或者看上去超重的汽车。这些都是边境巡逻探员可以考虑的因素。另外，鲍威尔大法官认为，探员可以并且应该被允许将墨西哥人的外表作为考虑因素。"政府也指出经过训练的探员能够根据诸如服装和发型样式等因素，识别出居住在墨西哥的人的外貌特征。"[53] 鲍威尔大法官认为这样的考量是可以被接受的。"在任何情况下，探员均有权根据其侦查非法入境以及走私的经验对事实进行判断。"[54]

但是仅凭墨西哥人的外表却是不够的："任何具有墨西哥血统的人是外国人的可能性只能大到将墨西哥人的外表作为相关因素，但是单独而言，它不能证明对所有墨西哥裔美国人进行截停并问询他们是否为外国人的正当性。"[55] 在种族问题上的底线是，它可以作为一个因素，但是不能仅凭此在巡回巡逻中判断是否进行截停以及问询。

布里格诺尼—庞赛案的结果可以清晰地在一个将警方介入方式与特定警方行动相对应的二乘二的表格中得到理解：

	巡回巡逻	常设检查站
截停 & 搜查	阿尔梅达—桑切斯案（1973）：司法令状或者合理根据	奥尔蒂斯案（1975 年）：司法令状或者合理根据
截停 & 问询	布里格诺尼—庞赛案（1975）：合理怀疑；种族外表是相关因素但不足以作为唯一考虑因素	有待解决的问题

[50] Id. at 882.
[51] Id. at 883.
[52] Id. at 886.
[53] Id. at 885.
[54] Id. at 885.
[55] Id. at 886-87.

鲍威尔大法官的推理得到了其他 4 位同事的赞同——布伦南、斯图尔特、马歇尔以及伦奎斯特大法官——尽管最终，陪审法官附加了一份单独的并行段落用以强调这一判决的有限性。伦奎斯特大法官单独撰写了意见来表明本案的裁决并不构成对其他执法行为的质疑，例如为了缉拿一位已知的逃犯或者进行农业检验（agricultural inspections）而在高速公路上设置路障。伦奎斯特大法官补充道，"通过高速公路上截停机动车来判断他们是否符合了可适用法律中要求的相关资质"[56]伦奎斯特大法官认为，这样的截停即便没有合理根据或者没有有根据的怀疑，作为理所应当的事情，它也应该被允许。

其他 4 位大法官——首席大法官伯格、布莱克门大法官、怀特大法官和道格拉斯大法官——没有加入到鲍威尔大法官的意见书中，而是或者联合或者单独撰写了协同意见。他们均认可了这一案件的判决。但是前 3 位大法官却表达了对判决的不情愿以及对第四修正案分析方向的失望；道格拉斯大法官，相反，则走得更远。

首席大法官伯格以及大法官怀特只是对判决的结果表示协同，他们分别撰写了意见并都得到了布莱克门大法官的支持，同时，这两份意见对这个国家的墨西哥非法移民以及危险毒品的流入表示了深切的担忧和挫败感。案件的判决，伯格以及怀特大法官承认，在法院 1973 年阿尔梅达—桑切斯案中就已经预先注定，在那件案子中，法院要求巡回巡逻中的搜查必须要有合理根据或者司法令状。但是，伯格和怀特大法官强调说，这样的结果对于这个国家而言将会是可怕的：来自墨西哥的非法移民潮已经造成了灾难性的社会、经济以及政治问题。伯格大法官强调，超过 120 万的外国人属于非法逗留，他还在其意见上附加了一份长达 14 页的援引自美国加州南区地区法院特伦坦法官在巴卡案（United States v. Baca）的判决意见。[57] 这一摘录，标题为"非法外国移民问题"，记述了关于居住在美国的非法移民问题——包括他们与美国国民竞争岗位，"通过破坏工会从而带来长期不佳的经济环境"，以及给"社区带来潜在的健康威胁，原因是很多非法移民是在寻找保姆、食品处理员、厨师、管家、餐馆服务员、洗碗工以及杂货店工人这样的工作。"[58] ——以及执法所面临的挑战和缺少切实贯彻的问题。[59]

伯格以及怀特大法官写道，任何对执法的进一步阻碍——包括布里格诺尼—庞赛案的判决结果——只会使这个问题变得更加严重。"按照法院在这个案件中对第四修正案的解释"，伯格大法官认为，"移民归化局对于阻止每天自由穿越于我们 2 000 英里南部边境的非法外国人以及危险毒品将会无能为力"[60]。怀特大法官补充道："法院因此废除了国家仰仗的试图阻截数以百万计非法入境并且逗留在美国的外国人的机制中的主要手段。"[61]

---

[56] Id. at 887（伦奎斯特大法官，一致意见）.

[57] 368 F. Supp. 398，402 - 08（S. D. Cal. 1973）.

[58] United States v. Ortiz, 422 U. S. 891，904（首席大法官伯格，协同意见）（quoting United States v. Baca, 368 F. Supp. 398）.

[59] Id. at 904 - 14（首席大法官伯格，协同意见）（quoting United States v. Baca, 368 F. Supp. ）.

[60] Id. at 904 - 14（首席大法官伯格，协同意见）.

[61] Id. at 915（怀特大法官，协同意见）.

伯格以及怀特大法官表达了希望法院能够在将来的案件中对执法背后的利益给予更多考虑的想法。"我希望",伯格大法官写道,"当我们再一次面对这样的问题时,我们可以对现实中第四修正案只是禁止'不合理的搜查和扣押',以及合理性是要将所有的情况进行衡量这一经常性的告诫予以更多的考虑,并且在社会需求的背景下平衡个人权利。"[62] 但是,两位大法官的语气听上去让人绝望。伯格大法官写道:"这些裁决可能会出现在将来的案件中,但这又将成为社会似乎无力处理大量违法行为的证明"。"从这个角度上来说,历史可能会认为我们戴上了自身对个人权利一贯以及应有关切的枷锁,无法——或者不愿——将第四修正案中明确规定的合理性概念在这些个人权利与所讲的国家安全之间找到一个合理的落脚点。"[63]

与此形成鲜明对比的是,道格拉斯大法官在布里格诺尼—庞赛案中走得更远,而且他认为需要合理根据作为标准而非合理怀疑。道格拉斯大法官全力支持仅根据墨西哥血统而作出的截停是对"第四修正案公然的违反(patent violation)"[64]。但是,在其一致意见中,道格拉斯大法官认真地驳斥了将无法使人信服的合理怀疑作为标准的做法。道格拉斯大法官早在特瑞案的不同意见中就认为"这一判决无疑将减弱第四修正案对公民不受警方侵扰的权利的保护"[65],并且在布里格诺尼—庞赛案中表达了类似的呼声。事实上,道格拉斯大法官认为,这一个以及最近的案件都很好的证明了不严格的合理怀疑标准存在的问题。"我在特瑞案中对弱化第四修正案的担忧已经遗憾地被后续的事件所证实。"[66] 道格拉斯大法官重新细数了驾驶者因为低速行驶或者在后座放置备胎而被截停的边境案件——在合理怀疑标准下而得到支持的截停。因为车子中行李沉重而被截停的度假者对这些判决不会感到高兴;很多驾驶已有年头的汽车的守法公民因为车子的刹车系统老化或者失修而行驶缓慢,若因此而被截停,他们也会感到不快。合理怀疑标准事实上会造成警方以站不住脚的理由在高速公路上对公民进行截停。[67]

但是最终,布里格诺尼—庞赛案还是归结为其他种族的外表在决定是否对一个人进行截停和问询时是有效并且合理的考虑因素,但是不能作为唯一因素。布里格诺尼—庞赛案是在宪法层面迈向允许种族画像的第一案。

六、第二个案件:马丁内斯—福尔特案

下一届的最高法院再次回到了边境问题上,这一次处理的是常设移民检查站的合宪性问题。这一案件解决了布里格诺尼—庞赛案遗留的问题,即边

---

[62] Id. at 900(怀特大法官,协同意见).

[63] Id. at 899(怀特大法官,协同意见).

[64] Id. at 888(道格拉斯大法官,协同意见).

[65] Id.

[66] Id.

[67] Id. at 889-90(道格拉斯大法官,协同意见).

境巡逻人员是否需要明确的怀疑才能在墨西哥边境100英里内的路障处对驾驶者进行截停和问询。鲍威尔大法官再次为法院撰写了判决意见。但是这次，他叫停了前面案件中法院的做法，并且给予警方更大的自由裁量权。

马丁内斯—福尔特案（United States v. Martinez-Fuerte）涉及几个合并处理的案件，起因均是在美国墨西哥边境内100英里的两个常设移民检查站所进行的逮捕，一个发生在加利福尼亚，另一个则在得克萨斯。加州的移民检查站位于我们所熟悉的区域，靠近圣克莱门特北行的5号州际公路，在圣地亚哥以及洛杉矶之间，墨西哥边境以北66英里——与布里格诺尼—庞赛被截停的地方非常接近。另一个检查站位于靠近萨里塔（Sarita）的美国77号高速公路，在得克萨斯州的布朗斯维尔（Brownsville）北面，墨西哥边境以北65到90英里。

两个检查站都具有传统的黑底黄字的标志以及闪烁的灯，以及当驾驶者靠近时的警示标志。在圣克莱门特检查站，检查员（point agent）在屏幕上可以看到所有北行的车辆，但是他并不全部进行问询。取而代之的是，检查员会挑选一些驾驶者在次级检查点进行进一步的调查，在那里，检察员会进行截停并且问询驾驶者其国籍以及移民身份。在逮捕发生在圣克莱门特检查站之前，地方法官（magistrate）发布了一项"检查令状"授权边境巡逻队在这一区域设置路障。在萨里塔检查站，除了探员能够认出的当地居民，边境巡逻队会对所有北行的车辆进行截停，以进行简短问询。而且，不同于圣克莱门特检查站，萨里塔检查站并没有授权这些行动的司法令状。

最高法院将这些关于逮捕的案件合并在马丁内斯—福尔特案中一起审理。一组被告是在圣克莱门特检查站被逮捕的：阿曼多·马丁内斯—福尔特被带到了次级检查区域进行问询，在那里，他的2名女性乘客被认为是非法入境的墨西哥人。马丁内斯—福尔特被起诉的罪名所依据的法规与布里格诺尼—庞赛案是一样的，18 U. S. C. 1324（a）（2），均为非法运送外国人入境。在另外被合并审理的案件中，何塞·希曼尼兹—加西亚（Jose Jiminez-Garcia）以及雷蒙德·吉伦（Raymond Guillen）也因为类似的违法行为被逮捕。在庭审之前，马丁内斯—福尔特要求法院不予采纳从检查站截停中所获取的证据的动议，但是这一动议最终被法院驳回。在其他两个案件中，相同的动议却得到了法院支持。第九巡回法院上诉法庭将这些上诉合并在一起审理并判决，在一名法官持不同意见的情况下，边境巡逻员需要明确的理由去截停驾驶者以进行问询。

鲁道夫·希富安提斯（Rodolfo Sifuentes）在得州的萨里塔检查站因为非法运送外国人入境而被逮捕。审理此案的法官驳回了他不予采纳证据的动议，这一裁决得到了第五巡回法院的确认，认为在常设检查站进行的截停，在没有理由相信一名驾驶者正在运送非法入境的外国人的情况下，不存在违反第四修正案的问题。

最高法院签发了诉讼文件移送命令来解决巡回法院的差异判决。由鲍威尔大法官撰写的一份7对2的判决意见中，法院支持了第五巡回法院的观点，并认为在为了防止非法移民而设置路障的地方进行搜查不需要明确的怀疑或者司法令状作为前提。最高法院的法官在布里格诺尼—庞赛案之后有了一些变化，由约翰·保罗·史蒂文森大法官替代了道格拉斯大法官。但这样的改变对案件的结果没有任何影响。只有布伦南大法官以及马歇尔大法官对判决持不同意见。

鲍威尔大法官再一次以利益平衡作为讨论的起点。常设检查站，政府在庭前陈述道，是"最为重要的车辆检查方式"[68]。而且，鲍威尔大法官认为，这些检查站非常高效。以圣克莱门特检查站为例，在1973年，从大约一千万车辆中逮捕了17 000非法入境的外国人。这样的效率，鲍威尔大法官暗示道，会因为截停必须要建立在合理怀疑的基础上而降低：这样的要求"将是不切实际的，因为过于庞大的车流量使得调查特定车辆以确认其是否承载有非法入境的外国人变得不可能。特别是，这样的要求将会很大程度上削减对于那些伪装得很好的走私行为的威慑作用，即便我们都知道走私贩经常要经过这些公路"[69]。相反，对于公民自由的侵扰相对来说是轻微的——用鲍威尔大法官的话说是，"非常有限"[70]。对旅行者所要求的仅仅是一个"简短滞留"，"对一两个简要问题的答复"，以及"有可能需要出示的证明自己合法身处美国的文件"[71]。

从多个角度来看，本案的利益平衡与布里格诺尼—庞赛案非常相似。遭受质疑的警方行动——设置移民路障——与巡回巡逻是封锁政策中相互倚仗的两部分。对公民权利的侵扰在两个案件中是类似的。事实上，鲍威尔大法官立足于他在布里格诺尼—庞赛案中的裁决意见来解释对于公民权利侵扰的程度问题。但是，鲍威尔大法官指出了他认为的一个重要区别：主观侵扰（subjective intrusion）"在检查站截停中比较少见"[72]。对于个人侵扰，鲍威尔大法官指的是驾驶者所感受到的恐惧或者担忧。他认为，相对于在巡回巡逻截停中的情况，产生于检查站截停中的这些感受不是那么令人恐惧。对于检查员来说，检查站截停没有那么大的自由裁量权，对于合法的车辆也没有那么多的干涉，同样也没有那么多潜在的权力滥用。总体来说，相对巡回巡逻，检查站没有那么大的余地对公民权利进行侵扰。

鲍威尔大法官认为，即便是圣克莱门特的次级检查站进行的截停也有"最低限度"的侵扰标准。他觉得，那些移送"只是针对居民身份进行常规的并且有限的问询"而且只是包括一个同样是"最低限度的""客观侵扰"（objective intrusion）。"选择性的移送可能涉及一些问题，但事实上，由于截停具有公共以及相对的例行特点，它不应该是令人恐惧或者具有冒犯性的。"[73] 而且因为考虑到相对于家而言，对于身处汽车中的个人隐私，人们有着较为有限的期待，鲍威尔大法官总结道，在合理设置的检查站中，截停不需要以具体到个人的怀疑为前提。[74]

这一判决所蕴涵的东西对于种族画像的影响是巨大的。在那些次级检查区域，鲍威尔大法官已经准备好去接受大多数的移送，如果不是所有，都是

---

[68]　Martinez-Fuerte，428 U. S. at 556.

[69]　Id. at 557.

[70]　Id. at 557.

[71]　Id. at 558（also quoting 布里格诺尼—庞赛，422 U. S. at 880）.

[72]　Id. at 558.

[73]　Id. at 560.

[74]　Id. at 562.

基于存在墨西哥血统这样的假设。鲍威尔写道："即使假定这样的移送大部分是基于显而易见的墨西哥血统，我们仍然认为不存在违宪问题。"[75] 鲍威尔大法官接下来附加了 2 个脚注来解释这一问题。首先，在脚注 16 中，鲍威尔大法官认为——根据一个并不确切的统计分析[76]——边境巡逻探员并非仅仅单一地根据墨西哥血统将驾驶者移送至次级检查区域。其次，在脚注 17 中，鲍威尔补充道，"在这一检查站，巡逻员在多大程度上依据的是具有墨西哥血统的外表，见前文脚注 16，对此因素的依赖显然与需要的执法活动有关"[77]。但是即便他们确实全部依据的是具有墨西哥血统的外表，这也不存在违反第四修正案的问题。"因为这里的侵扰是能够达到的最小限度，因此不需要特别的理由来证明其正当性，我们认为这遵循的是边境巡逻探员在选择驾驶者进行简短问询时必须享有的更为宽泛的自由裁量权。"[78] 这一讨论——这些脚注——足够隐晦，它使得这个问题得以继续渗透、恶化，并通过下级法院得以迂回前行（to percolate, to fester, and to wind its way through the lower courts）。

马丁内斯—福尔特案填补了我们前面表格的缺失：

	巡回巡逻	常设检查站
截停 & 搜查	阿尔梅达—桑切斯案（1973）：司法令状或者合理根据	奥尔蒂斯案（1975 年）：司法令状或者合理根据
截停 & 问询	布里格诺尼—庞赛案（1975）：合理怀疑；种族外表是相关因素但不足以作为唯一考虑因素	马丁内斯—福尔特案（1976）：没有要求（允许仅根据种族因素或者部分根据种族因素）

布伦南大法官撰写了一份言辞激烈的反对意见，并得到了马歇尔大法官的支持。布伦南大法官将法院的判决描述为"对第四修正案保护的玷污"[79]，认为"今天的判决是这届法院持续第 9 次地对第四修正案对不合理搜查以及扣押的保护的架空"[80]。布伦南大法官最反对的是没有任何客观标准去衡量截停的合理性。而在之前的案件中——阿尔梅达—桑切斯案、奥尔蒂斯案，以及布里格诺尼—庞赛案，法院对合理性做了少量的要求；在马丁内斯—福尔特案中，法院却将合理性标准通通抛弃："我们今天被告知……无数的驾驶者可能被个别地截停、问询、目视检查，以及进一步的拘留，而这一切甚至不需要一个明确的怀疑，更不要说迄今为止宪法中对于合理怀疑的最低标准，这样的结果导致搜查和扣押的根据可以是毫无实际内容而且无法明确的预感。"[81]

---

[75]　Id. at 563.

[76]　Id. at 563 note 16. 鲍威尔的理由是不到 1% 的机动车驾驶者被截停以问询，但是这其中可能有 13% 到 18% 的人拥有墨西哥血统。从这一点，鲍威尔得出结论：边境巡逻并非仅依据外表上呈现出的墨西哥血统。另一个对数据似乎合理的解释是边境巡逻仅依据外表呈现出的墨西哥血统，但是所拥有的资源和人手只能截停这些人中的 1/16。

[77]　Id. at 564 note 17.

[78]　Id. at 563 - 64.

[79]　Id. at 569（布伦南大法官，反对意见）.

[80]　Id. at 567（布伦南大法官，反对意见）.

[81]　Id. at 569 - 70（布伦南大法官，反对意见）.

布伦南大法官对在巡回巡逻以及次级检查站移送之间进行的利益区分也表示了不理解："建立在正当侵扰基础上的政府利益在巡回巡逻和次级检查站中都是一样的。""既然在侵扰的本质上没有什么不同，同样的最低限度标准就也应该适用在检查站截停上。"㊷ 布伦南大法官拒绝了驾驶者在这种情况下感受到的个人侵扰要小于在巡回巡逻截停中所感受到的个人侵扰这种说法。他认为，驾驶者对于扣留以及检查的不满与他们在人群中被挑出来接受检查的感受是一样的。

但是更为难办的是，法院判决会导致没有限制的种族画像。由于没有要求任何标准，法院赋予边境巡逻以自由去对所有具有墨西哥血统的人进行外貌评判以进行进一步的问询和检查。布里格诺尼—庞赛案所规定的限制将变得毫无用处。布伦南大法官大声疾呼：

> 抛弃对于最低限度的合理怀疑甚至是明确的怀疑的要求，最高法院使得同样适用于检查站截停的布里格诺尼—庞赛案，裁定"仅凭［墨西哥人］的外表不能证明对墨西哥裔美国人进行截停以询问他们是否为外国人的正当性"的判决变得毫无实践意义。因为边境巡逻的目标针对的是所有非法逗留在美国的墨西哥人，检查站的官员必然会将具有墨西哥人外表的驾驶者作为目标，在没有任何客观标准的情况下，完全凭借主观想法，任意地对某一个或者所有驾驶者进行截停，而不需要作出解释或者给出理由。这样的程序将毫无疑问地构成对具有墨西哥血统的公民以及合法处于美国的墨西哥人的歧视，而理由就是他们不可避免地具有与非法逗留美国的墨西哥人相同的"可疑"身体以及外貌特征。㊸

布伦南大法官总结道，马丁内斯—福尔特案的判决，将会导致警方行动取决于人种以及种族——并非部分取决于，而是全部取决于。

▎七、对警察维持治安活动的即刻影响 _____

布里格诺尼—庞赛案以及马丁内斯—福尔特案不仅对第四修正案的判例法，也对边境巡逻以及更为宽泛的治安维护有重要影响。这些判决对种族画像开了绿灯——包括种族画像。法院向执法部门传递了一个清晰的信息，即采用多个要素进行的犯罪画像，包括将人种或者种族作为一个要素，是合宪合法的执法手段。在国家层面，毒品管理局开始实施种族画像，特别是对活动频繁的（with vigor）毒品贩运者的犯罪画像。最初在底特律进行的实验被认为是成功的，而且这一项目在布里格诺尼—庞赛案以及马丁内斯—福尔特案之后被推广到全国。1976 年到 1986 年期间，就有共计超过 140 起被记录的法院判决，这些案件都涉及毒品管理局在全国各地基于毒品贩运者犯罪

㊷ Id. at 570（布伦南大法官，反对意见）.

㊸ Id. at 571 - 72（布伦南大法官，反对意见）.

画像，在机场对乘客进行的截停。⑧ 比如在 1980 年的门登霍尔（Mendenhall）案中，对疑犯进行的截停一部分是基于下述的专属描述：

（1）被告乘坐的是由洛杉矶飞来的航班，探员将洛杉矶视为底特律大部分海洛因的源头；（2）被告是最后一名离开飞机的乘客，"看上去非常紧张"，而且"避开了探员所在的所有区域"；（3）下机之后，被告穿过了行李领取区域而没有领取任何行李；并且（4）被告换乘了航班离开了底特律。⑧

一些学者，特别是大卫·科尔（David Cole），已经编制了毒品贩运者的犯罪画像特征列表，但这份列表内部却也存在矛盾。而这些特征也随着时间而增加。⑧ 正如查尔斯·贝克顿（Charles Becton）解释的那样：

不仅每一个机场都有一个犯罪画像列表，每一个毒品管理局的探员也可能使用多份犯罪画像列表。保罗·马克尼（Paul Markonni），其对毒品贩运者画像的发展所作的贡献最经常被称赞，他也自然成为毒品贩运案件中最常出现的探员，已经在被报道的案件中指出了一些具有细微差别的犯罪画像。有一个法院处理的案件涉及对入港和出港的航班使用不同的种族画像。美国第九巡回法院的上诉庭在帕蒂诺案（United States v. Patino）中参考了一个"女性"毒品贩运者的种族画像。美国第五巡回法院的上诉庭在贝瑞案（United States v. Berry）中参考了一个地区性的种族画像，还在埃尔默案（United States v. Elmore）中参考了结合特定探员的种族画像。而且，各州以及本地的执法部门也开始设立他们自己的种族画像项目，这也使得毒品贩运者的剖绘得到了激增。⑧

根据前任最高法院大法官刘易斯·鲍威尔（Lewis Powell）在门登霍尔案中的协同意见，毒品贩运者犯罪画像是一项"高度特性化的执法活动"⑧。前任最高法院首席大法官威廉·伦奎斯特将种族画像看作是"处理麻醉剂类药品的官员在毒品走私犯身上反复观察到的特征的搜集或者提炼"⑧。在 1982 年，国家司法研究所——司法部的研究机构——对毒品贩运者犯罪画像进行了一项系统性研究。⑨ 研究要求毒品管理局探员填写一份报告和一份名单，内容分别是 1982 年的 8 个月中，他们所启动的所有警民接触以及所观察过的乘客。大约有十万七千名乘客被观察过，探员进一步接触了其中的 146 名。根据这一报告，大多数警民接触（146 次中的 120 次）是由符合种族画像的乘客的行为以及人口结构特性（demographic peculiarities）相结合

⑧ See Bacton, supra note 27, at 417 note 2, 417-18.

⑧ United States v. Mendenhall, 446 U. S. 544, 547 note 1 (1980).

⑧ See, e. g. David Cole, No Equal Justice: Race and Class in the American Criminal Justice System 48-49 (New York: Free Press, 1999); Becton, supra note 27, 421.

⑧ Becton, supra note 27, 433-34.

⑧ Mendenhall, 446 U. S. at 562 (1980)（鲍威尔大法官、首席大法官伯格、布莱克门大法官，协同意见）.

⑧ Florida v. Royer, 460 U. S. 491, 507 (1983).

⑨ See Zedlewski, The DEA Airport Surveillance Program: An Analysis of Agent Activities (1984), reported in John Monahan and Laurens Walker, Social Science in Law: Cases and Materials (Westbury: Foundation Press 2006).

所引起的。这些警民接触的结果如下[91]：

	数量	百分比
被截停的乘客总数	146	100％
问询后没有被搜查的乘客数量	42	29％
同意搜查	81	55％
在有令状情况下进行搜查或者突发事件进行逮捕	15	10％
发现违禁品或者其他犯罪证据	49	34％

这一研究被很多人认为是证明毒品贩运者犯罪画像有效的证据。

与此同时，在美国墨西哥边境，布里格诺尼—庞赛案以及马丁内斯—福尔特案之后，政治气氛仍然不断升温。20 世纪 80 年代和 90 年代重新出现了公众对于非法移民的关注和政治言论。在 1993 年，民主党主席威廉·克林顿（William Clinton），在共和党的攻击下，承诺他对增加边境监察的支持："在 1993 年 9 月，政府宣布了在埃尔帕索、得克萨斯等地的控制边境的行动……这项努力是通过沿着边境按较小间距部署边境巡逻员的方式来减少非法入境者，而在 1994 年 9 月，总检察长珍妮特·雷诺（Janet Reno）宣布在圣地亚哥开始'门卫'（operation gatekeeper）行动。"[92] 而这些并非空洞的政治承诺："政府在 1993 年到 1995 年之间将边境巡逻的范围扩大了 51％，巡逻员人数也超过了 4 500 人……在 1995 年中期，国会也通过了一项三亿二千八百万美元的特别拨款以致力于边境执法。"[93] 约瑟夫·内文斯（Joseph Nevins）认为，在边境问题投入上的巨大增长大体上源于政治压力，特别是对于加州投票倡议的 187 号提案（California's ballot initiative），也被称为"SOS（救救我们的州）"的回应，这项提案拒绝对非法移民人员提供医疗和卫生服务。

至于从墨西哥来的非法入境者，"一份移民归化局的报告显示在 20 世纪 90 年代，每年大约有 70 万外国人非法进入美国，在 1998 年这项数字上升到 81.7 万人，而到了 1999 年已经接近 100 万。"[94]

■ 八、种族画像的影响

布里格诺尼—庞赛案以及马丁内斯—福尔特案最为重要的宪法性影响就是人种或者种族，如果与执法目的相关，可以作为众多因素之一——而且在一些有限的案件中作为唯一的因素——用来决定是否存在足够的理由去进行

---

[91]　Id.

[92]　Nevins, supra note 13, at 271.

[93]　Id.

[94]　Jon E. Dougherty, Illegals: The Imminent Threat Posed by Our Unsecured U. S. -Mexico Border 31 (Nashville: WND Books, 2004).

警察的调查活动，比如进行截停以及问询。[95] 从这个角度来说，这些判决允许了警方在维持治安时考虑种族。而且他们还创设了一个拥有四部分的，至今仍然规制警察执法时对种族进行考虑的情况的法律层次。

1. 法律层次一：种族是但并非是唯一的因素（race as a, but not the factor）

布里格诺尼—庞赛案最经常被评论者引用来论证种族可以被用来作为警方决定是否进行调查时所考虑的"一个因素"[96]。马丁内斯—福尔特案因为允许在不需要任何确信的理由的情况下将种族作为唯一因素来考虑而使得上面的结论变得模糊起来。最高法院在布里格诺尼—庞赛案以及马丁内斯—福尔特案之后也没有提供相关的指导，这就导致了下级法院在适用时的困惑。也就出现了一个粗略的司法规范，即部分而非排他地考虑种族在宪法上是被允许的。

大多数联邦法院或者忽略种族问题或者将这一问题搁置。韦弗案（United States v. Weaver）[97] 就是第二种处理方式下的典型；但是其他很多法院只是通过以非种族因素来判断是否存在合理怀疑，从而简单地回避掉种族问题。[98] 还有一些下级联邦法院认为种族作为因素之一被警方用来决定对嫌疑人使用截停或者搜查是违法的。[99] 第九巡回法院的一个法庭，事实上，已经在（United States v. Montero-Camargo）案中判决具有墨西哥血统的人的外表对于移民归化局检查站来说是没有证明价值（probative value）的，

---

[95] 这些案件，特别是马丁内斯—福尔特案，还破坏了个体化怀疑这一要求。第四修正案，在最近的 City of Indianapolis v. Edmond, 531 U. S. 32（2000）得到见证，要求第四修正案下的搜查需要有个体化的怀疑是为了推进在控制犯罪中的总体利益。See id. at 44（主张"当政府主要是为了追求他们普遍的控制犯罪的目标时，我们不愿承认存在对于个体化怀疑这一基本规则的例外"）。鲍威尔大法官在马丁内斯—福尔特案中承认："被告正确地指出为了协调公众和私人利益，在一定程度上，怀疑具体到个人通常是一个合宪的搜查或者扣押的前提。"428 U. S. at 560. 但并非总是如此，鲍威尔继续论述道："第四修正案在这种怀疑的要求上是不可克减的。"428 U. S. at 561. 最终，鲍威尔大法官总结道，"我们认为本案中的截停和问询可能是在合理布置的检查点上，在没有任何个体化怀疑的基础上进行的。"428 U. S. at 562. 诚然，马丁内斯—福尔特案的判决仅限于截停和问询的案件，而非整个搜查。但是最近对于个体化怀疑的评论似乎超越了马丁内斯—福尔特案中的结论。

[96] See, e. g., Kevin R. Johnson, September 11 and Mexican Immigrants: Collateral Damage Comes Home, 52 De-Paul L. Rev. 849, 868（2003）; Deborah A. Ramirez, Jennifer Hoopes, & Tara Lai Quinlan, Defining Racial Profiling in a Post-September 11 World, 40 Am. Crim. L. Rev. 1195, 1204 - 06, note 40（2003）; Devon W. Carbado, Eracing the Fourth Amendment, 100 Mich. L. Rev. 946, 997 - 1000（2002）.

[97] 966 F. 26391（8th Cir. 1992）.

[98] See generally Gross and Barnes, supra note 6, at 735, discussing Derricott v. State, 611 A. 2d 592（Md. 1992）, and United States v. Davis, 11 Fed. Appx. 16（2d Cir. 2001）. 一些法院也使用了相同的逻辑——依靠非种族特征来证明截停的合理性并削弱基于宪法的主张——在平等保护的语境下。比如，Alschuler, 指出了第六巡回法院一些运用这一逻辑的案件：当警方使用其他合法根据去接触嫌疑犯时，这些根据消除了不适当地凭借种族因素对平等保护的违反。See Alschuler, supra note 6, at 178. 州法院在对待使用种族因素的问题上有分歧。See generally Gross and Barnes, supra note 6, at 734 & notes 253 - 54（讨论了州法院的判决）。

[99] See United States v. Laymon, 730 F. Supp. 332, 339（D. Colo. 1990）（判决根据被告摇晃前行而进行的交通截停是不被允许的基于被告州外驾驶执照以及种族进行的截停的借口）; United States v. Nicholas, 448 F. 2d 622, 625（8th Cir. 1971）（判决基于"任何黑人驾驶一辆其他州挂有牌照的汽车都可能涉嫌犯罪"这一泛泛怀疑的搜查是不被允许的）。

因为通过那些检查站的人大多是西班牙裔。⑩ 第九巡回法院认为西班牙裔的外表"不具有任何证明价值因此在进行特定怀疑时不能被作为一项相关因素被考虑"，而且西班牙裔的外表"也不是一个适合的因素"⑩。Montero-Camargo案的判决意见使用了布里格诺尼—庞赛案的人口统计学分析方法，并发现由于边境地区的西班牙裔太多以至于使用他们的外表作为一个因素来考察没有任何证明价值。其他法院没有广泛地引用此判决的这一部分，但是它在第九巡回法庭仍然有效；也没有其他巡回法院遵循 Montero-Camargo 案中"种族不能作为一个因素"的结论。⑩ 最终，在排他性使用种族以及将其仅作为一项因素考虑之间出现了法律层次（legal distinction）的松动。在实践中将种族作为唯一的考虑因素会遭到一致的谴责。事实上如果警方在韦弗案中以搜查的合法性在于嫌疑人的种族为抗辩，法院毫无疑问会判决搜查是非法的。正如法院所说，"如果美国禁毒署探员希克斯仅仅将韦弗的种族作为其怀疑的基础，我们将面临一个不同的情形"⑩。将种族作为众多因素中的一个进行考虑则会具有一些争议，但是通常可以因为关注其他引起怀疑的因素而得以避免。⑩

2. 法律层次二：第四修正案 vs. 第十四修正案

布里格诺尼—庞赛案以及马丁内斯—福尔特案也昭示了对于第四修正案的分析与涉及同类问题（in kind）的平等保护分析是不同的，而且种族歧视的问题应该由平等保护而非第四修正案来解决。但是，最高法院用了 20 年的时间才在 Whren v. United States 案中将这一问题阐释清楚。⑩ 在 Whren 案中，警方用轻微的交通违章作为托词来对两名驾驶者是否携带毒品而进行截停和调查。警方怀疑两名坐在一辆仅有临时牌照的探路者（Pathfinder）中的非洲裔青年男子，因为他们在一个毒品泛滥区域停留了过长的时间——通常时间为 20 秒以上——而且司机很明显地看着他同伴的膝盖。两个人对警方截停的托词进行了起诉，认为这在第四修正案中是不合理的，并且主张放任这样的执法会导致警方根据一个被禁止的因素对机动车驾驶者进行截停——那就是种族因素。⑩

最高法院驳回了他们的观点。法院认为只要警方有合理怀疑或者相当合理根据来证明扣押的合法性，第四修正案就不考虑警方的主观意图，包括他

---

⑩　United States v. Montero-Camargo, 208 F. 36 1122，1131（9th Cir. 2000）（法院确认了有罪判决，因为其他理由很充分）。

⑩　Montero-Camargo，208 F. 3d at 1135.

⑩　See e. g.，United States v. Harold Bridges, 2000 WL 1170137 at 16（S. D. N. Y. 2000）（承认 Montero-Camargo 案的判决意味着"考虑到边境地区有大量的西班牙裔，'西班牙裔的外表'并非边境巡逻队在决定对嫌疑人截停时的一个适当考虑因素"，但是这一判决只适用这一特定事实）。

⑩　Id. at 394 note 2（emphasis added）.

⑩　See R. Richard Banks, Race-Based Suspect Selection and Colorblind Equal Protection Doctrine and Discourse, 48 UCLA L. Rev. 1075, 1086 - 87 note 47（2001）（一致意见似乎是种族可以作为众多考虑因素之一，但是不能成为警方在作出对个人进行截停决定时的唯一因素）. See also Gross and Barnes, supra note 6, at 733（认为存在"种族不能作为决定对谁采取截停和搜查的唯一根据，但是宪法允许其作为众多考虑因素之一"）.

⑩　517 U. S. 806（1996）.

⑩　Id. at 808 - 09.

们可能对种族因素的依赖——在这个案件中，警方的根据就是交通违章。关于种族的主张应该放在平等保护条款而非第四修正案中来解决。法院判决"我们当然同意原告方关于宪法禁止根据例如种族而进行的选择性执法"。"但是，拒绝有意的歧视性法律适用的宪法基础是平等保护条款而非第四修正案。"[107] 只要存在足够的理由进行搜查，是否可以考虑种族并不是第四修正案的分析范围。

这样一个在学理上对第四和第十四修正案一分为二的理论框架指导了律师以及下级法院处理案件。如今，大多数对于种族画像的讨论会把问题分开来解决。大多数宪法学者，包括著名的卡罗尔·斯泰克（Carol Steiker），对于这一做法提出了批评，认为对于平等保护的解释应该囊括第四修正案。[108] 除了批评，这一法律层次遭遇到了瓶颈而且至今仍未解决。

3. 法律层次三：目击证人辨认（identification）

种族画像的第三个宪法支柱落脚在对平等保护的分析上。它在对于一个特定的嫌疑人没有任何个人化的怀疑的情况下考虑种族因素和在有目击者识别的情况下考虑种族因素之间进行了区分。第一种情况通常伴有种族画像——即对于在社会上属于少数人群的机车司机进行截停，原因是他们被认为有更高的犯案可能性。对于第二种情况，我们通常把它和警方的工作联系起来——即从目击证人那里得到经过识别的疑犯，然后追踪符合这一描述的嫌疑人。大多数法院认为第二种情况并没有"考虑种族"。而通常的解释是依靠目击者的辨认是一种不考虑种族的措施；尽管这一方法的内容可能涉及某一个特定的种族，但是这一方法本身是种族中立的。[109]

得出这一论断的最为重要的案件是布朗案（Brown v. City of Oneonta）。[110] 在那个案件中，受害人指认了一名非洲裔美国青年男子为窃贼；根据被报道出来的判决，这一描述包括其在与被害人争斗过程中留下的手上的一个刀伤。[111] 根据这一描述，警方问询了每一个在当地大学读书的非洲裔美国青年男子并且在城镇中进行了排查，"截停并问询所有街道上的非白种人并检查他们手上是否有割伤"[112]。奥尼昂塔（Oneonta）的非洲裔美国人大约有300人，还有大约150人在州立大学。一些当地居民以公民权利被侵犯而对警方提起了诉讼。法院以及辩护律师，自然而然地，对第四修正案以及平等

---

⑩ Id. at 813.

⑩ See, e. g. , Carol S. Steiker, Second Thoughts about First Principles, 107 Harv. L. Rev. 820, 844 (1994); Alschuler, supra note 6, at 193& note 121（将法院的"划分"转化为"人为的"并且收集评论来达到同样的结论）; Anthony C. Thompson, Stopping the Usual Suspects: Race and the Fourth Amendment, 74 NYU L. Rev. 956, 961 (1999)（断言最高法院在将种族问题排除在第四修正案之外的做法是"错误的转变"）; Rudovsky, supra note 11, at 348（认为"最高法院在第四和第十四修正案之间作出的人为的学理划分"带来了"让人担忧的"结果）.

⑩ See, e. g. , Brown v. City of Oneonta, 221 F. 3d 329, 337 (2d Cir. 2000)（将"通过会见被害人，获取对罪犯的描述，并且追查符合这一描述的人"视为州层面种族中立的措施）.

⑩ 221 F. 36329 (2d Cir. 2000).

⑪ Id. at 334.据称根据这一信息，警方与犯罪嫌疑人搭话以查看他们的双手。但是据一些媒体报道，被害人从来没有做过有关刀伤的陈述. See, e. g. , 60 Minutes II: The Black List (CBS television broadcast Feb. 13, 2002)（报道了警方最初调查记录的内容）.

⑫ Oneonta, 221 F. 36 at 334.

保护条款分别进行了论辩。⑬

对于涉及平等保护的主张，第二巡回法院判决警方在问询当地的非洲裔美国人以及学生时没有有意地根据种族进行区分或者依据种族进行有意歧视。相反，法院认为，警方依据的是一项种族中立的手段，把精力放在符合目击者描述的人的身上。警方本身——"通过会见受害人以调查犯罪，从中获取对袭击者的描述并找寻符合这一描述的人"⑭——在表面上是种族中立的。而且，即便本案中警方的措施在种族问题上存在着迥然不同的影响，在没有更多信息显示警方有歧视的意图的情况下，"本案中的调查所带来的迥然不同的影响是不足以支持平等保护这一主张的"⑮。

很多宪法评论家支持这一区分。事实上，正如理查德·班克斯（Richard Banks）恰当的评论一样，"即便是对于种族画像最为苛刻的学者对警方使用对于疑犯的描述也是没有异议的"⑯。塞缪尔·格罗斯（Samuel Gross）以及德伯勒·利文斯顿（Deborah Livingston）举例写道，"警方对于一个人进行问询、截停、搜查、逮捕或者其他调查手段，如果是因为这个人的人种或者种族符合警方正在调查的一个特定疑犯，那么这并不属于种族画像。对于种族因素的考虑并非是对于一个人种或者种族的普遍评价"⑰。大卫·鲁德夫斯基（David Rudovsky）也近似地将目击者描述排除在种族画像的定义之外——"种族画像不包括警方基于对犯罪嫌疑人种族的描述而采取的措施。"⑱很多评论者认为对于目击者所做的种族描述不应施以同样类型的限制。因此，比如，鲁德夫斯基认为"当疑犯的外貌特征被提供时，警方当然可以考虑种族因素，但是如果没有这一描述或者其他自身限制因素（self-limiting factors），种族不能作为决定截停、扣留或者搜查的考虑因素⑲。比较恰当的表述方式是"法学学者一致同意对于基于嫌犯的种族描述而采取的

---

⑬ 至于有关第四修正案的主张，第二巡回法庭判决"只有对种族以及性别的描述很难提供合理怀疑的基础，因此无法证明警方搜查和扣押的合理性。"Id. 法院将案件发回以期被扣押的原告方通过第四修正案的理论来继续他们的主张。Id. at 341-42. 法院对待关于第四修正案主张的态度与我的观点相同。

⑭ Id. at 337.

⑮ Id. at 338.

⑯ Banks, supra note 104, at 1078. See also Alschuler, supra note 6, at 265-66（"几乎没有人试图阻止警官将种族作为对外表描述的一部分"）. Consider U. S. Department of Justice, Guidance Regarding the Use of Race by Federal Law Enforcement Agencies（June 2003）, available at http: //www. usdoj. gov/crt/split/documents/guidance _ on _ race. htm（visited Oct. 14, 2005）（禁止了在联邦执法行动中的种族画像，"但警官在对特定嫌疑人描述时依据人种以及种族因素的情况除外"）.

⑰ Samuel R. Gross and Debra Livingston, Racial Profiling Under Attack, 102 Colum. L. Rev. 1413, 1415（2002）. See also Gross and Barnes, supra note 6at 655 note 10（"如果警官对一个人采取截停、问询、搜查或者逮捕是因为警官被告知此人符合对某一犯罪犯罪分子的描述，那么这就不是种族画像"）. 格罗斯和巴恩斯指出"一旦嫌疑人被锁定，种族画像就是不可能存在的——比如受害人的配偶，监控录像中的女人，奥萨马·本·拉登"。Id. at 655。

⑱ Rudovsky, supra note 11, at 299 note 27.

⑲ Id. at 328。See also Id. at 308 note 79（"如果警方已经被提供了一份关于犯罪嫌疑人的描述，那么种族在警方采取截停时是一个适当的考虑因素"）Sheri Lynn Johnson 同样写道："通过考虑种族来确认一个特定的犯罪分子，并没有损害任何种族团体，所以不需要严格的审查。尽管犯罪嫌疑人的种族在作出扣留决定时被关注并且权衡，但是对某一种族团体的特征、行为或者适当的对待并没有被泛化。"Sheri Lynn Johnson, Race and the Decision to Detain a Suspect, 93 Yale L. J. 214, 242-43（1983）.

行动是无害的而且毫无疑问是合法的。"⑫⁰

但是，有一些评论者提出了不同意见——特别是理查德·班克斯以及阿尔伯特·阿舒勒（Albert Alschuler）——他们似乎有更好的主张。⑫¹ 当警方通过目击者的辨认办案时，他们所期待的可能性与他们将犯罪和种族关联起来而进行调查所期待的可能性其实是一样的。具有讽刺意味的是，通过后一种做法他们可以去除不那么可靠的信息；因为大家都知道目击者辨认是不值得信赖的。⑫² 是否可以考虑种族因素取决于它是否可以有效地缩减疑犯范围。在很多案件中，目击者对于种族的描述可以满足这一标准。事实上基于对嫌犯种族进行的描述而采取的行动应该接受平等保护的审查并不意味着这样的做法应该被禁止。但是，法院却一致采取了相反的立场。

4. 法律层次四：歧视的故意

种族画像的最后一个支柱出现在最高法院裁判的麦克莱斯基诉肯普案（McCleskey v. Kemp）⑫³ 以及阿姆斯特朗案（United States v. Armstrong）⑫⁴ 的判决之中——这两个案子将戴维斯案（Washington v. Davis）⑫⁵ 判决中的刑事案件中的主观意图标准进行了扩展，得到了对于种族画像最后一个重要的法律层次，即适用平等保护条款成功与否的关键在于证明具有歧视意图的证据而非从无法解释清楚的差别对待中得出的结论。⑫⁶

许多评论者对像其他刑事案件一样在种族画像问题中对主观意图进行要求提出了批评。⑫⁷ 比如，阿尔伯特·阿舒勒建议法院应该将主观意图替换为社会意义（social meaning）："举例来说，只针对街上的黑人黑帮或者只针对黑人毒贩很明显传递了黑人比白人更加可怕这一信息。平等保护条款应该要求政府对于传递这样一种信息的合法性提供证明。"⑫⁸ 格罗斯以及巴恩斯（Barnes）在他们对于发生在新泽西的臭名昭著的索托案（State v. Soto）⑫⁹ 的讨论中提出另一个有前途的替代方式。在索托案中，州下级法院根据新泽西州的先例，基于警方作出截停以及搜查的决定时所考虑的可变因素少于宣判一个人死刑时考虑的可变因素，而对麦克莱斯基案的主观意图标准提出了一项例外。可变因素的减少压缩并且简化了种族歧视的主张，所以，索托案

---

⑫⁰　Banks, supra note 104，at 1083. See generally Id. at 1083–85（对支持警方使用以种族为基础的嫌犯描述的权威法律学者的汇总）。

⑫¹　See generally Bernard E. Harcourt, Rethinking Racial Profiling, supra note 6, at 1345.

⑫²　See generally Elizabeth F. Loftus, Eyewitness Testimony（Harvard 1979）.

⑫³　481 U. S. 279（1987）. 在 McClesky 案中，申诉者提供了在死者是白人的情况下，可能被判处死刑的罪犯是死者是非洲裔美国人时的 4.3 倍，而法院因为缺乏对确实存在的歧视意图的证明而驳回了一项平等保护的主张。Id. at 287, 291–99。

⑫⁴　517 U. S. 456（1996）. 在 Armstrong 案中，法院在选择性指控被质疑的情况下要求出示证明歧视意图的证据。

⑫⁵　426 U. S. 229（1976）. 在 Davis 案，法院论述平等保护条款仅仅指有意歧视的原则。Id. at 239–41。

⑫⁶　See generally Rudovsky, supra note 11, at 322–29.

⑫⁷　See, e. g., id.（对 McCleskey 以及 Armstrong 案都有关键评论）；Alschuler, supra note 6, at 201–07（critiquing Armstrong）；Gross and Barnes, supra note 6, at 741（为"几乎不可能"达到的主观意图标准而感到遗憾）。

⑫⁸　Alschuler, supra note 6, at 212.

⑫⁹　734 A. 2d 350（N. J. Super. Ct. 1996）.

的法院认为，统计所得出的证据足以证明在种族画像中歧视意图的存在。⑬
不仅截停以及搜查决定中所考虑的因素少于死刑案件中要考虑的因素，决策
者的数量也要更少。在种族画像案件中，作出决定的人全部是警察，大多来
自同一个巡逻小队；而在死刑案件中，作出决定的人包括检察官、大陪审
团、小陪审团、法官以及辩护律师。但是，如格罗斯以及巴恩斯所说，新泽
西法院没有依据重要的第二个法律层次——而这甚至比第一个更加重要。但
是法院没有沿着这一路径走下去，取而代之的是接受了关于主观意图这一第
四个层次中的要求。

■ 九、尾声

在 20 世纪 90 年代后期，边境以及移民问题得到了缓解——为了缓解大
量外国人借道墨西哥非法入境的难题，政府也作出了努力。总统乔治·W·
布什拿出了允许暂住的方案并提出了许多与墨西哥总统 Vincente Fox 所指出
的政府合作的倡议。事实上，在 2001 年的夏天，两国领导人谈论了让墨西
哥移民变得"安全并且合法"的想法。⑬

同一时间，在种族画像问题上也出现了对于基于种族进行剖绘是错误的
这一观点的认同。正如阿尔伯特·阿舒勒写的，截止到 20 世纪 90 年代末，
"几乎所有的人谴责种族画像。总统比尔·克林顿认为这样一种做法在'道
德上无法辩解'而且是'深度腐化'的。"总统乔治·W·布什承诺"我们
将会停止这一做法"。一个联邦法院主张，"任何种族画像都是对我们刑事司
法系统的鞭挞"。1999 年进行的盖洛普（Gallup）调查显示，81％的被调查
者反对这一做法。⑬ 而实际上几乎所有的人都认同对种族画像的谴责。总统
乔治·W·布什的第一任总检察长约翰·阿希克罗夫特（John Ashcroft）表
示"种族画像是在宪法下对平等保护的一种违宪剥夺"⑬。联邦调查局局长罗
伯特·穆勒（Robert Mueller）认为"种族画像与宪法背道而驰，以任何形
式进行的种族画像都是宪法所不容的"⑬。犹他州参议员奥林·哈奇（Orrin
Hatch）也同意"人们对这一辩论的基本问题已经达成了共识：种族画像，
也被称为有偏见的警方行为，是错误并且违宪的，且是不能被实施和容忍
的"⑬。

这一显现出来的共识在 2001 年 9 月 11 日随着双子塔的轰塌也被瓦解
了。恐怖袭击改变了关于种族画像的谈判。很多人改变了他们的观点。911

---

⑬ See id, at 360. See also Gross and Barnes, supra note 6, at 723 – 26 (discussing the Soto decision).

⑬ John Aloysius Farell, Bush Courting Hispanics, Denver Post, Jan. 8, 2004, at A1.

⑫ Alschuler, supra note 6, at 163.

⑬ Id. (quoting Black Caucus, Ashcroft Have Tense Meeting: Attorney General Cites "Candid Exchange" and Stresses Agreement on Profiling, Washington Post, Mar. 1, 2001, at A6).

⑭ Id. (quoting 147 Cong. Rec. S8683 (Aug 2, 2001)).

⑮ Id. at 163, note 3 (quoting End Racial Profiling Act of 2001, Hearing on S. 989 Before the Senate Committee on the Judiciary Subcommittee on the Constitution, Federalism and Property Rights, 107th Congress, 1st Sess (2001)).

之后不久，"盖洛普调查显示 58％的受访者认为相较于其他乘客，航空公司应该对看似阿拉伯人的乘客实施更为严格的检查。一半的受访者主张支持要求阿拉伯族裔，包括其中的美国公民，佩戴特殊的身份证件。"⑱ 新泽西州的总检察长小约翰·法默（John Farmer, Jr.）在其出版的文章中认为：

> 死亡人数超过 6 000 人，有些人可能会认为这是因为没有在我们的机场对其他人种和种族的人进行足够的检查……请允许我的直言不讳：所要识别的特征是劫机者以及他们的同盟，还有资助人所共有的，而且这一个广泛共享的特征的重要性得益于执法部门对于社会的无视，他们在调查这些犯罪时怎么能不对种族因素进行考虑？执法手段必须进行调整以应对社会所面临的巨大威胁。⑲

胡夫研究所的保罗·斯帕雷（Paul Sperry）在《纽约时报》的专栏上写文章为对青年穆斯林进行种族画像进行辩护，标题为"当描述符合嫌犯"（when profile fits the crime）。他认为任何可能的罪犯都是青年、男性、并拥有阿拉伯血统："年轻的穆斯林男子炸毁了伦敦地铁，同样是年轻的穆斯林男子通过飞机在 2001 年袭击了纽约。从我们对恐怖分子所掌握的情况来看，将我们的交通系统作为目标的恐怖分子最有可能是年轻的穆斯林男子。"⑲ 因此，警方应该进行种族性剖绘："对这种评判的反对是有害的。事实上，这是根据统计数据而来的。保险公司对于客户的评判就是根据风险可能性的大小。而这是一项聪明的生意。同样，根据已被证明存在的安全风险来对乘客进行评判也是聪明的执法。"⑲

那些支持对边境加强控制的人充分利用了人们因 911 而产生的对恐怖主义的恐惧。例如，移民研究中心的研究主任斯蒂芬·卡马洛塔（Steven Ca-marota）认为，"如果一个墨西哥计日工可以偷偷地穿越边境，那么基地组织的恐怖分子也可以……如果不处理好非法移民问题，我们无法让自身远离恐怖主义。"⑳ 布什政府对于这一被强化的忧虑作出了回应，承诺在边境实施更为严格的管制："在 2003 年 1 月，国土安全部部长汤姆·里奇（Tom Ridge）承诺合并四个负责边境安全的机构，据称将要弥补在 911 袭击中展露无遗的边境安全系统中的不足。"㉑

911 袭击发生后，新的国土安全部实施了关于驱逐外国非法入境者的法规，以 100 英里作为半径进行拦截。这项法规在 2004 年 8 月开始生效，新的规则允许边境执法人员在没有司法监督的情况下对满足以下条件的没有记录的非法移民进行驱逐：（1）在美国墨西哥边境以及美国加拿大边境 100 英

---

⑱　Alschuler, supra note 6, at 163.

⑲　Id. at 163 (quoting John Farmer, Jr., Rethinking Racial Profiling, Newark Star-Ledger § 10, Sept. 23, 2001, at 1).

⑲　Paul Sperry, When the Profile Fits the Crime, New York Times, July 28, 2005 (available at http://www.nytimes.com/2005/07/28/opinion/28sperry.html (last visted Oct. 14, 2005)).

⑲　Id.

⑳　Dougherty, supra note 94, at 32.

㉑　Dougherty, supra note 94, at 132.

里范围内被发现；（2）在美国停留了 14 天。⑭ 这种不经移民法院监督就可以实施的驱逐权力也已经被授予给机场和海港的执法人员。⑭ 美国国土安全部表示"［行使这一权力］的边境执法人员将接受庇护法的培训，而那些表现出让人信服的恐惧迫害的移民将会被提供在移民法院听证的机会，而非被遣送回对他们有敌意的政府"⑭。

总的来说，911 恐怖袭击让关于种族画像这一政策的讨论得以复苏，还可能将重新激活在宪法层面的探讨。在这些讨论中，美国最高法院在布里格诺尼—庞赛案以及马丁内斯—福尔特案的判决将再一次扮演重要的角色。有幸的是，布伦南大法官在马丁内斯—福尔特案判决中的话可以指导我们的讨论：

> 这个社会的基石，实际上对于任何一个自由的社会来讲都一样，那就是严谨的程序。因此宪法，最初被通过的时候，在很大程度上，是一份关于程序的文件。基于同样的理由，权利法案的起草者也主要将他们对于通过程序限制政府行为的信仰写到了法案之中。第四修正案对搜查和扣押合理性的要求强化了应该为政府向公民施加的恣意行为而建立缓冲机制的基本认识……正如大法官弗兰克福特（Frankfurter）先生告诫我们的，"美国自由的历史，在很大程度上，是程序的历史。"⑯

---

⑭　See Rachel L. Swarns, U. S. to Give Border Patrol Agents the Power to Deport Illegal Aliens, New York Times, Aug. 11, 2004, at A1.

⑭　See id. （值得注意的是这是自 911 以来，政府第二次对"加速遣返"程序的扩张）.

⑭　Id.

⑯　United States v. Martinez-Fuerte, 428 U. S. at 578 (Brennan, J., dissenting) (quoting Frankfurter, J., in Malinski v. New York, 324 U. S. 401, 414 (1945)).

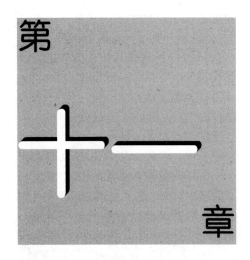

伯顿科歇尔案：辩诉交易与法治的倒退

威廉·J·斯顿茨（William J. Stuntz）

重要案件之所以重要总有其显而易见的原因。独特的案情成就了一个独特的判决，而判决之所以重要——要么是因为它处理的问题非常普遍，要么就是其本质上的重要性，再或者是因为数以百万计的观众通过法制频道对其予以关注。这就是现如今美国法治的运行情况。

大多数时候就是如此。但是伯顿科歇尔案（Bordenkircher v. Hayes）却是一个例外。[1] 伯顿科歇尔案是打牌时所用的诡计在法律上的体现；所有的事情都走错了方向。被告人保罗·海耶斯（Paul Hayes）将他的案子提交到法庭——但是这个案件最大的影响在于：从此每年有上百万的被告人认罪。海耶斯的诉求针对的是对他提出的刑事指控。但是，这个案子却是关于量刑的而并非是关于指控的。至于最终的判罚：依据肯塔基州的"三振出局"法规（Three-strikes law），海耶斯被判处终身监禁——但这个案件最大的影响针对的是那些没有被按照"三振出局"法规判罚的被告人。方向错了。

但是，这件案子并非是像一些魔术师所表演的戏法一样的寻常的娱乐项目。伯顿科歇尔案意义很大，比许多被人熟知的案子还更为重要。如今的美国有超过两百万的人被关押在监狱。[2] 他们中的很多人（没有人知道有多少）之所以如此，就是因为发生在保罗·海耶斯身上的事情以及最高法院对此的判决。

一、案件

案件源自肯塔基州莱克星顿市发生的一件不起眼的犯罪。1972 年 11 月 20 日之前不久，保罗·海耶斯盗窃了一张属于当地企业——布朗机械厂的支票。[3] 海耶斯将支票以 88 美元 30 美分的价格支付给了皮克·派克日用品商店，并且伪造了签名。1973 年 1 月，他因"使用伪造文书"而被提起刑事指控，如果罪名成立，他将面临 2 年～10 年的监禁。[4]

没人愿意将此类案件提交审判，因为没有办法解释海耶斯为什么会用别人的支票签发支票。因此，可以预见的是，海耶斯希望和控方达成交易。但是海耶斯有犯罪记录。[5] 在 1961 年，他 17 岁的时候，海耶斯和另一个比他年长的人被指控性侵犯。最终，那个年长的人被判处很长的刑期。海耶斯否认参与此事，但是承认了"扣押女性"这一在肯塔基州较轻的重罪指控。海

---

① 434 U. S. 357（1978）.

② 根据司法统计部门的数据，在 2003 年，美国有 2 232 717 名囚犯被关押在监狱中。U. S. Dep't of Justice, Bureau of Justice Statistics, Corrections Statistics（available on-line at http：//www. ojp. usdoj. gov/bjs/correct. htm）。

③ Bordenkircher v. Hayes, 434 U. S. 357（1978），No. 76 - 1334, App. To Pet. For Certiorari 12 ［hereinafter cited as "App."］.

④ App. 12，47.

⑤ 海耶斯的犯罪记录，at App. 38 - 41。

298

耶斯被判处了 7 年的监禁刑,并在少管所服刑。⑥ 由于表现良好,他在服刑了 5 年零 3 个月后被释放。在 1970 年 4 月,被释放后的第三年,海耶斯被指控抢劫,最终被判处缓刑。而在其 1972 年向皮克·派克日用品商店签发伪造支票的时候,他仍然处于缓刑期。

格伦·巴格比(Glen Bagby)是海耶斯案的检察官,他很清楚海耶斯的犯罪记录。排除服刑的时间,海耶斯在 6 年里犯了 3 项重罪(而且这只是记录在案的犯罪,海耶斯还可能实施了其他犯罪)。但是,签发一张 88 美元的支票最多也只能算作重罪中最轻微的一项。对此,巴格比必须三思而后行(or so Bagby must have thought)。他给海耶斯提供了一个交易机会:承认使用伪造文书的指控并接受 5 年的徒刑。而这项提议的背后还存在着威胁:如果海耶斯不接受交易,巴格比将依据肯塔基州惯犯法规对他进行起诉。⑦如今,我们把这项法规称为"三振出局"法规;它规定,任何实施了三项重罪的人都将被判处终身监禁。而海耶斯已经有两项重罪在案。使用伪造文书的指控对他来说极为关键。

海耶斯踌躇不决。对于这个犯罪,5 年看上去似乎有点长,而且海耶斯不认为巴格比真的会像他威胁的那样去做。因此,海耶斯拒绝了辩诉交易,但巴格比却兑现了他的威胁。根据惯犯法规,海耶斯的审判将会分为两个阶段。在第一个阶段,陪审团会就海耶斯是否犯有伪造支票罪作出裁决。如果海耶斯被判有罪(看上去很有可能是这样),案件会进入第二个阶段,陪审团会就海耶斯是否构成惯犯作出裁决。这一问题反过来取决于另一个问题:不算伪造支票的行为,海耶斯是否确实实施了另两项重罪。如果这个问题的答案是肯定的,那么陪审团必须根据肯塔基州法判决海耶斯终身监禁。⑧ 这一刑罚由州法所规定:一旦陪审团在伪造支票案上对海耶斯定罪并且海耶斯之前的两次"犯罪"成立,终身监禁将无法避免。不管是法官还是陪审团都没有权力对海耶斯网开一面。

生活在 21 世纪的读者会觉得肯塔基惯犯法规很普通。因为这样的"三振出局"法规在 20 世纪 80 年代和 90 年代数量激增;一些州甚至降低了门槛,将仅实施了两项重罪的罪犯定为惯犯。⑨ 尽管这样的法规零星地存在着,但在 1973 年却并不常见;几乎只有肯塔基一个州如此规定。这样的法规最初是在 20 世纪 20 年代中期变得普遍,其源于凯勒·鲍姆斯(Caleb Baumes)在纽约州立法机关资助下实施的一项与肯塔基州类似的、旨在应对禁酒令时期(prohibition-era)逐渐增加的犯罪趋势的措施。⑩ 至少 16 个州在

---

⑥ 这是海耶斯对于少管所和州监狱区别的描述:

监狱有高墙、最高级别的安全措施,而你知道吗,州的少管所只有一个栅栏。所以……嗯……在监狱中,你大部分时间是待在牢房里面,但你知道吗,拉格兰奇就像一所大学,你可以……在校园里面漫步并做其他事情。App. 38-39.

⑦ App. 42-43.

⑧ App. 23-24.

⑨ 更为全面的讨论,see Linda S. Beres & Thomas D. Griffith, Do Three-Strikes Laws Make Sense? Habitual offender Statutes and Criminal Incapacitation, 87 Geo. L. J. 103 (1998).

⑩ 关于这方面的发展的精彩讲述,参见 V. F. Nourse, Rethinking Crime Legislation: History and Harshness, 39 Tulsa L. Rev. 925, 930-35 (2004).

20 世纪 20 年代通过了这样的法案。其他的一些州，包括肯塔基州，甚至在这之前就已经开始实施了。[11] 到了 20 世纪 30 年代，犯罪率有所下降，"鲍姆斯法"（法规被冠以这个名字）也变得更具争议。新闻报道开始关注被终身监禁所威胁的被指控轻微犯罪的被告人：《纽约时报》1931 年的一篇文章报道了一位被指控盗窃、最终侥幸逃过鲍姆斯法制裁的 80 岁老妪。[12] 随着 20 世纪 30 年代、40 年代以及 50 年代犯罪率的下降，这样的法规要么被废止，要么就停止使用了——但是在 20 世纪 60 年代以及 70 年代犯罪暴涨之后又重新得到启用。

若发生在 10 年前或 20 年前，海耶斯可能会被指控盗窃支票，如果认罪的话，就只会被处以该罪量刑幅度最低的两年徒刑。到了 1973 年，像巴格比一样的地区检察官对待像海耶斯这种重复犯罪的人变得更为严厉。所以就有了给海耶斯 5 年徒刑的提议。巴格比并没想让海耶斯终身监禁——惯犯法规只是让海耶斯接受巴格比的提议的手段罢了。但是当海耶斯拒绝了这一提议后，巴格比只得依据惯犯法规提起刑事指控。因为如果巴格比退缩了，当地辩护律师就会流传这样的话：在和巴格比进行辩诉交易时要表现得强硬一些，因为他只会虚张声势。辩诉交易在学界被称为"多回合"博弈；同样的律师们要进行很多次协商谈判。如果一名检察官被认为很软弱，他就会不止一次地在交易中吃亏。[13] 因此，尽管巴格比自己都可能认为通过肯塔基三振出局法规有可能不明智或者不公平，但一旦作出了要挟，他只能硬着头皮走下去。

随着海耶斯庭审日期的临近，控方的立场也变得更加坚定。因为海耶斯伪造罪的定罪是毫无疑问的，而且之前的两项定罪也没有问题。控方似乎已经胜券在握。

对于海耶斯来说，则几乎毫无希望。陪审团几乎不可能作出有利于他的判决。控方在伪造支票的定罪上有很充足的证据[14]，对于之前的两项指控他也无可辩驳。海耶斯只能指望陪审团无视庭审法官的指示，抛开法律和证据而宣判其无罪。但是，这基本是不可能的，原因有三：第一，陪审团很少使用宣告法律无效的权力（jury nullification）。陪审团在控方无可争议或者压倒性优势的证据面前宣判无罪，就像 O. J. 辛普森案那样——该案发生在海耶斯案之后的 20 年——事实上要比偶尔看一眼法制频道的观众所预想的难得多。通常情况下，每个陪审员得到的指示与海耶斯案中陪审团得到的指示并无差异：如果他们认为证据显示在排除合理怀疑的基础上被告人确实有罪，那么他们就"要"或者"必须"定罪。[15] 而事实上，法律并非如此。陪审团可以凭借任何理由或者不需要理由作出无罪判决，而且一旦判决作出，

---

⑪　Id. At 938－39（listing state statutes）.

⑫　Id. at 931&note 31（citing Woman, 85, Escape Life Term as Thief: State Permits Mrs. LaTouche to Plead Guilty to Minor Charge Because of Her Age, 80 N. Y. Times 17（Sept. 1, 1931））.

⑬　有关辩诉交易双方动机的讨论，see Robert E. Scott & William J. Stuntz, Plea Bargaining as Contract, 101 Yale L. J. 1909（1992）.

⑭　据巴格比所说，海耶斯是在杂货店被抓的，其犯的一段陈述也牵扯到他。App. 494.

⑮　"Shall"是海耶斯案件中陪审团指示适用的词语。App. 23.

这就是最终的；没有法官可以推翻这一判决。[16] 由于大多数陪审员对此并不了解，所以他们所拥有的权力很少被行使。

第二，即便陪审团真的使用了否弃权，他们也是基于对被告人的同情而作出的。海耶斯是一名犯有三项重罪的 29 岁黑人男子——因为在伪造支票的指控上几乎不可能获得无罪判决；否弃权的使用必须要在审判的第二阶段。而肯塔基州是位于美国南部边境，拥有种族隔离历史的州，在布朗案[17]（Brown v. Board of Education）判决后不到 20 年的 1973 年，以及 1964 年《民权法案》（Civil Rights Act）颁布后不到 10 年的情况下，其种族问题并没有得到缓解。拥有犯罪记录的黑人很难打动肯塔基州白人陪审员的心。

而这也导致了海耶斯无法得到有利于他的判决的第三个原因：海耶斯的陪审团很有可能全部由白人组成（庭审记录并没有透露陪审团成员的种族构成）。在挑选刑事案件陪审团的时候，检察官和辩方律师都可以基于任何理由否决掉一些候选陪审员——将他们排除在陪审团之外。从历史角度来看，检察官经常将绝对排除权用来淘汰候选陪审员中所有的黑人，特别是当黑人受审的时候。现如今，由于最高法院在巴特森案（Batson v. Kentucky）中的判决[18]，这样的做法是违法的，因为法院认为基于种族使用绝对排除权违反了联邦宪法第十四修正案中的平等保护条款。[19] 但是 1973 年距离巴特森案尚有 13 年，而在那时，基于种族原因使用绝对排除权不仅合法而且是常事。

最终，陪审团倾向于在至少可以说出一些怀疑的案件中使用否弃权。O. J. 辛普森对于大多数人来说是有罪的，但其实有可能（虽然很小）谋杀妮可·布朗·辛普森（Nicole Brown Simpson）和罗纳德·戈德曼（Ronald Goldman）的凶手另有其人。在海耶斯案中，对于他的前两项定罪没有任何疑问。所以几乎可以肯定陪审团在经过评议之后将带回支持伪造文件以及惯犯指控的结果。而随着惯犯指控成立而来的还有肯塔基州法律所规定的终身监禁。

这一切在海耶斯拒绝巴格比提议的时候就注定了。从那一刻起，海耶斯的律师只有一种可能避免他的当事人被判处终身监禁的办法：他可以争辩按照惯犯法规对海耶斯提出指控是违宪的——这样对海耶斯的定罪以及判决就会被搁置。但这样一个论辩并不是一项简单的工作。惯犯法规很明显是有法律效力的——在 1975 年它才被废止；取而代之的是肯塔基州的立法机关可以批准 10 年到 20 年的徒刑。[20] 但是这一变化对于海耶斯来说来得太晚了。通常来说，检察官的追诉权是不受限制的，他们可以根据刑事法规任意决定何时

---

[16]　See Fong Foo v. United States, 369 U. S. 141 (1962).

[17]　347 U. S. 483 (1954).

[18]　476 U. S. 79 (1986).

[19]　巴特森案是本书第十二章讨论的主题。See Pamela S. Karlan, Batson v. Kentucky: The Consitutional Challenges of Peremptory Challenges.

[20]　Ky. Rev. Stat. § 532.080 (Supp. 1977), cited in Bordenkircher v. Hayes, 434 U. S. at 359. 修订之后的法规为提高判罚建立了几项要求：进行每一项犯罪行为时，被告必须已满或者超过 18 周岁，对于之前的每一项犯罪行为的判罚必须至少是一年监禁，而且在实行当前犯罪行为的时候，被告人必须已经为每一项之前的犯罪服刑了至少一段时间。海耶斯不满足任何一项标准：在他被指控性侵犯的时候，他只有 17 周岁，而且是在少管所服刑，而非肯塔基州的监狱，海耶斯在他的抢劫案被定罪之后被判处了缓刑。See Hayes v. Cowan, 547 F. 2d 42, 42 note 1 (6th Cir. 1976).

提起指控。在 1973 年 4 月，与海耶斯审判的同一月，第二巡回法庭的上诉庭作出了洛克菲勒案（Inmates of Attica Correctional Facility v. Rockefeller）的判决。[21] 这件案子起源于阿提卡监狱的暴动；在警卫重新掌控局势之前，32 名囚犯死于暴动。而凶杀是针对囚犯接管者的报复（the killings were retaliation for the prisoners' takeover），报复中一名警卫被杀死，还有一些警卫被殴打。但联邦以及该州的官员拒绝对任何警卫提起指控，尽管有确实的证据显示他们犯有多宗谋杀以及重侵害行为。上诉法庭不顾警卫的犯罪多么铁证如山，仍驳回了针对不起诉决定的申诉，并判决说决定是否起诉完全由检察官负责。海耶斯后来作证说，他知道有六起重罪案件没有依据惯犯法规来起诉。而按照洛克菲勒案的裁决，海耶斯所说的是无关紧要的。如果法律是有效的，并且海耶斯的罪名符合了其中的条款，那么定罪就是一定的了。

但是洛克菲勒案的原则有一个例外。最高法院判决刑事案件中的被告人不应因行使宪法权利而受到惩罚。[22] 法院认为这样的惩罚是"报复性的"，并且报复性惩罚是违宪的。对于海耶斯的惯犯指控是在他决定要求陪审团审判之后，并且是因为他这个决定才提起的。而要求陪审团审判的权利是联邦宪法第六修正案所保护的。因此，惯犯的指控似乎是对海耶斯行使其宪法权利的报复性惩罚。

海耶斯的律师在随后的 5 年中将这一抗辩提交到了任何可能对此案进行听证的法院。对于此，肯塔基州每一次的回应都是：海耶斯所称的报复性只不过是单纯的辩诉交易。而所有的辩诉交易都有着同样的结构：被告人同意认罪，控方则放弃几项指控或者提出对其更有利的刑期。控方的提议可以是以威胁的形式作出：如果被告人坚持进行审判，控方将加重指控的罪名并且寻求更为严厉的刑期。如果这样的威胁构成对行使要求陪审团审判权利所不被允许的惩罚的话，那么辩诉交易也应该是违宪的或者说至少是有此嫌疑的。因此关于报复性的暗示是过激的。

随着案件在肯塔基州以及联邦法院系统被传阅，法院逐一得出了与肯塔基州相同的结论：辩诉交易是保障刑事案件公正机制的关键，而海耶斯的抗辩将给这一实践笼罩上一层宪法的阴影，而这样的结果由于过于激进而无法被接纳。审理海耶斯人身保护令状诉求的一审法院、肯塔基州上诉法院以及联邦地区法院法官全都驳回了这一观点。

紧接着就是第六巡回法院韦德·麦克里（Wade McCree）法官撰写的法院判决——他后来被吉米·卡特（Jimmy Carter）任命为副检察长；他成为第二位获得这一职位的非洲裔美国人（第一位是瑟古德·马歇尔（Thurgood Marshall））。麦克里法官的判决意见同意了海耶斯的抗辩[23]，但是并不直接。让我们回顾一下事情发展顺序：海耶斯被指控犯有"使用伪造文书罪"；巴格比向海耶斯提议，只要他认罪只需服刑 5 年；海耶斯拒绝了这一提议；随后他被指控违反了肯塔基州的惯犯法规。麦克里认为，巴格比

㉑　477 F. 2d 375 (2d Cir. 1973). 阿提卡囚犯案（Inmates of Attica）的判决于 1973 年 4 月 18 日作出。海耶斯败诉的判决是在 1973 年 4 月 23 日作出的。App. 27.

㉒　See North Carolina v. Pearce, 395 U. S. 711 (1969).

㉓　Hayes v. Cowan, 547 F. 2d 42 (6th Cir. 1976).

指控的"报复性"和时间顺序紧密相关。如果海耶斯一开始就被依照惯犯法规来起诉——一如果巴格比同意撤销惯犯的指控以换取海耶斯的认罪（而不是威胁海耶斯如果不认罪就添加这一指控）——审判，从宪法的层面上来看，其将不会遭到批评。但是在海耶斯拒绝其提议之后再添加指控就是"报复性的"[24]。事情发生的时间顺序使得终身监禁成为对海耶斯行使其要求陪审团审判权利的惩罚。

上诉法院的判决却也戳到了海耶斯报复性抗辩的痛处。从另一角度来说，判决让这一抗辩变的毫无价值：如果这个判决成立，今后每一个检察官都会用最长、最严厉的罪名进行指控，然后在通过撤销其中的几个指控以换取被告人的认罪。相比以前的做法，被告人从中不会受益更多。这样的辩诉交易可能还会让被告人的处境更糟糕；像海耶斯案这样的刑期将会更为普遍。在获得当地媒体关注的案件中，由于政治压力，控方很难同意撤销严重罪名的指控；因为选民可能认为当地的地区检察官在打击犯罪方面很软弱。相反，没能将一些指控添加进来却不会惹来那么多的争议。（又有谁会告诉媒体有哪些罪名没有被起诉呢？辩护律师不会，检察官也不会，因为他们都有动机对此守口如瓶。）所以，根据上诉法院的判决，被告人将更多地面临最为严厉的指控——这恰好是保罗·海耶斯所想要避免的。如此看来，被告人作为一个特殊的群体不会从上诉法院的判决中得到甜头。他们的情况可能会变得更糟，至少会差一些，但也可能是致命的。海耶斯获胜了，但对于刑事案件的被告人们，这是一场牺牲极大的胜利。

■ 二、最高法院的判决_____

控方对麦克里法官的裁决提出了上诉——上诉是以海耶斯服刑的监狱的监狱长伯顿科歇尔的名义提起的——最高法院在 1977 年 6 月 6 日同意对此案进行听证。[25]

双方的论辩和我们上面讨论的基本相同。海耶斯的律师主张惯犯的指控是"报复性的"。控方对此的回答是，如果法院采纳了海耶斯的观点，辩诉交易也相应的违宪；控方批评麦克里法官关于时间序列的观点不恰当地干涉了检察官的起诉权。每一方都能够从最高法院之前的判例中找到清晰明确的论点来支持自己。对于海耶斯这一方来说，布莱克里奇案（Blackledge v. Perry）[26] 似乎很有说服力。布莱克里奇案中的被告人被指控并且判处轻伤害罪。根据当时北卡罗来纳州法律，被告人可以对其判决进行上诉，并获得在另一个州法院重新审判的机会。被告人行使了这一权利，但招致了检察官

---

[24] 关键的一句是："尽管检察官在辩诉交易的过程中可以向被告提出有关现有起诉书所列指控的妥协……他不能用更为严厉的指控所带来的后果来威胁被告，如果被告坚持要进行审判。"（Id. at 44.）

[25] Bordenkircher v. Hayes，431 U. S. 953 (1977).

[26] 417 U. S. 21 (1974).

的另一项指控：重伤害并且蓄意杀人。㉗ 法院认为这一指控是对其行使接受审判权利的报复：

> 很明显，检察官在阻止轻罪上诉这一方面存在利益，因为在上一级法院进行上诉可能会耗费控方的资源……而且，如果检察官手头已经有方法阻止这样的上诉——如果轻罪犯要寻求法律赋予的上诉救济权利，检察官就通过一个重罪指控来"加大赌注"（upping the ante）——他们可以肯定，只有最顽固的被告人才会有勇气承担新一轮审判可能带来的后果。

> ……一个被定罪的人有权寻求法律所赋予的进行上诉的权利……州检察官会没有顾虑地对此进行报复，通过将最初的指控替换成一个更为严厉的指控，让被告人面临一个可能被显著延长的监禁。㉘

海耶斯案中延长刑期可不仅仅是像"可能"那么简单，而且巴格比的做法至少和法院在布莱克里奇案中所谴责的报复做法相当。

控方依据的是确认辩诉交易合宪性以及可取性的案件。让我们看一下桑托贝罗案（Santobello v. New York）㉙ 中关于失败的辩诉交易救济的一段判决：

> ……检察官和被告人关于刑事指控的处置，有的时候可以勉强称为"辩诉交易"，是司法的重要部分。对其妥善的处理是值得鼓励的。如果每一个刑事指控都要走完审判程序，那么州以及联邦政府将需要增加数倍的法官和法院设施。

> 在辩诉交易讨论之后对于指控的处理不仅是程序的一环也是切实可行的一部分……在大多数刑事案件中都可以迅速达成一致……而且，通过缩短指控以及对指控处置之间的时间，当他们最终入狱服刑时，可以提升被定罪的人的改造前景。㉚

控方认为，既然辩诉交易是如此明确地被允许，并且加以更重指控的威胁对于辩诉交易是必要的一部分，那么对于海耶斯的惯犯指控就也应该被允许。

面对双方的论辩以及支持论据，这个案件可能有三种结果：第一，法院可能判决一旦检察官威胁被告人如果他要求审判会带来不利的结果，那么检察官的行为就是报复性的（就像布莱克里奇案所被引用的判决那样）。第二，法院可以判决同意麦克里法官的意见——海耶斯的宪法权利受到了侵犯，因为他是在选择进行审判之后才被施以惯犯指控的。如果这一指控在之前被提出并且巴格比用撤销该指控换取他的认罪，那么海耶斯的主张就不成立。第三，法院可以判决"报复性起诉"对于辩诉交易根本不适用：不管刑事指控是何时提出，相比没有要求行使审判权的被告人，检察官可以为了促成认罪协议，威胁行使该权利的被告人会受到更严厉罪名的指控。如果检察官可以进行这样的威胁，这就意味着他们可以在辩诉交易失败后，也即被告人坚持进行审判之后，就像海耶斯做的那样，将威胁付诸实施。

㉗　Id. at 22-23.

㉘　Id. at 27-28.

㉙　404 U. S. 257 (1971).

㉚　Id. at 260-61.

第一种结果可能意味着辩诉交易，或者至少是美国常见的在桌面上进行的辩诉交易的末日。检察官可能还会通过更为严厉惩罚的威胁以寻求被告人的认罪，不过这样的威胁只能通过眨眼睛或者点头来表示，而不是像海耶斯案中的那样公开地进行。第二种认可麦克里法官意见的结果意义并不大。检察官会提前进行所有的指控，而不是等到辩诉交易失败后再进行；最终被告人的情况要么和现如今一样，要么变得更糟，因为检察官可能不愿撤销已经提出的指控。第三种结果将意味着维持现状；刑事案件程序仍然像往常那样运作。三种结果的每一项都是合乎法律的。布莱克里奇案似乎讲述了一个辩护方胜利的故事，但是像桑托贝罗这样涉及辩诉交易的案件结果却又支持另一方。而麦克里法官的判决则对两者进行了区分。无论法院如何裁判，都会有判例法的支持。

对于非律师人士来说，这听上去很奇怪：法律怎么能一次得出不同的结果？但是这种情况对于美国宪法来说是很常见的。宪法的条文并不清晰（"法律正当程序"几乎可以意味着任何事情），而最高法院的判例提供了一系列广泛的理论和主张。通常情况下，法官可以任意选择——就像他们在伯顿科歇尔案所做的一样。一旦出现这种情况，政治以及社会背景与法律的论辩一样甚至比法律更为重要。在伯顿科歇尔案中，这样的背景非常强烈地指引了控方的胜利。

先来说犯罪率。从 20 世纪 30 年代到 50 年代中期，美国的犯罪大约减少了一半[31]；20 世纪 50 年代是美国历史上犯罪率最低的时段。经历过那段时间的人——包括 9 名最高法院大法官，他们从法学院毕业的时间分别从 1931 年到 1952 年[32]——习惯了这样的美国：犯罪只是一个小问题而已。特别是城市犯罪：在那几年，全国的谋杀案犯罪率超过了纽约市[33]，这一统计数据对于最近一代的美国人而言是难以想象的。在国家政治层面，对于街头犯罪的担忧根本不值一提。当犯罪呈现为一个政治问题时，它一般涉及政治腐败，也经常与一些黑手党有关。这在 20 世纪 50 年代两起最大的涉及政治的犯罪中得到了见证：凯法弗委员会（Kefauver Committee）对于黑手党控制的赌博网络的调查以及他们与大城市民主党组织的联系；参议院瑞克特委员会对黑手党控制工会情况的调查，比如卡车司机工会（这一调查最终使得吉米·霍法（Jimmy Hoffa）被监禁）。只有在日常街头犯罪得到很好控制的国家，这样的调查才会出现在报纸头版。

这一切在 20 世纪 60 年代和 70 年代发生了变化。联邦调查局的犯罪名

---

[31]　有关美国历史上杀人案案犯率，包括 20 世纪 30 年代到 50 年代的犯罪率大幅下降的精彩的简短讨论，see Euric Mokkonen, Homicide over the Centuries, in The Crime Conundrum 163, 166 - 69 (Lawrence M. Friedman & George Fisher eds., 1997)。在 20 世纪 60 年代之前，杀人案犯案率基本上被用来代表整体的犯罪率，因为杀人案的数据要更好看一些。

[32]　首席大法官伯格 1931 年毕业于圣保罗法学院（St. Paul College of Law）。大法官布伦南和布莱克门分别于 1931 年和 1932 年毕业于哈佛大学法学院。大法官路易斯·鲍威尔 1931 年毕业于华盛顿与李大学法学院（Washington & Lee Law School），并且于 1933 年在哈佛大学获得一个硕士学位，同年，大法官瑟古德·马歇尔于哈佛大学法学院毕业。大法官波特·斯图尔特来自耶鲁法学院并于 1941 年毕业。大法官怀特同样来自耶鲁大学，毕业于 1946 年。最后，大法官伦奎斯特，也是后来的首席大法官，1952 年毕业于斯坦福大学法学院。

[33]　美国在 20 世纪 50 年代后期之前的情况都是这样的。从那以后，纽约的谋杀案犯罪率变成了全国的数倍。See generally Eric Monkkonen, Murder in New York City (2001).

录——重型暴力犯罪以及主要盗窃罪的集合——在 1960 年到 1975 年之间几乎增长了两倍。[34] 谋杀案的数量增长了一倍多；强奸案增长了两倍；抢劫增长了三倍。城市的情况特别明显。纽约的谋杀犯罪率在 1957 年后的 20 年时间里增长了四倍有余[35]——而且还有一些城市的暴力犯罪比纽约的还多。美国之前经历过犯罪潮，但程度并没有如此之深。直到 20 世纪 90 年代，伯顿科歇尔案过去了很久，美国的犯罪才得到了大幅的削减。即便如今，犯罪率仍然大幅高于 20 世纪 50 年代的任何时期。[36]

高犯罪率会带来不同的政策。在 20 世纪 60 年代以前，控制犯罪从未成为总统选举中的一个重要问题。在 1968 年，理查德·尼克松和乔治·华莱士赢得了 57% 的选票，两个人都将街头犯罪作为他们总统竞选的核心问题。（尼克松最终获胜，并随后任命了 4 位在伯顿科歇尔案中裁判的大法官。）当然，没有一位最高法院的大法官参与了当年的竞选，或者其他与此有关的事情。法官裁判具有政治因素；而且，法官无法轻易地辨别出政治导向。但是 20 世纪六七十年代犯罪的问题上，政策的改变却不仅仅是一个导向问题。这是一场政治风暴。

最高法院的大法官们从伯顿科歇尔案向前数了整整十年。从 20 世纪 50 年代到 60 年代，厄尔·沃伦（Earl Warren）那一届的最高法院开始稳步地提升宪法对于维持治安的规制。马普案（Mapp v. Ohio）[37]，发生在 1961 年，该案将联邦宪法第四修正案中的排除规则适用到州法院——意味着非法获得的证据不能用来指控刑事被告人——保证了这些宪法性限制能够有实际效果。但是在 1968 年的夏天——在理查德·尼克松选举之前——最高法院支持了警方有权力在街头根据比合理根据更为宽松的合理怀疑标准对嫌疑人进行截停和搜身。最高法院在特瑞案（Terry v. Ohio）[38] 中的判决被广泛地认为是执法部门的重大胜利，而且这一判决是来自向来对执法问题很不友好的最高法院。这一改变并非来自最高法院本身的立场；事实上，最高法院在特瑞案上的判决在政治上要比法院对于马普案的判决更为激进（farther to the left）。三位大法官在马普案之后特瑞案之前离开了最高法院：查尔斯·惠特克（Charles Whittaker）、费利克斯·弗兰克福特（Felix Frankfurter）以及汤姆·克拉克（Tom Clark）。大法官惠特克和大法官弗兰克福特通常在刑事案件中支持政府一方，克拉克大法官也经常这样做。在特瑞案中，替代这三位大法官的分别是大法官拜伦·怀特（Byron White）、大法官亚伯·福塔斯

---

[34] 在 1960 年，美国联邦调查局的数据显示每 100 000 人中有 1 887 件犯罪；在 1975 年，数字变成了 5 299。这些数据来自联邦调查局的年度报告，Uniform Crime Reports：Crime in the United States，and are available on-line at http：// members. aol. com/dpen98/ucrus. htm。

[35] 这一数字取自埃里克·蒙克科恩（Eric Monkkonen）在他对纽约市杀人案历史的研究中使用的数据，supra note 33。

[36] 根据联邦调查局的数字，犯罪索引上罪名的犯案率——暴力犯罪加上重大盗窃——在 1960 年是每 100 000 人 1 887 件；40 年后，这一数字变为 4 124。FBI, Uniform Crime Reports—Crime in the United States 2000, tbl. 1.

[37] 367 U. S. 643 (1961). 关于马普案详细的讨论，see Yale Kamisar, Mapp v. Ohio：The First Shout Fired in the Warren Court's Criminal Procedure "Revolution", in this volume.

[38] 392 U. S. 1 (1968). 关于特瑞案详细的讨论，参见 John Q. Barrett, Terry v. Ohio：The Fourth Amendment Reasonableness of Police Stops and Frisks Based on Less than Probable Cause, in this volume.

(Abe Fortas)以及大法官瑟古德·马歇尔（Thurgood Marshall）。大法官怀特和弗兰克福特在刑事案件中的立场基本相同。大法官福塔斯和马歇尔相较大法官惠特克以及克拉克则更为倾向于被告人。从任何角度来看，审理特瑞案的最高法院在美国历史上都是最为自由以及倾向于被告人的。法院的判决依据并非法律原则或者政治理念。特瑞案反映的是政治需求。[39]

大法官沃伦在特瑞案中撰写了多数意见；他的法官助理当时曾说在街头犯罪滋长的时期[40]，大法官们"不愿成为——或者被认为是——束缚警方行动的人"。特瑞案标志着最高法院导向的一个清晰转变。而该转变来自于公众对城市犯罪的担忧。

特瑞案之后的几年，这种转变不断得到确认。各州以及联邦政府在1968年之前的很多年通常都是刑事案件的输家。1968年之后他们通常胜诉——而且是在一系列问题上，而不仅仅是警方搜查和扣押。有一个例子对于伯顿科歇尔案判决特别重要。很长一段时间，辩诉交易有着一个很奇怪——并非在法律上——的地位。它被各地所实践，但是上诉法庭表现得却像这一普遍的做法并不存在一样。最高法院从来没有承认过辩诉交易，更别说批准它了。法院判决意见中的一些用语暗示着辩诉交易是违宪的，因为它依赖的是控方威胁希望得到审判的被告人会对其实施更为严厉刑罚。[41] 这当然也是海耶斯的主张。在1970年布莱迪案（Brady v. United States）中[42]，法院驳回了这一主张，认为一个为了换取政府不寻求死刑判决的认罪协议是合宪的——即便死刑所依据的法规后来被废止。[43] 如果政府方面没有法律效力的死刑威胁都是被允许的，那么就很难说明一个合法的终身监禁威胁是不应被允许的。

辩诉交易如同犯罪率增长一样变得愈发重要。到1978年，刑事案件记录不断上升，监狱的囚犯也随之增长。鉴于前一代犯罪的大量增加，很明显的是未来的增加也会随之而来。（伯顿科歇尔案之后的数年，重罪案件以及监狱囚犯数量都增长了一倍多。）[44] 上升的案件量却没有伴随着增加的检控预算。在大多数州，地区检察官办公室的费用是通过当地税收支付的，而当地政府已经身无分文了。让系统继续应对越来越多的被告人而不雇佣更多的检察官的唯一方法就是达成更多的认罪协议。这就意味是更加任意地运用辩诉交易。给辩诉交易笼罩上了宪法的阴影，这是伯顿科歇尔案中辩护方胜诉所带来的结果，其将使检察官换取认罪协议更加艰难。更多的被告人会选择审判，而认罪率将会下降。在一个高犯罪率以及犯罪记录陡升的时代，这种结果是不被接受的。

---

[39] 对此，在以下文献中有更为深入的讨论，William J. Stuntz, Local Policing after the Terror, 111 Yale L J. 2137, 2151-53 (2002)。

[40] Earl C. Dudley, Jr., Terry v. Ohio, the Warren Court, and the Fourth Amendment: A Law Clerk's Perspective, 72 St. John's L. Rev. 891, 893 (1998)。

[41] 例如，大法官道格拉斯在博伊金案（Boyin v. Alabama, 395 U. S. 238, 242-43 (1969)）的判决中写道："认罪不仅仅是对犯罪行为的承认；它是一项定罪。无视、缺乏理解、压制、恐惧、引诱、狡诈的或者无耻的威胁都可能是对违宪最好的遮掩。"所有辩诉交易都涉及政府的"引诱"认罪，而且这些引诱可以因为被定义为"狡诈或者无耻的威胁"而变得似乎正确。

[42] 397 U. S. 742 (1970)。

[43] 布莱迪被依照可以判处死刑的联邦法律指控绑架。这一法律中的死刑条款在杰克逊案（United States v. Jackson, 390 U. S. 570 (1968)）中被废止。

[44] See infra notes 71-72 and accompanying text。

所以，对于海耶斯来讲，一个全面的胜利——判决在被告人选择接受审判的情况下，禁止任何指控或者刑期的增加——是不可能的。法院也不太可能接受第六巡回法院有关时间顺序的观点，即禁止在被告人选择接受审判之后提出更为严厉的指控。同样，这样的判决将很大地危害像海耶斯这样的被告人，因为检察官可能会认为在提交严重指控之后再进行撤销会存在政治问题。以无数像海耶斯一样的被告人的失败来换取海耶斯的胜诉似乎是不合常理的。

剩下唯一的选择就是维持现状：不去过问辩诉交易。判决伯顿科歇尔案中关于报复性的分析对于辩诉交易不适用——无论是被告人认罪还是像海耶斯案中那样选择接受审判。

最高法院恰恰就是这样做的。五名大法官彻底驳回了海耶斯的观点。四名持不同意见的大法官接受了第六巡回法院关于时间顺序的观点——并且明确承认检察官可以通过预先提交更严厉的指控来避开这一规则。没有人支持海耶斯方激进的主张：即所有关于选择审判的被告人会遭到更为严厉对待的威胁都是不被允许的。

大法官斯图尔特撰写的多数意见主要致力于对辩诉交易进行辩护。在一段简短的事实陈述之后，大法官斯图尔特驳斥了上诉法院关于时间顺序规则的观点，认为这是不相关的："作为一个现实问题，简短地讲，如果大陪审团一开始就将海耶斯作为累犯来审判，那么检察官将撤销这一指控作为辩诉交易的一部分，这个案子就不会有任何不同。"[45] 大法官斯图尔特随后开始了对现存的辩诉交易机制的赞美："认罪协议以及随之而来的辩诉交易"是"这个国家刑事司法制度的重要组成部分。如果妥善地运用，它们可以惠及很多事情"[46]。

接下来就是这份判决意见中最重要的一段，大法官斯图尔特对最高法院关于报复性惩罚的案件进行了区分：

> 在那些案件中，最高法院处理的是控方单方面对于选择通过审判应对最初定罪的被告人所施加的刑罚——这与辩诉交易中控辩双方提议接受式的谈判是截然不同的，后一种可以被认为控辩双方是拥有相对平等的谈判地位。[47]

注意（notice the theme）：在像布莱克里奇这样的案件中，检察官对无助的被告人行使"单方面"的权力。伯顿科歇尔案中的辩诉谈判与之相反，双方在"提议接受式"的交流中"可以说是拥有平等的谈判地位"。（海耶斯可能被免予处罚，如果他提出的所有要求都被巴格比所接受。）其关键在于通过被告人对较轻指控的认罪可以使双方能够获得"相互优势"。在法院看来，即便被告人的认罪是"来自对轻判或者减少指控的承诺[48]，或者来自对可能面临的审判之后更为严厉处罚的恐惧"，这样的相互性仍然存在。大法官斯图尔特认为，对辩诉交易给以宪法上的承认是完全合适的，即使"检察官在谈判桌上的利益是说服被告人去放弃他不认罪的权利"[49]。

---

[45] 434 U. S. at 360 – 61.

[46] Id. at 361 – 62.

[47] Id. at 362 (quoting Parker v. North Carolina, 397 U. S. 790, 809 (1970) (opinion of Brennan, J.)).

[48] Id. at 363.

[49] Id. at 364.

对于法院来说，真正需要解决的问题是海耶斯是否"被适当地按照惯犯法规来指控"[50]。简单来看，答案是肯定的。因此，巴格比威胁其将按照惯犯法规来起诉海耶斯也是适当的。如果威胁是适当的，将其付诸实施也是适当的。就是这样。即使海耶斯没有认罪，最高法院面临的问题还是辩诉交易的法律地位。辩诉交易获得了胜利而海耶斯则输掉了。

大法官布伦南、马歇尔、布莱克门以及鲍威尔，针对第二种意见，而不是第一种意见，发表了反对意见。布莱克门大法官撰写简要的不同意见。他指出，作为一个很简单的逻辑问题，报复性就是报复性，不管它是否发生在辩诉交易的过程中，布莱克门大法官继续讨论了麦克里的时间顺序法则：

> 可能有人会说这件案子如何裁判是没有任何区别的，但现在案件就在眼前。法院的判决不顾报复性的问题，给了辩诉交易以充分的空间。但是相反的结果只会促使咄咄逼人的检察官在每件案子的一开始就提起更为严厉的指控，并在这种情况下再进行协商。结果对于被告人而言仍然是不利的，因为那时候，他要协商的是一个更为严厉的指控，面临可能被增加保释金的可能性，而且承担法院不愿接受辩诉交易的风险。但是，让检察官保持其最初的指控内容并且在公共的视野下对其进行论证无疑是更好的选择。[51]

对于任何习惯阅读最高法院不同意见的人来说，这是非常坦率的语言。大法官们有时会提倡一些在实践中证明是毫无意义的法律主张，但是他们通常不知道这些主张是无意义的。布莱克门却正视这个问题："结果对于被告人仍然是不利的"——事实上，要不利得多，因为他不得不"对一个更为严厉的指控进行协商"而且一旦指控记录在案，在随后的诉讼过程中协商会变得更加艰难。尽管大法官布莱克门确实说让检察官坚持他们最初的指控是"更好的"，但是这对被告人来说很明显不是"更好的"：大法官布莱克门恰好解释了为什么被告人应该更倾向于多数意见。很难找到更加让人缺乏兴致（halfhearted）的反对意见了。

当然，前提是不算另一份伯顿科歇尔案的反对意见——鲍威尔大法官的反对意见。鲍威尔大法官给布莱克门大法官的冷漠施加了障碍。一方面，鲍威尔大法官明确认为海耶斯是遭到不公正对待的受害者。在指出 5 年的监禁对于一张伪造的 88 美元支票——海耶斯所拒绝的提议——"根本不能称其为慷慨的提议"[52]，鲍威尔叙述了海耶斯三项重罪的情况，这是海耶斯由于惯犯法规而面临终身监禁的基础。鲍威尔注意到海耶斯因为"扣押女性"在少管所只服刑了 5 年多一点的时间，这一犯罪行为是在他还是未成年人时作出的，而对于抢劫罪，他根本没有服刑[53]。"然而，在涉及 88.3 美元的指控上定罪就可以将被告人强行终身监禁。犯有强奸以及谋杀罪的人都没有受到这样严厉的惩罚。"[54]

---

[50] Id.

[51] Id. at 368（布莱克门大法官，反对意见）.

[52] Id. at 369（鲍威尔大法官，反对意见）.

[53] Id. at 370（鲍威尔大法官，反对意见）.

[54] Id.（鲍威尔大法官，反对意见）.

另一方面，像布莱克门大法官一样，鲍威尔承认他的解决方式给检察官以充分的自由去制造更多这样的不公正：

> 多数意见认为……这个案子与检察官一开始就按照更严厉的法规进行起诉，然后再同意撤销严厉指控以换取认罪的情况没有区别。我同意两种情况是一样的，但只有当它被假定为假想的检察官按照更为严厉的法规起诉的决定不是因为公共利益考虑而是为了阻止被告人行使其宪法权利的一种策略时才成立。理论上说，我对两种做法都予以谴责。实践上看，假想的情况主要是无法予以审查。法院的多数意见混淆了特殊的检方裁量权的适当行使与它的可审查性。⑤

像布莱克门一样，鲍威尔承认他提出的规则也是没有意义的，但是他指责多数意见同样也没有提出有价值的规则。

伯顿科歇尔案是一个不同寻常的案件，而且鲍威尔的不同意见突出了不同寻常的关键问题：海耶斯的法律主张和施加在他身上的不公平是不相匹配的。如果对于惯犯的判罚是六年而非终身监禁，被告人所依据的报复性论辩与海耶斯所判刑罚严重程度毫不相关——指控仍然会是"报复性的"。然而，正如鲍威尔所指出，案件最基本的问题就是终身监禁的严重性。

如果把问题换一种说法，有关报复性的主张要么全有，要么全无。如果这一主张是正确的，任何关于增加刑期的威胁都是不被允许的。如果这一主张是错误的，所有威胁都是允许的。程度上的不同，即海耶斯实际面临的判罚严厉程度的不同并不重要。考虑到在有效地禁止辩诉交易以及容忍现状之间作出选择，每个接受海耶斯案件的法院——包括上诉法庭——都会选择维持现状。即便是大法官布莱克门以及鲍威尔也选择维持现状，因为他们都这样承认。

但是全有或全无的主张与海耶斯实际的诉求没有任何关系，（正如大法官鲍威尔所认可的那样，）实际的诉求是与施加在海耶斯身上的终身监禁的严厉程度密切相关的。下面是海耶斯本人对其与巴格比交易的评价，从检察官向他提议以五年监禁来换取认罪的时候开始：

> 我说，"不行，伙计，我不能接受五年……"你知道吗，我说我希望陪审团审判。他说，"如果你不接受五年，我将对你进行惯犯指控。"……我告诉他，"你知道吗，看看，伙计，我已经在州少管所待过一次，我的背上曾有过监狱囚号，"然后我接着说，"还有很多人背上曾经有过 6 个到 7 个囚号，他们从没有被按照惯犯进行审判……"⑤⑥

事实上，海耶斯的背上曾有两个"囚号"（重罪定罪），而不是一个。但是他的观点仍然是：其他人犯的罪比自己更加严重，而他们没有遭受这样的刑罚。问题不在于检察官试图让海耶斯认罪——就像伯顿科歇尔案多数意见正确指出的那样，检察官就是应该这样做。而是，这里存在两项潜在的关于保罗·海耶斯审判的问题。第一，相比其他有更严重犯罪记录的人而言，海

⑤ Id. at 371 note 2（鲍威尔大法官，反对意见）.

⑤⑥ App. 42－43.

耶斯受到了更加严厉的对待。第二，对于海耶斯的判罚重于他所应得的判罚。

有人怀疑保罗·海耶斯已经直接地理解了两个问题。但是最高法院却没有想到，或者至少忽略了它们，因为这是处理这件案子的律师和法院之前的做法。这也是为什么伯顿科歇尔案的判决读起来像是法院在处理一件不同的案件——一个寻常的辩诉交易，一个被告人以认罪的方式回应审判后会得到略微严厉判罚威胁的案件。面对对于辩诉交易是支持还是否定这个选择时，法院必须要选择"支持"。为了有更大的机会在最高法院胜诉，海耶斯的律师需要通过一些方式给法官们其他的选择，引导法院得出这一结论：用终身监禁来威胁海耶斯是错误的观点，而不会给每年成百上千的普通辩诉交易蒙上阴影。

有很多方式可以作出这种主张；海耶斯的律师在诉讼的前期已经提出了两种。律师曾经主张对于海耶斯的罪名，终身监禁是不适当的，因为这样违反了联邦宪法第八修正案中关于禁止"残酷和异常的刑罚"的规定。大法官鲍威尔很明显认为这种主张有实在价值。他认为甚至五年的徒刑对于海耶斯来说也"不算是一个慷慨的提议"，所以他坚决认为判处其终身监禁是非常过分的，尽管海耶斯有前科。有趣的是，法院的多数意见就在伯顿科歇尔案五年之后得出了这一结论，大法官鲍威尔撰写了法院意见。索利姆案（Solem v. Helm）[57] 中的被告人被指控转手了一张 100 美元空头支票——与海耶斯将其盗窃来的 88 美元支票签发给皮克·派克日用品商店没什么区别。索利姆案中的被告人之前有六项重罪定罪：三项是三级入室盗窃，欺诈、重大盗窃、醉酒驾驶各一项。[58] 这绝对要比海耶斯的犯罪记录更长。但是，处理索利姆案的法院认为在这个案件中，终身监禁过于严厉以至于同第八修正案不符。[59]

索利姆案对于世界上的保罗·海耶斯们（尽管不是保罗海耶斯本人）是一个很大的帮助，但是这个判决只有一个短暂的有效期。在 1991 年，法院推翻了索利姆案的判决[60]；在 2003 年，法院支持了根据加州三振出局法规判处终身监禁的做法。[61] 根据第八修正案提出的论证——在伯顿科歇尔案中，联邦最高法院根本没有听取这一论证——而今只不过是一场白日梦罢了。

海耶斯的律师还提出了一项歧视主张：终身监禁的问题不在于它与罪行不相符，而在于海耶斯是被任意挑选出来遭受这一刑罚的。海耶斯本人也以以下方式提出了这样的主张：他说，某些穿着六七个"数字"囚衣的被告人就逃脱了惯犯法规的处罚。但是关于歧视的主张是非常难以证明的。特别是在像美国这般建构的法律体制内。美国数量庞大的刑事指控中的大部分是由

---

⑤⑦　463 U. S. 277 (1983).

⑤⑧　Id. at 279 - 83.

⑤⑨　Id. at 290 - 300.

⑥⓪　Harmelin v. Michigan, 501 U. S. 957 (1991).

⑥①　Lockyer v. Andrade, 538 U. S. 63 (2003)（该案判决支持了对两项盗窃指控合并判处 25 年徒刑到终身监禁的做法）；Ewing v. California, 538 U. S. 11 (2003)（该案支持了对盗窃高尔夫俱乐部的犯罪行为进行 25 年徒刑到终身监禁的判罚）。

像巴格比这样的地方检察官提起的。[62] 他们为由城市或者乡村的选民选举出来的地区检察官工作。从其他乡村提取的关于起诉模式的证据不足以证明故意歧视的存在；为了获得胜诉的可能，像海耶斯这样的原告必须要在他们自己的辖区内证明存在歧视性的起诉模式。这使得证明非常困难。实践中，这不仅仅是困难的——由于最高法院在伯顿科歇尔案发生的 18 年后作出的一项判决——而且是不可能的。最高法院在阿姆斯特朗案（United States v. Armstrong）[63] 中判决，任何主张歧视性起诉的人必须要能够举出身处同样情况下可以被按照与申诉方相同罪名起诉但却没有被起诉的被告人（没有人知道有多少这样的人）。不需要说，被告人方想要得到这样的信息是非常困难的。[64] 而且，阿姆斯特朗案判决如果不能举出这样的被告人，申诉方甚至不能获得证据开示（即检察官过去起诉决议的数据）：也就是说，为了获得证明歧视的证据，被告人必须证明存在歧视——这是典型的悖论（Catch-22）。而且阿姆斯特朗案涉及的是被推定为违法的种族歧视的主张。任意性（arbitrariness）本身就是非法的，只不过这种非法并非法院系统愿意关注的范围罢了。正如考津斯基（Kozinski）法官在 1992 年为第九巡回法院的一个审判庭撰写的意见一样，"紧张激烈的问询方式使法院能够评价检察官的指控决议是否是基于任意的方式，是否会破坏本应去保护的司法制度"[65]。换句话说，这样的做法是得不偿失的。因为法院认为像海耶斯这样的诉求是很难裁决且无法进行救济的，所以这种主张很少被提出，而且基本上无法成功。

第三项可能的主张在诉讼过程中从未被提出；这一主张看似很有价值但是也更为复杂。巴格比当然可以威胁海耶斯，其审判后要比认罪遭受更长的刑期——除非连巴格比都认为威胁性的惩罚是不公正的。敲诈者利用他们能够伤害被害人的能力以获得他们想要的。如果巴格比认为终身监禁是过重的或者不公正的，如果他施以终身监禁只是为了换取认罪协议，那么他的提议在功能上与敲诈毫无二致。[66]

这里有很好的理由去相信巴格比事实上并不认为终身监禁对于海耶斯的罪行是公平的。如果他这样想，他不会用五年的监禁来换取认罪协议。所有辩诉交易都会提出减刑——如果被告人认罪，他所获得的刑期将少于他选择审判所获的判罚。但是这些减刑通常是受到限制的；对于涉及长期监禁的案件，如果以审判之后的刑期超出认罪协议所提供刑期的一倍相威胁，这就是

---

⑥ 司法部数据显示州法院每年有超过 900 000 件重罪的定罪，参见 Bureau of Justice Statistics, U. S. Dep't of Justice, Sourcebook of Criminal Justice Statitics - 2002, at tbl. 5. 44（2000 年有 924 700 件重罪定罪），available on-line at http：// www. albany. edu/sourcebook/〔hereinafter cited as 2002 Sourcebook〕。同样来自司法部的数据显示联邦法院每一年的重罪定罪不超过 60 000 件，Id. at tbl. 5. 18（2001 财政年度共有 59 433 件重罪定罪）。至于轻罪来说，比例更加不平衡，因为很少有轻罪在联邦法院被起诉。See Id.（在 2001 财政年度，只有 9 100 件联邦轻罪定罪）。

⑥ 517 U. S. 456（1996）。

⑥ Id. at 465 - 70.

⑥ United States v. Redondo-Lemos, 955 F. 2d 1296, 1300（9th Cir. 1992）。

⑥ 巴格比的行为放在合同案件中可以构成胁迫。关于此点进一步的讨论，参见 Scott & Stuntz，前引 note 13，at 1961 - 66。

不正常的。⑤ 在海耶斯的案子中，审判之后的刑期可能会是巴格比提议的十倍。这种差异无法根据海耶斯在庭审中可能会胜诉来加以解释——对此，巴格比一点都不担心。唯一可能的解释是，巴格比认为五年是一个正确的处罚，只是要通过威胁要按照惯犯来指控以换取认罪协议。一旦威胁作出，它就必须被执行。但是巴格比肯定不认为，如果提交审判的话，从终身监禁减为五年监禁刑会是一个罚当其罪的惩罚。

很有可能没有人会——巴格比不会，审理这个案子的法官不会，甚至是肯塔基州投票支持惯犯法规的立法者也不会——认为终身监禁在海耶斯案中是公平或者适当的。很明显巴格比不这样认为，也没有理由相信任何处理海耶斯案的法官或者最高法院大法官会这样想。至于肯塔基州的立法者：在1975年，该州立法机关通过了修正后的惯犯法规，但该法规并不适用于海耶斯案——法官麦克里在一定程度上考虑到了这一事实。⑥

即便是肯塔基州的立法者都没有选择最为严厉的法律版本，我们有理由相信这些立法者没有想过要把这样严厉的法律适用到像海耶斯这样的被告人身上。肯塔基州和其他地方一样，立法者深知检察官拥有起诉权，检察官从来没被要求过必须按照一个特定的刑事法律来起诉，相反，检察官可以选择何时起诉、起诉什么罪名以及什么时候不起诉。从这些事实中，我们可以得到一些重要的结论。当立法者对伯顿科歇尔案中涉及的惯犯法规投票表决的时候，他们的动机是刑罚的严厉程度。在投票者眼里，如果出现一些应该在监狱中度过余生的穷凶极恶的罪犯，由于立法者没能通过合适的法律而使其逃脱这样的惩罚，立法者可能有必要担心公众的愤怒。但是，如果一些不应该获得如此刑罚的被告人，因为过于狂热的检察官的指控而遭受终身监禁，那么这群投票者却不怎么在意。而且即便是投票者表示关切，并且反对了过于严厉的刑罚，那么需要受到指责的将是检察官而不是立法者。这在1978年就已经变得非常明确了。20年之后，肯·斯塔尔（Ken Starr）证明了这一点：斯塔尔成为美国最不受欢迎的人，原因在于他在比尔·克林顿隐瞒其与莫妮卡·莱温斯基的关系事件上的调查。没有人责怪国会通过宽泛的有关伪证罪以及妨碍司法公正的法律；选民将指责转向国会共和党议员，只是因为他们在弹劾克林顿的时候承担的是检察官的职责。选民了解检察官拥有起诉权，但像肯塔基州惯犯法规这样的法律并不意味着对所有适用于这一法律的被告人都予以执行。

这一政治上的不对称意味着这样的法律——刑事法律涵盖了比立法者所预想的更多的人——将可能更加普遍，特别是在一个犯罪率及公众对其恐惧很高的时代。有时，立法机关可能认为法律似乎走得过远，于是废止一些严厉的涉及判刑的法规，比如像肯塔基州立法机关所做的那样（对于海耶斯来

---

⑤ 直到最近，联邦系统才开始实施一项在认罪案件中自动为"承认罪责"减刑的措施；减刑幅度平均为35％。如今，自动的减刑幅度接近25％；更进一步的减刑则取决于检察官的提议。See Stephanos Bibas, Plea Bargaining outside the Shadow of Trial, 117 Harv. L. Rev. 2463, 2488–89 & notes 101–02 (2004), and sources cited therein. 在各州，有关认罪案件减刑幅度的数据并不充分。文中的表述（我希望是合理的）是推测出来的。学界中倡导限制认罪减刑幅度的学者建议把幅度限制在50％或者更低。See id. at 2535–36 & note320 (citing sources).

⑥ See Hayes v. Cowan, 547 F. 2d at 42–43 & note 1.

说太晚了）。但是立法机关这样的做法是很少见的，更容易的做法是将刑期提高，而事实上这种做法确实是非常普遍的。

所有这些都表明，当像海耶斯这样的人被起诉并被按照惯犯法规来判刑时，唯一必须认同这一判罚的人就是检察官。对于巴格比来说，这一法规不是强制性的；他可以选择是否按照这一法规对海耶斯起诉，就像海耶斯最终选择起诉一样。但是一旦他提交了指控，就没有人能够——陪审团不能，庭审法官不能，任何上诉法庭也不能——随意地审查指控的刑期是否公平。

这不是公正量刑的方法。美国宪法落脚在集权是危险的这一原则上。而海耶斯案就是关于集权的：指控（因此也包括判刑）取决于巴格比，而且一旦作出，就没有人可以对这一决定进行事后的审查。

当然，一个检察官有能力过度惩罚一名被告人并不意味着他会这样做。检察官的薪水并非来自因犯；他们不会因为更长的刑期而获得额外的报酬。除了极为罕见的案子之外，在所有案件中，我们可以确切地说，检察官试图达到公正的结果。但是要记住巴格比想要达到的结果：他希望海耶斯接受五年的监禁刑，从而省去审判的麻烦。惯犯的指控是一个工具、一个设计好的威胁，用来换取巴格比想要的结果；毫无疑问，巴格比认为这样的结果才是公正的。但是海耶斯拒绝了辩诉交易，在最高法院对伯顿科歇尔案裁决之后，再也不会有这样鲁莽的被告人了。下一名被告人——所有人都会这样——会接受巴格比的提议，并且毫不犹豫。在这种情况下，没有什么理由去相信检察官会因为信守量刑公正而不会把他们所威胁的指控付诸实施。

这一观点对于很多被告人接受认罪而非像海耶斯那样选择审判的案件有着重要的启示。如果所威胁的刑期与罪行不相符——任何正常地审理该案的法官都会拒绝将其实施——我们就不应相信由威胁所产生的定罪和量刑会具有公正性。在脑中进行一个简单的实验就可以加以证明。假设海耶斯在伪造支票的指控上是无辜的。进一步假设巴格比在这一指控上只有 1/4 的几率去赢得陪审团审判。最后，假设海耶斯已经知道最高法院将如何处理这件案子。那么海耶斯将会如何对待巴格比的提议呢？不管怎么样，海耶斯最好还是接受五年的监禁，而非承担那 1/4 可能终老于监狱的风险。

这样的结论是非常简单的。辩诉交易可以是公平并且公正的，但是，只有在——并且只能在——换取认罪的威胁也是公平且公正的情况下才能实现。考虑到最高法院在伯顿科歇尔案中建立的规则，我们没有理由去相信这些威胁是公平的——事实上，却有很好的理由得到相反的结论。检察官有很强的动机去以要提出过分的指控来威胁被告人，这甚至是来自检察官自己的观点。

最高法院本可以改变这样的情况。设想一份要求政府作出下面两种陈述之一的判决意见。首先，政府可以提供合理数量、案情相似、所威胁的判罚的确被实施的案件。这样案件的数量不需要大到产生实际效果。很可能出现的情形就是（the odds are）：没有一个对被告人实施肯塔基州三振出局犯规的案件中的第三次犯罪会是像海耶斯这样的轻微盗窃。即便是有一些这样的案件存在，这也意味着肯塔基州的立法者只看到了法律在刑罚中的严厉程度——与巴格比威胁所暗含的程度相同——而没有听到反对的声音（and had not rebelled at the sight）。单就这一事实就可以向被告人提供一些保护来对抗最糟糕、最不适当的威胁。

为了证明一个已经实施的特定的判罚对于一个特定罪名在一个特定案情模式下被实施过一定次数，肯塔基州不得不做一些其他州在 20 世纪 70 年代做过的事情：保留详细的全州犯罪起诉记录。如今有更多的州在这样做，因为它们中的大多数通过制定准则来管理刑事判决。制定这些准则的量刑委员会通常保留详细的记录，以便能够预测关于量刑的法律的改变将带来的后果。正如雷切尔·巴尔科（Rachel Barkow）所证明的，被预测出来的结果——一项新的严厉的法规会需要更多的监狱床位，而且一定数量的纳税人的钱需要用来支付这些床位——对于州立法者的决议有着重大影响。[69] 随着追求严刑的成本变得愈加突出，节制的刑罚在政治上变得更具有吸引力。同样的结果也会发生在刑事法律上，如果各州必须要保留这些记录以便允许检察官参考先例来决定他们用来换取认罪的威胁程度。而且如果检察官们被要求考虑州中其他同行的指控标准，他们自己也可能限制提出的威胁。随着这些数据变得可以被获取，法院可以按照罪名修改适当的目标数（target number）。比如说，以判处三年监禁刑为例，有 1 000 名肯塔基人因盗窃海耶斯写给皮克·派克日用品商店的那样的小额支票被定罪和判罚，至少 50 个这样的案件在检察官威胁之前能得到给定的判罚应该是合理的。对于发生不是那么频繁的犯罪，这一数量可以更小。对于检察官还没有执行过的刑罚，其量刑的限制可以暂时搁置，给政府以时间找到其他地方类似案情的案件。

即使无法作出这样的陈述，政府还可以有第二种方法来证明其威胁的合理性：要求审判法官认定有争议的刑期——用来威胁的刑期而非实际判处的刑期——对于被告人的犯罪行为来说是否是公平以及适当的。如果有争议的威胁既不能被先例所佐证又不能被法官判决所支持，那么这样的威胁就是不适当的，基于此威胁所达成的认罪都是无效的。如果这样的规则可以适用到伯顿科歇尔案，巴格比的威胁是不可能被认可的。海耶斯还是会因为伪造支票在监狱服刑，但是刑期可能接近两年而不是五年。许多其他的被告人要么被宣判无罪，要么服刑较短的时间（由于威胁的刑期过长，一些很有可能胜诉的被告人不得不认罪）。而我们将会得到一个更加公平、公正的刑事司法制度。

所有的一切都没有发生。或许即便海耶斯提出了正确的主张，这些也不会发生；大法官们可能已经驳回了任何能想象出来的对于巴格比辩诉交易方式的质疑。在伯顿科歇尔案之后的 27 年里，这一直是法院的判案模式。当然，有理由对此表示怀疑。对于犯罪和刑罚的政策在伯顿科歇尔案后不断地变得更具有惩罚性。最高法院也同样变得如此。在 1978 年，我们还可以想象对于辩诉交易实施严格的宪法限制。如果这种限制在那时被实施，治理犯罪的法律和政策在随后的 25 年里可能会走上一条不同但是更佳的道路。

报复性指控是一个值得注意的问题。它很简单而且直截了当；它维持着胜诉的承诺（it held out the promise of victory），而且已经得到了判例的支持。因为这些原因，它是提交给法院的一个绝佳主张。但是它暗含的东西却

⑥⑨　Rachel E. Barkow, Administering Crime, 52 UCLA L. Rev. 715 (2005)；Rachel E. Barkow, Federalism and the Politics of Sentencing, 105 Colum. L. Rev. 1276 (2005).

很多，而且非常麻烦，因此在最高法院面前它就变成一个很不充足的论点。很少有律师知道这里的区别——而且即便他们知道，这也不会带来多大帮助：大法官们通常拒绝处理没有在下级法院被律师提及的主张，而律师在决定诉讼策略时很少会想到如果案子最终打到受理上诉的最高一级法院时，哪一个主张有最大的胜诉可能。因此在保罗·海耶斯确实将案件打到最高法院时，他只能坚持一个很单薄的看似很合理但是无法获胜的法律主张。而有可能胜诉的主张却要更加复杂而且更加冒险。法院可能已经将其驳回；提出这一点的律师可能最终一无所获。但是至少法官还是有可能采纳这一观点，从而无数的案件将会得到更为公正的结果。对此，我们不得而知。

■ 三、后续

最高法院对伯顿科歇尔案作出判决时，犯罪开始滋长的年代已经过去了20年。在这20年之前，美国是一个低犯罪率的社会；人们在夜晚走在城市的街道上无须害怕。到了1978年，美国成了一个高犯罪率的社会，如果人们不得不在夜间穿梭于城市的街道中，他们将充满恐惧。人们社会生活中的这一重大改变、犯罪井喷式的增长以及随之而来的恐惧，最终导致法院作出了这样的判决。这与伯顿科歇尔案的长期效应也是相关的。

正如我们已经讨论过的，高的犯罪率意味着来自犯罪记录的更大的压力。各地区检察官没有有效地应对20世纪60年代的犯罪潮。在20世纪60年代，监狱的人数实际上下降了，这是美国历史上唯一的一次。[70] 要"更加强硬"地对待犯罪以及罪犯所带来的压力得到了长时间的积累。到了最高法院判决伯顿科歇尔案的时候，这一压力变得非常强大，而且看上去可能还要在今后的几年里持续下去。犯罪记录以及监狱囚犯数量当时已经在增长，但是这两项数据将会在未来的10年～20年时间里增长更多。事实上也是如此：在1978年到1991年之间，重罪指控增长了一倍。[71] 监狱的囚犯数量增长得更快。[72] 各地检察官通过他们唯一能做的方式回应着选民的需求（现在也是如此）——通过起诉更多的违法者并将他们更多的送到监狱执行更长的刑期。

起诉需要时间和人力，这些都需要成本。但是地区检察官办公室的预算却没有预期那样得以增加。这些办公室不得不在没有大量人力支持的情况下处理庞大的犯罪记录。一项统计数据表明了这一点：在20世纪70年代中期到20世纪90年代初，在重罪指控增长了一倍有余的情况下，全国检察官的数量增长了不到20%，从17 000人增加到了20 000人。[73]

---

⑦⓪ See Margaret Werner Cahalan, Historical Corrections Statistics in the United States, 1850 - 1984, at 29 tbl. 3 - 2 (Bureau of Justice Statistic, 1986)（数据显示从1960年～1970年，囚犯人数下降了12%）.

⑦① See William J. Stuntz, Plea Bargaining and Criminal Law's Disappearing Shadow, 117 Harv. L. Rev. 2584, 2555 & note 9 (2004), and sources cited therein.

⑦② See 2002 Sourcebook, supra note 62, at tbl. 6. 1.

⑦③ Bureau of Justice Statistics, U. S. Dep't of Justice, Prosecutors in State Courts - 1990, at 1 - 2 (1998).

这就解释了为什么检察官的预算没有而且无法跟上其手上卷宗的增长。在所有的辖区，街头犯罪（暴力犯罪以及大多数盗窃案——选民最希望得到起诉的案件）变得更加集中地发生在穷人地区。随之而来的就是刑事执法的重新划分：贫民区的住户从中受益最大，但是像所有的公共服务一样，这笔费用不成比例地来自富人地区。在美国——并非所有发达国家都这样——刑事执法人员的配备和花销来自城镇政府。这些当地政府缺乏资金来支持公共服务的重新分配。如果他们在富人区提高税收，他们可能会丧失税收来源；中产以及上层阶级的纳税人可以搬到相邻的城镇或乡村——在那里穷人较少，公共服务比较廉价，而且税收很低。这些基本事实解释了为什么税收在各州以及国家层面要比地方层面更加具有累进性。这也解释了为什么刑事执法在高犯罪率或者犯罪滋长的时期必然会面临严重的资金不足，就像伯顿科歇尔案之前的几年和随后的几年。这些年来，刑事司法领域预算增长的一个部门是监狱。[74] 监狱的支出是由各州以及联邦政府负责而非各个地方。

因此，到了 20 世纪 80 年代，地方的地区检察官不得不在没有更多资金和人手的情况下进行起诉。而唯一的解决方法就是让更多的被告人认罪，因为认罪相比刑事审判只花费很少的时间以及精力。这正是我们在 20 世纪八九十年代所见到的：不断增长的卷宗伴随着不断增长的认罪率。在 20 世纪70 年代中期，重罪的认罪率——通过认罪达成的重罪定罪——在 80％ 左右。[75] 到了 20 世纪 80 年代后期，已经超过了 90％。[76] 如今，这一数字停留在 95％。[77] 在这三十年间，审判率下降了 3/4。统计数据很自然地反映了在不增加检察官的情况下起诉更多被告人所带来的结果。

提升认罪率最简单的方式，就是向被告人提供更加优厚的协议：让全世界的海耶斯们承认罪行并且接受两或三年而非五年的监禁。但是这样的做法在伯顿科歇尔案之后的时代是不可能的。选民不但要求更多的起诉和定罪，还要求更加严厉的判罚。[78] 地方检察官如何才能完成这三项任务——指控更多的案件，从本质上提升认罪率，并且获得更严厉的判罚，而且要同时完成呢？对此只有一个可能的答案。检察官不得不拿更严厉的判罚来威胁被告人以换取更多的认罪，而不提供更优厚的协议。巴格比的做法将会成为常态而非例外。

如果要这样做，检察官需要立法机关的合作。但这种合作很容易获取，因为州立法者以及国会的议员们都迫切地想让选民知道他们也希望对犯罪采取严厉的措施。这对于双方都是无须争议的。早在 20 世纪 60 年代，共和党人就开始使用犯罪作为"切入点"来赢得蓝领民主党人的选票；到了 20 世纪 80 年代，民主党立法者开始通过发出他们可以比共和党人更加强硬的信

---

[74] 根据监狱政策提案（Prison Policy Initiative），在 1985 年至 2000 年，各州在感化院的投入的平均增长率达到惊人的 175％。Data are available on line at http：//www. prisonpolicy. org/prisonindex/budgetpriorities. shtml。

[75] See David A. Jones, Crime Without Punishment 44 tbl. 4‑1 (1979).

[76] Barbara Boland et al.，The Prosecution of Felony Arrests‑1987，at 3 (1990)（显示重罪的认罪率为 91％）.

[77] 2002 Sourcebook，前引 note 62，at tbl. 5. 46。

[78] 公众对于更为严厉刑罚的渴望可能来自严刑可以阻止犯罪的理念。那这一理念很可能是错的：惩罚确实可能阻止犯罪，但是惩罚的可能范围要比严厉程度更为重要。See, e. g.，Anthony N. Doob & Cheryl Marie Webster, Sentence Severity and Crime：Accepting the Null Hypothesis, 30 Crime & Just. 143 (2003).

号作为回应。这样的结果就像是一场发生在立法大楼并且仍在进行的投标竞赛，看谁能够提出并且通过覆盖面最广的刑事责任规则以及最严厉的刑罚法规。实际上，检察官并没有被要求去全面地适用那些严厉的法律。因此立法者没有理由去担心法规的覆盖面以及严厉性已经超出刑事法律的承载范围。

这样的激励机制是非常关键的。回到大背景上来。20 年来被压抑的希望政治家对滋长的犯罪采取措施的想法，意味着出台打击面更广的刑事法律以及更为严厉的判刑法规势在必行。从 20 世纪 80 年代到 90 年代，国会和各州立法机关通过了针对毒品犯罪以及枪支犯罪的新的更为严厉的判罚规则。立法机关如果对通过这一法律持犹豫态度，唯一的理由就是成本。将每一个具有三项重罪定罪的人送到监狱——如果"重罪"包括像盗窃一张 88 美元的支票的行为——可能将会花费很多。最高法院在伯顿科歇尔案中的判罚使得这些法律的实施成本变小。按照这一判决，没有必要对每一个或者任何像海耶斯这样的人以终身监禁相威胁。事实上，我们不要求所有面临海耶斯那样境遇的人都被终身监禁所威胁。检察官有权来决定。

通过降低严厉判罚的成本，伯顿科歇尔案也降低了立法机关使用这些规则来做像征性的表态的成本。比如，1986 年国会关于具体规定高纯度可卡因和可卡因粉末的量刑比例法律的出台——这样表述好像还是不太好。[79] 但被广泛承认的是涉及高纯度可卡因的犯罪应该被更为严厉地处罚，那么这个比例应该做多大的倾斜？不同的国会议员得出不同的数字。写进美国法律的比例——100：1，意味着持有一克高纯度可卡因与持有一百克可卡因粉末将得到相同的判罚——是所有提议中最高的。这在其他法律领域是不可能出现的：更为严厉的法规将带来可预见的大量开支，而且这些开支将导致一些妥协。很明显，当国会通过 100：1 的比例时，国会中不会再有人表示妥协。相对于折中方案，我们看到的是一场立法竞价，最为严厉的主张将成为最终的赢家。

立法竞价的出现是因为国会议员知道国内高纯度的可卡因案件只有一小部分会打到联邦法院。而让各州采取严厉的判罚规则成本会更高，因为大部分起诉发生在州法院。（各州的量刑规则毫无疑问要比联邦判罚规则更为宽松。）但是最基本的情况在各州都是一样的。除了少数例外，量刑规则不需要全部用来适用或者威胁被告人；检察官有权决定何时启用这些规则。这也使得严厉的判罚规则以及涵盖更广的刑事责任规则成本变得更小。立法机关从而可以制定更多这样的规则，如果成本很高，这将是不可能的。

随着立法机关将更多的重罪伴随着更严厉的刑罚写进刑法，其他的变化也产生了。这些法律改变了它们自身的属性。刑事责任规则不再对招致监禁的行为做以定义。因为太多的行为被禁止；没有检察官可以执行他所在州全部的刑罚，当联邦法律被适用时，联邦检察官也只能追诉其中的一小部分犯罪。同样，刑事判罚规则不再对犯有特定罪名的后果进行规定。这些规则涵盖得过于广泛；它们不可能在所有可以适用的案件中被执行。相反，限定罪名以及量刑的法律成为了一个选单——一份写有检察官可以用来向全世界的

---

⑦ 对这一问题最好的论述，参见 David A. Sklansky, Cocaine, Race, and Equal Protection, 47 Stan. L. Rev. 1283, 1296 - 97 (1995)。

海耶斯们换取认罪协定的指控以及量刑选项的清单。

真正的法律，决定谁将成为囚犯并服刑多久的"规则"，并非是写在法规手册或者案例报告中的。像巴格比一样的检察官通过他们在所在州立法机关提供的清单中进行选择后作出起诉决定的方式对真正的法律进行了诠释。能够导致行为人在社区矫正机构（house of correction）服刑的行为在不同法院和不同检察官眼中都有不同的标准。对于大部分犯罪的判罚也是一样。法律并不规制刑事司法。选单变得越来越长；检察官有着太多的选择。

然而这并非是一个良好的态势。我们本应拥有一个制约平衡的机制：立法者制定法律，警察和检察官执行法律，法官解释法律。事实上，权力越来越集中在警察和检察官手中，特别是检察官。

伯顿科歇尔案绝对不是导致权力集中的唯一原因。无论法院如何裁决，1978 年之后的一代都会见证像肯塔基州惯犯法规一样的法律得到增长。囚室还是会加倍，而囚犯仍然会填满它们。如果法院判决所有的辩诉交易都是"报复性的"，检察官以及辩护律师将会找到通过眨眼以及点头的谈判方法，而刑事司法系统将会继续运转，产生更多的定罪以及监禁判罚。即便海耶斯的律师确实在正确的时点提出了正确的主张，即便法院已经注意到这些主张，犯罪惩罚仍然会是我们社会中的一个重大产业，它的规模和严厉程度在民主世界国家中独一无二。

但是，法院的判决对美国刑事司法惩罚性的转变确实负有一定责任——对于刑罚的严酷性，对于如此大规模的超过两百万的囚犯负有责任；同样对于辩诉交易无法抑制的增长负有责任，现在几乎每二十个重罪中，有十九个是通过这一方法来定罪的。而且，这一判决还带来了另一个影响，甚至比囚犯数量和认罪率更为重要。随着囚犯成倍上升，法律也成倍增加，刑法中增添了更多的罪名以及更为严厉的判罚。随着内容的增长，法律在效果上却大打折扣。在刑事司法制度中，在地区检察官办公室工作的人逐渐增强了掌控能力。对此，其作用的已经不再是法律本身。如果有人想要明白这究竟是如何发生的，那么就从 20 世纪 70 年代发生在肯塔基州莱克星顿的一件让人捉摸不透的案件的学习中开始吧。

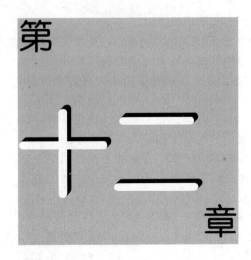

巴特森案：无因回避的合宪性质疑

帕梅拉·S·卡尔兰（Pamela S. Karlan）*

* 感谢鲍勃·维斯伯格（Bob Weisberg）和维奥拉·卡纳莱斯（Viola Canales）提出的很多有益的评论和建议，以及布里奇特·科林（Bridget Kerlin）提供的有价值的研究协助。在大法官哈利·A·布莱克门审理巴特森案（476 U.S. 79（1986））的任期内，我担任了他的法官助理，根据国会图书馆收藏的大法官布莱克门的撰文记录，可以得知我参与了该案的审判工作。本文的写作完全基于公开渠道可以获得的资料。

大法官费利克斯·弗兰克福特（Felix Frankfurter）曾言："总结历史，我们可以公正地说，自由的保障措施常常是在那些涉及并非良善之辈的案件中形成的。"①或许也可以公正地说，这些措施常常是在那些涉及不那么值得关注的犯罪案件中形成的。一次仅仅查获了一些载有淫秽内容的小册子、几张照片和一些铅笔涂鸦的警察的非法搜查行为，使得马普案（Mapp v. Ohio）② 推翻了沃尔夫案（Wolf v. Colorado）③，并且将排除规则适用到各州。一次非法闯入台球厅并且仅仅窃取了自动售货机中的 60 美元硬币的犯罪行为，使得最高法院在吉迪恩案（Gideon v. Wainwright）④ 中推翻了贝茨案（Betts v. Brady）⑤，并要求各州为所有无能力雇用辩护律师的被告人提供律师帮助。一起夜盗案，该案中小偷将所盗戒指以一枚 15 美元的价格典当，使得最高法院在巴特森案（Batson v. Kentucky）⑥ 中推翻了斯温案（Swain v. Alabama）⑦，禁止在陪审员的选择上检察官以种族为由而提出无因回避。

在沃伦法院时期，其有两大成就：一是刑事程序革命（如马普案和吉迪恩案），二是废除黑人歧视法（Jim Crow）。* 但是，斯温案的判决似乎与这些成就很不协调。在该案中，19 岁的黑人罗伯特·斯温（Robert Swain）在亚拉巴马州的塔拉迪加县（Talladega County）被指控袭击一名白人女孩，最高法院维持了对斯温判处强奸罪并适用死刑的判决。"据至今仍健在的人回忆"⑧，斯温案的陪审团中没有一个黑人，全部由白人组成，检察官排除了六名有资格的黑人陪审员候选人。面对这一美国南部司法实践中的典型案例，最高法院却拒绝"审查特定案件中检察官适用的无因回避是否符合传统标准和平等保护条款的要求"⑨。取而代之的是法院进行了自相矛盾的区分。斯温案禁止检察官在"一起又一起的案件中，不论什么情形，不论是什么犯罪，也不论被告人或被害人是谁（in case after case, whatever the circumstances, whatever the crime and whoever the defendant or the victim may be）"以种族为由排除黑人陪审员，否则将"剥夺黑人享有与白人相同的参与司法运作的权利和机会"，但这"并不是无因回避的制度宗旨"⑩。然而它

---

* Jim Crow，黑人歧视法，"Jim Crow"一词来源于 1828 年一位黑人喜剧作家创作的剧目"Jumping Jim Crow"，后来，"Jim Crow"就演变成为对黑人的蔑称。自 19 世纪 70 年代开始，南部立法机关通过了在公共交通运输中实行种族隔离的法律，以后种族隔离的范围又渐渐扩至学校、公园、剧院、饭店等，这类种族隔离法逐渐被称之为"黑人歧视法"。随着 20 世纪 50 年代民权运动的兴起，这类法律开始衰落，直至最高法院宣布在学校和其他公共场合实行种族隔离为违宪，从而使这类法律彻底终结。参见薛波主编：《元照英美法词典》，738 页，北京，法律出版社，2003。——译者注

① United States v. Rabinowitz, 339 U. S. 56, 69 (1950) (dissenting opinion).

② 367 U. S. 643 (1961). 这些对犯罪证据材料的描述摘自大法官道格拉斯的协同意见。See id. at 668. 马普案在本书中独立成章。

③ 338 U. S. 25 (1949).

④ 372 U. S. 335 (1963). 吉迪恩案与斯特里克兰案（466 U. S. 668 (1984)）是本书第三章讨论的主题。

⑤ 316 U. S. 455 (1942).

⑥ 476 U. S. 79 (1986).

⑦ 380 U. S. 202 (1965).

⑧ Id. at 231 (Goldberg, J. , dissenting).

⑨ Id. at 221 (Opinion of the Court).

⑩ Id. at 223 - 24.

允许检察官考虑"群体亲和性"（group affiliations），如同种族之间，"一般情况下被认为与法律程序和官方行为无关"，但"在面临案件将受审判的情形下"⑪，由于"某个案件……某类特定的被告人和某类特定的犯罪指控"⑫，这种亲和性可能意味着某个种族的陪审员将作出更有利于控方的裁定。所以最高法院在其分析中拒绝保护像罗伯特·斯温这样的人，正是因为控方可能认为在黑人对白人实施强奸的案件中，排除黑人陪审员更有利于罪名的成立。禁止以种族为由排除陪审员，从中获利最大的是被告人，因此他最不应该主张这种禁令。

但是随后的 20 年则证明，最高法院作出的禁止大规模的以种族为由排除陪审员的禁令并没有发挥其作用。斯温案本身就预示了这个结果。在该案中，尽管被告人斯温证明了至少有五六年时间在当地的陪审团中没有出现过黑人陪审员，最高法院还是认为"他的证据还不足以对本案中检察官适用的无因回避提出质疑"，因为他无法提供足够的细节来证明："此前的案件中，控方是在何时、基于何种原因以及在何种情形下适用无因回避来排除黑人陪审员。"⑬法院的这一要求为被告人设置了一个不可逾越的证据障碍，因为我们不可能期待被告人（甚至是辩护人）能够获取并提供检察官在其他案件中适用无因回避时的详细信息。⑭

具有讽刺意味的是，我们称颂沃伦法院在刑事程序革命中的成就，结果却使伯格法院更加同情处于困境中的斯温。1972 年的福曼案（Furman v. Georgia）⑮ 废除了当时的死刑法，至少有一部分原因是由于在对强奸罪进行量刑时存在种族歧视⑯，法院因此撤销了斯温的死刑。⑰在 1986 年的巴特森案中，最高法院推翻了斯温案的全部，判决认为被告人如果要证明检察官存在违宪的种族歧视，"只要证明控方在该案中选择小陪审团时行使的无因回避存在种族歧视即可"⑱。

本文探讨的巴特森案和巴特森其人并没什么关系。事实上，与成百上千的涉及检察官借助无因回避从而排除少数族裔的候选陪审员从而导致陪审团全是白人的案件一样，巴特森案不存在特殊之处。最高法院判决推翻斯温案，并且根据平等保护条款禁止以种族为由提起无因回避，这些都不是巴特森的律师的主张；事实上，在口头辩论中，巴特森的律师明确地否认了这两个主张。但巴特森案依然是个有意思的案例。弄清最高法院为何决定审理这个极其普通的案件，为我们理解最高法院在解决宪法刑事诉讼中的那些重要并且经常出现的问题时是如何选择"工具"（vehicles）的这一问题，打开了

---

⑪　Id. at 220 – 21.

⑫　Id. at 223.

⑬　Id. at 226.

⑭　事实上，在斯温案发回重审时，亚拉巴马州法院驳回的一份研究报告中调查了从 1950 年到 1962 年检察官的所有回避请求，报告用来证明检察官系统性地单方面或者与辩方达成一致将黑人从陪审员名单中排除。See Swain v. Alabama，231 So. 2d 737（Ala. 1970），vacated on other grounds，408 U. S. 936（1972）.

⑮　408 U. S. 238（1972）.

⑯　See id. at 251（Douglas, J. , concurring）；id. at 364（Marshall, J. , concurring）.

⑰　See Swain v. Alabama，408 U. S. 936（1972）.

⑱　Batson，476 U. S. at 96.

一扇窗户。最高法院在处理巴特森案时选择适用联邦宪法第十四修正案而非第六修正案的理由，阐明了最高法院在形成法庭意见时的理论框架和现实关注点之间的相互作用。此外，巴特森案在下级法院如何被适用也揭示了救济措施如何反过来影响权利的建构。

一、从斯温案到巴特森案：寻求工具

对于那些试图对检察官行使无因回避的方式提出质疑的被告人，斯温案为其设置了一个巨大的障碍，它基本上禁止了援引平等保护条款的做法。但就在几年后，最高法院开始依据第六修正案作出一系列判决，这些判决可能开辟了一条新的理论道路，因为基于这一理论，被告人能够质疑检察官以种族为由提起的无因回避。

第十四修正案适用于各州的广泛行为，但是第六修正案与第十四修正案提供的更为广泛的保护不同，它主要调整"刑事案件"，规定了被告人有权得到迅速公开的审判，有权获得公平的陪审团审判，有权与证人对质，有权以强制程序传唤有利于己的证人和有权获得律师帮助。尽管最初最高法院判决第六修正案与权利法案的其他条款一样不适用于各州（相对于联邦政府而言）[19]，但随着时间的推移，最高法院将许多对联邦政府的限制也同样适用于各州，法院认定将前八条修正案规定的很多权利并入已经明确适用于各州的宪法第十四修正案，即正当程序条款。1963年，最高法院在案件中裁定第六修正案的权利被第十四修正案所吸纳，要求各州为贫穷的重罪被告人提供律师。[20]斯温案后不到一个月，最高法院又并入了对质条款[21]，在随后的几年内，法院先后并入了快速审判条款和强制程序条款。[22]

二、邓肯案、泰勒案与第六修正案的兴起

在邓肯案（Duncan v. Louisiana）[23]中，最高法院最终完成了第六修正案的并入工作，认定陪审团"对于美国司法制度来说是如此重要"以至于第十四修正案"保证了在那些如果由联邦法院审理将受到第六修正案保护的刑事案件中，被告人有权获得陪审团审判"[24]。邓肯案的案件事实表明了种族平

---

⑲ See Barron v. Mayor & City Council of Baltimore, 32 U. S. 243 (1833).

⑳ Gideon v. Wainwright, 372 U. S. 335 (1963).

㉑ Pointer v. Texas, 380 U. S. 400 (1965).

㉒ See Klopfer v. North Carolina, 386 U. S. 213 (1967)（快速审判）；Washington v. Texas, 388 U. S. 14 (1967)（强制程序）。

㉓ 391 U. S. 145 (1968). 邓肯案是本书第八章讨论的主题。

㉔ Id. at 150. 在鲍德温案（Baldwin v. New York, 399 U. S. 66 (1970)）中，最高法院将陪审团审判的权利扩张适用到任何可以判处六个月以上监禁刑的罪名。

等在最高法院的判决中起了一定的作用。㉕加利·邓肯（Gary Duncan）和罗伯特·斯温一样，也是一名 19 岁的黑人，他被指控犯有一项有争议的种族间犯罪（interracial crime）：检察官称邓肯为了保护两名年幼亲属而扇了一名白人耳光，这两名亲属最近刚进入路易斯安那州臭名昭著的普拉克明区一所此前只接收白人学生的学校。普拉克明区没有黑人律师，因此邓肯的父母联系了新奥尔良一家人权律师事务所的律师。那些律师同意为邓肯辩护，因为他们认为检察官起诉的事件如此微小——代理治安长官起初被叫到现场时曾拒绝逮捕邓肯——他们的意图其实在于报复邓肯家族在反对当地学校种族隔离中所起的作用，还在于阻吓该区其他黑人居民主张自己的权利。（事实上，一个联邦法院随后认定"如果这个案件不是发生在这种人权背景下，如果邓肯没有选择人权律师为其辩护，如果他的辩护不是那么有力，那么他原本就不会被起诉，当然也不会被再次起诉。"㉖）

邓肯提出由陪审团对其进行审判，但遭到了拒绝，由法官对其定罪并判处了短期监禁。最高法院最终撤销其定罪，认为根据第十四修正案，如果邓肯请求由陪审团对其进行审判，法院应当允许。最高法院关于陪审团制度如此重要的原因的论述，在普拉克明区的这种情形下具有其特殊的重要性，在那里，担任地区检察官的利安得·佩雷斯（Leander Perez）"法官"是一名极端的种族主义分子，他于 1924 年到 1960 年期间任职于该地区，随后将职位移交给与他政见相同的儿子继承衣钵㉗：

> 我们宪法的制定者从历史和经验中得知，有必要保护公民不受为排除异己而提出的毫无根据的犯罪指控（unfounded criminal charges brought to eliminate enemies）和不受制于听从更高权威的法官的审判（judges too responsive to the voice of higher authority）。宪法制定者们努力寻求一个独立的裁判者，但又坚持保护公民不受有偏见的审判。赋予被指控者由与其地位相同的人组成的陪审团（a jury of his peers）进行审判的权利，是对抗腐败的、狂热的公诉人（corrupt or overzealous prosecutor）和屈从的、有偏见的、古怪的法官（compliant，biased，or eccentric judges）最好的保障措施。㉘

但是只有当陪审团真正是由与被告人地位相同的人组成时，陪审制度才能发挥它的这一重要功能：由政府挑选的陪审团起不到什么保障作用。因此，在泰勒案（Taylor v. Louisiana）㉙ 中，最高法院认定，陪审团必须是适

㉕ 更完整的事实参见 Duncan v. Perez，321 F. Supp. 181（E. D. La. 1970），aff'd，445 F. 2d 557（5th Cir.），cert. denied，404 U. S. 940（1971），and Sobol v. Perez，289 F. Supp. 392（E. D. La. 1968）（three-judge court）.

㉖ Duncan，321 F. Supp. at 184. 地区法院认定对邓肯的首次起诉是出于恶意的，因为指控的罪行轻微，"再次起诉中也不存在州政府的合法利益"，且"对邓肯的再次起诉将阻吓和压制普拉克明区的黑人居民行使联邦赋予的权利"，因为"它向普拉克明区的黑人居民传递了这样一个清晰的信息：想要跳脱已经为大家所熟知的模式，而以主张联邦权利来反对某些区官员的政策是徒劳的"。Duncan，321 F. Supp. at 184-85. 索博尔案（Sobol）关注的是对邓肯的律师之一的理查德·索博尔（Richard Sobol）提起的捏造指控。地区法院同意为支持邓肯和索博尔而参与诉讼的联邦司法部的观点，该起诉旨在剥夺普拉克明区黑人居民的人权。

㉗ 关于佩雷斯在普拉克明区司法运作中所起作用的论述，see Marcia Berzon，Rights and Remedies，64 La. L. Rev. 519，525—27（2004）.

㉘ Duncan，391 U. S. at 156.

㉙ 419 U. S. 522（1975）.

当社区代表（fair cross-section）的要求是第六修正案规定的陪审团审判权的"必要"组成部分，这一要求经由邓肯案适用于各州。因此，最高法院撤销了泰勒案中对被告人的定罪，其原因是，除非是女性主动请求担任陪审员，否则路易斯安那州的法律将自动地排除女性陪审员。"陪审团的目的"，最高法院认为，"在于防止随心所欲地行使权力——将社区的常识性判断作为检察官过分热心时或判断错误时的一道防线……如果候选陪审员名单中只有社区中的某些特殊群体，或者某些较大的特殊群体被排除在候选人之外，陪审制就很难起到预防作用。"⑩泰勒案引用的先例认为，以种族为由排除陪审员"与民主社会和代议制政府这些基本概念不相符"⑪，泰勒案引用这些判例意味着第六修正案对以种族为由排除候选陪审员至少施加了一些限制。

因此，邓肯案和泰勒案开辟了另一条可能的理论路径来质疑检察官提出的以种族为由的无因回避。泰勒案区别了最高法院此前的霍伊特案（Hoyt v. Florida）⑫的判决，霍伊特案中，被告人根据平等保护条款提出主张，认为对其定罪的陪审团所产生的候选陪审员名单中只有男性公民，这是违宪的，但是最高法院驳回了被告人的平等保护抗辩：

> 霍伊特案认为这一制度安排并不违反正当程序原则或者平等保护原则，因为有充分的理由认为排除女性候选陪审员是合理的，我们同意这一点。但霍伊特案没有涉及第六修正案被告人享有获得代表全体社区的陪审团的审理之权利，也没有涉及如果女性作为一个群体完全被排除在候选陪审员之外，将可能剥夺被告人此项权利这一问题。获得适当陪审团的审理的权利不能仅仅因为有合理理由而被剥夺。如果某个特定群体……无论如何必须排除在陪审员候选人之外，那就必须有更充分的理由存在。而本案中没有这样的理由。⑬

随后，最高法院对根据第六修正案提出的主张规定了更严格的审查模式："只有当选择陪审员的过程中导致某个特殊群体被不合比例地排除的那些方面明显地并且从根本上增进了控方的重要利益时"⑭，所争议的做法才能得以维持。

三、将适当社区代表分析适用于小陪审团

关于陪审团召集程序（jury summons process）的第六修正案宪法诉讼和各种立法改革，标志着到 1970 年中期将黑人完全排除在候选陪审员名单

---

⑩　Id. at 530.

⑪　Id. at 527 (quoting Smith v. Texas, 311 U. S. 128, 130 (1940)). See also id. at 528 (重申了卡特案中提出的主张（Carter v. Jury Comm'n, 396 U. S. 320, 330 (1970)），即"以种族为由将黑人排除在陪审团之外违反了陪审团的本义——真正代表社区"）(internal quotation marks omitted).

⑫　368 U. S. 57 (1961).

⑬　Taylor, 419 U. S. at 533 - 34.

⑭　Duren v. Missouri, 439 U. S. 357, 367—68 (1979).

之外的传统制度已经在很大程度上被废除。1965 年的选举权法案（Voting Rights Act of 1965）大大增加了南部地区黑人的选举权，这意味着在那些从选民登记名单中确定候选陪审员名单（jury pool）的司法辖区内，黑人也能履行陪审员职责。适当社区代表要求（fair cross-section requirement）扩大适用到各州，这意味着如果将黑人排除在候选陪审员之外而使候选陪审员名单没能代表司法辖区的种族多样性，那么其将导致定罪被撤销。但是，尽管黑人不再会被排除在候选陪审员名单之外，但他们仍不能成为小陪审团中的陪审员。现在，无因回避成了他们被排除在陪审团之外的制度原因。例如，在卡特案（United States v. Carter）[35] 中，被告人出示的证据显示，1974 年在密苏里西区的 15 起被告人是黑人的刑事案件中，政府使用无因回避排除了 70 名适格的黑人陪审员候选人中的 57 人，这导致一半案件是由全部是白人的陪审团审理。路易斯安那州的某个区的一名检察官，可能是受到斯温案明确准许与审判相关的种族意识所鼓励，坦率地承认他一直使用无因回避排除尽可能多的黑人：

> 从我在地区检察官办公室大约二十三年的任职经验中，我发现当被告人是黑人时，即使被告人有罪的证据很充分，黑人陪审员还是会投无罪票……我还发现，并非毫无根据地，黑人尤其是年轻的黑人非常憎恨白人当局。[36]

事实上，正是该检察官的言论使法院第一次认定一个案件违反斯温案。然而，在类似案件中，其他法院得出了完全相反的结论。例如，在贝克案（State v. Baker）[37] 中，密苏里州最高法院驳回了被告人关于斯温案的主张（Swain claim），因为可以从被告人的主张"黑人被排除在陪审团之外'尤其当被指控者是黑人时'"明确推断出"如果被告人不是黑人，黑人不会被排除在陪审团之外"。因此，被告人没有满足斯温案的要求，即"将黑人排除在陪审团之外必须发生在'任何案件中，不论什么犯罪，不论被告人和被害人是谁'"[38]。最高法院迟迟不对无因回避进行合宪性审查，这削弱了第六修正案和第十四修正案已经形成的对候选陪审员组成的限制。

泰勒案提醒到，适当社区代表的要求"并不要求事实上挑选出的小陪审团必须代表社区，反映各种不同群体"[39]，这意味着仅仅在某一陪审团中没有黑人陪审员并不违反第六修正案。但是，尽管宪法并不要求"陪审团必须具备某种特定构成"（a jury of any particular composition），联邦最高法院看起来却确实在暗示着，如果某种陪审团挑选方法会产生缺乏代表性的陪审团，那么法院将对这种方法进行严格审查。[40]毕竟，有代表性的候选陪审员名单只是为了达到目的的一种手段，这个目的便是有代表性的小陪审团。

---

[35]　528 F. 2d 844，847（8th Cir. 1975），cert. denied，425 U. S. 961（1976）.

[36]　See State v. Washington，375 So. 2d 1162（La. 1979）；see also State v. Brown，371 So. 2d 751，752 note 1（La. 1979）（根据这一证言认定违宪）.

[37]　524 S. W. 2d 122（Mo. 1975）.

[38]　Id. at 125.

[39]　Taylor，419 U. S. at 538.

[40]　Id.

在泰勒案将适当社区代表要求适用于各州后不久，两个有影响力的州法院——审理慧勒案（People v. Wheeler）[41] 的加利福尼亚州最高法院（California Supreme Court）和审理索尔斯案（Commonwealth v. Soares）[42] 的马萨诸塞州最高司法法院（Massachusetts Supreme Judicial Court）——根据各自的州宪法中与第六修正案的陪审团审判权利类似的规定，禁止了基于种族的无因回避。[43]这样一来，它们回避了如下问题，即联邦或者州规定的平等保护原则是否限制无因回避的使用。但很多其他州的上诉法院驳回了对基于种族的无因回避的质疑，不论依据的是本州的宪法还是第六修正案。

1983 年初春，三起案件进入了联邦最高法院的视野。起初的两起案件，即米勒案（Miller v. Illinois）和佩里案（Perry v. Louisiana），都是黑人谋杀白人的案件。同克拉伦斯·厄尔·吉迪恩（Clarence Earl Gideon）一样，约瑟夫·米勒（Joseph Miller）也代表自己提出了申诉。他不仅指出检察官行使了所有的无因回避次数以排除 14 名黑人候选陪审员，导致他最终由全部是白人的陪审团审理和定罪，他还回应了一项对辩方提出的异议，他指出，辩护律师也在试图"排除所有白人候选陪审员"，因此他间接地承认了他也在基于种族排除候选陪审员。米勒承认斯温案似乎允许这种做法，但最近的一些案件，如慧勒案和索尔斯案，以及联邦最高法院自己对第六修正案的解释已经削弱了斯温案的判决理由。他请求最高法院推翻斯温案。

乔·刘易斯·佩里（Joe Lewis Perry）在由全部是白人组成的陪审团审理后被定罪并且判处死刑，三名黑人候选陪审员因为反对死刑而由检察官行使有因回避被排除，检察官接着行使无因回避排除了其余的所有黑人候选陪审员。虽然路易斯安那州最高法院驳回了佩里对陪审员选择程序合宪性的质疑，但有两名法官提出了反对意见，认为斯温案"在现代死刑制度下已经不符合时代的要求"[44]，因为允许以种族为由的无因回避将损害量刑陪审团的代表性。

最高法院对米勒案和佩里案的首轮投票结果是拒绝签发调卷令。然而，大法官马歇尔宣布他将准备提出反对意见。1983 年 4 月，他完成了第一份草案。反对意见中写道："在斯温案判决后的将近二十年间，它一直受到广泛的且常常是严厉的批评。"[45]反对意见中还指出了一条回避斯温案的路径：将最高法院在其间提出的第六修正案的适当代表全体的要求作为对无因回避的

---

[41]　22 Cal. 3d 258 (1978).

[42]　377 Mass. 461, cert. denied, 444 U. S. 881 (1979).

[43]　加利福尼亚州法院的判决依据是州宪法中的一个条款，即"由陪审团审判是一项不可侵犯的权利，任何人都享有该权利"，Cal. Const., art. Ⅰ, §16. 法院认为，虽然被告人无权要求一个以特定比例的不同种族组成的陪审团，但他有权要求"在随机挑选程序允许的范围内，陪审团尽可能地代表社区的人口构成"。Wheeler, 22 Cal. 3d at 292. 马萨诸塞州法院的判决依据是该州宪法权利宣言（Massachusetts Constitution's Declaration of Rights）第 12 条，该条相关部分规定"公民的生命、自由和财产不受剥夺，除非依据与其地位相同之人的审判或根据本州的法律"。基于种族的无因回避违反了一项原则，即"被告人根据宪法，有权要求陪审员的选择程序不得存在对其种族、性别等相同的群体的歧视"。Soares, 377 Mass. At 478 (quoting Commonwealth v. Rodriquez, 364 Mass. 87, 92 (1973)).

[44]　Louisiana v. Perry, 420 So. ed 139, 152 (La. 1982) (Dennis, J., dissenting).

[45]　Miller v. Illinois, No. 82—5840, Justice Marshall, Dissenting from the Denial of Certiorari at 2 (April 13, 1983, circulation), available in The Papers of Harry A. Blackmun, Container 449, Batson case file (Library of Congress) [hereinafter cited as Blackmun Papers].

一项独立的限制。反对意见没有建议推翻斯温案，而是回避该案。几乎是立即地，大法官布伦南宣布他将加入大法官马歇尔的反对意见。

与此同时，第三个请求调卷令的案件麦克雷案（McCray v. New York）提交到了最高法院，法院决定推迟宣布驳回米勒案和佩里案的调卷令请求，以便将这两个案件"重新纳入"考虑范围，同麦克雷案一起接受审查。迈克尔·麦克雷被指控在纽约市进行持枪抢劫。麦克雷是黑人，被害人是白人。唯一不利于麦克雷的证据是被害人的辨认。麦克雷的第一次审判因陪审团不能达成一致意见（a hung jury）而告终，至少两名也有可能是三名少数族裔的陪审员投了无罪票。[46]然而，在第二次审判中，控方使用了八次无因回避排除了所有的黑人和拉丁裔陪审员，麦克雷最终被定罪。

在上诉程序中，麦克雷提出检察官的行为既违反了联邦宪法也违反了州宪法。对麦克雷提起公诉的布鲁克林区地区检察官承认以种族为由行使无因回避是违宪的；然而，她主张在麦克雷案中，地区检察官助理并没有违反这项规则。纽约州上诉法院以4∶3的投票结果驳回了麦克雷的主张。[47]多数意见认定"我们州的宪法和其他法律没有违反"斯温案。然而，持反对意见的法官们预料到了大法官马歇尔的立场。他们主张，由于斯温案的判决先于邓肯案，所以未能解决适当社区代表的问题。他们指出主要问题是："如果控方在任何情况下都可以有意地且彻底地排除所有与被告人相同种族的陪审员而不需要理由，那么适当社区代表——无偏见要求将失去意义。"[48]在麦克雷的调卷令申请中，他提出了重新审查斯温案的两个选择：或者完全推翻斯温案，或者避开斯温案而选择第六修正案。

在麦克雷的调卷令的听证会上，三名大法官——布伦南、马歇尔和布莱克门——投票同意审查该案，但缺少签发调卷令的必要的第四票。大法官马歇尔起草了一份新的反对意见草案，这一次麦克雷案是主要案件。大法案布伦南再次参与了反对意见。

在随后的一周内，一直持观望态度的大法官史蒂文斯决定，他将投票拒绝签发调卷令，但他将起草协同意见来表明他的立场，这在调卷令审查中很少出现。显然，大法官史蒂文斯感觉到，"此时，如果对这个问题进行审查，就实体方面，他会投票维持斯温案"，但是因为他"被这个问题深深困扰着"，他想"让这个问题再渗透一下，而不是制定出更坏的法律"[49]。5月中旬，大法官史蒂文斯起草了协同意见，承认该调卷令申请提出的这个重要问题是最高法院最终需要面对的，但是他建议让这个问题进一步渗透到州法院和联邦下级法院将有助于最高法院解决此问题。[50]当大法官布莱克门看了史蒂

㊻　本段中的事实来自 Brief Amici Curiae of Michael McCray et al. 5—6，Batson v. Kentucky，476 U. S. 79（1986），Reprinted in 165 Landmark Briefs and Arguments of the Supreme Court of the United States 492（Philip B. Kurland & Gerhard Casper eds. 1987）（hereinafter Landmark Briefs）。

㊼　People v. McCray，57 N. Y. 2d 542（1982）。

㊽　Id. at 554（Meyer，J.，dissenting）；see also id. at 556—57（Fuchsberg，J.，dissenting）。

㊾　See Memorandum from David Ogden to Justice Blackmun，April 28，1983（描述了与大法官史蒂文斯的助理在这个问题上的一段对话），available in Blackmun Papers，supra note 45.

㊿　See McCray v. New York，No. 82—1381，Opinion of Justice Stevens Respecting the Denial of the Petitions for Writ of Certiorari at 2（May 16，1983，circulation），available in Blackmun Papers，supra note 45.

文斯的意见草案后，他更改了投票，可能是感觉到"不在此时就这个问题给予调卷令而等待一个更适宜的时机，这样做比较慎重"[51]。但是他和鲍威尔大法官都参与了史蒂文斯的意见。

两周后，最高法院公布了它的裁定，拒绝向麦克雷案、米勒案和佩里案签发调卷令。[52] 然而，这一裁定却附随了两份意见。大法官史蒂文斯，与大法官布莱克门和鲍威尔，宣称虽然他们投票拒绝签发调卷令，但他们这样做的原因在于，相信让下级法院对这个问题作进一步的处理将"有助于我们在将来的某个时候更明智地解决这个问题"[53]。他们指出，当下在这个问题上下级联邦法院之间还不存在矛盾，而且慧勒案和索尔斯案的判决产生了关于如何解决"对无因回避进行司法审查中存在的程序性问题和实体性问题"的诉讼。[54]因此，在他们看来，"最高法院将问题留给各州去解决，很好地行使了它的裁量权，因为在最高法院处理该问题前，将各个不同的州作为研究这一问题的实验室将有助于最高法院在日后更好地解决这一问题"[55]。大法官马歇尔和布伦南不同意拒绝签发调卷令的决定，认为"现在正是时候去审查斯温案中根据平等保护条款形成的规则是否与每个被告人都享有的第六修正案权利相一致"[56]。无论如何，最高法院已经给出了它有兴趣审查斯温案的讯息。

迈克尔·麦克雷就是接收到这一讯息的其中一位被告人，他申请了联邦人身保护令，提出了第六修正案的适当社区代表的主张。地区法院认为"斯温案的存续建立在一系列假设之上，而这些假设的效力至少从 1965 年起就开始渐渐减弱了"[57]，因此同意给予其人身保护令救济。1983 年 12 月 4 日，第二巡回区法院维持该裁定，认定第六修正案的适当社区代表要求禁止控方以种族歧视的方式提出无因回避。[58]现在，最高法院面临着巡回法院之间产生分歧这一情形，因为其他两个上诉法院拒绝将第六修正案适用于无因回避。[59]此外，这一问题当然继续渗透于各州法院之中，因为那些知晓最高法院在麦克雷案中宣称的立场的被告人们在不断地提出这个问题。

■ 四、巴特森案浮出水面

詹姆斯·柯兰·巴特森（James Kirkland Batson）的案件浮出了水面。

---

[51] See Memorandum from David Ogden to Justice Blackmun, May 16, 1983, at 1, available in Blackmun Papers, supra note 45.

[52] McCray v. New York, 461, U. S. 961 (1983).

[53] Id. at 962.

[54] Id.

[55] Id. at 963.

[56] Id. at 970.

[57] McCray v. Abrams, 576 F. Supp. 1244, 1247 (E. D. N. Y, 1983).

[58] McCray v. Abrams, 750 F. 2d 1113 (2d Cir. 1984).

[59] See United States v. Thompson, 730 F. 2d 82 (8th Cir. 1984); United States v. Whitfield, 715 F. 2d 145 (4th Cir. 1983).

1981年9月，巴特森和同案犯在肯塔基州杰弗逊县（路易斯维尔市）的一家住户前驻足，随后抢走了门把上的两个手提包，而受害的一对夫妇正坐在隔壁房间，然后巴特森他们典当了部分赃物。受害人、一名邻居和典当行老板都指认了巴特森为其中一名罪犯，之后巴特森被指控犯有二级入室盗窃罪和销赃罪，并已经构成连续重罪犯（persistent felony offender）。

在巴特森案的审判中，控方有六次提出无因回避的机会，它使用了其中的四次无因回避机会排除了四名黑人候选陪审员，组成了全部是白人的陪审团。巴特森的律师根据第六修正案的适当社区代表要求和第十四修正案的平等保护原则提出了异议。(60)初审法院驳回了辩方的异议，认为“任何人都可以排除任何他们希望排除的候选陪审员”。最终判决巴特森罪名成立，并且由于他构成了连续重罪犯，他被判处了二十年的监禁。

在向肯塔基州最高法院提出的上诉中，巴特森再次对控方使用的无因回避提出了异议。巴特森承认斯温似乎禁止直接的平等保护主张，因此他建议法院“采取其他州的做法，即根据第六修正案或者各州自己的宪法，控方针对少数群体的无因回避是违宪的”，而无须考虑在其他案件中控方的行为如何。(61)然而，法院只用了一句话就驳回了这一主张：“我们在最近的麦费伦案(Commonwealth v. McFerron, Ky.,［680］S. W. 2d［924］(1984)）中再次维持了斯温案，我们认为如果被告人提出陪审团不符合适当代表全体的要求，但未证明存在系统性的排除，那么就不能构成违宪，此外我们拒绝采用其他规则”。

肯塔基州最高法院于1984年12月20日公布了巴特森案的法庭意见——大约是第二巡回区法院发表艾布拉姆斯案（Abrams v. McCray）的法庭意见的两周之后——但是巴特森在1984年2月19日首先向最高法院申请了调卷令。巴特森在调卷令申请中提出的问题有些冗长且与该案事实相关，但很明显依据的是第六修正案：

> 在刑事案件中，如果控方使用了六次无因回避机会中的四次来排除所有黑人候选陪审员，违反了宪法规定的被告人享有的适当社区代表的陪审团审判的权利，而法院不顾被告人的反对组成了全部是白人的陪审团，州初审法院的这种做法是否正确？(62)

他的申请基本上重复了大法官马歇尔在他的反对意见中提出的主张，指出虽然各州法院还没开始起到大法官史蒂文斯、布莱克门和鲍威尔所说的“实验室”功能，但是联邦上诉法院之间在这一问题上开始产生了冲突。(63)

两周后，1984年3月4日，纽约州总检察长向联邦最高法院申请艾布拉姆斯案（Abrams v. McCray）的调卷令。艾布拉姆斯案的申请中提出的第一个问题将问题表述地更加利落：

---

(60) 审判笔录的相关部分转载于 Joint Appendix, available on Lexis in the Genfed, Briefs, file。

(61) See Batson v. Commonwealth, No. 84—SC—733—MR (Ky. Sup. Ct. 1984), available in the Joint Appendix, supra note 60.

(62) Pet. for Cert. i, Batson v. Kentucky, 476 U. S. 79 (1986), available in Landmark Briefs, supra note 46, at 274.

(63) See id. at 8.

第六修正案规定了陪审团审判的权利，邓肯案（Duncan v. Louisiana，391 U. S. 145（1968））将这一权利经由第十四修正案适用到了各州，这是否禁止控方或辩方律师仅仅以种族为由使用无因回避排除候选陪审员。[64]

虽然联邦最高法院比较机械的调卷令申请审查程序决定了巴特森案的申请审查将被安排在艾布拉姆斯案的大约两周之前，但起草巴特森案的"合议庭备忘录"（pool memo）（该备忘录将提交给参加调卷令听证会的六名大法官）[65]的大法官助理肯特·席维若（Kent Syverud）知道艾布拉姆斯案也将马上被审查。在首份备忘录中，席维若提到"巴特森案的调卷令申请中提出的问题，显然就是法院最近在麦克雷案中所指的在将来某个时候一定会对其签发调卷令的问题"[66]，他建议"在麦克雷案中解决这个问题要比在本案中解决更加明智"，部分原因在于"肯塔基州最高法院的意见既没有像麦克雷案的多数意见也没有像其反对意见那样被分析得那么透彻"。但是两天后，审查了麦克雷案的调卷令申请之后，席维若作了一份补充意见。"经过更仔细地审查后"，他写道，在麦克雷案中"解决第六修正案问题是个糟糕的选择"，因为控方同意适用第六修正案："不必说，我不认为法院会想要在一个申请人和被申请人持相同观点的案件中去解决这个引起巡回区法院之间存在分歧的重要的第六修正案问题。"

相比之下，巴特森案的调卷令申请中清楚地提出了这个问题，并且控方明确地反对巴特森的主张。"唯一的缺陷"，席维若指出，"也可能是重要的缺陷是，法院从控方对调卷令申请的答辩中看出最高法院不能期待控方会对自己的立场有非常有利的辩护"。尽管有此顾虑，最高法院还是在1984年4月22日同意对巴特森案进行听审。法院决定"暂缓审查"（hold）艾布拉姆斯案[67]的调卷令申请，其中三名大法官反对暂缓审查，认为应当将这两个案件合并审查且一同进行口头辩论。[68]在随后的几个月内，联邦最高法院至少暂缓审查了21个涉及无因回避的调卷令申请，可见这一问题确实已经渗透到了下级法院。[69]

对于巴特森这名微不足道的职业罪犯，这可能是他生命中第一次在正确的时间出现在正确的地方。约瑟夫·米勒、乔·刘易斯·佩里和迈克尔·麦

[64] Pet. for Cert. i, Abrams v. McClay, No. 84—1426.

[65] 六位大法官（大法官布伦南、马歇尔和史蒂文斯除外）组成"调卷令审查听证会（cert. pool）"，每一位大法官都由其法官助理准备一份备忘录，总结调卷令申请的内容，分析其中的法律问题和提出建议。

[66] 听证会备忘录收录于 Blackmun Papers，见前注45。

[67] 对"暂缓审查"程序的描述，see Richard L. Revesz & Pamela S. Karlan, Nonmajority Rules and the Supreme Court, 136 U. Pa. L. Rev. 1067, 1110—31 (1988). 基本上，如果三个或三个以上的大法官认为如果某个案件的处理会受到另一个法院已经同意听审的案件的影响，那么法院会"暂缓审查"（hold）这个案件等待另一个案件的判决结果。"暂缓审查"的决定从不明确公布，但推断某个案件被暂缓往往是容易得出的，根据其涉及的问题以及在调卷令文件提交到法院很久之后还没有任何与调卷令申请相关的决定公布。

[68] Abrams v. McCray, 471 U. S. 1097 (1985) (Brennan, Marshall, and Stevens, JJ., dissenting from denial of motion to consolidate). 在巴特森案中，大法官史蒂文斯指出，动议被驳回"可能是因为最高法院相信巴特森所提出的问题正是其他法院在审理这类案件时一直面临的问题"。Batson, 476 U. S. at 111 (Stevens, J., concurring). 在该语境中，大法官史蒂文斯的观点表明了法院的救济是错误的。

[69] See Memorandum from Justice Powell to the Conference, June 18, 1986, summarizing the held cases, available in the Blackmun Papers, supra note 45.

克雷为他的调卷令申请铺好了道路。然而，除了申请的提出时间有点太早以外——对于麦克雷的第二次调卷令申请来说，可能是有点太迟了——这三个案件中的每个调卷令申请都有一些特点使得该申请不是很有吸引力来作为解决无因回避的宪法限制问题的"工具"。

米勒案的判决由一个中级的上诉法院作出，而不是由州的最高法院作出（该法院拒绝进行对裁量权的合理性审查），而且他代表自己向联邦最高法院申请调卷令。因此，该案总是存在这样的风险，即程序上的缺陷可能导致该案不能作为解决该问题的恰当的工具。

乔·刘易斯·佩里被判处了死刑。因此，该案可能会因为死刑案件的量刑陪审团的独特宪法性地位而被复杂化。[70]

迈克尔·麦克雷案一方面在这个根本问题上并没有真正形成对抗，另一方面它再次提出申请的程序性质不同：麦克雷案现在进行的是人身保护令审查，而非直接审查。而法院即将形成的溯及力理论显示，大法官中的多数人认为人身保护令的审查标准所涉及的问题与直接审查不同。相比之下，尽管巴特森案的调卷令申请缺乏精巧的分析，州法院对该案的审查也完全是敷衍了事，但是它没有其他案件的那些潜在问题。正是缺乏特点使得巴特森案脱颖而出。

五、巴特森案的法庭审理

根据大法官史蒂文斯和马歇尔在麦克雷案中法庭意见的要旨，巴特森提出的主张几乎完全根据第六修正案规定的适当社区代表要求。这个策略一点儿也不出人意料：它避免了明确地请求法院推翻斯温案，因为律师之间的一个共识是，说服法院避开或者忽略先例要比彻底推翻此先例更容易。巴特森的主张相对比较直接：适当社区代表要求的最终目标是产生有代表性的陪审团，"如果形成一份公正代表社区全体的候选陪审团名单只是为了让控方通过无因回避削弱或破坏这种代表性的话，那么候选陪审团名单的代表性也就失去了意义"[71]。巴特森建议借鉴加利福尼亚州法院和马萨诸塞州法院在慧勒案和索尔斯案中审查州宪法主张的方法审查被告人的主张。首先，被告人必须及时对控方的行为提出反对，并且证明"被排除的陪审员是第六修正案所指的群体的一员，而且根据案件所有情节，陪审员被排除'很有可能（strong likelihood）'是因为其与被告人有群体共鸣（group associations）而不是因为有任何具体的偏见"[72]。然后，如果被告人满足了以上要求，初审法

---

[70] 在 Witherspoon v. Illinois（391 U. S. 510，520（1968））案中，最高法院判决认为，在刑事案件中对那些坚持反对死刑的陪审员进行有因回避，违反了第六修正案的适当社区代表要求和第十四修正案的正当程序条款，因为陪审团如果只是由赞成死刑的人组成"不能代表整个社区"——死刑量刑程序中陪审团的主要功能。

[71] Brief for Petitioner 31，Batson v. Kentucky，476 U. S. 79（1986），available in Landmark Briefs，supra note 46，at 297.

[72] Id. at 26.

332

院将会要求控方证明，他提出的无因回避是基于"被排除的陪审员与被告人的种族或其他群体共鸣以外的其他原因"。最后，如果控方不能满足法院的这一要求，陪审团将被解散，重新开始陪审员挑选过程。

一些支持巴特森的法庭之友的意见（amicus briefs）提出了更进一步的建议，要求法院或者推翻或者明确修正斯温案的平等保护分析方法。可能为了以示安慰，他们又提到，斯温案的问题也并非完全是最高法院的错，而是由于下级法院对斯温案的解读：他们宣称斯温案从未正式豁免无因回避不受平等保护条款要求的制约，它的错误在于设定的证据标准默许了歧视。他们指出，在随后的平等保护案件中，最高法院承认了即使是单独的（isolated）、故意的歧视行为也违反宪法，而且允许初审法院从某个与官方行为相关的所有情节中推断出歧视意图，而不要求任何特定形式的证据。因此，在斯温案的平等保护分析和这一通常做法不一致的层面上，他们认为斯温案"理论不完善，必须被推翻"[73]。

这些法庭之友的意见将重点放在平等保护条款，而非适当代表全体要求，这带来了另外一个后果：其他利益受到侵害比被告人利益被侵害更值得关注。例如，麦克雷案的检察官伊丽莎白·霍尔茨曼（Elizabeth Holtzman）在其法庭之友的意见中提出，"与那些被在种族歧视影响下被挑选出来的陪审团指控和审判的被告人一样，被排除的陪审员的利益也受到了同样的侵害"[74]。除了作为种族歧视直接受害人的陪审员，公共利益作为一个整体也受到了侵害。公众对审判结果的信心可能会因为小陪审团的种族性排除而受挫。就像霍尔茨曼提到的，"这个国家不会这么快就忘记，不论是在20世纪60年代还是80年代，白人陪审团宣布谋杀人权工作者的罪犯无罪释放的惊人场景"[75]。因此，她主张禁止基于种族的无因回避应当同样适用于辩护律师。

最后，这些法庭之友的意见重申了加利福尼亚州和马萨诸塞州法院的成功经验，来回应对无因回避的司法监管的可行性的担忧。他们很有信心，"最高法院宣布滥用无因回避违反宪法第六修正案和第十四修正案的这一行为将起到预防作用"；如果被告知不得依赖种族因素，甚至是在单个案件的情况下，"有良知的检察官会避免这么做"[76]。他们预测，因为"宪法性救济措施一般在初审法院层面进行"，救济措施"只是重新挑选陪审团"——对于"保证陪审团具有代表性"来说，这是比较小的"交易成本"[77]。

在答辩中，肯塔基州政府提出了明确的立场：如果不能提出斯温案所要

---

⑦③　Brief for the Lawyers' Committee for Civil Rights Under Law as Amicus Curiae 4, Batson v. Kentucky, 476 U. S. 79 (1986), available in Landmark Briefs, supra note 46, at 461.

⑦④　Amicus Curiae Brief for Elizabeth Holtzman 17, Batson v. Kentucky, 476 U. S. 79 (1986), available in Landmark Briefs, supra note 46, at 422 (quoting Carter v. Jury Commission, 396 U. S. 320, 329 (1970)).

⑦⑤　Id.

⑦⑥　Brief Amici Curiae of the NAACP Legal Defense and Educational Fund, Inc. , the American Jewish Committee, and the American Jewish Congress 48—49, Batson v. Kentucky, 476 U. S. 79 (1986), available in Landmark Briefs, supra note 46, at 567.

⑦⑦　Brief of Michael McClay, the New York Civil Liberties Union, and the American Civil Liberties Union as Amici Curiae 58, Batson v. Kentucky, 476 U. S. 79 (1986), available in Landmark Briefs, supra note 46, at 492.

求的系统性证据（systematic evidence），"应当允许控方继续行使无因回避，不受质疑、无须解释也不受司法审查"[78]。它指出，关于某个检察官在某个特定案件中是如何运用无因回避的，要对这点进行司法审查是不可行的。联邦政府出具了一份法庭之友的意见以支持肯塔基州，认为斯温案"作出的正是正确的区分"[79]，在某个特定案件中，允许控方依赖自己的判断，"虽然是主观的"，但不允许全面的"种族偏见"。此外，它还主张以种族为由运用无因回避在任何情况下都不可能对陪审团的代表性造成严重影响，因为"如果检察官容许自己的种族偏见的存在，那么他可能会放弃最有效的无因回避行使方式"而让自己陷入"斯温案的司法审查"。

虽然在麦克雷案中表达了审查斯温案意愿的五名大法官都援引了第六修正案作为无因回避的制约手段，但在准备口头辩论时他们开始犹豫了。一个核心问题是适当社区代表要求的可能范围。在杜伦案（Duren v. Missouri）[80]中，联邦最高法院创设了三部分测试（a three-part test）法来判断案件是否违反了第六修正案，首先要求被告人证明"其声称被排除的群体是社区中的'有区别性的群体（distinctive group）'"，但法院从未对"区别"（distinctive）进行清晰的定义。在杜伦案中，被排除的群体是女性群体，女性被当然地认为是有区别性的群体，因为基于性别的区别待遇一般会受到平等保护条款的严格的司法审查。[81]但是此前的案件可能会被解读成包含了更为广泛的"有区别性群体"的定义——在其他情形下对某些群体的区别待遇不会引起严格的司法审查，但在第六修正案的情形下，如果排除这些群体将受到严格的司法审查。例如，在蒂尔案（Thiel v. Southern Pacific Co.）[82]中，联邦最高法院认为"领取日薪的人"[83]可能构成了"社区的这样一个部分，这一部分不能被故意地且系统地完全或部分排除于陪审员行列而不损害陪审员制度的民主性质"[84]。在威瑟斯庞案（Witherspoon v. Illinois）[85]中，联邦最高法院根据第六修正案判决，在死刑案件中，州政府不能因为候选陪审员"反对死刑或者表达了他们对判处死刑的良心上或宗教上的顾虑"[86]而排除这些候选陪审员，这意味着宪法所指的群体不仅可以被定义为有共同的人口学特征（demographic characteristics）的群体，还可以被定义为持有共同态度的群体。大法官们当然知道巴特森案口头辩论后的下个月，他们将听取洛克哈特案（Lockhart v. McCree）的口头辩论，在该案中，第八巡回区法院判决认为第六修正案禁止排除所谓的"威瑟斯庞可排除群体"（Witherspoon ex-

---

[78] Brief for Respondent 6, Batson v. Kentucky, 476 U. S. 79 (1986), available in Landmark Briefs, supra note 46, at 339.

[79] Brief for the United States as Amicus Curiae Supporting Affirmance 5, Batson v. Kentucky, 476 U. S. 79 (1986), available in Landmark Briefs, supra note 46, at 385.

[80] 439 U. S. 357 (1979).

[81] 然而，甚至在巴特森案的十年之后，最高法院以6:3最终判决平等保护条款禁止当事人以性别为由行使无因回避。See J. E. B. v. Alabama, 511 U. S. 127 (1994).

[82] 328 U. S. 217 (1946).

[83] Id. at 221.

[84] Id. at 223.

[85] 391 U. S. 510 (1968).

[86] Id. at 522.

cludables）（在死刑案件中甚至都不会考虑判处死刑的陪审员）的同时，表明如果可以因为"陪审员支持平等保护修正案，反对死刑、共和党党员或民主党党员"而将其排除，将"侵犯一方的第六修正案所保障的有代表性的陪审团审判的权利"[37]。如果承认无因回避受第六修正案的调整，那么可能将因此导致基本上每个刑事案件都将面临费时的司法审查。如果法院关注的重点仅仅是基于种族的排除类型，那么第六修正案可能并不是理想的制约手段。具有讽刺意味的是，依赖平等保护条款和推翻斯温案似乎成了最合理的方法。

在口头辩论中，好几名大法官都提出了推翻斯温案的可能性，但令人惊讶的是，巴特森的律师，J·大卫·尼豪斯（J. David Niehaus）一再地拒绝了他们的提议：

示列

发问：你的主张只依据第六修正案？

尼豪斯：是的。

············

发问：你不要求我们重新审查斯温案，也不提起平等保护主张，对吗？

尼豪斯：我们没有提出平等保护主张。

············

发问：为什么不依据平等保护原则直接针对斯温案？

尼豪斯：对斯温案的传统解释表明在某个特定案件中不能提出对无因回避的质疑，而根据本案的记录，本案以外其他的行为并没有受到质疑。

············

发问：所以我再问一次，为什么你不直接针对斯温案？

尼豪斯：我相信我们会在口头辩论中针对斯温案，法官大人，因为我认为斯温案确立的证明标准的基础已经遭到破坏，我们可以通过重新审视历史的……

发问：我认为你刚刚回答了大法官奥康纳的问题，你不会真正质疑斯温案，除了在口头辩论中间接提到该案。

尼豪斯：在我们的辩论意见中没有具体主张……我们将这样针对斯温案。我们主张，由于第六修正案规定了被告人有权获得由尽可能代表全体社区的陪审团审判的权利，最高法院可能只依据这个条款，并且为了保障这项权利可能必须变更它作出的斯温案判决。

············

发问：所以我再回到我的问题，为什么不直接对斯温案提出质疑，我理解为如果法院将推翻斯温案，你们不会想要这个结果。

尼豪斯：仅仅推翻斯温案而不采取（加利福尼亚州法院和马萨诸塞州法院采取的）救济手段？

发问：是的。

---

[37] Grigsby v. Mabry, 758 F. 2d 226, 230 (8th Cir. 1985), rev'd sub nom. Lockhart v. McCree, 476 U. S. 162 (1986). 最高法院最终判决死刑案件中陪审员的"死刑适格"决定过程——即将那些在死刑案件量刑阶段不会考虑判处死刑的陪审员进行有因回避——并不违反被告人在定罪阶段的受公正的陪审团审判的权利，即使社会科学研究表明"死刑适格"的陪审员比"死刑不适格"的陪审员更容易认定被告人有罪。Lockhart v. McCree, 476 U. S. 162 (1986).

尼豪斯：我觉得这样的处理不能让我们满意，法官大人。

发问：那是自认。

尼豪斯：请再说一次？

发问：我说，那是自认。⑧

有些令人奇怪的是，巴特森显然承认了他不请求推翻斯温案，然而，肯塔基州政府的律师瑞奇·皮尔森（Rickie Pierson）（他本身是黑人）却这样界定本案：

皮尔森：大法官先生，请允许我发言。法院所面临的争点仅仅在于斯温案是否应该被维持。我们相信斯温案……

发问：但是那完全不是对方的主张。他们认为争点在于是否应当适用第六修正案。

皮尔森：我们相信正是第十四修正案应当受到质疑，并且可能会为这一问题提供解决方法……⑧

然后他提出了对斯温案的一种极其激进的解读，根据这种解读，不论控方的歧视是多么地公然，一个检察官在单个案件中的行为永远不可能成立对平等保护原则的违反。这段对话之前经过了好几分钟的争论：

发问：那么，如果检察官站起来说，我们不必等着从统计数据中推断出结果。我请求这些黑人回避是因为我觉得他们在本案和其他案件中都不能公正地行使陪审员的职责。这种情况下，斯温案不支持控方的行为，是吗？

皮尔森：不，法官大人，斯温案支持这种行为。

发问：它支持？

皮尔森：是的，法官大人。

发问：为什么你这么认为？

皮尔森：因为斯温案提出的测试法要求你必须证明控方的这种行为已经持续了一段时间。⑨

这一主张提出后，法官助理们立即一阵忙乱。那天下午晚些时候，大法官布莱克门的法官助理（也是本章的作者）向他报告：

> 从大法官布伦南、怀特、马歇尔、奥康纳告诉他们各自的助理的内容来看，他们似乎都准备处理平等保护问题。（我不能找到大法官鲍威尔的法官助理，但是另一名法官助理告诉我，大法官鲍威尔的法官助理认为他也有意愿去解决这个问题。）因此，你无须再犹豫是否要解决这一问题，因为没人认真地认为巴特森的律师让人厌恶的表现将这一问题排除在本案之外了。⑨

第二天，大法官们集会讨论巴特森案。首席大法官伯格首先开始，他认为巴特森只提出了第六修正案主张，而一旦候选陪审员名单公正地

---

⑧ Tr. of Oral Arg. at 4—5，8，Batson v. Kentucky，476 U. S. 79（1986）.

⑧ Id. at 24.

⑨ Id. at 32—33.

⑨ Memorandum from Pam Karlan to Justice Blackmun，Dec. 12，1985，available in the Blackmun Papers，supra note
45.

代表了社区全体，宪法并不禁止"凭直觉的排除"（hunch strike）[32]。大法官伦奎斯特认为无因回避的本质就是专断任意的，因此他也投票维持斯温案。

但是其他七名大法官——包括斯温案法庭意见的作者大法官怀特——都表达了推翻斯温案的意愿。每个人都明确反对利用第六修正案制约无因回避。主要的区别在于，对辩方提出无因回避的宪法限制是否应当与控方的相同，对于这个问题的看法不同。大法官怀特主张应当施加相同的宪法限制，马歇尔大法官（他质疑无因回避本身是否应当被允许）持反对意见，而布伦南大法官认为最高法院不应现在考虑这一问题，应当等到将来某个时候再考虑。

大法官鲍威尔撰写了法庭意见，第一句话就透露了结论，即最高法院决定"重新审查"斯温案对那些就控方实施的无因回避而提出平等保护主张的被告人施加的证据负担。[33]虽然最高法院在很大程度上依赖斯温案后的理论发展，但它所关注的案件主要不是涉及陪审员挑选的第六修正案适当社区代表的判决，而是提出了如何证明歧视意图的一般平等保护的判决。这些案件确立了"'政府的持续的种族歧视模式'不是'证明违反平等保护条款的必要条件。某个带有歧视性的单独政府行为'不会因为'在其他类似案件中没有歧视行为而被豁免'"[34]。因此，诸如斯温案创设的这类证据要求，即"要求某个人'在能够对政府的歧视行为提出异议前必须有几个人已经遭受了歧视（McCray v. New York，461 U. S.，at 965（Marshall，J. dissenting from denial of certiorari），并将与所有人都有权受到平等保护的承诺相背离'"[35]。由于"第十四修正案保护被告人在刑事诉讼各个阶段的权利，联邦政府可能不会根据中立的程序制定陪审团名单，但随后会求助于在陪审团挑选过程的其他阶段中的歧视行为"[36]，比如无因回避。按照最高法院的说法，斯温案的问题在于，下级法院将其解读为"向被告人施加了沉重的证明负担"，使得控方的无因回避"现在大部分不受宪法性审查"[37]。

最高法院接着构建了如何进行这一审查的分析框架，主要是借鉴它自己在差别待遇案件中对其他类型的平等保护主张的审查方法，以及加利福尼亚州和马萨诸塞州法院处理针对州宪法主张的方法。（具有讽刺意味的是，州法院的案件根据第六修正案创设它的规则。）"被告人自己首先必须是某个可辨识的种族（cognizable racial group）的一员，并且检察官行使无因回避排除了与被告人相同种族的候选陪审员"[38]。然后他"必须证明从这些事实和其他相关情节"，如检察官向候选陪审员发问的方式等，"可以推断出检察官根

---

[32] 大法官们讨论的内容完全依据布莱克门大法官的笔记，available in the Blackmun Papers. 大法官们根据资质发表意见和投票，由首席大法官伯格首先开始，但是为了解释的需要，我在文章中对他们的意见作了重新分类。

[33] Batson，476 U. S. at 82.

[34] Id. at 95（quoting Village of Arlington Heights v. Metropolitan Housing Development Corp.，429 U. S. 252，266 note 14（1977）).

[35] Id. at 96.

[36] Id. at 88（internal citations and quotation marks omitted）.

[37] Id. at 92—93.

[38] Id. at 96.

据种族提出无因回避"[99]。如果被告人满足了这些证明要求，初审法官应该要求"控方为它排除黑人陪审员的行为提供中立的解释"[100]。这种解释"不需要到达有因回避的要求程度"，但是它不能是根据检察官的推断或直觉而作出的：被排除的陪审团"因为与被告人属于同种族而会偏向被告人"[101]，许多下级法院认为根据斯温案判决这是与审判相关的不带有歧视性的理由。最后，初审法院须判定"被告人是否证明了检察官的歧视意图"[102]。

最高法院要求被告人证明其与被排除的陪审员属于相同种族，似乎表明了违反平等保护原则涉及了剥夺被告人受同侪审判的权利。然而这一平等保护分析框架还存在另一个问题，此问题产生于最高法院"承认'控方有意地根据种族原因剥夺黑人作为陪审员参与司法运作的行为违反了平等保护原则'"[103]。法院强调，"带有歧视的陪审团挑选过程不仅损害被告人和被排除的陪审员的利益，也对整个社会造成了损害。有意排除黑人的陪审团挑选程序损害了公众对我们司法制度公正性的信赖。"[104]

至于巴特森案本身，最高法院将该案发回重审，由初审法院认定他是否满足了新的分析框架提出的要求，"如果初审法院认定巴特森证明了控方的歧视意图，而控方无法为其行为提供中立的解释，那么根据我们的先例，申请人的定罪裁定将被推翻"[105]。

尽管鲍威尔大法官的法庭意见获得了七票的支持，但也存在处理其他各种问题的四份协同意见。[106]撰写斯温案法庭意见的怀特大法官在本案中明确表示应当推翻斯温案判决。他认为斯温案本身"已经警告了检察官，如果其推定任何黑人陪审员都不会在被告人是黑人的案件中公正地行使职责，那么根据这样的推定而排除黑人是违反平等保护原则的"。但几十年的司法实践表明"在被告人是黑人的案件中，控方行使无因回避排除黑人陪审员的实践依然广泛地存在着"[107]。但是，尽管大法官怀特认为是时候推翻斯温案了，但与奥康纳大法官的一句话的协同意见一样，他认为这一新规则仅适用于巴特森案判决之后的审判。

马歇尔大法官的协同意见带有悲观的基调，他预测法院的判决不会"结束无因回避带来的种族歧视"[108]。他认为最高法院即使在传统的平等保护案件中创设了证明标准也会庇护那些最恶劣的歧视之外的其他案件，可能因为受到这一观念的影响，马歇尔大法官主张"只有完全废除无因回避制度"[109] 才

---

[99] Id.

[100] Id. at 97.

[101] Id.

[102] Id. at 98.

[103] Id. at 84 (emphasis added) (quoting Swain, 380 U. S. at 203—04).

[104] Id. at 87.

[105] Id. at 100.

[106] 布伦南法官参与了史蒂文斯大法官撰写的协同意见，该协同意见是对首席大法官伯格的反对意见的回应，大法官伯格认为最高法院根本不应该处理巴特森案的平等保护问题，因为巴特森的律师不仅没有在书面意见中提出这个问题，而且在口头辩论中明确否认了这个问题。

[107] Id. at 101 (White, J. , concurring).

[108] Id. at 102. (Marshall, J. , concurring).

[109] Id. at 103.

能消除陪审团挑选过程中的歧视。此外，由于所有的无因回避都涉及直觉判断（intuitive judgments），马歇尔大法官担心"即使各方当事人都努力践行最高法院的这一命令，由于这一命令要求他们在各个层面上都要克服他们的种族意识——我不认为所有当事人都能做到"[110]。

首席大法官伯格和伦奎斯特大法官的两份反对意见都认为，只要没有将与被告人同种族的人完全排除在陪审员行列之外，检察官将他们从正式陪审团中排除是完全可以接受的。首席大法官不认为有任何"种族冒犯"的地方，因为"每个种族都有自己特殊的考虑，甚至往往偏向自己的种族"[111]。这些意见包含了斯温案判决中暗含的一个前提，种族很可能会影响陪审员的看法，正是这种可能性使得控方基于种族而行使无因回避变得合理。

■ 六、从巴特森案到斯温案？——权利和救济的问题

最高法院对于巴特森案的判决产生了许多关于行使无因回避的问题。该判决是否有溯及力？巴特森案主张是否仅限于与被排除的陪审员相同种族的被告人才有权提出？巴特森案是否也适用于辩方律师行使无因回避的情形？除了种族以外，还有什么其他因素不允许作为行使无因回避的理由？

最高法院在随后十年中的一系列案件中解决了这些问题；事实上，二十多年之后，最高法院依然在审查巴特森的后续案件，其中包括一个初审发生在巴特森案判决之前的案件。[112]在艾伦案中（Allen v. Hardy）[113]，最高法院在没有进行口头辩论的情况下就拒绝将巴特森案适用于正在进行的关于人身保护令审查的案件——因而剥夺了迈克尔·麦克雷在首次申请遭到最高法院拒绝后的再次申请所应获得的胜利果实。[114] 但在下一个开庭期的格里菲思案中（Griffith v. Kentucky）[115]，最高法院判决巴特森案将适用于所有等待直接审查的案件。最高法院对这一问题的解决为后来确立的关于人身保护令的程序

---

[110]　Id. at 106. 19年后，布雷耶大法官在 Miller-El v. Dretke 案的协同意见中重新提出了这个问题，125 S. Ct. 2317 (2005). See infra text accompanying notes 132—35.

[111]　Id. at 123 (Burger, C. J., dissenting) (quoting United States v. Leslie, 783 F. 2d 541, 554 (5th Cir. 1986) (en-banc)). See also id. at 137—38 (Rehnquist, J., dissenting) ("在我看来，控方在被告人是黑人的案件中行使无因回避排除黑人陪审员并不存在任何'不公平'，因为控方也在被告人是白人的案件中排除白人陪审员，在被告人是西班牙裔的案件中排除西班牙裔陪审员，在被告人是亚洲裔的案件中排除亚洲裔的陪审员，等等").

[112]　See Miller-El v. Dretke, 125 S. Ct. 2317, 2340 (2005) (判决 Miller-El 有权获得人身保护令救济——巴特森案作出判决时他正在等待上诉，see infra note 116——因为否认控方因种族而排除几名黑人陪审员是"对现实的无视"); see also Johnson v. California, 125 S. Ct. 2410 (2005) (驳回了加利福尼亚州对被告人施加的证据要求，作为巴特森确立的分析方法的第一阶段，要求被告人证明种族因素是无因回避的原因的可能性大于不是无因回避的原因的可能性).

[113]　478 U. S. 255 (1986) (per curiam).

[114]　See Abrams v. McCray, 478 U. S. 1001 (1986) (根据巴特森案和 Allen v. Hardy 案，最高法院给予麦克雷案人身保护令救济，撤销了该案判决并发回重审).

[115]　479 U. S. 255 (1986) (per curiam).

的溯及力问题的蒂格规则（Teague jurisprudence）奠定了基础。[116] 在鲍尔斯案中（Powers v. Ohio）[117]，最高法院判决被告人无论是否与被排除的陪审员属于同一种族，都有权提出巴特森案的主张，强调巴特森案的判决不仅保护被告人的相关审判利益，也同样保护被排除的陪审员的受平等保护的权利。在麦科勒姆案中（Georgia v. McCollum）[118]，最高法院将巴特森案扩张适用于辩护律师。在 J. E. B. 案中（J. E. B. v. Alabama）[119]，最高法院判决诉讼的当事人不得以性别为由排除候选陪审员，尽管在同一年，最高法院后来又拒绝回答巴特森案是否也禁止以宗教为由行使无因回避这一问题。[120]

但是这一理论发展存在一些显著的矛盾的后果。当然，首先，它将注意力从少数群体被告人转移到了少数群体陪审员的权利保护上。[121] 这一转移使得最高法院能够处理一个棘手的问题：陪审团的种族构成是否影响它的评议。通过将焦点放在候选陪审员身上，最高法院可以避免解决一个问题，即违反巴特森案判决产生的错误事实上是否影响了审判结果，因为陪审员的权利完全独立于他参与审判的案件的结果。如果一位公民因为种族而被排除在陪审团之外，那么她被剥夺了受平等保护的权利，就像她因被排除在其他某个政府职位之外一样，她也被剥夺了受平等保护的权利。相比之下，如果最高法院将巴特森原则适用于鲍尔斯案、利斯维尔案和麦科勒姆案时焦点放在诉讼当事人的利益这一点上，那么大法官们可能会不得不承认：两个表面"公正"——公正是因为假设不能公正行使职责的陪审员已经由有因回避被排除在外——的陪审团可能会因为陪审员种族的不同而得出不同的结果。这一认可将违背伦奎斯特法院在其他平等保护领域，尤其是在重新划分选举区和反

[116]　在蒂格案（Teague v. Lane, 489 U. S. 288 (1989)）中，最高法院宣布，在人身保护令程序中，如果联邦法院作出有利于被监禁人的判决将需要宣布一项宪法刑事诉讼的"新"规则时，联邦法院一般不应受理这类人身保护令的申请。同时，宣布"新"规则的判决不溯及正在进行附带审查的案件。蒂格案的不溯及既往原则的两项例外包括：使被告人的先前行为不受州禁止（或以某种方式惩罚）的新规则；确定"刑事诉讼的基本公正性和精确性的'分水岭规则'"。(Saffle v. Parks, 494 U. S. 484, 495 (1990) (quoting Teague, 498 U. S. at 311).) 显然，巴特森案主张不符合蒂格案的第一个例外。在 Allen v. Hardy 案中，最高法院解释了巴特森也不符合第二个例外情形：巴特森案规则旨在保护刑事被告人在公正的陪审团挑选程序中的利益，因此这一规则可能具备一些事实发现的功能。但巴特森案判决也服务于其他的价值。我们的判决保障那些受命作为裁判者并作出不利于与其相同种族的被告人且加强了公众对司法运作的信心的公民，不受州政府的歧视。因此，巴特森案旨在"服务于多个目标"，只有第一个目标可能会影响到事实的发现。

[117]　499 U. S. 400 (1991).

[118]　505 U. S. 42 (1992). 在 Edmonson v. Leesville Concrete Co.（500 U. S. 614 (1991)）案中，最高法院将巴特森案判决适用于民事诉讼中的私人诉讼主体。

[119]　511 U. S. 127 (1994).

[120]　See Davis v. Minnesota, 511 U. S. 1115 (1994)（拒绝对这个问题发布调卷令，但大法官金斯伯格的协同意见和大法官斯卡利亚和托马斯的反对意见认为根据 J. E. B. 案，巴特森案应当扩张适用到所有可疑的分类案件中）。See also United States v. Brown, 352 F. 3d 654, 667—69 (2d Cir. 2003)（仔细调查了该州关于这个问题的法律，指出了下级法院间的分歧）。在 Hernandez v. New York 案中，500 U. S. 352 (1991)，产生分歧的最高法院同意巴特森案禁止根据种族行使无因回避的观点，但是驳回了被告人的请求，因为它认为根据该案事实检察官排除说两国语言的陪审员与根据种族排除陪审员是不同的。

[121]　See Pamela S. Karlan, Race Rights, and Remedies in Criminal Adjudication, 96 Mich. L. Rev. 2001, 2015 (1998)；Eric L. Muller, Solving the Batson Paradox: Harmless Error, Jury Representation, and the Sixth Amendment, 106 Yale L. J. 93 (1996)；Barbara D. Underwood, Ending Race Discrimination in Jury Selection: Whose Right Is It Anyway?, 92 Colum. L. Rev. 725 (1992).

优先雇佣行动（affirmative action）领域所坚持的：推定种族影响个人观念是有害的。[12]

但是将焦点转移到陪审员的利益上的决定产生了另一个重要结果。如果问题是限制了陪审员的平等保护权利而非被告人的权利，当法院发现违反巴特森判决时应该怎么办？由于被告人被要求必须及时对检察官行使无因回避提出反对，所以在初审法院层面并不存在真正的问题：就像迈克尔·麦克雷提交的法庭之友的意见中所指出的，在初审法院纠正违反巴特森案判决的案件的成本并不是很高：法官或者驳回检察官的无因回避请求，让被申请回避的陪审员继续履行职责，或者仅仅要求重新进行"说真话"程序（voir dire）和陪审团选择程序。但如果初审法院驳回了被告人的巴特森请求，对被告人进行了审判并将其定罪，那么救济措施又是什么呢？对于那些无论怎么样都会被定罪的被告人，推翻对其的定罪将带给他一笔"横财"。另一方面，无害错误审查可以避免那些显然有罪的被告人再获得一次新的审判，但这也意味着法院必须判断种族因素在哪些案件中产生影响，而这个问题正是最高法院通过重构巴特森权利使其不是完全以被告人的权利为中心时所要回避的问题。

但是当救济措施可能会带给被告人不应得的利益时，法院如果不能限制权利的救济措施，他们就很可能会暗中限制权利的行使。

在提出巴特森主张的案件中，这一机制通过严格的上诉审查标准——根据该标准，被告人几乎不可能推翻初审法院认定的不违反巴特森案的判决[13]——和可接受的控方无因回避的中立解释的广泛范围来运作。[14]下级法院基本上已经不再要求检察官证明他所提出的理由——如陪审员戴着马尔科姆X帽[15]或者陪审员是整形医生[16]——与该特定案件审理中的某个特征有任何联系。

一般来说，上诉法院似乎不太可能会认定，检察官将所有黑人排除在陪审团之外是因为他们戴的帽子并由此否定了种族因素在检察官的无因回避决定中起作用的推断。毕竟，很难假设一个与审判相关的理由，或甚至是直觉来解释为什么不戴帽子的陪审员更倾向于定被告人的罪。（要注意到，只有在被告人已经被初步证明了存在违宪行为时，才要求检察官提供理由。）但是上诉法院并不是在真空环境下解决巴特森问题的：它们往往只有在由一个假定是公正的陪审团排除合理怀疑地认定被告人有罪之后才处理这一问题。

所以，上诉法院也面临着掩饰他们所作决定的诱惑。在一些与种族相关的案件中，初审法官不可能接受，上诉法院更不可能维持，与种族相关的无

---

⑫　See Karlan, supra note 121, at 2017.

⑬　See Joshua E. Swift, Note, Batson's Invidious Legacy: Discriminatory Juror Exclusion and the "Intuitive" Peremptory Challenge, 78 Cornell L. Rev. 336, 358（1993）（在初审法院认定检察官提供了无因回避的非种族理由的 76 个案件中，上诉法院只推翻了其中 3 个案件的定罪）.

⑭　See Karlan, supra note 121, at 2021（collection cases and sources）.

⑮　See United States v. Hinton, 94 F. 3d 396, 396（7th Cir. 1996）.

⑯　See, e. g., United States v. Alvarado-Sandoval, 997 F. 2d 491, 491—92（8th Cir. 1993）（认定了控方的无因回避理由是可以接受的，因为"我打算采纳帮助和教唆类型理论，不管什么原因我就是不想要一个整形医生"）.

因回避的不合理的解释。[⑫]但在那些不存在种族问题的案件中，初审法官可能会立刻驳回巴特森主张，审查法院也会更倾向于维持。

就像我在别处所指出的，"这种不坦诚有它的危险性"：

> 首先，法院可能会系统性地或在特定类型的案件中，低估了陪审员的种族和他对证据的评价之间的相关性。例如，它们可能会认为，无论具体事实如何，警察证人的可信性问题都与种族无关；然而，事实上这个问题可能存在着很大的种族性分歧。具有讽刺意味的是，可能在有些案件中陪审团的种族构成是具有结果决定性的（outcome-determinative），或至少是结果影响性的（outcome-affective），而这些判决却最终被维持了。但是现存的巴特森主张的结构不允许这类主张：它并不允许这样的主张，鉴于案件的特定事实，一个原本可接受的理由应该被更仔细地审查。其次，巴特森规则在很大程度上是劝告性的，它在实践中的有效性很大程度上不是依赖于司法机关的执行，而是依赖于对相关参与者的内化。当法院采纳了与种族相关的无因回避的有争议的理由时，它们向检察官和辩方律师传递了这样一个信息，排除少数群体的陪审员一般不会被认真对待或者一般不会受严格审查。[⑫]

因此，最后，无论是公民权利法庭之友意见的乐观主义还是马歇尔大法官的悲观主义可能都是正确的：毫无疑问，巴特森案在因种族行使无因回避是否适当的问题上改变了许多诉讼参与人的态度，但在其他方面，有意识或无意识地依赖种族的行为依然不受审查和威慑。

事实上，巴特森案后将近二十年的时间里，联邦最高法院仍然在推翻下级法院对巴特森案的解释。在约翰逊案中（Johnson v. California）[⑫]，最高法院废除了加利福尼亚州对被告人的证明要求，该州要求被告人在提出主张时必须证明歧视意图是无因回避的理由的"可能性大于不可能性"（more likely than not），作为其初步证明责任的一部分。加利福尼亚州规则往往使得巴特森调查（Batson inquiry）在检察官被要求为无因回避解释前就终止了。鉴于"巴特森框架旨在对歧视可能影响陪审团挑选过程的推断和猜测得出一个真正的答案"，在要求相关参与人解释前，尤其是当其所提出的理由往往相关时，就回答该问题似乎有些荒谬。

在密尔—El 案中（Miller-El v. Dretke）[⑬]，最高法院最终为被告人托马斯·乔·密尔—El（Thomas Joe Miller-El）提供了救济，在巴特森案最初判决的六个星期之前，黑人被告人托马斯·乔·密尔—El 由全部是白人组成的陪审团定罪并判处死刑。最高法院认定下级法院对种族歧视证据的处理是

---

⑫　例如 Gamble v. State 案（357 S. E. 2d 792 (Ga. 1987)）。Gamble 所涉嫌的是黑人对白人实施的谋杀案，该案中，大多数州的证人是白人，大多数辩方证人是黑人。检察官行使了他所有的无因回避机会排除黑人候选陪审员，因而成立了全部由白人组成的陪审团。佐治亚州最高法院推翻了定罪，认定"怀疑"检察官行使无因回避排除黑人陪审员的理由，尽管这些理由——年龄、宗教、态度和职业——在那些无关种族的案件中往往被接受。

⑫　Karlan, supra note 121, at 2022—23.

⑫　125 S. Ct. 2410 (2005).

⑬　125 S. Ct. 2317 (2005).

"不能容忍（unsupportable）"且"牵强（strained）"[131]的，因为检察官排除了 11 名黑人候选陪审员中的 10 名，包括那些表示支持死刑的候选陪审员；对黑人和白人陪审员的发问方式不同；操纵了陪审员被提问的顺序；来自于一个"几十年来……遵循这一系统地排除黑人陪审员的政策"[132]的检察官办公室。在协同意见中，大法官布雷耶重申了大法官马歇尔的建议，或许终止歧视的唯一途径是完全废除无因回避：

> 这个案件表明了大法官马歇尔所描述过的证明这一实践问题。正如法庭意见所表明的，密尔—El 收集了种族偏见的广泛证据。尽管他的主张十分有力，但密尔—El 还是进行了长达 17 年的很大程度上不成功的被拖延的诉讼——包括 8 个不同的司法程序、8 份不同的司法意见，涉及 23 名法官，其中 6 名认为违反了巴特森案标准，16 名持相反意见。[133]

布雷耶大法官指出，尽管经历了巴特森案及其后续案件，歧视性的无因回避依然存在。他认为无因回避"在我们的司法制度中变得越来越不适当"[134]：

> 如果无因回避是用于表达对种族、性别、宗教或民族的传统偏见，那么无因回避违背了陪审团制度的民主的出发点，破坏了它的代表性功能。对于陪审团制度和它在美国政府中的作用，无因回避的"科学"行使也还是会引发公众愤世嫉俗的言论。当然，由无偏见的陪审团审判的权利是受宪法保护的——行使无因回避的权利则不受宪法保护。[135]

至于詹姆斯·巴特森本人，1986 年 10 月，他因入室盗窃被指控并再次被判刑，在接下来十二年间他数度进出监狱，直到 1999 年，他因新的盗窃指控和连续重罪犯指控被起诉。该新指控的起诉检察官名叫乔·伽特曼（Joe Gutmann），正是他提出了无因回避使得巴特森走上了前往最高法院的道路，他后来将其收养的小狗命名为"巴特森"，以此纪念这起他办理的最著名的案件。[136]被问及是否会憎恨乔·伽特曼时，巴特森比较平静。"他作为一名检察官，那些是他应该做的"，巴特森说，"所以我怎么能因此而记恨他呢？"[137]

---

[131] Id. at 2329.

[132] Id. at 2338.

[133] Id. at 2340 (Breyer, J., concurring).

[134] Id. at 2342.

[135] Id. at 2343—44.

[136] Andrew Wolfson, Profile: Joe Gutmann: Star, Louisville Courier-Journal, Jan. 24, 2000, at 1A.

[137] Id.

第十三章

萨莱诺案：管制性羁押的合宪性

丹尼尔·里奇曼（Daniel Richman）

1986 年 3 月，一个被其同伙和联邦大陪审团叫做"胖托尼"（Fat Tony）的人，也就是安东尼·萨莱诺（Anthony Salerno），因敲诈勒索罪被逮捕后由美国司法警察署予以羁押，但是他看起来并不那么具有危险性。在萨莱诺被逮捕之前，这个掌管着东哈莱姆区的"帕尔玛男孩"社交俱乐部，整日叼着雪茄的 74 岁的黑手党吉诺维斯家族的"头儿"也不像是那种人们在夜晚遇到必须退避三舍的人。[①]但根据最近生效的 1984 年保释改革法（Bail Reform Act of 1984），联邦检察官有权请求法院基于危险性考虑对萨莱诺及其长期同伙文森特·卡法罗（Vincent "Fish" Cafaro）采取审前羁押（pretrial detention）。他们的确提出了请求，地区法院也同意了检察官的请求。从此，萨莱诺在联邦拘禁所中度过了他生命中剩下的日子。

没有经过审判确定有罪，政府便羁押公民是否合宪？如果合宪，政府有权羁押它认为有危险性的公民，那么这一权力的限制是什么？这些问题产生于保释法的预防性羁押（preventive detention）条款，也是萨莱诺案（United States v. Salerno）面临的问题。针对保释法的这一争议，曾经有过激烈争论，现在已经逐渐平息。现在所面临的更宽泛的问题是，政府是否有权在犯罪嫌疑人享有完整的刑事诉讼程序所带来的利益前将其羁押，而由于美国正面临更大的恐怖袭击威胁，这一问题的解决也变得更加迫切。

一、保释的历史背景

美国的保释制度溯源于中世纪的英格兰。当时的英格兰允许被指控者在审前依然保持人身自由（各时期的具体名额和条件则有所不同），如果有巡回法官（traveling judge）的参与，被指控者还可以在远离审判地的地方候审。保释只需要被指控者或适格的保证人保证被指控者准时到庭即可。经过几个世纪，这一制度演变为由担保人提供金钱担保，被指控者便可得以释放，但如果被指控者未准时出席审判，保证金将被没收。[②]

然而，保释制度存在被滥用的可能性，尤其是当国王将保释作为政治压迫的工具时。的确如此，1689 年权利法案（1689 Bill of Rights）在历数对詹姆斯二世（James Ⅱ）的种种不满时，其中一条是"对刑事案件的被告人要求过多保释金导致其不能享有法律赋予的自由权"。这一新的宪法性法令创立的救济措施是禁止"过多的保释金"（excessive bail）[③]。但即使是 1689

---

① 虽然在审理萨莱诺案时我已经不在法院工作，但在审判时我与他进行了长期的接触，而且在他被逮捕后不久我就看到了大量他的照片。为了更完整地揭示我和萨莱诺案的联系，详述如下：作为暑期助理，我协助做过电子监视的文书工作。接下来，我曾先后担任法官威尔弗雷德·范伯格（Wilfred Feinberg）和大法官瑟古德·马歇尔（Thurgood Marshall）的书记官各一年的时间；在我离开后的那些年里，这两位法官都在萨莱诺案中发表了反对意见。后来我做了联邦检察官，正好稍微参与了萨莱诺案的初审，而在随后的上诉审中我参与了很大一部分的审理过程。当卡弗洛（Cafaro）担任线人时，我也曾和他打过交道。

② See William F. Duker, The Right to Bail: A Historical Inquiry, 42 Albany L. Rev. 33 (1977); Daniel J. Freed & Patricia M. Wald, Bail in the United States: 1964, at 1—2 (1964)（作为全国保释与刑事司法研讨会的会议底稿）.

③ 该法案宣示了公民的权利和自由，解决了王位继承问题，1 Wm. & M., Sess 2, ch. 2, 10.

年后，在新门（Newgate）监狱和其他英格兰监狱依然有很多被告人在审前被羁押④，保释权的重要性因此（至少在原则上）得到了重视。

在美国，1689年权利法案中的禁止"过多的保释金"条款在联邦宪法第八修正案中得到反映："不能要求过多的保释金，不得收取过多的罚金，不能施加残酷和不寻常的刑罚（Excessive bail shall not be required, nor excessive fines imposed, nor cruel and unusual punishments inflicted）"。或许立宪者和他们的英国前辈们可以叙述得更清楚。第八修正案禁止法院施加"过重的"保释条件。但首先需要考虑的是，保释权是绝对的宪法权利吗？如果不是绝对的宪法权利，就像凯莱布·富特（Caleb Foote）教授所指出的那样，国会可以"通过制定法律取消在所有案件中的保释权而使保释条款完全归于无效"⑤。然而，在1952年的卡尔森案（Carlson v. Landon）⑥中，联邦最高法院对保释条款进行了更符合字面意思的限缩解释：

> 第八修正案的保释条款只对英国权利法案的保释条款作了微小的变动。在英国，保释条款从未被认为是赋予所有案件以保释权，而仅仅规定在那些适合保释的案件中不得要求过高的保释金。当这一条款移植到我们的权利法案中时，并未在概念上作任何改变。因此第八修正案并没有禁止国会制定法律界定哪些案件允许保释。⑦

支持联邦最高法院对第八条修正案进行狭义解读的重要证据是1789年司法法（Judiciary Act of 1789）中的保释规定。国会在对该法案的争论中考虑了1689年权利法案。该法案规定保释权在"任何刑事案件的逮捕中都可以主张，除了可能被判处死刑的案件之外，保释请求应当被接受。在可能被判处死刑的情形下，是否给予保释由法官根据案件的性质和情节、证据和法律裁量决定"⑧。而在当时，联邦法律和"州法律中，绝大多数对被害人造成严重人身伤害和死亡威胁的犯罪都可能会被判处死刑"⑨。由于最初的13个殖民地中的大多数地区都有相似的规定——限制司法机关的保释决定权，而把哪些犯罪可以保释的决定权交给立法机关⑩——所以最高法院对保释条款的解读是很有说服力的。

在这一宪法背景下，联邦和各州政府在决定如何建构各自保释制度时有了广泛的发挥空间。它们的普遍做法是放任自流，让其自行发展。在19世纪中叶人口流动不断加剧时，它们采取的就是这种态度，当时商业保释担保人取代了私人担保人的位置。⑪为避免保释金被没收，这些商业担保人必须确保被告人出席法庭审判；如果被告人逃避审判，他们的保释金将被没收（尽

---

④ See John H. Langbein, The Origins of Adversary Criminal Trial, 49—51 (2003)（讨论了18世纪英格兰的审前羁押制度）.

⑤ Caleb Foote, The Coming Constitutional Crisis in Bail, 113 U. Pa. L. Rev. 959, 969 (1965).

⑥ 342 U. S. 524 (1952).

⑦ Id. at 545—46.

⑧ Judiciary Act of 1789, ch. 20, § 33, 1 Stat. 91 (1789).

⑨ John N. Mitchell, Bail Reform and the Constitutionality of Pretrial Detention, 55 Va. L. Rev. 1223, 1227 (1969).

⑩ See Duker, supra note 2, at 3.

⑪ Barry Mahoney, et al. Pretrial Services Programs: Responsibilities and Potential. National Institute of Justice, NCJ 181939, at 7 (2001).

管有时能够向被告人或其家属追偿损失，但前提是事前签订了赔偿协议）。⑫
这项制度值得关注的是刑事司法权力外包（an outsourcing of criminal justice
authority），而这在其他国家都没有相似的实践。⑬ 但是这一制度为法院执法
人员带来了便利，保释担保人帮助其管理被逮捕者，而执法人员保证他们有
利可图。⑭

　　20 世纪 50 年代，富特教授和其他研究者在芝加哥、费城和纽约对保释
制度进行了多项研究，这些研究指出了保释制度存在的严重缺陷。研究
显示：

> 商业担保人在保释的运作中起了支配地位；法院对保释缺乏有效的
> 考量；尽管保释金不算高昂，但还是有大量原本可以且应当被释放的被
> 告人由于没有财力而不能被保释。研究还显示了保释制度存在以下现
> 状：保释被用于在定罪前"惩罚"被告人和"保护"社会利益不受被告
> 人行为可能带来的侵害，二者都不是可以被接受作为保释的目的的；在
> 审前被羁押的被告人往往会在监所被关押数月，而审判的结果可能只是
> 无罪或者定罪后缓刑；监所严重超员，审前羁押的羁押条件还远远不如
> 被定罪者。⑮

　　为了回应这些研究成果以及联邦与州政府试图将保释制度改革提上立法
议程的努力，许多司法辖区在 20 世纪 60 年代通过了新保释法。引领这一浪
潮的是联邦政府——一方面是由于总检察长罗伯特·肯尼迪（Robert Ken-
nedy）和参议员小山姆·J·欧文（Sam J. Ervin, Jr.）的推动⑯；另一方面
是在联邦进行刑事司法改革比在州进行要容易得多，因为州要处理的刑事被
告人远远多于联邦政府，尤其是被指控犯暴力罪行的被告人。联邦立法的成
果是 1966 年联邦保释改革法案（Bail Reform Act of 1966）⑰ 的出台，该法
规定，任何被告人——除了被指控有可能被判处死刑的被告人——在向法庭
具结（一旦法庭要求即回到法庭的简单保证）之后均得释放，除非法庭认为
"释放被告人不能确保其在法庭要求时出庭受审"。因此改革的起点是简化释
放程序（simple release）。保释金只有在有必要用来保证被告人按时出庭时
才采用。法案起草者解释了这一制度有限的目的：

> 本法不处理以下问题，即由于被告人享有人身自由可能对公众造成
> 危险而对其进行预防性羁押……必须记住的一点是，在美国的刑事理论

　　⑫ Freed & Wald, supra note 2, at 3.

　　⑬ Id. at 22（"联合国近期的一项研究显示，美国和菲律宾是仅有的两个在刑事司法制度中允许专业保释担保人
存在的国家"）.

　　⑭ Forrest Dill, Discretion, Exchange and Social Control: Bail Bondsmen in Criminal Courts, 9 Law & Soc'y
Rev. 639, 670 (1975).

　　⑮ Wayne H. Thomas, Bail Reform in America 15 (1976); see John S. Goldkamp et al., Personal Liberty and Com-
munity Safety: Pretrial Release in the Criminal Court xi (1995). 一项有吸引力的建议是被告人将因审前羁押而得到赔
偿，参见 William H. Landes, The Bail System: An Economic Approach, 2 J. Legal Stud. 79 (1973); Jeffrey Manns, Lib-
erty Takings: A Framework for Compensating Pretrial Detainees, 26 Cardozo L. Rev. 1947 (2005).

　　⑯ See 6—7; 161—64.

　　⑰ Pub. L. No. 89—465, June 22, 1966, 80 Stat. 214, codified in part as 18 U. S. C. § 3141 to 3151, and subse-
quently repealed by Pub. L. No. 98—473, Title II, 203 (a), Oct. 12, 1984, 98 Stat. 1976.

中，审前羁押并不是用来保护社会不受被指控者再次犯罪的侵害的一种机制。⑱

1966 年法案立法过程中的这些笼统的主张并不意味着法官在决定保释时没有考虑被告人人身危险性的可能性。在理查德·尼克松的总统选举中，反犯罪言论表现得十分激进，在当选总统后不久，他建议修改法案，允许对那些"如果在审前予以释放将明显对社会有危险（a clear danger to the community）"的刑事被告人进行"审前暂时羁押"⑲。尽管这一建议没有立即得到落实，但联邦政府在时任司法部法律顾问办公室副检察长的威廉·H·伦奎斯特（William H. Rehnquist）的帮助下⑳，很快就在哥伦比亚特区通过了一项预防性羁押法案。㉑然而，尽管许多人曾预测哥伦比亚特区的这一项法案将引领各州制定相似的法案，但在整个 20 世纪 70 年代只有 12 个州往这个方向作出了努力。㉒很多州迟疑不决的一个原因是不确定哥伦比亚特区法案的合宪性。1981 年哥伦比亚地区上诉法院判决支持了该法案（仅以一票优势）㉓，随后更多其他州在立法中采取了相似的规定。㉔

激发立法者对于预防性羁押立法的兴趣的并不仅是宪法的认可。确实存在一个犯罪问题：1960 年，谋杀罪的犯罪率（每 100 000 件）是 5.1。1980 年，谋杀罪的犯罪率是 10.2（2002 年下降到 5.6）。1960 年，暴力犯罪的犯罪率是 1 887.2；1980 年的暴力犯罪率是 5 950.0。（2002 年的暴力犯罪率是 4 118.8）。㉕有多少犯罪是由被保释的被告人所为的并不清楚㉖，但是，在这种大环境下，议会更愿意接受预防性羁押。1984 年，参议院在一项报告中指出，"对赋予法官在审前保释决定中衡量社会安全风险的权力的支持，反映了公众同时也是本委员会对被保释人犯罪问题的密切关注"㉗。

然而，引起立法者这一兴趣的还有另外一个因素，不仅涉及限制有危险性的被告人，还涉及限制政府的权力。尽管 1966 年保释改革法案没有授权法官进行危险性考量，但一份参议院的报告显示了有充足的证据证明法官还

---

⑱　H. R. Rep. No. 1541, 89th Cong. , 2d Sess. 5—6, reprinted in 1966 U. S. Code Cong. & Admin. News 2293, 2296; see John B. Howard, Jr. , Note, The Trial of Pretrial Dangerousness: Preventive Detention After United States v. Salerno, 75 Va. L. Rev. 639, 643 (1989) .

⑲　John N. Mitchell, Bail Reform and the Constitutionality of Pretrial Detention, 55 Va. L. Rev. 1223, 1223 (1969) . 应当引起注意的是，当 John Mitchell 在 1973 年因被指控妨碍对 Robert Vesco 的 S. E. C. 调查而被逮捕时，他被允许了保释。See Photograph, Mitchell Denies Charges, N. Y. Times, May 22, 1973, at A1（展现的是前总检察长 John N. Mitchell 在做了无罪答辩后离开联邦法庭的场景）。

⑳　Albert W. Alschuler, Preventive Pretrial Detention and the Failure of Interest-Balancing Approaches to Due Process, 85 Mich. L. Rev. 510, 512 note 3 (1986) .

㉑　Howard, supra note 18, at 645; see Marc Miller & Martin Guggenheim, Pretrial Detention and Punishment, 75 Minn. L. Rev. 335, 340 (1990)（指出"哥伦比亚特区的审前羁押制度是第一次明确基于审前的犯罪威胁而作出的"）。

㉒　Barbara Gottlieb, Public Danger as a Factor in Pretrial Release: A Comparative Analysis of State Laws 19 (National Institute of Justice: July 1985) .

㉓　United States v. Edwards, 430 A. 2d 1321 (D. C. 1981), cert. denied, 455 U. S. 1022 (1982) .

㉔　Gottlieb, supra note 22, at 20.

㉕　U. S. Census Bureau, Statistical Abstract of the United States, at HS-23 (2003)（"Crimes and Crime Rates by Type of Offense": 1960—2002）.

㉖　See Miller & Guggenheim, supra note 21, at 397—405.

㉗　S. Rep. No. 225, 98th Cong. , 2d. Sess. , 6, reprinted in 1984 U. S. Code Cong. & Admin. News, 3182, 3188.

是会在决定是否释放被告人时考虑其危险性，而且通常会施加"过分严格的释放条件，尤其是畸高的保证金，以便羁押被告人"。问题的根源不在于法官，而在于该法案禁止了法官诚实地处理一个重要的社会问题："如果法官有权对被告人是否有危险性进行听审，有权在被告人存在危险性以至于任何有条件的释放都不具备充分理由时签发羁押令，这将有助于法院诚实有效地处理审前犯罪问题"[28]。就像一位学者曾指出的："如果要使大多数重罪被告人的审前惩罚最小化，或许有必要更加坦率地承认保释作为预防性羁押的一种手段。由于在采取预防性羁押之前必须清楚地说明理由，这将使得程序和决策过程更加重要。"[29]

顺应种种潮流，1984 年保释改革法案（Bail Reform Act of 1984）诞生了——这是 1984 年综合犯罪控制法案（Comprehensive Crime Control Act of 1984）的一部分。[30]虽然延续了 1966 年法案审前释放的一般推定，但是新法规定，如果"司法官员"（法官或治安法官）没有能找到"一项条件或多项条件组合"既能合理地确保"被告人在被要求出庭时能够出席法庭"，也能确保"任何个人和社会的安全"，司法官员"将命令对该被告人进行审前羁押"[31]。羁押命令只有经对抗式的听审之后才能发布，虽然证据规则在该听审中不适用，但被告人有权聘请律师，有权传唤证人和进行交叉询问。政府承担了证明危险性存在的责任，证明标准是"清楚且有说服力的证据"（clear and convincing evidence）[32]——而不是"排除合理怀疑的证明"（proof beyond a reasonable doubt）（审判中证明被告人有罪的证明标准），但又比"优势证据"标准要求要高，后者通常在审前的事实认定中适用，当政府要证明被告人有逃跑危险而应当羁押时会适用"优势证据"标准。但是，当我们有"合理根据相信"被告人犯了"最高刑期"十年以上的毒品犯罪，或在暴力犯罪中使用了枪支，或其他情形，如被告人因被指控犯毒品或暴力犯罪而被判处徒刑，刑满释放不满五年时，被告人还是会被假定（尽管是可以推翻的）有逃跑的风险和危险性。[33]为消除误解，法案指出："此部分的任何内容都不会被解释为修正或者限制无罪推定原则。"[34]

这一新保释法案很快便在下级法院成了众矢之的。联邦最高法院接手的涉及这一法律或其他州的预防性羁押法案的第一个案件就是萨莱诺案。

▪ 二、萨莱诺案的背景

没有人会把安东尼·萨莱诺称为"穿着讲究的黑手党首领（the Dapper

---

⑱ Id. at 11, reprinted in 1984 U. S. Code Cong. & Admin. News, at 3194.

⑲ Roy B. Flemming, Punishment Before Trial: An Organizational Perspective of Felony Bail Processes 155 (1982).

⑳ Pub. L. No. 98—473, 98 Stat. 1976 (codified as amended at 18 U. S. C. §§ 1, 3141—3151).

㉛ 18 U. S. C. § 3142 (e).

㉜ 18 U. S. C. § 3142 (f).

㉝ 18 U. S. C. § 3142 (e).

㉞ 18 U. S. C. § 3142 (j).

Don)"。一位讣闻作者后来称赞他低调的穿衣风格："不同于比他年轻的黑手党首领约翰·高蒂（John Gotti），萨莱诺代表了老式的黑帮伦理，不赞成铺张，以免引起关注。与高蒂先生价值 1 000 美元的定制西服形成鲜明对比，萨莱诺在主持会议时头戴费多拉帽，身穿 T 恤。"㉟然而，他从在东哈莱姆（East Harlem）的大本营起家，萨莱诺建立了哈莱姆最大的赌场，巩固了他在吉诺维斯家族（Genovese Family）的地位。1977 年，联邦当局声称他的赌场每年的收入至少一千万美元，因而对萨莱诺提起了赌博和偷税指控。㊱然而，在两次关于偷税指控的无效审判之后，他做了有罪答辩，接受了六个月的刑期。㊲但是事态马上变得更加严重。

1986 年 3 月 21 日，74 岁的萨莱诺被逮捕，所指控的罪名将使他受到羁押，在这之前，他在联邦法院可能还会感觉比较自在。事实上，当时他正因另一个联邦敲诈勒索指控被保释，后者同样是由纽约南部巡回区（曼哈顿区）管辖。

前一个指控在 1985 年 2 月 26 日被提起，指控萨莱诺是吉诺维斯家族的首领，是"有权解决黑手党家族（La Cosa Nostra）之间的纠纷和处理家族之间关系"的"委员会"（Commission）的成员。㊳其中的一条指控是，萨莱诺和他的共同被告人（包括甘比诺家族（Gambino Family）首领保罗·卡斯特里亚诺（Paul Gastellano），他于 1985 年 12 月 16 日在 Spark 牛排餐厅被谋杀㊴）通过控制建筑工会来控制纽约的大型建筑工程的分配，以及通过授权谋杀博纳诺家族（Bonanno Family）首领卡迈恩·加兰特（Carmine Galante）来解决家族内部的领导权争议。

这一"委员会"的刑事指控（"Commission" indictment）只是纽约市对"传统"有组织犯罪进行大规模结构性打击的一部分——所谓"传统"，是执法机关用以将五个黑手党家族及其成员区别于"新兴的"或"非传统的"非意大利血统的犯罪组织的标准，后者盛行于 20 世纪 90 年代。这次打击所使用的法律工具是反诈骗腐败组织犯罪法（Racketeer Influenced and Corrupt Organizations，"RICO" Act），该法于 1970 年生效。联邦调查局至少在 20 世纪 50 年代后期 J·埃德加·胡佛（J. Edgar Hoover）承认存在黑手党时起便对其进行了严密的追踪。㊵然而，20 世纪 80 年代初司法部的政策从循序渐进演变为大规模地打击所有黑手党家族。这一政策从 1983 年鲁道夫·W·朱利亚尼（Ruldolph W. Giuliani）担任纽约南区的联邦检察长前就开始实施

㉟　James Dao, Anthony (Fat Tony) Salerno, 80, A Top Crime Boss, Dies in Prison, N. Y. Times, July 29, 1992, at D19.

㊱　See Arnold H. Lubasch, Reputed Organized-Crime Figure Charged With Running a $ 10 Million Yearly Racket, N. Y. Times, May 4, 1977, at 29.

㊲　See Arnold H. Lubasch, Salerno, 67, Given 6 Months in Prison In Gambling Case, N. Y. Times, Apr. 20, 1978, at D20.

㊳　James B. Jacobs, Christopher Panarella & Jay Worthington, Busting the Mob: United States v. Cosa Nostra 95 (1994) (excerpting from indictment).

㊴　约翰·高蒂，作为甘比诺家族的首领成为卡斯特里亚诺的继承人，之后因其在该谋杀案中的作用而被定罪。United States v. Locascio, 6 F. 3d 924 (2d Cir. 1993).

㊵　See Tony G. Poveda, "Controversies and Issues," in Athan G. Theoharis, The FBI: A Comprehensive Reference Guide, 101, 119 – 20 (1999).

了，而朱利亚尼采取的高调做法为这一政策注入了新的能量和关注。[41]萨莱诺显然是最惹眼的目标，他在《财富》杂志1986年秋的"50名最大的黑手党首领"排名中位于榜首。

在因"委员会"指控被逮捕之后，萨莱诺被保释，保释金是二百万美元。[42]

1986年3月，在"委员会"指控开始审判的几个月前，萨莱诺再次被逮捕。这次的指控和前一次一样，指控其违反了RICO法案。"委员会"指控的焦点是横向的——黑手党家族之间的争端，而新指控的焦点是纵向的。被指控的组织是"吉诺维斯有组织犯罪家族"，所有被告都是该家族的家族成员或干事。萨莱诺再次被认为是该家族的首领，文森特·卡法罗被指控是家族"头目"（萨莱诺的副手）。新指控中的敲诈勒索行为包括委员会指控中的操纵投标的相关行为；选举和操控国际卡车司机协会（Teamsters International）的主席；各种敲诈勒索行为；非法赌彩和盗版行为。[43]其他被告人包括：马修·埃尼罗（Matthew "Matty the Horse" Ianniello），长期作为吉诺维斯家族"头目"；尼古拉斯·奥莱塔（Nicholas Auletta），他的混凝土公司得益于非法操纵投标而成为纽约最大的混凝土建筑公司；爱德华·哈洛伦（Edward "Biff" Halloran），因与黑帮合作而实际垄断了曼哈顿的混凝土供应。[44]

在对萨莱诺和卡法罗的传讯中，联邦政府承认两人都没有逃跑风险，但仍请求法院对其进行羁押，原因是没有一项保释条件或多项条件共同保证被请求人不会威胁社会或他人的安全（no bail condition or combination of bail conditions would assure the safety of the community or any person）。在几天后的羁押听审中，联邦政府没有传唤真正的证人却"提供了"（proffered）[45]根据法院的命令在不同地点进行电子监视所得的证据，包括在帕尔玛男孩（Palma Boy）社交俱乐部的电子监视，萨莱诺在纽约的大多数时间都待在这个位于东哈莱姆区的社交俱乐部（而非他位于纽约郊外莱茵贝克小镇（Rhinebeck）的寓所）。这些监视到的谈话提供的图像证明卡法罗经营赌场的暴力行为有时是在萨莱诺的监督下进行的。

然而，更有力的证据是政府出示了两名黑帮背叛者可能提供的证言，一名是詹姆斯·弗兰迪安诺（James "Jimmy the Weasel" Fratianno），另一名是安吉洛·罗纳尔多（Angelo Lonardo），他是克利夫兰家族（Cleveland Family）的前首领，该家族对纽约的吉诺维斯家族负责。弗兰迪安诺已经成为了这类黑帮指控的污点证人。[46]就像在之前的审判中那样，弗兰迪安诺准备

㊶　See Selwyn Raab, Curbing Mob Chiefs, N. Y. Times, Feb. 27, 1985, at B2; Leslie Maitland Werner, U. S. Officials Cite Key Successes in War Against Organized Crime, N. Y. Times, Nov. 27, 1985, at A1.

㊷　See Arnold H. Lubasch, U. S. Indictment Says 9 Governed New York Mafia, N. Y. Times, Feb. 27, 1985, at A1.

㊸　United States v. Salerno, 631 F. Supp. 1364 (S. D. N. Y. 1986).

㊹　Brief for the United States in United States v. Salerno, 88 - 1464 (2d Cir.), at 10 - 11.

㊺　这类举证被先前的判例认为是政府在羁押听证会上承担其举证责任的一种可接受的方式。See United States v. Martir, 782 F. 2d 1141 (2d Cir. 1986).

㊻　更多关于弗兰迪安诺作为黑帮分子和政府证人多重身份的信息，参见 Ovid Demaris, The Last Mafioso (1986). Also see Micheal J. Zuckerman, Vengeance Is Mine: Jimmy the Weasel Fratianno Tells How He Brought the Kiss of Death to the Mafia (1987).

作证：他在1976年参加了在一家商店后厅召开的会议，会上萨莱诺和其他吉诺维斯家族的成员投票决定“干掉”（hit）一名家族的高利贷放贷者——约翰·斯宾塞·尤洛（John Spencer Ullo）。地区法院后来指出“该‘协定（contract）’并没能实施，因为尤洛在加利福尼亚州得到了风声，而且他自己也有能力杀死那个杀手”㊼。

罗纳尔多的证言可能更加重要，一方面是因为它涉及的萨莱诺的谋杀计划比较新，另一方面是因为罗纳尔多和政府的合作比较晚——直到1985年8月他才开始与政府进行合作，这给了政府一个理由去解释为什么从“委员会”指控之后他们对萨莱诺的保释的态度有了改变。㊽罗纳尔多陈述了一项1980年萨莱诺直接参与的已经实施的“协定”，包括针对约翰·西莫内（John Simone“Johnny Keyes”）的谋杀计划和其他两起谋杀计划。

通过窃听萨莱诺的谈话内容，证实他有能力命令“暗杀”的进行。1985年1月的一次谈话中，一名吉诺维斯家族的高利贷放贷者询问萨莱诺是否可以杀掉一名欠债者。萨莱诺回答道：“如果你想杀了他，我们就会杀掉他。”㊾在1984年的一次窃听记录中萨莱诺宣称如果有欠债者质疑他的地位时他会说：“我是谁？我是这里的头儿。”

萨莱诺传唤了十多名证人，试图证明“他们认识萨莱诺很多年，把他当做自己朋友，不认为他会对社会造成什么危险”。他还出示了医生出具的证明，证明“他长期患有高血压，并发充血性心脏病”㊿。

在1986年4月2日的法庭意见中，小约翰·M·沃克法官（Judge John W. Walker，Jr.）总结认为，政府已经“以清楚且有说服力的证据实现了它的举证责任”。沃克法官指出法院获得的关于萨莱诺将会对社会造成危险的信息是“压倒性的”（overwhelming）。“通过‘清楚且具说服力的’证明，政府已经证明了萨莱诺是一个以敲诈勒索、放高利贷、非法赌博和谋杀为业的犯罪组织的负责人或‘头儿’……政府出示的证据显示萨莱诺可以只说出‘干掉’这个词来表示同意，便可命令实施谋杀。”(51)法院认定“充分证据显示卡法罗和其他在萨莱诺领导下的人也有办法实施暴力行为”，法院还指出“萨莱诺声称如果他被释放，他的心血管状况将会影响到他运作吉诺维斯家族的能力，这一主张是站不住脚的”。

沃克法官还审查了卡法罗在经营赌场时实施暴力行为的证据，认为：

> 像吉诺维斯家族这样的犯罪组织，即使它的主要负责人被逮捕或者基于最严格的保释条件而被释放，它的活动仍然不会停止。这些非法的业务活动已经存在多年，需要被不断地关注和管理，否则就会倒闭。在这种情况下，本法院相信负责人们有强烈的动机会一如往常地继续非法

㊼ 631 F. Supp. At 1367.

㊽ 罗纳尔多在其定罪和决定与政府合作之前向一名毒品同谋犯所作的陈述的可采性是另一个联邦最高法院案件的争点，该案在萨莱诺保释决定作出后不到一个月的时间内进行了判决。Bourjaily v. United States，483 U.S. 171 (1987).

㊾ 631 F. Supp. At 1368.

㊿ 631 F. Supp. at 1370.

(51) 631 F. Supp. at 1371.

业务活动。当这些业务活动涉及恐吓、伤害和谋杀时，这些人会对社会造成危险就不证自明了。[52]

三、大都会惩教中心

根据沃克法官的命令，萨莱诺和卡法罗被羁押于位于曼哈顿市区、毗邻联邦法院的大都会惩教中心（Metropolitan Correctional Center，MCC）。该机构虽然名叫惩教中心，事实上却是一个短期羁押场所，主要用于关押审前被羁押人。在联邦最高法院 1979 年的一起案件中，请求人认为惩教中心的羁押条件违宪，然而，对于四年前建造的惩教中心，法院则描绘了一幅温馨的画面："惩教中心同我们熟知的监狱存在显著区别；没有相互隔绝的单间牢房、没有潮湿阴暗的走廊和叮当作响的铁门。它具备了现代化羁押场所的先进性和创新性的特征。"[53]

但是它曾经是监狱。1979 年的案件中指出惩教中心的被羁押者在晚间和"清点人数"后被关押在他们的房间里；"不允许接收来自惩教中心之外的含有食物或个人财产的包裹，除了圣诞节的食物包裹"，须接受房间的突击搜查，每次与外来人员接触后都须接受可视化体腔搜查。确实，审前羁押场所比被告人被定罪后的监狱更加可怕。原因与其说是法律规则使然，不如说是不动产的铁律使然：监狱可以设置在市郊或者农村，因而有足够的空间让囚犯进行户外活动；然而看守所，至少是大城市司法管辖区对被告人审前羁押的看守所，不能离他们将要出席的法庭太远。[54]这意味着这些看守所所在的地方空间都十分珍贵。此外，任何提供休闲和教育机会的努力都不可能关注这些看守所中的短期被羁押人。

四、上诉法院

在负责该案的玛丽·约翰逊·洛法官（Judge Mary Johnson Lowe）拒绝重新审查沃克法官的羁押命令后，萨莱诺和卡法罗针对两名法官的裁定向第二巡回上诉法院提起了上诉。在上诉中，他们提出一系列法律主张，其中包括支持沃克法官作出事实认定的证据不充分的主张。他们还提出了一项宪法主张，认为根据"释放被告人将对社会或他人造成危险"的理由羁押被告人违反了正当程序条款（the due process clause）。

---

[52]　631 F. Supp. at 1375.

[53]　Bell v. Wolfish, 441 U. S. 520, 525 (1979).

[54]　当审前被羁押人被关押的看守所离法庭太远时，事实上常常如此，他们的律师在准备审判和参与答辩交易时将受到严重掣肘。See Douglas J. Klein, Note, The Pretrial Detention "Crisis": The Causes and the Cure, 52 J. Urban & Contemp. L. 281. 295 – 96 (1997).

第二巡回法院成立了由三名法官组成的合议庭，迅速地听取了该案，于1986 年 7 月 3 日作出判决。法院快速审查了被告人提出的法律主张，认为羁押命令没有违反保释改革法。但是法院认定保释改革法违反了宪法。审前羁押得用以防止逃跑风险或被告人"贿赂或威胁证人或陪审员"的风险，但不得作为管制性措施（regulatory measure）以保护整个社会免遭被告人未来犯罪所带来的危险。阿玛利亚·基尔斯（Amalia Kearse）法官认为，该法案基于这个原因授权羁押是"与实体性正当程序（substantive due process）相矛盾的，我们认为实体性正当程序禁止仅仅为了预防未来犯罪而完全剥夺人身自由"。

"实体性"程序保护这一概念很难界定，而对于这一概念的批评者如大法官安托宁·斯卡利亚（Antonin Scalia）和克拉伦斯·托马斯（Clarence Thomas）来说，它的设计很拙劣。[55] 然而，联邦最高法院一直坚持正当程序条款"包含了禁止某些专断的、不正当的政府行为的实体性方面"，而不论这些行为的程序公正与否。[56] 实体性正当程序原则的灵活性使其成为了司法权行使的强有力工具，可能服务于好的目的，也可能服务于坏的目的，而"好"与"坏"的定义又因人而异。运用实体性正当程序原则比较有名的案件包括洛克纳案（Lochner v. New York）[57]（宣布纽约州关于规定面包师最高工时的法律违宪）、罗伊案（Roe v. Wade）[58]（废除了堕胎法）和劳伦斯案（Lawrence v. Texas）[59]（废除了得克萨斯州禁止同性性行为法）。[60]

为了区分正当程序条款的实体性适用和程序性适用，基尔斯法官引用了合议庭的另一名法官乔恩·O·纽曼（Jon O. Newman）在另一个羁押案件中的意见。纽曼法官解释道：

> 对没有受到任何犯罪指控的危险人员实行超越了正当程序界限的羁押，不仅仅是因为缺少程序保障。即使法律规定只有在陪审团认定被告人存在危险性并可排除合理怀疑，并且审判过程拥有所有定罪时的程序保障措施时，才能因危险性而对被告人实行羁押，那么即便在此情况下，不论羁押期限多么短暂，该法律也不能得到维持。这样的法律在宪法上难以立足，不是因为缺乏程序性正当程序，而是因为它将完全剥夺人身自由作为预防将来犯罪的手段超出了正当程序条款的实体性界限。这种促进公众安全的手段是违背宪法的。正当程序条款要保障的刑事司法制度——事实上，权利法案中的所有与刑事司法相关的条款所要保障的——是这样一种制度，即在制定法中充分清楚地宣布哪些行为是被禁止的，然后对实施了被禁止行为的人施加法律规定的刑罚。这一制度所

---

⑤　See Troxel v. Granville, 530 U. S. 57, 80 (2000) (Thomas, J., concurring in the judgement)（指出其在重新审查"我们的实体性正当程序案件"时会裁定违背"正当程序条款的原意"）; Albright v. Oliver, 510 U. S. 266, 275 - 76 (1994) (Scalia, J., concurring); John Hart Ely, Democracy and Distrust: A Theory of Judicial Review 18 (1980)（"'实体性正当程序'概念的用词有矛盾——有点像'绿粉笔画的红色'"）.

⑤　Zinermon v. Burch, 494 U. S. 113, 125 (1990) (quoting Daniels v. Williams, 474 U. S. 327, 331 (1986)).

⑤　198 U. S. 45 (1905).

⑤　410 U. S. 113, 115 (1973).

⑤　539 U. S. 558 (2003).

⑥　See Laurence H. Tribe, Lawrence v. Texas: The "Fundamental Right" that Dare Not Speak Its Name, 117 Harv. L. Rev. 1893 (2004).

保障的自由是建立在自由的人对他们已经实施的行为负责，而非对他们可能会实施的行为负责的基础之上。正当程序条款反映了宪法的要求：用羁押来保护社会免遭犯罪侵害只能作为对被定罪的被告人的惩罚，而不能作为对那些未来可能犯罪的人的管制措施。[61]

基尔斯法官还回答了合议庭第三名成员，主审法官威尔弗雷德·范伯格（Wilfred Feinberg）提出的假设性问题，范伯格法官不同意基尔斯法官的意见。范伯格法官称"如果恐怖组织的一名成员被指控因政治原因炸毁一架客机，现在有清楚且具有说服力的证据证明如果被告人不被羁押，他将再次实施炸毁客机的行为。在我看来，这种情况下的被告人也必须被保释直到审判开始，并非是不证自明的"[62]。基尔斯法官回答道：

> 即使有犯某个严重罪行的风险……根据我们的宪法，也只能通过监视嫌疑人和快速审判来避免。而不能因为未经法庭审查的证据显示有合理根据相信犯有某罪的嫌疑人有犯他罪的风险而关押嫌疑人。当机密信息显示尚未被指控的嫌疑人有此风险，而机密信息不能公开用于指控时，监视毫无疑问会是政府的选择。在大陪审团同意指控的情况下这也同样有效，甚至假设尽管有足够证据证明有此危险的被告人会逃跑，但是被告人也不会被羁押，这种假设成立的可能性不大。[63]

在主审法官范伯格的反对意见中，他回顾了一些正当程序的先例，并且将重点放在保释改革法的程序性保护上。他总结认为"根据保释改革法羁押被指控的被告人，羁押的期限是短期的，羁押的根据是有清楚且具有说服力的证据证明，除非关押被告人，否则无法防止其被释放后继续犯罪，这不仅不违反有秩序的自由（ordered liberty）这一概念的要求，而且不违反正当程序条款"[64]。范伯格法官已经认定该法案表面上并不违宪，他也认定了萨莱诺和卡法罗的"三个多月"的羁押期在这种情形下还未"构成惩罚"[65]。

7月末，联邦政府请求最高法院对第二巡回法院的判决进行审查。1986年11月3日，联邦最高法院同意审查该案，原因是不同巡回区之间产生了冲突。就像联邦最高法院后来所指出的，"其他上诉法院在考虑1984年保释改革法的法律效力时都驳回了对表面合宪性的质疑"[66]。

与此同时，对于萨莱诺以及其他共同被告人的"委员会"指控于1986年9月8日开始审理。1986年11月19日该案审理终结，陪审团裁决所有罪名和所有敲诈勒索行为均成立。1987年1月13日，也就是联邦最高法院听取关于萨莱诺和卡法罗的羁押的口头辩论前不到两个星期，地区法官理查德·欧文（Richard Owen）判处了萨莱诺100年监禁。然而，欧文法官尽力不让萨莱诺的审前羁押问题变得毫无意义。被告人被定罪后，保释法案将举

---

[61]　794 F. 2d at 72 (quoting United States v. Melendez-Carrion, 790 F. 2d 984, 1001 (2d Cir. 1986) (emphasis added in Salerno)).

[62]　794 F. 2d at 77.

[63]　794 F. 2d at 74.

[64]　794 F. 2d at 77 – 78.

[65]　794 F. 2d. at 79.

[66]　481 U. S. at 741 (citing cases).

证责任转移给了被告人，只有在法院认定"有清楚且具有说服力的证据证明被告人如果被释放不会逃跑或者对任何人和社会带来危险"时才允许在等待上诉时保释被告人。尽管如此，欧文法官还是裁定，"由于被告人萨莱诺在本案中未被羁押，但现在因为吉诺维斯家族案正在被羁押"，所以萨莱诺的羁押状态在本案中将"继续维持……直到联邦最高法院的进一步指令"[67]。

虽然萨莱诺在等待最高法院对其羁押命令进行口头辩论时，其羁押状态因此而不能改变，但卡法罗的羁押状态却显然改变了。1986 年 10 月 9 日，洛法官命令释放卡法罗"暂时接受医疗救治"[68]。保释的条件是本人具结保证金（personal recognizance bond）100 万美元，并且经过政府同意。[69] 为什么政府对卡法罗的健康变得关切起来，这一问题在当时并不十分清楚。毕竟，萨莱诺出示的健康状况证言，只换来沃克法官对 MCC 看守人员的一个指示，即"允许萨莱诺接收常规药物以及……每天使用两次训练自行车"[70]。之后，在联邦最高法院于 1987 年 3 月 20 日听取了关于保释问题的口头辩论后，释放卡法罗的真正原因才浮出水面。那天，联邦检察官朱利亚尼（Giuliani）宣布从去年秋天开始卡法罗已经开始和政府合作，并且参与了一起被政府掌控的交易，从朱利亚尼认为是"黑手党的主要贩毒者"的拉尔夫·图蒂诺（Ralph "the General" Tutino）处以 42 万美元购买了 4 磅高纯度海洛因。[71] 为了奖励卡法罗的合作，政府同意与卡法罗达成辩诉交易，只对其一项敲诈勒索罪名提出指控，并且撤销对卡法罗的儿子托马斯的所有指控。[72]

政府会利用审前羁押向被告人施压并迫使其合作的风险确实存在，大法官马歇尔在他的反对意见中也强调了这一点。但推断本案就是这样的情况并不公平，推断立即释放的诱惑是卡法罗违反黑手党的保密和忠诚誓言的主要原因也不公平。而他的儿子托马斯可以免受刑事追究可能是很重要的原因。我们不应轻率地猜测卡法罗是如何盘算的，尤其是涉及托马斯的事情。根据近期的报道，甚至在与政府合作之后，卡法罗还是拒绝将信息交给联邦调查局，因为这是他与吉诺维斯家族交易的一部分，借以保护托马斯免遭报复。[73]

1987 年 4 月 6 日，对萨莱诺和其他十名共同被告人的审判开始，政府请求法院对文森特·卡法罗和托马斯·卡法罗另案处理。审判持续了 13 个月，于 1988 年 5 月 4 日终结。[74]

■ 五、联邦最高法院

当萨莱诺向联邦最高法院提出其对羁押的合宪性进行质疑时，案件本身

[67] Salerno, 481 U. S. 756 note 1 (Marshall, J., dissenting).

[68] 481 U. S. at 757.

[69] Id. at 757—58.

[70] 631 F. Supp. at 1374.

[71] Arnold H. Lubasch, Major Mafia Leader Turns Informer, Secretly Recording Meeting of Mob, N. Y. Times, Mar. 21, 1987, at 31; see United States v. Tutino, 883 F. 2d 1125 (2d Cir. 1989).

[72] United States v. Cafaro, WL 138180 (S. D. N. Y. 1988).

[73] See Jerry Capeci, Gangland, Feb. 6, 2003, available at http://ganglandnews.com/column316.htm.

[74] United States v. Salerno, 937 F. 2d 797 (2d Cir. 1991).

的事实已经失去了任何法律的重要性。他对保释改革法案提出其表面违宪的主张（facial challenge）*，这一质疑使得他的律师（卡法罗没有聘请律师，这点可以理解）和最高法院不用去揭示纽约黑社会的残酷现实。然而，随之而来的是沉重的法律责任，萨莱诺需要"证明不存在任何一个法案有效的情形"[75]。确实，正如首席大法官伦奎斯特在他 1987 年 5 月 26 日发表的法庭意见的首部所提到的："在某些可想到的情形下适用该法案违宪并不足以认定法案整体违宪"，因为只有在有限的第一修正案的语境下，某个法案可以因涵盖过广而受到合宪性质疑——在此语境下，被告人可以主张其言论自由仅仅因为某个法案涵盖过广而受到了威胁。[76] 换言之，如果法官能想象出一种情形，在这种情形下基于危险性考虑对被告人进行审前羁押是不违宪的，那么萨莱诺的主张就不能成立。

有一个不断被提及的事实问题是伦奎斯特大法官必须解决的：反对意见主张这个案件已经没有意义了，因为萨莱诺在"委员会"指控中被判处 100 年监禁，卡法罗由于与政府合作而被释放。伦奎斯特大法官在一个注脚中处理了这个问题：萨莱诺已经在"委员会"案中被保释，本案的羁押令是萨莱诺被关押的依据。"因此本案依然成立，提交最高法院审查也是恰当的。"[77]

伦奎斯特接着开始审查萨莱诺提出违宪主张的法律依据，首先是他提出的实体性正当程序主张。该主张的核心是萨莱诺的审前羁押构成了"刑罚"，而施加刑罚唯一合宪的方式是经过了充分的（full-blown）刑事审判。最高法院对这一门槛式问题的态度意味着它承认了将州政府对被告人的不利待遇定义为"惩罚"而产生的大量学说。政府在被告人面临审判前便"惩罚"被告人——在享有诸如陪审团审判、无罪推定和排除合理怀疑的证明等诉讼权利带来的利益之前——这对于被告人是十分不利的。对还未实施的将来可能发生的犯罪进行惩罚是不可接受的，即使是那些不支持实体性正当程序主张的大法官们也无法接受这一做法。[78]

但是，仅仅是萨莱诺失去自由这个事实并不意味着他受到了"惩罚"。最高法院的观点是，萨莱诺仅仅是一项管制性措施的对象。为了区分是惩罚还是管制，最高法院的根据不仅在于保释改革法案的立法过程显示国会有防止危害社会的"管制性"目的。最高法院还审查了为了达成其非惩罚性目

---

　　* 表面违宪的主张（facial challenge）是主张某个法案在任何情形下都是违宪的。美国法院在宣告法律违宪时有两种方式：一种是表面上违宪；另一种是适用上违宪（as applied）。前者是指仅从字面上审查该法，即可认定其违宪而全部无效，无须审酌该法具体适用情形（invalid on its surface）；后者是指该法适用于某些情形时违宪。对应于质疑法律合宪性的当事人，其可提出表面上违宪的主张或适用上违宪的主张。——译者注

　　[75] 481 U. S. at 745.

　　[76] Id.；see also Schall v. Martin, 467 U. S. 253 note 18 (1984)；New York v. Ferber, 458 U. S. 747 (1982). 这一领域的这个原则有些不清楚。See Michael C. Dorf, Facial Challenges to State and Federal Statutes, 46 Stan. L. Rev. 235 (1994). 但是最近最高法院指出："我们已经承认了在相对较少的情形下的涵盖过广的表面上违宪主张的有效性，而且一般来说这种主张的理由须足够充分以打破我们有充分根据的沉默。"Sabri v. United States, 541 U. S. 600, 609—610 (2004).

　　[77] 481 U. S. at 744 note 2.

　　[78] In Chavez v. Martinez, 538 U. S. 760, 775 (2003)，大法官托马斯指出，尽管最高法院常常表示"不愿扩大实体性正当程序原则"，但它也清楚地表明正当程序条款"保护某些'基本自由权益'免遭政府剥夺而不论所遵循的程序公正与否，除非政府的剥夺行为被严格限制以维护州政府的重大利益"。

的，这一措施对被告人所施加的限制是否"过多"。法院的答案是否定的。伦奎斯特指出，该法案"严格地限制了羁押适用的情形，即只适用于最严重的犯罪……被逮捕者有权获得及时的羁押听证，而且审前羁押的最高期限受到快速审判法案（Speedy Trial Act）的严格限制"。此外，被羁押者必须被关押"在'尽可能与等待判刑或服刑或等待上诉的被羁押者相分离的羁押场所'"[79]。

现在，伦奎斯特必须审查第二巡回法院的判决理由，它并没有将基于危险性的审前羁押界定为"惩罚"，而是裁定管制性的剥夺自由"不符合宪法"。但是他没有在这个问题上停留多久，因为他认为下级法院误读了宪法性指示："我们一再裁定在某些适当情形下政府通过管制所保护的公共安全利益高于个人的自由利益。"[80]"例如"，伦奎斯特接着说，"在战争或者动乱时期，当社会利益处于顶峰时，政府可以羁押那些它认为有危险性的个人。"[81]伦奎斯特接着指出"即使在战争之外，如果政府的利益足够重大，也可以成为对危险人员进行羁押的正当化理由"，他还引用了一些涉及"可能对社会造成危害的精神不稳定的个人"、"没有能力接受法庭审判的危险人员"、"会对社会造成持续危害的未成年人"的案件。他总结道：

> 由于政府在特殊情形下可以在审判和定罪时或者在那之前限制公民人身自由的权力由来已久，我们认为，对于本案确立的、基于人身危险性实行审前羁押的法律，必须根据与其他案件完全相同的方式进行审查。[82]

最高法院接着开始用通常采用的方法对本案进行权衡。一方面，法院首先审查"政府因防止被逮捕者犯罪而获得的利益"，法院认定这种利益是"合理且重大的"。这种利益并不是一般性的公共安全。国会所做的是"将焦点仅仅放在某一个尖锐的问题上，在这个问题上政府有着重大利益"。该法案只选择了那些"因某种极其严重的特定类型的犯罪被逮捕"的被告人。政府不仅需要首先证明有合理根据认为被告人实施了被指控的犯罪，然后"在程序设计完备的对抗式听证程序中，政府还须用清楚且具有说服力的证据说服中立的裁判者，不存在能合理地保证社会或任何个人安全的释放条件"。最高法院得出结论："在这些严格的条件下，将防止将来犯罪所带来的社会利益最大化了。"[83]

"当然，在天平另一端的重大利益"，伦奎斯特承认，"是公民的人身自由。"但是当"政府的利益足够重大时——就像本案中，国会'在立法中严格界定了允许羁押的情形'——个人的权利可以'让步于更重要的社会需求'。"[84]

---

[79] 481 U. S. at 747 – 48 (quoting 18 U. S. C. §3142（i）（2）).

[80] 481 U. S. at 748.

[81] Id.（citing Ludecke v. Watkins, 335 U. S. 160 (1948)（维持了对一名纳粹党员施加的羁押和驱逐出境措施——尽管他已经于1933年与纳粹党的领导层脱离了关系——他在第二次世界大战期间根据外侨敌人法被关押)).

[82] 481 U. S. at 749.

[83] Id. at 750.

[84] Id. at 750 – 51.

伦奎斯特法官接着处理萨莱诺的另一个主张，即保释改革法案违反了过多的保释金条款（excessive bail clause）。萨莱诺根据一个案件中关于"过多"的含义的表述⑤，主张在决定保释时唯一合乎宪法的考量是逃跑风险。最高法院不同意这个表述，认为这只是"宣言"而已，并且得出结论："保释条款字面上并没有规定政府的考量仅限于逃跑风险。保释条款唯一可以争论的实体性限制是，与释放被告人有可能造成的危害相比，政府提出的保释条件是否'过多'。"⑥

六、反对意见

大法官马歇尔的反对意见，包括大法官威廉和大法官布伦南的参与意见，一开头就带着明显的愤怒语气：

本案请求联邦最高法院审查的法案是本院首次遇到的类型。该法规定，如果政府说服陪审团，被告人在将来的任何时候可能会犯与本案指控无关的其他罪行，那么还未被定罪的被告人可能会受到不确定期限的羁押，直到对其所受指控的罪的审判开始，而此指控在法律上是被推定为不成立的。这类制定法相当于暴政统治、相当于惨痛经历让我们认识到的所谓警察国家，而这一切长久以来被认为是与我们宪法所保护的基本人权所不相容的。今天，法庭的大多数意见却不这么认为。它的判决无视几个世纪前创立的正义的基本原则，而这些基本原则已载入人权法案，不容政府有丝毫侵犯。⑦

马歇尔大法官接着斥责法庭没有考虑下列事实，即萨莱诺在另一个案件中已经被判处"一个世纪的监禁刑"，卡法罗因为与政府合作而已经被释放。"只有直截了当地忽略这些事实，法庭多数意见才能维持这一假象"，即按照宪法第三条的要求，当事人之间确实存在争议。⑧

关于法律根据，马歇尔大法官指责法庭多数意见中将萨莱诺的违宪主张分成正当程序主张和过多保释金主张，他认为这是"毫无意义的形式主义"（sterile formalism）。确实，马歇尔对伦奎斯特的法庭意见中的这两个方面都进行了批判。马歇尔抱怨道，多数意见对实体性正当程序的"狭义"分析给了立法者过多的自由，即使用羁押来达到防止被告人危害社会的"管制性"目的。而在对保释金条款的分析中，法庭多数意见不承认国会通过拒绝保释所要保护的利益种类也是有限制的。因为保释改革法案授权的基于危险性的羁押，"与政府对于有合理根据支持的指控进行审判的权力无关"，"它所保护的利益并不包括在权衡第八修正案的过多保释金条款时所考虑的利益的范

---

⑤ Stack v. Boyle，342 U. S. 1 (1951).

⑥ 481 U. S. at 754.

⑦ Id. at 755 – 756.

⑧ Id. at 716.

围内"[89]。然而，最令马歇尔担忧的是，基于危险性考虑的审前羁押违反了无罪推定原则。他指出，仅仅是一项指控本身"就成了证据，要么用来证明被告人犯有被指控的罪，要么用来证明如果对被告人听之任之，他将犯其他罪行"[90]。

大法官约翰·保罗·史蒂文斯不同意马歇尔大法官的法庭意见。无法忽略主审法官范伯格炸毁客机案的假设——即使在 1987 年，这类案件也不纯粹是假设，在今天当然已经不再是主观假设了[91]——他承认"当确定某人将在不久的将来会杀害一群无辜者时，政府没有权力羁押此人，这个观点的确很难接受"。在他的反对意见中，史蒂文斯同意马歇尔的意见，"根据无罪推定原则和第八修正案的过多保释金条款，提出指控这一事实不能用于形成一个特殊群体，该群体中的成员们只因这一事实就能够基于将来的危险性而被羁押"。但是，史蒂文斯建议："如果证明危险即将发生的证据足够充分以至于有必要实行紧急羁押，这种情况下的预防性措施应当得到支持，而不论当事人是否因另一罪行被指控、被定罪或被无罪释放。"[92]而马歇尔几乎不会走这一步。

七、针对本案判决的批评

伦奎斯特在萨莱诺案中面临的主要智力挑战是，他需要解释为什么判决认定保释改革法案中的审前羁押作为管制措施是可取的，却不允许立法机关自由地用管制措施的理由来解释其限制甚或剥夺嫌疑人的人身自由是正当的。首席大法官伦奎斯特在面临这一挑战时最多只能算普通水平。就像伦奎斯特自己承认的那样，依赖立法意图来区分审前羁押是管制还是惩罚，这个方法有其自身局限性。因为法院可能无法"获知立法机关的真正意图"[93]。即使能够获知立法意图，"把立法意图作为决定性因素将'鼓励伪善（hypocrisy）和无意识的自我欺骗（unconscious self-deception）'。"[94]尤其是在本案中羁押管制对象的场所与用于惩罚罪犯的监狱颇为相像，因此，伦奎斯特法院判决意见的说服力取决于它在多大程度上能够表明该法案已经作了适当的安排，以期达到其表面上有限的管制目的。

然而，国会事实上对审前羁押的适用做了很宽泛的规定。所有被指控犯

---

[89]　Id. at 765.

[90]　Id. at 764.

[91]　See United States v. Yousef，327 F. 3d 56（2d Cir. 2003）（维持了 1995 年在东南亚试图炸毁 12 家美国商用客机的密谋的定罪）.

[92]　481 U. S. at 768 - 69.

[93]　Note，Prevention Versus Punishment：Toward a Principled Distinction in the Restraint of Released Sex Offenders，109 Harv. L. Rev. 1711，1720（1996）；see Maria Foscarinis，Note，Toward a Constitutional Definition of Punishment，80 Colum. L. Rev. 1667，1672（1980）.

[94]　Note，supra note 93，Harv. L. Rev.，at 1720（quoting Herbert L. Packer，The Limits of the Criminal Sanction 33（1968））.

有最高刑期大于十年的毒品犯罪的被告人都被推定具有危险性，可是很难找到一项联邦的毒品犯罪指控的刑期是小于十年的。街头毒贩如果贩卖一玻璃纸的海洛因或者一小玻璃瓶的可卡因，就将面临二十年的最高刑期。[95]这些案件往往不会在联邦法院提起指控，但它们还是会常常出现在联邦法院。[96]不可否认，法院将危险性推定条款解读为它仅仅对被告人施加了"提出证据的责任"（the burden of production）。"说服责任"（the burden of persuasion）仍然在政府。然而"当被告人没有提出任何证据时，推定条款的本身就可以得出结论，即不存在可以合理地保证被告人出席法庭和保证社会安全的释放条件"[97]。这一独创的责任转移本身是否有意义并不是重点，重点仅在于国会在决定需要对哪些重罪被告人实行预防性羁押时并未尽心。

至于快速审判法案（Speedy Trial Act）规定的防止长期审前羁押的保障措施，伦奎斯特也表现得有点过于仁慈。快速审判法案——要求如果被告人被羁押，控方必须于逮捕之日起的 10 日内提出指控，法院必须于提出指控之日起的 70 日内进行审判——确实起到了迫使法院加速诉讼进程的作用。[98]但法案规定的期限可以因很多原因而中断，包括对被告人提出的动议进行审查和决定。被告人不愿意为了快速审判而牺牲这些法律救济途径，这导致了他们被长时间的监禁。尽管最高法院没有禁止被告人提出长期审前羁押的违宪主张，但这类主张从未得到过支持。在一个案件中，第七巡回区法院裁定持续两年的审前羁押不违反正当程序原则，并且"建议如果没有政府可责性的证据，羁押期限本身不构成对正当程序的违反"[99]。在另一个案件中，第二巡回法院批准了对一名毒品犯罪的首要分子的基于逃跑风险和危险性的30 个月的审前羁押，并且指出"宪法对基于危险性的审前羁押期限的限制可能比基于逃跑风险的羁押期限的限制更宽松。在前种情形下，释放会威胁到他人的安全，在后种情形下，释放只存在无法对被告人定罪的风险。"[100]

首席大法官在设想将审前羁押者与定罪后服刑者分别关押的羁押方案时也显得过于仁慈。这一方案确实是政府的目标，但相关的规定要求这一方案"在可行的程度上"达成就可以。然而，联邦监狱管理局规则近期指出："何为可行要依各个机构的设计、结构和操作过程而定。如果将审前羁押者分离关押尚不可行，羁押机构可以根据矫正良好的判决（sound correctional judgement）允许那些不会对羁押机构的安全和有序运作造成威胁的审前羁押者与定罪后的服刑者有经常性的接触。"[101]

---

[95]　See 21 U. S. C. § 841 (b) (1) (C).

[96]　指控萨莱诺案的联邦检察官办公室常常将这些街头贩卖毒品的行为作为"联邦日"项目的一部分加以指控。See Jo Thomas, Odds Heavily Favor Leniency for Drug Dealing in the City, N. Y. Times, June 30, 1986, at A1; United States v. Agilar, 779 F. 2d 123, 125 (2d Cir. 1985) (指控"普通的州毒品犯罪已经转变为联邦犯罪").

[97]　Federal Judicial Center, The Bail Reform Act of 1984 19—20 (2d ed. 1993) (citing cases).

[98]　Speedy Trial Act, 18 U. S. C. § § 3161—3174.

[99]　Federal Judicial Center, The Bail Reform Act of 1984 (2d ed., 1993) (discussing United States v. Infelise, 934 F. 2d 103 (7th Cir. 1991)).

[100]　United States v. Millan, 4 F. 3d 1038, 1048 (2d Cir. 1993) (quoting United States v. Orena, 986 F. 2d 628, 631 (2d Cir. 1993)).

[101]　Federal Bureau of Prisons, U. S. Dep't of Justice, Program Statement: Pretrial Inmates, PS 7331. 04 (Jan. 31, 2003).

总之，法庭的多数意见并不是很有把握，州政府预防将来犯罪的重大利益有一天不会作为"对最后被无罪释放或甚至是未被指控的被告人实行不定期的（indefinite）审前羁押"的正当化理由。[102]

另外，为什么社会没有能力管制那些被证明会对社会成员造成危险的犯罪嫌疑人，马歇尔对这个问题的处理也差强人意。被指控犯罪者必须被"推定为无罪"，并且在审判中，这一推定只有通过排除合理怀疑的证明才能被推翻。但即使是马歇尔也不认为遵循无罪推定原则，与在判断被告人是否会有逃跑或威胁证人的风险从而是否应当被保释时考量不利于被告人的证据分量和前科存在任何矛盾。如果在此处可以考虑被告人可能犯了罪，为什么不能在判断被指控者是否不仅对证人还会对其他社会公众造成威胁时也考虑这个因素。想要预测这种对公众造成的危害是困难的[103]，然而如果证明了嫌疑人将会造成这种危害，政府还需要释放羁押中的嫌疑人吗？对于这一直截了当的问题，马歇尔给了同样直截了当的回答，即"不需要"，而他必须接受主审法官范伯格在飞机轰炸案中把将要发生的飞机轰炸作为自由的代价。

史蒂文斯不能接受飞机轰炸的结果，因此他必须将本案区别于轰炸客机案。但当他接受预防性羁押的一般观点后，他对保释法案的评价是其规定的审前羁押的适用范围不是过于宽泛，而是过于狭窄了。这是一个很好的非常规的论点[104]，虽然对于那些认为政府在立法中扩大审前羁押的范围是合理的人来说，这个论点并不令人十分满意，但可以将焦点合理地放在如果嫌疑人被释放将危及他人的风险上。

然而，公平地说，涉及实体上的正当程序的案件往往在划定界线和利益衡量上存在争议，甚至存在部分偏见（semi-arbitrary）。仅仅因为政府的某个措施对于相对人来说感觉像惩罚，并不必然意味着相对人可以享有刑事被告人享有的所有保障权利。否则，就会发生这样的例子：政府在对传染病感染者进行隔离前必须举证证明以排除合理怀疑；或者在民事诉讼中羁押具有危险性的精神病患者时也须证明以达到排除合理怀疑的证明标准。一个旨在增进公共利益的立法意图一定是有价值的。另外，就像米勒和古根汉姆所指出的，如果"立法意图是决定是否惩罚的唯一因素，立法机关可能会回避规定那些明显是用来保护个人免受政府权力侵害的权利……以此掩盖惩罚的真正目的"[105]。判断某项措施是"管制"还是"惩罚"的结论将产生重大的宪法效果。然而，根据立法机关的一面之词（ipse dixit）或复杂的调查——对此，理性人可以得出不同的结论——我们尚缺乏作出这一判断的理论工具。[106]

[102]　Stephen J. Schulhofer, Two Systems of Social Protection: Comments on the Civil-Criminal Distinction, with Particular Reference to Sexually Violent Predator Laws, 7 J. Contemp. L. Issue 69, 86 (1996).

[103]　See John Monahan, Prediction of Crime and Recidivism, in 3 Encyclopedia of Crime & Justice 1125 (2d ed. 2002); John Monahan et al., Rethinking Risk Assessment: The MacArthur Study of Mental Disorder and Violence (2001).

[104]　See also Tribe, supra note 60, at 405 ("如果两个人实施暴力犯罪的可能性相同，但对其中一个因过去犯罪而将面临审判的人进行羁押，而不限制另外一个没有面临审判的人的自由，这样的处理是存在偏见的").

[105]　Miller & Guggenheim, supra note 21, at 367.

[106]　See id. at 370 - 73; Carol Steiker, Punishment and Procedure: Punishment Theory and the Criminal—Civil Procedure Divide, 85 Geo. L. J. 775 (1997).

一些人尝试了不同的路径，他们认为将危险性作为羁押理由只限于刑事司法制度无力惩罚的情形，如隔离传染病患者（此种情形不具有惩罚的正当化理由）和羁押具有危险性的精神病患者，这种情形下当事人没有刑事可责性。[107] 这是完全可以被接受的观点。但当有可责性的当事人对社会造成危害后，民事羁押制度与刑事羁押制度的差异就显现出来了。[108]如果当事人的精神状况正常可以参加审判，刑事诉讼是否如此绝对以至于政府必须等到犯罪（严重的）发生后才允许羁押当事人？如果允许政府不经过程序设计完备的刑事审判过程而羁押具有危险性且有可责性的被告人，那么立法者将面临整个刑事诉讼制度被规避的风险。而如果直截了当地否定政府在任何情形下都不得行使这一权力，那么又将面临牺牲无辜者以换取法律形式主义的风险。

我们将简要论述这些待解决的问题在后来的判例法中是如何发展的。

■ 八、后续发展

我们将探讨萨莱诺案的三个方面的后续问题：萨莱诺和卡法罗；保释法案；最高法院用于维持保释法案的原则。

（一）萨莱诺和卡法罗

1988 年 5 月，萨莱诺和其他共同被告人（除了卡法罗之外）的审判终结，萨莱诺被判决犯有 RICO 法案的实体性和共谋罪名及其他许多罪名，包括邮件诈骗（与前文提到的结构建筑业的操纵投标行为相关）、敲诈勒索和经营非法博彩事业。其他参加审判的被告人也都因各种罪名被定罪。但是萨莱诺没有因联邦政府在保释听证中主张的两起谋杀案被定罪。陪审团认定"敲诈勒索行为"中主张萨莱诺参与谋杀约翰·西莫内无法证明。此外，政府已经同意撤销对敲诈勒索行为的指控，该指控包括谋杀约翰·斯宾塞·尤洛，因为"唯一的证人无法在法庭上辨认出萨莱诺"[109]。

1988 年 10 月，法官判处萨莱诺总共 70 年的有期徒刑，在欧文法官之前在委员会案中判处的 100 年有期徒刑之后执行。可能由于这多余的 70 年对于萨莱诺来说无关紧要，所以这也降低了他对定罪提出质疑的积极性，然而对于其他共同被告人而言，这项裁判则具有更重大的利害关系，因此他们代表萨莱诺提出了上诉。这一上诉过程十分漫长。1991 年 6 月，第二巡回区法

[107]　See Paul H. Robinson, Punishing Dangerousness: Cloaking Preventive Detention as Criminal Justice, 114 Harv. L. Rev. 1429 (2001).

[108]　See Stephen J. Morse, Uncontrollable Urges and Irrational People, 88 Va. L. Rev. 1025, 1025 - 26 (2002); see also Stephen J. Morse, Preventive Confinement of Dangerous Offenders, 32 J. L. Med. & Ethics 56 (2004); Stephen J. Morse, An Essay on Preventive Detention, 76 B. U. L. Rev. 113 (1996).

[109]　Brief for the United States, U. S. v. Salerno, 88 - 1464, at 38.

院的合议庭驳回了所有罪名，认定初审法院犯了一个可驳回罪名的错误，即拒绝被告人出示某些在大陪审团面前作证时的辩解其无罪的证据（exculpatory grand jury testimony）。合议庭总结道，这一错误造成的"外溢的污点"（spillover taint）"破坏了我们对所有有罪裁定的准确性的信赖"[⑩]。联邦政府随后将案件提交联邦最高法院审查，最高法院撤销了合议庭的法庭意见，将案件发回重审。[⑪]然而合议庭再次驳回了定罪。[⑫]因此联邦政府请求巡回区法院对全体合议庭成员进行审查（en banc review），巡回区同意该请求并于1993 年解散了该合议庭。[⑬]然而，此时萨莱诺已经不在人世，他于 1992 年 7月 27 日在密苏里州春田市的联邦囚犯医疗中心（Medical Center for Federal Prisoners）逝世，享年 80 岁。[⑭]

萨莱诺死后，他依然在联邦的黑社会犯罪审判中起着作用。但他的作用发生了改变。1997 年，当文森特·吉甘特（Vincent Gigante）在联邦法院接受针对其敲诈勒索和谋杀罪的审判时，联邦政府主张，在 20 世纪 80 年代初的某个时候，远早于萨莱诺的被逮捕，吉甘特已经取得了吉诺维斯家族首领的权杖。尽管萨莱诺表面上是众人眼中的家族首领，但事实上，整天穿着浴袍游荡在格林尼治村的吉甘特握有实权。[⑮]

至于卡法罗，在其首次决定与政府合作后，其合作时断时续。就在一起由他帮助政府的黑社会海洛因贩卖者的审判开始之前，他宣布不再与政府合作。当传唤其作为证人出席法庭时，卡法罗主张他享有第五修正案的特权。但几个月之后，他作为证人在参议院常设调查小组委员会（Senate Permanent Subcommittee on Investigations）出现，但并没有与控方达成新的协议。[⑯]最后，卡法罗和政府达成一项新的临时协定，他继续在一些重大有组织犯罪的审判中扮演重要角色。此后他便参与了证人保护计划（Witness Protection Program）而不知去向。[⑰]他的儿子托马斯在监狱短期服刑（由于文森特违反了合作协议）后被释放，2003 年由于在另一起吉诺维斯家族的敲诈勒索案件中与共同被告人文森特·吉甘特一起认罪，又回到监狱服刑。[⑱]

[⑩] 937 F. 2d 797 (2d Cir. 1991).

[⑪] 505 U. S. 317 (1992).

[⑫] 974 F. 2d 231 (2d Cir. 1992).

[⑬] United States v. DiNapoli, 8 F. 3d 909 (2d Cir. 1993) (en banc).

[⑭] James Dao, Anthony (Fat Tony) Salerno, 80, A Top Crime Boss, Dies in Prison, N. Y. Times, July 29, 1992, at D19.

[⑮] See Joseph P. Fried, Gigante Lawyers Say U. S. Saw Another as Genovese Boss, N. Y. Times, July 9, 1997, at B3; Patricia Hurtado, FBI Agent Asked: Who Is Real Don?; Gigante, Salerno Both Cited, Newsday, July 9, 1997, at A4.

[⑯] United States v. Tutino, 883 F. 2d at 1139.

[⑰] Jerry Capeci, supra note 73.

[⑱] Anthony M. DeStefano, Taking One on the "Chin"; Gigante: I Faked Mental Woes, Newsday (New York), Apr. 8, 2003, at A26.

（二）保释法案的发展

联邦最高法院的判决和判决中维持的保释法案受到了许多学者[19]和社论作家[120]的严厉批判。然而，就像劳里·利文森（Laurie Levenson）近期指出的："态度已经发生改变。萨莱诺案之后，公众和法院都不出所料地进入了一个新时期，在这一时期我们更能接受预防性羁押。"[121]

政府的一项研究显示被羁押的联邦被告人的比率从 1984 年保释改革法案通过前的 26％立即上升到 31％。[122] 1996 年，即萨莱诺被羁押十年后，在 56 982 名受到联邦法院指控的被告人中，有 19 254 名被告人被指令实行预防性羁押（34％）。在这些被告人当中，对 42.3％的被告人的羁押令状的理由是"有逃跑风险"。10％的被告人的羁押理由是会危及社会，而 47.0％的被告人的羁押理由包括逃跑风险和危险性两个理由。[123]虽然没能找到 2002 年的羁押理由的统计分析数据，然而这一年发出的羁押令状达到了 40％，而平均羁押期间达 110.9 天。[124]

到 1988 年止，19 个州已经通过或正待通过允许预防性羁押的法案。[125]到 2005 年止，32 个州将公共利益保护或危害社会明确地作为审前释放的一个考量因素。[126]然而，由于联邦法院经常以危险性为理由羁押被告人，这也成了在联邦司法管辖区审判暴力犯罪案件的一个吸引点，联邦执法人员则因此将那些通常应在州法院指控的案件拿到了联邦法院。[127]

预防性羁押真能保证社会更安全吗？凭直觉或者凭感性认识所作的回答是各异的。被告人亲自侵害他人的能力当然会因羁押而受到限制。但像萨莱诺那种有能力命令他人替自己办事的被羁押者，仍然可以策划犯罪。1987年 6 月，就在萨莱诺案审判期间，也就在关押萨莱诺的羁押场所，另一名被羁押的被告人利用他的探望和打电话的特权妨碍证人作证，破坏了司法制度

---

[19] See Laurie L. Levenson, Detention, Material Witnessed & the War on Terrorism, 35 Loyola of L. A. L. Rev. 1217, 1218 note 4（2002）（citing critical commentaries）；Paul H. Robinson, Punishing Dangerousness: Cloaking Preventive Detention as Criminal Justice, 114 Harv. L. Rev. 1429, 1445（2001）.

[120] Id. at 1218-19（citing editorial criticism in newspapers including New York Times, Chicago Tribune, Los Angeles Times）.

[121] Id. at 1219.

[122] General Accounting Office, Criminal Bail: How Bail Reform is Working in Selected District Courts 18（1987）.

[123] John Scalia, Bureau of Justice Statistics Special Report: Federal Pretrial Release and Detention, 1996, at 4, tbl. 3（Feb. 1999）（NCJ 168635）. 剩余 0.6％的羁押的理由是会危及证人或陪审员。

[124] Bureau of Justice Statistics, U. S. Dep't of Justice, Compendium of Federal Justice Statistics, 2002, tbls. 3.7 & 3.11 at 47, 50（2004）.

[125] Michael W. Youtt, Note, The Effect of Salerno v. United States on the Use of State Preventive Detention Legislation: A New Definition of Due Process, 22 Ga. L. Rev. 805, 805 not 3（1988）.

[126] See Joseph L. Lester, Presumed Innocent, Feared Dangerous: The Eighth Amendment's Right to Bail, 32 N. Ky. L. Rev. , 1, 55-65（2005）.

[127] See Daniel C. Richman, "Project Exile" and the Allocation of Federal Law Enforcement Authority, 43 Ariz. L. Rev. 369, 379（2001）；Malcolm Russell-Einhorn. Shawn Ward & Amy Sheerman, Federal-Local Law Enforcement Collaboration in Investigating and Prosecuting Urban Crime, 1982-1999: Drugs, Weapons, and Gangs, 28（2000）（Abt Associates report prepared for National Institute of Justice）.

的正义。⑫另外，这个案件也可以作为一个很好的例子来说明羁押能在多大程度上使得政府能够监视被羁押者的一举一动，并进而侦查和阻止由其策划的犯罪。底线是政府可以通过羁押被告人降低其再犯罪的可能性。但是这种可能性依旧存在。

确切地说，可以从预防性羁押条款中获得多少益处？有多少犯罪因为适用预防性羁押而得到预防？这些问题根本不可能得到回答，这里存在一个问题。就像米勒和古根汉姆提到的："要对现行的审前羁押制度进行准确的盲测（blind test）是困难的，政治上的原因是这类盲测将涉及释放那些本应被羁押的被告人。"⑫如果不进行这类测试，或者没有实证研究的确凿结论⑬，实在很难估计预防性羁押制度带来了多少益处："当政府建立羁押制度时公开表明是为了防止那些面临审判的人再犯罪，只有当它释放了比预期危险性更大的当事人时，该制度的缺陷才显现出来……而当该制度羁押了那些原本可以被安全释放的当事人时，制度的错误是显示不出来的。"⑬

（三）法律理论的发展

正如伦奎斯特指出的，萨莱诺案并非是认可基于危险性的羁押的合宪性的第一个案件。然而，其他案件涉及战时或者涉及普通刑事司法制度之外的未成年人。而对于特定的、能够对羁押试图预防的犯罪承担刑事责任的成年被告人，1984 年的保释法案标志着一个重要的政策转变，因此，赞成预防性羁押的判决也需要一个重要的理论转变。

在该法案通过的很久之前，劳伦斯·特莱布（Laurence Tribe）就解释了他反对该法案的理由：

> 纵观历史，政府倾向于借助事先侦查和关押潜在的麻烦制造者来维护社会秩序。然而，我们所在的社会已经达成一个基本的共识，即不能将这个广泛的权力委托给国家。取而代之的是，我们依赖于法律的道德作用和威慑作用，由法律来定义哪些特定行为是犯罪，由法律来惩罚所有违反它的禁令的人。而对于那些因精神疾病而具有危险性的人，因为他们无法控制自己的行为，法律的威慑对他们起不到作用，所以我们建立了精神病人强制医疗制度（civil commitment）。除了精神病人以外的其他人，我们则依赖于制裁的威慑作用。我们承认法律的威慑作用不足以阻吓所有可以控制自己行为的人犯罪，一项制度承诺除非经审判认定被告人实施了某个特定的不法行为的事实可以排除怀疑，否则不会惩罚

---

⑫　See United States v. Willoughby, 860 F. 2d 15（2d Cir. 1988）；see also United States v. LaFontaine, 210 F. 3d 125, 127（2d Cir. 2000）（另一起妨碍证人作证的案件，被告人被关押在 MCC）.

⑬　Miller & Guggenheim at 384.

⑬　See Thomas Bak, Pretrial Release Behavior of Defendants Whom the U. S. Attorney Wished to Detain, 30 Am. J. Crim. L. 45（2002）.

⑬　Laurence H. Tribe, An Once of Detention: Preventive Justice in the World of John Mitchell, 56 Va. L. Rev. 371, 375（1970）.

任何人，那么某些犯罪发生的风险是这一制度不可避免的代价。[⑫]

然而，特莱布的这些宽泛的主张越来越不被接受，甚至在他提出时就不被接受。1985年联邦卫生署长C·埃弗里特·科普（C. Everett Kopp）召集暴力与公众健康研讨会（Workshop on Violence and Public Health）并非只是个巧合，这次研讨会"标志着公众健康进入了预防暴力领域"[⑬]。诚然，公众健康方面的专家过去未曾建议将羁押作为保护公众健康的工具，而是关注改善社会和自然环境，提高个人的知识、技能和态度。然而他们不再将重点放在道德责任上[⑭]，而是提供一系列更多依赖于管制而非惩罚的反犯罪措施的智力支持。

在一定程度上被精巧地宪法化的刑事程序同样也起了作用。正如卡罗尔·斯泰克指出的，"刑事程序改革"提高了"政府适用刑事程序的成本，联邦和各州立法者和执法者已经开始寻求民事途径来解决那些更可能被归类为刑事违法的行为"[⑮]。结果是形成了斯泰克所谓的"预防状态"（preventive state），也就是利用所有"预防性措施"（prophylactic measures）包括羁押以达成预防的目的。[⑯] 1984年保释法案一定是这个持续的大趋势的一部分。斯泰克称：

> 近年来，对未成年人和成年人的审前羁押更加普遍了。许多州正在试图通过制定性犯罪人登记和/或社区报告法案，或者通过制定或恢复允许民事羁押那些"原本在服刑结束后将被释放的"被定罪的犯罪人的"性暴力罪犯"法案，以此达到预防性犯罪，尤其是那些针对未成年人的性犯罪的目的。[⑰]

通过认可这些措施的合法性，法院也利用了公共健康模型，只要通过类比，就可以创立爱德华·理查德（Edward Richards）所谓的"预防理论"，即将"传统的公共健康的基本原理和程序运用于有社会危险性的个人"[⑱]。"在预防案件中"，理查德观察到，"最高法院将传统的限制疾病感染者人身自由的警察权力扩大到了限制有社会危险性的个人的人身自由的普遍权力"[⑲]。

[⑫] Tribe, supra note 60, at 376; see also Louis Michael Seidman, Points of Intersection: Discontinuities at the Junction of Criminal Law and the Regulatory State, 7 J. Contemp. L. Issues 97（1996）（"即使某人清楚地表明其支持管制的观点，他还是希望能保留一种可以有效地传达社会的责难的社会实践。反复灌输禁止作出反社会行为的内心道德理念很可能是成本效益最高的控制犯罪的方式。刑事司法制度只有被认为是在惩罚应受责难者和维护不应受责难者时才是在灌输道德理念。"）.

[⑬] See James A. Mercy, et al., Public Health Policy for Preventing Violence, 12 Health Affairs 7, 7（1993）, available at http://content. Healthaffairs. org/cgi/reprint/12/4/7.

[⑭] See Mark H. Moore, Violence Prevention: Criminal Justice or Public Health 34, 43（1993）.

[⑮] Steiker, 85 Geo. L. J. at 780.

[⑯] Carol Steiker, The Limits of the Preventive State, 88 J. Crim. L. & Crim. 771, 774 - 75（1998）（hereinafter "Limits"）.

[⑰] Id. at 777.

[⑱] Edward P. Richards, The Jurisprudence of Prevention: The Right of Societal Self-Defense against Dangerous Individuals, 16 Hastings Con. L. Q. 329, 330（1989）.

[⑲] Id. at 384.

从萨莱诺案起，什么时候国家能够以预防为目的将羁押作为管制措施？我们可以从 1992 年的福卡案（Foucha v. Louisiana)[140] 找到一些答案，但这些答案仍是临时性的。福卡的暴力犯罪经过审理后，其因精神异常被认定无罪，被羁押于一家精神病医院。尽管之后医院认定福卡精神正常并建议释放他，但是路易斯安那州法律规定除非这类被认定无罪的被告人可以证明他不会对自己和他人造成危险，否则即使不再存在精神疾病，羁押仍将持续。医院认定他有"反社会"心理，因而拒绝认定他不具有危险性。所以福卡仍然处于羁押中。

联邦最高法院认定路易斯安那州的规定违反了福卡的正当程序权利。大法官拜伦·怀特（Justice Byron White)（在萨莱诺案中持多数意见）指出：

> 我们在萨莱诺案中强调该案中的羁押合宪是因为它对羁押期限进行了严格的限制……与此不同，本案中州政府主张，由于福卡曾经实施过犯罪，现在又有反社会心理可能会导致激进行为，这一心理疾病没有有效的治疗方法，所以可以对其进行无期限羁押。根据这个原理，对于那些因精神异常被认定无罪，现在已没有精神疾病但证明存在可能会导致犯罪的心理疾病的人，政府有权对其进行无期限羁押。对于被定罪的被告人，情况也是如此，即使他已经服刑完毕。这也使得用基于危险性的羁押取代我们现行制度只有一步之遥了，现行制度下，除了对精神病患者的合法羁押以及其他极少的例外，只有那些被证明违反了刑法且在排除合理怀疑之后的嫌疑人才能被羁押。[141]

根据斯蒂芬·舒尔霍夫（Stephen Schulhofer）的主张，这一判决理由的作用是"将萨莱诺案的适用限制在审前的临时羁押并裁定对不存在精神疾病的人进行无期限羁押是违宪的"[142]。然而福卡案所传递的信息是多方面的。一方面，它是五对四的判决。另一方面，大法官奥康纳发表了独立的协同意见。尽管她参与多数意见，但奥康纳认为"如果不同于本案，羁押的性质和期限反映了对认定无罪者持续的危险性对社会安全的严重威胁，那么路易斯安那州对因精神异常被认定无罪的人恢复正常后仍继续羁押是合宪的。见萨莱诺案……"[143]。

奥康纳在福卡案的协同意见预示了她将在亨德里克斯案（Kansas v. Hendricks）中投票支持多数意见[144]，该案是堪萨斯州性暴力罪犯法（Sexually Violent Predator Act）的第一次适用。该法于 1994 年通过，规定了对于因"精神异常"（mental abnormality）或"人格障碍"（personality disorder）而又可能实施"性暴力犯罪"的人，政府有权对其进行民事羁押。亨德里克斯有长期对儿童进行性骚扰的记录，因一系列性骚扰未成年人的罪名成立而被判处刑罚，现在他即将出狱，州政府请求法院对其羁押。在羁押听审中，亨德里克斯在证言中称，当他"承受极大压力时"无法控制对儿童的

---

[140]　504 U. S. 71 (1992).

[141]　504 U. S. at 82 - 83.

[142]　Schulhofer, supra note 102 (Contemp Issues) at 89.

[143]　504 U. S. at 87 - 88; see Schulhofer at 90.

[144]　521 U. S. 346 (1997).

性欲，陪审团裁定他是性暴力连续犯，裁定继续羁押亨德里克斯。

联邦最高法院维持了对亨德里克斯的民事羁押，总结认为：由于认定存在"精神异常"而对性犯罪者进行民事羁押，从宪法上看不属于"惩罚"；作为一种管制措施，这也不等同于违反实体性正当程序。大法官托马斯在起草法庭意见时在这一点上与持反对意见的大法官之间没有实质性的分歧[145]，他指出：

> 尽管免受人身限制"一直是正当程序所保护的不受专断的政府行为侵犯的自由的核心"……但是这一自由利益并不是绝对的。法院已经承认，即使在民事领域，宪法保护的公民不受人身限制的利益也可能被剥夺……据此，各州在某些有限的情形下规定了对那些不能控制自己的行为因而对公众的健康和安全构成威胁的人有权进行强制性民事羁押……我们一直都认可这类根据合理程序和证据标准进行羁押的非自愿羁押立法……因为我们不能得出这样的结论，即对小部分具有危险性的人进行非自愿民事羁押同我们对"有秩序的自由"的理解相违背。[146]

尽管没有争议，但最高法院事实上扩张了州可以选择关押的"有危险性"的公民的范围。之前的案件中涉及的是"精神疾病"（mental illness），"不管怎么定义，都包含了这样的法律含义，即一种足以严重损害认知和判断能力的精神状态以至于无须承担法律责任，也不适宜承担刑事惩罚。"[147]而"精神异常"（mental abnormality）或"人格障碍"（personality disorder）则是更广义的概念，法院的意见使得基于危险性理由实施无期限羁押的宪法要件，即"认定能力或判断能力受损程度"，具有了开放性。[148] 2002年的克兰案（Kansas v. Crane）[149]中，最高法院重新审查了堪萨斯州的法律，布雷耶大法官在起草多数意见时处理了这个问题（依然没有完全厘清这一问题）。尽管宪法不要求州政府在羁押某人时必须证明其"全部或完全无法控制"，但最高法院确实要求必须认定他丧失控制能力的事实。[150]

最高法院在萨莱诺案之后的有关可驱逐出境的外国人的案件中也发生了较大变化。2001年的塞德维塔斯案（Zadvydas v. Davis）[151]涉及了一项法律规定，如果被驱逐出境的外国人因为没有国家接收他们而无法实施驱逐，政府可以羁押该外国人。最高法院以五比四的投票结果将该法律规定解释为不允许无期限羁押。在将该规定解读为避免了一个"宪法问题"之前[152]，大法官布雷耶在其起草的多数意见中对此进行了解释。他指出，在联邦最高法院的案件中，政府的羁押违反了实体性正当程序的要求

> 除非在刑事程序中实施（United States v. Salerno），或者在某些特

---

[145] 521 U. S. at 373–78 (Breyer, J., dissenting)（认为堪萨斯州的法律不违反实体正当程序）.

[146] 521 U. S. at 356–57.

[147] Steiker, Limits, supra note 136, at 786.

[148] Id. at 788.

[149] 534 U. S. 407 (2002).

[150] Id. at 411.

[151] 533 U. S. 678 (2001).

[152] 533 U. S. at 690.

殊且"狭窄"、非惩罚性的"情形"下（引用福卡案），诸如有危险性的精神疾病这样的特殊正当化理由超过"宪法保护的公民个人免受人身限制的利益"（Kansas v. Hendricks）[153]。

他认定，"本案中，至少根据该法律规定，没有实施无期限民事羁押的足够有力的特殊正当化理由。"[154]

2003 年的基姆案（Demore v. Kim）[155] 面临的是一项十分不同的移民羁押规定，基姆案不一定与塞德维塔斯案有冲突，但它的基调和对立法判断（legislative judgment）的遵守明显不同。该案中，争议的法律规定是，法律要求对被命令驱逐出境的外国人中的小部分在移送出境诉讼（removal proceedings）中进行羁押，这小部分外国人包括被认定犯有重罪的罪犯。法院将重点放在这类羁押的有限性上（与塞德维塔斯案中的羁押相比），判决认为"国会有正当理由怀疑，被命令驱逐出境的外国罪犯如果未被羁押，将有大量罪犯会继续实施犯罪和不出席移送出境诉讼，因而国会可以要求短期羁押像基姆这样的人以保证其出席移送出境诉讼。[156]"然而，在大法官苏特的反对意见中，大法官史蒂文斯和金斯伯格参与了该意见，提出了一个重要观点："正当程序要求某人被羁押前进行个别化裁量。在我们援引的案件中，我们从未表示过政府可以像§1226（c）那样回避正当程序条款，即基于一个绝对的理由羁押一类人，并且拒绝给予这类人对羁押的必要性进行争辩的机会……"[157]

九、后 911 时代

卡罗尔·斯泰克（Carol Steiker）在 1998 年观察指出"现在预防状态已经达到了全盛时期"[158]，而且他可以提供充分的证据来证明他所观察到的。到 2003 年止，有 15 个州和堪萨斯州一样，通过法律允许对性暴力连续犯进行民事羁押。[159]但是在萨莱诺案之后联邦最高法院审查的争议法律中和在维持这些措施的判决中，预防羁押的对象都是范围非常小的类型：因之前实施的犯罪而被指控的被告人；精神异常的人；判处驱逐出境的外国人。维持这些措施的判决理由没有很清楚地限定政府的权力。但不管出于政策考虑、财政限制还是自觉的解释宪法，立法者们都没有在这个斜坡上滑得太远（did not

---

[153]　Id.

[154]　Id.

[155]　538 U. S. 510（2003）.

[156]　538 U. S. at 513.

[157]　Id. at 551 - 52（Souter, J., dissenting）；see David Cole, In Aid of Removal: Due Process Limits on Immigration Detention, 51 Emory L. J. 1003（2002）.

[158]　Steiker, Limits, at 774.

[159]　See Peter C. Pfaffenroth, Note, The Need for Coherence: States' Civil Commitment of Sex Offenders in the Wake of Kansas v. Crane, 55 Stan. L. Rev. 2229, 2232 note 22（2003）（citing statutes）.

slide too far down the slippery slope)。[160]

2001 年 9 月 11 日发生的组织严密的基地组织恐怖袭击，使得人们不禁担心接下来会有更多的恐怖袭击，甚至会用上大规模杀伤性武器。

面对恐怖袭击的灾难性后果，又不愿意依赖事后追诉的威慑作用，司法部立即采用了——在很多批评者看来是滥用了——羁押那些它认为可能会涉及恐怖活动的人的措施。2001 年的 9 月至 11 月间，在非法移民指控中被羁押的超过 600 人，2001 年 9 月至 2002 年 8 月间的总数是 762 人。[161]它还根据重要证人令状（material witness warrant）羁押其他人，该令状是在大陪审团程序中获得的。[162]它会提出一些表面上与恐怖主义没有联系的犯罪指控，作为获得对恐怖主义嫌疑人进行羁押的手段。[163]

然而，问题产生了，首先在理论上：如果政府确信某个人存在重大恐怖主义威胁，但它不能因非法移民指控或作为重要证人羁押该人时，这时政府将如何处理？实行羁押的途径仅限于刑事程序所允许的那些：根据合理根据进行逮捕，随后根据指控进行逮捕？如果政府缺乏足够的证据提出指控，但有足够的证据证明采取行动的紧迫性，那又如何？我们因此又回到主审法官范伯格在萨莱诺案的反对意见中提出的问题。而现在是在一日内造成 3 000 人死亡的恐怖袭击之后回答这一问题。

2002 年 6 月 10 日，总检察长约翰·阿什克罗夫特（John Ashcroft）宣布美国公民 Abdullah Al Muhajir，原名乔斯·帕迪拉（Jose Padilla），已经根据重要证人令状被逮捕并羁押，现在将转移到国防部的羁押场所进行无期限羁押，范伯格法官的假设变成了现实。阿什克罗夫特解释道，帕迪拉是一名"有名的恐怖分子，他正在策划在美国制造和引爆一个放射性散布装置或称'脏弹'（dirty bomb）"。为确保"全体美国公民的安全和国家的安全"，要求以"外国战斗人士"（enemy combatant）名义对其进行羁押。[164]阿什克罗夫特在当时和此后都没提供详细信息。

帕迪拉被关押在南卡罗来纳州的海军监狱，在 2004 年之前都被禁止与其律师会面。尽管如此，他的律师还是一路提出质疑其羁押的主张，直至联

[160]   Frank B. Cross, Institutions and Enforcement of the Bill of Rights, 85 Cornell L. Rev. 1529 (2000)（讨论了多数主义政治如何帮助保护宪法权利）; see also David Cole, The Priority of Morality: The Emergency Constitution's Blind Spot, 113 Yale L. J. 1753, 1787 – 88 (2004)（endeavoring to harmonize cases）.

[161]   Office of the Inspector General, Dep't of Justice, The September 11 Detainee: A Review of the Treatment of Aliens Held on Immigration Charges in Connection with the Investigation of the September 11 Attacks, at 5, 23 (Apr. 2003). 作为美国爱国法案（Pub. L. No. 107 – 56, 115 Stat. 272 (2001)）的一部分，国会也授权总检察长在他"有合理根据相信"一名外国人正在参与恐怖活动或其他活动将威胁到美利坚合众国的国家安全时，可以对该名外国人进行短期羁押。Id. at § 412; see Developments in the Law, The Law of Prisons, Plight of the Tempest-Tost: Indefinite Detention of Deportable Aliens, 115 Harv. L. Rev. 1915 (2002); Shirin Sinnar, Note, Patriotic or Unconstitutional? The Mandatory Detention of Aliens Under the USA Patriot Act, 55 Stan. L. Rev. 1419 (2003).

[162]   See United States v. Awadallah, 349 F. 3d 42 (2d Cir. 2003); Levenson, supra note 119; see also Letter & Report of Jamie E. Brown, Asst. Atty. General, Leg. Affair, to Hon. F. James Sensenbrenner, Jr., Chrm., House Judiciary Committee, at 50（指出不到 50 人因与 911 调查相关的实质证人令状被羁押，90% 被羁押不到 90 天）.

[163]   See Daniel C. Richman & William J. Stuntz, Al Capone's Revenge: An Essay on the Political Economy of Pretextual Prosecution, 105 Colum. L. Rev. 583 (2005).

[164]   CNN, Ashcroft Statement on "Dirty Bomb" Suspect, June 10, 2002.

邦最高法院。[165]就在最高法院判决前（但在口头辩论的很久之后），司法部提供了一些帕迪拉的详细信息。司法部称，帕迪拉在基地组织营地接受了爆炸物培训，并且向基地组织的领导们建议了一项涉及临时制作核炸弹的计划。基地组织的领导们从未认为这个计划能实现，但建议他炸毁美国境内的高层公寓楼。副总检察长詹姆士·科米（James Comey）解释道：

> 如果我们试图通过刑事诉讼制度对乔斯·帕迪拉提出指控（联邦总检察长办公室不可能在不危及情报来源的前提下指控帕迪拉），他将很可能会听从他律师的建议而什么也不说，这是他的宪法权利。
>
> 如果我们只能依靠一周七天，每天 24 小时地跟踪帕迪拉，并希望——事实上是祈祷——我们不能跟丢，那么最终他很有可能会脱离我们的控制。[166]

联邦最高法院没有触及帕迪拉案的事实部分，只是裁定帕迪拉提出的对其羁押的质疑主张应当提交给另一个地区法院处理。[167]但是，在同一天判决的哈姆迪案（Hamdi v. Rumsfeld）[168]，法院面临的是一个有些不同的案件——一名美国公民在阿富汗被捕并以外国战斗人员的名义被羁押在美国。（如果他不是美国公民，很有可能会被关押在古巴的关塔那摩海湾的海军基地（Guantanamo Bay，Naval Base），美国军方将在战争中从海湾掳获的外国公民羁押在此处。[169]）法庭多数意见认为政府至少在阿富汗战争期间有权羁押这些战斗人员。大法官奥康纳（首席大法官伦奎斯特、大法官肯尼迪和布雷耶参与）总结认为，根据国会在 911 恐怖袭击之后不久通过的授权使用武力决议案（Authorization for Use of Military Force）[170]的规定，行政机关有权羁押敌方战斗人员，不论其国籍为何。[171]大法官托马斯在自行起草的意见中同意奥康纳大法官的意见，接着指出，"总统拥有羁押那些被部署用来针对我们国家的军队的人的固有权力"[172]。在大法官奥康纳的相对多数意见中，大法官苏特和金斯伯格参与但起草了另一份意见[173]，奥康纳认为哈姆迪拥有在中立裁判者面前对羁押他的理由进行抗辩的正当程序权利，但在大多数法院中，政府拥有在战争期间羁押敌方战斗人员的广泛权力已经成为定论。

最高法院在哈姆迪案中确认的广泛的行政权力在多大程度上适用到帕迪拉身上，在公开的敌对状态中，他没有在阿富汗被羁押，而是在芝加哥的奥黑尔国际机场（O'Hare International Airport）被羁押。审查帕迪拉的人身保护令的地区法官认为——当帕迪拉向正确的地区法院重新提交申请时——这两个案件没什么共同点。国会授权了总统使用所有"必要的且合理的强

---

⑯ Padilla v. Rumsfeld, 352 F. 3d 695 (2d Cir. 2003), reversing, 233 F. Supp. 2d 564 (S. D. N. Y. 2002) .

⑯ CNN, Transcript of News Conference on Jose Padilla, June 1, 2004.

⑯ Rumsfeld v. Padilla, 542 U. S. 462 (2004) .

⑯ 542 U. S. 507 (2004) .

⑯ See Rasul v. Bush, 542 U. S. 466 (2004) （判决认为，对于那些在战争中被俘获而被关押在关塔那摩海湾的外国公民提出的质疑其羁押的主张，联邦法院有管辖权）.

⑰ 115 Stat. 224.

⑰ 542 U. S. at 507.

⑰ 542 U. S. at 587 (Thomas, J., dissenting) .

⑰ Id. at 1660 (Souter, J., concurring) .

力"（necessary and appropriate force）。但是帕迪拉的

> 恐怖活动计划在他被逮捕时便遭到挫败。政府在起诉任何一项或者所有有效的严重犯罪指控时都不存在任何障碍。同时，政府可以自由使用重要证人令状。由于帕迪拉的恐怖活动在他因重要证人令状而被羁押时已经遭到挫败，最高法院认定总统后来所作的以敌方战斗人员名义羁押帕迪拉的决定既非必要也非合理。⑭

地区法院接着指出："简单地说，这是法律执行问题，而不是军事问题。"⑮

地区法官亨利·F·弗洛伊德（Henry F. Floyd）处理帕迪拉的羁押问题时干脆利落，他认为：在美国境内的美国公民至少适用那些普通规则。这些规则赋予政府足够大的权力来羁押被指控的被告人和重要的大陪审团证人，而不需要更多的权力。然而这种干脆利落只是虚幻的。不考虑政府在帕迪拉案中的主张是否值得相信，很难说现实中不会有这样一些在美国境内的人甚至是美国公民⑯，政府怀疑他们正在策划灾难性的恐怖袭击，但是政府无法对他们提出任何刑事指控，哪怕是那些表面上和恐怖活动无关的指控。重要证人令状是羁押那些准备在大陪审团面前作证或在庭审中作证的证人的根据，但它是否可以纯粹作为羁押根据还不是很清楚。即使羁押是可能的，其他问题依然存在：政府是否必须立即获取证言？如果是，获取证言之后是否必须立即释放证人，即使他依然存在危险？

那么范伯格法官所谓的谋划爆炸的恐怖分子又如何呢？我们只能通过刑事司法制度来阻止他吗？在这一制度下，我们也承担了那些我们接受甚至是主动选择的风险。那些 24 小时密切的监视活动只发生在电视剧中。然而在我们试图收集证明被告人犯罪意图的可采证据时，会发现没有足够证据证明他的罪行，那么无论是多么严重的犯罪，我们也只能哀叹："这就是我们为这个自由的社会所付出的代价。"然而恐怖活动产生的新的威胁使得这一风险计算正在发生变化。联邦政府向第四巡回区法院提出了对弗洛依德法官的上诉，在口头辩论中，副总检察长主张，和阿富汗一样，现在的美国俨然是"战场"⑰。任何在 911 事件发生后的几周漫步在下曼哈顿区的人，或者在 2004 年 3 月 11 日后的马德里火车站，或者在 2005 年 7 月 7 日后的伦敦地铁行走的人都会非常同意这一观点。此外，甚至是这个观点的怀疑者或批评者也承认，在某种情形下这种划分将是恰当的，并且会质疑法院是否有权做这种划分。

2005 年 9 月 9 日，第四巡回区法院驳回了弗洛依德法官的帕迪拉案判决。⑱上诉法院认为，因为帕迪拉可以合理地被认定为"敌方战斗人员"，"因此，根据 2001 年 9 月 18 日国会通过的作为总统向阿富汗的基地组织宣战的重要根据的授权使用武力的联合决议（Authorization for Use of Military

---

⑭　Padilla v. Hanft, 389 F. Supp. 2d 678（D. S. C. 2005）.

⑮　Id. at 691.

⑯　See Glenn Frankel, *Four Britons Tied to London Blasts*, Wash. Post, July 12, 2005, at A1.

⑰　Tom Jackson, *U. S. a Battlefield, Solicitor General Tells Judges*, Wash. Post, July 20, 2005, at A9.

⑱　Padilla v. Hanft, 423 F. ed 386（4th Cir. 2005）.

Force Joint Resolution），总统有权对帕迪拉进行军事羁押。"[179]迈克尔·路丁格法官（Michael Luttig）在其起草的合议庭意见中继续指出：

> 如果因为刑事诉讼不能很好地达到设置羁押所追求的目标——防止回到战争状态，那么刑事程序的存在并不能决定羁押权的实现。[180]

第四巡回法院还认定，地区法院对"总统的决议，即出于国家安全利益的考虑羁押帕迪拉是必要且合理的"没有"给以足够的尊重"[181]。总统决定刑事程序不能有效地保护国家安全，这一决定将受到严格审查时，他并没有受到当他依据国会的广泛授权（如授权使用武力决议案）行动时所受到的尊重。[182]

联邦最高法院是否会审查第四巡回区法院维持帕迪拉的羁押决定的判决仍然没有答案。2005 年 11 月 22 日，司法部公布了一项刑事指控，指控称帕迪拉是在 1993 年到 2001 年间资助在阿富汗和其他地方的恐怖活动的"北美资助组织"的一员。该指控并未宣称关于"脏弹"的阴谋和任何试图炸毁美国境内的建筑的阴谋。在这一指控之后，一些官员准备将帕迪拉从军事羁押场所转移到司法部的羁押所，这可能会使得任何对第四巡回区法院所作判决的质疑都变得无意义。[183]

现在要预测这个领域的立法发展方向还为时尚早。但现在却是时候回顾，萨莱诺案在将很多人认为的宪法基本权利转化成立法或行政政策的过程中是如何起到关键作用的。即使是承认州拥有保护公民不受伤害的根本权力的人也会因这一缺乏确定性的新领域而感到不安。

---

[179]　Id. at 392.

[180]　Id. at 394.

[181]　Id. at 395.

[182]　Id.

[183]　See Eric Lichtblau, In Legal Shift, U. S. Charges Detainee in Terrorism Case, N. Y. Times, Nov. 23, 2005, at A1.

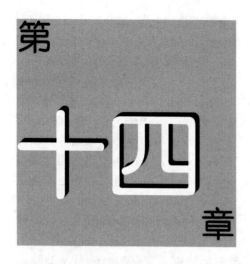

米斯特雷塔案：宪法与量刑指南

凯特·斯蒂思 （Kate Stith）

1987 年 12 月 10 日，约翰·M·米斯特雷塔（John M. Mistretta）因向一名卧底贩卖可卡因而在密苏里联邦地区法院受到了三项罪名的指控①，在此之前他只有一项妨碍治安的轻罪记录。他的第一项罪名是预谋贩卖可卡因。第二项罪名是实际贩卖可卡因。第三项罪名是他在贩卖毒品"期间和相关行为中"使用了枪支；伴随这一罪名的将是强制的五年有期徒刑，与其他刑期合并执行。②在被起诉后不久，米斯特雷塔向霍华德·F·萨克斯法官（Howard F. Sachs）作了有罪答辩。他承认了第一项预谋罪名，条件是联邦政府将撤销其他两项罪名。此外，他还请求联邦最高法院对其将适用的联邦量刑指南（Federal Sentencing Guidelines）进行合宪性审查，因为他认为该指南违反了宪法有关权力分立（separation-of-powers）和立法权委托（delegation of legislative authority）原则。③这一案件最终将由联邦最高法院进行审查。④

在当时，联邦最高法院并没弄清楚米斯特雷塔案（Mistretta v. United States）的问题所在。它以 8∶1 的投票结果认定联邦量刑委员会（United States Sentencing Commission）是合宪的，其制定量刑指南的权力也是合宪的。然而，米斯特雷塔对这一项量刑新制度的违宪主张是狭隘的。国会在 1984 年的量刑改革法（Sentencing Reform Act of 1984）⑤ 中用有约束力的（binding）、强制性的（mandatory）且用来惩罚"实际犯罪"（real offense）⑥ 的量刑规则取代了联邦法官的量刑裁量权，米斯特雷塔没有直接针对国会的这一决定提出违宪主张。米斯特雷塔案的当事人和联邦最高法院几乎都未认识到新规则的这三个重要特征，而仅仅关注它的第四个特征：是由一个新的行政性机构（administrative agency）——联邦量刑委员会制定的。最高法院同意米斯特雷塔的调卷令请求是为了解决这些问题：（1）国会在量刑改革法案⑦中规定，将量刑委员会设立在"司法系统内"是否合适；（2）国会是否赋予了量刑委员会过多的权力。⑧这些问题都没有涉及的一个主张是指南彻底地打破了界定犯罪、指控和惩罚三者在宪法上的权力平衡。大法官布莱克门执笔的法庭意见（只有大法官斯卡利亚持反对意见）花了很大力气来搞清这些问题，但其分析呆板、不一致且不完整。甚至当案件被辩论和裁定时——当时的委员会才成立不久，量刑指南也是新制定的——法院面临的问题似乎是生搬硬套且出奇地离题。

就在几年内，另外两个重要的宪法问题被提出：（1）指南事实上将量刑

---

① Petition for Certiorari at 16a - 18a, United States v. Mistretta, 448 U. S. 361 (1989) (indictment).

② 18 U. S. C. § 924 (c) (1984 & Supp. Ⅳ).

③ Petition for Certiorari, supra note 1, at 23a - 28a.

④ United States v. Mistretta, 488 U. S. 361 (1989).

⑤ Pub. L. No. 98 - 473, Ch. Ⅱ, 98 Stat. 1987 (codified at 8 U. S. C. § 3551 et seq. and 28 U. S. C. § 991 et seq).

⑥ 联邦量刑指南有三个不同且独立的特征。首先，指南具有约束力是指它有法律的效力和效果，任何违反指南指示所进行的量刑都是违法的。其次，指南中的指示本身使用了强制性的用语，不是仅仅允许法官在某个量刑幅度内量刑，而是要求法官必须这么做。最后，由于指南根据被告人的"实际犯罪"量刑，它们事实上认定和惩罚了被告人被正式指控和定罪的行为之外的犯罪行为。

⑦ 28 U. S. C. § 991 (a).

⑧ See Brief for the United States at 1, United States v. Mistretta, 488 U. S. 361 (1989).

权转移给检察官是否合适；（2）有约束力的、惩罚实际犯罪的量刑规则是否剥夺了被告人的正当程序权利。在 20 世纪 90 年代的大多数时期，最高法院一再拒绝审查指南的正当程序问题，事实上，法院坚持认为宪法不调整"量刑"问题。然而，从 1999 年开始的一系列案件中，包括琼斯案（Jones v. United States）⑨、阿普兰迪案（Apprendi v. New Jersey）⑩ 和布莱克利案（Blakely v. Washington）⑪，刚过半数的法庭意见裁定，如果有约束力的量刑规则具有提高法定刑罚的效果，那么它在宪法上等同于法定犯罪指控。更重要的是，最高法院在布莱克利案中判决，当量刑规则基于某个特定事实而提高法定刑罚时，这个特定事实必须或者经被告人承认或者由陪审团认定该事实已经排除合理怀疑。⑫

在米斯特雷塔案的 16 年之后，最高法院在布克案（United States v. Booker）⑬ 中将布莱克利案的判决适用于联邦量刑指南，裁定其违宪，原因不是因为在司法系统内设置量刑委员会是不适当的，也不是因为该委员会拥有广泛的授权，而是因为整个制度不符合关于指控和定罪的宪法正当程序要求。⑭然而，最高法院在布克案中提出的出人意料的救济措施——量刑指南仍然存在但法官不再受其"约束"⑮——事实上更多地是为了减小检察官对量刑的控制权而不是维护被告人的正当程序权利。

然而本文主要关注的是米斯特雷塔案本身，包括该案已经解决的问题和尚未解决的问题。第一部分介绍量刑指南和米斯特雷塔案产生的背景。第二部分探究米斯特雷塔案中两个政府机构当事人——司法部和联邦量刑委员会参加诉讼的原因。为了呈现米斯特雷塔案中没有提出的问题，第三部分将比较深入、全面地呈现量刑指南对联邦量刑法律和联邦刑事法律及其实践带来的重大变化。第四部分论述米斯特雷塔案的当事人的主张和法院的判决，尤其指出，双方当事人和法院都没有认识到，更不用说处理指南带来的上述变化。本文最后对布克案进行反思，该案作为转折点足以开辟一个它自己的时代。

一、约翰·米斯特雷塔的量刑过程

（一）指控和答辩

如果米斯特雷塔的犯罪行为发生在 1987 年 11 月 1 日量刑指南生效之

---

⑨　526 U. S. 227（1999）.

⑩　530 U. S. 466（2000）.

⑪　542 U. S. 296（2004）.

⑫　See id. at 303.

⑬　125 S. Ct. 738（2005）（the U. S. cite for Booker is 543 U. S. 220（2005）. As of publication of this book, the case is not yet paginated in the US Reports.）.

⑭　Booker, 125 S. Ct. at 751（Stevens, J.）.

⑮　Id. at 767（Breyer, J.）.

前，萨克斯法官将有权根据预谋指控判处最高 20 年的有期徒刑或 20 年以下的刑期。⑯事实上，法官可以判处缓刑取代有期徒刑。如果法官判处了有期徒刑，米斯特雷塔在服完 1/3 的刑期之后，可以获得美国假释委员会（United States Parole Commission）的假释。如果他取得了所有减刑奖励（good-time credits），在服完 2/3 的刑期后，他必须被释放。⑰

自美利坚合众国建立之初，联邦法官就在法律的限度内行使着广泛的量刑裁量权。⑱此外，联邦政府从 19 世纪起建立了减刑制度，从 1910 年起建立了假释制度。⑲但是，到 20 世纪 70 年代和 20 世纪 80 年代初，美国政治左右两翼的改革倡导者都越来越觉得由法官自由裁量的、不确定的量刑制度是"无法可依的"（lawless）（因为没有法律制约法官行使广泛的量刑裁量权）和"不确实的"（dishonest）（因为假释制度的存在，实际执行的刑期大大少于在法庭上宣告的刑期）。更重要的是，主张改革量刑制度的人认为司法裁量权将导致量刑过程中的"不必要的差异"（unwarranted disparities）。这些考虑因素——加上对罪犯复归社会的理想丧失信心，以及对不断上升的犯罪率的担忧——促使国会颁布了量刑改革法，该法案废除了旧制度，以新的确定的量刑制度取而代之。⑳新的量刑制度废除了假释制度（但保留了罪犯在释放后的一定时期内须受监控的制度），降低了减刑幅度，最多只能减去原判刑期的 15％（而非之前的 1/3）。㉑

对米斯特雷塔案来说最重要的是，该法案设立了量刑委员会作为"联邦司法系统中的一个独立委员会"㉒。法案规定了 7 名有投票权的委员，其中至少 3 名必须是联邦法官，并且属于同一政党的委员不得超过 4 名。委员会负责制定规范联邦法院量刑的规则。国会的目标是远大的、雄心勃勃的，甚至有些乌托邦式的不切实际。指南试图"尽可能地反映对与刑事司法程序相关的人类行为的认识的新发展"㉓。国会期待着有约束力的、详细的、全面的量刑指南能够确保全国范围内的联邦法院统一量刑，同时将几乎所有与量刑有关的因素纳入考量范围——因此通过本质上是行政性的过程来保证刑罚的

⑯ See 21 U. S. C. §841（b）（1）（C）（规定了贩卖 500 克以下的可卡因，可判处最高 20 年的有期徒刑）（1984 & Supp. Ⅳ）；21 U. S. C. §846（规定预谋犯罪的刑罚与实体犯罪的刑罚一样）（1984 & Supp. Ⅳ）. 根据 21 U. S. C. §841（b）（1）（B）（1984 & Supp. Ⅳ），米斯特雷塔被指控，当时该条规定了 5 年的最低刑期和 40 年的最高刑期。

⑰ See 18 U. S. C. §4205（a）（repealed 1984）（在大多数案件中，服完 1/3 的刑期就有资格获得假释）；18 U. S. C. §4161（repealed 1984）（规定了减刑最多可以减去 1/3 的刑期）.

⑱ See Kate Stith & José A. Cabranes, Fear of Judging：Sentencing Guidelines in the Federal Courts 9 -10, 197 - 98 (1998).

⑲ 假释有时被认为来源于总统的赦免权力，U. S. Const. , Art. Ⅱ , Sec. 2, cl. 1, 联邦假释机构一直是司法部的一部分。1976 年，国会设立美国假释委员会，作为"司法部之下的独立机构"。18 U. S. C. §4202（1976）（repealed 1984）.

⑳ See Kate Stith & Steve Y. Koh, The Politics of Sentencing Reform：The Legislative History of the Sentencing Guidelines, 28 Wake Forest L. Rev. 223（1993）；S. Rep. No. 98 - 225 at 52, 56 (1984) (Senate Report accompanying Sentencing Reform Act)；Stephen Breyer, The Federal Sentencing Guidelines and the Key Compromises upon Which They Rest, 17 Hofstra L. Rev. 1, 4 - 6 (1988).

㉑ See 18 U. S. C. §2302（a）（prospectively abolishing parole）；18 U. S. C. §3583（规定了释放后的监控期间）；18 U. S. C. §3624（b）（减少了良好表现分数制可折抵的刑期）.

㉒ 28 U. S. C. §991（a）.

㉓ 28 U. S. C. §991（b）（1）（C）.

"个别化"，而这一任务此前属于司法裁量的范围。

国会不要求委员会为每一个相关量刑因素的组合都确定具体刑罚，但要求其指示法官每个情节在确定量刑时的不同分量，以形成一个强制的量刑幅度。量刑幅度的上下限间隔不得超过下限的 25%，或 6 个月，择一重者。[24] 只有在这一幅度内，法官可以行使完全的量刑裁量权。法案也规定了有限的可以在指南规定的量刑幅度之外量刑的案件类型，但法官的这一权力是被严格限制的，法官只有在有量刑指南明确授权或者在认定了"量刑委员会在制定指南时没有充分考虑到的"某个情节时，才被允许高于或低于量刑幅度量刑。[25] 这项规定是整部量刑改革法的关键，它不仅规定了指南对于量刑法官的强制约束力，还将法官在幅度外量刑的权力限制在很小的范围内。

从形式上确保新的量刑规则有约束力的法律机制是，当量刑法官在量刑幅度内错误地计算了刑期、违法在量刑幅度之外量刑，或者在允许在幅度外量刑的情形下作出了"不合理"的量刑时，被告人和政府均有权利对该量刑提起上诉。[26] 允许对量刑上诉的规定是联邦法律中一个突然且重大的变化。从历史上看，刑事案件中的量刑结果只要是在刑法规定的最高刑和最低刑之间，就不可上诉。[27]

量刑委员会在 1987 年年末公布了第一套量刑指南。[28] 量刑改革法规定，指南必须在国会存放 180 天，在国会修改之后（如果有的话）才生效。[29] 规则本身就有二百五十多页。[30] 其中一些被正式命名为"指南"（guidelines），另外一些被称为"政策陈述"（policy statements）或"评论"（commentary），但所有这些规则（包括调整在幅度外量刑的规则）对量刑法官都是有约束力的。[31]

这是约翰·米斯特雷塔被指控和将被判刑时的新制度——在这一新制度下他与检察官达成了辩诉交易。量刑指南制度下已经稀松平常的是，辩诉协议不仅详述了被告人将要进行有罪答辩的法定罪名，还会包含那些影响指南量刑幅度的情节，包括所涉及的可卡因的数量、米斯特雷塔持有枪支的事实和他"承认刑事责任"的情节。[32] 法官接受了米斯特雷塔对预谋指控的有罪答辩，命令联邦缓刑办公室（Federal Probation Office）准备一份量刑前的报告（presentence Report）。量刑本身将在报告完成后进行。

然而，法官首先须处理米斯特雷塔的请求，即量刑委员会违反了宪法的

---

[24] 28 U. S. C. § 994 (b) (2) .

[25] 18 U. S. C. § 3553 (b) (excised by Booker, 125 S. Ct. at 756-57) . 随后的一项修正案要求法院必须遵循委员会的决定。See Pub. L. No. 99-646, § 9 (b) (1986) (amending 18 U. S. C. § 3553 (b)) . 指南列举了一些允许在幅度外量刑的情形，其中最重要的是，被告人与政府合作时。See infra note 52 and accompanying text.

[26] 18 U. S. C. § 3742 (e) (3) (C) .

[27] See Dorszynski v. United States, 418 U. S. 424, 431-32 (1974) .

[28] See U. S. Sentencing Guidelines Manual pt. A (1987) .

[29] See Pub. L. No. 98-473, § 235 (a) (1) (B) (ⅱ) (1984) .

[30] 在 15 年间，联邦量刑指南的长度将近翻了一倍。第一套指南不包括附录就有 259 页。U. S. Sentencing Guidelines Manual (1987) . 2004 年版本的指南不含附录长达 491 页。U. S. Sentencing Guidelines Manual (2004) .

[31] See Stinson v. United States, 508 U. S. 36 (1993) （评论有约束力）；Williams v. United States, 503 U. S. 193 (1992) （政策陈述有约束力）。

[32] See Petition for Certiorari, supra note 1, at 21a-22a （未标注日期的对量刑情节达成的协议）。

权力分立原则且国会对其授权过大，因此应当宣告量刑指南违宪。米斯特雷塔的公设辩护人（public defender）一定知道，对这一新制度的质疑已在密苏里西部地区和全国其他地方的许多案件中被提出。这些宪法主张不针对特定事实或特定案件，而是反对量刑委员会和量刑指南的存在。在 1988 年的 2 月至 11 月间，联邦地区法院至少有 84 个书面判决是处理量刑指南的合宪性问题的。[33]其中 52 个判决认为新机构和它制定的规则违反了基本的宪法原则，而 33 个判决则持支持态度。密苏里西部地区法院的意见属于后一阵营，萨克斯法官起草法庭意见，其他三名法官参与。[34]第五名法官则持反对意见，他认为只有国会可以制定改变联邦罪名的定义的量刑规则，行政性的委员会没有这样的权力。[35]

（二）量刑审理

判决作出的 15 天后，米斯特雷塔来到萨克斯法官面前接受量刑。米斯特雷塔案是萨克斯法官根据量刑指南作出的第一批量刑案件，可能也是第一个量刑案件。米斯特雷塔案的量刑审理笔录[36]显示，萨克斯法官试图协调新的量刑指南制度和裁量性量刑实践。在萨克斯法官开始量刑程序前，他将首先考虑量刑前报告，这份报告（除了具体的量刑建议之外）也会向控辩双方公开。[37]几十年来，这类报告一直包含描述犯罪的两个版本——"控方版本"和"辩方版本"——还有缓刑办公室对被告人社会背景的调查报告和秘密的量刑建议[38]，研究显示，量刑建议常常会被法官采纳。[39]从 20 世纪 70 年代起，量刑前报告还包括了假释委员会出具的针对本案罪犯的假释指南。[40]这些假释指南采取了和量刑委员会使用的二维矩阵法（two dimensional matrix）

---

[33] 从 1988 年 2 月 18 日到 1988 年 5 月 11 日，21 个地区法院维持了量刑指南，29 个地区法院认为该指南无效。See Petition for Certiorari, supra note 1, at 9 - 10 notes 10 - 11. 我的研究显示，在 1988 年 5 月 12 日到 1989 年 1 月 18 日最高法院作出判决时，又有 23 个法院裁定了指南无效，尽管又有 11 个法院裁定维持；最后一个判决作于 1988 年 11 月 25 日。在最高法院作出米斯特雷塔的判决前，有两个上诉判决产生。Gubiensio-Ortiz v. Kanahele, 857 F. 2d 1245 (9th Cir. 1988)（裁定指南无效）；United States v. Frank, 864 F. 2d 992 (3d Cir. 1988)（维持了指南）.

[34] United States v. Johnson, 682 F. Supp. 1033 (W. D. Mo. 1988).

[35] Id. at 1035 - 39 (Wright, J., dissenting). 在 Scott O. Wright 法官的反对意见中，他比大多数的法官和学者都要早认识到，量刑指南事实上是联邦刑法的附加规则——尽管接下来的问题，即通过量刑委员会来颁布这些附加规则是否违宪，更加复杂（see infra note 115 and text accompanying note 157）.

[36] 最高法院似乎没有审查该笔录。如果审查过，它很可能会发现米斯特雷塔作有罪答辩所依据的毒品法条款与法庭意见引用的条款不同（See supra note 16）。除了米斯特雷塔是在量刑指南规定的幅度内作出量刑的主张之外，量刑笔录的内容没有被任何书面意见所引用。

[37] See Fed. R. Crim. P. 32 (1988).

[38] See Sharon M. Bunzel, The Probation Officer and the Federal Sentencing Guidelines: Strange Philosophical Bedfellows, 104 Yale L. J. 933, 940 - 45 (1995).

[39] See John C. Coffee, Jr., The Repressed Issues of Sentencing: Accountability, Predictability, and Equality in the Era of the Sentencing Commission, 66 Geo. L. J. 975 (1978)（summarizing studies）.

[40] 1976 年，国会要求假释委员会公开它的假释指南，联邦假释委员会从 1973 年起就开始了试验。See 18 U. S. C. § § 4203 (a), 4206 (1976) (repealed 1984).

相同的方法。[41]一条轴表示本案罪行的严重程度（量刑指南将其称为"犯罪等级"（offense level）），另一条轴表示被告人以往犯罪记录的严重程度（量刑指南称为"犯罪记录类别"（criminal history category））。两轴相交的方格就是假释委员会的指南规定的被告人应服的刑期。

人们或许会对此感到奇怪：为什么米斯特雷塔案的量刑前报告中仍然包括了一份假释委员会的关于指南将会如何处理被告人及其犯罪行为的意见。毕竟，米斯特雷塔案须根据新制度进行量刑。而新制度中假释已经被废除。然而，仔细想想这是完全可以理解的，在过渡阶段，与萨克斯法官共事的假释官员和法官自己仍对假释指南保留着极大的兴趣，因为此前他们一直参考假释指南来进行量刑。因为联邦减刑法（federal good-time law）（最多可减法官宣告的刑罚的1/3）的存在和假释的法律限制（一般在1/3的刑罚执行完毕之前不得假释），假释官员——和法官——可以计算出必要的名义上的刑罚，使得最终的实际执行的刑期在联邦假释委员会制定的指南范围之内。

所以在米斯特雷塔案的量刑审理中，萨克斯法官从一开始就指出，根据已经不再适用的假释指南，恰当的释放时间是实际执行了12~18个月之后。萨克斯法官承认这些假释计算方法不再有直接的相关性，但在与裁量型量刑时期相同的情形下根据这一建议他会被判处四年或五年的监禁刑期。的确，法官提到就在当天的早些时候他在一个差不多的案件中——但那个案件的犯罪行为发生在1987年11月1日之前——判处了被告人六年的监禁刑。[42]

虽然讨论旧的假释指南已经没有必要，米斯特雷塔案的缓刑官员还是被要求在量刑前报告中根据量刑指南计算刑期。[43]在米斯特雷塔案中刑期的计算很简单，因为双方对与所有量刑指南相关的事实都达成了一致。米斯特雷塔案的犯罪等级（14）和犯罪记录类别（Ⅰ）决定了它的量刑幅度是15个月到21个月的监禁刑。[44]法官可以在这个幅度内对米斯特雷塔进行量刑。缓刑官员和双方当事人都没有提出任何在幅度外量刑的根据。

在法官根据指南确定了量刑幅度之后，米斯特雷塔再次提出了权力分立的违宪主张。另外，在宣布刑罚之前的最后时刻，米斯特雷塔的公设辩护人提出了一项新的宪法主张，即正当程序条款赋予了被告人"个别化"量刑的权利。[45]米斯特雷塔的律师指出他的当事人已经完成了毒品治疗项目。[46]然而，这项复归社会的努力并不是指南中确定幅度的一个因素，这当然显得奇怪和不公平；在裁量型量刑时期这常常是被作为要求法官宽大处理的理由提出

---

[41] 量刑指南幅度也以二维矩阵的形式出现，包括纵轴的43个"犯罪等级"和横轴的6个"犯罪记录类别"。某个被告人的犯罪等级和犯罪记录类别交汇的方格代表了指南的量刑幅度，不得在幅度外量刑。

[42] Petition for Certiorari, supra note 1, at 23a (transcript of sentencing hearing).

[43] See U. S. Sentencing Guidelines Manual §6A1.1 (1987).

[44] See id. §§ 2D1.4 （预谋的毒品犯罪和实际实施的毒品犯罪的刑罚相等）, 2D1.1 （根据毒品的数量提高犯罪等级的表格）, 2D1.1 (b) （规定了使用武器将加重刑罚）, 3E1.1 （规定了承认刑事责任后相应的减轻刑罚）, 4A1.1 （界定了犯罪记录的类型）.

[45] See Petition for Certiorari, supra note 1, at 26a （citing United States v. Frank, 682 F. Supp. 815 (W. D. Pa. 1988)）. Frank案后来被第三巡回区法院推翻，参见 supra note 33。

[46] Petition for Certiorari, supra note 1, at 26a - 27a.

的。㊼萨克斯法官驳回了米斯特雷塔提出的正当程序主张，因为他已经提出了权力分立的违宪主张。然而，法官指出，根据指南确定的幅度接近于法官在裁量型量刑时期会判处的刑罚，这一点显然是值得赞同和感到安心的。尽管萨克斯法官可能在量刑幅度内自由裁量，但他决定选择处于中间的 18 个月——他表示不愿判得更低，因为本案与当天的另一个案件非常相似，而该案法官行使了指南出现之前的法官裁量权。㊽

■ 二、联邦最高法院审理中的当事人和非当事人_____

密苏里西部地区法院的判决通常会被上诉至联邦第八巡回区上诉法院，由第八巡回区上诉法院对案件进行审查，但本案由联邦最高法院直接审查，理由是其存在例外情形，即关于量刑委员会的合宪性的各种互相矛盾的判决导致了"联邦地区法院之间的混乱"㊾。在法院对这一问题作出最终判决之前，没有人——包括法院、国会、控方和辩方——能确定已经判处的刑罚是否有效。

当联邦最高法院向米斯特雷塔案签发调卷令时，只有两方当事人。一方当事人是约翰·米斯特雷塔，由艾伦·B·莫里森（Alan B. Morrison）代理其在最高法院的诉讼，莫里森是最高法院诉讼的老手。另一方当事人是联邦政府，由司法部的副总检察长办公室（Office of Solicitor General）代表其出庭。副总检察长——查尔斯·弗里德（Charles Fried）正在哈佛大学法学院授课——将代表政府参与法庭辩论。尽管量刑委员会自身的合宪性正遭受质疑，但它并不是案件的当事人。

（一）联邦司法部

在解决指南的合宪性问题上司法部显然与"联邦地区法院产生的混乱"有直接且重大的利害关系，因为它代表每一个在联邦法院审理的刑事案件的一方当事人——联邦政府。它同时也有义务维护作为联邦法律的量刑改革法

㊼ See Jack B. Weinstein, A Trial Judge's Second Impression of the Federal Sentencing Guidelines, 66 S. Cal. L. Rev. 357, 364 (1992).

㊽ Petition for Certiorari, supra note 1, at 29a - 30a. 通过审查量刑笔录，我们可以发现，米斯特雷塔请求宣布指南违宪能得到什么样的利益是不清楚的。萨克斯法官说在裁量型量刑制度下他将判处更高的名义上的刑罚，只能期待在假释委员会的政策下，米斯特雷塔所服刑期将与根据指南所判的刑期相同。Id. at 29a - 30a. 确实，因为指南制度下仍然存在联邦减刑制度（最高可减去 15% 的刑期），米斯特雷塔在指南制度下所服刑期将比之前制度更短。然而，法官也指出和之前的制度不同，指南量刑制度下包括了额外的三年"受监督的释放（supervised release）"。See 18 U. S. C. § 3583 (b) (2). 因此萨克斯法官承认"从技术角度，我认为指南可以被看作不利于他"。Petition for Certiorari, supra note 1, at 30a.

㊾ Mistretta, 488 U. S. at 371. 联邦最高法院规则的第十八条列举了使地区法院快速审查正当化的因素，这是其中之一。

的合宪性。[50]尽管还在早期，司法部的律师们显然知道新制度下司法部的另一方面利益：指南有利于司法部的内部"客户"——这一领域的联邦检察官。几乎在每一个犯罪类别中，指南规定的刑罚都要比裁量型量刑时期的刑罚重得多[51]，而且法官在法定幅度外量刑的权力有限。虽然我们没有理由认为检察官会寻求量刑的最大化，但如果指南中严重的刑罚被完全适用的话，其将成为检察官促使被告人作有罪答辩以换取更轻指控的新筹码。

量刑改革法为检察官提供的第二个新筹码是，如果被告人在他人的刑事案件中与控方合作，那么他可以被低于法定幅度量刑。这一幅度外量刑权——根据规定这一权力的条文名称，它被称为"5K1"幅度外量刑——对于控辩双方都有重大意义。其原因有两个：第一，它是法官可以低于法定幅度量刑的仅有的几个理由之一。第二，量刑委员会选择检察官作为"5K1"的守门人；法官只有在检察官提出请求时，才考虑被告人合作这一情节，而不是根据被告人的申请或者量刑前报告中提供的信息。[52]

（二）联邦量刑委员会

尽管实践清楚地表明了指南已经将刑事惩罚的重大权力赋予了联邦检察官，但从形式上看，量刑改革法将量刑权从联邦法官转移给了量刑委员会，而非检察官。而正是量刑委员会——而非司法部或其检察官——面临着存废的命运。然而，量刑委员会的一个奇怪的特点是它不是——在法律上也不能成为——联邦法院审理的刑事案件的一方当事人。与几乎所有其他的联邦政府机构不同，它不是执行其自己制定的规则。[53]此外，这些规则也不受行政程序法（Administrative Procedure Act）的调整，不能根据该法提出超越行政权限或者"专断和任意"的质疑。[54]

量刑委员会的特殊地位意味着它永远不需要应诉——但也意味着在质疑它的合法性的案件中它不能成为一方当事人。所以，在下级法院的一些案件中和联邦最高法院的案件中，量刑委员会提交了完整的法庭之友的意见，基于与司法部所提出的（见下文）理由所不同的理由主张其合宪性。它还请求参与口头辩论，最高法院答应了其请求。[55]哈佛大学法学院的保罗·巴特尔（Paul Bator）教授代表其进行辩论。

---

[50] See Seth P. Waxman, Defending Congress, 79 N. C. L. Rev. 1073 (2001); Drew S. Days Ⅲ, In Search of the Solicitor General's Clients: A Drama With Many Characters, 83 Ky. L. J. 485 (1995).

[51] See Stith & Cabranes, supra note 18, at 59 - 65.

[52] See 28 U. S. C. § 994 (n)（指示委员会，当被告人向执法机关提供了实质性协助时，指南应当规定更低的刑罚，甚至低于国会立法规定的刑罚）；U. S. Sentencing Guidelines Manual § 5K1.1 (1987)（只有当政府申请时才适用"实质性协助"（substantial assistance）的幅度外量刑）。

[53] 这一结构的奇特之处在于它使得委员会需要借助联邦缓刑官员来确保联邦初审法官知晓如何进行指南的量刑计算。委员会准确地预料到了量刑法官将遵循缓刑官员们在量刑前报告中的分析和计算。See Bunzel, supra note 38, at 957—60.

[54] See 5 U. S. C. § § 702, 706.

[55] See Mistretta, 448 U. S. at 362.

三、量刑指南带来的变化

为了搞清楚为什么米斯特雷塔案提出的主张严重偏离了其重点，就有必要了解 1984 年的量刑改革法所造成的影响程度。总的来说，法案中的创新之处在联邦刑事司法制度的运作中产生了翻天覆地的变化。

（一）量刑指南的内容

量刑改革法的结构性创新是多方面的——包括废除假释制度；允许上诉；一个由联邦宪法第三条规定的法官（即联邦法官）组成的新的行政性机构；授权这个新机构制定约束量刑法官的规则。但除此之外——最高法院在米斯特雷塔案中没有提到，或者甚至都没有意识到——量刑委员会制定的指南（区别于同时期大约 15 个州采取的指南制度）[56] 的内容代表了拒绝考虑那些在裁量型量刑时期被认为是影响量刑的因素。委员会认为，大多数关于被告人背景和个人的因素——包括性别、年龄、种族、教育程度、服军役或其他社区服务、幼年遭遇、家庭影响和社区影响——在决定量刑时或者从不具有相关性，或者"不常具有相关性"[57]。

更重要的是，量刑委员会要求，量刑幅度的确定必须主要根据被告人的"实际犯罪"而不是其被正式定罪的犯罪。根据实际犯罪量刑的要求意味着，在量刑之前，法官必须进行大量的事实调查（或者接受双方当事人协商一致的事实），用来确定指南要求的量刑的严重程度；这些非定罪事实被委员会称为"相关行为"（relevant conduct）[58]。指南的"相关行为"规则产生的后果之一是，作为共同犯罪中的被告人，根据"相关行为"规则，法官可能会"将被告人所有可合理预见的行为归咎于该被告人，而忽略其他共犯在共同犯罪中起到的作用"[59]。例如，一名毒贩可能因向一名卧底贩卖很少量的毒品而被定罪。但如果在定罪后，其他证据使得法官根据优势证据标准认定，被告人知道他的雇主在一段时期内进口了大量的毒品，那么所有这些贩卖毒品的行为都将归咎于该被告人，因此获得的刑罚几乎相当于被告人单独贩卖所有这些毒品被定罪时可能获得的刑罚。即使那些"相关行为"在前案或者他案中被指控，即使被指控的被告人被认定无罪，这些"相关行为"仍然会在本案的量刑计算中被考虑进去，而唯一的限制是被告人的刑期不得超过本案

---

[56] See Kate Stith, Sentencing Guidelines: Where We Are and How We Got There, 44 St. Louis U. L. J. 387 (2000); Kevin R. Reitz, Sentencing Guidelines Systems and Sentence Appeals: A Comparison of Federal and State Experiences, 91 Nw. U. L. Rev. 1441 (1997); Richard S. Frase, Sentencing Guidelines in the States: Lessons for State and Federal Reformers, 6 Fed. Sent. 123 (1993).

[57] See U. S. Sentencing Guidelines Manual § 5H1 (2004).

[58] Id. § 1B1.3.

[59] Id. § 1B1.3 (a) (1) (B).

中被定罪的犯罪的法定最高刑期。(60)

由于指南的目的旨在将量刑法官的自由裁量权最小化，所以它将每个加重量刑情节（和一些减轻情节）确定到了非常详细和精确的程度——例如，被告人是犯罪组织的“领导者”比其是犯罪组织的“管理者”更严重的加重情节。(61)同时委员会也受到量刑改革法所要求的严厉刑罚的一系列指令的限制。(62)量刑委员会曾声称指南在很大程度上是基于联邦法院“过去的实践”而制定的(63)，委员会现在仍声称量刑指南只是以一种不同的形式延续了联邦法官通常的做法，即考量布雷耶大法官所说的“犯罪的实施方式”（the manner in which an offense was committed）(64)。然而规则的内容和它整体的量刑严重程度则背叛了这些主张。(65)

（二）刑法的内容

更重要的是，指南改变了联邦刑法本身。在指南出现之前，“定罪”与“量刑”之间有着清楚的划分——即定罪阶段（adjudicatory phase of the criminal law）和量刑阶段。联邦宪法直接调整定罪阶段，要求“在所有的刑事案件中”，必须根据联邦宪法第五修正案、第六修正案和第十四修正案的要求指控和证明犯罪——包括陪审团审判的权利和犯罪的每个要素都必须被证明排除合理怀疑的要求。(66)然而，联邦宪法中除了第八修正案规定了禁止“残忍且不寻常”的刑罚之外，没有其他调整量刑程序的条款。正当程序条款和宪法的其他程序性保护措施都不适用于量刑程序。(67)刑法理论家甚至为禁止犯罪和惩罚犯罪给出了不同的正当化理由。(68)

量刑指南抹杀了“定罪”和“量刑”之间的这种区别。根据被定罪的行为之外的行为来提高法定量刑幅度的强行规则，事实上是将额外（未被定罪的）行为“犯罪化”（criminalize）了。(69)量刑改革法惊人的雄心壮志——在短期内使刑罚合理化并且消除法官间的量刑差异——需要某种形式的“实际

---

(60) See id. § 1B1.3，cmt. See also United States v. Watts，519 U.S. 148（1997）（per curiam）；Witte v. United States，515 U.S. 389（1995）. Watts and Witte are Discussed in Infra Text Accompanying Noted 132 - 33.

(61) U.S. Sentencing Guidelines Manual § 3B1.1（2004）.

(62) 28 U.S.C. § § 994（i），994（m）；see also John Lott，Eliminating Sentencing Guidelines Would Make Penalties More Equal，Investors' Business Daily（February 7，2005）.

(63) See United States Sentencing Comm'n，Supplementary Report On the Initial Sentencing Guidelines and Policy Statements 16 - 18（1987）；Stephen G. Breyer，supra note 20，at 17.

(64) 125 S.Ct. at 760（Breyer，J.）.

(65) See Stith & Cabranes，supra note 18，at 59 - 76.

(66) See In re Winship，397 U.S. 358（1970）.

(67) See McMilan v. Pennsylvania，477 U.S. 79（1986）；United States v. Grayson，438 U.S. 41，53 - 55（1978）；Williams v. New York，337 U.S. 241，246（1949）. See infra notes 135 - 39 and accompanying text.

(68) See，e.g.，H.L.A. Hart，Punishment and Responsibility（1968）.

(69) 这一观点的详细论述见 Stith & Cabranes，supra note 18。例如，在贩卖毒品过程中使用枪支的行为。我们知道国会制定了将某个具体行为界定为犯罪的法律；而且这是米斯特雷塔的第三个指控，其最终被撤销（see supra note 2 and accompanying text），但是米斯特雷塔根据指南确定的量刑幅度被强制提高了，原因是他在作有罪答辩时承认了在预谋贩卖毒品时持有枪支（see supra note 44；U.S. Sentencing Guidelines Manual § 2D1.1（1987））。

犯罪"量刑，就像该法案所规定的那样。[70]如果想让量刑合理化，量刑委员会需要集合各种已经积累了数个世纪的联邦法律，为所有可能被指控的犯罪提供统一的量刑规则。总之，由于委员会被授权消除量刑"差异"（disparity），所以它不能采纳纯粹的根据"被指控犯罪"量刑的制度，在该制度下，量刑幅度仅依据被告人被定罪的法定犯罪。

国会和量刑委员会还有另一个同样重要的理由来解释为什么不采纳仅仅依据被指控的犯罪进行量刑的制度。检察官有权决定根据哪项法定条款指控被告人，以及在与被告人进行辩诉交易时撤销哪项指控。如果法定的量刑仅仅根据被定罪的犯罪，那么量刑的裁量权不是像国会所希望的那样从个别法官手中转移到量刑委员会，而是转移到了个别检察官手中。国会和量刑委员会显然认为，如果量刑不是根据被告人被指控的犯罪，而是根据被告人的实际犯罪（他的"相关行为"），检察官就不能通过辩诉交易独占量刑权。[71]然而通过根据"实际犯罪"量刑的制度来抗衡检察官对量刑的控制存在一个重大问题：一旦量刑规则颁布，规则中列举的量刑因素事实上将成为新的"指控"，其和法定指控一样将成为检察官进行辩诉交易的筹码。[72]

（三）赋予法官起诉权和定罪权

量刑委员会知道检察官的起诉权和辩诉交易权会妨碍它试图实现的相同"实际犯罪"在相同的量刑幅度内量刑的目标。因此，当颁布根据"实际犯罪"量刑的规则时，它煞费苦心地将哪些"相关行为"因素将作为量刑因素的决定权交给了法官，而不是交给更早接触案件且更熟悉案情的检察官。量刑委员会要求联邦缓刑官员收集有关被告人的实际犯罪的证据，并且禁止法官接受"削弱"量刑指南或者不能"充分反映实际犯罪的严重程度"的辩诉交易。[73]

缓刑官员因此在量刑指南制度下被赋予了新角色，即刑事侦查人员。除了控辩双方各提交一份犯罪陈述之外，量刑委员会还要求量刑前报告中需向法官提供"与量刑相关的事实"[74]。缓刑官员们只受过社会工作，而非刑事侦

[70]　See 28 U. S. C. §§991 (b) (1) (B)，994 (c)；William W. Wilkins, Jr. & John R. Steer, Relevant Conduct：The Cornerstone of the Federal Sentencing Guidelines，41 S. C. L. Rev. 495，501 (1990)（指出和众议院要求根据"被定罪的犯罪"量刑的量刑改革法提案不同，最终被通过的参议院的法案"虽然没有明确说明，但似乎更倾向于根据实际犯罪量刑的制度"）.

[71]　See id. at 497－99；Breyer, supra note 20, at 8－11；Michael Tonry & John C. Coffee, Enforcing Sentencing Guidelines：Plea Bargaining and Review Mechanisms, in The Sentencing Commission and its Guidelines142，152－54 (Andrew von Hirsch et al. , eds.) (1987).

[72]　See Albert W. Alschuler, Sentencing Reform and Prosecutorial Power：A Critique of Recent Proposals for "Fixed" and "Presumptive" Sentencing, 126 U. Pa. L. Rev. 550 (1978)；Coffee, supra note 39. 就像 Mark Tushnet 教授在 1992 年详细解释的那样，"当检察官想要回避根据实际犯罪量刑的制度时，他所需要做的只是选择一个指控，这一指控在指南中的最高刑低于实际犯罪量刑幅度的最低刑——也就是说，选择一个不同的'实际'犯罪"。Mark Tushnet, The Sentencing Commission and Constitutional Theory：Bowls and Plateaus in Separation of Powers Theory, 66 S. Cal. L. Rev. 581，593－94 (1992).

[73]　U. S. Sentencing Guidelines Manual §6B1. 2 (2004).

[74]　Id. §6A1. 1 (cmt).

查的训练，他们显然需要从某处获得关于实际"事实"的信息，但他们被禁止通过控辩双方获得这些信息——因为双方当事人可以"通过协议"试图"消除这些相关信息"，而缓刑官员被明确禁止"对法院保留可靠信息"[75]。起初几年，至少在有些联邦司法辖区的缓刑官员试图履行量刑委员会强加的这项新职责，但这引起了辩方律师的强烈不满，他们抱怨缓刑官员似乎成了"法庭上的第三方对手"（third adversary in the courtroom）[76]。

量刑委员会的第二项政策是对第一项政策的补充。一旦缓刑官员将"实际"事实报告给法官，法官必须依赖这些事实进行量刑。量刑委员会强调，在决定"量刑的事实基础"时，法官不受当事人达成一致的事实的"约束"，并且不仅应考虑当事人之间达成一致的事实，还应考虑"量刑前调查的结果"[77]。最后，在认定了"事实"之后，法官须在指南规定的量刑幅度内判处刑罚。正如在首份量刑指南起草过程中起主要作用的大法官布雷耶[78]将在布克案中解释道的那样，"国会的基本立法目标——建立减小量刑差异的制度——的达成的关键在于法官认定被定罪的犯罪背后的实际犯罪，并据此判处刑罚"[79]。

大法官布雷耶如此推崇的"实际犯罪"方法是基于对行政程序和中立的专业人士的信赖，但对对抗制诉讼的理解不够深入。在对抗制诉讼中，不论什么证明标准，除非其在法庭上得到证明，没有所谓的"事实"。这是一个与行政性或者调查性事实认定过程完全不同的过程，后者是由专业的（至少是中立的）裁判者收集信息，这些信息不是作为证据或者证明，而是作为事实结论。在寻求使量刑程序兼具诉讼程序和行政程序的特征时，量刑委员会显然没有考虑到联邦宪法关于刑事案件的具体要求——包括由大陪审团指控、与证人对质的权利、陪审团审判和证明排除合理怀疑等要求——可能适用于诸如量刑指南这种成文化的量刑规则，就像布莱克利案和布克案后来判决的那样。

然而，量刑委员会的这个行政性方法还遭遇到了另一个宪法上的困境，甚至在布莱克利案中也没有提及这一方面；它允许法官篡夺检察官和大陪审团的起诉权。根据量刑委员会设想的量刑程序，即使检察官未起诉指南规定的某个加重量刑因素——或即使当事人间达成一致不提交这个因素——法官（在缓刑官员的帮助下）依然有权"指控"这个因素，并且如果有必要，可以组织听证并传唤证人以"认定"这一因素是否存在。这就是布莱克利案中所发生的一幕，法官承担了第三方检察官的角色，认定了一个检察官没有提出指控但将加重被告人刑罚的事实，然后一方面指控了被告人的这项事实，

[75] Administrative Office of the United States Courts, Division of Probation, Presentence Investigation Reports under the Sentencing Reform Act of 1984, 4 - 5 (1987).

[76] See Jerry D. Denzlinger & David E. Miller, The Federal Probation Officer: Life before and after Guideline Sentencing, Probation 49, 50 - 51 (December 1991).

[77] U. S. Sentencing Guidelines Manual § 6B1. 4 (d) & cmt. (2004).

[78] 史蒂芬·布雷耶（Stephen Breyer），当时是联邦第一巡回区上诉法院的法官，他是首届量刑委员会七名委员之一，并且据说在制定指南时起了重大作用。See generally Stith & Cabranes, supra note 18, at 49 - 50, 55, 57 - 58.

[79] 125 S. Ct. at 759 (Breyer, J.).

另一方面认定这项额外的不法行为是犯罪。[80]

（四）赋予检察官量刑权

实践中，在很少的案件中，参与者——缓刑官员、检察官、被告人、辩护律师或法官——会有动力或者资源去履行他们的新职责。尽管国会和量刑委员可能会极力推崇根据"实际犯罪"量刑的制度，但对于实践中的检察官和辩方律师来说，协商解决案件更有吸引力。缓刑官员们很快意识到，试图从双方当事人以外的途径获取"事实"是费时的且常常是徒劳的，而当双方当事人都不希望根据某个事实进行量刑时，法官一般也没有动力去强迫当事人证明这一"事实"存在或者不存在。

量刑委员会只是制定量刑指南，却没有直接执行指南的权力，这导致其设想最终落空。在量刑指南颁布的第一年，依靠有罪答辩定罪的联邦刑事案件仅占 85%。[81] 这一比例稳步增长。到 2002 年，这一比例已经超过 97%[82]，并且绝大多数的辩诉交易是在指南的量刑情节上达成一致的。[83] 1998 年修订的联邦刑事程序规则（Federal Rules of Criminal Procedure）间接地承认了这种协议的合法性，明确规定检察官不仅可以承诺哪些法定指控可以撤销，还能决定哪些指南规定的量刑情节将被指控。[84] 在量刑指南时代，有罪的辩诉交易事实上已经成为了量刑交易（sentence bargaining），检察官在量刑上的权力给了他自己相当大的筹码来促使被告人进行有罪答辩。同样重要的是，由于在指南规定的量刑情节的证明上对被告人的程序性保护不利，所以这加大了检察官进行辩诉交易的筹码。当被告人被指控犯有法定犯罪时，他知道如果不作有罪答辩，他将面临的是陪审团审判，检察官必须在陪审团面前证明其犯罪的每一个要素已经达到排除合理怀疑的程度。但在量刑指南制度下，由法官而非陪审团来认定指南规定的加重或减轻情节；证据规则（包括为了保护与证人对质权利的传闻证据规则）不被适用；并且指南量刑情节的证明标准是"优势证据"标准[85]，即适用民事案件的可能性大于不可能性的标准（more-likely-than-not burden）。

通过行政程序而非受宪法严格调整的对抗式诉讼程序来执行强制性的量刑规则当然有它的优势。就像大法官布雷耶在布克案中解释的那样，"在需

---

[80] See Blakely v. Washington, 542 U. S. 296, 300（2004）；State v. Blakely, 47 P. 3d 149, 154（Wash. Ct. App. 2002）. See generally Kate Stith, Crime and Punishment Under the Constitution, 2004 Sup. Ct. Rev. 221（2005）.

[81] See Administrative Office of the U. S. Courts, Federal Offenders in the United States Courts, 1986 through 1990, at 50（1990）.

[82] United States Sentencing Commission, 2002 Sourcebook on Federal Sentencing Statistics 21（2003）.

[83] See Frank O. Bowman Ⅲ, Train Wreck? Or Can the Federal Sentencing System Be Saved?, 41 Am. Crim. L. Rev. 217, 229（2004）；Joseph S. Hall, Rule 11（e）（1）（c）and the Sentencing Guidelines：Bargaining outside the Heartland?, 87 Iowa L. Rev. 587, 589-90（2002）. 米斯特雷塔案可以作为例子来说明。米斯特雷塔最初被指控的是贩卖一定数量的毒品，其最低刑是五年监禁刑，但是由于他承认了较少的毒品数量，所以被判处了更低的刑罚。See supra note 16. See generally Tony Garoppolo, Fact Bargaining：What the Sentencing Commission Hath Wrought, 10 Crim. Prac. Man.（BNA）405（1996）.

[84] Fed. R. Crim. P. 11（c）（1）（2004）.

[85] U. S. Sentencing Guidelines Manual § 6A1. 3（cmt.）（2004）.

要由陪审团审判的制度中，量刑和实际发生的犯罪行为之间的关系要远得多"[86]。换句话说，如果我们仅将宪法性程序适用于刑事诉讼的部分阶段，那么惩罚全部罪行要容易得多。

四、米斯特雷塔案在联邦最高法院的审理

在米斯特雷塔案中，当事人和大法官们都不认为"实际犯罪"量刑制度有任何正当程序上的意义。的确，没有一个下级法院废除量刑指南的理由是对非定罪行为的强制惩罚违反了联邦宪法第五修正案和第六修正案。[87]根据联邦最高法院之前在麦克米伦案（McMillan v. Pennsylvania）中的判决，这样的主张似乎是被禁止的。麦克米伦案判决认为，如果法官认定了被告人在实施其已被定罪的行为的过程中持有枪支，那么可以将法官认定的这一事实作为法定加重情节来对待。[88]米斯特雷塔案的主张也不涉及国会在界定犯罪和设置刑罚时的限制——理由很充分，因为联邦最高法院仅在死刑案件中废除了强制量刑（并且要求"个别化"量刑），理由则是它一贯主张的"死刑是不同的"理论。[89]

然而，米斯特雷塔案的主张紧紧围绕着很多下级法院案件中的争议焦点，包括联邦上诉法院的两个案件[90]：国会授予了量刑委员会过多的权力，以及量刑委员会被设置在司法系统中，这不当地扩张了其司法权。这些违宪主张的根据是量刑指南成为法律的特殊方式。如果只是国会自己将量刑委员会的草案变成国会立法（尽管保留了指南的执行方式——通过法官认定事实），那么米斯特雷塔的宪法主张将不存在。

（一）向量刑委员会授权

在驳回米斯特雷塔提出的国会授予了量刑委员会过多权力的主张时，大法官布莱克门强调了量刑改革法给量刑委员会规定的很多指示和限制。但许多法定指示事实上是模糊的或者任意的，以至于那些法定指示变得毫无意义[91]，或存在潜在的矛盾。[92]但在法院看来，问题仅在于指示的数量是否足

---

⑧⑥　125 S. Ct. at 761 (Breyer, J.).

⑧⑦　G. Thomas Eisele 法官的法庭意见接近这一主张，但最终他在判决中还是认为量刑改革法被授权了过多的界定犯罪的立法权。See United States v. Brittman, 687 F. Supp. 1329, 1335 (E. D. Ark. 1988).

⑧⑧　477 U. S. 79 (1986). 在指南早期的一些提出第六修正案主张或其他程序性主张的案件中，法院一般根据麦克米伦案驳回这些主张。see, e. g., United States v. McGhee, 882 F. 2d 1095, 1098 (6th Cir. 1989). See also Tushnet, supra note 72, at 590（国会仅仅为每个罪名规定了强制性刑罚，这不违反宪法的要求）。

⑧⑨　See, e. g., Gregg v. Georgia, 428 U. S. 153, 188 (1976) (joint opinion of Stewart, Powell, and Stevens, JJ.); Woodson v. North Carolina, 428 U. S. 280, 298 (1976); Lockett v. Ohio, 438 U. S. 586, 608 – 10 (1978).

⑨⓪　See supra note 33.

⑨①　See, e. g., 28 U. S. C. § 991 (b) (1) (B)（要求指南"为达到量刑的目的提供确定性和公正性的标准，避免不必要的量刑差异，但仍保留充分的灵活性以确保个别化裁量。"）.

⑨②　例如，指南如何能一方面"保留充分的灵活性以确保个别化量刑"，而另一方面又要反映考量诸如教育背景、职业技能、雇佣记录和家庭社会关系等个人特征"一般是不恰当的"(28 U. S. C. § 994 (e))？

够。最高法院在此前的案件中曾认可国会立法权的广泛授权(93)，而量刑改革法中规定的指示和明确的要求至少和该案中的一样多。因此，如果最高法院处理的问题是正确的，那么它给出的回答也是正确的。

然而，其实有一个很好的主张，即授权问题仅仅是用来掩人耳目的。事实上国会并非授权过多，而只在名义上授予了量刑委员会回答四个重要问题的权力，而这四个问题是任何一套量刑规则都必须回答的。第一，应当留给法官多大裁量权？第二，量刑应当仅根据被定罪的行为还是也应当考虑非定罪行为？第三，刑罚应当有多严厉？最后，检察官应当有多大的权力使某些被告人免受强制规则的约束？就像我们所看到的，我们可以从量刑改革法和它的立法历史(94)中清楚地找到这些问题的答案：要求大幅度缩减法官的裁量权，量刑应当根据"实际犯罪"和被告人的犯罪记录来确定，许多犯罪的刑罚应当更严厉，应当允许对与控方合作的被告人在指南量刑幅度之下量刑。(95)因此，真正的问题不是国会是否过度授权，而是这些伪装的授权是否合乎宪法。

（二）"联邦司法系统中"的委员会

大多数由米斯特雷塔提出的且由法院处理的具体主张，都针对量刑委员会的法律地位，设立量刑委员会的法律将其称为"联邦司法系统中的独立委员会"，要求七名委员中至少有三名是宪法第三条规定的法官。(96)联邦最高法院承认量刑委员会是"我们政府框架中的特殊机构"(97)，因为一般情况下制定规则的权力是由行政机关行使的。但是，根据联邦最高法院最近关于权力分立的判决(98)，它已经准备允许国会在为解决新出现或新发现的社会问题设置机构时有所创新，只要"不侵犯任何分支的权力或者以一个分支的权力为代价扩大另一分支的权力"(99)。

米斯特雷塔主张量刑改革法扩张了司法分支的权力的主要理由是，量刑委员会行使的立法权无论是对于司法系统整体还是对法官个人来说都是不恰当的。最高法院原本可以这样回应这一主张，就像副总检察长建议的那样(100)：量刑委员会行使的不是司法权而是行政权。我们承认国会有绝对的权力为犯罪设置适当刑罚，它可以在各刑事法律中或统一的量刑法中详细地规定刑罚。或者，国会可以通过立法只规定宽泛的幅度，然后将裁量权留给法官，

---

(93) See, e.g., Lichter v. United States, 334 U.S. 742 (1948); Yakus v. United States, 321 U.S. 414 (1944); American Power & Light Co. V. SEC, 329 U.S. 90 (1946). 然而，从一些大法官，尤其是大法官伦奎斯特的意见中可以推断出，当时的不得授权原则（non-delegation doctrine）可能会重新恢复。See, e.g., Industrial Union Dep't v. American Petroleum Inst., 448 U.S. 607 (1980).

(94) See S. Rep. No. 98-225, supra note 20; Stith & Koh, supra note 20.

(95) See supra text accompanying notes 24-26, 57-65.

(96) 28 U.S.C. § 991 (a).

(97) 488 U.S. at 384.

(98) See Morrison v. Olson, 487 U.S. 654 (1988); Buckley v. Valeo, 424 U.S. 1, 182 (1976). Compare Bowsher v. Synar, 478 U.S. 714 (1986); INS v. Chadha, 462 U.S. 919 (1983).

(99) 488 U.S. at 382, quoting Buckley v. Valeo, 424 U.S. 1, 182 (1976).

(100) Brief for the United States, supra note 8, at 33-35.

由法官在幅度内确定具体刑罚，就像几个世纪以来一直实践的那样。第三种选择是国会可以将量刑权授予一个行政性机构。如果国会选择第三种方式，就像它在量刑改革法案中所做的那样，那么这个机构和所有被授予立法权的机构一样行使的是行政权。

然而，最高法院在米斯特雷塔案中并不承认量刑委员会行使的是行政权，反而一再承认，事实上是宣称，国会对量刑委员会的定性是属于"司法系统"。大法官布莱克门总结道，量刑委员会并不是在制定法律，而且就像量刑委员会在向法庭提交的独立意见中所主张的那样，量刑改革法没有造成司法权的扩张，量刑中的权力平衡与量刑委员会设立之前的并无变化。[101]量刑改革法仅仅是"承认司法系统一直以来所扮演的角色，并且将在量刑中继续扮演同样的角色"[102]，因为"在该法通过之前，司法系统作为一个整体，其应回答的问题现在交由量刑委员会回答了：在何种情形下、何种罪行应判处什么样的刑罚是恰当的"[103]。总之，指南"只是限制了法官实践了几个世代的裁量权——在国会确定的宽泛幅度内确定刑罚"[104]。

不管最高法院将这个结论重复多少次，它听起来还是错误的。问题不在于量刑中的权力平衡有没有遭到破坏或者司法权有没有扩张，而在于量刑改革法剥夺了法官的权力。量刑改革法并不是"束缚"了法官的裁量权，而是剥夺了法官的大部分裁量权。此外，至少在形式上，量刑改革法将量刑权转移给了一个行政性机构，这个机构实质上与"司法系统"没有任何关系。该机构的组成人员由总统提名并经参议院同意，此外还设置了两名行政官员作为当然成员（ex officio membership），其中一名是总检察长或者他指定的人员。[105]委员中的大多数不是联邦法官（Article Ⅲ judges 根据联邦宪法第三条产生的法官）。该机构制定的规则具有法律的约束力和效果。总之，新机构与"司法"之间唯一实质性的联系是：它所行使的权力之前属于司法权。[106]

我们可能永远都不会了解为什么八名大法官坚持对量刑委员会和指南的这一错误定性。或许是因为最高法院没有完全理解量刑委员会的结构和权力。虽然最高法院承认量刑指南对法官行使量刑权有约束力[107]，但它坚持认

---

[101] Brief of Amicus Curiae United States Sentencing Commission at 10, United States v. Mistretta, 488 U. S. 361 (1989).

[102] 488 U. S. at 390 – 91.

[103] Id. at 395.

[104] Id. at 396.

[105] 28 U. S. C. § 991（a）. 另一名当然成员是联邦假释委员会的主席（id., see also supra note 19）.

[106] 法院还处理了司法权扩张的三个辅助性主张：（1）根据宪法，联邦法官只有对"案件"和"纠纷"进行审判的权力；（2）联邦法官不能被赋予与联邦法院的司法运作相关的其他功能；（3）联邦法官不能被赋予与法院的司法运作无关的功能。这些主张要么不相关，要么已经由历史给出了答案。第一个主张没有相关性，因为不论是作为整体的量刑委员会还是它的法官成员们，它们的运作都不同于联邦法院（Article Ⅲ court 联邦宪法第三条规定的法院，即联邦法院）（See 488 U. S. at 383）。第二个主张已经作废，因为最高法院已经认可法官根据规则实施法（Rules Enabling Act）和其他法律可以制定联邦民事程序规则（Federal Rules of Civil Procedure）、联邦刑事程序规则和联邦证据规则（id. at 387 - 98）；法院也认可现代官僚制的现实要求，允许国会赋予法官涉及法院行政和联邦缓刑制度的行政性职责。米斯特雷塔案准确地发现了第三个有较大问题的关于联邦法官服务于该委员会的主张。但是历史也已给出了答案，最高法院总结道："换句话说，联邦宪法……并不禁止法官戴两顶帽子；它只禁止同时戴两顶帽子。"id. at 404.

[107] Id. at 391.

为指南"不约束或调整公众的先前行为，也没有赋予司法系统为每一个犯罪设置最小刑罚和最大刑罚的立法职责"[108]。但事实上指南在这两方面都做了。例如，一旦量刑委员会决定被告人的妨碍行为将导致一个更高的刑期，或者其承认刑事责任将获得更短的刑期，这些规则会对社会成员产生"约束力"，因为事实上它们必然会产生威慑作用。

同样地，当法院认为联邦法官参与委员会"实质上和表面上都不会威胁到司法系统的公正性"时，它的这个结论也是完全错误的。[109]最高法院解释说，它得出"这个结论是基于一个最重要的考虑"，即委员会履行职责"没有利用司法系统的资源或声誉，无论是在决定哪些行为应犯罪化的立法事务中，还是在执行法律的行政事务中"[110]。但是指南确实将某些行为"犯罪化"。而且由于指南对法官来说不仅是有约束力的，而且还是强制性的，所以法官被置于附属检察官（supplemental prosecutor）的位置，用量刑改革法的话说就是被要求适用"相关行为"和加重情节，而不论检察官的意愿如何。

大法官斯卡利亚的反对意见清楚地认识到了这些现实。正如他在意见的开头提到的，"毫无疑问，量刑委员会制定的是重要的、具有法律约束力的、调整针对个人的政府权力的行使的规则"[111]。对于大法官斯卡利亚来说，将这一权力授予量刑委员会是违宪的。其原因有两个：第一，他反对纯粹的立法权的授权，而不是为了服务一个更高的机构目标（与之相对的，例如，证券交易委员会），导致的后果是该机构"除了制定具有法律效果的规则之外，不行使其他的政府权力"[112]。第二，他认为量刑委员会不属于任何"分支"——不属于司法分支（因为委员会不受法院或法官的控制），不属于行政分支（因为总统对它的控制也不够充分），也不属于立法分支（因为指南不是国会制定的法律）。[113]在他看来，量刑委员会是"一个完全新的分支，一个小国会（junior-varsity Congress）"[114]。

大法官斯卡利亚的意见当然是合理的，并且与最近的权力分立判决相一致[115]，但由于大法官布莱克门反对斯卡利亚的"小国会"是违宪的结论，令人失望的是，多数意见甚至没有任何迹象表明要考虑大法官斯卡里亚的主张的前提——量刑委员会行使的是立法权。它也未对大法官斯卡利亚提出的关于委员会的结构特征（它的组成和任免方式）的主张，即量刑委员会不属于"司法系统"，作出回应。

由于大法官布莱克门承认了一个立法假设，即量刑委员会属于司法系统，所以他不得不回答另外两个问题。第一，如果量刑改革法的确将实体规

---

[108] Id. at 396.

[109] Id. at 407.

[110] Id.

[111] Id. at 413 (Scalia, J., dissenting).

[112] Id. at 427 (Scalia, J., dissenting).

[113] See id. at 423 - 24 (Scalia, J., dissenting).

[114] Id. at 427 (Scalia, J., dissenting).

[115] See, e.g., Morrison v. Olson, 487 U. S. 654, 694 (1988)："尽管宪法为了保障自由将权力分散了，但它也考虑到在实践中为了使政府运作的高效需要集中这些分散的权力。它要求各分支分立但相互依赖，自治但相互作用"。quoting Youngstown Sheet & Tube Co. v. Sawyer, 343 U. S. 579, 635 (1952) (Jackson, J., concurring).

则制定权置于司法系统之中，这是否侵犯了行政系统的权力？第二，这是否是司法功能和立法功能的不当合并？为了回答第一个问题，最高法院指出，"总统和量刑委员会的关系在功能上与国会是否将其置于司法系统没有差别"[16]。至于国会可能不当地授予了司法系统立法权这个问题[17]，最高法院解释道，"尽管量刑委员会属于司法系统，但它的权力并不像权力分立理论所分析的那样与司法机关的权力相统一"，量刑委员会"不行使司法权"[18]。大法官布莱克门接着承认，量刑委员会"在任何意义上讲都是一个独立的机构"[19]，它的决定可以随时被国会改变。

因此，米斯特雷塔案的法庭意见是自相矛盾的。为了回答米斯特雷塔司法权扩张的主张，法庭意见认为将量刑委员会设置在司法系统是恰当的，因为指南仅仅行使了且合理化了原本应当由法官个人行使的量刑权。但是为了回答副总检察长提出的将量刑委员会设置在司法系统将侵犯其他联邦政府分支的权力这一问题，法庭意见又同时坚持认为委员会并非真正的司法系统的一部分，因为它"不行使司法权"，完全对国会负责"并且是"独立的机构"。

五、未解决的权力分立问题

米斯特雷塔案法庭意见不一致的原因，可能正如我们之前提到的那样，是最高法院没有完全了解联邦量刑指南是如何运作的。但或许法院了解的比显而易见的要多。

（一）侵犯司法权

米斯特雷塔案中持多数意见的大法官们可能完全知道，名义上将量刑委员会设置在司法系统中，与国会是否有指示量刑委员会制定量刑规则的宪法权力这一问题并无直接关系。国会可能意识到量刑改革法案产生的真正的权力分立问题并不是司法权的扩张，而是司法权的篡夺。正如丹尼斯·柯蒂斯（Dennis Curtis）敏锐地观察到的那样：

> 米斯特雷塔案法庭意见中显露的不安源于它意识到——故意不提及——如果不提出权力分立问题，法官将从量刑程序中消失……我认为就是因为这个原因，所以法院在勉强接受国会的新制度的同时长篇大论地强调法官的历史作用和吹捧他们的专业技能。[20]

从另一个稍有不同的角度来看，最高法院可能对国会的做法进行了错误

---

[16] 488 U. S. at 388 note 14.

[17] Id. at 395 – 96.

[18] Id. at 393（emphasis added）.

[19] Id.

[20] Dennis Curtis, Mistretta and Metaphor，66 S. Cal. L. Rev. 607，616 – 17（1992）.

的定性，因为国会事实上缩小了司法权，从而严重影响了刑事司法程序中的权力平衡——而且最高法院不想承认国会拥有引起这样一个翻天覆地变化的宪法权力。可能法院认为这事实上拯救了量刑改革法规定的量刑权之外的司法权。

（二）合并起诉权和量刑权

第二个可能性是，法院认为如果公开承认量刑委员会行使的是行政权，则可能会遇到更大的宪法难题。在法庭意见的一个注脚中最高法院提出了相同的问题，如果把制定量刑规则的权力授予"行政分支"，那么将产生这样的问题，即国会将"起诉权和量刑权合并到同一个权力分支是否违宪"[120]。这一问题关注的不是司法机关的角色，而是权力分立原则的根本目的。米斯特雷塔和量刑委员会都在他们的辩论意见中透露，把量刑委员会设置在"行政分支"是违宪的[121]，两份意见都引用了关于 1984 年量刑改革法案的众议院报告（House Report to the Sentencing Reform Act of 1984）中的精辟论述，"将如此重要的量刑权授予负责起诉的政府分支，这同将这一权力赋予辩护律师这个团体一样地不恰当"[122]。

如结果显示的那样，最高法院的怀疑是正确的，量刑改革法可能被理解为将起诉权和量刑权合并。但如果这是法案的宪法性瑕疵，仅仅为了管理和行政目的，在立法上将量刑委员会规定在"司法系统"中是无法弥补这一宪法性瑕疵的。

我们不能因为米斯特雷塔的律师们没有提出量刑指南时代的一个关于量刑的关键事实——量刑权事实上转移给了联邦检察官而不是量刑委员会——而责备他们。1988 年，在量刑改革法案生效后不久，米斯特雷塔的律师有理由相信委员会的预防政策——根据"实际犯罪"量刑——能防止这一现象的发生。[123]就像我们所看到的，它没能起到预防作用，直到法院在布莱克利案和布克案中开始处理指南对权力分立和量刑中的权力平衡原则的重大影响。

（三）宪法可问责性（constitutional accountability）

然而，米斯特雷塔原本可以提出另一个主张，该主张从量刑改革法案生效之日起就很明显了，即量刑改革法案将量刑委员会定性为"属于司法系统"是违宪的，因为这一定性是错误的。通过审查该法案及其制定过程，毫

---

[120]　488 U. S. at 361 note 17. 最高法院还指出了如果量刑委员会被认为是行政机构将产生另一个问题——"国会将司法职权授权给行政分支是否违宪"。Id.

[121]　Brief of John M. Mistretta at 35 - 40, Mistretta v. United States, 488 U. S. 361 (1989)；Brief of United States Sentencing Commission, supra note 101, at 11.

[122]　H. R. Rep. No. 98 - 1017, at 95 (1984).

[123]　See supra notes 71—79 and accompanying text.

无疑问，量刑委员会的法律定位和七名委员中必须有三名是联邦法官的要求⑮，是为了掩盖它篡夺（在此之前的）司法权以及在量刑改革法影响下联邦刑事法律发生巨大变化的事实，是为了保护指南不受行政程序法上的质疑（并且以其他方式使量刑委员会不受几乎所有其他有规则制定权的政府机构应受的监管），最重要的是法官的公正和具有量刑专业知识的声誉为量刑委员会披上了虚假的外衣。⑯

国会确实拥有根据不同犯罪、不同犯罪记录的被告人确定详细的量刑幅度的宪法权力。但是国会未曾也还未将指南上升为法律。取而代之的是，它设立了一个新的独立机构来执行它的命令，其成员由总统任命，其中两名代表总统的官员作为当然成员。它命令该机构否定法官的量刑权，制定量刑规则，这些量刑规则为大多数案件规定了严厉的刑罚，且量刑的部分依据是被告人从未被定罪的违法行为。自始至终，国会一直躲藏在合法外衣之下，假装这些规则仅仅是"指南"，制定这些规则的机构与那些被国会剥夺了量刑权的联邦法官们属于同一个政府"分支"。

在我们的宪法秩序之下，不论是联邦政府内部还是联邦政府和州政府之间，将不同的权力分配给不同的主体行使的其中一个原因是为了保证政府行为的可问责性。如果指南的确属于司法分支，那么当其他政府分支侵占（commandeer）了司法分支时⑰，人们将难以区分谁对这些量刑规则负责，而谁真正行使了刑事案件的量刑权。

■ 六、新篇章：布克案

联邦最高法院至此还未直接处理上述任何权力分立问题——关于法官量刑权被篡夺、起诉权和量刑权的合并以及将量刑委员会定性成司法系统中的独立机构所产生的困惑。然而，在今年可以算作是米斯特雷塔案尾声的布克案中（United States v. Booker），最高法院根据另一个理由认定指南违宪——如果指南得到执行，它将会剥夺被告人在起诉时和在证明方面的宪法权利。⑱具有讽刺意味的是，如果这是布克案唯一的判决结论，那么为了尊重被告人的这些正当程序权利，指南可能会以一种不同的方式被执行。接下来我将介绍最高法院是怎样从 1989 年米斯特雷塔案的维持指南的判决中转变态度从而在 2005 年判决其违宪的。同时我也将指出，如果布克案作出的违

---

⑮　2003 年国会修订量刑改革法时对法官的作用作了更大的限制，将"至少三名"委员必须是法官的要求修改为"不得多于三名"。Pub. L. No. 108‑21, Title Ⅳ, §401 (n) (1), 117 Stat. 676 (April 30, 2003) (被称为"菲尼修正案（Feeney Amendment）") .

⑯　See generally Stith & Koh, supra note 20.

⑰　"侵占"（commandeering）的观点之前在纵向而非横向的权力分立中讨论。See Printz v. United States, 521 U. S. 898, 904‑33 (1997) （废除了要求州政府官员介入的枪支控制法律规定）; New York v. United States, 505 U. S. 144, 159‑80 (1992) （废除了要求州政府管理废物处理工程的环境规章）.

⑱　125 S. Ct. at 746‑52 （判决认为指南中法官认定事实的规定违反了联邦宪法第六修正案保障的被告人由陪审团审判的权利，也包括得到排除合理怀疑的证明的权利）.

宪的判决结论是唯一的结论，那么这将解决米斯特雷塔案中未解决的由指南产生的主要的权力分立问题。

但是布克案还存在着第二个判决结论（由另一个不同的多数意见作出，我将称其为布克案Ⅱ），即只要指南对量刑法官没有约束力，那么它就是合宪的。[129]最终布克案Ⅱ可能无法与布克案的第一个判决（布克案Ⅰ）结论相调和。布克案Ⅱ的判决结论要求废除指南的核心特征之一——其作为法律的性质，这将改善指南引起的正当程序问题，但无法消除这些问题。不过它确实解决了指南引发的其中一个关于权力分立的核心问题，即检察官行使了过多的刑事量刑权。

（一）量刑指南下的正当程序

米斯特雷塔案之后，联邦最高法院没有再审查过任何针对量刑委员会或量刑指南的违反权力分立的主张。然而，在米斯特雷塔案之后的十年间，法院审查并驳回了四个针对量刑指南的正当程序违宪主张。与米斯特雷塔和其他一些被告人在指南生效之初提出的正当程序主张不同——即他们拥有"个别化"量刑的宪法权利——20 世纪 90 年代提出的正当程序主张涉及的不是量刑中被告人的权利，而是起诉中被告人的权利。米斯特雷塔案的正当程序主张的内容主要是法官应当被允许在量刑中行使裁量权，后米斯特雷塔案时代的主张接受了指南否定这类裁量权的现实，而要求如果裁量权将被法律所取代，那么该法律的执行程序应当符合宪法要求。

在两个案件中，联邦最高法院驳回了这类主张，且没有大法官持反对意见。其中一个案件判决妨碍司法作为指南的强制加重情节不违反宪法[130]，另一个案件判决如果由法官认定事实并没有导致量刑结果超过被定罪的罪名的法定最高刑，那么由法官认定事实并不违反联邦宪法第六修正案所保障的被告人的陪审团审判权利。[131]在其他两个案件的判决中，只有大法官史蒂文斯持反对意见。威特案（Witte v. United States）判决认定，指控被告人已经在另一个刑事案件中作为指南规定的加重情节的违法行为，并不违反禁止双重危险原则。[132]沃茨案（United States v. Watts）维持了一项量刑加重情节，即法官用优势证据标准认定了一项陪审团裁定无罪的违法行为。[133]就像我最近在别处详细描述的那样[134]，上述案件的判决以及 1986 年麦克米伦案的判决[135]，最终的根据都是同一个年代久远的先例，即 1949 年的威廉姆斯案（Williams

---

[129] Id. at 764（Breyer, J.）.

[130] United States v. Dunnigan, 507 U. S. 87, 92 - 98（1993）.

[131] Edwards v. United States, 523 U. S. 511, 516（1998）.

[132] 515 U. S. 389, 395 - 406（1995）; id. at 407 - 08（Stevens, J., dissenting）. 大法官斯卡利亚和托马斯发表协同意见，他们认为禁止双重危险原则只禁止连续起诉，不禁止连续惩罚, id. at 406 - 07（Scalia, J., concurring）.

[133] 519 U. S. 148, 149 - 57（1997）（per curiam）; id. at 159 - 70（Stevens, J., dissenting）. 大法官肯尼迪持反对意见，认为最高法院应允许当事人就该案进行充分的书面陈述和口头辩论, id. at 170 - 71（Kennedy, J., dissenting）.

[134] See Stith, supra note 80.

[135] 477 U. S. 79; see supra note 88 and accompanying text.

v. New York)。[⑬]该案承认广泛的量刑裁量权，更具体地说，允许法官依赖量刑前报告中证明被告人过去违法行为的传闻证据，而这一过去的违法行为未被指控和定罪。[⑰]

威廉姆斯案之后的几十年间，联邦最高法院重新考虑并大幅度地扩张了刑事被告人在侦查和审判阶段以及死刑案件的量刑阶段的权利；在本书的其他章节详细地论述了这些案件。但威廉姆斯案依然是法院拒绝为非死刑案件的量刑阶段提出至关重要的程序性保护的法律依据。排除合理怀疑的证明标准、陪审团审判的权利、禁止双重危险原则和与控方对质的权利，所有这些程序性保护手段不适用于量刑。只要量刑结果不高于法定最高刑且不低于法定最低刑，它就是合法的。[⑱]

即使是在 20 世纪 80 年代初，联邦政府和一些州政府开始采用诸如联邦量刑指南这样的确定的量刑制度时，联邦最高法院仍依据威廉姆斯案及其后继案件驳回了正当程序权利也应适用于量刑阶段的主张。之前我曾提到，最高法院坚持在裁量型量刑时代创立的先例仍然适用，原因是如果最高法院认定具有某种"程序"的制度（量刑指南）违反宪法，而不具有任何"程序"的制度（威廉姆斯案）不违反宪法，这将导致自我矛盾。解决这种自我矛盾的一条途径是重新考虑威廉姆斯案本身的有效性。[⑲]

还没有最高法院的成员采取这一途径。尽管他们仍然坚持法官量刑具有完全的自由裁量权是合宪的，但是最高法院的某些成员越来越觉得根据威廉姆斯案的判决理由来维持新的确定的量刑制度中法官认定事实的权力是不恰当的。在 1998 年的一个案件中，除了大法官史蒂文斯之外，还有三名大法官也反对法官可以认定国会立法中规定的加重情节事实。[⑳]在第二年的琼斯案（Jones v. United States）中，第五名大法官加入了这四名大法官的行列，形成了新的多数意见，多数意见提出警示：如果允许根据法官认定的事实加重刑罚，将产生有关陪审团审判权利和排除合理怀疑证明标准的"重大"宪法问题。[㉑]琼斯案的警示成为了第二年的阿普兰迪案（Apprendi v. New Jersey）的判决结论。[㉒]大法官史蒂文斯的法庭意见——大法官斯卡利亚、苏特、托马斯和金斯伯格参与该法庭意见——废除了新泽西州法律规定的"仇恨犯罪"（hate crime）加重情节，认为"将导致刑罚超过国会立法规定的最高刑的事

---

⑬　337 U. S. 241 (1949) (Black，J.）.

⑰　Id. at 247（唯一的限制是刑罚必须在"确定的法律或宪法界限之内"）.

⑱　See United States v. Grayson，438 U. S. 41，45 - 55 (1978)（量刑法官可能会考虑被告人在法庭上明显是作伪证的情形）；Williams v. Oklahoma，358 U. S. 576，584 - 85 (1959)（量刑法官可能会根据他案中已被审理和判决的行为提高量刑）；Fed. R. Evid. 1101（d）(3)（证据规则不适用于量刑程序）(approved by the Supreme Court in 1972) 最高法院判决联邦宪法第六修正案所规定的律师帮助权适用于量刑程序，参见 Gardner v. Florida，430 U. S. 349，358 (1977)；Mempa v. Rhay，389 U. S. 128，133 - 34 (1967)。

⑲　See Stith, supra note 80.

⑳　Almandarez-Torres v. United States，523 U. S. 224，248 - 71 (1988) (Scalia，J.，dissenting, joined by Stevens, Souter, Ginsburg, JJ.）. 多数意见认为此前曾根据重罪惯犯法被定罪的事实可以由法官而非陪审团来认定，id. at 225。

㉑　526 U. S. 227，229，251 & note 11 (1999) (Souter，J.，joined by Stevens, Scalia, Thomas, Ginsburg, JJ.）.

㉒　530 U. S. 466 (2000).

实必须由陪审团认定，且必须达到排除合理怀疑的证明标准"[⑭]。

新泽西州的这一加重情节是由国会立法规定的，阿普兰迪案中持多数意见的法官可能会接受行政性量刑规则中规定的加重情节可由法官认定这一主张。然而，这种可能性随着 2004 年 6 月布莱克利案（Blakely v. Washington）[⑭] 判决的作出而不复存在，五名法官形成的多数意见认为：

> "根据阿普兰迪案的目的，'法定最高刑'（statutory maximum）" 是指法官只根据陪审团裁定中反映的事实或被告人承认的事实所能够判处的最高刑罚。换句话说，"法定最高刑"不是法官在认定额外事实后可以判处的最高刑罚，而是在没有额外事实认定的情况下可以判处的最高刑罚。[⑭]

大法官斯卡利亚在起草这份多数意见时似乎将量刑指南考虑进去了。[⑭]布莱克利规则（Blakely rule）要求不仅是能够提高议会立法的最高刑的事实，而且是能够提高法律规定的最高刑的事实都应当由陪审团认定且达到排除合理怀疑的证明标准。联邦量刑指南是（在布莱克利案作出判决时曾经是）法律，根据量刑改革法的规定，法官不得判处高于指南规定的刑罚，这两点都涉及量刑幅度的计算问题和高于法定幅度量刑的问题。[⑭]不出所料，布莱克利案使联邦检察官和联邦法院陷于尴尬的境地[⑭]，2004 年夏末最高法院接受了对布克案[⑭]的审查，以决定布莱克利案是否足以废除联邦量刑指南。[⑮]

当布克案在 2005 年 1 月被正式宣判时，没有人会感到惊讶，同样的五名大法官形成的多数意见认为，布莱克利案注定要宣告联邦量刑指南违宪。[⑮]多数意见中包括两名被认为是"保守派"的大法官和两名被认为是"自由派"的大法官。但当宪法判决与政治上的左右翼相对应时我们应当谨慎。这五名主张量刑指南违宪的大法官在经过一系列刑事案件后都可能被贴上宪法"形式主义者"的标签。毫无疑问，这些案件的判决都基于一个理念：联邦宪法第五修正案和第六修正案保障的权利不能因为实际需要而有重大妥协。阿普兰迪案、布莱克利案以及布克案的第一个判决认为，不管是州立法机构还是国会，仅仅通过将"指控"从审判阶段移到量刑阶段，并不能回避第六

---

⑭　Id. at 490. 阿普兰迪案的多数意见中明确地为这一证明先前定罪的规则创设了一个例外（id. at 489 - 90），因此 Almandarez-Torres 案没有被推翻（see supra note 140）。在两年后的 Harris 案（Harris v. New York, 536 U. S. 545 (2002)）中，最高法院拒绝将阿普兰迪案适用于那些会提高最低刑但不会提高最高刑的事实的认定。阿普兰迪案持多数意见的法官除了斯卡利亚大法官外都持反对意见（see id. at 572 (Thomas, J., dissenting, joined by Stevens, Souter and Ginsburg, JJ.)）。虽然布雷耶大法官在 Harris 案中持多数意见，但他认为 Harris 案的判决结论不能"很容易地"和阿普兰迪案相协调，在这一点上他不同意多数意见。See id. at 569 (Breyer, J., concurring).

⑭　542 U. S. 296 (2004).

⑮　Id. at 303 (emphasis in original) (citations omitted).

⑯　因为华盛顿州的量刑指南由立法机关通过，属于议会立法（与联邦量刑指南不同），所以布莱克利案中涉及的加重情节违宪所依据的完全是阿普兰迪案判决的表述。然而布莱克利案将阿普兰迪判决扩张到加重"法定最高刑"的非议会立法，并且在布莱克利案多数意见的一个注脚中明确地拒绝保证这不是针对联邦量刑指南。See id. at 305 note 9.

⑰　See supra note 69 and accompanying text.

⑱　See Bowman, supra note 83.

⑲　最高法院同时也对另外一个案件进行了快速审查，United States v. Fanfan, 2004 WL 1723114 (D. Me. 2004).

⑳　542 U. S. 956 (2004).

㉑　125 S. Ct. at 755 - 56 (Stevens, J.).

修正案所保障的"在所有刑事案件中"的被告人权利。

另外,这些判决的反对者——首席大法官伦奎斯特和大法官奥康纳、肯尼迪和布雷耶——可能被贴上"正当程序的实用主义者"的标签。在他们的反对意见中,他们斥责要求加重量刑情节必须像犯罪的法定要素那样被指控和被证明的主张,这将导致低效率和潜在的量刑差异。[13]在布莱克利案中,大法官布雷耶特别关注的问题是,将加重量刑情节作为犯罪要件来对待"将有可能弱化实际行为"与量刑之间的关系。[13]事实上,如果依然坚持宪法规定的程序——尤其是排除合理怀疑的证明标准和须由外行陪审团一致同意的定罪要求,将会导致一些"真正"参与作为加重情节的"相关行为"的人不会因为该行为而受到处罚。

(二)权力分立作为一项正当程序权利

如果最高法院在布克案中仅仅判决了指南违宪,那么在琼斯案、阿普兰迪案、布莱克利案和布克案中指出的程序瑕疵问题将得到解决。联邦检察官很可能会继续按照他们在布莱克利案——该案宣告量刑指南违宪——之后的最初表现那样来行事:他们在起诉时会将量刑指南中的加重情节视为犯罪构成要件;对此,如果没有被告人承认或者经陪审团认定有罪,加重情节将不能成立。[14]

这一做法不仅能解决像琼斯案、布克案等系列案件中提出的正当程序问题,还能解决本文提出的在米斯特雷塔案中未提及的三个重要的权力分立问题:(1)在执行指南时,法官既是指控者又是事实认定者;(2)将量刑委员会设置在"司法系统"中缺乏透明性和宪法上的可问责性;(3)检察官在决定量刑时的作用。

保留了指南作为有约束力的、强制性的、基于"实际犯罪"量刑的规则,但在适用该规则时须遵循排除合理怀疑和陪审团审判的宪法要求,这将使得量刑委员会的最初构想落空:法官(在缓刑官员的协助之下)作为独立于双方当事人的事实认定者,有责任提出双方当事人都没有提出的对于指南情节的指控。如果把加重量刑情节当做犯罪要件来对待,那么除非这些加重情节是由检察官或大陪审团指控,并且根据宪法的要求被证明,否则被告人将不得被认定具有这些加重情节。法官将无权独立地指控或认定额外的"指南犯罪"。

此外,量刑的责任将明确地归于国会、量刑委员会和检察官——而不是司法分支的单个法官或者某个"司法分支"委员会。大法官史蒂文斯在布克案的多数意见中完全忽略了大法官布莱克门在米斯特雷塔案中所苦苦坚持的主张:指南不是真正的"法律",而仅仅是司法分支的"指南",其取代了曾由法官行使的裁量权。尽管大法官史蒂文斯主张"我们的判决不影响米斯特雷塔案判决任何方面"[15],但他的法庭意见中没有引用任何米斯特雷塔案中关

⑬　See, e. g., Blakely, 542 U. S. at 316, 323 (O'Connor, J., dissenting); id. at 328 - 39 (Breyer, J., dissenting).

⑬　Id. at 338 (Breyer, J., dissenting). See also supra note 86 and accompanying text.

⑭　See Memorandum from James Comey, Deputy Attorney General, to All Federal Prosecutors (July 2, 2004), reprinted at 16 Fed. Sent. Rpt. 357 (2004).

⑮　125 S. Ct. at 755 (Stevens, J.) The opinion in Booker II does not mention Mistretta.

于委员会属于"司法分支"的主张。然而，他引用了米斯特雷塔案法庭意见中用来掩盖这个主要主张的部分，在这部分中大法官布莱克门承认了量刑委员会的"权力与司法系统的权力没有以符合权力分立的方式结合在一起"[156]。比米斯特雷塔案更清楚和明确的是，大法官史蒂文斯在布克案判决中驳回了之前案件中提出的权力分立主张，他认为国会有权取消法官的量刑裁量权，而由"一个独立机构行使国会授权的规则制定权"取而代之。[157]

最后，保持指南仍然有效，但指南规定的罪行必须根据宪法要求来指控和证明，这将解决量刑权转移给检察官的这一问题。事实上它不必对检察官指控指南量刑情节和利用指南量刑情节进行辩诉交易施加限制来达到这一目的，为了达到这一目的，它可以赋予被告人宪法在公民受到犯罪追诉时给予的保护：告知权、陪审团审判权和证明排除合理怀疑的权利。赋予被告人这些权利事实上是在被告人与检察官的辩诉交易中给了被告人额外的"牌"，这将改善被告人和检察官之间的权力（利）不平衡的状况。检察官不再可能使被告人因一个相对比较容易证明的罪名被定罪，而根据指南因其他的或更严重的犯罪行为受到惩罚。当我们将检察官对量刑的影响力问题表述为"检察官在决定量刑过程中的作用"时，这似乎是一个宪法没有触及的"权力分立"的问题。琼斯案、阿普兰迪案、布莱克利案和布克案Ⅰ的见解是，指南将量刑的重大权力转移给检察官事实上是一个正当程序问题，而对于这一问题宪法确实有触及——它所保障的是所有刑事案件中被告人享有的权利。

（三）新制度：可上诉审查的建议性指南

然而，现实并非如此。布克案Ⅱ的判决（关于恰当的"救济手段"）宣布了它认定违宪的指南制度不再存在，这使得布克案Ⅰ的判决失去了意义。

然而，布克案Ⅱ创立了一项新制度，在很多方面与史蒂文斯的多数意见认定违宪的制度相似。量刑改革法案的大部分依然有效；已经颁布的指南依然有效；依然存在的量刑委员会颁布新的指南；量刑法官在决定刑罚时必须考虑指南。[158]但对于指南中加重量刑的情节，被告人没有权利获得陪审团的审判，也没有权利得到排除合理怀疑的证明。[159]

新制度与最高法院在米斯特雷塔案及其随后案件中所面对的制度存在一些区别。最重要的是，在新制度下量刑指南不再是量刑法官必须遵守的"有约束力的"规则，而是"他们在量刑过程中必须参考和加以考虑的"[160]"建议性"的规则。此外，一项量刑不会再因为量刑法官没有遵守指南而被推翻。[161]只有

---

[156] Id. , quoting 488 U. S. at 393；see supra note 118 and accompanying text.

[157] 125 S. Ct. at 755（Stevens, J. ）.

[158] Id. at 764，766 - 67（Breyer, J. ）.

[159] Id. at 762 - 63，767（Breyer, J. ）.

[160] Id. at 757，767（Breyer, J. ）.

[161] Id. at 767（Breyer, J. ）. 布克案Ⅱ废除量刑改革法的一项条款，即除非在非常情形下，法官必须在指南规定的幅度内量刑（18 U. S. C. § 3553（b）（1），see supra text accompanying note 25）。这使得18 U. S. C. § 3553（a）成了法官唯一的指示。该条款要求法官在决定量刑时，考虑刑罚的各种目的、避免量刑差异的需要和指南的量刑幅度及幅度外量刑规则。

在考虑了布克案Ⅱ修改的量刑改革法认定的相关因素之后，仍认为量刑"不合理"的，法官的量刑才能被推翻。[⑩]当然，那些相关因素之一是指南推荐的量刑。

大法官布雷耶和其他在琼斯案、阿普兰迪案和布莱克利案中持反对意见的大法官，原本可以保留旧指南的很多方面，这事实上反过来证明了大法官布雷耶的独创性和说服力。无法预先阻止布克案Ⅰ的判决，即联邦量刑指南在适用时违宪，大法官布雷耶和其他实用主义者最终采用了在他们看来是次优的解决方式：保留指南，但不是作为"法律"，而是法律上相关的"建议"，不要求陪审团审判或排除合理怀疑的证明标准。此外，他们原本可以说服一个参与了史蒂文斯的意见的大法官——大法官金斯伯格——相信布克案Ⅱ对指南的修改将使得新制度合宪。

如果布克案Ⅱ只是让指南具有"建议性"（而非约束性），那么大法官布雷耶创立的这一制度可以与琼斯案、阿普兰迪案、布莱克利案和布克案Ⅰ的判决共存。事实上，布克案Ⅰ承认："如果最近制定的指南仅仅是建议性规则，建议而非要求根据不同的案件事实选择具体刑罚，那么行使这些指南将不会涉及第六修正案（陪审团审判的权利）。"[⑬]琼斯案等系列案件唯一禁止的是法官认定提高法定（lawful）量刑的事实。如果指南确实是建议性的，那么法官认定事实将不会影响量刑的合法性。法官可能会考虑量刑指南建议的那些事实，他也可能会忽视这些事实，就像《纽约时报》在其评论版中对某个具体量刑提出的建议一样，法官可以采纳也可以忽略。

但布克案Ⅱ除了宣布指南只具有建议性之外，还做了其他决定；它创立了审查量刑的"合理性"的上诉制度。审查合理性的上诉制度并没有使指南具有约束力，但它使指南具有法律上的意义——不像《纽约时报》的评论。如果指南仅仅是建议性的，那么任何在法定最高刑和最低刑之间的量刑都是合法的。但是，合理性的上诉审查意味着某些在法定量刑幅度内的量刑将被推翻；也就是说，将被认为是违法的。根据布克案Ⅱ，依然存在法官根据优势证据标准的事实认定，为了支持量刑的合法性，这一事实认定是必需的，这正是布克案的第一个判决——在琼斯案、阿普兰迪案和布莱克利案之后——认为违宪的情形。[⑭]

布克案Ⅱ即使与布克案Ⅰ（以及导致其产生的一系列案件）不存在冲

---

⑫ 125 S. Ct. at 767（"上诉法院（随后将）审查量刑判决的合理性。"）（Breyer, J.）. 布克案Ⅱ废除了要求上诉法院废除违反指南的量刑的上诉审查条款（18 U. S. C. § 3742 (e). See 125 S. Ct. at 765 (Breyer, J.)）。超越本文讨论范围的一个问题是，大法官布雷耶创造性地对上诉审查条款的废除和重新解释作为可分理论（severability jurisprudence）和立法意图问题是否有说服力。

⑬ Id. at 750 (Stevens, J.).

⑭ 布克案只是一个例子。假设一个相同案件事实和程序过程的案件（see 125 S. Ct. at 746 - 47），在布克案Ⅱ判决宣告之后出现。陪审团裁定被告人违反联邦毒品法的一项条款，禁止贩卖 50 克以上的可卡因碱。虽然这一罪名的法定幅度是 10 年到 30 年的监禁，但现在的建议性的指南"建议"这个数量的毒品应判处 17 年至 21 年。在量刑听审过程中，控方以优势证据的标准证明了被告人的"相关行为"中所涉及的可卡因碱的数量不止 50 克，而是这个数量的十倍多——566 克——就像控方在布克案中所作的那样。假设在新的建议性指南制度下，法官在适当地考虑了量刑指南和量刑改革法（in 18 U. S. C. § 3553 (a)），规定的与量刑相关的其他因素之后，认为 30 年是适当的刑罚。但上诉法院在审查该 30 年的量刑是否合理时，它当然不仅会考虑陪审团认定的事实，也会考虑法官认定的事实。确实，只因贩卖了 50 克可卡因碱而被判处 30 年监禁很可能会被认为不合理；可能使这一量刑合理化的是，法官认定被告人涉及 566 克可卡因碱，在这种情形下，量刑指南推荐的量刑是法定最高刑。法官的事实认定对量刑的合法性至关重要。

突，它们之间也存在着严重的紧张关系，但这种紧张关系不具有法律意义。最高法院的多数意见已经承认布克案Ⅱ所创制的制度是合宪的，其现在已经成了法律。但它确实意味着布克案Ⅰ中确立的正当程序权利在布克案Ⅱ中遭到了破坏。其他机构如国会和量刑委员会自身是否会介入来解决正当程序问题，依然是未知数。量刑改革法并没有要求大幅度提高关于量刑幅度事实的证明要求，而只要求达到优势证据的标准；委员会可以建议一个更高的证明标准。[165]

此外，事实上，在本文引用的任何案件中，根本没有大法官承认，正当程序问题如恰当的证明标准会产生于裁量型量刑制度和诸如量刑指南这类确定的量刑制度中。甚至是阿普兰迪案[166]、布莱克利案[167]和布克案Ⅰ[168]中的多数意见继续引用威廉姆斯案作为好的法律。直到该判决被完全重新考虑之前[169]，只要量刑本身未受到"法律"的阻碍，量刑程序中的被告人就没有权利获得"正当程序"。

布克案Ⅱ废除了布克案Ⅰ中提出的指南引起的权力分立问题的解决方法。布克案Ⅱ否定了指南作为"法律"存在，最多消除了以下宪法问题：（1）在指南的适用过程中，法官同时扮演了检察官和事实认定者的角色；（2）量刑委员会属于"司法分支"的立法定位缺乏可问责性。

然而，布克案Ⅱ确实解决了指南制度下发生的检察权和量刑权合并所产生的宪法问题。本文已经提到，史蒂文斯的布克案Ⅰ原本可以通过在被告人与检察官谈判时赋予被告人更多筹码来解决权利失衡问题。大法官布雷耶提出了一个不同的制衡检察权的方法——不是赋予被告人获得排除合理怀疑的证明的权利或依赖于陪审团，而是赋予法官更大的权力来进行与指南不同的对加重（或减轻）情节的权衡和考虑诸如被告人的成长经历和未来发展等因素，这些因素不包含在指南当中，检察官也不能控制。

虽然宪法原文没有提及，但从历史上看，大法官布雷耶的方法就是我们的宪法所依赖的用来制衡国会的近乎绝对的设立罪名的权力和联邦检察官指控时的广泛的裁量权的方法。[170]联邦上诉法院越是要求量刑法官遵守指南，这一新制度就越像布克案Ⅰ中被认定违宪的制度。[171]另外，布克案Ⅱ承诺，量刑指南因此将为法官在行使裁量权时提供指引，或许和假释指南之前所起的作用相似。[172]如果上诉法院和国会不坚持将指南视为具有完全约束性，那么布克案Ⅱ将再次允许司法分支在量刑中起重要作用。这将由法官个人在特定的案

---

⑯　确实，原始版本的量刑指南没有确定证明标准，比较 U. S. Sentencing Guidelines Manual § 6A1. 3（cmt.）（1987）（没有提到证明标准）和 U. S. Sentencing Guidelines Manual § 6A1. 3（cmt.）（2004）（"量刑委员会认为使用优势证据标准是适当的。"）。

⑯　530 U. S. at 481.

⑯　542 U. S. at 299.

⑯　125 S. Ct. at 750.

⑯　威廉姆斯案（Williams v. New York），see supra text accompanying notes 136 - 39，在死刑的特定情形下被推翻。Gardner v. Florida，430 U. S. 349，355 - 62（1978）.

⑰　See generally Stith & Cabranes，supra note 18.

⑰　当然，如果上诉法院判决量刑只有遵循指南才是合理的，那么其所产生的新制度与布克案Ⅰ所认定违宪的制度不同（see 125 U. S. at 794（Scalia，J.，dissenting in part））。

⑰　See supra text accompanying notes 40 - 42.

件和纠纷中行使真正的司法权，而不是由被国会故意划归为"司法分支"的行政性机构行使虚假的司法权力。

不幸的是，目前的迹象表明，国会在司法部的强力支持下，将试图回到布克案之前的没有正当程序保护的强制量刑规则。这一目标可以通过利用哈里斯案（Harris v. New York）的奇特的判决来实现，哈里斯案的判决于2002年以5：4的投票结果作出。[⑬] 哈里斯拒绝将阿普兰迪规则适用于提高法定最低刑——不同于提高法定最高刑——的量刑因素。因为布莱克利案和布克案涉及的是提高法定最高刑（而非最低刑），在那些案件中最高法院没有机会重新考虑哈里斯案的判决。[⑭]

如果哈里斯案判决依然是良法，那么国会就拥有宪法上的权力来重新启用被认定违宪的完整的量刑改革法，只要该法作出一个简单的改变。新的量刑改革法不是指示量刑委员会对最低刑和最高刑都颁布强制的量刑幅度，它只要求强制的最低刑。在这一制度下，"法定最高刑"将总是国会立法中规定的所定罪名的最高刑，因此不会提高而违反阿普兰迪案、布莱克利案和布克案的判决。然而，法官会仍然被要求根据量刑委员会规定的量刑因素提高量刑，因为法官没有司法裁量权在指南规定的最低刑下量刑。[⑮]

尽管布克案之后的量刑数据显示，在该案之后整体的量刑差异几乎没有增加[⑯]，但总检察长阿尔贝托·冈萨雷斯（Alberto Gonzalez）在2005年夏季宣布他支持利用哈里斯案漏洞的立法。他称这一制度为"最低刑指南制度"，他认为这一制度是必要的，因为"长期来看，由于法官数量众多……在建议性的指南制度的指导下，甚至更大的量刑差异也是不可避免的"[⑰]。

因此，总统和国会似乎泰然自若地认可了最初的1984年量刑改革法的奇怪前提：减少法官之间的量刑差异应该是刑事司法制度的主要目标，甚至是首要目标——排除了个别化量刑中的价值判断、合比例的量刑和最重要的检察官权力的制衡。[⑱]因为国会的任何试图建立最低刑指南制度的尝试都显然是对布克案Ⅰ和布克案Ⅱ（除非量刑指南是建议性的，否则就是违宪的）的规避。[⑲]最高法院，尤其是更换了成员之后的最高法院，可能会重新考虑它在哈里斯案中的判决。

---

⑬　536 U. S. 545 (2002). This case is discussed in supra note 143.

⑭　布莱克利案和布克案都没有引用哈里斯案，但它们都小心翼翼地引用了完整的阿普兰迪案判决，根据该判决的字面意思其只适用于"法定最高刑"的提高（542 U. S. at 300；Booker, 125 S. Ct. at 748 (Stevens, J.)）。要推翻哈里斯案同时也需要推翻麦克米伦案（477 U. S. 79 (1986)；see text accompanying supra note 88）。

⑮　这一最低刑指南（或者称为"无上限指南"（topless guidelines）制度在 Bowman 案中有更加详细的讨论（supra note 83，at 262－63）。

⑯　See U. S. S. C., Sentencing in the Aftermath of Unites States v. Booker (July 12, 2005), available at http：//www. ussc. gov/Blackly/PostBooker_060605Extract. pdf.

⑰　See Prepared Remarks of Attorney General Alberto R. Gonzales at the American Bar Association House of Delegates (August 8, 2005) available at http：//www. usdoj. gov/ag/speeches/2005/080805agamericanbarassoc. htm. 总检察长在2005年初夏时已经预示了他对最低刑指南的支持（see Prepared Remarks of Attorney General Alberto Gozalez Sentencing Guidelines Speech (July 21, 2005), available at http：//www. usdoj. gov/ag/spe -eches/2005/06212005victimsofcrime. htm）。

⑱　See text accompanying supra note 20；Stith & Cabranes, supra note 18, at 104－06.

⑲　See 125 S. Ct. at 750 (Stevens, J.)；id. at 757, 767 (Breyer, J.).

如果哈里斯案判决被推翻，国会将会面临一个简单的选择：是赋予法官一些减轻刑罚的裁量权，还是通过立法为每个联邦罪名的各种情形规定强制的最低刑来剥夺这种裁量权。后一个选择的结果将像总检察长和国会的某些成员希望的那样，将现在的建议性量刑指南变成强制最低刑指南。但至少国会将对这一制度负明确的、完全的责任。它将不再拥有一个属于"司法分支"的量刑委员会。

撰稿人介绍

  约 翰 · Q · 巴 雷 特（John Q. Barrett） 圣 约 翰 大 学 纽 约 校 区
（St. John's University in New York）的法学教授、纽约州詹姆斯敦市罗伯
特·H·杰克逊研究中心的伊丽莎白·S·伦娜教席研究员。他毕业于乔治
敦大学和哈佛大学法学院；之后，曾担任美国联邦第三巡回区上诉法院法官
A·利昂·希金伯瑟姆（A. Leon Higginbotham, Jr.）的书记官（1986—
1988）、（负责调查伊朗军售事件的）劳伦斯·E·沃尔什独立检察官办公室
（the Office of Independent Counsel Lawrence E. Walsh）的助理检察官
（1988—1993）以及美国联邦司法部检察长迈克尔·R·布拉米奇的法律顾问
（1994—1995）。1998 年，巴雷特教授与其他人共同创办了一个圣约翰大型
综合论坛——"特瑞案 30 年"；通过论坛的活动，在《圣约翰法律评论》上
发表了十几篇重要的学术论文，并发掘了大量证据排除听证程序的笔录、庭
审笔录以及其他关于该案判决的历史资料 [at 72 St. John's Law Review
721—1524，（Summer－Fall 1998）]。巴雷特关于大法官杰克逊——在 20 世
纪四五十年代，杰克逊是美国联邦最高法院许多重要刑事程序判例判决意见
的作者——的研究，包括对杰克逊所撰写的一度不为人知但现如今已脍炙人
口的《那个人：知情人眼中的弗兰克林·D·罗斯福》[That Man：An
Insider's Portrait of Franklin D. Roosevelt（Oxford University Press）] 一书
的发现与整理。

  斯特法诺斯·比巴斯（Stephanos Bibas） 艾奥瓦大学法学院副教授，
宾夕法尼亚大学与芝加哥大学法学院客座副教授。在哥伦比亚大学、牛津大
学以及耶鲁大学学习结束之后，比巴斯曾先后在美国联邦第五巡回区上诉法

庭担任帕特里克·希金伯瑟姆法官（Judge Patrick Higginbotham）的书记官，在联邦最高法院担任大法官安东尼·肯尼迪（Justice Anthony Kennedy）的书记官。他在私人执业实践中代理过各式各样的案件，还担任过纽约州南部司法辖区的助理检察官。其间，比巴斯最为显赫的成就是，对达芙妮公司染色玻璃领域的世界级顶尖专家雇佣盗墓者从陵墓中盗取无价之宝——达芙妮玻璃窗——的行为，成功地进行了调查和起诉。他讲授刑法、刑事诉讼程序以及量刑程序，并从事这些方面的理论研究。

大卫·科尔（David Cole）　乔治城大学法律中心的教授，兼任宪法权利中心的志愿律师、《国家》（The Nation）杂志的法律事务记者、国家公共广播电台"无所不谈"栏目（All Things Considered）的评论员。《纽约时报》专栏作家安东尼·刘易斯将其誉为"当今美国民权自由最伟大的法律代言人之一"。科尔是《没有平等的正义：美国刑事司法制度中的种族与阶级》[No Equal Justice：Race and Class in the American Criminal Justice System（New Press，1999）]的作者。该书被波士顿书评（Boston Book Review）评为 1999 年最佳人文社科作品，美国政治科学联盟（American Political Science Association）将这本书评为 1999 年度国家政策问题的最佳书籍。科尔还撰写了《外来的敌人：反恐战争中的双重标准以及宪法自由》[Enemy Aliens：Double Standards and Constitutoinal Freedoms in the War on Terrorism（New Press，rev. ed. 2005）]。该书曾获得美国图书奖（American Book Award）以及赫夫纳第一修正案奖（Hefner First Amendment Prize）。

伯纳德·E·哈科特（Bernard E. Harcourt）　芝加哥大学法学教授、负责学术事务的教务主任（faculty director of academic affairs）。哈科特教授的学术研究侧重于借助实证研究和社会理论分析的方法研究犯罪和刑罚问题。他已出版三部专著，其中包括《枪支的语言：青年、犯罪以及公共政策》[Language of the Gun：Youth，Crime，and Public Policy（University of Chicago Press 2005）]以及《秩序的错觉：破窗执法理论的虚假承诺》[Illusion of Order：The False Promise of Broken-Windows Policing（Harvard University Press 2001）]。他还是《美国枪支、犯罪以及刑罚》[Guns，Crime and Punishment in America（New York University Press 2003）]论文集和期刊《监狱纪事》（The Carceral Notebooks）的编辑。

哈科特教授在种族画像（racial profiling）研究方面，或者更广泛地说，在将精算统计方法应用于刑法以及刑事正义领域方面，发表了大量的研究成果。他就此即将出版一部名为《拒绝预判：精算统计时代的刑罚和执法》[Against Prediction：Punishing and Policing in an Actuarial Age（University of Chicago Press 2006）]的专著。关于种族画像的研究，他还曾经在芝加哥大学法律评论上发表过一篇题为《种族画像的再思考：对经济、民主自由、宪法文献以及犯罪剖绘更加全面的批判》的长文[Rethinking Racial Profiling：A Critique of the Economics，Civil Liberties，and Constitutional Literature，and of Criminal Profiling More Generally（The University of Chicago Law Review，Fall 2004）]。

哈科特教授于普林斯顿大学获得政治理论专业的学士学位，于哈佛大学法学院获得法学学位，并于哈佛大学获得政府机构方面的政治学博士学位

(a Ph. D. in political science in the Government Department)。在法学院毕业后，哈科特教授曾担任联邦法院的书记官；之后，他奔赴亚拉巴马州的蒙哥马利市，代理死刑名单上的囚犯提起直接上诉（direct appeal）、州法律系统定罪后的救济程序（state post-conviction）、联邦法律系统的人身保护令程序并参与这些案件的重新审理活动。哈科特教授曾在公正司法倡议组织〔该机构的前身是亚拉巴马州死刑辩护人力资源中心（Alabama Capital Representation Resource Center)〕工作，而且从那时起，一直无偿为一些死囚区囚犯提供辩护服务。哈科特教授还曾在南非以及危地马拉等地从事过人权工作。

耶鲁·卡米萨（Yale Kamisar）　圣地亚哥大学法学教授（自 2002 年起至今）、密歇根大学克拉伦斯·达罗卓越名誉法学教授（Clarence Darrow Distinguished University Emeritus Professor）（1965—2004）。他在刑法、刑事司法活动以及"犯罪政治学"等领域著作颇丰。

卡米萨教授是《警方审讯和供述》〔Police Interrogation and Confessions (1980)〕一书的作者，并与他人合著《当代的刑事司法制度》〔Criminal Justice in Our Time (1965)〕。他还撰写了以沃伦、伯格、伦奎斯特为首席大法官的三届最高法院论文集中关于宪法刑事程序的章节。他还是以下两本广泛使用的教科书的合作作者：《现代刑事诉讼程序》〔Modern Criminal Procedure (1st ed. 1965，11th ed. 2005)〕以及《宪法学》〔Constitutional Law (1st ed. 1964，9th ed. 2001)〕。

在四十多年的法学教学中，卡米萨教授撰写过大约五十篇法律评论并在美国著名的报纸上发表了九十多篇专栏文章。为表彰他的研究成果对于法学以及法律职业的贡献，美国法律家基金会将 1996 年度的研究奖授予卡米萨教授。

帕梅拉·S·卡尔兰（Pamela S. Karlan）　斯坦福大学法学院关于公共利益法的肯尼斯及哈尔·蒙哥马利教席教授（the Kenneth and Harle Montgomery Professor of Public Interest Law）、斯坦福法学院最高法院诉讼案件法律诊所的联席主任。卡尔兰的学士学位、历史学硕士学位以及法学学位都是在耶鲁大学获得的。她曾担任纽约州南部司法辖区亚伯拉罕·索费尔法官以及哈利·布莱克门大法官〔在巴特森案（Batson v. Kentucky）判决期间〕的书记官，之后担任全美有色人种协会法律辩护和教育基金的助理法律顾问。她还是联邦调查局国家科学院的讲师。

卡尔兰教授的主要学术领域是宪法和诉讼、投票权以及刑事诉讼程序。她是多部著名教科书的合作者，包括《宪法学》〔Constitutional Law (5th ed. 2005)〕、《民主法制：政治进程的法制结构》〔The Law of Democracy：Legal Structure of the Political Process (rev. 2nd ed. 2001)〕以及《公民权利诉讼：宪法的执行》〔Civil Rights Actions：Enforcing the Constitution (2000)〕。此外，她还发表了多篇学术文章，包括《定罪和怀疑：报应理论、陈述以及对罪犯剥夺公民选举权的争论》〔Convictions and Doubts：Retribution，Representation，and the Debate Over Felon Disenfranchisement，56 Stan. L. Rev. 1147 (2004)〕以及《种族、权利以及刑事判决的救济》〔Race，Rights，and Remedies in Criminal Adjudication，96 Mich. L. Rev. 2001

(1998)〕。

卡尔兰教授还参与了众多涉及第四、第五、第六修正案的公益诉讼案件。她最近参与的最高法院案件有：United States v. Gonzales-Lopez, Georgia v. Randolph, Illinois v. Bartels, 以及 City of Evanston v. Franklin。

南希·J·金（Nancy J. King） 范德比尔特大学法学院李 S. 以及查尔斯·A·斯皮尔教席法学教授（Lee S. and Charles A. Speir Professor of Law）。她的研究领域集中于警方调查结束后的刑事诉讼程序及特点，包括辩诉交易、审判、陪审团、判决、双重危险、上诉以及定罪后的救济程序。她是两本著名刑事诉讼程序著作的合作作者〔怀特、金、克莱因：《联邦实践以及程序（刑事部分）》（第三版）（Wright, King & Klein, Federal Practice and Procedure, Criminal 3d），拉费弗、伊斯雷尔、金：《刑事诉讼程序》（第二版）（LaFave, Israel & King, Criminal Procedure, 2d ed.）〕；同时，她也是顶尖刑事程序案例教材的合作作者之一。她的研究成果曾经被美国最高法院以及下级法院所援引。金教授现任美国司法联合会联邦刑事诉讼程序规则顾问委员会（Advisory Committee on the Federal Rules of Criminal Procedure for the U. S. Judicial Conference）成员，之前曾担任美国联邦第六巡回法院法规顾问委员会委员。她还曾出席过美国裁决委员会的听证，并且还曾任职于田纳西州州长的裁决顾问组。美国司法机构经常邀请她作为演讲者出席司法研讨会以及巡回审判会议。

金教授在刑事案件陪审团问题上的研究包括诸如陪审团选择、匿名陪审团、否弃权以及陪审团失职行为。在即将出版的《陪审团行为准则》（*Jury Ethics*）一书中，她负责撰写了"审判后陪审员的行为准则"一章。最近，金教授还发表了四篇对陪审团裁判的历史、理论以及实践进行分析的文章，包括：《美国死刑案件陪审团裁决的起源》、《陪审团裁判实践——基于三个州的调查研究》（同 R. 诺贝尔合作）以及《非死刑案件中的陪审团裁决：在两个州进行的对量刑严厉程度和差异的比较》（同 R. 诺贝尔合作）。她正在进行的研究包括同州法院国家中心的研究人员共同进行合作实证研究，研究的主题是美国地区法院关于死刑以及非死刑案件的人身保护令程序。

迈克尔·J·克拉曼（Michael J. Klarman） 弗吉尼亚大学詹姆斯·门罗杰出法学教授以及历史教授（the James Monroe Distinguished Professor of Law and Professor of History）。他在宾夕法尼亚大学获得了学士学位和硕士学位，在斯坦福大学获得了法学士学位，并作为马歇尔学者在牛津大学获得博士学位。从法学院毕业后，克拉曼教授担任了大法官露丝·贝德·金斯伯格（Honorable Ruth Bader Ginsburg）法官的书记官。他于 1987 年加入了弗吉尼亚大学法学院并因为其教学和学术成果获得了很多奖项，这些奖项主要集中在宪法以及宪法史领域。克拉曼教授还曾担任过哈佛大学小拉菲尔·S·泰勒（Ralph S. Tyler, Jr.）教席客座教授、威廉及玛丽大学马歇尔·威斯法学院杰出李法学客座教授（Distinguished Visting Lee Professor）以及斯坦福大学的教席客座教授。他的著作《从吉姆克罗到公民权利：最高法院以及种族平等的抗争》（From Jim Crow to Civil Rights：The Supreme Court and the Struggle for Racial Equality）于 2004 年在牛津大学出版社出版并获得了 2005 年的班克罗夫特历史奖（Bancroft Prize in History）。

特雷西·麦克林（Tracey Maclin） 波士顿大学法学院的法学教授。他讲授宪法以及刑事诉讼法。麦克林教授撰写过很多关于联邦宪法第四修正案的法学评论文章。他还在联邦最高法院关于联邦宪法第四修正案的案件中撰写过许多法庭之友意见，并担任美国民主自由（American Civil Liberties）在册的法律顾问、国家刑事辩护律师联盟律师以及卡托研究所顾问。在从事法律教育之前，麦克林教授担任过美国联邦第六巡回上诉法院小博伊斯·F·马丁法官（Boyce F. Martin, Jr.）的书记官。他之后成为位于纽约的卡希尔、戈登以及伦戴尔律师事务所（Cahill，Gorden & Reindel）的律师。麦克林教授曾任教于肯塔基大学法学院、康奈尔法学院以及哈佛法学院。

丹尼尔·里奇曼（Daniel Richman） 福德姆法学院的教授，讲授刑事诉讼程序、联邦刑法以及证据学。1992 年来到福德姆之前，里奇曼担任了近六年的美国纽约州南部司法辖区助理检察官，致力于毒品、集团犯罪以及上诉案件，并最终成为上诉案件的首席检察官。在成为一名联邦检察官之前，他担任过美国联邦第二巡回上诉法院首席法官威尔弗雷德·范伯格（Chief Judge Wilfred Feinberg）以及美国最高法院瑟古德·马歇尔大法官（Justice Thurgood Marshall）的书记官。他还是哥伦比亚大学法学院以及弗吉尼亚大学法学院的客座教授。他最近的学术研究主要集于联邦刑事司法制度中检察官以及警方线人（agents）、国会与司法部、联邦与地方当局机构之间的相互关系。

斯蒂芬·舒尔霍夫（Stephen Schulhofer） 纽约大学罗伯特·B·麦凯教席的法学教授（the Robert B. McKay Professor of Law）。他已发表五十多篇学术文章并出版六部著作，其中包括一部在刑法领域具有重要影响的教科书。他最近的研究主要集中在 911 之后执法部门的回应，并就此已经出版了两本专著：《爱国者法案的反思》[Rethinking the Patriot Act（2005）]以及《内部的敌人：911 所唤醒的情报搜集、执法以及民主自由》[The Enemy Within：Intelligence Gathering, Law Enforcement and Civil Liberties in the Wake of September 11（2002）]，并发表了专题论文《恐怖分子审判的保密问题》[The Secrecy Problem in Terrorism Trials（2005）]，以及很多关于在反恐过程中自由与国家安全之间关系的文章。他还在其他执法措施、刑法以及刑事诉讼程序方面撰写了大量文章。在另一个领域，他的著作《非自愿性行为：文化的恐吓和法律的失败》[Unwanted Sex：The Culture of Intimidation and the Failure of Law（Harvard University Press 1998）]审视了美国法律制度对待性侵犯以及其他形式的恐吓与性错位行为（sexual overreaching）的处理方法。

在到纽约大学任教以前，舒尔霍夫教授是芝加哥大学朱利叶斯·克里杰（Julius Kreeger）教席的法学教授、刑事司法研究中心主任。他以最优等的成绩获得普林斯顿大学的学士学位和哈佛大学的法学学位，还是《哈佛法律评论》"发展与最高法院"主题的编辑。他随后为最高法院大法官雨果·布莱克（Justice Hugo Black）做了两年的书记官。在执教以前，他在法国的高特兄弟律师事务所（Coudert Frres）执业过三年。

大卫·A·斯克兰斯盖（David Alan Sklansky） 加州伯克利大学法学教授。他的教授和研究领域包括证据学、刑事诉讼程序以及刑法。斯克兰斯盖教授于 1981 年在伯克利大学获得学士学位，专业为生物物理学，并于 1984 年在哈佛大学法学院获得法学学位。毕业之后，他先后担任了美国华盛顿特区巡回上诉法院法官艾博纳·J·米克瓦（Abner J. Mikva）以及最高法院大法官哈利·A·布莱克门（Harry A. Blackmun）的书记官。他曾在华盛顿特区布莱德霍夫及凯泽联合律师事务所（Bredhoff & Kaiser）担任过为期不长的劳动法律师，之后在洛杉矶做了 7 年助理检察官，专门从事白领欺诈指控。从 1994 年到 2005 年，他任教于加州大学洛杉矶分校法学院，其间曾获得全校区的"最佳教学奖"并两次被选为"法学院年度最佳教授"。在加州大学洛杉矶分校期间，他作为独立审查小组的特别顾问调查洛杉矶警署刑事侦查科的丑闻。他最近发表的文章有：《治安与民主》[Police and Democracy，103 Mich. L. Rev. 1699（2005）]、《宪法刑事审判程序中的准确人权利》[Quasi-Affirmative Rights in Constitutional Criminal Procedure，88 Va. L. Rev. 1229（2002）]、《回到未来：基洛案、卡兹案以及普通法》[Back to the Future：Kyllo，Katz，and Common Law，72 Miss. L. J. 143（2002）] 以及《第四修正案以及普通法》[The Fourth Amendment and Common Law，100 Colum. L. Rev. 1739（2000）]。他目前正在撰写一部关于民主执法观念改变的书。

卡罗尔·S·斯泰克（Carol S. Steiker） 哈佛大学法学教授。斯泰克教授曾就读于哈佛—拉德克利夫（Harvard-Radcliffe）学院以及哈佛法学院，并在此期间担任《哈佛法律评论》的主编。曾担任华盛顿特区巡回上诉法院法官 J·斯凯利·怀特（J. Skelly Wright）、最高法院大法官瑟古德·马歇尔的书记官；之后，她担任了公共辩护服务中心哥伦比亚区的律师，其间为很多贫困的被告人担任辩护律师，并贯穿刑事诉讼程序始终。她从 1992 年开始成为哈佛法学院的一员。她于 1998 年至 2001 年期间担任主管学术事务的副院长，目前担任院长公共服务问题的特别顾问。斯泰克教授撰写了许多关于刑法、刑事诉讼法以及死刑方面的学术文章，而且近期担任《犯罪与司法百科全书》[Encyclopedia of Crime and Justice（2nd ed. Macmillan，2002）]编委会成员。她正致力于两本书的写作：一部是关于美国对于死刑的态度，另一部是关于刑事司法的仁慈与习俗。除了学术工作，斯泰克教授还为诸多非营利机构以及联邦和各州立法机关担任刑事司法方面的顾问和专家证人。

凯特·斯蒂思（Kate Stith） 耶鲁法学院拉斐特·S·福斯特教席的法学教授（the Lafayette S. Foster Professor of Law），在刑事诉讼程序以及宪法领域著作颇丰。其中，《裁决的恐惧：联邦法院量刑准则》（与何塞·A·卡布拉内斯合作）[（Fear of Judging：Sentencing Guidelines in the Federal Courts（U. of Chicago，1998））（with José A. Cabranes）] 一书，对联邦法院量刑准则的历史起源、立法背景、结构、实施以及影响作了研究。在赴耶鲁法学院任教之前，斯蒂思是纽约州南部司法辖区的助理检察官，专门从事白领以及集团犯罪案件。她也是总统经济顾问委员会的经济分析师以及华盛顿州司法部的特别助理。作为达特茅斯学院、肯尼迪政治学院、哈佛法学院的毕业生，斯蒂思教授曾担任美国哥伦比亚区上诉法院法官卡尔·麦高恩（Carl McGowan）以及最高法院大法官拜伦·R·怀特（Byron R. White）的书记官。她现任或曾经担任美国法学会项目《模范刑法典（量刑部分）》

（Model Penal Code—Sentencing）的顾问，国家研究委员会法律与司法委员会委员，康涅狄格州职业伦理委员会顾问，康涅狄格州妇女地位常设委员会委员，康涅狄格州律师基金会主席，达特茅斯学院董事会成员，耶鲁大学妇女运动学院的主任与教授发起人，耶鲁法学院副院长；并且被美国首席大法官任命为联邦刑事诉讼程序规则顾问委员会委员。

威廉·J·斯顿茨（William J. Stuntz） 哈佛大学法学院教授。他于2000年到哈佛大学法学院任教；之前，他曾在弗吉尼亚大学担任了14年的教授。斯顿茨撰写过24篇涉及刑事司法制度诸多领域的法律评论文章及论文。他的作品包括对辩诉交易的经济分析；追溯联邦宪法第四、第五修正案"真实起源"的历史；对于困扰美国毒品法律执行的种族以及阶级偏见分析；对过度犯罪化政治和法律依据的检视。在这些文章中，斯顿茨着眼于两个衔接：第一个是将实体刑法与刑事诉讼法相连接——前者是如何通过逐步扩张来削弱后者对刑事被告人权利的保护的。第二个是关于宪法以及犯罪政治之间的相互作用。斯顿茨教授认为，宪法恰恰助长了一种政治病理学，而其他学者正是根据这种政治病理学赋予了通过宪法调整刑事司法制度的正当性。他认为，更加良好的宪法将带来更多的合理政策，而更多的合理政策将会带来一个更加公正的司法制度。

图书在版编目（CIP）数据

刑事程序故事／〔美〕斯泰克编；吴宏耀等译．—北京：中国人民大学出版社，2011.12
（中国律师实训经典·美国法律判例故事系列）
ISBN 978-7-300-14807-6

Ⅰ.①刑…　Ⅱ.①斯…②吴…　Ⅲ.①刑事诉讼-诉讼程序-案例-美国-高等学校-教材　Ⅳ.①D917.25

中国版本图书馆 CIP 数据核字（2011）第 252955 号

中国律师实训经典·美国法律判例故事系列
刑事程序故事
〔美〕卡罗尔·S·斯泰克（Carol S. Steiker）编
吴宏耀　陈　芳　李　博　罗静波　译
Xingshi Chengxu Gushi

出版发行	中国人民大学出版社			
社　址	北京中关村大街 31 号	**邮政编码**	100080	
电　话	010 - 62511242（总编室）	010 - 62511398（质管部）		
	010 - 82501766（邮购部）	010 - 62514148（门市部）		
	010 - 62515195（发行公司）	010 - 62515275（盗版举报）		
网　址	http://www.crup.com.cn			
	http://www.ttrnet.com（人大教研网）			
经　销	新华书店			
印　刷	北京宏伟双华印刷有限公司			
规　格	185 mm×260 mm　16 开本	**版　次**	2012 年 3 月第 1 版	
印　张	26.25 插页 2	**印　次**	2012 年 3 月第 1 次印刷	
字　数	591 000	**定　价**	59.00 元	